개정판 인간의 삶을 유지하는 언어의 기초

잘 말하기 이론과 활동

김재봉 저

형설출판사
www.hyungseul.co.kr

개정판 머리말

이 개정판에서는 좀 더 내용과 부합되도록 하기 위해 책 이름을 "잘 말하기 이론과 활동"으로 바꾸었고, 책의 분량을 조정하기 위해 7장을 빼고 문맥을 다듬었으며 오탈자를 바로잡았다. 또한 책의 분량이 많기 때문에 효율적인 활용을 위해 부록으로 "워크북"을 첨가했다.

아무쪼록 이 책이 초등 예비 교사들의 잘 말하기 능력 향상에 일부나마 기여할 수 있기를 바라는 마음 간절하다.

2024년 3월 2일, 풍향동 연구실에서 김재봉

머리말 Preface

인간을 다른 동물과 구별 짓는 것은 언어의 사용인데, 사용으로서의 언어는 시간의 구속자이다. 언어가 시간의 구속자인 이유는 언어가 있고, 이러한 언어를 활용해서 우리들은 과거와 현재와 미래를 자유롭게 왕래하면서 사유의 공간을 확장하고 심화할 수 있기 때문이다. 언어가 시간의 구속자라는 명제와 연관 지어 생각할 수 있는 또 하나의 명제는 "언어는 문화의 결과이고, 일부분이며, 조건"이라는 것이다. 결국 언어는 시간의 구속자이기 때문에 언어를 활용해서 새로운 내용을 만들어내면 그것은 문화 행위의 결과라고 할 수 있고, 그러한 결과는 문화를 이루고 있는 다양한 것들 중의 하나이기 때문에 문화의 일부라고 할 수 있고, 언어를 통하지 않으면 문화의 창조와 계승 및 발전이 불가능하기 때문에 문화의 조건이라고 할 수 있다. 이런 맥락에서 본다면 인간의 삶에서 언어의 역할이 대단한 것임은 틀림이 없다.

이렇게 언어가 인간의 삶과 앎, 그리고 교육에서 중요한 역할을 하기 때문에 언어 교육은 학교 교육에서도 가장 중추적인 위치를 차지하고 있다. 그래서 언어교육(국어 교육)은 민족의 얼을 지키는 교과이면서 모든 교과의 기본이 되는 도구 교과의 지위를 누리고 있다. 그런데 이러한 도구 교과로서의 지위가 점점 흔들리고 있는 것이 요즈음의 흐름이다. 도구 교과의 지위를 흔드는 이유는 매우 많지만 가장 위협적인 이유 중의 하나는 지식과 정보에 대한 접근을 용이하게 하는 디지털 리터러시의 발달 때문이다. 그런데 이처럼 디지털 리터러시가 발달한다고 할지라도 여전히 디지털 리터러시의 기반은 언어이고, 언어는 인간이 존재하는 한 인간의 고유성을 유지하는 가장 중요한 수단이라는 점을 결코 부인할 수 없기 때문에 여전히 독보적인 의사소통의 수단이 될 수밖에 없다.

이 책에서는 언어 교육의 중요성을 인식하고, 디지털 기반의 리터러시 교육이 도래하더라도 그 기반은 여전히 언어가 되어야 한다는 것을 확신하고, 그러한 확신에 근거하여 잘 말하기를 어떻게 할 것인가의 문제를 해결하기 위한 이론과 활동을 탐색했다. 이 책을 접하는 주된 대상은 예비 초등학교 교사들이기 때문에 그들이 언어 교육, 특히 음성언어 사용을 본인들이 잘 하고, 이에 근거하여 학생들을 잘 지도할 수 있는 기반을 조성하기 위해서 집필했다. 각 장마다 활동이 첨가되어 있는 것도 이 책의 특징이기도 하다. 말하기 활동을 행함으로써 말하기 능력을 기를 수 있다는 전제는 변함이 없다. 그래서 행함으로서의 말하기 활동을 강조했다. 그리고 이와 더불어 관련 이론을 활동의 전후에서 논의한 것은 활동의 효율성을 극대화하기 위함이다. 부연하면 안내된 활동(guided activities)을 통해서 예비 교사들이 의미 있고 효율적인 의사소통을 할 수 있기 때문에 안내된 활동을 잘 하기 위한 기반으로서 이론을 활동의 전후에서 논의했다. 아무쪼록 이 책을 접하는 예비 교사들이 효율적으로 활용하여 본인 스스로 말을 잘하기보다는 잘 말할 수 있고, 이를 기반으로 학생들을 잘 지도할 수 있는 발판을 마련했으면 하는 마음이 간절하다.

2021년 12월 21일, 풍향동 연구실에서 김재봉

차례 Contents

PART 01 의사소통의 기반

PART 01

의사소통의 기반

제1부

〈교육과정 관련 성취 기준〉

[2국 01-01] 상황에 어울리는 인사말을 주고받는다.
[2국 01-02] 일이 일어난 순서를 고려하며 듣고 말한다.
[2국 01-06] 바르고 고운 말을 사용하여 말하는 태도를 지닌다.
[2국 02-03] 글을 읽고 주요 내용을 이해한다.
[4국 01-05] 내용을 요약하며 듣는다.
[4국 01-06] 예의를 지키며 듣고 말하는 태도를 지닌다.
[6국 01-06] 드러나지 않거나 생략된 내용을 추론하며 듣는다.
[6국 01-07] 상대가 처한 상황을 이해하고 공감하며 듣는 태도를 지닌다.
[6국 02-04] 읽기는 배경지식을 활용하여 의미를 구성하는 과정임을 이해하고 글을 읽는다.

CHAPTER 01

서론

CHAPTER

1 서론

인간의 삶은 언어를 떠나서는 단 하루도 유지할 수 없을 정도로 언어에 의지해서 이뤄지고 있다. 이렇게 삶에 밀접하게 관여하는 언어는 크게 음성언어와 문자언어로 이뤄져 있는데, 이 책은 예비교사를 주된 대상으로 하여 그들이 음성언어와 문자언어를 이해하고 생산하고 효율적으로 활용할 수 있는 능력을 기르는 데 도움을 주기 위한 목적으로 집필되었다. 특히 언어 기능(능력)의 신장과 관련된 활동을 중심으로 하되 관련 이론을 접할 수 있도록 상세하게 기술했다. 언어를 가르치는 교사는 활동만으로 충분하지 않고, 활동을 하되 왜 그러한 활동을 하는 것이 의미가 있는지에 대해 이론으로 이해하는 것 또한 매우 중요하기 때문이다. 그래서 이 책은 각 장에 필요한 활동을 넣었고, 그러한 활동의 의미를 설명하는 관련 이론을 상세하게 기술했다. 언어 기능(능력) 신장을 위한 기초적인 활동을 중시하되 이론서로서의 역할도 충실하게 할 수 있도록 기술했다.

이 책은 크게 6부로 구성되어 있다. 인간의 삶이 언어를 활용한 의사소통을 중심으로 하여 이뤄지기 때문에 의사소통의 기반이 되는 내용들을 1부에서 다뤘다. 여기서 다룬 내용들은 2부~6부의 기반으로 작용한다. 2부는 3부~5부의 기반이 된다. 3부~5부는 말하기(글쓰기)의 장르에 해당되며, 6부는 말하기(글쓰기)를 하는 화자(필자)의 자기 성찰과 관련되는 내용이다. 화자(필자)가 자신을 성찰하고(6부), 성찰을 바탕으로 이론이 기반이 된(2부) 장르로서의 말하기(글쓰기)(3부~5부)를 잘 할 수 있는 기능(능력)을 함양하는 것을 거시적인 기술의 목적으로 삼았다.

1부는 의사소통의 기반이다. 의사소통(능력)의 개념과 구성 요소, 의사소통의 모형과 원리, 앎과 언어, 언어와 사고와 교육, 사고의 형성과 배경 지식, 말하기 불안, 질문하기, 듣기에 대한 이해와 언어 이해의 과정, 그리고 언어 표현의 과정을 다루었다. 1부의 내용들은 예비교사들이 음성언어와 문자언어를 활용하여 의사소통을 하거나 의사소통 능력을 신장시키기 위한 지도를 하고자 할 때 활용할 수 있는 이론적 기반을 모색한 것이다.

2부는 3부~5부의 기반이다. 3부~5부는 이 책의 핵심부분이다. 2부는 잘 말하기 위해서는 말하기를 하는 목적, 청중과 화제 분석, 그리고 말하기(글쓰기)의 조직을 알아야 한다는 점을 다루었다. 아울러 말(글)의 구조화와 전개 방식, 그리고 말하기의 형식과 조직, 음성의 힘, 비언어로서의 신체 언어 사용, 시청각 보조자료 사용, 그리고 예행연습과 점검하기와 같은 문제도 다루었다.

3부는 장르 중심의 말하기(글쓰기)를 다루었다. 전통적으로 국어과 교육과정은 정보전달, 설득, 정서표현의 말하기(듣기, 읽기, 쓰기)로 구분하여 언어 기능(능력)의 향상을 도모하고 있다. 이러한 구분을 기조로 하면서 이 책에서는 정보전달의 말하기에 설명하는 말하기를 첨가해서 논의했다. 정보전달은 정확한 설명이 수반될 때 더 효율적으로 이뤄질 수 있기 때문이다. 설득하는 말하기의 경우도 설득하는 말하기를 중심으로 하되 문제해결의 말하기를 추가하여 논의했다. 설득과 문제해결은 밀접한 관련이 있으면서도 설득이 주로 개인의 문제라고 하면 문제해결의 말하기는 집단에 초점을 두고 설득을 통해 궁극적으로는 문제를 해결하는 것으로 귀결될 수 있기 때문에 설득하는 말하기와 문제해결의 말하기를 병행했다. 정서표현의 말하기는 포괄적으로 기술되어 있어서 이들을 다시 구두 연출과 이야기하기(스토리텔링)로 세분화하여 논의했다. 구두 연출은 원작자의 의도를 충분히 반영하여 그들의 목소리를 변형시키지 않으면서 의사소통을 하는 말하기이다. 시를 낭송한다거나 연극을 하는 것, 혹은 문학작품의 특정한 부분을 중심으로 하여 등장인물이 되어 그 역할을 해보는 것 등이 여기에 해당된다. 한편 이야기하기는 원작의 내용을 변형하기도 하면서 자신의 생각을 이야기의 형태로 담아서 이해하고 표현하는 것이다. 이들을 정서 표현의 말하기라는 범주로 묶을 수 있지만 이 책에서는 이들을 구분하여 논의했다. 구분하여 논의하는 것이 이론적으로 더 선명하면서도 활용하는 사람들이 좀 더 용이하게 접근할 수 있기 때문이다.

6부는 화자의 자기 성찰과 관련된 내용이다. 화자는 자기가 누구이고, 현재의 자기의 상태는 어떠하며 내 안에 존재하는 나의 모습은 어떤 모습인지를 알고 활용할 때 좀 더 의미 있는 의사소통이 가능하기 때문에 이러한 의도를 반영하여 6부를 기술했다. 가르치는 사람의 입장에서 학습자가 누구인지를 잘 알고 있을 때 더 잘 말하고 지도할 수 있다. 이런 의도를 반영하여 학습자에 대한 이해를 논의했다. 그리고 자신은 물론 학습자를 이해하는 방식으로 조하리의 창을 활용할 필요가 있음을 논의했다. 또한 사람들 사이에는 관계가 형성되어 있고, 그러한 관계 속에는 늘 갈등이 존재하기 때문에 갈등 현상에 대해 어떻게 이해해야 하며, 그러한 갈등에 대처하는 방안이 무엇이어야 하는가를 논의했다.

CHAPTER 02

의사소통(능력)의 개념과 구성 요소

CHAPTER

2 의사소통(능력)의 개념과 구성 요소

이 장에서는 언어 사용의 특권을 누리고 있는 인간만이 언어를 통한 상호 간의 의사소통을 통해서 문화를 창조·계승한다는 것이 왜 중요한지에 대해서 의사소통의 개념과 의사소통 능력을 중심으로 하여 탐색하고자 한다. 의사소통이란 무엇이고, 의사소통의 특성은 무엇이며, 의사소통의 구성 요소에는 어떤 것이 있는지에 대해 탐색한다. 이어서 의사소통의 과정, 의사소통 능력의 개념과 구성 요소를 탐색하고자 한다. 이러한 탐색은 예비교사들의 의사소통 능력 신장, 그리고 지도 능력의 신장을 위한 기본 이론을 다지는 데 길잡이의 역할을 할 것이다.

1 의사소통의 개념

우리 삶은 의사소통의 연속이다. 의사소통이 무엇인지도 잘 모르면서 의사소통을 하는가 하면 의사소통이 무엇인지를 알면서도 의사소통을 잘 하지 못하는 경우도 있다. 학술적인 용어로 의사소통(communication)은 언어적·비언어적 메시지를 활용하여 느낌과 생각을 표현·전달하고 수신·이해하는 하나의, 의식적이거나 무의식적인 혹은 의도적이거나 비의도적인 과정인데, 이 과정은 의도를 가지지 않은 우연적(accidental)인 것일 수도 있고, 사람들의 감정 상태의 결과로부터 기인한 표출적(expressive)인 것일 수도 있으며, 특별한 의사소통의 목적으로부터 기인한 수사적(rhetorical)인 것일 수도 있다(Roy M. Berko 등, 2013: 3쪽 참조).

인간의 의사소통은 개인 내(intrapersonal), 개인 간(interpersonal), 대중적(public) 차원에서 일어난다. 개인 내 의사소통(intrapersonal communication)은 자신과의 의사소통을 말하는데 사고 과정, 개인적 의사결정, 청취, 그리고 자아상의 결정과 같은 활동이 포함된다. 개인 간 의사소통(interpersonal communication)은 의사소통의 관계를 확립한 둘 또는 그 이상의 사람들 사이에서 발생하는 의사소통을 의미하는데 면 대 면 대화 또는 중재된 대화(회견), 인터뷰, 그리고 소집단 토의 등이 여기에 해당될 수 있다. 대중적 의사소통(public communication)은 화자가 청중에게 메시지를 전달하는 것을 특징으로 하는데 화자가 청중에게 면 대 면 상황에서 메시지를 전달하는 직접적인 전달일 수도 있지만 라디오나 텔레비전을 활용하는 것과 같은 간접적인 전달일 수도 있다.

우리가 잘 아는 것처럼 의사소통은 '동적(dynamic)이고, 연속적(continuous)이고, 취소할 수 없으며(irreversible), 상호작용적(interactive)이고, 맥락의존적(contextual)이고, 기능 활용의 복잡성(complex)'을 특성으로 한다. 동적이라는 것은 그 과정이 끊임없이 변화의 상태에 있다는 것을 의미한다. 의사소통을 하는 사람들의 태도, 기대, 느낌, 감정 등이 변화함에 따라 의사소통의 본질 또한 변화한다. 연속적이라는 것은 결코 멈추지 않는 것을 의미한다. 우리가 잠을 자고 있을 때나 깨어 있을 때나 우리는 늘 우리의 꿈, 사고, 표현을 통해 아이디어나 정보에 접근한다. 우리의 뇌는 능동적이며 우리는 끊임없이 의사소통을 하고 있다. 취소할 수 없다는 것은 일단 우리가 메시지를 보내면 우리는 그것을 원상태로 할 수 없다는 것을 의미한다. 일단 우리가 말을 하거나 의미 있는 표정을 짓거나 거친 전자 메일을 보내거나 감정을 표출하게 되면 우리는 그것을 지울 수 없다. 사과나 부인한다고 해서 이미 일어난 것을 완전히 지울 수는 없다. 상호작용적이라는 것은 우리 자신의 스피치와 행동에 대해 반응하고 이들 반응에 대해 반응하며 다른 사람들도 우리의 스피치와 행동에 반응한다는 것을 의미한다. 따라서 행동이나 반응의 순환은 우리 의사소통의 기본이다. 맥락의존적이라는 것도 의사소통의 특성 중의 하나이다. 의사소통 과정이 복잡한 것은 의사소통과 관련하여 다양한 맥락이 존재하고 있기 때문이다. 그리고 이렇게 다양한 맥락이 존재하는 것은 인간 경험의 상당 부분이 맥락과 결합해야만 의사소통의 기능 부담량을 줄일 수 있기 때문이다. 그리고 의사소통의 복잡성은 인간이 의사소통의 상황, 참여자, 목적에 부합하는 인식과 기능 그리고 의사소통자로서 효과적으로 역할을 수행하는 데 필요한 기능을 발달시켜야 한다는 것을 의미한다. 하나의 단어로 처리되는 광고가 이것을 잘 드러내준다. 우리는 친구들에게 말하듯 어머니에게 말하지는 않는다. 예의 바르게 말하는 것은 휴일의 식사 시간이나 용돈을 요구할 때 적절하다. 길거리 토크와 잡담 등은 크게 예의를 갖춰 말할 필요가 없다. 심지어 한 마디도 하지 않은 몸짓 발화는 구문과 문법을 고려할 필요조차도 없다.

효율적인 의사소통자가 되기 위해서 우리는 의사소통 과정이 어떻게 하나의 체계로서 작동하고 있는지를, 어떻게 정보를 보내고 처리하는지를, 그리고 어떻게 하나의 결론에 이르는지에 대한 방법을 이해할 필요가 있다. 또한 효율적인 의사소통자가 되기 위해서는 다른 사람이 보낸 아이디어를 평가할 필요가 있으며, 의사소통과 문화 사이의 관계를 이해할 필요가 있다. 뿐만 아니라 훌륭한 의사소통자는 그들이 의사결정을 할 때 사용하는 윤리적 기준이 무엇인지에 대해서도 충분히 이해할 필요가 있다.

2 의사소통의 구성 요소

인간으로서 우리는 선택적 의사소통(selective communication)을 한다. 선택적 의사소통은 의사소통을 위해 특정한 기호를 선택하여 사용하기 때문에 붙여진 이름이다. 특정한 기호 중에서 가장 대표적인 것이 언어 기호이다. 선택적 의사소통은 우리들에게 소리(문자)를 결합하여 복잡한 문장으로 구성하고 느낌, 사고, 사건, 대상을 기술하게 해준다. 선택적 의사소통 능력이 있기 때문에 우리들은 의도하는 메시지를 다른 사람들에게 어떻게 보낼 것인지를 결정할 수 있다. 다음 그림은 의사소통의 구성 요소가 무엇이고 각 구성 요소들이 어떻게 수행되는지를 개략적으로 보여준다(Roy M, Berko 등, 2013: 6쪽에서 인용함).

다음 그림에서 발신자와 수신자를 나타내는 내부의 원은 각각 메시지를 보낸 사람, 참조의 틀(지각적 영상망)을 통해 화자에게 피드백을 하는(보내는) 사람으로 중첩되어 있다. 화자와 청자는 각각의 참조의 틀(지각적 영상망)을 기반으로 하여 언어적·비언어적 메시지를 구성하고 의사소통을 한다. 이러한 의사소통에는 다음과 같은 구성 요소가 있다.

의사소통의 구성 요소에는 "의사소통자의 지각(perceptions), 의사소통의 과정(process), 발신자, 경로, 수신자, 메시지, 피드백, 의사소통의 장애(소음), 맥락"이 있다. 다음에서 이들 구성 요소에 대해 좀 더 상세하게 살펴보고자 한다.

+ 의사소통의 구성 요소

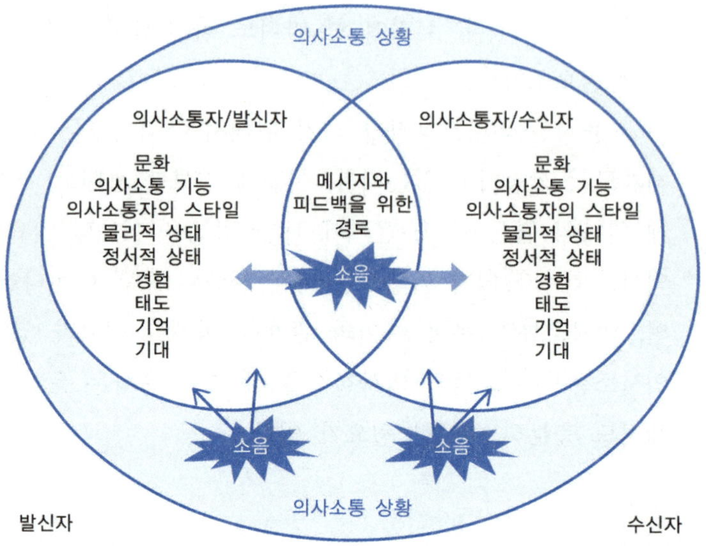

발신자

1. 의사소통을 위한 필요성이나 아이디어에 의해 발생한 느낌
2. 언어 체계를 사용하여 메시지를 소통하기 위해 선택하기(부호)
3. 메시지를 소통하기 위한 언어 체계를 발견하기 위해 기억과 과거 경험을 사용하기(부호화)

수신자

1. 의사소통을 위한 자극이나 필요성에 의해 발생한 느낌
2. 왜곡된 형식일 때 상징(부호) 수신하기
3. 의미를 상징에 부합하게 하기 위해 기억과 과거 경험을 사용하기(해독)
4. 정보를 저장하기
5. 피드백하기

첫째, 의사소통자의 지각이다. 세계를 보는 방식으로서의 지각은 의사소통 과정에서 일어나는 자극을 해석할 때 영향을 미친다. 많은 요소들이 의사소통자의 지각적 필터 형성에 영향을 미친다. 지각적 필터(perceptual filter)는 청자가 화자로부터 받는 자극에 귀를 기울이고 의미하지 않는 것과 의미하는 것을 분리하는 것이다. 지각적 필터를 형성하는 요인들은 대단히 많다. 우리가 가지고 있는 배경적 세계관으로서의 문화, 경험과 훈련을 통해 발달된 의사소통 기술, 특정한 시간에 어떻게 느끼는지와 관련된 신체적·정서적 상태, 문화적 배경으로서의 경험, 특정한 자극에 반응하는 긍정적·부정적 경향으로서의 태도, 정보를 저장하고 기억해내는 능력으로서의 기억 등이 지각적 필터를 형성하는 요인들이라고 할 수 있다. 지각적 필터의 차이 때문에 두 사람은 같이 본 어떤 사건에 대해 전혀 다른 관찰 결과를 보고할 수 있다.

둘째, 의사소통의 과정이다. 우리는 지각적 필터를 통해 메시지를 부호화하고 해독한다. 이들 지각적 필터는 의사소통의 결과를 위한 기대를 형성하기도 하고 의사소통자의 메시지를 해석하는 지침이 되기도 한다. 예를 들어 비록 리더가 회고하는 내용이 긍정적 측면에 초점을 맞추고 있을지라도 뉴스에 대해 부정적인 기대를 갖고 있는 사람은 부정적으로 해석할 가능성이 매우 높은 것은 바로 지각적 필터가 다르기 때문이다.

의사소통을 할 때 우리는 아이디어를 부호화하고(아이디어를 선택하여 이를 메시지 형태로 만듦), 기본적인 신호 체계(primary signal system)(감각들: 보고, 듣고, 냄새 맡고, 만질 수 있는)로 이뤄진 경로를 통하여 누군가에게 보내고, 기본적인 신호 체계를 통해 이를 받아들인 사람은 받아들인 메시지를 해독한다. 우리는 우리가 감지한 것들을 언어적·비언어적 신호로 표현할 수 있다. 종소리를 듣고 이를 알아차리는 것은 언어적 신호이고, 난로 옆에 있다가 난로에 손을 대어 뜨거운 나머지 눈물을 흘리는 것은 비언어적 신호이다. 또한 옆에 있는 친구에게 책을 빌려 달라고 했을 때 친구가 알아차리고 책을 빌려준다면 언어적 의사소통은 성공을 한 것이지만, 한국어를 쓰는 사람과 스페인어를 쓰는 사람이 의사소통을 하지 못할 경우 의사소통은 실패로 끝날 수밖에 없다.

우리는 말하는 행위 자체가 진정한 의미의 의사소통이 아님을 기억해야 한다. 말하기는 생물학적 행위일 뿐이지만 의사소통은 매우 광범위하여 의사소통 참여자들 사이에서 동일한 의미를 공유한 사람들 사이의 관계가 발전하도록 해주는 것까지 포함한다. 말하는 것 자체는 의사소통이 아니다. 말하는 것 자체가 의사소통이 되려면 청자가 말하는 행위에 대해 특정한 반응을 해야 한다. 뿐만 아니라 진정한 의사소통은 생각이 다른 사람의 의견도 듣고 수용할 때 이뤄지는 것이지, 생각이 같은 사람들끼리만 소통하는 것은 진정한 의사소통이라고 할 수 없다.

셋째, 발신자와 메시지다. 의사소통의 과정은 발신자가 어떤 사건, 대상, 아이디어 등에 의해 의식적으로나 무의식적으로 자극을 받을 때 시작된다. 메시지를 보내려고 하는 욕구는 메시지를 부호화할 수 있는 적절한 언어(음성적 또는 비음성적 또는 이들 모두)를 찾는 기억 탐색을 수반한다.

넷째, 경로(channel)이다. 의사소통이 일어나는 동안에 부호화된 메시지는 하나의 경로나 여러 경로로 전달된다. 만약 직접 대면으로 의사소통이 이뤄진다면 이 경로들은 일부분이나 다섯 감각 모두가 될 것이다. 전형적으로 말하기와 듣기는 시각과 소리라는 경로에 의존한다. 그러나 직접 대면하여 대화하지 않고, 단지 소리를 사용하거나(전화) 또는 보고 듣는 것(TV)을 사용하는 전기적 경로를 선택할 수도 있다. 어떤 경우에는 신체적 접촉(타인의 어깨를 두드림)이라는 수단을 통해 메시지를 전하는 방식을 선택할 수 있다. 이러한 경우에 우리는 촉각적 경로를 이용한다(52쪽 확장된 상호작용 모형 참조 바람).

화자와 청자 사이에는 늘 공간이 존재하고, 그 메시지는 늘 그러한 공간을 통과해야만 한다. 메시지가 전달되기 위해서는 반드시 에너지가 사용되어야 하고, 어떤 형식의 에너지가 사용되든 간에 그것은 청자에 의해 경험될 수 있는 것이어야 한다. 예를 들어, 음성은 음성을 들을 수 없는 사람과 의사소통하기를 원한다면 소용이 없다.

다섯째, 수신자와 메시지다. 수신자는 자기가 가진 감각들을 통해 음성적·비음성적 신호를 수용한 후에 의사소통이 완성되기 전에 메시지를 해독해야 한다. 음성적·비음성적 신호를 받았을 때 수신자는 기억 탐색을 통해 음성적·비음성적 신호들을 해독하는 과정을 진행하고, 이렇게 함으로써 이 신호들은 수신자의 언어 체계로 번역된다(해석된다). 각각의 상징체계는 독특한 인식의 형태로 형상화되어 있기 때문에 이렇게 해독된 메시지는 발화자에 의해 부호화된 것과 동일하지 않을 수도 있다. 문화의 차이에 따라서도 메시지의 해석은 달라질 수 있기 때문이다. 요리를 하는 경우, 전문 요리사와 아마추어 요리사는 조리법에서 맛을 내는 양념이 무엇을 의미하는지에 대해 접근 방식이 다를 수 있고, 이러한 접근 방식의 다름은 바로 상징체계를 해석하는 독자들의 인식 차이 때문이다.

여섯째, 피드백이다. 일단 수신된 메시지에 의미가 부여되면, 수신자는 반응하는 위치에 있게 된다. 피드백이라고 불리는 이 응답은 메시지에 대해 음성적·비음성적 반응(또는 두 가지 다)을 보이는 것이다. 피드백은 수신자가 이해하거나(고개를 끄덕임) 이해하지 못하거나 발화자에게 계속해 달라고 부추기거나 동의하지 않는다고 표시하는 것이다. 이 행동 반응을 통해 수신자는 발화자에게 피드백을 하고, 피드백을 함으로써 수신자의 역할에서 발화자의 역할을 한다.

일곱째, 의사소통 장애(소음)이다. 메시지는 각각의 의사소통자들의 해석에 의해서뿐만 아니라 의사소통의 과정에서 일어나는 내적 혹은 외적 간섭인 의사소통 장애(소음)에 의해서도 영향을 받는다. 장애(소음)는 환경적 장애, 생리적인 불안정 장애, 의미적 장애, 통사적 장애, 구성상(조직상)의 장애, 문화적 장애, 심리적 장애 등에 의해 발생한다. 이들을 좀 더 부연하면 다음과 같다. ① 환경적 장애다. 환경적 장애는 수신자가 메시지를 받는 것을 방해하는 외부적 간섭이다. 이동전화를 할 때 외부 장애(소음)로 인해 소리가 잘 들리지 않는 것도 그 하나의 예이다. ② 생리적인 불안정 장애다. 신체적인 문제가 때로는 효과적인 메시지의 전달과 수신을 방해한다. 그래서 생리적인 불안정 장애가 생겨난다. 예를 들어 청각장애인은 보통 사람이 듣는 방식의 메시지 수신 감지 능력을 가지고 있지 못하다. 그래서 그들은 보청기 같은 기계 장치를 사용하지 않거나 입술을 읽을 수 없다면 음성적 메시지를 받을 수 없다. 또 다른 유사한 예로 언어장애를 가지고 있는 사람은 메시지를 이해하는 데 어려움을 겪을 수 있다. ③ 의미적 장애다. 단어의 의미와 관련된 장애가 발생할 수 있다. 예를 들어 사람들이 단지 특정 집단, 특정 지역 사회, 다른 나라, 특정한 분야, 직업, 기관에서만 공유되는 언어를 사용할 때 의미적 장애가 생긴다. 특정 지역 방언을 사용하는 사람들이 사용하는 단어의 의미를 이해하지 못하는 것은 바로 의미적 장애 때문이다. ④ 통사적 장애다. 각각의 언어에는 단어들을 문법적 형태로 배열하는 관습적 방법으로서의 통사 현상이 존재한다. 이 통사 현상에 대해 이해가 되어 있지 않으면 언어를 부호화하고 해독하는 것 모두에 어려움이 있을 수 있다. 국어의 어순은 '주어－목적어－서술어'로 구성되는 반면 영어는 '주어－서술어－목적어'로 구성되기 때문에 동일한 개념을 지닌 명제의 의미를 받아들이는 데 두 언어를 사용하는 사람들이 서로 정보의 처리에서 시간의 차이가 생기는 것은 바로 통사적 장애의 하나라고 할 수 있다. 이러한 장애가 존재하더라도 능숙하게 언어를 사용하게 되면 이들의 차이가 극복되어 능숙한 이중 언어 사용자로 전환된다. 아무튼 하나의 문장을 이루는 단어의 배열과 그 배열에 따른 정보 처리 단위의 차이로 인해 의사소통에서 장애가 생기는 것을 통사적 장애의 한 예로 들 수 있다. ⑤ 구성적(조직상) 장애다. 발화자가 어떤 생각들은 구조화된 순서로 표현할 경우에 가장 잘 이해된다는 인식이 부족할 때 구성적 장애가 초래된다. 시간의 순서나 공간적 질서, 인과관계 등을 고려하여 말할 때 구성적(조직상) 장애를 극복할 수 있다. ⑥ 문화적 장애다. 문화적 장애는 어떻게 구성원이 행동해야만 하고 무엇을 믿고, 무엇을 믿지 말아야 하는가에 관한 집단이나 사회로부터 생겨난 관습 때문에 나타난다. "훌륭한 사람은 그렇게 하지 않는다. 그것이 이제까지 전승된 방법이고, 앞으로도 전승될 방법이다."와 같은 것들은 규칙과 관습들의 체제 안에서 안주하고 있는 사람들이 진술한 것으로 문화적 장애의 하나라고 할 수 있다. 이러한 문화적 장애는 어떤 집단에서 나타나는 행동은 항상 옳고, 반면 다른 집단의 구성원에 의한 행동은 항상 옳지 않다고 하는 태도 때문에 나타나기도 한다. 따라서 늘 특정 정당만을 지지했던 사람이 상대 정당 후보에 관한 정보를 들을 때 편견을 갖지 않는 것이 어려운 것도 바로 이러한 문화적 장애가 존재하는 증거이다. ⑦ 심리적 장애다. 우리는 스스로 메시지 전달에 비효과적인 역할을 하는 스트레스, 좌절, 짜증 등의 심리적 장애가 있음을 경험한다. 화가 많이 나서 사고를 제대로 할 수 없을 때 무슨 일이 일어나는지 생각해본다면 심리적 장애가 효과적 의사소통을 얼마나 방해하는지를 잘 알 수 있다. 불행히도 특정한 사람들은 평상시 의사소통에 심각한 심리적 문제를 가지고 있다. 그래서 이러한 심리적 장애를 극복하는 것이 의사소통을 효율적으로 하는 데 매우 중요하다. 그래서 이러한 심리적 장애를 극복하는 방법을 배우고 활용할 수 있어야 한다.

여덟째, 맥락이다. 의사소통은 고립 상태에서 일어나지 않는다. 항상 참석한 사람과 의사소통이 벌어지고 있는 장소와 이런 것들이 어우러진 전반적인 상황이나 태도와 관련되어 일어난다. “어디에 있는가와 누구와 함께 있는가.”는 우리의 의사소통에 영향을 준다. 이러한 요소－방의 크기, 벽의 색깔, 가구의 종류와 배열 상태－들은 우리가 어떻게 느끼는가와 의사소통하는 방법, 그리고 우리를 의사소통에 참여하게 하는 방식에 영향을 미칠 수 있다.

맥락은 지식의 일종이라고도 할 수 있다. 다시 말하면 맥락이란 “저자나 화자의 배경, 특정한 논쟁에서 전통적으로 사용하고 있는 그 용어의 의미, 그리고 애매한 진술의 앞과 뒤에 제시되어 있는 단어와 진술” 등을 의미한다. 다음 그림을 보자(다음 두 그림은, 장현갑 외 역(2004). 295쪽에서 인용함)

위의 그림에서 보면 가운데에 있는 사다리에 대해서 세로로 읽을 때는 “A”로 이해하지만, 가로로 읽을 때는 “H”로 이해한다. 사람들은 왜 동일한 것을 두고 읽는 양상에 따라 다르게 이해하는가. 이것을 가능하게 하는 것이 맥락이다. 앞에서 제시된 맥락에 대한 진술에 의하면 “애매한 진술의 앞뒤에 제시되어 있는 단어와 진술"이라는 항목이 있다. 맥락은 바로 위와 같이 애매한 진술(대상, 사항)의 앞뒤에 놓여 그것이 의미를 가질 수 있도록 해주는 언어적, 비언어적 장치(지식)라고 할 수 있다. 우리는 고양이(cat)와 그(the)에 대한 지식이 있기 때문에 동일한 사다리에 대해 어떤 맥락에 놓이느냐에 따라서 "A"와 "H"로 해석을 할 수 있다. 이처럼 이해에 도움을 주는 언어적 지식이 바로 맥락이라고 할 수 있다. 뿐만 아니라 다음과 같은 것도 어떤 맥락에 있느냐에 따라서 해석을 다르게 할 수 있기 때문에 비록 언어는 아니지만 비언어에 의해 의미를 이해하도록 해주기 때문에 하나의 맥락이라고 할 수 있다.

A B C

위의 그림에서 C는 할머니의 모습이다. 사람들에게 이것을 먼저 보여주고 A 그림을 보여주면 할머니 모습밖에 보지 못한다. 그런데 B는 젊은 아가씨의 모습이다. 이 그림을 먼저 보여주고 A 그림을 보여주면 이번에는 젊은 아가씨밖에 보지 못한다. 이것이 의미하는 바는 무엇인가. 이전에 무엇을 보았느냐(인식했느냐)가 이해에 중요한 영향을 미치고 있음을 의미해준다. 배경 지식의 영향이라고도 할 수 있지만 어떤 맥락에 놓여있느냐에 따라서 이해의 내용이 달라질 수 있다(맥락이 영향을 미쳐서 인지의 내용이 달라지는 것을 맥락 효과라고 한다). 이것은 비언어적 단서에 의한 맥락이다. 맥락은 이처럼 의사소통 상황에서 중요한 영향을 미칠 수 있기 때문에 맥락에 대한 이해가 중요하다고 할 수 있다. 다음 활동을 통해서 앞에서 언급한 의사소통의 구성 요소를 확인해보자.

활동 2-1 의사소통의 구성 요소

이 활동의 목적은 위에서 논의한 내용을 바탕으로 하여 의사소통의 구성 요소를 확인해보고, 그것을 국어 교육의 관점에서 어떻게 활용할 것인가에 대한 방법을 탐색하기 위함이다.

연주자가 긴 머리를 휘날리며 땀방울을 무대에 뿌리자, 정신을 잃고 쓰러지는 여성 관객이 속출했다. 일부 여성은 입고 있던 옷을 무대로 던졌다. 록그룹 콘서트 현장이 아니었다. '피아노의 왕' 프란츠 리스트의 1842년 베를린 연주회에서 일어난 일이다. 리스트가 관객을 사로잡았던 비결이 심리 실험으로 밝혀졌다. 클래식이든 록이든 관객에게 더 중요한 것은 음악 자체보다는 연주의 열정이 드러나는 화려한 시각적 자극이란 것.

영국 런던대(University College London)의 사회심리학자이자 전문 피아노 연주자이기도 한 치아 중 차이(Tsay) 교수는 일반인 1164명에게 세계적인 피아노 경연대회 10곳에서 각각 최종 결선에 오른 3명 중 1등을 고르도록 했다. 예상대로 사전 설문조사에선 83.3%가 판정의 기준으로 '소리'를 꼽았다. 클래식 전문가들도 비슷한 비율을 보였다. 연구진은 피아노 연주 녹음을 들려주거나, 소리가 나오지 않는 연주 영상을 각각 제시했다. 소리 또는 영상 중 어느 쪽이 우승자를 맞히는 데 결정적인 정보가 되는지 알아본 것이다. 예상과 달리 영상만 본 경우 52.5%가 실제 대회 우승자를 1등으로 골랐지만, 녹음을 들은 사람들은 25.5%만 성공했다.

전문가 역시 마찬가지였다. 이번엔 녹음, 무음(無音) 영상, 소리가 제대로 나오는 영상 세 가지를 제시했다. 여기서도 영상만 봤을 때 정답 비율이 47%로 가장 높았다. 다음은 소리가 나오는 영상(29.5%), 녹음(25.7%) 순이었다. 결국 대회 심사에서 귀보다는 눈이 우선이었던 셈이다.

신경과학자들은 시각이 청각보다 더 원초적인 감각이라고 본다. 인간이 외부로부터 받아들이는 정보의 가장 큰 부분도 시각 정보다. 차이 교수는 "시각 정보는 사람들이 연주자의 자질로 중요하게 보는 음악적 열정이 어느 정도인지 알려준다."고 설명했다. 이번 연구결과는 지난 19일 '미 국립과학원회보(PNAS)' 인터넷판에 실렸다(조선일보, 2013. 8. 28., 이영완 기자).

1. 위에서 의사소통의 구성 요소를 여덟 가지 논의했는데, 논의한 구성 요소 중에서 해당되는 구성 요소가 무엇인지를 찾아보자.
2. 찾은 구성 요소, 그 중에서도 '맥락'의 활용이 국어 교육(언어 교육 혹은 의사소통)에서 왜 중요한지에 대해 논의해보자.

3 의사소통의 과정

위에서 의사소통의 구성 요소를 살펴보았다. 그렇다면 사람들은 이러한 의사소통의 구성 요소를 활용하여 어떻게 의사소통을 하는가. 여기서는 이러한 의사소통의 과정을 단계별로 살펴보고자 한다(Quattrini, J. A., 1996: 21~22를 참조). 물론 이러한 단계는 반드시 순차적으로 진행되는 것은 아니고 경우에 따라서는 생략될 수도 있고, 단계들이 통합되어 의사소통이 이뤄질 수도 있다. 의사소통은 하나의 과정이며 복합적인 상황 속에서 일어난다는 점을 기억해야 한다.

- 1단계: 화자는 과정을 시작한다. 과정을 시작하면서 화자는 청자에게 영향을 미칠 필요성을 느끼거나, 혹은 청자에게 자기와 공유했으면 하는 정보를 제공해주고 싶은 필요성을 느낀다. 이러한 활동들은 화자의 뇌 시스템과 청자의 뇌 시스템을 연결시킬 필요성을 갖는다는 의미이다. 그런데 화자와 청자의 뇌 시스템 연결은 단지 의사소통에 의해서만 이뤄진다.
- 2단계: 화자는 청자가 알아들을 수 있는 언어를 활용하여 메시지를 만들어낸다. 의사소통의 과정에서 이러한 행위를 이른바 부호화(encoding)라고 한다.
- 3단계: 부호화를 한 다음 화자는 경로를 선택한다. 경로를 선택한다는 것의 의미는 화자가 메시지를 새롭게 만들어내기 위해 음성, 문자, 음악, 시각 보조자료, 촉각, 미각, 또는 그 외의 다른 수단을 결정한다는 것이다. 말하자면 면 대면 상황이라면 음성이라는 경로를 선택할 수 있고, 확실하게 하고 싶다면 문자를 활용하는 시각이라는 경로를 선택할 수 있다.
- 4단계: 화자는 메시지를 준비하고 그것을 청자에게 보낸다. 이것이 의미하는 바는 화자가 하나의 언어나 상징체계를 사용하는 그림을 보내거나, 말하거나, 글로 쓰는 것이다. 이것은 이른바 '전달(transmitting)'이다.
- 5단계: 청자는 눈, 귀, 코, 피부와 같은 감각 기관을 통합적으로 활용하여 메시지를 받아들인다.
- 6단계: 청자는 받아들인 신호에 따라 행동을 하고 화자가 의도했던 것이 무엇인지를 결정한다(이해한다). 이 과정에서 환경, 시간, 사건, 그리고 공간 등은 이러한 부호해독 과정(decoding process)에 큰 영향을 미친다. 의사소통 과정에서 이뤄지는 이와 같은 듣기는 수동적인 행위가 아니며, 상당한 노력을 필

요로 하는 인간의 활동의 하나이다.

- 7단계: 청자는 메시지를 듣고 화자가 자기에게 보낸 메시지가 무엇인지를 파악한 다음에 화자에게 피드백을 한다.
- 8단계: 그러면 피드백을 받은 화자는 다시 청자가 된다. 새로운 청자로써, 그는 받은 메시지에 대해서 무슨 피드백을 해야 할지를 결정해야 한다.
- 9단계: 최종적으로 새로운 청자는 피드백에 대한 결정을 한 뒤에, 메시지를 조정할 기회를 갖는다. 메시지를 조정하는 과정을 통해 메시지를 반복할 수도 있고, 메시지에 정보를 첨가할 수도 있으며, 완전히 취소할 수도 있다.

이러한 의사소통의 단계는 좀 더 크게 보면 화자가 메시지를 생성하는 과정(1단계~3단계), 생성한 메시지를 전달하는 과정(4단계), 전달한 메시지를 수신하는 과정(5~6단계), 수신한 메시를 다시 화자에게 피드백을 하는 과정(7~9단계)으로 구분할 수 있다. 그런데 이러한 의사소통의 과정은 선형적 과정(linear process)정이라기보다는 순환적 과정(cyclical process)이라는 점에 유의할 필요가 있다. 다음 활동 자료를 통해 의사소통의 과정이 어떻게 이뤄지고 있는지를 설명해보자.

활동 2-2 의사소통의 과정

이 활동의 목적은 의사소통이 어떤 과정을 거쳐 이뤄지는지를 확인하고 그것을 국어 교육(의사소통 교육)에서 어떻게 활용할 것인지에 대한 방법을 탐색하기 위함이다.

■ 마시멜로 실험

'티끌모아 태산'이라는 속담이 있지요. 한때 저축 열풍이 불었을 때 널리 얘기되던 '카페라테 효과'라는 것이 있었어요. 카페라테는 우유를 섞어서 마시는 커피의 한 종류입니다. 습관처럼 라테를 마시는 대신, 매일 약 4000원을 30년 동안 저축하면 2억 원이 넘는 거금을 모을 수 있다는 얘기이지요. 은행 이율을 연 9%로 환산한 결과로, 이를 '복리의 마술'이라고 부르기도 했어요. 그런데 요즘은 라테 효과를 얘기하면 별로 탐탁지 않다는 반응이 대부분이에요. 일단 은행 이율이 그렇게 높지 않고 무엇보다 30년을 어떻게 기다리느냐 하는 거지요.

사람들은 용돈이나 세뱃돈을 받으면 어떻게 할까요? 용돈이 생기는 즉시 맛있는 음식을 먹거나 사고 싶었던 물건을 사느라 금방 다 써버리는 사람도 있어요. 반대로 당장 돈을 사용하지 않고 계획을 세워서 조금씩 나누어 쓰는 사람도 있죠. 여러분은 어떻게 생각하세요? 군것질할 비용을 30년 동안 저축하는 것과 지금 당장 과자를 먹는 것 중에서 고른다면 말이에요. 이와 관련된 마시멜로 실험을 소개할게요.

◇ 지금 먹을까, 15분 참고 하나 더 먹을까

이 실험은 사회심리학자 월터 미셸(Mischel)의 책 '마시멜로 테스트'에 소개된 실험으로, 즉각적인 만족을 참는 것이 나중에 좋은 결과로 이어진다는 내용을 담고 있어요. 우선 아이 653명에게 마시멜로를 주고, 15분 동안 먹지 않고 기다리면 상으로 1개를 더 주겠다고 합니다. 아이를 혼자 두고 어떻게 하는지를 관찰했더니 아이 중 약 3분의 1만 마시멜로를 먹지 않고 약속한 상을 받았어요. 15년이 지나 실험에 참가했던 아이들의 학업 성적을 조사해보니, 마시멜로를 먹지 않고 참았던 아이들이 마시멜로를 빨리 먹었던 아이들보다 성적이 높았어요. 연구자는 이 결과를 충동적인 마음을 이겨내고 다음 일을 계획할 줄 아는 사람들이 성공할 가능성이 크다는 뜻이라고 해석했어요. 자제력이 성공의 열쇠라는 점을 밝힌 실험이죠. 이후 학생들의 자제력 강화 교육에 중요한 토대가 됐어요. 이 연구 결과에 따르면 용돈을 받았을 때 당장 써버리는 아이들보다 욕구를 참고 저축할 줄 아는 아이들이 성공할 가능성이 크다고 볼 수 있어요.

◇ 마시멜로 실험의 한계

그런데 최근 마시멜로 실험에 몇 가지 문제가 제기됐어요. 먼저 실험에 참가한 아이들은 미국 명문 스탠퍼드대 교수나 대학원생의 자녀였어요. 실험 대상으로 참여한 아이들은 상대적으로 다른 직업군 부모를 둔 아이들보다 학업을 중시하는 가정환경에서 자라났을 가능성이 큰 거죠. 다양한 직업의 자녀를 모아 실험했다면 다른 결과가 나올 수도 있었다는 지적이에요. 또 실험 후 15년이 지나서 추적 조사가 가능했던 사람은 653명 중 단 94명에 불과했어요. 전체 참가자의 15%도 안 되는 조사 결과를 가지고 일반화했다는 지적이 나왔어요. 나머지 85%를 포함했을 때도 같은 결과가 나올지 알 수 없는 거죠. 연구팀은 실험에 참가한 아이들에게 '마시멜로를 먹지 않고 기다리면 하나를 더 주겠다.'고 약속했는데, 이게 자기조절능력을 테스트하는 게 아니라는 지적도 나왔어요. 마시멜로를 좋아하는 아이가 있고, 싫어하는 아이가 있겠죠. 마시멜로를 하나 더 먹고 싶을 정도로 좋아하는 아이는 참았겠지만 하나면 충분하다고 생각한 아이는 그냥 먹어버렸을 거예요. 끈기와 인내심 외에도 마시멜로에 대한 선호도가 반영됐을 가능성이 있다는 뜻이에요. 마시멜로 실험의 한계점이 나타나면서, 자제력(원인)이 성공(결과)으로 이어진다는 인과관계는 다소 약화되었지요. 하지만 더 큰 보상을 위해 작은 보상을 뒤로 미루는 '만족지연'과 나중의 성취 사이에는 여전히 관련성이 있어요. 뭔가를 이루려면 '자기통제력' 혹은 '자기조절력'이 중요하거든요. 자기조절은 자신의 목표를 이루기 위해 마음을 다잡고 필요한 행동을 하는 심리적 과정을 의미해요. 자기조절력은 어려운 상황을 만났을 때 이를 극복한 사람들이 공통적으로 보여준 특성이지요.

◇'난 참을성이 부족해'라고 느낀다면…

화가 나거나 부정적인 감정을 강하게 느낄 때 바로 행동하면 나중에 후회할 일이 생기기 쉬워요. 혹시 자신이 참을성이 부족하고 충동적인 행동을 많이 한다고 생각되면 이렇게 한 번 해보세요. 바로 행동하기보다 메모지나 일기장에 자신의 솔직한 느낌을 적어보는 게 도움이 돼요. 글을 써 내려가는 동안 격한 감정이 차분해지거든요. 심리학자 페니베이커(Pennebaker)는 부정적인 감정을 느낄 때 글쓰기를 하면 치유 효과가 있다고 했어요. 무엇보다 직접 손으로 글쓰기를 한다는 자체로 기분 전환이 되죠. 요즘은 컴퓨터로 문서를 작성한는 데 익숙하지요. 자기조절력을 높이기 위해서 오늘부터 메모를 자주 하고 손으로 일기를 써 보는 것은 어떨까요?(조선일보, 2018. 12.31(월), 이동귀, 연세대 심리학과 교수)

1. 위의 제시 글에서 의사소통의 과정을 단계별로 확인해보자(반드시 9단계 모두를 확인하는 것은 가능하지 않을 수도 있다).
2. '◇'가 있는 단락을 몇 개의 하위 단락으로 나눠보세요. 왜 단락을 나누는 것이 의미가 있는지에 대해 토론해보자.

4 의사소통 능력의 개념과 구성 요소

앞에서 의사소통의 개념과 과정에 대해 살펴보았기 때문에 여기서는 의사소통 능력의 개념을 살피기로 한다. 의사소통 능력(communication competence)이란 "적절하게 그리고 성공적으로 의사사통을 할 수 있는 능력(ability)"인데(Clella Jaffe, 2007: 3쪽 참조), 이러한 의사소통 능력의 구성 요소로는 "동기(motivation), 지식(knowledge), 기능(skills)"을 들 수 있다(Clella Jaffe, 2007: 3쪽에서 재인용). 동기는 우리들 내부에서 일어나는 잠재적 산출물이다. 우리는 부분적으로 이러한 동기가 계기가 되어 텍스트를 연구하고 교실 활동에 참여하고 과제를 완성하고 실제로 스피치를 함으로써 의사소통을 성공적으로 수행하는 데 필요로 하는 지식과 기능을 발달시킬 수 있다. 의사소통 능력의 구성 요소를 그림으로 나타내면 다음과 같다.

+ 의사소통 능력의 구성 요소

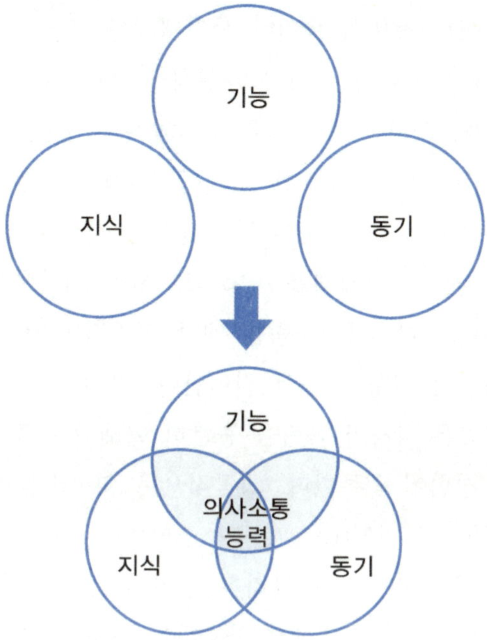

의사소통 능력(communicative competence)에서 능력은 원래 언어 교육 분야가 아니라 비즈니스 분야에서 특별한 직업에 적합한 태도가 무엇인지를 측정하는 데에서 유래했다(Sandra J. Savignon, 1983: 2쪽 참조). 유래는 이러했지만 능력(competence)의 개념이 언어 교육 분야에 도입되면서 개념의 적용과 범위가 확장되었다. 위에서 능력(ability)의 개념을 사용했는데, 이때의 능력은 "타고난 또는 노력을 통해 얻은 모든 능력"을 의미한다. 따라서 능력(ability)이 포괄적인 개념인 반면 능력(competence)은 특정한 분야에 초점을 맞춘(예 언어 능력) 것이다. 여기서는 능력을 구분하여 사용할 때는 영어로 병기하여 사용한다. 이러한 논의의 맥락에서 일반적으로 언어 사용과 관련하여 능력이 언급되고 있다는 점을 고려하여 이 책에서는 주로 능력을 'competence'의 개념으로 사용한다. 그리고 잠재적 능력으로서의 언어 능력이 실제로 언어 사용의 상황 속에서 드러날 때는 '수행(performance)'이라는 용어로 사용한다.

능력(ability)보다는 좁은 개념으로서의 의사소통 능력(competence in communication 또는 communicative competence)은 다음과 같은 특징을 가지고 있다(Sandra J. Savignon, 1983: 8~9쪽 참조).

첫째, 의사소통 능력은 정적 개념이라기보다는 동적 개념이다. 의사소통 능력은 어느 정도의 동일한 상징체계를 공유하고 있는 둘 혹은 그 이상의 사람들 사이에서 이뤄지는 의미의 협상에 의존하기 때문이다.

둘째, 의사소통 능력은 구어와 문어뿐만 아니라 많은 다른 상징체계에도 적용될 수 있다. 교통신호 체계를 이해하는 것이나, 약속에 의해 이뤄진 학문으로서의 수학의 도형 문제를 해결하는 것 등은 모두 일반적인 의미에서 언어라고 하지 않는 상징체계를 바탕으로 하여 의사소통이 이뤄지고 있다.

셋째, 의사소통 능력은 맥락 의존적이다(context specific). 의사소통은 무한히 다양한 상황 속에서 일어난다. 그리고 특별한 역할을 하는 과정에서 나타나는 성공은 각자가 맥락을 충분히 이해하는 것에 의존하면서 또한 유사한 종류의 선행 경험에 의존한다. 성공적으로 의사소통을 하려면 상황과 다른 참여자들이 공유하는 의미역(register)과 스타일(style)을 적절하게 선택할 필요가 있다. 예를 들어 물리학자가 물리학 강의에서 전문 용어를 의미에 맞게 사용하는 것과 철학자가 철학 강의에서 사용하는 전문 용어의 의미는 그 의미가 지칭하는 의미역이 매우 다를 수 있기 때문에 물리학자와 철학자의 의사소통은 어려울 수밖에 없다.

넷째, 능력(competence)과 수행(performance) 사이에는 이론적인 차이가 있다. 능력은 전제된 기저 능력(presumed underlying ability)인 반면에 수행은 그러한 기저 능력의 표면적 명시화(overt manifestation of that ability)이다. 능력은 잠재된 것을 포함하는 반면 수행은 잠재된 능력의 표면적 결과물이다. 이 과정에서 우리는 단지 수행만을 관찰할 수 있으며 능력이 발달되고 유지되며 평가될 수 있는 것은 단지 수행을 통해서만 가능하다.

다섯째, 의사소통 능력은 독립적이 아니라 상관적이며, 소속된 모든 참여자들의 협력에 의존한다. 의사소통 능력의 정도를 이해하는 것은 의미 있는 일이라고 할 수 있다. 왜냐하면 의사소통 능력이 생기면 정보의 공유가 이뤄지고, 이런 과정을 통해 생산적인 사고 활동과 생산 활동이 가능해지며 결국에는 이들이 다시 의사소통의 밑바탕이 되기 때문이다.

이상에서 능력(competence)을 구성하는 요인으로서의 '동기, 지식, 기능'을 살피고, 언어 사용과 관련하여 좀 더 제한적인 의미로서의 능력(competence)이 가지고 있는 특징에 대해 살펴보았다. 아래에서는 사회언어학적 관점에서 의사소통 능력의 구성 요소를 살피고자 한다. 언어는 문화와 더불어 사회적 상황과 독립되어 사용되지 않고 상황 의존적으로 사용되기 때문에 이러한 언어 사용의 특성을 반영하여 의사소통 능력의 구성 요소를 살펴봄으로써 국어 교육의 외연을 확장하는 기반을 조성하고자 하기 때문이다.

언어 교육(국어 교육)과 관련지을 때 의사소통 능력이라는 개념의 발달은 이론 측면과 적용 측면에서 그 근거를 찾을 수 있다. 이론 측면은 심리학, 언어학, 의사소통 이론이 해당될 수 있으며 적용은 교육적 필요와 관심이 해당될 수 있다. 이러한 의사소통 능력의 개념은 20세기 중반 이전에 제2언어 방법론에서 특징적으로 여겨온 기술 언어학적 관점보다도 훨씬 더 넓은 개념이다. 그것은 또한 행동주의 심리학과 1940년대와 1950년대에 유행했던 구두언어적 방법론을 위한 이론적 정당화를 제공하기 위해 행동주의 심리학과 결합되었던, 언어 기술에 대한 구조주의자들의 언어 접근법보다도 더 넓은 개념이다. 의사소통 능력의 개념은 좁게 정의된 언어학과 학습 심리학의 범위를 넘어서서 인류학과 사회학의 영역으로까지 개념이 확장되었다. 그것은 언어를 개인적 행동으로서가 아니라 사회의 구성원들이 의사소통을 위해서 의사소통자들 사이에서 사용하는 많은 상징체계의 하나로 여김과 동시에 사람과 그들이 사용하는 언어는 독립된 것이 아니라 사회적 맥락이나 상황 속에서 결합되어 있는 것이기 때문이다.

언어학자 촘스키는 언어 능력과 언어 수행을 구분하고 언어 능력을 언어 구조에 대한 지식으로, 언어 수행을 언어 능력이 상황에 따라 사용되는 것으로 파악하면서 언어 능력에 초점을 맞추어 언어 연구를 해야 함을 강조했다. 촘스키는 언어 자체에 대한 연구에 중점을 두었지 교육의 문제와는 크게 관련짓지 않았다. 반면에 델 하임즈는 내용을 해석하고 전달하며 상호협력을 할 수 있는 의사소통 능력에 초점을 맞추어서 언어를 연구해야 한다고 하면서 의사소통 능력이라는 개념을 적극적으로 도입했다. 델 하임즈가 말하는 의사소통 능력이란 인간이 특정한 상황에서 메시지를 전달하고 해석하며 인간 상호 간에 의미를 협상하는 능력을 의미한다. 다시 말하면 언제 어디에서 어떻게 말해야 하는지를 아는 능력이다. 어떤 상황에서, 말해도 좋은 대상과 아닌 대상은 누구인지, 말을 해야 할 때와 침묵을 지켜야 할 때, 누구에게 말을 해야 하는지, 신분과 역할이 다른 사람에게 말을 어떻게 해야 하는지, 여러 가지 상황에서 적절한 비언어적 행동은 무엇인지, 대화에서 전환으로 여겨지는 관계는 무엇인지, 정보를 요구하고 제공하는 방법, 요청하는 방법, 협력하는 방법과 거절하는 방법 등과 같은 것에 대한 지식과 기대를 포함한다. 이러한 연구는 언어적 능력과 의사소통 능력간의 차이를 구분함으로써 언어 형식에 관한 지식과 인간이 기능적으로 상호작용하면서 의사소통할 수 있게 하는 지식을 분명하게 구분하고 있다.

사회언어학자인 델 하임즈(Hymes)의 논의와 같은 맥락에서 의사소통 능력의 구성 요인을 '문법적 능력, 사회언어학적 능력, 담화적 능력, 전략적 능력'으로 보는 관점도 있다(Sandra J. Savignon, 1983: 35~42쪽 참조). 문법적 능력은 문법을 어떤 시각에서 보느냐에 따라 세부적인 차이가 있다. 전통문법은 문어를 중시하고 구조문법은 구어를 중시한다. 반면에 변형생성문법은 문장들의 문법적 해석과 표면 구조의 관계에 관심을 갖는데 표면 구조는 문법의 보편적 범주와 일반적인 인간의 인지적 처리의 본질을 발견하는 수단으로 작용한다. 문법을 정의하는 것이 다를 수 있지만 이들 모두에서 공통적인 것은 언어를 문장 차원에서 형식적 자질을 적절하게 기술하는 것으로 보는 관점은 동일하다. 문법적 능력은 언어적 기호(code)를 숙달시키고 어휘, 형태, 통사, 음운적 자질을 인식하는 능력, 그리고 적절한 단어와 문장으로 구체화하기 위해 이들 자질들에 대해 심사숙고하는 능력을 갖추는 것을 말한다. 문법적 능력은 어떤 단일한 문법 이론에만 관련되는 것이 아니라 사용 규칙을 명시적으로 드러나게 하는 능력을 신장시키는 것도 강조한다. 요약하자면 문법적 능력은 어휘를 문법에 맞게 사용했는지를 이해하고 표현하는 것에 관한 능력이다(어휘의 문법에 관한 능력이다).

문법적 능력이 언어학적 연구의 영역과 주로 관련된다면 사회언어학적 능력은 언어 사용의 사회적 규칙과 관련을 갖는 학제적 탐구 영역에 주로 관련된다. 사회언어학적 능력은 언어가 사용되는 사회적 맥락에 대한 이해를 필요로 하는데 사회적 맥락으로는 참여자의 역할, 구성원들이 공유하는 정보, 상호작용의 기능 등을 들 수 있다. 사회언어학적 능력에서 특히 강조되는 것이 발화의 적절성(appropriateness)이다. 적절성 여부를 판단할 때에는 주어진 상황에서 무엇을 말해야 하고 어떻게 말해야 할지를 아는 것을 포함한다. 뿐만 아니라 조용하게 있어야 할 때는 언제인지도 알아야 하고, 무능력하게 보여야 할 때가 있을 경우에 언제 이것을 실행에 옮겨야 할지를 아는 것도 포함한다. 요약하자면 사회언어학적 능력이란 사회적 맥락에 맞게 의사소통을 할 수 있는 능력을 말한다. 그래서 사회언어학적 능력의 경우에 의사소통의 적절성이 강조된다. 문법적 능력도 중요하지만 문법적으로는 적절하지 않더라도 맥락에 맞게 적절한 의미가 구사된다면 크게 문제가 되지 않는다.

담화적 능력은 독립된 문장의 해석이 아니라 의미 있는 전체를 형성하기 위해 문장이나 발화의 연쇄를 연결하는 것에 관심을 갖는다. 사회언어학적 능력과 마찬가지로 담화적 능력도 학제적 탐구에 관심을 갖는다. 다음 예를 보자.

① 철수는 갑자기 돌아서 달려갔다. 왜냐하면 거리를 내려오는 경찰을 보았기 때문이다.
② 철수는 경찰이 거리를 내려오는 것을 보았다. 그리고 갑자기 돌아서 달려갔다.

①에서 두 명제 사이의 관계는 명시적이다. 우리가 알고 있는 문법 지식, 그리고 단어 "왜냐하면"이 가지고 있는 관습적 의미 때문에 우리는 두 문장을 관련지어 해석할 수 있다. 그런데 ②에서 알 수 있는 것은 문법적 능력 자체만으로는 그 의미를 명확하게 알 수 없다. 적절하게 해석을 하려면 상황에 적합하게 추론할 수 있게 해주는 능력이 필요하다. 우리는 "철수가 돌아서 달려간 이유는 거리에서 내려오는 경찰을 보았기 때문이다."를 의미하기 위해서 담화를 해석할 수 있어야 한다. 그러나 이렇게 해석을 하기 위해서 우리는 철수, 경찰, 거리 등에 대한 어떤 가정을 해야만 한다. 말하자면 우리는 우리의 머릿속에 어떤 시나리오를 만들어야 한다. 우리의 해석은 우리가 잘 알지 못하는 맥락적 요인에 의하여 무효화될 수도 있다. 그래서 담화적 능력은 텍스트 응집성과 밀접한 관련을 갖는다. 의사소통자는 응집성을 기반으로 하여 전체적 의미에 초점을 맞추어 메시지를 산출하거나 수용하고자 하기 때문이다. 정리하자면 담화적 능력은 의미 있는 전체를 구성하기 위해서 그리고 주어진 맥락에 적합한 텍스트를 만들어 내기 위해서 일련의 문장들이나 발화를 핵심 개념으로 초점화하여 수용하고 해석하는 능력이다. 필자나 화자 그리고 독자나 청자가 지식을 어떻게 그리고 어느 정도로 공유하느냐에 따라, 실제 세계에 대한 지식에 따라, 언어학적 기호(code)에 대한 지식에 따라, 담화 구조에 대한 지식에 따라, 그리고 사회적 상황에 대한 지식에 따라 담화가 성공할 수도 있고 실패할 수도 있기 때문에 본능적으로 핵심 개념인 응집성에 초점을 맞추기 위해 노력한다. 응집성을 중시하는 입장에서 보자면 담화적 능력은 현재 이뤄지고 있는 의사소통이 전체 담화에서

어떤 위치에 있는가를 파악하는 능력이다. 이런 전체적인 위치를 파악함으로써 사람들은 문법적으로, 혹은 사회언어학적으로 불완전하더라도 서로 의사소통을 하는 것이 가능해진다.

규칙에 대한 불완전한 지식을 보완하기 위해서나 피로, 왜곡, 부주의 등과 같은 요소를 극복하기 위해서 우리가 전략을 사용하기도 하는데 이러한 능력을 전략적 능력이라고 한다. 이러한 전략적 능력에는 '바꾸어 표현하기(paraphrase), 반복하기(repetition), 망설이기(hesitation), 회피하기(avoidance), 추측하기, 의미역과 스타일을 바꾸기' 등이 있다. 요약하면 전략적 능력은 의사소통의 방향을 바꾸거나 시작하거나 반복하거나 늦추거나 멈추는 능력을 말한다. 다음 그림을 보자(Sandra J. Savignon, 1983: 46쪽에서 인용).

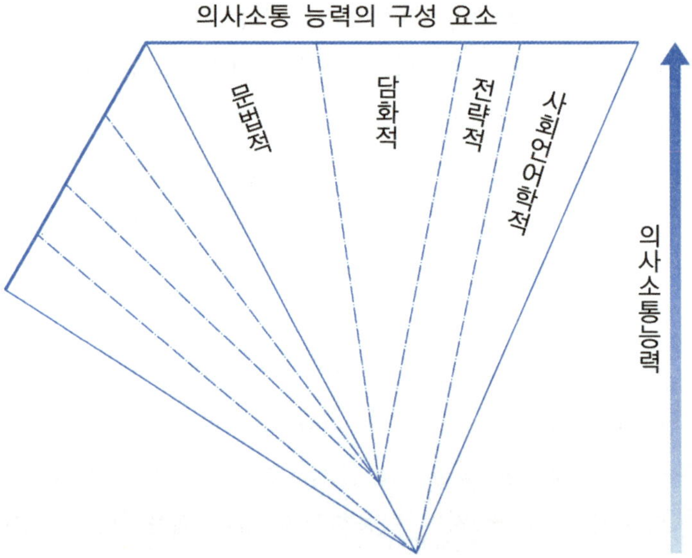

위의 그림에서 볼 수 있는 것처럼 의사소통 능력의 하위 요소(능력)들은 상호작용을 하면서 의사소통 능력 신장에 기여한다. 각각의 능력들이 상호작용을 하면서 발달하고 동시에 의사소통 능력이 신장될 뿐만 아니라 의사소통 능력이 향상되면 각각의 능력도 더불어 발달한다. 사회언어학적 능력과 전략적 능력이 먼저 발달하고 이 바탕 위에서 문법적 능력과 담화적 능력이 신장되는데, 특히 전략적 능력은 다른 모든 능력과 더 밀접한 관련을 가지면서 상호작용을 한다(엄밀한 의미에서 보자면 순차적이라기보다는 동시다발적으로 발달한다고 보는 것이 가장 적절하다. 그리고 언어학의 이론에서 보자면 발달의 순서가 중요할 수는 있으나 그것을 교육적으로 활용하는 국어 교육(언어 교육)의 입장에서 보자면 발달의 순서는 크게 중요하지는 않다고 보는 것이 필자의 입장이다). 그림은 실제 경험적 사실을 나타낸 것이라기보다는 이론적인 측면이 강하지만 의사소통 현상을 설명하고 분석하고 기술하는 데 일종의 지침 역할을 해주고 있다. 의사소통 능력의 한 구성 요소로써 전략적 능력의 포괄적 특성이 중요한 이유는 경험이나 능숙성의 수준에도 불구하고 사람들은 결코 언어 모두를 알 수 없다는 것을 제시해주고 있기 때문이다. 주어진 능숙성의 수준에서 보았을 때 다양한 구성 요소의 상대적 중요성이 무엇이건 간에 각각의 관계가 가지고 있는 상대적인 본질을 기억하는 것이 중요하다. 의사소통 능력의 전체는 각 요소들을 합해 놓은 것 이상이기 때문이다.

CHAPTER 03

의사소통 모형과 원리

CHAPTER

3 의사소통 모형과 원리

모형은 복잡하기보다는 가능하면 단순해야 한다. 모형이 모형으로서의 가치를 갖는 것은 우리가 현상을 분석하고 이해하는 데 필요한 전체적인 조망을 가능하게 해주기 때문이다. 이 장에서는 앞 장에서 살핀 의사소통의 개념과 구성 요소, 의사소통의 과정, 그리고 의사소통 능력의 개념과 구성 요소를 바탕으로 하여 의사소통 모형에 대해 살피기로 한다. 의사소통 현상을 설명하는 모형으로는 선형 모형(linear model of communication), 상호작용 모형(interactional model of communication), 교섭 모형(transactional model of communication)을 살피고, 필자가 제안하는 확장된 상호작용 모형(extended model of interactional communicaion)을 살피기로 한다. 이어서 넓은 의미에서의 의사소통의 원리와 언어가 중심이 된 언어 사용의 원칙을 살피기로 한다. 이러한 논의는 국어 교육의 일환으로서 의사소통 현상의 이해와 활용, 그리고 지도 능력의 신장을 위한 이론적 기반을 제공해줄 수 있다.

1 선형 모형

음성 의사소통에 중점을 두었던 초기의 이론적 작업은 웅변가를 적절히 훈련시키는 데 관심을 가졌던 고대 그리스와 로마의 수사학자들로부터 점점 발전되었다. 이런 이유 때문에 초기의 이론석 작입은 대중 연설가의 역할을 강조하였다.

의사소통에서 선형 모형은 화자가 전달한 메시지가 일방향으로 진행되어 화자의 발화 내용이 청자에게 전달되어 청자가 화자의 메시지를 이해한다는 것이다. 이것은 수원지에서 수돗물이 수도관을 따라 흘러가서 최종적으로는 수도꼭지를 틀면 물이 나오는 것처럼 화자가 전달하고자 하는 메시지의 내용이 청자에게 전달된다는 것을 의미한다. 이 모형을 그림으로 보이면 다음과 같다(Roy M.,

+ 선형 모형(일방향 의사소통)

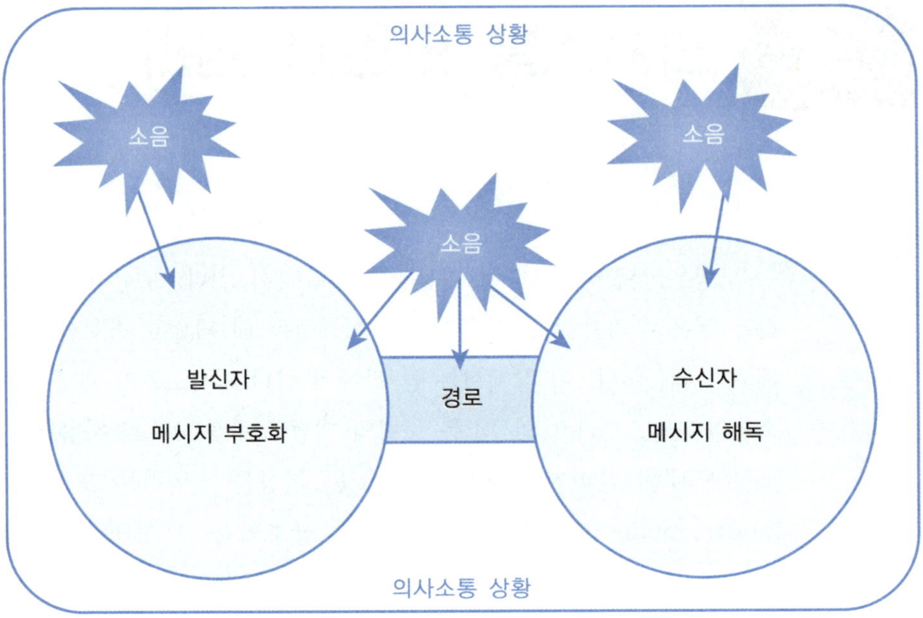

Berko 등, 2013: 15쪽에서 인용).

위의 모형에서 보면 발신자가 메시지를 부호화하여 적절한 경로를 통해 수신자에게 보내면 수신자는 메시지를 해독한다. 이 과정에서 소음이 발생하는 데 이 소음은 발신자와 경로 및 수신자 모두에게 발생할 수 있다.

선형 모형으로 설명할 수 있는 언어 현상은 화자가 일방적으로 전달하는 대중 강연이나, 전자 제품의 설명서를 참조하여 전자 제품을 구동시키도록 하는 경우가 여기에 해당될 수 있다. 이러한 선형 모형은 고대 그리스·로마의 수사학자들로부터 점진적으로 발전되었는데, 대중 강연을 하는 동안에 화자의 의도에 맞는 특정한 행동을 행하는가, 그리고 청중에게서 원하는 특정한 반응을 이끌어내는가에 따라 의사소통의 내용이 결정된다고 보았다. 이러한 선형 모형은 일방향 의사소통(one-directional communication)이기 때문에 피드백 현상을 설명하기 어렵다. 가장 단순한 의사소통 모형이라고 할 수 있으며, 화자의 의도가 청자에게 완전하게 전달된다는 것을 전제하지만 현실적으로는 결코 이러한 전제가 달성될 가능성은 낮기 때문에 특정한 언어 현상만을 설명할 수 있다는 제한적 논의가 유의미하다. 대중 강연은 선형 모형으로 설명할 수 있는 전형적인 예시가 될 수 있으며, 수업에서 교사가 일방적으로 전달하는 강의식·설명식 수업도 원칙적인 면에서 보자면 선형 모형으로 설명할 수 있다. 따라서 선형 모형에 의거해서 의사소통을 할 경우에 정확한 언어와 구체적이고 적절한 예시, 의사소통의 장애를 방지할 수 있는 세심한 주의를 기울여야 한다.

2 상호작용 모형

선형 모형이 화자의 역할을 강조하는 반면에 상호작용 모형은 화자는 물론 청자의 피드백을 강조한다. 화자가 메시지를 부호화하여 하나 또는 그 이상의 감각 기관을 활용하여 청자에게 전달한다. 그러면 청자는 메시지를 받아서 해독하고 더 나아가 해독한 것을 바탕으로 하여 자신의 이해 상태를 반영하여 피드백을 한다. 피드백을 한 것 자체가 화자의 메시지를 자신의 시각에서 해독한 결과이다. 청자의 피드백을 수신한 화자는 의사소통의 목적이 달성되었다면 이것으로 의사소통은 종결되지만 목적이 달성되지 않았다면 다시 청자에게 자신의 의도를 담은 메시지를 부호화하여 청자에게 전달한다(적응: adaptation). 부호화

+ 상호작용 모형(양방향 의사소통)

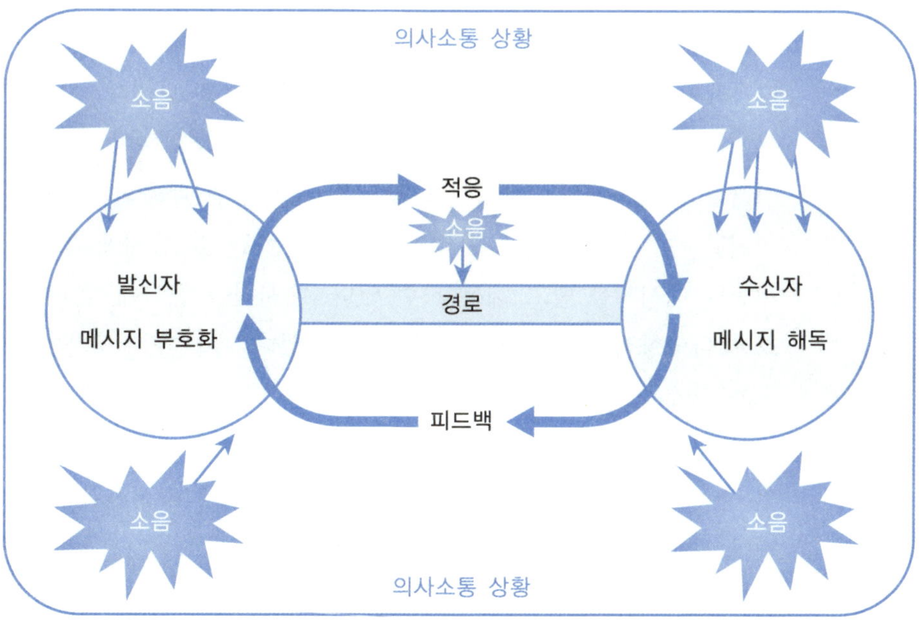

하여 전달한 메시지가 화자의 의도를 달성했다면 의사소통이 종료되지만 그렇지 않았다면 다시 피드백이 이뤄지면서 메시지의 부호화와 전달 그리고 수신과 해독이 번갈아 이뤄진다. 이것이 상호작용이고, 이것을 설명하는 모형이 상호작용 모형이다. 그림으로 나타내면 위와 같다. 위의 그림에서 볼 수 있는 바와 같이 의사소통의 과정에서 소음(장애)이 발생하여 의사소통을 방해한다. 중요한 것은 이러한 소음을 극복하고 발신자의 메시지를 수신하여 해독하고 필요한 경우 다시 메시지를 만들어 화자에게 보내는 활동을 지속함으로써 의미 구성의 내용이 넓어지고 깊어진다(위의 그림은, Roy M., Berko 등, 2013: 16쪽에서 인용).

3 교섭 모형

의사소통은 선형 모형이나 상호작용 모형처럼 자극과 반응의 단순한 과정이 아닐 수도 있다. 이러한 관점은 의사소통이 발신자와 수신자가 의사소통 행위를 통하여 상호 교환적인 역할을 하는 교섭(교류)이라는 것을 뒷받침해주고 있다. 이러한 과정이 복잡하기 때문에 과정을 설명하는 명확한 모형을 구성하기는 쉽지 않다. 다음 그림은 의사소통의 교섭 모형을 설명하고 있다(Roy M., Berko 등, 2013: 18쪽에서 인용). 이 모형에서 의사소통자는 동시에 메시지를 처리한다. 의사소통자 A는 메시지를 부호화하고 그것을 보낸다. 그러면 의사소통자 B는 메시지를 해독한 다음 피드백 할 내용을 부호화하여 A에게 보낸다. 그러나 이들 단계는 서로를 배제하지 않는다. 말하자면 부호화와 해독이 거의 동시에 일어날 수 있다. 화자는 음성적 메시지를 보내고 동시에 청자로부터 비음성적 피드백 메시지를 받고 해독할 수 있다. 메시지를 동시에 주고받기 때문에 이 모형은 다방향적이며 메시지는 중첩될 수 있다. 우리가 누군가에게 말하고 동시에 그가 고개를 끄덕이면서 "그래요."라고 말하고 바로 이어서 상대의 비언어적 표현을 수신하면서 "그래?"라고 반문하고 의사소통을 하는 경우를 생각할 수 있다. 이 경우는 바로 의사소통의 발신자이면서 동시에 수신자가 되어 의미를 공유하게 된다고 할 수 있다.

+ 교섭 모형(다방향 의사소통)

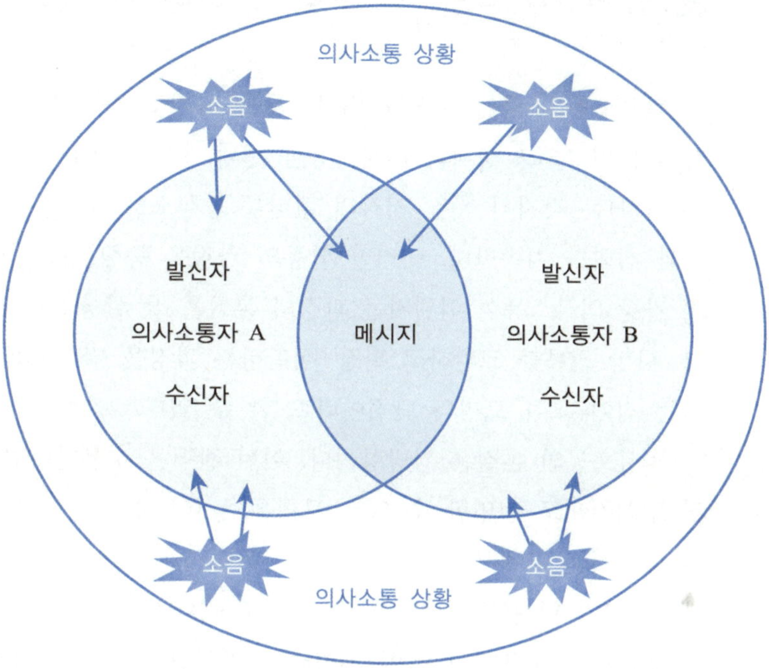

이러한 교섭 모형은 비유적으로 다음과 같이 설명할 수 있다. 상호작용 모형이 당구의 흰 공과 붉은 공의 관계처럼 작용과 반작용의 관계에 의해 설명할 수 있는 것이라면 교섭 모형은 흙탕물이 든 비커를 예로 들어 설명할 수 있다. 흙탕물이 든 비커를 책상 위에 몇 분 정도 놓아두면 흙과 물이 분리된다. 그러던 것이 비커를 흔들면 흙과 물이 섞여 무엇이 물이고 무엇이 흙인지 분간이 잘 안 될 정도로 혼탁한 흙탕물이 된다. 흙탕물이 되는 과정이 마치 의사소통이 이뤄지는 것과 동일하다. 말하자면 비커를 흔들기 전에는 물과 흙이 분리되어 있던 것이 비커를 흔드는 순간(화자와 청자가 의사소통을 하는 순간)에 섞여서(의사소통이 이뤄져서) 순간적으로 혼합된 모습을 보이다가 잠시 시간이 지나면 새롭게 흙과 물이 분리된다(화자와 청자가 의사소통을 하는 과정에서 '새롭게' 의미를 구성한다). 비커를 흔들기 전과 후의 흙과 물의 모습은 동일할지 모르지만, 교섭을 바탕으로 하여 의사소통이 이뤄지면, 그 전과 후의 모습은 흙과 물의 관계와 동일하지 않다. 의미가 새롭게 구성되고 소통되기 때문이다. 의사소통은 화자와 청자가 의견을 교환하는 과정이 비커의 흙탕물이 흔들린 다음에 다시 새롭게 흙과 물이 분리되는 것과 같다고 할 수 있다.

4 확장된 상호작용 모형

의사소통은 자기 자신과 의사소통을 하기도 하지만 대체적으로 의사소통의 상대가 있고, 그 상대와 의사소통을 한다. 이 과정에서 화자와 청자(혹은 필자와 독자)는 각자가 가진 지각의 필터를 중심으로 정보를 교환하면서 정보의 확장과 심화를 지속한다. 이러한 활동의 과정을 중심으로 하여 본다면 교섭 모형이 가장 의사소통이 이뤄지는 과정의 본질을 잘 설명하고 있다고 필자는 생각한다. 다만 정보를 교환하고 확장·심화하는 과정을 명확하게 확인하기가 쉽지 않다는 점이 교섭 모형의 단점이라고 할 수 있다.

의사소통의 본질은 쌍방향이다. 이런 관점을 수용한다면 의사소통 현상을 가장 명시적으로 설명할 수 있는 모형은 상호작용 모형이다. 이러한 쌍방향 모형에 대해서는 앞에서 논의한 바 있다. 필자는 이 글에서 확장된 상호작용 모형을 제안하고자 한다(김재봉, 2003: 19~26쪽을 참조하고 용어를 바꿈). 먼저 확장된 상호작용 모형을 다음에 제시하고 관련된 설명을 추가하기로 한다.

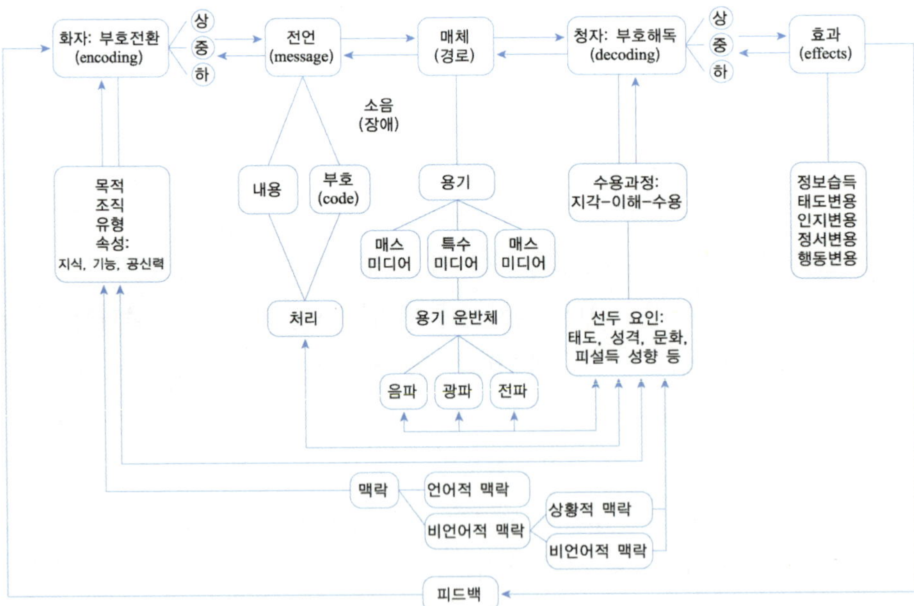

이 확장된 상호작용 모형은 상호작용 모형을 기반으로 하여 관련된 세부 내용을 추가했다. 특히 '맥락과 효과'를 추가했다. 언어 사용은 맥락을 배제하게 되면 언어 자체가 가지고 있는 의미의 다양성 때문에 왜곡될 가능성이 많아진다. 그래서 언어 사용은 반드시 언어 사용의 맥락을 배제해서는 안된다. 맥락을 언어적 맥락과 비언어적 맥락으로, 비언어적 맥락을 상황적 맥락과 문화적 맥락으로 구분한 것도 의사소통 현상을 좀 더 상세하게 이해할 수 있는 내용이 될 수 있기 때문에 세분화한 것이다. 그리고 또 하나 첨가한 것은 '효과'이다. 의사소통을 하면서 화자든 청자든 정보의 교환을 통해 서로에게 영향을 미쳐서 궁극적으로는 의사소통의 효과를 기대한다. 효과의 예로서 그림에서 볼 수 있는 것처럼 정보의 습득뿐만 아니라 태도의 변용(인지, 정서, 행동의 변용)이 바로 의사소통의 과정에서 이뤄지는 효과라고 할 수 있다.

전언(message)은 '내용과 부호 및 처리'로 구성되어 있으며, 처리는 메시지 내용을 선정·조직·배열하는 등의 작업을 말한다. 또한 매체(경로)는 메시지를 담는 용기(신문·텔레비전, 잡지, 라디오 등)와 그 용기의 운반체(음파, 광파, 전파 등)를 의미한다.

5 모형의 비교

특정한 공적 위치에 있는 사람이 TV를 통해 전국에 방송을 하는 경우라면 선형 모형으로 설명할 수 있다. 특정한 사람이 강의실에서 발표를 하고 참여한 사람이 질문을 하면 그 발표자는 대답을 한다. 질문과 대답이 연속되는 과정은 상호작용 모형으로 설명할 수 있다. 강의실에서 발표를 하는 사람이 발표를 하는데 강의를 듣는 학생이 질문을 한다. 질문하는 동안 강의자는 고개를 끄덕이며 음성적으로 "그래요, 맞아요."와 같은 음성적 표현을 사용하여 동의를 한다. 그러는 중에 질문자도 고개를 끄덕이며 방금 설명한 것에 대해 이해한다는 표시를 하고 "이해합니다."와 같은 표현을 할 수 있다. 이것은 발신자이면서 동시에 수신자이고 수신자이면서 동시에 발신자가 되는 교섭 모형으로 설명할 수 있다.

교섭 모형은 개인 간의 대화와 같은 자연스런 발화 현상을 설명하는 데 가장 적합하며 형식적 구속력이 선형 모형이나 상호작용 모형에 비해 상대적으로 약하다고 할 수 있다. 대신에 상호교섭 작용은 가장 활발하다고 할 수 있다. 이에 비해 선형 모형은 상호작용의 가능성이라는 측면에서 보면 가장 상호작용이 약한 의사소통의 방식이고, 상호작용 모형이 그 다음으로 약한 모형이라고 할 수 있다. 형식의 엄격성과 상호작용(피드백)의 측면에서 보면 논쟁형 토론과 같은 것은 상호작용 모형의 예로 적절하다고 할 수 있다. 그런데 우리가 모형을 학습하는 이유는 모형 자체를 이해하기보다는 모형의 이해를 바탕으로 모형을 활용하는 능력을 기르기 위함이라는 점을 유의해야 한다.

확장된 상호작용 모형은 단순화되어 있는 상호작용 모형의 주요 구성 요인을 세분화하고 요소를 추가한 것이다. 의사소통 현상을 학문적으로 탐구하는 것이 목적이 아니라 국어 교육에서는 탐구된 현상을 교육적으로 의미 있게, 그리고 효율적으로 활용하는 것에 초점을 두고 있기 때문에 구성 요인의 심화와 추가는 의사소통 현상을 심층적으로 이해하고, 그것을 바탕으로 교육을 할 수 있는 기반을 마련해주고 있다는 점에서 확장된 상호작용 모형에 대한 제안과 활용은 교육적 의의를 가지고 있다.

6 의사소통의 원리

의사소통은 언어, 반언어, 비언어가 통합적으로 활용되어 이뤄진다. 언어를 모르는 어린이의 경우를 보면 울음, 손짓, 몸짓, 얼굴 표정, 시선 등을 통해 의사소통을 한다. 이러한 어린이가 적절한 언어 사용 환경에 놓이게 되면 음성언어를 배우기 시작하고, 음성언어를 습득하는 단계가 지나가면 문자 언어를 습득하여 의사소통을 한다. 이렇듯 사람들은 언어와 반언어 그리고 비언어를 통합적으로 활용하여 의사소통을 한다. 이것을 전인성(全人性)[1]의 원리라고 한다.

어린이들은 언어 사용의 환경에 놓이게 되면 사물에 이름을 붙이거나 지칭하는 일을 한다. 다음으로 지칭의 단계를 지나면 사물의 상태나 동작 같은 것을 묘사하는 단계로 나아간다. 동사나 형용사를 사용하여 묘사를 한다. 뿐만 아니

1 전인(全人)은 '지정의(知情意)'를 모두 갖춘 사람을 의미한다. 이 글에서는 전인성을 '언어, 반언어, 비언어를 통합적으로 활용하여 의사소통을 하는 인간의 특성'으로 이해하고자 한다.

라 간단한 요구나 주장을 하기도 한다. 이와 거의 같은 시기나 조금 늦은 시기에 어린이들은 뭔가를 끊임없이 묻고 알아보는 일을 한다. 이름을 붙이거나 지칭하는 일, 동사나 형용사를 사용하여 묘사하는 일, 그리고 묻고 알아보려고 노력하는 일 등은 모두 기능(機能)을 수행한다. 이러한 기능을 수행함으로써 의사소통을 하는데 이러한 것을 수행성의 원리라고 한다.

끝으로 의사소통의 원리 중에서 어린이들이 세 번째로 배우는 것이 상호교섭성의 원리이다. 어린이들은 말을 하지 못하는 상태에 있을 때도 상대가 있으면 뭔가를 요구하고 주장하고 지칭하고 이름을 붙이면서 의사소통을 한다. 혼자서 중얼거리기도 하지만 이것은 매우 제한적인 의미에서의 의사소통이고 일반적인 것은 아니다. 어린이들이 커가면서 엄마와 가장 먼저 대화를 한다거나 아니면 특정한 상대와 의사소통을 한다. 이 경우에 어린이는 혼자서 의사소통을 하는 것이 아니라 반드시 특정한 상대를 전제로 하여 의사소통을 한다. 여아들이 인형을 가지고 놀면서 인형과 말을 하는 것도 의사소통의 한 가지라고 할 수 있다. 이처럼 어린이들은 의사소통의 상대를 전제로 하여 주고받는 활동을 하는데 이러한 의사소통을 상호교섭성의 원리라고 한다(이상의 원리에 대해서는, 김진우, 1994: 43~54쪽을 참조함).

7 언어 사용의 원칙

사전적 의미로서 '원칙'이란 '어떤 행동이나 이론 따위에서 일관되게 지켜야 하는 규칙이나 법칙'이다. 사람들은 의사소통을 위해 언어를 가장 중요하게 사용한다. 이러한 언어 사용에도 일정한 원칙이 있다. 그 원칙은 "전인성의 원칙, 상황 의존의 원칙, 담화 전개의 원칙, 지력 의존의 원칙"을 들 수 있다(김진우, 1994: 174~220쪽 참조).

첫째, 전인성의 원칙이다. 인간의 언어에는 일정한 형태와 적절한 양의 동작언어가 수반되는데 이렇게 수반되는 동작언어(반언어와 비언어)는 언어의 기능적 충실도와 효율성을 높이는 데 크게 기여한다. 앞에서 언급된 것처럼 전인성의 원칙은 언어, 반언어, 비언어를 통합적으로 상황에 맞게 활용하여 의사소통을 하는 것이 인간들이 언어를 사용하는 과정 속에서 이뤄지는 자연스러운 현상

중의 하나이다.

둘째, 상황 의존의 원칙이다. 인간의 언어는 반드시 일정한 상황을 전제로 하여 사용되며, 언어로 전달되는 언어적 정보에는 반드시 상황과 관련된 정보가 추가되어 의사소통이 이뤄진다. 세상에는 여러 언어가 있는데, 상황 의존도가 높은 언어가 있는 반면 비교적 낮은 언어도 있다. 하지만 세상의 모든 언어는 특정한 상황을 배제하고 소통하는 경우는 결코 존재할 수 없다. 모든 언어적 정보는 상황 정보와 어울릴 때 기능적 충실도와 효율성도 높아질 수밖에 없다.

셋째, 담화 전개의 원칙이다. 사람의 생각은 하나의 문장으로 완성될 수는 없다. 대다수의 정보는 여러 문장의 결합에 의해서 이뤄진다. 비록 "불이야!"와 같은 표현은 하나의 문장으로 소통이 되기는 하지만 이것은 불이 일어난 상황과 결부될 때 더 많은 정보를 제공해준다. 뿐만 아니라 실제로 불이 일어난 상황이 아니더라도 책을 읽으면서 "불이야!"라는 말을 접하면 실제로 불이 일어난 상황과 동일한 효과를 거둘 수 있다. 생각을 표현하기 위해 하나의 문장만을 사용하는 것이 아니라 여러 개의 문장을 사용하여 의사소통의 완성도를 높이는 언어 사용을 하는데 이것을 담화 전개의 원칙이라고 한다.

넷째, 지력 의존의 원칙이다. 인간은 언어를 습득하고 사고하는 능력이 발달하면서 동시에 언어 사용 능력도 발달한다. 언어 사용과 사고 능력은 서로가 서로를 돕는 상생의 관계에 있다. 인간은 한 번도 들어본 적이 없는 문장을 표현하고 이해하는 것은 인간의 지력(지적 능력) 때문에 가능하다. 언어는 이처럼 인간의 지적 능력에 의존하여 사용된다는 것이 지력 의존의 원칙이다.

화자가 말을 만들어 내는 과정은 말하는 내용을 생성하는 단계와 그 내용을 문법적인 틀과 어휘를 사용하여 형식화하는 단계와 그렇게 형식화된 것을 음성의 형태로 바꾸는 등의 세 단계로 나눌 수 있다. 그런데 이 중에서 가장 중요한 것은 말할 내용을 생성하는 단계이며 이러한 생성이 가능한 것은 문법을 알아서도 아니다. 문법 이전에 인간은 지력이 있기 때문에 가능한 것이다. 이것이 언어 사용의 지력 의존의 원칙이다.

다음은 위에서 언급한 언어 사용의 원칙을 이해하기 위한 기초 자료이다. 이 자료에서 언어 사용의 원칙을 설명할 수 있는 부분이 있다면 찾아서 왜 그런지 논의해보자.

활동 3-1 언어 사용의 4가지 원칙과 활용

이 활동의 목적은 언어 사용의 원칙을 이해하고 활용하는 능력을 신장시키기 위함이다.

■ '파랑·검정'이냐, '흰색·금색'이냐. 8만 원짜리 드레스 사진 한 장이 세계인을 둘로 나눴다. 사진 속 드레스가 사람에 따라 다른 색으로 보였기 때문이다. 지난 3~4일간 인터넷과 SNS(소셜네트워킹서비스)에 급속하게 확산된 이 사진을 놓고 사람들은 서로 엇갈린 주장을 펼쳤다.

이 소동은 지난 26일(현지 시각) 영국 가수 게이틀린 맥닐이 SNS '텀블러'에 드레스 사진을 올리고 "무슨 색으로 보이느냐"고 묻는 것에서 출발했다. 이 사진이 페이스북·트위터 등을 타고 전 세계로 퍼졌고, 국내에서도 화제가 됐다. 사람들의 대답은 두 가지로 갈렸다. 어떤 사람들은 "파란 바탕에 검정 줄무늬"라고 답했고, 다른 사람들은 "흰색 바탕에 금색 줄무늬"로 봤다.

원래 맥닐이 찍어 올린 것은 파란 바탕에 검은 줄무늬 드레스였다. 하지만 인터넷 뉴스 서비스 버즈피드의 설문조사에서 응답자의 72%는 '흰색·금색 드레스', 28%는 '파랑·검정 드레스'라고 답했다. 드레스의 색을 실제와 다르게 본 사람이 훨씬 더 많았다. 왜 이런 일이 발생했을까. 과학자들도 의견이 분분했다. 가장 유력한 설명은 사람마다 색을 인식하는 방식에 차이가 있다는 것이다. 사람의 뇌는 효율적인 정보처리를 위해 색을 받아들일 때 보정(補正) 과정을 거친다. 예를 들어 조명이 밝은 백화점에서 밝은 빨간색으로 보였던 드레스는 집 안의 어두운 조명에서는 검붉은 색으로 보인다. 그렇다고 그 옷을 구입한 사람이 당초의 빨간색이 변색됐다고 생각하지는 않는다. 같은 빨간색이라고 인식한다. 뇌는 눈에 보이는 색만으로 판단하지 않고, 주변의 조명과 그림자 등의 영향을 뺀 원래의 색을 찾으려고 하기 때문이다.

이 때문에 뇌는 주변 상황에 대한 정확한 정보가 없으면 색을 잘못 인식하기도 한다. 논란이 된 드레스 사진은 어떤 장소에서 어떤 조명으로 찍었는지 명확하게 알 수 없다. 이 경우 보는 사람에 따라 뇌가 원래 색을 찾는 조건이 달라지면서, 실제 색도 다르게 보이게 된다. 우선 드레스가 어두운 실내에서 촬영됐다고 판단한 사람은 사진 속 드레스가 흰색 바탕에 금색 줄무늬로 보인다. 드레스의 파란색과 검은 줄무늬를 그림자나 조명 때문에 왜곡된 색이라고 여기고, 원래 색은 흰색과 금색이었다고 바꿔서 믿기 때문이다. 반대로 드레스가 조명의 영향을 거의 받지 않았다고 판단한 사람은 원래 색인 파란 바탕에 검정 줄무늬 그대로 드레스 사진을 보게 된다.

사람마다 색을 인식하는 '원추세포(圓錐細胞)' 수가 다르기 때문이라는 분석도 있다. 원추세포는 빨간색·초록색·파란색을 감지하는 세포가 가장 적다. 이 때문에 파란색을 흰색으로 오인하기 쉽다. 경희사이버대 정지훈 교수(뇌인지공학)는 "드레스 사진을 파란색으로 보는 사람은 파란색 원추세포가 더 많고 민감하다고 볼 수 있다"

면서 "이 사진은 착시의 모든 조건을 갖춘 흥미로운 사례"라고 말했다. 색맹(色盲)은 특정 원추세포가 아예 없는 경우를 말한다(조선일보, 2015. 3. 2., 박건형 기자).

1. 위의 자료에 기반하여 언어 사용의 원칙 네 가지를 어디에서 찾을 수 있는지 확인해보자(제시 글에서 찾을 수 없다면 제시 글을 참조하여 적절한 문장을 새롭게 만들어보시오.)
   ① 전인성의 원칙:
   ② 상황 의존의 원칙:
   ③ 지력 의존의 원칙:
   ④ 담화 전개의 원칙:
2. 언어 사용의 원칙을 이해하고 활용하는 능력을 신장시키는 것이 왜 국어 교육에서 강조하고 있는지에 대해 각자 이유를 두 가지만 들어보자. 그리고 각자가 든 이유를 동료들과 공유해보자.

다음은 의사소통과 관련하여 "문화 간의 의사소통 불안에 관한 개인별 점검표(presonal report of intercultural communication apprehension)"이다. 다문화 사회로 빠르게 진입하고 있는 시점에서 다음 점검표의 활용은 개인의 의사소통 양상을 판단하는 하나의 준거로 활용할 수 있다. 이 점검표를 활용하여 문화 간 의사소통에 대해 불안을 극복할 수 있고, 이를 바탕으로 이러한 문화 간의 의사소통 불안을 극복할 수 있는 교육적 방안을 탐색하는 계기로 삼아보자(Roy, M. berko 등, 2013: 23쪽 참조).

활동 3-2 문화 간의 의사소통 불안에 관한 개인별 점검표

이 활동의 목적은 문화 간에 존재하는 의사소통 불안에 대한 개인별 점검표의 활용을 통해 본인의 불안 정도를 확인해보고, 이러한 불안을 교육적으로 어떻게 활용할 것인지에 대한 방안을 모색하기 위함이다.

안내 사항: 다음에 있는 14개의 진술은 다른 문화에서 온 사람들과의 소통을 고려하여 만든 것이다. 각각의 진술에 대해 당신이 반응하는 점수를 표시하되, 다음과 같은 진술에 대해 어느 정도로 동의하는지를 나타내보시오(강하게 동의하지 않으면 1, 동의하지 않으면 2, 중립이면 3, 동의하면 4, 강하게 동의하면 5를 선택한다).

1. 일반적으로 나는 다른 문화권의 사람들과 상호작용을 할 때 마음이 편안하다.
2. 다른 문화권의 사람들과 의사소통을 할 때 나는 긴장이 되며 신경질이 난다.

3. 다른 문화권의 사람들과 집단 토론을 할 때 나는 몰입하는 것을 좋아한다.
4. 다른 문화권의 사람들과 집단 토론에 참여할 때 나는 신경질이 난다.
5. 다른 문화권의 사람들과 상호작용을 할 때 나는 침착해지고 마음이 편안하다.
6. 다른 문화권의 사람들과 대화에 참여할 때 나는 신경질이 난다.
7. 다른 문화권의 사람들과 대화할 때 나는 별로 두려움이 없다.
8. 일반적으로 다른 문화권의 사람들과 대화할 때 나는 매우 긴장되고 신경질이 난다.
9. 일반적으로 다른 문화권의 사람들과 대화할 때 나는 매우 침작해지고 이완이 된다.
10. 다른 문화권의 사람들과 대화할 때 나는 매우 이완이 된다.
11. 다른 문화권의 사람들과 대화할 때 나는 말하기가 두렵다.
12. 확신을 가지고 다른 문화권의 사람들과 적극적인 상호작용을 한다.
13. 다른 문화권의 사람들과 상호작용을 할 때 나는 생각이 혼란스럽고 당황한다.
14. 다른 문화권의 사람들과 대화할 때 나는 편안하지 않다.

점수 계산: PRICA 점수를 계산하기 위해 다음 단계를 완성한다.

1단계, 1,3,5,7,9,10,12 항목의 점수를 더한다.
2단계, 2,4,6,8,11,13,14 항목의 점수를 더한다.
3단계, 다음 공식을 완성한다.
PRICA 점수＝42－1단계 점수의 합＋2단계 점수의 합

점수는 14점에서 70점 사이에 분포할 수 있다. 32점 이하라면 문화 간 의사소통 불안이 낮은 편이다. 52점 이상이면 문화 간 불안이 매우 높다. 32점에서 52점 사이라면 문화 간 의사소통 불안은 보통이다.

1. 왜 문화 간 의사소통이 중요한 화두로 등장하고 있는지를 우리나라의 다문화 인구 증가와 관련지어 토론해보자.
2. 문화의 차이는 영어와 국어 같은 언어 사용의 차이에서 오는 것도 있고, 국어사용의 문화 내에서 이뤄지는 차이도 있다. 문화의 차이가 있다는 현상에 대해 어떻게 생각하는지 토론해보자.

CHAPTER 04

앎과 언어

CHAPTER

4 앎과 언어

이 장에서는 앎과 언어는 어떤 관계에 있는지, 지각과 언어는 어떤 관계에 있는지를 동화와 조절의 관점에서 살피고자 한다. 더 나아가 상징적 표상 활동의 첫 단계인 개념화에 대해서 사적 개념, 공적 개념, 과학적 개념을 중심으로 살피고, 이러한 개념화의 연장선에서 개념을 획득하는 방법으로서 '귀납적 방법, 연역적 방법, 외전적 방법'과 이들 방법을 교육적으로 어떻게 활용하면 좋을지에 대해 탐색한다. 그리고 표현과 언어의 측면에서 말하기와 글쓰기의 상관관계를 탐색하여 국어 교육적 시사점을 모색하고, 아울러 읽기 학습과 학습 읽기의 활용 능력 향상이 국어 교육에서 어떤 의미가 있는지를 탐색하고자 한다.

1 앎의 과정과 언어

앎이란 무엇인가? 앎을 알기 위해서는 앎의 과정이 어떻게 이뤄지는지를 살핌으로써 가능해진다. "앎"이란 단어는 "① 변한다, ② 사고한다."는 의미를 포함하고 있다. "변한다"는 것은 앎의 이전과 이후가 달라짐을 의미한다. 달라짐이 없다면 앎의 과정은 정체된 상태를 지속할 수밖에 없지만 달라짐이 있기 때문에 정체된 상태를 극복하고 새로운 상태에 이르게 된다. 새로운 상태에 이르게 되는 주체는 인간이기 때문에 결국 인간이 앎을 확장시키는 것은 인간의 변화를 의미한다. 앎을 통해서 인간은 알기 전의 지적 상태보다는 알고 난 후의 지적 상태가 좀 더 깊어지고 넓어진다. 인간은 세상에 존재하는 사물이나 현상에 대해 여러 감각 기관을 통하여 정신 활동의 대상으로 삼고 정신 활동의 대상은 인간의 내부로 들어와 인간의 일부가 되고 그 결과 감각의 주체인 인간이 예전의 인간이 아닌 다른 인간으로 변한다. 앎은 이처럼 인간을 변화시키는 데 중요한 역할을 한다. 앎은 사고의 결과이고, 이러한 사고를 가능하게 한 것이 언어이고, 언어는 음성 언어에서 문자언어로 진화를 했다. 앎을 통한 삶은 곧 인간적인 삶을 의미하며, 이러한 인간적인 삶은 인간을 인간답게 만드는(인간을 형성하는) 음성 언어(문명 발달의 초기에는 특히 음성 언어에 의존했다)에 의해 유지되고 질적으로 심화되었다. 이 과정에서 특히 중요한 역할을 한 것이 음성 언어이다. 이 음성 언어는 다음 그림에서 볼 수 있듯이 주로 입을 사용하는데 이러한 입은 대뇌 피질이 담당하는 여러 기능 중에서도 이해와 표현에 중요한 역할을 한다. 다음 그림을 보자(그림은, 정현갑 등 옮김, 2006: 51쪽에서 인용함).

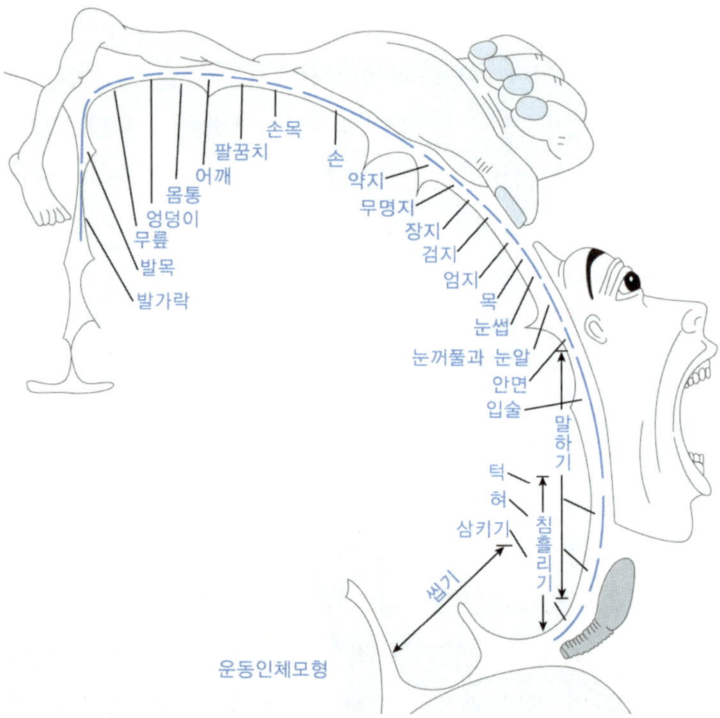

운동인체모형

위의 그림은 캐나다의 신경외과 의사인 윌더 펜필드(Wilder Penfield)가 제시한 것이다. 이것은 일명 '운동소인도'라도 하는데, 신체 부위의 크기에 비례하여 대뇌의 피질 공간이 표시되지 않는다. 그 대신에 매우 유연하며 정확한 운동 조정을 가능하게 하는 신체 부위(손가락, 혀)는 보다 엉성하고 분화되지 못한 운동을 담당하는 부위(어깨)에 비해 훨씬 큰 피질 부위를 갖는다. 말자자면 기능을 많이 하는 곳일수록 해당하는 부위의 영역이 넓어지고 복잡해진다는 것이다(정협갑 외 옮김, 2006: 51~52쪽 참조). 이처럼 인간의 신경은 대부분이 입에 의한 언어활동과 손에 의한 활동(수어도 이러한 역할을 담당한다)에 사용되고 있다. 입과 손의 사용은 바로 언어 사용을 위한 중요한 도구가 되었고, 이러한 입과 손의 역할은 대뇌 피질 영역의 크기에 비례하고 있음을 알 수 있다.

인간의 앎의 과정에서 가장 결정적인 역할을 담당하는 것이 바로 언어이다. 언어는 인식의 주체인 인간과 인식의 대상인 사물(환경, 자극) 사이에서 일어나는 앎의 과정을 매개해주는 역할을 한다. 언어가 없으면 사물의 의미화도 불가능하다. 인간이 언어를 사용하기 때문에 존재하기는 하되 말이 없는 사물이나 현상에 대해 인간이 의미를 부여하면서부터 의미를 갖게 된다. 이것이 바로 사물의 의미화라고 할 수 있는데, 의미를 부여하는 과정 자체가 학습이다. 학습을 통해서 우리는 앎에 이르게 되는데, 앎에 이르기 위해서 학습자는 "환경 속에서 새로운 사물이나 사상을 지각하고, 지각한 것에 대해 아이디어를 형성하고(이것은 일반화를 포함한다), 형성한 아이디어를 표현하는 정신 활동"을 한다. 사물을 지각하고, 그로부터 아이디어를 형성하고, 형성한 아이디어를 표현하는 정신 활동이 바로 경험의 상징적 변형이며 표상이다. 이 과정에서 가장 중요한 역할을 하는 것이 바로 언어이다(노명완 등, 1991: 18~22쪽 참조).

2 지각과 언어

사물에 대해 인간은 지각을 하고, 지각한 것을 바탕으로 아이디어를 생성하며, 생성한 아이디어를 바탕으로 표현을 한다. 이러한 과정은 순차적으로 이뤄지기도 하지만 회귀적으로 이뤄진다. 이런 과정이 자동화되면 무의식적으로 이뤄지기 때문에 이해·표현과 같은 정신 활동을 하는 데 부담이 줄어든다.

지각은 감각 기관을 통한 환경과의 접촉인데, 우리는 접촉을 통해 낱낱의 부호 형태로 입수한 정보를 의미 있는 단위로 바꾸는 정신 활동을 통해 의사소통의 기반을 마련한다. 우리는 앞에서 의사소통 현상을 설명하는 모형을 살펴보았는데, 모형의 한 요소로 지각이 관여한다. 예를 들어, 상향식 모형에서는 "음운, 철자, 단어의 재인 과정"을 하나의 지각으로 보고 있다. 이 모형은 이해자의 기존 지식이 지각 과정에 크게 영향을 미치지 않지만 하향식 모형은 이해자의 지각 과정이 이해자의 기존 지식에 의해 크게 영향을 받는다.

그런데 접하는 환경에 대한 사람들의 지각은 사람에 따라 개별적으로 일어난다. 한 예를 들면 교실에 있는 사물에 대한 관심이나 호기심은 각각 다르며, 같은 사물에 대해서도 지각을 달라질 수 있다. 하나의 사물을 앞에서 보는가, 옆에서 보는가, 뒤에서 보는가에 따라서 지각이 달라질 수 있으며, 정치 현상도 여당의 입장인가, 야당의 입장인가에 따라 지각이 달라질 수 있다.

뿐만 아니라 인간의 지각은 수동적이 아니라 매우 능동적이다. 사람들은 기존 지식이나 경험에 비추어 새로운 현상을 지각하기 때문에 지각 과정에는 새로운 현상에 대한 기대까지 포함되어 있다. 인간의 지각에 영향을 미치는 요인은 많지만 문화의 차이에서 오는 지각의 오류가 상당히 많다. 그렇지만 개인의 지적인 발달의 차이 때문에 발생하는 지각의 오류 또한 존재한다. 예를 들면 궂은 날 하늘에서 치는 번개와 천둥은 하느님이 노하여 내린 결과로 생각하여 무서워하기도 하지만 전기에 대해 배운 학생들은 번개를 전류의 한 현상으로 이해하고 번개를 받아 전기로 이용할 생각을 한다. 이것은 개인의 지적인 차이에 의해서 생기는 지각의 오류 중의 하나이다.

전통적으로 사람들은 볼 수 있는 것만을 알 수 있다고 한다. 그러나 인지심리학자들은 아는 것만(그리고 생각하고 있는 것만) 볼 수 있다고 말한다. 이 말은 인간은 감각 기관을 통해 들어오는 자극을 기존의 인지 체계(태도나 가치관까지 포함하는 기존의 사고방식이나 지식 체계)로 해석하고 조직한다는 것을 의미한다. 심리학의 용어에 동화(assimilation)와 조절(accommodation)이라는 말이 있다. 동화는 기존의 인지 체계에 부합되는 내용이라고 뇌가 지각할 경우 새로 들어온 정보를 기존의 인지 구조에 첨가하는 것이다. 새 술을 헌 부대에 붓는 것과 같은 이치이다. 조절은 새로 지각한 정보가 기존의 인지 체계와 달라서 기존의 인지 체계를 변화시키는 것이다. 학습에서의 동화와 조절은 끊임없이 일어나는 정신 활동으로써 학생들의 지적 성장에 모두 필요하며 유능한 교사는 아동들이 새로운 과제를 지각하고 이해하고 해석하고 또 기존의 인지 체계를 바꿔야 하는 경우(조절을 해야 할 경우)에 조력자의 역할을 해야 한다(노명완 등, 1991: 23~24쪽 참조).

지각 과정에서 교사가 하는 역할에 따라서 학생들의 지각 양상은 달라진다. 지각은 언어적일 수도 있고, 비언어적일 수도 있다. 지각에 관여하는 교사의 입장에서 보면 교사는 지각에 대해 전략적으로 접근할 필요가 있다. 먼저 문제 사태를 마련해주는 것이 필요하다. 이 과정에서 교사는 지각은 학생에 따라서 다르게 일어날 수 있다는 지각의 다양성을 인식하고 있어야 하며 동시에 다양한 지각은 학생의 기존 지식, 경험, 태도, 가치, 신념, 문화, 그리고 지적 발달의 정도 등 여러 요인에 기인된다는 점 또한 알고 있어야 한다. 그리고 이 같은 기존 인지 체계가 문제 사태와 부합되지 않을 경우에는 종종 오류도 발생할 수 있다는 점도 알고 있어야 한다. 이 과정에서 짐짓 혼란을 조성하기도 하고, 또 그 혼란을 극복할 수 있는 언어적 힌트나 예를 제시하는 수업 속에서 학생들은 동화와 조절 과정을 거쳐 지적 성장을 하게 된다. 교사는 동화와 조절을 통해 학생들을 지적으로 성장할 수 있도록 도움을 주어야 한다. 이 과정에서 학생들은 처음에는 기존의 지식이나 경험으로 그 사태를 설명하려 할 것이고, 곧 이 시도가 성공적이지 못함을 깨닫고, 새로운 방안을 마련하려 할 것이고, 이 과정에서 교사는 학생들이 자유롭게 논의하고 토론할 수 있도록 분위기를 조성해줄 필요가 있다.

3 아이디어 생성과 언어

인간은 지각을 하기 시작하면서 자연스럽게 언어를 접하게 되고, 접하는 언어에 의미를 부여하면서 성장과 발달을 도모한다. 인간은 문제 사태에 접하면서 문제를 해결하기 위해서 사고를 하며 그 사고의 수단이 언어인 것은 앞에서도 언급한 바 있다. 문제 사태와 접하는 것은 인간의 경험을 확장하는 계기가 되는데, 언어를 사용하여 경험을 상징적 표상으로 변형시키는 첫 번째 단계가 의미를 부여하는 개념화 단계이다. 처음에는 사적 개념이 생성되고 이어서 공적 개념 그리고 맨 마지막으로 과학적 개념이 형성된다(이하의 논의는, 노명완 등, 1991: 25~27쪽을 참조함). 사적 개념을 예로 들면 다음과 같다. 할아버지로부터 물려받은 손때 묻은 특정 책상의 개념은 가구점에서 볼 수 있는 일반적인 책상과 같은 개념이 될 수 없다. 개인이 생각하는 의미가 들어있기 때문에 사적 개념을 활용하여 의사소통을 하면 의사소통이 잘 되지 않는다. 공적 개념은 사적 개념에서 개인이 생각하고 있는 느낌, 정서 등을 제외한 것이다. 흔히 사전에 등재되어 있는 것이 이 공적 개념이다. 과학적 개념은 타당화와 추상화의 과정을 거쳐 객관화된 것이다. 자연과학의 원자와 분자, 사회과학의 민주주의나 계층, 인문과학의 정의나 문체 등이 여기에 해당된다.

아이디어가 사적, 공적, 과학적 개념으로 개념화될 때 이 과정에서 연역적 방법과 귀납적 방법 그리고 외전적 방법이 관여한다(노명완 등, 1991: 26쪽 참조). 귀납적 방법은 여러 속성들을 하나씩 하나씩 모아서 그 전체를 나타내는 이름을 붙이는 것이다. 하나의 개념은 대체로 여러 속성으로 이뤄져 있는데, 엄마의 경우를 예로 들어보자. 어린이들은 처음에 엄마를 음식을 먹여주고 자기를 보살펴주는 여자로 생각할 수 있다. 그러다가 성장하면서 자기를 낳아준 여자로 엄마를 인식하게 된다. 보살펴 주는 여자에서 자기를 낳아준 여자의 속성이 추가되고 추가된 속성이 기존 속성보다 더 중요시되어 엄마의 개념이 달라진다. 이렇게 개념을 습득하는 방법이 바로 귀납적 방법이다. 연역적 방법은 이미 다른 사람들이 사용하고 있는 기존 개념을 먼저 배우고 그 개념의 속성들을 후에 수집하기 시작하는 것이다. 부모와 함께 고속도로를 달리면서 아이가 추월의 개념을 듣고 아이가(이때의 아동은 추월의 의미와 주행의 의미를 구분하지 못하는 상태임) 후에 추월과 주행의 의미를 구분하여 알게 되는 것이 이 예이다. 외전적(abductive) 방법[2]은 이미 알고 있는 개념을 통해 새로운 개념을 파악하는 방법이다. 비행기 조종사를 자동차 운전사의 개념으로 파악하는 것이나 "약속을 깨뜨리다."의 개념을 "접시를 깨뜨리다."의 개념에서 비유적으로 유추하여 파악하는 것이 그 예시가 된다. 또한 "강아지 → 개 새끼, 망아지 → 말 새끼, 송아지 → 소 새끼"를 이해한 사람은 "양아지(?) → 양 새끼"와 같은 추론을 할 수 있다. 그러나 현재 이런 말은 사용하고 있지 않지만 앞으로 사용될 가능성은 있다. 낱말에 대해 의미를 부여하고 유추하여 이해하는 활동이 외전적 개념 획득 방법의 예시가 될 수 있다.

아이디어를 개념화한 다음에는 그것을 일반화할 필요가 있는데 일반화란 두 개 이상의 개념을 관련지어 명제(proposition)로 나타내는 것을 말한다. "식물"과 "빛"이라는 개념을 결합하여 명제를 만들면 "빛이 식물의 성장에 영향을 준다."는 명제로 일반화할 수 있다. 교육 현장에서 교사는 아동들이 개념들에 대해 명확히 이해(개념의 속성 분류나 특성 이해)하지 못한 상태에서 그 개념들을

---

2 '외전'이란 운동에서 팔다리를 밖으로 내뻗는 동작을 말한다.

이어 일반화하도록 강요해서는 안 된다. 그렇지만 한편으로는 일반화를 해야 할 때 하지 않는 것 또한 적절하지 않다. 그늘에서 자란 식물과 양지에서 자란 식물을 대비시키고 이들의 대비 과정에서 "광합성"이라는 추상적인 개념의 획득이 가능하도록 교사는 돕는 역할을 해야 한다.

끝으로 아이디어 생성과 교육의 문제를 언급하기로 한다. 교사는 학생들을 가르치면서 학생들이 자유롭게 자기의 생각을 표현할 수 있도록 해야 한다. 학생들이 직접 자료를 수집하고 발표하는 수업, 개인의 생각을 모아 최선의 대안을 찾게 하는 토의, 자신의 의견으로 상대를 설득하는 토론 등이 좋은 수업의 전략이 될 수 있다. 또한 교사 나름대로 미리 자료를 준비하여 학생들의 사고를 자극하고 안내하는 일을 해야 한다. 교사가 준비한 자료가 절대적으로 좋다고 해서는 안 된다. 교사의 역할을 준비하고 안내하는 선에서 그치는 것이 바람직하다.

귀납적 방법을 바탕으로 하여 글쓰기를 지도할 경우 구체적인 사실에 대한 인식을 가능하게 하고, 글로 쓸 내용이 일단 많아지기 때문에 학생들에게 글의 양을 어떻게 채워야 할 것인가의 문제는 잘 극복할 수 있다. 그래서 귀납적 방법을 중심으로 하여 개념을 형성하고 확장시켜 나갈 경우 상세한 내용을 더 많이 표현할 수 있다. 예를 들어 "우리 집 개"에 대해 표현(말이나 글로)을 한다고 해보자. 개를 관찰하고 보살피고 키우고 함께 생활하면서 우리는 다음과 같은 경험이나 사고 활동을 할 수 있다. 개의 "모양, 생김새, 냄새, 색깔, 감촉, 친절함, 온순함, 슬픔, 비밀, 독특한 것, 처음 보았을 때의 느낌, 마지막 보았을 때의 느낌, 행복했던 때, 슬펐던 때, 웃겼던 때, 먹이와 습성, 좋아하는 것과 싫어하는 것"과 같은 것에 대해 자기의 생각을 말할 수 있다. 이와 관련된 생각을 말해보면 일단 생각의 양은 많아질 수 있다. 많아진 생각을 바탕으로 하여 그것을 분류하고 생각을 정리하면 더 넓고 깊은 생각을 할 수 있다. 이처럼 귀납적 방법으로 사고 활동을 하게 되면 상세한 내용을 더 많이 생성해 낼 수 있어서 사고의 폭을 넓게 할 수 있다. 초등학교 학생들이 구체적인 사물을 중심으로 하여 다양한 경험을 하고, 그것을 바탕으로 하여 다양한 사고 활동을 하는 것은 바로 이러한 귀납적 방법의 효율성을 반영한 결과로 해석할 수 있다.

반면에 연역적 방법은 귀납적인 방법과 달리 직접적인 노력보다는 남들이 이미 알고 있는 개념을 활용하여 새로운 개념을 알기 때문에 개념을 형성해가는 과정 자체가 소홀히 될 뿐만 아니라 상세한 개념들을 도출해 내기로는 적절하지 않을 수 있다. 일반적으로 사람들은 시간이 흐르고 지식이 쌓일수록 많은 노력을 요하는 귀납적 방법보다는 적은 노력을 하면서도 효과를 높일 수 있는 연역적 방법을 자연스럽게 선호하게 된다. 그렇게 연역적 방법으로 사고 활동을 하다 보니 구체적으로 경험을 함으로써 얻을 수 있는 세부적인 사항들에 대해서는 소홀히 하게 되고 개념에 사실을 맞추고자 하는 활동을 자주 하게 된다. 이러한 생각이 더 나아가면 사실보다는 추상화를 더 강조하게 되고 추상화를 강조하다 보면 사실에 근거한 사고 활동을 소홀히 할 수 있기 때문에 늘 구체적인 사실 중심의 개념 형성 활동과 추상적인 개념 중심의 사고 형성 활동을 병행하는 것이 교육적 측면에서는 더 바람직하다.

4 표현과 언어

경험의 상징적 표상 활동으로서의 개념화에 이어 개념화된 것을 표현하는 활동 또한 매우 중요하다. 사람들은 주로 언어와 비언어를 활용해서 형성한 개념을 말과 글로 표현한다. 음성언어로서의 말하기와 문자언어로서의 글쓰기는 둘 다 언어 표현 기능을 담당하는데 공통점과 차이점이 있다. 쟁점이 될 만한 것으로 "말을 잘하는 사람이 글도 잘 쓰는가? 글을 잘 쓰는 사람이 말도 잘하는가?"를 들 수 있다. 이들은 어느 정도의 상관관계는 있지만 말이나 글의 표현 목적, 상황에 따라서 달라질 수 있다. 일반적인 생각으로는 글을 잘 쓰는 사람이 말도 잘할 가능성이 더 높다고 생각한다. 그 이유는 글쓰기를 하면서 논리를 다듬게 되고 논리를 다듬는 것 자체가 힘든 사고의 과정을 경험하는 것이기 때문이다(김재봉, 2019: 37－65쪽 참조). 이것은 비유적으로 말하면 글쓰기는 말하기보다는 더 힘들고 글쓰기와 같은 힘든 일을 하면 말하기와 같은 덜 힘든 일을 하기가 더 쉽기 때문에 글 잘 쓰는 사람이 말을 잘할 가능성이 더 높다고 할 수 있다. 또한 글쓰기 과정이 말하기 과정보다 더 많은 노력을 요구하기 때문에 더 많은 노력을 하는 과정에서 정보 처리를 위한 뇌의 자동화가 더 쉽게 이뤄진다. 결론적으로 뇌의 정보 처리 방식에서 글쓰기가 말하기보다 더 많은 시간과 노력을 투입하고, 그 결과로 어려운 글쓰기보다는 더 쉬운 과제인 말하기를 좀 더 쉽게 할 수 있다. 결국 사고와 표현을 위한 연습의 시간과 양이 글쓰기가 말하기보다 많다. 그래서 많은 시간과 노력을 투자하는 과정에서 정보 처리의 자동화가 용이해지기 때문에 글을 잘 쓰는 사람이 말을 잘할 가능성이 더 높다고 할 수 있다.

말하기와 글쓰기는 생각을 정리하여 표현하는 수단으로서 불가분의 관계에 있다. 말을 잘한다는 기준과 글을 잘 쓴다는 기준이 부분적으로는 동일할 수도 있지만 상당히 다른 부분도 있다. 말하기는 매우 임기응변적이고 상황 의존적이고 맥락 의존적이며 음성 이외에도 시선, 표정, 동작, 억양 등의 외적 요소의 도움을 받아 생각을 표현하는 수단인 반면, 글쓰기는 준비하고 상황 독립적이고 말하기에 비해 상대적으로 맥락 독립적이며 문자 이외의 외적 요소의 도움을 거의 받지 않고 생각을 표현하는 수단이다. 글쓰기가 대부분 문자에 의존하면서 핵심적인 요소만을 가지고 표현하기 때문에 노력과 힘, 시간 등을 훨씬 많이 필요로 하는 표현 수단이기 때문에 이 과정에서 생각을 정리하여 논리적으로 표현하고자 할 때 생각을 더 많이 하게 된다. 이러한 연유로 인해서 글을 잘 쓰는 사람이 말을 잘할 가능성이 더 높다. 반대로 말을 잘하는 사람이 글을 잘 쓸 수 있는 가능성은 더 낮다. 그래서 말을 잘하려면 일단 글을 잘 쓰는 능력을 길러주어야 한다. 어려운 과제(글쓰기)를 잘 하는 사람이 좀 더 쉬운 과제(말하기)를 잘 할 가능성이 높기 때문이다.

말하기와 듣기, 읽기와 쓰기를 통해서 스스로 생각하고 의문을 품어보고 비판적인 사고를 할 수 있다면 현상을 이해할 때 재미가 있고 생생하게 느낄 수 있다. 반면에 타인을 통해 표현된 생각을 받아들여 그들의 사고를 빌려서 현상을 이해할 때는 재미가 없고 생생하게 느낄 수 없다. 영작을 할 때 스스로의 사고 활동에 기반을 두고 하는 작문과 영작 프로그램의 하나인 '파파고'를 활용하여 영작을 할 경우를 경험해보자. '파파고'에 의존하는 영작은 훨씬 재미가 경감됨을 확인할 수 있다. 이처럼 아무리 사소한 생각이라고 할지라도 스스로의 힘으로 생각을 정리하고 표현하는 활동을 지속적으로 함으로써 일단 흥미와 재미를 느낄 수 있고, 이것을 바탕으로 하여 자신의 지력(지적 능력)을 더 높일 수 있다.

말을 잘하려면 일단 글을 잘 써야만 한다. 좋은 글에는 올바른 논리와 독창적인 논거가 있게 마련이지만 좋지 않은 글에는 잘못된 논리와 뻔한 논거가 있으며 가장 나쁜 글에는 논리 자체가 없다고 할 수 있다(박원우, 2003: 280쪽 참조). 이것을 말하기와 연결 짓는다면 말을 잘한다는 것에는 올바른 논리와 독창적인 논거가 있고, 좋지 않은 말하기에는 잘못된 논리와 뻔한 논거가 있으며 가장 나쁜 말하기에는 논리 자체가 없다고 말할 수 있다.

그런데 말을 잘하고 글을 잘 쓰기 위해서 더 중요한 것이 있다. 그것은 바로 읽기 능력이다. 우리는 '읽기 학습(learning to read)'을 하기도 하지만 학년이 높아지고 나이를 먹을수록 읽기 학습을 바탕으로 '학습 읽기(reading to learn)'를 지속한다. 학습 읽기를 통해서 개별적으로 존재하는 개념들을 서로 연결시키고, 연결을 통해서 새로운 생각을 만들어내고 그것을 유통시킨다. 한 예를 들어보자. 우리는 "화합, 역사"라는 두 개념을 생각해낼 수 있다. 이 개념을 머릿속에서 어떻게 처리하는지는 알 수 없지만 우리는 머릿속에서 "화합을 위한 역사보다는 역사를 통한 화합이 더 중요하다."라는 명제를 만들어낼 수 있다. 화합과 관련하여 여러 가지 생각을 하게 되고 역사와 관련지어 여러 가지 생각을 한 결과로 앞에서 언급한 문장을 만들어 낼 수 있다. 다음 자료를 기반으로 하여 읽기 학습과 학습 읽기의 차이와 국어 교육에서 이들을 구분하고 잘 활용하는 것이 왜 중요한지에 대해 논의해보자.

활동 4-1 읽기 학습과 학습 읽기의 차이와 국어 교육에서의 중요성

이 활동의 목적은 읽기 학습과 학습 읽기의 차이점은 무엇이고, 그것을 국어 교육에서 신장시켜주는 것이 왜 중요한지에 대해 이해하고 활용할 수 있음은 물론 지도할 수 있는 능력을 함양시키기 위함이다.

■ 미취학 아동에게 외국어를 가르칠 때 말하기·읽기보다 듣기 위주 학습이 적절하다는 연구 결과가 나왔다. 또 말하기 등 능동적 표현 능력은 성인이 된 뒤 배우는 것이 더 효과적인 것으로 조사됐다. 국무총리 산하 육아정책연구소는 성인기의 외국어 습득 효과가 오히려 유아기보다 나을 수 있다는 내용을 담은 '유아 사교육 실태와 개선 방안'을 최근 출간했다.

육아정책연구소는 외국어 조기 교육의 적정 연령을 알아보기 위해 만 5세 유아, 초등 3학년생, 대학생 등 실험 군을 셋으로 나눠 중국어 학습 능력 추이를 점검했다. 실험 대상 언어로 중국어를 택한 것은, 영어는 누구든 조금이라도 배운 경험이 있어 공정한 비교과 어렵기 때문이다. 연구소 측은 집단별로 한 달간 20차례 중국어를 가르치고, 교육 전후 중국어 말하기·듣기·읽기 성적의 변화를 살폈다. 실험 결과 대학생 집단의 언어 학습력이 어린 집단보다 더 높은 것으로 나왔다. 교육 전후 중국어 말하기·듣기·읽기 시험 중 '듣기' 영역에서는 나이에 따른 유의미한 차이가 없었다. 그러나 '말하기' 영역에서는 만 5세 유아보다 초 3이나 대학생의 학습효과가 더 큰 것으로 나타났다. '읽기' 영역은 대학생의 학습 효과가 가장 크고, 초3, 만 5세 유아가 뒤를 이었다.

또 중국어를 모국어로 쓰는 중국 대학생과 한국인 대학생 실험 군 사이에는 안구 운동이나 뇌파의 패턴이 유사했던 반면, 초등생과 유치원생 집단은 중국인 대학생과 큰 차이를 보인 것으로 나타났다. 연구진은 "읽기는 의식적인 학습 능력이 필요한 만큼 조기 교육이 효과를 발휘하지 못할 수 있다"고 밝혔다. 연구진은 "취학 전 유아에게는 외국어 조기 학습이 큰 효과가 없을 수 있으며, 굳이 하려면 듣기 중심으로 해야 어느 정도 효과를 볼 수 있을 것"이라고 밝혔다(조선일보, 2016. 2. 4., 박승혁 기자)

1. 위의 자료를 기반으로 하여 읽기 학습과 학습 읽기의 차이점이 무엇인지를 탐색해보자.
2. 국어 교육에서 읽기 학습과 학습 읽기를 발달시키는 것이 왜 중요한지에 대해 토론해보자.
3. 국어 교육에서 읽기 학습과 학습 읽기를 발달시킬 수 있는 방법에 대해 각각 3가지씩 제시해보자.
4. 말을 잘한다는 것과 잘 말한다는 것의 차이를 알아보고, 잘 말한다는 것의 의의가 무엇인지에 대해 토론해보자.

CHAPTER 05

언어와 사고 그리고 교육

CHAPTER

5 언어와 사고 그리고 교육

이 장에서는 언어와 사고의 관계를 탐색하고자 한다. 언어의 기능(skills)을 활용하여 사람들은 정보전달이나 설명, 혹은 설득과 같은 기능(function)을 달성한다. 아울러 언어 발달과 관련된 이론을 탐색하여 그 교육적 의의를 살피고자 한다. 또한 언어 발달을 보는 하나의 관점인 기능적 상호작용 관점에서 교육하는 것이 왜 중요한지를 탐색하고, 더 나아가 언어와 사고와 교육의 관계를 살피되 언어 학습이 잘 이뤄지기 위해서는 행함에 의한 학습이 중요하다는 점을 강조하고자 한다.

1 언어와 사고의 관계

인간을 인간답게 만드는 중요한 특성은 바로 언어의 사용이다. 언어와 사고는 서로가 서로를 필요로 하는 관계에 있기 때문에 언어가 없으면 사고의 표현이 불가능하고, 사고가 없으면 언어의 발달 또한 불가능하다. 부분적으로 언어가 없는 사고(예 언어 습득 이전의 어린이가 사고가 없는 것은 아니다)나 사고가 없는 언어(예 꿈속에서 혼잣말을 하는 경우)도 가능하기는 하지만 이것은 매우 제한적이다. 따라서 이것을 가지고 언어와 사고의 긴밀성을 부인할 수는 없다. 언어(음성언어와 문자언어)와 사고의 관계를 그림으로 보이면 다음과 같다(Machado, J. M., 2003: 156쪽 참조)

언어는 사고하기(사고 작용)를 매개로 하여 서로 밀접한 관련을 갖는다. 음성언어로서의 듣기와 말하기는 밀접한 관련을 맺는가하면 문자언어로서의 읽기와 쓰기 또한 밀접한 관련을 맺는다. 뿐만 아니라 듣기와 읽기, 말하기와 쓰기는 사고하기를 매개로 하여 서로 밀접한 관련을 맺는다. 그림에는 직접적으로 연결되어 있지는 않지만 네 가지 언어 기능은 서로 연결되어 있는데 이것은 이

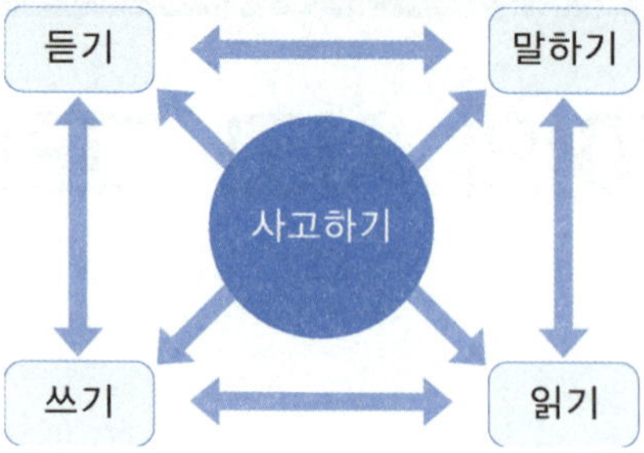

들 기능들이 인간의 표현 수단 중에서 가장 본질적이면서 중요한 역할을 하고 있다는 상징적 표시이다. 그런데 이들 기능들도 밀접하게 연결되었다고 볼 수밖에 없는 이유는 듣기와 말하기를 연결시키는 본질적인 매개 역할은 바로 '사고하기'를 통하기 때문이다. 같은 이유로 말하기와 읽기, 읽기와 쓰기, 쓰기와 듣기 모두 '사고하기'를 통해서 매개되기 때문에 이들은 밀접한 관련을 맺는다.

언어가 사고의 결과를 반영하기 때문에 교과에서 언어가 사용된다면 그것은 바로 사고 교육과도 같다고 말할 수 있다. 과학교육을 하더라도 과학적 원리를 탐색하는 과정 자체는 언어를 통해서 이뤄지고, 심지어 약속의 학문이라고 할 수 있는 수학을 공부하더라도 그 과정은 동일하다. "듣기, 말하기, 읽기, 쓰기"는 언어의 기능(skills)이고, 이러한 기능을 활용하여 지시나 정보전달, 설명, 설득은 물론 감정적(emotive), 친교적(phatic), 인지적(cognitive), 수사적(rhetorical) 기능(function)을 달성한다. 이 과정에서 기능(skills)을 활용하여 의사소통적 기능(function)을 달성하는데 기여하는 바탕이 바로 '사고하기(thinking)'라고 할 수 있다.

언어와 사고에 관한 논의에서 "언어와 사고 중 무엇에 중점을 두는가."에 따라 언어우위설과 사고우위설이 제기되어 왔다. 각각의 학설에 대한 논의는 관련 학문의 특성에 따라 중요할 수도 있고 중요하지 않을 수도 있다. 국어학이나 언어학 및 심리학 등은 각각의 견해에 대해 깊이 있는 탐색에 관심이 많지만 언어교육(국어 교육) 등에서는 각각에 대해 깊이 있게 탐색할 필요가 없다. 더 중요한 것은 각각의 견해에 대한 탐색이 아니라 언어와 사고가 밀접한 관련을 맺고 있기 때문에 이들을 교육적으로 활용하여 언어 발달과 사고 발달이 동시에 이뤄질 수 있도록 교육적 처치를 잘 하는 것이다. 중요한 것은 어느 견해를 수용하느냐의 문제가 아니고 사고우위설이든 언어우위설이든 삶과 학습이라는 생활

사태 속에서 언어와 사고는 함께 학습되고 발달되는 상호작용적 관계에 있다는 점을 인식하고, 언어와 사고를 유기적으로 연동하여 교육적으로 활용할 수 있는 능력을 길러주는 것이라고 할 수 있다. 언어를 안다는 사실 그 자체는 사고의 성질이나 내용 및 방향에 별다른 영향을 끼치지는 않지만 자신이 알고 있는 언어를 사용하는 과정을 통해서 사람들은 특정 사고의 내용 및 방향에 대해 영향을 받게 된다. 언어와 사고가 서로 밀접하게 관련된다고 했을 때 중요한 것은 언어 그 자체가 아니라 언어의 효율적인 사용이라는 것이다.

2 언어 발달에 대한 재고

언어 발달과 관련된 이론 중에서 생득설이 상당한 설득력을 얻고 있다. 생득설은 정상적인 인간이면 언어 습득 장치를 가지고 태어나서 언어사회적 환경에 놓이게 되면 자연스럽게 언어를 습득한다는 이론인데, 언어의 창조성과 보편성을 강조한다. 생득설은 인간이 태어나서 특별한 교육이 없이도 언어사회적 환경에 놓이기만 하면 짧은 기간 동안 거의 완전할 정도로 구어(언어 체계와 문법 체계)를 매우 쉽고 창조적으로 습득할 수 있다는 데서 이론의 근거를 찾고 있다.

그럼에도 불구하고 생득설은 인간의 언어 발달에 대해 설명해주지 못하는 부분 또한 존재한다(다음 논의는, 노명완, 1991: 7~8쪽을 참조함). 첫째는 언어가 선천적인 능력이라면 어린이나 성인 모두는 언어적 오류를 거의 범하지 않아야 한다. 그럼에도 불구하고 어린이나 성인은 언어적 오류를 너무 많이 범하고 있으며 이러한 오류가 자연스럽기까지 하다는 점을 고려해본다면 생득설의 한계를 금방 알 수 있다. 둘째, 생득설은 언어의 보편성에 더 많은 관심을 가지고 있다. 그렇지만 우리의 삶은 언어 간의 차이나 언어 내의 차이(방언 차이 등)가 더 중요하게 여겨지는 경우가 매우 많으며 사실 언어 간의 차이나 언어 내의 차이에 의해 갈등과 분열이 조장되고 때로는 극복되기도 한다. 셋째, 생득설은 언어 발달에 관심을 갖는데 실제로 언어 발달은 인지(감각, 지각, 기억, 사고) 발달과 밀접한 관련을 맺고 있기 때문에 언어 발달만으로는 인간이 지각하고, 사고하고 판단하고 추리하는 등의 지적 활동을 설명할 수 없다. 인지 발달과 함께 언어 발달도 병행되기 때문에 생득설만으로는 인간의 다양하고 심오한 지적 능력을 설명하기에는 부족함이 너무나 많다. 넷째, 생득설은 언어 발달이 생래적이기 때문에 굳이 학습을 할 필요가 없다고 보기 때문에 언어 발달을 학습의 과정으로 설명하지 않는다. 그렇지만 만일 세상의 모든 아동이 다 말을 잘 배울 수가 있다면 언어에 관심을 기울이는 사람들은 실제로 언어 교육을 받을 필요가 없다. 모든 아동들이 자동적으로 다 잘 할 수 있는 것에 관심을 보이지는 않을 것이기 때문이다. 생득설은 언어 발달이나 언어 학습을 가능하게 해주는 인간의 개인적, 사회적 환경, 상황, 동기 등을 소홀히 한다. 언어는 개인적이며 사회적인 상황 속에서 작용한다. 그래서 언어를 통해 개인의 독립적 삶이 아니라 사회적 관계 속에서 이뤄진 삶을 살기 때문에 개인적이고 사회적인 상황에 적응하면서 언어 발달과 사고 발달이 동시다발적으로 이뤄진다. 따라서 언어 발달과 사고는 긴밀한 관계에 있을 수밖에 없다.

3 언어와 사고의 학습 조건

어린이는 언어를 정의하지 못하면서 언어를 활용하여 의사소통을 참으로 잘 한다. 바로 의사소통은 상황적 요인이 매우 중요하게 관여하고 있기 때문이다. 이는 다르게 말하면 언어를 통한 의사소통적 기능(communicative function)이 무엇인지도 잘 모르면서 특정한 상황만 주어지면 상황에 적응할 필요성과 동기가 작동되어 사회적 기능(social function)을 잘 수행할 수 있다. 말을 잘 못하더라도 상황이 주어지면 아동들은 상황에 적응하는 하나의 수단으로 능동적으로 상황을 지각하고 이해하려고 노력하는 것이 인간들의 본능적인 특성의 하나이다. 이렇게 본다면 언어와 사고는 삶 속에서 확장되고, 풍부해지고, 재구조화되고, 변화되고, 심화된다고 할 수 있다. 상황과 함께 문제 사태가 주어지면 아동들은 이 문제 사태를 해결하기 위해 다른 사람들의 말을 듣기도 하고, 행동도 관찰하고, 필요하면 추론이나 판단, 해석을 하면서 사태에 적응한다. 이 과정을 통해서 아동들은 언어와 사고를 활용하고 그 효과를 시험하기도 한다. 아동들은 문제 사태에 적절히 대응하기 위해서 이미 알고 있는 언어와 사고를 활용하고, 필요한 경우에는 새롭게 학습하고 창조해가면서 기존의 언어와 사고를 확장하고 풍부히 하고 재구조화한다. 상황에 대한 적극적인 대응이 바로 사고와 언어

학습의 원동력이라고 할 수 있다.

언어는 개인적 사고, 학습의 도구, 문화의 창조, 그리고 문화 전달의 역할을 담당한다. 학습의 도구나 문화를 창조하는 수단으로서의 언어는 개인적 측면과 함께 사회적 측면을 모두 공유하고 있다. 언어를 통해서 구성원들과 상호작용을 하면서 개인의 지적 능력을 확장시켜감과 동시에 다른 사람과의 소통을 통해서 다른 사람들이나 사회가 가지고 있는 가치나 신념 또는 지식을 공유할 수 있기 때문이다. 다시 말하면 개인의 지성을 바탕으로 하여 집단 지성을 받아들이고 이러한 집단 지성은 다시 개인의 지성과 연결되어 새로운 개인 지성으로 탄생하는 순환의 과정을 거치면서 언어와 사고는 발달한다. 이렇게 본다면 언어는 개인적 차원과 사회적 차원을 동시에 가지고 있다고 할 수 있는데, 언어를 이렇게 개인적 차원과 사회적 차원의 혼합체로 보는 것이 언어 발달을 보는 기능적 상호작용 관점(functional interactional)이다(노명완, 1991: 9~12쪽 참조).

언어 발달을 보는 관점으로서의 기능적 상호작용 관점은 종래의 행동주의적 접근이나 생득론이 설명하지 못하는 여러 현상들을 설명해줄 수 있다. 이런 관점에서는 생득적 속성의 발현이라고 하는 아동의 언어 발달이 어쩌면 그렇게도 빨리 자기가 속한 그 사회의 언어를 지향하며 변화해 가는지를 설명할 수 있다. 그러면서도 이 관점에서 보면 아동의 언어 발달이 이뤄지는 과정에서 성인 언어와의 차이를 설명할 수도 있다. 또한 이 관점은 지리적으로 광범위하게 분포되어 통용되는 한 언어가 수세대를 거치면서도 크게 변하지 않고 안정을 유지할 수 있는 현상도 설명할 수 있음과 동시에 한 개인의 언어 내에서 일어나는 변화와 방언에 대해서도 설명할 수 있다. 그러나 무엇보다도 중요한 것은 언어 발달에 대한 기능적 상호작용적 접근이 아동의 언어 학습을 실제 생활사태 속에서의 필요와 욕구라는 의사소통의 맥락 속에서 설명하고 있다는 점이다. 이러한 접근이 행동주의에서의 모방설이나 변형생성문법에서의 생득설에 비해서 언어 교육과 언어 학습에 보다 더 많은 시사점을 주고 있는데 그 이유는 바로 의사소통의 상황적 요인을 가장 중요한 요인으로 보고 있기 때문이다.

4 언어와 사고와 교육

학교는 아동들에게 교육을 한다. 교육의 핵심은 언어와 사고와 지식을 길러주는 일이다. 부연하면 교육의 목적은 크게 두 가지로 정리할 수 있다. 하나는 지식을 길러주는 것이고 다른 하나는 습득한 지식을 활용하는 데 필요한 기능(언어기능)을 길러주는 것이다. 지식과 기능을 길러주는 가운데 자연스럽게 스며드는 것이 사고이다. 이들을 종합하면 결국 학교 교육은 언어와 사고를 바탕으로 지식과 지식을 활용하는 데 필요한 언어기능을 길러주는 것이라고 할 수 있다.

그런데 이러한 언어 기능 교육은 분석적으로 하는 것이 효과적인 경우도 있지만 언어 기능을 통합적으로 지도하는 것이 효과적인 경우도 있다. 언어를 활용하여 사고력과 지력을 길러주는 효과적인 방법이 "행함에 의한 학습(learning by doing)"이다. 학습은 언어를 통해 사고하는 능력을 향상시키고, 사고하는 능력의 향상은 언어를 통해 이뤄지는데 이 과정에서 공통적으로 관련되는 것이 "무엇인가를 한다."는 것이다. '무엇인가를 한다'는 것은 언어를 통해서 사고를 한다는 의미도 있지만 사고를 하는 과정 속에서 언어를 활용한다는 의미도 있다. 언어와 사고를 이렇게 본다면 언어는 정태적인 객체로 존재하는 관찰과 분석의 대상이 아니라 능동적으로 존재하는 의사소통의 한 도구이며 사고는 언어를 활용하는 과정 속에서 인지적인 노력이 들어가는 정신적인 과정이다.

학교의 교육이 언어를 통해 사고하는 능력을 길러주는 것을 중요한 목적으로 삼는다면 학교 교육의 대부분은 결국 언어 교육이며 사고 교육이라고 할 수 있다. 교수와 학습은 언어를 통해 이뤄지고 사고력을 향상시키기 위해 언어를 사용하기 때문에 언어와 사고가 그 과정에서 필연적으로 수반될 수밖에 없다. 언어와 사고가 교수 학습에 활용되는 양상에 대해 할리데이는 "언어 학습(language learning)과 언어에 대한 학습(learning about language)과 언어를 통한 학습(learning through language)"과 같이 범주화하고 있다(노명완 등, 1991: 15족에서 재인용).

언어 학습은 자연스런 상황 속에서 언어를 학습하는 것을 말하는데 언어 학습을 하는 과정 속에서 언어에 대해 학습하기도 하고 언어를 통해 다른 것을 학습하기도 한다. 언어에 대한 학습은 언어의 구조와 기능은 물론 언어의 유형이나 언어의 분포 등과 같이 언어 사용의 주변에 대해 학습하는 것이다. 언어를 통한 학습은 필요한 지식과 기능을 얻기 위해 범교과적으로 언어를 활용하는 것을 말한다. 이 세 가지는 매우 긴밀하게 관련되어 있지만 언어(국어) 교육에서는 언어학습을 가장 중요하고 본질적인 것으로 여긴다. 언어 학습을 위해서 언어에 대해서 학습하는 것도 바람직하지 않고, 언어를 통한 학습을 하게 하기 위해서 언어를 가르치는 것 또한 바람직하지 않다. 언어의 기능적 사용 속에는 어떤 식으로든 이들 세 가지가 밀접하게 관련되어 있는 것은 사실이지만 가장 중요한 것은 언어 학습이다. 언어 학습을 하는 과정 속에서 학생들은 언어 그 자체에 관심을 갖게 되고 또 언어에 관한 학습에도 관심을 갖기 때문에 결국 경험의 확장, 의사표현 욕구의 확장, 언어 사용 상황에서의 자신감, 어휘의 확장, 표현할 수 있는 언어의 확장, 이해할 수 있는 언어의 확장으로 관심을 갖게 된다.

CHAPTER 06

사고의 형성 과정과 배경 지식의 필요성

CHAPTER

6 사고의 형성 과정과 배경 지식의 필요성

이 장에서는 사고의 형성 과정에 대해서 살핀다. 사고의 특성은 무엇이고, 사고와 기억은 어떤 관계에 있으며, 사고의 결과를 구조화하여 언어로 표현했을 때의 특성이 무엇인지를 살핀다. 이어서 사고하는 힘을 강화시켜주는 수단으로서의 배경지식이 왜 중요하고, 배경지식이 부족하다고 생각될 경우에 그러한 배경지식을 넓혀주는 수단(유추 능력)을 살피고, 더불어 추상적 개념의 획득과 형성이 왜 어려운지를 살피고, 궁극적으로 지속적인 연습만이 사고하는 힘을 길러줄 수 있다는 점을 살핀다.

1 사고의 형성 과정

1.1. 사고의 특성

사람들은 생각을 하면서 삶을 살아간다. 생각이 없는 사람은 이 세상에 한 사람도 존재하지 않는다. "생각이란 무엇인가? 왜 생각을 하는가? 생각과 뇌는 어떤 관련이 있는가?" 등과 같은 질문에 대해서 정확한 답을 하기는 결코 쉽지 않지만 그렇다고 해서 전혀 불가능한 것도 아니다.

사람들은 생각하기를 좋아하는 사람도 있고 좋아하지 않는 사람도 있다. 일반적으로 시각적 지각에 비해 생각은 처리 속도가 느리고, 어려운 문제에 대해서는 처리하기를 힘들어 하고, 어려운 문제일수록 처리가 불확실하기 때문에 생각하기를 꺼려하기도 하지만 반드시 꺼려하는 것만은 아니다(문희경 옮김, 2009: 21쪽 참조). 이것은 각자가 처한 상황과 그가 현상을 보는 인식의 차이, 가치관, 삶의 태도, 성향 등에 따라서 각자의 방식대로 처리하기 때문이다. 사람들은 생각을 하지 않고 살 수는 없다. 시각적 지각이 없이 생각만으로도 사람들은 문제를 해결할 수 있고, 문제를 해결할 수 있다는 것 자체가 삶의 한 방식이기 때문이다. 사람들은 문제를 해결하는 과정에서 깊이, 그리고 천천히 생각하기보다는 좀 더 편리한 문제해결 방식을 선호한다. 이 해결 방식이 바로 기억에 의존하는 방식이다. 기억에 의존할 때 크게 집중하지 않아도 되고 기억한 방식대로 문제를 처리하면 문제가 해결되었던 이전의 경험 때문이다. 예를 들어, 자동차를 운전하는 구체적인 절차와 방법을 생각하지 않아도 운전을 잘 할 수 있으며, 운전을 하면서도 여러 가지 부수적인 일을 할 수 있는 것은 생각하는 일을 돕는 기억의 역할 때문이다. 경험을 통해 한 번 기억해 놓은 사실들은 다시 생각할 필요가 없이 기억에 의존해서 판단을 하고 행동에 옮기는 것이 일반적인 문제해결의 방식이다. 다음 활동 자료를 기반으로 하여 인간의 사고가 가지고 있는 특성의 한 측면을 확인해보자.

활동 6-1 사고의 특성

이 활동의 목적은 사고의 특성을 이해하고 그것을 교육적으로 활용하는 능력을 신장시키기 위함이다.

- "인지심리학은 말한다. "당신은 보고 싶은 것만 본다."고
  '보이지 않는 고릴라' 책에 쓰인 내용은 과연 한국에서도 그대로 통할까?

  조선일보는 2일 오후 7시 40분 인천 삼산 월드체육관에서 책에 나온 실험을 실제로 재현해봤다. 1997년 미국 하버드대 캠퍼스에서 진행된 심리실험의 모델을 그대로 적용했다.

  이날 경기는 프로농구 인천 전자랜드와 서울 SK 전. 전반전이 끝난 하프 타임. 이벤트 사회자 한세이(26)씨가 관중들에게 문제를 제시했다.

  "지능 측정 이벤트입니다! 전광판 동영상을 보세요. 흰 옷 입은 사람 3명과 검은 옷 입은 사람 3명이 뒤섞여 각자 자기네끼리 패스를 주고받습니다. 흰 옷 입은 사람들끼리 몇 번 패스하는지 세어보세요."

  교정기 낀 초등학생부터 백발 할아버지까지 관중 2280명이 열심히 패스를 셌다. 그러나 진짜 문제는 패스 횟수가 아니었다. "방금 본 동영상에 사람 말고 다른 것도 나왔나, 사람만 나왔나"가 문제였다.

  동영상 길이는 36초로, 하버드 심리학과 강사 대니얼 사이먼스(Simons)와 대학원생 크리스토퍼 차브리스(Chabris)가 만든 것이다.

  학생 6명이 패스를 주고받는 동안, 온몸에 검은 털이 숭숭 난 고릴라가 학생들 한복판을 어슬렁어슬렁 지나간다. 학생들 한복판에서 두 차례 가슴도 두들긴다. 36초

짜리 동영상에서 고릴라가 나오는 장면이 9초다.

이날 삼산체육관 관중 가운데 주최 측에 문자를 보낸 사람은 총 580명이다. '고릴라를 못 봤다'는 사람이 315명(54.3%)에 달했다. '사람 말고 뭔가를 봤다'는 사람들(265명·45.7%) 중에서 고릴라라고 정확히 맞춘 사람은 205명. 개와 곰을 봤노라 주장한 사람은 60명이었다. 패스 세는 데 주의가 쏠려 코앞에 있는 고릴라를 놓친 것이다.

하버드 실험에서도 "고릴라를 봤다"는 사람은 50%에 불과했다. 97년 미국과 2011년 한국에서의 실험결과가 거의 유사한 것이다. '사람들은 보고 싶은 것만 본다.'는 이 책의 주장이 그대로 확인됐다.

고릴라 실험의 주역 차브리스 교수에게 "한국에서 똑같은 실험을 해보겠다."고 하니 "결과가 궁금하니 꼭 알려 달라."고 했다(조선일보, 2011. 3. 5., 김수혜 기자)

1. 위의 글을 읽고 인간들은 동등하게 특정 상황에 노출됨에도 불구하고 다른 내용을 인지한다. 사고의 어떤 특성 때문에 이러한 현상이 생기는가에 대해 토론해보자.
2. 위에서 언급된 것처럼 인간은 자기가 '보고 싶은 것만 본다.'는 사고의 특성이 있다. 이러한 사고의 특성을 교육적으로 활용할 때 유의할 점과 교육적 시사점이 무엇인지를 토론해보자.

1.2. 사고와 기억의 관계

앞에서 잠시 언급한 바 있지만 생각은 어떻게 일어나는가? 생각이 일어나는 과정을 알면 무엇이 생각하는 것을 어렵게 만드는지 알고 있을 뿐만 아니라 좀 더 쉽게 생각하는 방법을 찾아서 학생들에게 지적 능력을 향상시켜 줄 수 있다. 생각과 기억의 문제는 서로 밀접하게 관련되어 있다. 다음 그림을 참조하면서 생각과 기억의 관계를 좀 더 자세하게 살피기로 한다.

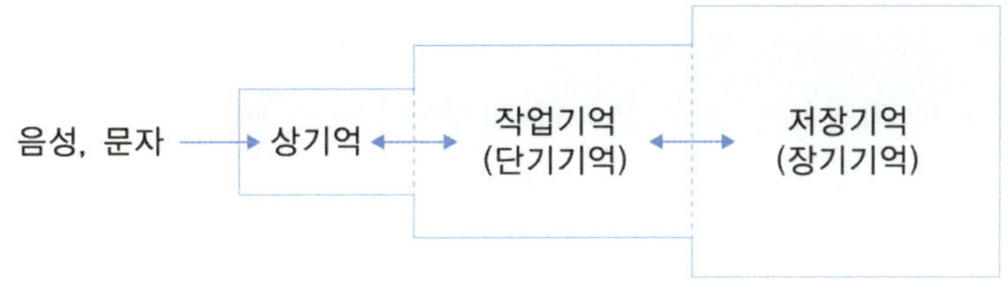

위의 그림에서 "음성, 문자"는 정보가 처리되는 환경을 대표하는 것이다. 음

성, 문자 외에도 다양한 환경에 접하면서 인간은 정보를 받아들여서 처리를 하는데 여기서는 대표적인 것으로 음성과 문자를 예로 들었을 뿐이다. 상기억(순간 기억)은 순간 기억을 말하는데 시각, 청각, 후각, 촉각, 미각을 통해 정보를 받아들여 매우 짧은 순간 동안만 저장하는 뇌의 활동이다. 이런 상기억은 별다른 노력 없이도 인간의 뇌에 들어와서 문제를 해결하는 데 일정 부분 기여하고 있다.

작업 기억(단기 기억)은 생각하는 내용을 저장하는 공간이다. 이 공간에서 인식과 생각이 일어난다. 작업 기억은 생각이 활발하게 일어나는 장소이기 때문에 작업 기억의 처리 용량을 키우는 것이 정보 처리의 관건이 된다.

장기 기억은 세계에 관한 사실적 지식과 절차적 지식이 보관되어 있는 장소이다. 사실적 지식은 구체적인 것에서부터 추상적인 것에 이르기까지 매우 다양하다. 자기의 키가 얼마인지에서부터 대한민국의 국민소득이 얼마인지를 아는 것 등이 이러한 지식에 해당된다. 절차적 지식은 방법적 지식이라고도 한다. 운전하는 구체적인 절차와 방법을 생각하지 않고도 운전을 하면서 여러 가지 일을 할 수 있는 것은 절차적 지식이 갖춰져 있기 때문이다. 장기기억에 저장된 모든 정보는 의식의 너머에 있기 때문에 평상시에는 작동을 하지 않다가도 문제사태가 주어지면 기억의 너머에서 작동을 시작한다. 곱셈구구를 외우고 활용할 수 있는 것도 절차적 지식의 예에 해당될 수 있다.

1.3. 사고의 형성 과정

사고의 형성 과정은 너무나 복잡하여 그 과정을 엄밀하게 밝히는 것은 불가능하다. 다만 그간의 연구 결과를 바탕으로 할 때 다음과 같은 매우 작은 예시를 가지고 사고의 형성 과정에 대해 극히 일부분만 설명해보고자 한다. 우리가 다음과 같은 문제(예 18×7)를 푼다고 생각해보자. 이런 문제를 풀어야 할 상황에 직면하는 순간 우리의 머릿속에는 아래와 같은 순서로 정신 작업이 일어날 것이다(문희경 옮김, 2009: 33~34쪽에서 인용).

① 8과 7을 곱한다.

② 장기기억에서 8×7=56이라는 사실을 불러낸다.

③ 6을 정답의 일부로 남겨 두고 5를 올린다는 사실을 기억한다.

④ 7과 1을 곱한다.
⑤ 장기기억에서 7×1=7이라는 사실을 불러낸다.
⑥ 앞에서 올린 5와 7을 더한다.
⑦ 장기기억에서 5+7=12라는 사실을 불러낸다.
⑧ 12를 적고 6을 붙인다.
⑨ 정답은 126이다.

장기 기억은 작업 기억이 작동할 수 있도록 도움을 주는 역할을 한다. 위의 예에서 볼 수 있는 것처럼 작업 기억에서 답이 처리될 수 있도록 장기 기억에 저장되어 있는 사실적 지식 혹은 절차적 지식은 인출되어 정보를 처리하는 데 도움을 준다.

다음은 앞의 문제보다는 좀 더 복잡한 것이다. 우리가 다음의 문제를 해결해야 한다고 생각해보자(해결해야 할 문제 사태: 3개의 말뚝이 박혀있는 게임 판의 모습이다. 왼쪽 끝의 말뚝에는 크기가 점점 작아지는 고리가 3개 걸려있다. 왼쪽 끝의 말뚝이 걸려 있는 고리를 모두 오른쪽 끝의 말뚝으로 옮기는 것이 문제다. 고리를 옮기는 데는 2가지 규칙이 있다. 한 번에 하나만 옮길 수 있고, 큰 고리를 작은 것 위에 놓을 수 없다(예시 자료는, 대니얼 T. 윌링햄 지음(문희경 옮김), 2009: 31쪽에서 인용함).

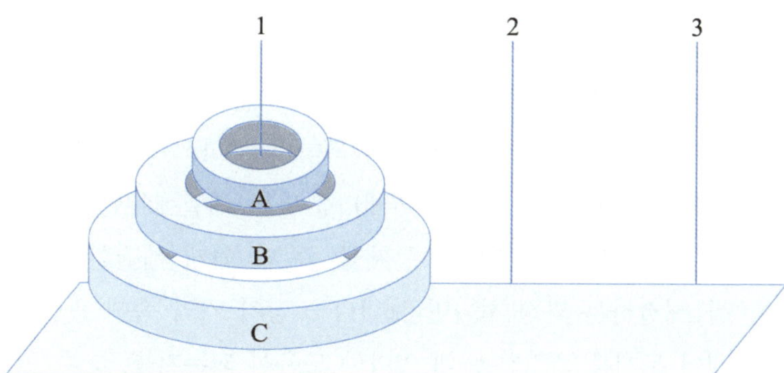

우선 필자의 해결 과정을 소개한다. 필자는 문제가 주어졌을 때 문제를 읽고 다음과 같은 절차를 밟아서 문제를 해결했다. 해결하는 데 상당한 시간이 요구되었는데, 종이에 써 가면서 구체물 없이 옮겨보았지만 잘 되지 않았다. 이유는 작업 기억의 처리 용량이 적었기 때문이라고 생각된다. 그래서 세 개의 크기가 다른 원처럼 생긴 물체를 구해서 옮기는 행위를 해보았다. 그 결과는 다음과 같다.

1. A를 2로 옮긴다.	2. A를 3으로 옮긴다.	3. B를 2로 옮긴다.
4. A를 2로 옮긴다.	5. A를 1로 옮긴다.	6. B를 3으로 옮긴다.
7. A를 2로 옮긴다.	8. A를 3으로 옮긴다.	9. C를 2로 옮긴다.
10. A를 2로 옮긴다.	11. A를 1로 옮긴다.	12. C를 2로 옮긴다.
13. A를 2로 옮긴다.	14. A를 3으로 옮긴다.	15. B를 1로 옮긴다.
16. A를 2로 옮긴다.	17. A를 1로 옮긴다.	18. C를 3으로 옮긴다.
19. A를 2로 옮긴다.	20. A를 3으로 옮긴다.	21. B를 2로 옮긴다.
22. A를 2로 옮긴다.	23. A를 1로 옮긴다.	24. B를 3으로 옮긴다.
25. A를 2로 옮긴다.	26. A를 3으로 옮긴다.	

그런데 답을 확인하는 순간 필자는 너무 허탈했다. 답은 "A3, B2, A2, C3, A1, B3, A3"이었다. 너무 간단했다. 해결 과정의 차이는 무엇인가? 규칙에 대한 읽기를 잘 하지 못했기 때문이다. 필자는 "순차적으로 막대를 건너뛰지 않고 막대를 옮기는 것"으로 문제를 이해했다. 그러니 26개의 과정을 작업 기억 속에서 처리할 수가 없었고, 구체물을 만든 다음 작업 기억의 용량을 걱정할 필요가 없는 상태가 되어서야 문제를 해결할 수 있었다. 사실 제시된 문제에 필자가 추가적으로 해석한 내용은 어디에도 없었다. 필자가 세심하게 문제를 읽지 않았기 때문에 문제를 잘 해결하지 못했다. 그렇다면 이런 결과가 일어난 원인은 무엇인가? 필자는 장기기억 속에 관련된 내용이 저장되어 있지 않았기 때문에 작업 기억의 용량의 처리 한계를 극복하지 못하고 구체물을 만들어 처리하는 시행착오를 거쳐서(그것도 복잡하게) 문제를 해결해야만 했다. 만약 장기 기억 속에 관련된 경험이 있었다면 문제를 좀 더 쉽게 해결할 수 있었을 것이다. 이 문제를 해결하는 과정 하나만 보더라도 장기 기억 속에 관련된 정보를 가지고 있다는 것이 문제를 해결하는 데 얼마나 도움이 되는지를 알 수 있다. 이것을 교육적 측면으로 해석하자면 장기 기억에 정보를 많이 갖게 할수록 정보를 처리하기가 용이해지기 때문에 장기 기억의 내용을 풍성하게 하는 것이 중요하다는 점을 시사해준다.

다음에 제시된 활동의 글을 읽으면 "무슨 의미지?"와 같은 생각을 지속적으로 할 것이다. 내용이 복잡하면서 작업 기억에서 처리할 만한 처리 용량의 한계를 이미 넘어서고 있기 때문이다. 그런데 이것은 앞에서 살펴본 "고리 옮기기"와 구조상 동일하다. 이점을 알면 좀 더 쉽게 글 내용을 이해할 수 있을 것이다(다음 그림에서 1의 밑에 있는 가장 위에 있는 작은 원은 불을 지피는 것이고, 둘째 원은 부채질을 해서 불꽃을 살리는 것이고, 가장 밑에 있는 큰 원은 차 따르기이다. 밑에 있는 네모 상장에서 맨 왼쪽은 주인, 가운데 상자는 나이가 적은 손님, 오른쪽 상자는 나이가 많은 손님을 의미한다).

다음에서 언급되는 것처럼 정보를 구조화하면 앞의 말뚝 옮기는 것과 동일한 구조를 가지고 있다는 것을 알 수 있고, 이러한 구조가 동일함을 안다는 것 자체는 정보 처리를 용이하게 해준다. 물론 고리를 옮기는 것보다는 좀 더 어려운데, 그 이유는 몇 가지 요소를 머릿속에서 새로운 언어로 바꿔야 하기 때문이다. 단순한 고리 옮기기이지만 유사한 구조를 활용하여 글로 표현한 것이 아래의 예시 글이다. 글이 가지고 있는 사고 내용의 복잡성, 다양성, 느낌의 차이 등은 컴퓨터가 결코 할 수 없는 인간 고유의 특성들이다. 이러한 특성을 잘 알고 활용하는 능력을 신장시키고 교육적으로 활용할 수 있는 능력을 키워주는 것을 언어교육(국어 교육)에서 가장 우선적으로 지향해야 할 목표의 하나이다.

다음 활동을 통해 작업 기억과 장기 기억의 역할을 검토해보자. 그리고 각자가 실제로 활동을 해보고, 활동의 결과가 무엇을 의미하는 지를 그룹별로 토론해보자(제시 글은 문희경 옮김, 2009: 35쪽에서 인용함).

활동 6-2 작업 기억(단기 기억)과 장기 기억의 역할

이 활동의 목적은 작업 기억(단기 기억)과 장기 기억의 역할을 알아보고, 작업 기억과 장기 기억은 어떻게 상호작용을 하는지를 이해하고 이해한 결과를 교육적으로 유의미하게 활용하기 위함이다.

히말라야 어느 마을 여관에서는 엄숙한 다도 의식을 치른다. 의식에는 주인 1명과 손님 2명이 꼭 참여해야 한다. 손님들이 도착해 자리에 앉으면 주인이 3가지 의식을 거행한다. 의식은 히말라야에서 정한 고귀함의 순서를 따른다. 불을 지핀 후 부채질을 해서 불꽃을 살리고 차를 따른다. 의식을 진행하는 동안 그 자리에 있는 사람은 누구나 다른 사람에게 이렇게 물을 수 있다. "선생님, 번거로운 일을 제가 해 드릴까요?" 다만 상대가 수행하는 의식에서 가장 서열이 낮은 일만 요청할 수 있다. 게다가 어떤 의식을 행하고 있다면 자기가 이미 수행한 의식 중에서 서열이 가장 낮은 의식보다 고귀한 의식을 요청해서는 안 된다. 관례에 따라 다도 의식이 끝날 무렵에는 모든 의식이 주인에게서 손님 중 연장자에게로 넘어가 있어야 한다. 어떻게 할까?

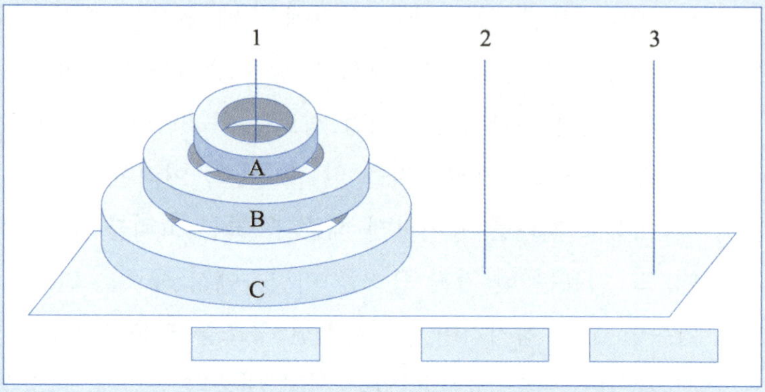

1. 위에 제시된 글을 읽고 글의 의미를 파악하는 것이 왜 어려운지 토론해보자.
2. 위의 네모 안에 적합한 표현이 무엇인지 생각해서 적절한 표현을 넣어보자.
3. 글로 표현할 때와 그림으로 표현할 때의 공통점과 차이점이 무엇인지를 탐색해보자.

2 배경 지식의 필요성

2.1. 배경지식의 개념

생각은 정보를 새로운 방식으로 결합하는 작업이다. 배경지식이 있음으로 인해서 생각의 결합이 더 능숙하게 이뤄질 수 있으며, 이러한 배경지식은 작업 기억 공간의 부족함을 해결해준다.

배경지식(일명 스키마)은 독해를 할 때에도 큰 영향을 미친다. 글을 읽고 글의 의미를 구성하는 데 배경지식은 "어휘를 제공하고, 저자가 생략한 논리적 틈을 메워주며, 배경지식을 바탕으로 하여 의미 덩이를 만들어 작업 기억의 공간을 늘리고, 개념을 쉽게 연결하게 해주며, 모호한 문장을 명확하게 해석할 수 있게 해 준다"는 점에서 언어로 표현하고 이해하는 활동을 효율적으로 하는데 매우 중요한 역할을 한다.

작업 기억은 처리하는 능력이 한정되어 있다. 그래서 작업 기억의 용량을 늘리는 것은 교육을 통해서 교육자들이 해야 할 중요한 과제의 하나가 되었다. 작업 기억에서 하는 일이 어떤 것인지를 다음과 같은 예를 중심으로 살피기로 한다. 아래 글자를 한 번 보고 책을 덮었다가 5분 쯤 지난 후에 몇 개나 기억하는지 알아보자(다음에 제시된 내용은, 문희경 옮김, 2009: 56~57쪽에서 인용).

XCN

NPH

DFB

ICI

ANC

AAX

보통의 경우에 사람들은 작업 기억에서 일반적으로 7개 정도를 기억한다. 이것은 바로 밀러가 말하는 마법의 수 "7±2"이다. 사람들은 작업 기억에서 최소 5개에서 최대 9개 정도의 정보를 기억한다는 의미이다. 그런데 위의 글자를 다음과 같이 배열할 경우에 기억의 양상이 어떻게 달라지는지를 확인해보자.

X

CNN

PHD

FBI

CIA

NCAA

X

이제 기억할 수 있는 내용이 더 늘어났을 것이다. 첫 번째와 두 번째는 배열이 다르다. 두 번째의 경우 우리가 알고 있는 개념이기 때문에 기억이 용이해진 것이다. 작업 기억에서는 바로 이와 같이 의미의 덩이를 만드는 일을 한다. 첫 번째 것을 기억할 수 없었던 것은 작업 기억의 처리 용량이 정해져 있기 때문이다. 그렇지만 두 번째 것을 더 많이 기억할 수 있는 것은 작업 기억에서 정보를 처리하는 방식이 달라졌기 때문이다. 말하자면 작업 기억의 용량은 글자의 수가 아니라 의미가 있는 대상의 수에 의해 달라진다. 작업 기억에서는 이처럼 의미 덩이 짓기(chunking)를 해서 장기기억으로 보내야 하는데, 의미의 덩이를 만들려면 장기 기억에 관련 지식이 들어 있을 때 효과적으로 의미 덩이 짓기를 할 수 있다. 의미 덩이 짓기를 하려면 장기 기억 속에 사실적 지식도 많이 저장되어 있어야 한다. 흔히 사실적 지식이 별로 필요 없다고 말하는 사람들도 있지만, 이 세상에 필요 없는 지식은 없다. 사실적 지식이 존재할 때 좀 더 의미 있게 장기 기억에서 정보를 인출하여 의미 덩이 짓기를 강화할 수 있다. 장기 기억에 저장되어 있는 사실적 지식을 바탕으로 의미 덩이를 묶을 수 있고, 의미 덩이를 묶으면 작업 기억의 용량이 커지고, 작업 기억의 용량이 커지면 이해를 더 쉽게 할 수 있고, 더불어 표현력도 증대될 수 있다. 배경지식이 있어야 의미 덩이 짓기를 잘 할 수 있고, 의미 덩이 짓기를 잘 하면 작업 기억의 용량이 커져서 개념을 좀 더 쉽게 연결할 수 있어서 결과적으로 말이나 글을 잘 이해할 수 있게 된다.

기억과 배경지식의 관계를 생각해보자. 얼마 전 알파고와 프로 바둑기사 이세돌이 세기의 바둑을 두었고, 알파고의 승리로 끝났다. 알파고(AlphaGO)는 기보를 많이 기억하고 있었고, 기억한 것을 활용하는 데 이세돌보다 훨씬 쉽게 인출해내어 시합을 했다. 기억과 배경지식의 측면에서 보자면 바둑과 관련된 배경지식은 이세돌이 많을지 몰라도 바둑의 기보를 기억하는 작업 기억의 용량에서 프로 바둑기사 이세돌은 알파고를 넘을 수 없다고 생각된다. 알파고는 기억한 것을 꺼내는 데 크게 힘을 들이지 않았지만 이세돌은 많은 힘을 들였다. 기억은 이처럼 우리의 판단을 용이하게 한다는 점에서 장점이면서 동시에 단점이 되기도 한다. 사람들이 생활을 하면서 기억을 더듬어 문제를 해결할 경우가 매우 많다. 여러 가지 복잡한 일이 생겼을 때 사람들은 일을 쉽게 처리하기 위해서 기억을 끄집어내고 그것을 문제 해결에 활용한다.

배경지식으로서의 사실적 지식도 기억을 강화하는 데 중요한 역할을 한다. 배경지식이 많으면 기억을 강화한다는 연구 결과는 상당히 많다. 예를 들어 한 분야에 전문 지식을 쌓은 사람과 전문 지식을 쌓지 않은 사람을 연구실로 불러 이야기나 짧은 기사를 읽게 했다. 이 때 읽기 자료는 전문 지식이 없어도 무리 없이 이해할 수 있는 수준이었다. 다음 날 기억 검사를 실시했더니 배경지식이 있는 사람은 그렇지 못한 사람보다 훨씬 더 많은 정보를 기억해 냈다. 이것은 독해능력의 유무에 따른 차이가 아니라 전문적인 배경지식의 차이가 기억을 증강시켰다는 것을 보여주는 연구 결과이다. 따라서 이것을 교육적으로 활용할 경우에도 우리는 유의할 필요가 있다. 배경 지식을 갖추게 하는 것이 매우 중요한 교육적 처치이기 때문이다. 그러면 배경지식이 있을 때, 보다 더 자료를 쉽게 기억하는 이유는 무엇인가? 그것은 특정 주제에 관해 많이 알수록 새로운 정보를 쉽게 이해하기 때문이고, 사람들은 생각한 것을 기억하지 생각하지 않은 것은 잘 기억하지 못하는 일반적인 정보 처리 방식의 차이 때문이다. 글의 내용을 이해하고 기억하기 쉽게 하려면 이미 알고 있는 내용과 관련지을 때 효과적이다. 사람들은 새롭게 보고 들은 것을 기억하기보다는 생각하거나 알고 있는 내용을 듣거나 볼 때 더 효과적으로 기억할 수 있고, 효과적으로 기억할 수 있으려면 알고 있는 내용과 관련지어야 한다.

문제는 배경지식이 부족할 때 어떻게 교육할 것이냐의 문제이다. 배경 지식은 중요한 역할을 함에도 불구하고 관련된 배경 지식이 부족할 경우가 많다. 이때 배경지식의 공백을 매울 수 있는 역할을 하는 것이 유추하는 능력이다. 유추는 동일한 경험 영역을 바탕으로 하는 경우도 있지만(문자적 유추), 다른 경험 영역을 기반으로 하는 경우도 있다(비유적 유추). 유추 능력을 갖추어 주면 배경 지식이 부족할 경우라도 일정 부분 배경 지식의 부족을 매울 수 있다. 국가 간의 전쟁을 설명할 때 관련된 지식이 없을 수 있다. 하지만 이것을 설명하기 위해 친구간의 싸움을 예를 들 수 있고, 친구 간의 싸움도 국가 간의 싸움과 논리적으로 같은 맥락에서 유추할 수 있다는 사실을 탐색하게 되면 배경 지식의 부족을 일정 부분 충족시킬 수 있다.

배경지식과 사고력의 관계도 유의할 필요가 있다. 사고력도 배경 지식이 충분할 때 증대될 수 있다. 우리가 학창 시절에 의미 없이 외웠던 조선왕조 왕명(태정태세문단세, …)이 배경지식과 별로 상관이 없다. 하지만 세상에 쓸 모 없는 지식이란 없다. 어떤 지식이든 없는 것보다는 있는 것이 더 낫다. 사고력은 생각할 수 있는 능력이고, 이러한 생각할 수 있는 능력은 개념의 이해와 연결, 그리고 연결을 통한 확장을 통해서 길러진다. 개념의 이해와 연결, 그리고 확장을 통해 배경 지식을 넓힐 수 있고, 넓혀진 배경지식은 다시 개념의 이해와 연결로 확장된다. "역사, 화해"라는 낱말을 알고 있다고 생각해보자. 그러면 이것을 활용하여 "역사 서술을 통한 화해"나 "화해를 위한 역사 서술"과 같은 개념의 확장을 꾀할 수 있다. 몇 글자만 추가되었지만 의미는 완전히 달라진다. 역사 서술을 통한 화해는 거짓 없는 역사 서술의 중요성을 언급하는 표현이라면 화해를 위한 역사 서술은 역사 왜곡의 측면이 강조되는 의미의 진술이다. 이처럼 배경 지식이 풍부하면 사고력의 폭이 넓어지고 깊어지는 근거를 마련할 수 있기 때문에 배경 지식과 사고력은 밀접하게 관련될 수밖에 없다는 점을 깨달아야 한다.

2.2. 추상적 개념 획득의 어려움

어휘의 개념을 획득하는 과정을 명확하게 규명하기는 쉽지 않다. 어느 순간인지 모르지만 우리는 개념을 획득하여 능숙하게 사용하기도 하고, 미흡하게 사용하기도 하면서 언어생활을 하고 있기 때문이다. 개념의 형성과 획득의 과정에서 암기하고 기억을 해야 어휘의 발달이 가속화된다. 어휘에 대해 암기를 하고 그것을 활용할 수 있기 위해서는 기억을 해야 하는데, 궁극적으로 보면 이해는 기억의 다른 이름이라고 할 수 있다. 다시 말하면 기억과 이해는 사실 같은 개념이라고 해도 과언이 아니라는 것이다. 그만큼 "이해"를 한다는 것은 교육적으로 중요한 의미를 갖는다. 어휘의 발달은 "암기와 기억 → 이해 → 적용"의 순서로 발달한다(전정재, 2001: 106~108쪽 참조). 물론 이러한 과정이 절대적인 것은 아니지만 대략적으로 이렇게 설명할 수 있다. 기억을 해야만 이해가 가능하기 때문에 기억은 이해의 다른 이름이라고 할 수 있다.

우리가 앞에서 이해라는 말을 사용했지만 이해는 가벼운 개념이 아니다. 이해는 다양한 스팩트럼을 가지고 있다. 이해는 "일단 정보나 사실의 요점을 파악하는 것에서 시작해서 파악한 요점에 대한 본인의 충분한 납득의 과정을 거친 다음 최종적으로는 요점을 자신의 언어로 표현할 수 있는 능력"으로 필자는 생각한다. 이러한 이해에는 얕은 이해도 있고, 깊은 이해도 있다. 교실에서는 이해했지만 교실 밖에서는 적용하지 못할 수도 있는데, 이런 경우에는 얕은 이해라고 말할 수밖에 없다. 얕게 이해하게 되면 남의 언어(개념)로 자기의 생각을 드러내는 것인 반면, 깊게 이해하게 되면(깊은 이해) 비록 타인의 표현이 어렵더라도 자기의 언어로 현상을 설명하고 적용할 수 있게 된다. 지식이 얕으면 다른 문제 사태가 주어졌을 때 적용을 할 수 없게 된다.

그러면 지식이 얕은 이유는 무엇인가? 그것은 결국 개념의 형성과 획득이 철저하게 이뤄지지 않았기 때문이다. 말하자면 개념의 형성과 획득이 철저하게 이뤄지지 않은 것은 바로 깊은 이해가 이뤄지지 않았기 때문이다. 그렇기 때문에 다른 상황에 적용할 수 없게 되고, 그러면서 자연스럽게 지식의 전이가 일어나지 않는다. 지식은 흩어져 있을 때보다는 응집되어 있을 때 전이가 쉽게 일어난다. 다음 그림을 보자(지식 구조는, 이경옥 옮김, 2012: 59쪽에서 인용함).

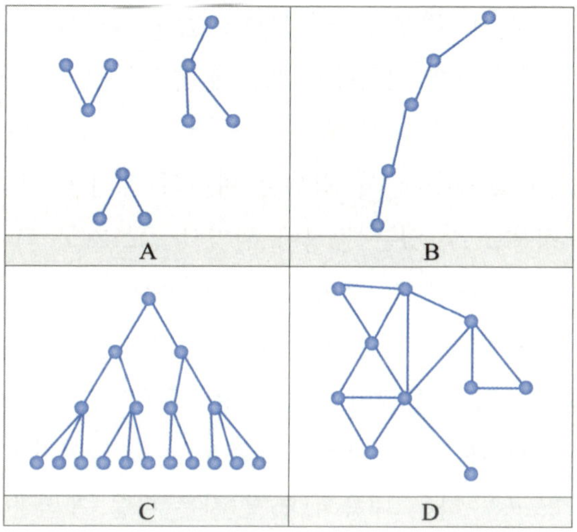

위의 그림에서 보면 바람직한 지식 구조는 'C와 D'이다. 글쓰기의 경우를 예로 논의하기로 한다. A의 경우는 쓸 내용에 대해서 단순하게 암기하는 수준의 지식구조이다. 단편적인 사실들을 암기하고 있기 때문에 깊이 있는 지식의 전개로 나아갈 수 없고, 자연스럽게 전이력이 떨어질 수밖에 없다. 가장 바람직하지 않은 지식구조의 모습이다.

이에 비해서 B는 '암기와 기억'수준의 지식구조이다. 암기한 것을 기억하되 경험(감정, 상황)과 연결시킬 수 있는 지식구조의 모습이다. 지식을 경험이나 감정, 상황과 연결시키면 머릿속의 근육을 다시 한 번 사용함으로써 좀 더 적용의 전이력이 높아질 수 있다. 학생들의 글쓰기에서 특정 장르에서 글쓰기 능력을 발휘하는 경우가 여기에 해당될 수 있다. 장르 중심의 글쓰기를 할 경우에 특정한 장르를 바탕으로 한 글쓰기는 자신이 있지만, 다른 장르의 글쓰기는 자신이 없어하는 경우가 여기에 해당될 수 있다. 이것이 장르 중심의 글쓰기가 가지고 있는 한계이자 문제점이라고 할 수 있다. 다른 장르로 지식을 전이할 수 있는 지식구조를 갖추지 못하기 때문에 생각을 다른 장르로 확산하지 못한다. 다른 글을 많이 참조하여 써야 하는 글일 경우 상호텍스트성이 중요한 관건이 되는데, 이 경우에 상호텍스트성이 부족하여 다른 장르로의 전이가 안 된다. 장르 중심의 교육이 갖고 있는 문제는 바로 다른 장르로의 전이력을 발휘하기가 쉽지 않다는 점이다.

C의 경우는 개념에 대한 이해가 확실하게 이뤄진 지식구조의 모습이다. 글쓰기의 경우 이 경우에 상호텍스트성이 적절한 수준에서 발휘된다. 개념에 대한 이해가 확실하게 이뤄졌기 때문에 유사한 장르의 글도 잘 읽어내서 필자가 쓰고자 하는 주제에 대해 관련된 글에 접근하고, 분석·정리해서 텍스트를 생산할 수 있는 상태이다. 이 경우는 하나의 개념을 알면 유사한 상황이 발생했을 때 이를 적용할 수 있는 능력이 생겨서 글쓰기 능력이 좀 더 신장될 수 있다. 유사한 장르의 텍스트가 주어지면 B에 비해 적용의 전이가 수월해지고 개념의 위계 관계가 정립되어 관련된 글에 대한 의미망이 넓어진다고 할 수 있다.

D는 가장 이상적인 지식구조의 모습이다. 'ABC'의 단계를 지나 쓰고자 하는 내용이 제시될 경우 다양한 장르의 글을 읽어가면서 글에서 관련된 정보를 찾아내서 쓰고자 하는 내용과 연결 지은 다음 개념을 종합해서 새로운 글을 만들어 낸다. 비유적으로 말하면 머릿속이 잠시 카오스(혼돈) 상황이 되었다가 이들이 C와 같은 지식구조의 모습으로 정돈된 다음 최종적으로 C와 같은 지식구조가 하나의 주제를 중심으로 D의 지식구조와 같은 모습을 보인다. 필자가 전달하고자 하는 의미를 텍스트로 나타낼 경우에 시란 장르로 나타낼 수도 있고, 소설이라는 장르로 나타낼 수도 있으며 설득적 장르로 나타낼 수도 있다. 다만 이 경우에 다른 장르의 글쓰기로 진입할 경우에 적절한 진입 시간(연습량)과 문지방 개념(threshold concept)이 필요하다. 이 문지방 개념은 다른 장르로의 전이를 위한 바탕을 마련하기 때문에 범장르적으로 활용할 수 있는 개념으로 보아야 한다. 문지방 개념은 바로 특정 장르에 바탕을 둔 글을 쓰기 위해 통과해야만 할 핵심적인 능력으로서 위의 지식구조에서 보자면 C정도가 될 수 있다고 생각된다(물론 글의 수준과 장르에 따라서는 A와B도 해당될 수 있다).

3 연습의 중요성

연습을 왜 하는가? 연습을 하는 이유는 능력을 갖추기 위해서이고, 더 잘하기 위해서이다. 연습을 함으로써 우리는 궁극적으로 어떤 이로움을 얻는가? 학습의 깊이를 더할 수 있고, 기억을 오래 지속시킬 수 있으며, 지식의 전이를 향상시킬 수 있다. 이들에 대해 다음에서 좀 더 상세하게 살피고자 한다.

첫째, 연습은 학습의 깊이를 더할 수 있다. 앞에서 여러 번 언급했듯이 정보를 새로운 방식으로 결합하는 과정으로서의 생각은 주로 작업 기억에서 일어난다. 그런데 생각이 일어나는 장소인 작업 기억은 공간이 제한적이기 때문에 한꺼번에 많은 정보를 떠올리거나 처리할 수 없다. 그래서 작업 기억의 용량을 늘리는 것이 필요한데 무한정 작업 기억의 용량을 늘릴 수 없어서 장기 기억에 작업 기억에서 처리한 정보를 저장한 다음 필요한 경우에 불러내어 활용하는 방식을 취한다. 작업 기억의 용량이 제한되어 있기 때문이다.

그럼에도 불구하고 작업 기억의 한계를 극복하기 위한 여러 노력들이 지속적으로 이뤄지고 있다. 그 중의 한 방법이 "의미 덩이 짓기"인데 이러한 의미 덩이 짓기도 사실적 지식을 전제로 할 때 가능하다. 둘째 방법은 작업 기억의 정보를 효율적으로 조작하는 과정을 개발하는 것이다. 처음에는 자동차 운전을 잘하지 못하지만 연습을 통해 자동차 운전을 능숙하게 할 수 있게 됨으로 인해서 작업 기억의 한계를 극복할 수 있다. 운전을 처음 할 때는 작업 기억이 모두 사용되지만 어느 정도 익숙하게 되면 모든 작업 기억이 사용되지 않고 의미 덩이 짓기를 통해 저장하면 작업 공간을 확보할 수 있다. 의미 덩이 짓기는 다르게 말하면 기능의 자동화라고도 할 수 있다. 기능이 자동화되면 작업 기억의 용량은 거의 사용하지 않는다. 말하자면 의식적으로 판단하지 않고도 어떻게 해야 할지를 알아차릴 수 있는 것이다. 작업 기억을 차지하던 과정이 자동화되면 다른 과정이 일어날 여유가 생기기 때문에 자동화는 작업 기억의 용량을 증대시키는 데 중요한 기제가 된다.

작업 기억은 우리의 마음속에서 생각이 일어나는 공간이다. 다시 말하면 여러 가지 정보를 결합해서 새로운 생각으로 변형하는 공간이다. 다만 용량이 정해져 있어서 한꺼번에 많은 정보를 처리하면 혼란에 빠져서 무슨 문제를 풀려고 했는지, 무슨 이야기를 들으려고 했는지, 복잡한 문제를 결정할 때 어떤 요인을 고려하려 했는지 잊어버린다. 그런데 작업 기억 용량이 큰 사람은 이런 과제를 잘 해결한다. 결과적으로 작업 기억 용량을 늘릴 수는 없어도 내용을 압축함으로써 작업 기억 용량의 효용성을 극대화하는 방법이 있다. 그것이 앞에서 말한 의미 덩이 짓기이다. 의미의 덩이를 만들어서 개별 사실들이 차지하는 공간을 줄여서 정보를 처리하는 공간을 넓히는 것이다. 또 다른 방법은 정보를 작업 기억으로 불러들이는 것이다. 작업 기억으로 정보를 잘 불러들이기 위해서는 장기 기억에 사실적 지식과 절차적 지식을 많이 저장해 놓아야 한다. 세 번째 방법은 자동화이다. 정보 처리의 자동화가 이뤄지면 작업 기억에서 처리할 정보의 양이 줄어들게 되고 상대적으로 정보를 처리할 공간이 많아져 효율적인 정보 처리를 가능하게 한다. 정보 처리의 자동화 능력이 향상된다는 것은 역설적으로 덜 생각하는 행동의 가짓수가 많아짐을 의미하고, 이러한 자동화가 늘어날수록 문명은 더욱 발전한다고 할 수 있다(이경옥 옮김, 2009: 160~161쪽을 참조함).

둘째, 연습은 기억을 오래 지속시킬 수 있다. 사람들은 기억을 연습과 별도로 생각하는 측면이 있다. 흔히 머리가 좋다고 생각하는 사람들은 연습을 소홀히 하는 경향이 있다. 그렇지만 머리가 좋다고 해서 기억이 오래 지속되는 것은 아니다. 중요한 것은 생각한 것이나 연습한 것이 장기적으로 기억에 더 오래 남는다는 점이다. 사람은 누구나 망각을 할 수 있다. 망각을 지연시키는 유일한 방법은 생각을 재연하고 꾸준히 연습하고 구조화시키는 것이다.

셋째, 연습은 지식의 전이를 향상시킨다. 전이가 일어나는 데에는 여러 가지 요인이 작용을 한다. 그 중에서도 전이가 잘 일어나는 경우는 새로 접하는 문제의 표층구조가 기존의 익숙한 문제의 표층구조와 유사할 때 전이가 잘 일어난다. 따라서 전이를 잘 시키기 위해서는 유사한 표층구조를 가진 문제 사태를 잘 활용해야 한다. 또한 한 가지 유형의 문제를 잘 해결하면 비슷한 문제를 본 적이 없더라도 기본 구조를 잘 파악할 수 있다. 그리고 심층구조를 파악할 수 있으면 전이를 촉진할 수 있다. 심층구조는 복잡한 표층구조와 달리 기본적인 골격을 가지고 있다. 기본적인 골격(다시 말하면 심층 구조이다)을 파악할 수 있다면 다른 복잡한 문제가 주어지더라도 단순화시켜서 문제를 쉽게 이해할 수 있다. 앞에서 든 "히말라야의 다도 이야기"가 이것을 증명해준다.

CHAPTER 07

말하기 불안

CHAPTER

7 말하기 불안

이 장에서는 말하기 불안에 대해서 살핀다. 말하기 불안의 징후, 말하기 불안의 이유, 말하기 불안의 단계와 극복 방안에 대해서 탐색한다. 극복 방안으로는 '선택적 이완 활동, 태도 조절, 시각화, 기능 훈련, 체계적 둔감화' 등이 있다. 이어서 자신의 말하기를 점검해보고, 이를 기반으로 학생들의 말하기 불안을 극복하기 위한 기본적인 진단 자료로 활용할 수 있는 단서를 제공하고자 한다.

1 말하기 불안의 긍정적 활용

의사소통 불안(communication anxiety)의 징후들은 다양하다. 여기서는 공식적인 말하기를 하는 상황에서 발생하는 의사소통 불안의 징후, 그 중에서도 말하기 불안에 초점을 맞춰 징후들을 살피고자 한다. 우리는 뭔가에 도전할 때 우리가 경험하는 기대와 즐거움의 징후를 느낄 수 있는데, 이러한 경험과 즐거움은 의사소통 불안의 징후들과 실제로는 매우 비슷하다. 화자가 겪는 의사소통 불안, 그 중에서도 말하기 불안은 청중이 자기보다 더 지적으로 우월할 것이라고 생각을 한다거나 준비를 철저하게 하지 못했다거나 청중의 특성을 잘 분석하지 못했을 때 흔히 발생하는데, 이러한 불안은 실제로 매우 다양한 양상으로 드러난다.

사람들은 정도의 차이는 있지만 대부분이 말하기 불안을 경험한다. 그런데 적당한 말하기 불안은 오히려 잘만 이용하면 긍정적으로 활용할 수 있다. 실제로 만약 이러한 말하기 불안이 없다면 화자는 청중 분석과 준비를 소홀히 하여 청중들이 의도하는 정보나 지식을 제공하지 못할 수도 있다. 불안이 없기 때문에 준비를 소홀히 하면 청중을 배려하고 청중들의 만족을 향상시키기 위해 공식적 말하기를 할 상황에서 이러한 목적을 달성하지 못할 수 있다. 그래서 청중들을 만족시켜주기 위해서도 적절한 정도의 말하기 불안은 필요하다.

어떤 경우에 거의 말하기 불안이 없는 학생도 있을 수 있다. 그런 학생들은 자기가 모든 것을 잘할 수 있다고 생각할 가능성이 많기 때문에 학급의 다른 동료들의 말을 잘 듣지 않을 수 있다. 그러다 보면 지식의 공유가 적어질 수 있고, 자기의 생각만이 옳다고 생각하는 습성이 굳어질 수 있다. 따라서 말하기 불안을 굳이 조장할 필요는 없지만, 너무 말하기 불안이 없는 학생들은 남의 말에 귀를 기울이지 않고, 자기중심적 사고를 하기 때문에 반드시 바람직한 상태라고는 할 수 없다. 너무 말하기 불안의 정도가 심해서는 안 되겠지만, 본인 스스로 통제할 수 있을 정도의 말하기 불안을 갖는 것 또한 그렇게 나쁘지 않다. 적당한 정도의 말하기 불안은 청중 분석을 통한 공식적 말하기 준비를 열심히 하게 하는 계기를 마련해주어서 화자의 잠재적 성장을 더욱 더 적극적으로 도와줄 수 있기 때문이다.

2 공식적인 말하기 불안의 이유

사적인 말하기에 비해 공식적인 말하기는 화자의 사회적 책무성, 전달하는 정보의 양과 질, 청중과의 공감대 형성 등의 측면을 고려했을 때 상당히 어려울 뿐만 아니라 고통스럽기까지 한다. 그러한 이유를 외적인 요인과 내적인 요인으로 나눠 살피기로 한다.

먼저 외적인 요인이다. 외적인 요인으로는 "익숙하지 않음(unfamiliarity)과 사안의 중대성(importance)"을 들 수 있다. 말하는 상황에 익숙하지 않으면 두려움이 나타날 수 있다. 뿐만 아니라 상황에 익숙해 있더라도 준비를 소홀히 했거나 말하기가 이뤄지는 상황에서 긴장하여 말하고자 하는 내용이 생각나지 않아서 불안할 수 있다. 또한 말하고자 하는 사안이 너무 중대하여 말하기 불안이 나타날 수도 있다. 매우 중대한 사안에 대해 공식적인 장소에서 발표나 토론을 한다고 생각해보자. 사안이 중대하면 말하기 불안이 나타날 가능성은 그만큼 높아진다.

다음은 내적인 요인이다. 내적인 요인으로는 "불안 민감성(anxiety sensitivity), 완벽주의(perfectionism), 청중에 대한 이해의 미흡(audience misconceptions),

간절한 욕구(desired consequences)" 등을 들 수 있다. 불안 민감성(두려움 자체에 대한 두려움)이 말하기의 고통을 키울 수 있다. 굳이 불안해하지 않아도 될 상황에서 불안에 대해 너무 민감하게 반응하는 나머지 불안해할 수 있다. 따라서 이런 경우에 무시할 것은 무시하고 대범하게 행동함으로서 불안 민감성을 극복할 수 있다. 완벽주의도 고통을 키울 수 있다. "실수하면 어떨까?"하는 조바심이 말하기의 고통을 증가시킬 수도 있다. 청중에 대한 이해의 미흡도 말하기 불안의 이유가 될 수 있다. 청자가 약탈자이거나 실수의 제조자라고 화자가 이해하면 화자는 신경질적이 될 수 있고 이런 점들이 고통을 불러일으킬 수 있다. 그리고 간절한 욕구가 많아지면 말하기가 이뤄지는 과정 속에서 고통스러움을 느낄 수 있다. 간절한 욕구에 대한 충족을 화자는 선택적 입장에서 기대하기 때문이다.

3 화자를 괴롭히는 구체적 두려움

공식적인 말하기는 화자가 청자에게 평가받고 있다는 생각 때문에, 특히 중요한 정보를 소통할 경우라면 화자는 고통스러울 수 있으며 이러한 결과가 영향을 미쳐 두려움으로 발전하기도 한다. 화자를 괴롭히는 구체적인 두려움으로는 "① 부정적 결과, ② 떨림(동요), ③ 머릿속이 텅 비어간다는 생각, ④ 스스로 당황하기, ⑤ 의미 없는 말하기를 한다고 생각하는 것" 등을 들 수 있다.

먼저 부정적 결과를 들 수 있다. 화자는 말을 할 때 청중들에게 유익한 정보를 제공하고 싶어 한다. 이 과정에서 청중들이 화자 자신이 실수하기를 기대할 수 있다고 생각할 경우도 있지만 대부분의 청중들은 화자가 실패하기를 기대하지 않는다. 대신에 전달하고자 하는 의미를 잘 전달해서 청중의 의미 구성 활동에 도움을 주기를 기대한다. 화자 스스로 부정적 결과를 예상할 필요는 없다. 부정적 결과를 예상하면 말하기에 더욱 자신감이 없어지고, 다른 화자와 비교할 필요도 없다. 화자 자신보다는 메시지 자체에 초점을 맞추는 것이 더 중요하다.

떨림(동요)도 화자를 괴롭히는 구체적인 요인이다. 청중이 많거나 지적이라면 떨리거나 동요가 일어날 수 있다. 두려움의 유형 중 사실 떨림이 가장 많이 영향을 미치는 것으로 조사된 연구 결과가 많이 있다. 화자의 떨림(떠는 행위)

은 화자를 괴롭히는 구체적인 요인 중의 하나이다.

머릿속이 텅 비어간다는 생각도 두려움의 요인이다. 공식적인 상황에서 말을 해야 하는데 해야 할 말이 생각나지 않으면 갑자기 머릿속이 비어서 아무 생각도 나지 않게 되는 경험을 할 때가 있다. 이럴 경우에 대비하여 요점을 메모해 두고, 메모를 활용하여 공식적인 말을 하면 중언부언 하지 않으면서도 하고자 하는 내용을 잘 전달할 수 있다.

스스로 당황하기도 두려움의 한 유형이 될 수 있다. 청중이 어떻게 반응할 것인가를 미리 예측하고, 예측한 것을 바탕으로 말하기를 진행하다가 예측이 벗어나면 스스로 당황할 수 있다. 따라서 청중 반응을 예상할 필요는 있지만 예상한 대로 청중이 반응하는 경우는 미숙한 화자일수록 많을 수 있다. 따라서 미리 반응을 예상하기보다는 반응을 보고, 적절하게 대응하는 것이 스스로 당황하지 않게 하는 하나의 방안이 된다.

의미 없는 말하기를 한다고 생각하는 것 또한 화자가 두려워하는 것의 하나이다. 모든 화자는 자기가 하는 말이 청중들로 하여금 긍정적이고 생산적인 의미를 구성할 수 있기를 바란다. 하지만 청중 모두가 화자에게서 들은 내용을 바탕으로 긍정적으로 의미를 구성하지는 않는다. 청중이 긍정적으로 의미를 구성하려는 지식과 태도가 있다고 하더라도 화자가 좋은 메시지를 제공하지 않으면 긍정적인 의미를 구성할 수 없다. 이럴 경우에 화자는 청중에 대한 배려가 부족했다는 자책감을 가질 수 있고, 이것이 긍정적인 의미를 구성하게 하지 못했다고 판단할 수 있다.

4 말하기 불안의 단계와 극복하기

공식적 말하기 불안(public speaking apprehension)이란 의사소통 불안의 한 유형인데 청자에게 말하고자 할 때나 실질적으로 말하기를 할 때 화자가 경험하는 두려움의 수준(level)을 말한다(Verderber/Verderber, 2006: 14쪽 참조). 이러한 공적 말하기 불안에는 그 불안을 나타내주는 몇 가지 신호(signs)가 있다. "물리적인 불안의 신호, 정서적인 불안의 신호, 정신적인 불안의 신호" 등이 그것이다. 물리적인 불안의 신호는 "갑작스런 위경련, 얼굴 붉어짐, 땀"과 같은 것을 들 수 있고, 정서적인 불안의 신호는 "걱정, 안절부절 하는 것, 이미 한 행동에 대한 후회"와 같은 것을 들 수 있으며, 정신적인 불안의 신호는 "맥락과 상관없는 엉뚱한 말하기, 관련되지 않은 사항에 대해 집착하기, 심리적 압박감" 등을 들 수 있다. 우리는 이러한 공식적 말하기 불안을 경험하고, 그것을 잘 극복함으로써 한 단계 상승한 소통의 장을 마련할 수 있기 때문에 공식적 말하기 불안의 수준을 교육적으로 의미 있게 활용할 필요가 있다.

우리가 경험하는 말하기 불안의 수준은 매우 다양하다. 하지만 말을 하는 과정에서 시간이 지날수록 점차적으로 불안은 감소된다. 연구에 위하면 우리가 공식적인 말하기를 하면서 3단계의 말하기 불안을 경험한다고 한다. 첫째는 예상 반응(anticipation reaction)으로 인한 불안이고, 둘째는 직면 반응(confrontation reaction)으로 인한 불안이며, 셋째는 적응 반응(adaptation reaction)으로 인한 불안이다. 예상 반응으로 인한 불안이란 화자가 스피치를 준비하거나 기다릴 때 느끼는 신경질적 반응과 같은 것을 포함하여 스피치를 하기 전에 경험하는 불안의 수준이다. 직면 반응은 화자가 스피치를 시작할 때 느끼는 불안의 수준으로 이때는 불안이 파도처럼 밀려오며 가장 불안의 수준이 높다. 대략적으로 스피치 시작 1분 동안에 경험하는 불안이다. 적응 반응으로 인한 불안은 스피치가 시작된 지 대략 1분이 지나면서 감소하다가 대략 5분이 지나면 자유로운 대화가 이뤄질 때와 같은 정도가 되어 거의 불안이 사라지는 수준이다. 이것을 도식화하면 다음과 같다(Verderber/Verderber, 2006: 15쪽에서 인용).

+ 공식적 말하기 불안의 단계

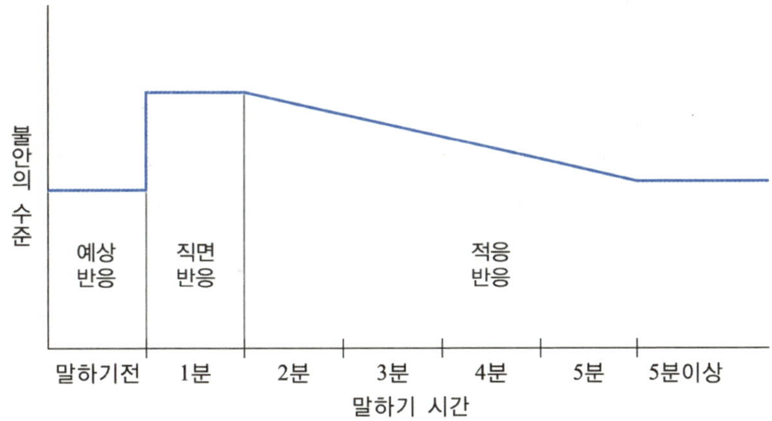

위의 그림에서 보면 말하기 전의 예상 반응 상태에서는 말하기 불안 수준이 그다지 높지 않다. 그러다가 말하기를 시작하면서 바로 1분 정도에 말하기 불안의 수준이 가장 높다. 높은 수준의 말하기 불안이 1분 정도 지속되다가 점차적으로 감소하면서 대략 5분이 지나면 일상적 대화 수준으로 말하기 불안이 감소한다. 비행기가 이륙할 때 이륙하기 위해서 모든 엔진을 가동하기 때문에 이륙할 때 위험성이 높고 이륙 후에 일정 시간이 지나면 모두 가동되던 엔진이 정상을 유지하면서 비행의 안정성을 확보하는 것과 같은 이치로 말하기 불안도 말을 처음 시작할 때는 급속도로 증대되었다가 일정 시간이 지나면 불안 정도가 감소하면서 말하기가 자연스럽게 진행된다.

우리는 위에서 공식적 말하기 불안의 단계를 살펴보았는데 이제는 공식적 말하기 불안을 극복하는 방안에 대해 살펴보기로 한다. 공식적 말하기 불안을 극복하는 방안으로는 "선택적 이완 활동, 태도 조절, 시각화, 기능 훈련, 체계적 둔감화"와 같은 방안이 있다(Osborn/Osborn, 2006: 42~45쪽 참조).

4.1. 선택적 이완 활동

공식적 말하기 불안을 극복하기 위한 한 방안으로 선택적 이완 활동(selective relaxation)을 들 수 있다. 공식적 말하기 불안을 어떻게 조절해야 하는지를 학습하고자할 때 활용할 수 있는 방안의 하나이다. 선택적 이완 활동은 말하기 전에 다음과 같은 연습을 하는 것이다. 이러한 선택적 이완 활동은 기능이 정착될 때까지 여러 번 연습을 해야 하는데, 연습하는 대략적인 순서는 다음과 같다.

첫째, 방해받지 않을 조용한 장소를 찾는다. 편안한 의자에 앉거나 드러누워서 눈을 감고 심호흡을 한다. 둘째, 일단 이완되었다고 느끼면 말하고자 하는 내용 중에서 핵심이 될 만한 단어를 천천히, 그리고 구체적으로 한번 숨 쉴 때마다 한 번씩 반복한다. 이렇게 하면서 마음을 여유롭게 한다. 셋째, 이완되어 심호흡을 하면서 긴장과 이완을 번갈아가면서 실시한다. 발과 다리에 긴장을 주면서 시작한다. 발끝을 들어 올리고 장딴지를 탄탄하게 한다. 그런 다음 무릎을 보고 넓적다리 근육을 오그라들게 한다. 이러한 긴장을 몇 초간 지속하고, 이것이 어떻게 느껴지는지에 대해 주의를 집중한다. 편안하지 않다고 생각할 것이다. 하체에 긴장을 집중했기 때문에 심호흡을 계속하기가 쉽지는 않다는 점을 알 수 있다. 넷째, 다음 단계에서는 다시 심호흡을 하면서 주의집중을 한다. 숨을 내쉴 때 특별한 단어를 반복하면서 이 과정에서 의식적으로 근육을 이완시킨다. 다섯째, 몸에서 전체적으로 긴장과 이완을 더 증대시킨다. 복부근육, 손과 팔 근육, 목과 머리 근육까지 긴장과 이완을 연습한다. 이것을 여러 번 반복한 뒤에 구체적인 단어(핵심어)를 반복하는 것이 이완 반응을 유발시킬 수 있다.

4.2. 태도(마음가짐) 조절

태도(마음가짐) 조절(attitude adjustments)도 한 방법이다. 태도 조절에는 두 가지 과정이 있다. 첫째, 화자는 말을 할 때 의사소통 지향(communication orientation)을 먼저 고려해야 한다. 의사소통 지향이란 말하는 메시지와 청중을 중심에 두고 말을 해야만 불안을 덜 느낄 수 있다는 것이다. 청중에게 집중을 해야 한다는 것은 자신의 태도나 행위에 대해 부끄러워하거나 수줍어하지 않고 청중도 나와 같은 입장에 있을 수 있다는 마음을 갖는 것을 의미한다. 무엇을 말해야 할지에 대해서 자기 스스로에게 너무 집착하면 자칫 실수를 범할 수 있기 때문에 화자는 자신에게 집착하기보다는 일차적으로 청중과 호흡을 같이 하면서 분위기를 조성하고, 조성된 분위기에 근거하여 자기가 하고 싶은 말을 하는 것이 공식적 말하기 불안을 좀 더 쉽게 극복할 수 있다는 의미이다. 부연하자면 일차적으로 청중과 공감대를 형성하라는 것으로 요약할 수 있다. 이처럼 청중과 먼저 공감대를 형성하고 난 다음에는(의사소통 지향이 이뤄진 다음에는) 인지적 재구성(cognitive restructuring)을 해야 한다. 메시지와 청중에 주의집중을 하고 난 다음에는 화자 자신에게 주의 집중을 하여 태도를 조절하는 것을 말한다. 인지적 재구성을 하는 힘이 생기면 화자의 현재 위치를 점검할 수 있게 되고, 그러한 점검은 화자의 말하기 태도 조절로 연결되어 자연스럽게 공식적 말하기 불안을 극복할 수 있다. 인지적 재구성은 다른 관점에서 보면 수행 지향(performance orientation)이라고도 할 수 있다. 먼저 공감대를 형성하고, 그 바탕 위에서 자신을 점검하는 활동까지 병행함으로써 한 단계가 상승되어 말하기 불안 자체도 말을 하는 과정에서 스스로 점검하고 조절할 수 있는 힘이 생기기 때문이다.

4.3. 시각화

시각화(visualization)도 한 방안이 될 수 있다. 말하기를 하기에 앞서 말하기가 이뤄지는 상황과 장면, 청중 등을 머릿속에 그려보는 활동을 통해서 말하기 불안을 극복할 수 있다. 배우들이 연기를 할 때 흔히 연습을 한다거나 비행기 조종사들이 실전 훈련을 하기에 앞서 시뮬레이션을 통해 실전 감각을 익히는 것과 같은 이치이다. 또한 양궁 선수들이 실전과 거의 유사한 모의 연습장을 만들어 놓고 이미지 훈련을 하는 것도 시각화의 예시가 될 수 있다. 이러한 시각화 활동은 상황 전체를 머릿속에서 그려보면서 구체적인 내용보다는 상황과 장면에 적절한 말하기 활동을 해봄으로써 공식적 말하기 불안을 극복할 수 있는 하나의 방안을 마련할 수 있다. 학교의 교육에서 이뤄지는 대립 토론을 할 경우에 미리 토론을 하기 위해 역할을 분담하는 시나리오를 만들고 가상 토론을 해보는 것도 시각화의 한 예시가 될 수 있다.

4.4. 기능 훈련

기능 훈련(skills training)도 한 방법이다. 말하기를 잘하기 위해서는 말하기와 관련된 지식이 필요하고 이러한 지식을 바탕으로 자신감을 갖고서 지속적으로 기능을 연습함으로써 공식적 말하기 기능이 신장되어 궁극적으로는 공식적 말하기 불안을 극복할 수 있다. 말하기를 해봄으로써 말하기 능력(기능)은 향상될 수 있고, 글쓰기를 해봄으로써 글쓰기 능력(기능)은 향상될 수 있다. 언어 기능은 이론으로 익히는 것이 아니라 실제로 연습하고 훈련하는 과정을 경험함으로써 익힐 수 있는 것이기 때문이다.

언어의 기능을 신장시키고자 하는 관점에서 요소주의적 관점과 전체적 관점이 있을 수 있을 수 있는데, 이 글에서는 요소주의적 관점과 전체주의적 관점의 병행을 강조한다. 먼저 다음 그림을 보자. 먼저 언어의 요소 기능을 획득하고, 획득한 기능을 통합하는 훈련을 하고, 최종적으로 기능의 적용력(전이력)을 증진한다는 내용이다(이경옥 옮김, 2012: 114쪽을 참조하여 재구성함)

다음 그림에서 언어의 요소 기능이란 "듣기"를 예로 들면 "수신, 이해, 기억, 평가, 반응"의 과정을 거쳐서 듣기가 이뤄진다고 했을 때, "수신이나 이해" 등이 요소 기능이다. 언어 기능을 향상시킬 때는 이처럼 잘하지 못하는 요소 기능을

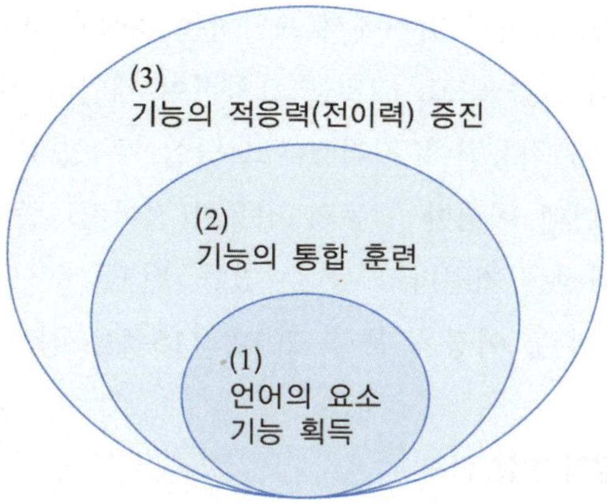

세분화하여 파악하고, 잘 못하는 것을 집중적으로 연습함으로써 언어 기능을 향상시킨다는 것이다. 연습을 하는 과정 속에서 잘 못하는 것을 집중하여 연습하고, 그것을 전체적인 상황 속에서 활용할 수 있는 능력을 길러주는 것이 교육적으로 더 효과가 있다. 반면에 부분적인 기능을 잘 발휘하지 못한다고 하더라도 못하는 기능을 집중적으로 연습하기보다는 한두 번 연습하고 전체적인 연습을 강화하면 결코 잘 못하는 기능의 향상에 효과가 크지 않다는 점은 이미 연구를 통해 밝혀진 바 있다. 따라서 기능을 연습할 경우에는 잘 못하는 기능이 있다면 그것을 잘 할 수 있을 때까지 집중적으로 연습하고, 연습한 것을 전체적인 상황 맥락이 반영된 문제에 적용할 때 기능의 적용력(전이력)이 향상될 수 있다는 점을 유의할 필요가 있다.

요소 기능을 획득한 다음에는 요소 기능을 통합하는 훈련을 해야 한다. 듣기에서 이해기능과 평가기능을 획득했다면 이해와 평가를 통합하는 훈련을 통해서 듣기 기능을 향상시킨다. 뿐만 아니라 듣기에서 훈련을 통해 획득한 기능과 읽기에서 훈련을 통해 습득한 기능이 있을 경우에, 이들은 모두 이해 영역의 기능 신장과 관련되는 것이기 때문에 영역 통합적인 상황에서 기능을 향상시킬 수 있도록 훈련을 해야 한다. 청중의 입장에서 화자의 정보 전달의 말하기를 듣고 이해한 것을 평가할 수 있다면 독자의 입장에서 필자의 정보 전달의 글을 읽고 이해한 것을 평가할 수 있을 때 요소 기능을 통합해서 활용하는 능력이 갖춰졌다고 말할 수 있다.

기능의 적용력(전이력) 증진은 국어 교육을 통해서 듣기와 읽기 기능이 향상되었다면 그것을 과학이나 사회와 같은 교과에도 적용할 수 있는 능력을 갖추는 것이다. 국어의 읽기에서 요약하는 기능을 익혔다면 과학 교과서에 나오는 정보 전달의 글을 읽고, 그것을 요약하여 개인의 지적 성장과 발전을 위해 활용할 수 있을 때 적용력이 길러졌다고 말할 수 있다.

그런데 이러한 기능의 적용력(전이력) 증진은 그 과정을 보면 다음과 같은 사고과정을 거친다고 볼 수 있다. 먼저 그림으로 보이고 논의를 하기로 한다(다음 그림은, 이경옥 옮김, 2012: 115쪽을 참조함).

+ 숙달의 발달 단계

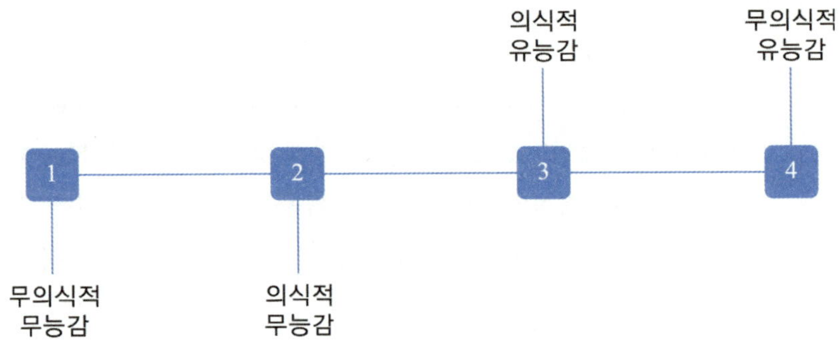

기능 숙달의 맨 처음에는 본인이 어떤 특정한 기능을 가지고 있는지, 가지고 없는지도 잘 모르는 단계에 처해있다. 본인이 특정한 기능에 대해 무능한 단계에 있다는 것조차 인식하지 못하는 단계이다. 그러다가 연습을 통해서 무능하다는 것을 의식하는 단계에 이르게 된다. 이 과정에서 기능을 습득하기 위해 습관도 들이고, 들인 습관을 바탕으로 훈련을 해서 무능한 상태를 일정 부분 극복해서 기능을 상당 부분 획득한다. 이를 의식적 무능감 단계라고 한다. 의식적 무능감 단계를 벗어나게 되면 의식적 유능감 단계로 나아가게 된다. 이 단계에서는 본인 스스로 특정한 기능을 획득하고 기능의 통합을 할 수 있고 그것을 다른 상황에 적용할 수 있게 된다. 의식적 유능감 상태를 거치면서 거의 자동적으로 무의식적 유능감 단계로 나아간다. 이 단계에서는 기능이 거의 자동화되어 정보를 처리하는 데 큰 어려움이 없는 상태가 된다. 이 단계는 장기기억에 정보를 처리할 수 있는 지식과 기능을 저장한 상태이며 언제든지 저장한 지식과 기능을 자유롭게 꺼내 쓸 수 있는 단계이다. 무의식적 유능감 상태가 되면 최상의 것이며, 새로운 사태가 주어지면 다시 무의식적 무능감을 겪게 되고 이것을 극복하기 위한 노력을 지속적으로 하는 것이 문제를 인식하고 해결하는 과정을 지속적으로 되풀이한다.

4.5. 체계적 둔감화

체계적 둔감화(systemic desensitization)도 한 방법이다. 이것은 처음에는 불안이 덜한 상황을 경험하게 만들고 점차적으로 불안의 강도가 높은 상황을 설정하여 말하기 훈련을 함으로써 말하기 불안을 극복하게 하는 방법이다. 먼저 스스로 말하게 하고, 몇 명의 우호적인 친구 앞에서 말해보게 한 다음, 비우호적인 친구 앞에서 말해보게 함으로써 말하기 불안을 둔감화시키는 것이다.

5 자신의 말하기에 대한 점검

다음에 몇 가지 말하기와 관련된 점검표를 제시한다. 이것을 바탕으로 하여 자신의 말하기 실태를 점검해보고, 향상을 위한 디딤돌로 삼아보자. 이러한 점검표들은 학생들의 말하기 실태를 분석해서 지도하기 위한 자료로 사용할 수도 있음은 물론이다.

5.1. 말하기 불안 점검표

다음에 제시하는 의사소통 불안의 표준(gauge)을 활용하여 자신의 말하기 불안 정도를 확인해보자(Osborn/Osborn, 2006: 36~37쪽에서 인용함). 확인을 통해 공식적 말하기에서 불안의 정도가 어느 정도인지를 파악하고, 불안을 줄이는 화자가 되고자 하는 노력을 해보자.

활동 7-1 공식적 말하기 불안 점검표

이 활동의 목적은 각자가 공식적 말하기 불안을 어느 정도로 느끼고 있고, 그것을 공적 말하기 불안을 극복하기 위한 단서로 활용하기 위함이다.

빠르게 읽으면서 첫인상을 표현한다(SA는 "강하게 동의"로서 5점, A는 "동의"로서 4점, U는 "보통"으로서 3점, D는 "동의하지 않음"으로서 2점, SD는 "강하게 동의하지 않음"으로서 1점을 부여한다. 문항4와 같이 점수를 역으로 처리한 것이 있음에 유의한다).

1. 나는 스피치를 준비하는 동안, 긴장하고 신경질적으로 되어 곧잘 불안함을 느끼곤 한다.	SA5	A4	U3	D2	SD1
2. 나는 가까운 장래에 스피치를 해야 한다는 생각 때문에 긴장하여 불안함을 느낀다.	SA5	A4	U3	D2	SD1
3. 내가 스피치를 해야 할 때 내 생각은 곧잘 혼란스러워지고 뒤범벅이 되곤 한다.	SA5	A4	U3	D2	SD1
4. 스피치를 한 뒤에 곧바로 나는 즐거운 경험을 했다고 느끼곤 한다.	SA1	A2	U3	D4	SD5
5. 스피치를 해야 할 시간이 다가온다고 생각할 때 나는 곧잘 신경질이 나곤 한다.	SA5	A4	U3	D2	SD1
6. 나는 스피치를 하는 것에 대한 두려움이 거의 없다.	SA1	A2	U3	D4	SD5
7. 비록 나는 스피치를 시작하기 전에 곧잘 신경질적이 되곤 하지만 스피치를 시작한 뒤에는 곧 안정이 되고 평온함과 편안함을 느낀다.	SA1	A2	U3	D4	SD5
8. 나는 스피치 하는 것이 기다려진다.	SA1	A2	U3	D4	SD5
9. 내가 스피치를 해야 한다는 것을 알게 되자마자, 나는 스스로 긴장됨을 곧잘 느낀다.	SA5	A4	U3	D2	SD1
10. 스피치를 할 때 내 손은 곧잘 떨린다.	SA5	A4	U3	D2	SD1
11. 나는 스피치를 할 때 곧잘 이완됨을 느낀다.	SA1	A2	U3	D4	SD5
12. 나는 스피치 준비를 즐긴다.	SA1	A2	U3	D4	SD5
13. 나는 말하기 위해 준비한 것을 잊는 데 대한 지속적인 두려움이 있다.	SA5	A4	U3	D2	SD1
14. 만일 누군가가 나에게 내가 알지 못하는 주제에 대해 무엇인가를 질문 했을 때 불안하여 마음이 편하지 않다.	SA5	A4	U3	D2	SD1
15. 나는 확신을 가지고 스피치 전망을 직시하곤 한다.	SA1	A2	U3	D4	SD5
16. 나는 스피치를 하는 동안 내 자신을 완전하게 소유하고 있다고 곧잘 느끼곤 한다.	SA1	A2	U3	D4	SD5
17. 나는 스피치를 할 때 생각이 명료해지곤 한다.	SA1	A2	U3	D4	SD5
18. 나는 스피치를 할 때 불안하지 않다.	SA1	A2	U3	D4	SD5
19. 나는 스피치를 시작하기 전에 지나치게 많은(too much) 노력을 하곤 한다.	SA5	A4	U3	D2	SD1

20. 나는 스피치를 시작하지마자 매우 빠른 심장박동으로 인해 괴롭힘을 받는다.	SA5	A4	U3	D2	SD1
21. 나는 내 스피치가 시작되기 바로 전에 스피치가 이뤄지는 장소(방, 대형 강당 등)에서 상당한 불안을 경험하곤 한다.	SA5	A4	U3	D2	SD1
22. 스피치를 하는 동안 내 신체의 특정 부분이 매우 긴장되고 굳어진다고 느끼곤 한다.	SA5	A4	U3	D2	SD1
23. 스피치에서 아주 적게 남겨진 시간이 나를 매우 긴장하게 하고 불안하게 만든다는 것을 곧잘 깨닫곤 한다.	SA5	A4	U3	D2	SD1
24. 스피치를 하는 동안 나는 내가 긴장과 스트레스를 받고 있다는 느낌을 통제할 수 있다는 것을 곧잘 알고 있다.	SA1	A2	U3	D4	SD5
25. 나는 스피치를 시작하기 바로 전에 곧잘 너무 빠르게 호흡하곤 한다.	SA5	A4	U3	D2	SD1
26. 나는 스피치를 하기 바로 전이나 스피치를 하는 동안 편안함과 이완됨을 곧잘 느낀다.	SA1	A2	U3	D4	SD5
27. 나는 불안하기 때문에 곧잘 스피치를 빈약하게 하곤 한다.	SA5	A4	U3	D2	SD1
28. 나는 말하기 과제를 해야 할 날을 조정할 때 곧잘 불안함을 느끼곤 한다.	SA5	A4	U3	D2	SD1
29. 만일 내가 스피치를 할 때 잘못을 했다면 나는 후속될 부분에 집중하기가 어렵다는 것을 곧잘 안다.	SA5	A4	U3	D2	SD1
30. 스피치를 하는 동안 내 옆에서 나에게 도움을 주는 것이 필요 없다는 느낌을 곧잘 받곤 한다.	SA5	A4	U3	D2	SD1
31. 나는 스피치를 하기 전날 밤에 곧잘 잠을 잘 자지 못한다.	SA5	A4	U3	D2	SD1
32. 나는 프레젠테이션을 하는 동안 심장 박동이 곧잘 너무 빠르다.	SA5	A4	U3	D2	SD1
33. 나는 스피치를 하기 위해 기다릴 때 곧잘 불안함을 느낀다.	SA5	A4	U3	D2	SD1
34. 스피치를 하는 동안 나는 신경질적이 되어 내가 알고 있는 사실을 곧잘 잊어버린다.	SA5	A4	U3	D2	SD1

※ 점수 계산하기

1. 동그라미를 한 곳을 확인한다.
2. 각 점수를 더한다. 더한 점수가 공식적 말하기 불안 점수이다.
3. 34－84 낮음, 85－92 조금 낮음, 93－110 보통, 111－119 보통보다 높음, 120 이상 높음

1. 위의 확인 활동을 통해 자기 점수를 확인하고, 공식적 말하기 불안을 극복할 수 있는 각자의 방안을 모색해보자.
2. 위의 점검표는 말하기의 종류가 즉석 말하기인지, 준비된 말하기인지, 원고를 읽는 말하기인지, 암기 말하기인지에 따라 달라질 수 있다. 그래서 말하기 불안을 점검할 때 먼저 어떤 종류의 말하기인지를 명확하게 인식하고 활동을 하는 것이 좀 더 정확하게 말하기 불안의 정도를 파악하는 데 중요하다.

5.2. 자신 있게 말하기 점검표

다음은 자신 있게 말하기를 위한 점검표이다. 이를 활용하여 현재의 자기 자신의 말하기에 대한 자신감의 정도를 측정해보자. 아울러 자기가 가르치는 학생들도 이러한 점검표를 활용하여 실태를 분석해보고, 교육의 자료로 활용해보자.

활동 7-2 자신 있게 말하기 점검표

이 활동의 목적은 자신 있게 말하기를 할 수 있는지를 파악하여 말하기 교육을 할 때 의미 있게 활용할 수 있는 근거를 마련하기 위함이다.

항목	정수			
친구들과 만나면 말의 주도권을 주로 내가 잡는다.	①	②	③	④
낯선 사람에게 말을 잘 붙인다.				
목소리가 크고 자신감에 차있다.				
내가 말을 하는 중에 다른 사람이 끼어들면 양보한다.				
남이 말한 것을 거의 다 기억한다.				
사람이 많은 자리에서도 의견이 있으면 일어서서 말한다.				
회의나 여러 명이 의논할 때 내 의견을 분명히 말한다.				
내 주장을 관철시켜야 마음이 편하다.				
처음 이성 친구를 만나도 말을 잘 붙일 수 있다.				
윗사람에게 내 생각을 말할 자신이 있다.				

※ 점수 계산하기

항상 그렇다①, 그럴 때가 많다②, 가끔 그렇다③, 그런 적이 거의 없다④

①은 10점, ②는 8점, ③은 6점, ④는 4점을 부여한다.

−80점 이상이면 어느 곳에서나 말을 잘할 수 있음.

−50점 이상은 약간의 훈련을 통해 자신감을 가질 수 있음.

−40점 이하라면 타인 앞에서 자신의 의견을 말하는 훈련이 필요함.

1. 위의 확인 활동을 통해 자기 점수를 확인하고, 자신 있게 말하기를 더 잘할 수 있는 각자의 방안을 모색해보자.
2. 위의 점검표는 말하기의 종류가 즉석 말하기인지, 준비된 말하기인지, 원고를 읽는 말하기인지, 암기 말하기인지에 따라 달라질 수 있다. 그래서 자신 있게 말하기를 점검할 때 먼저 어떤 종류의 말하기인지를 명확하게 인식하고 활동을 하는 것이 좀 더 자신 있게 말하기를 하는 정도를 파악하는 데 중요한 역할을 한다.
   (자신 있게 말하기 점검표는 신동아, 2001년 3월호, '말하기도 전략이다'에서 인용함)

5.3. 정확하게 전달하기 점검표

자신의 생각을 정확하게 전달하는 것은 자신을 즐겁게 하는 일일 뿐만 아니라 청중을 즐겁게 해서 정보의 처리를 용이하게 해주기 때문에 의사소통에서 매우 중요한 능력의 하나이다. 점검표를 활용하여 자신의 현재 상태를 점검해보자.

활동 7-3 정확하게 전달하기 점검표

이 활동의 목적은 각자가 정확하게 전달하는 능력이 어느 정도인지를 파악하여 학생들을 가르칠 때 교사와 학생들 스스로의 위치를 파악하여 효율적인 의사소통을 하기 위함이다.

항목	점수			
내 발음에 문제가 있다고 생각한다.	①	②	③	④
내 목소리에 불만을 느낀 적이 있다.				
다른 사람이 내 말을 듣고 다시 한 번 설명해 달라고 반문한 적이 있다.				
말을 잘 못해서 가족이나 다른 사람과 다툰 적이 있다.				
내가 말할 때 다른 사람이 끼어든다.				
'아차! 내가 지금 왜 이런 말을 하지?'하고 후회한 적이 있다.				
대중 앞에 나서는 일은 나와 무관하다고 생각한다.				
다른 사람이 내 말에 설득당한 적이 없다.				
할 말을 참지 못하고 즉각 말한다.				
사람을 만나면 할 이야기가 없다.				

※ 점수 계산하기

항상 그렇다①, 그럴 때가 많다②, 가끔 그렇다③, 그런 적이 거의 없다④

①은 4점, ②는 6점, ③은 8점, ④는 10점을 부여한다.

- 80점 이상이면 자신의 의견을 자신 있게 전달하는 편임.
- 60점 이상이면 약간의 훈련을 통해 자신의 의사표현을 정확하게 할 수 있는 수준임.
- 40점 이하라면 반드시 훈련을 통해 정확한 의사표현 능력을 길러야 함.

1. 위의 확인 활동을 통해 자기 점수를 확인하고, 정확하게 전달하기를 덜 잘할 수 있는 각자의 방안을 모색해보자.
2. 위의 점검표는 말하기의 종류가 즉석 말하기인지, 준비된 말하기인지, 원고를 읽는 말하기인지, 암기 말하기인지에 따라 달라질 수 있다. 그래서 정확하게 전달하기를 점검하고자 할 때는 먼저 어떤 종류의 말하기인지를 명확하게 인식하고 활동을 하는 것이 좀 더 정확하게 전달하기 정도를 파악하는 데 중요하다.

(정확하게 전달하기 점검표는 신동아, 2001년 3월호, '말하기도 전략이다'에서 인용함)

5.4. 주의력 결핍 장애 점검표

주의력 결핍 장애는 최근에 정신 장애의 하나로 인정된 것이다. 학생들을 지도할 때 다음의 점검표를 활용하여 초기 단계에서 학생들의 상태를 점검하여 교육적으로 의미 있는 활동을 할 수 있도록 할 필요가 있다.

활동 7-4 주의력 결핍 장애 점검표

이 활동의 목적은 주의력 결핍 장애 점검을 활용해 교사는 물론 학생들에게 있을 수 있는 주의력 결핍 장애를 사전에 진단하고 교육적으로 효과적으로 활용할 수 있는 방안을 마련하기 위함이다.

항목(주의력 결핍 장애 징후)				항목(과잉활동-충동성 장애 징후)			
수업이나 다른 일을 많이 할 때 부주의로 실수를 많이 한다.	①	②	③	손발을 계속 움직이거나 몸을 꿈틀거린다.	①	②	③
과제를 하거나 놀 때 계속 집중하지 못한다.				가만히 앉아 있어야 할 때 일어나 돌아다닌다.			
남의 말을 귀담아 듣지 않는다.				얌전히 해야 할 때 뛰어다니거나 기어오른다.			
선생님이나 어른이 시키는 대로 자기 일을 끝내지 못한다.				조용한 놀이나 오락에 잘 참여하지 못한다.			
과제나 활동을 체계적으로 못한다.				끊임없이 움직이는 것처럼 행동한다.			
지속적인 정신 노력을 해야 하는 일을 싫어하고 기피한다.				말을 너무 많이 한다.			
필요한 물건을 잃어버린다.				질문을 끝까지 듣지 않고 대답한다.			
외부 자극에 쉽게 산만해진다.				자기 순서를 기다리지 못한다.			
늘 하던 일을 잊어버린다.				남의 말이나 행동을 방해하고 간섭한다.			

※ 점수 계산하기

매우 그렇다①, 그렇다②, 그렇지 않다③

- 왼쪽에서 6개 이상, 오른쪽에서 6개 이상의 특성을 보이고, 이와 같은 특성이 6개월 이상 지속되면 전문가와 상담을 하는 것이 좋다.

1. 위의 확인 활동을 통해 자기 혹은 학생의 점수를 확인하고, 주의력 결핍 장애로 드러날 때 각자가 극복할 수 있는 방안을 모색해보자.
2. 위의 점검표는 대체적인 경향성을 말해주기 때문에 문제가 있다고 생각되는 경우에 전문가의 진단이 선행되어야 한다. 학생들의 행동 특성을 파악하고 파악한 행동 특성에 맞게 지도 방안을 모색해보자.

(주의력 결핍 장애 점검표는 신동아, 2001년 3월호, '말하기도 전략이다'에서 인용함)

CHAPTER 08

질문하기

CHAPTER

8 질문하기

이 장에서는 질문이 교육적으로 매우 중요한 의사소통의 수단이기 때문에 의문과 질문의 차이, 질문의 유형, 질문하기(질문 만들기)를 살핀다. 질문하기의 경우 기존의 질문이 가지고 있는 문제점을 보완하는 차원에서 위계적 질문하기와 연속체 기반의 질문하기로 구분하고, 이들이 가지고 있는 장단점을 이해하고, 그것을 기반으로 하여 교육적으로 잘 활용할 수 있도록 아이디어를 제공하고자 한다.

1 의문과 질문

어떤 현상이나 대상을 보고 느낌으로 끝나는 것은 의문이다. 하지만 그 의문이 알고자 하는 행위로 확장되는 것을 질문이라고 한다. 의문을 제기할 경우에 강제성이 수반되지 않기 때문에 반드시 대답을 할 필요가 없다. 반면에 질문을 하면 대답을 요구하는 구체적인 행동으로 이어지기 때문에 강제성이 수반된다. 질문의 이런 특성 때문에 질문은 교수·학습 전략의 차원에서 빈번하게 논의되고, 활용되고 있다.

질문은 의문을 구체화한 것이므로 구체적인 행동으로 이어지는데, 이러한 질문은 "답이나 정보를 얻거나, 생각을 자극하거나, 마음을 열게 하거나 귀를 기울에게 하는" 등의 역할을 한다(도로시 리즈 지음, 노혜숙 옮김, 2000 : 14~15쪽 참조). 질문이 이러한 역할을 하기 때문에 질문은 보다 나은, 그리고 새로운 방향을 제시한다. 그런데 사람들은 질문을 잘 하지 않으려 한다. 그 이유는 무엇인가? 권위에 도전하기를 겁내기 때문일 수도 있고, 질문을 하면 허점이 드러나서 불리한 위치에 놓일 것이라고 생각하기 때문일 수도 있으며, 질문을 하기 위해서는 어떻든 알고 있어야 하는데 질문할 내용에 대해서 많이 알고 있지 못하기 때문일 수도 있다.

2 질문의 유형

질문의 유형은 어떤 관점을 취하느냐에 따라서 매우 다양하다. 사고의 깊이에 따라 수렴적 질문(convergent question)과 확산적 질문(divergent question)으로 나눌 수 있다. 수렴적 질문은 폐쇄적 질문이면서 직접적 질문이다. 반면에 확산적 질문은 개방적 질문이면서 간접적 질문이다. 질문에 대한 답이 어디에 있느냐에 따라서 "글 속에 답이 있는 질문"과 "머릿속에 답이 있는 질문"으로 나눌 수도 있다. 이것은 "질문의 답은 어디에"라는 전략으로 이름을 부여할 수 있다(Rita A. Jensen/Therese J. Kiley, 2000: 309~310쪽 참조). 여기서는 이것을 중심으로 논의를 하기로 한다.

글 속에 답이 있는 질문은 다시 두 종류로 나눌 수 있다. 즉 답을 바로 찾을 수 있는 질문(Right There)과 글 속의 정보를 연결해야 답을 찾을 수 있는 질문(Think and Search)이 있다. 답을 바로 찾을 수 있는 질문은 답이 특정한 곳에 모여서 빨리 찾아 주기만을 기다리고 있는 질문이라고 한다면 정보를 연결해야 답을 찾을 수 있는 질문은 글 속에 필요한 부분들이 모두 갖춰져 있지만 독자들이 각각의 부분을 찾고 모아서 답을 만들어내야만 하는 질문이라고 할 수 있다. 머릿속에 답이 있는 질문도 다시 두 가지로 나눌 수 있다. "글쓴이와 나 사이에 답이 있는 질문(Auther and You)"이 있고, "순전히 내 생각으로부터 답을 찾아야 하는 질문(On Your Own)"이 있다. 글쓴이와 나 사이에 답이 있는 질문은 일부는 글 속의 실마리로부터 또 일부는 독자의 배경지식으로부터 정답을 구해내는 질문이다. 순전히 내 생각으로부터 답을 찾을 수 있는 질문의 경우는 독자가 알고 있는 지식에 전적으로 의존한다. 다음에 하나의 예시를 보이기로 한다(예시를 다른 언어로 쓰여진 것을 든 이유는 배경 지식의 영향을 최소화하기 위함이다.).

활동 8-1 질문의 유형: 질문의 답은 어디에

이 활동의 목적은 질문의 유형을 하나 살피고 질문을 수업에서 의미 있게 활용하는 것이 중요함을 알게 하기 위함이다.

1804년 봄, 루이스와 클라크는 미주리 강을 따라 서쪽으로 수백 마일을 이동했다. 새로운 지역에 대한 지도를 작성하려는 목적으로 두 탐험가는 그들의 여행에 대해서 상세하게 기록해 두었다. 그들은 탐사하는 동안 만났던 미국 원주민과 어렵게 의사소통하는 과정에서 수많은 정보를 얻어냈다. 그들의 탐험 일지에는 '스컹크, 히코리, 스쿼시, 라쿤, 오포섬'과 같은 동식물을 가리키는 미국 원주민의 말들로 가득 차 있었다. 1806년 9월에 탐사에서 돌아왔을 때, 루이스와 클라크는 제퍼슨 대통령에게 탐사 결과를 보고했으며, 탐사 일지를 출판했다.

다음 물음에 대해 답해보자

1-1) 정답을 글 속에서 찾을 수 있는 질문
  (1) 1804년 봄에 루이스와 클라크가 지나간 강은 어디인가?
  (2) 루이스와 클라크의 탐사 목적은 무엇이었는가?

1-2) 정보를 연결해야 답을 찾을 수 있는 질문
  (3) 루이스와 클라크는 얼마나 오래 동안 탐사를 진행했는가?
  (4) 두 명의 탐험가는 여행하는 동안 왜 일지를 작성했는가?

2-1) 글쓴이와 나 사이에 답이 있는 질문
  (5) 탐사대원으로 루이스와 클라크를 파견한 사람은 누구인가?
  (6) 원주민들과 의사소통하는 과정에서 루이스와 클라크가 어려움을 느낀 이유는 무엇인가?

2-2) 순전히 내 생각으로부터 답을 찾아야 하는 질문
  (7) 루이스와 클라크는 왜 그들이 본 동식물의 이름을 원주민이 불러주는 용어로 명명했을까?
  (8) 미국 원주민은 루이스와 클라크의 탐사에 대해 어떻게 생각했을까?

1. 이러한 질문을 교과서의 한 단원으로 구성할 때 정답을 글 속에서 찾을 수 있는 질문을 먼저 제시하고, 순전히 내 생각으로 답을 찾아야 하는 질문은 맨 나중에 제시한다. 왜 이렇게 질문을 배열하는지에 대해 토론해보자.
2. '읽기 전-중-후 질문하기', 저자에게 질문하기', 'K-W-L Plus'(설명하는 글에 효과적)와 같은 다양한 질문 전략이 있다. 실제로 읽기 자료를 선택하고 앞에서 제시한 질문 전략을 활용하여 내용을 깊이 이해하고 그 효과를 토론해보자.

3 질문하기(질문 만들기)

3.1. 위계적 질문하기

질문을 만들고 질문을 한다는 것은 인간의 본질적 속성에 속한다. 인간은 의문과 질문의 활용을 통해 지성을 발전시키고, 오늘날과 같은 고도의 문명을 이룩하고 향유하고 있다. 질문의 힘이 문명 발전의 토양이 된 것이다. 이런 점에서 보면 질문 만들기는 또한 생각하는 과정을 들여다볼 수 있는 하나의 장치가 될 수 있다. 그런데 이러한 본질적 속성이 더 잘 발현되어 인간의 삶을 개선하고 새로운 방향을 제시할 수 있도록 해주는 것이 교육의 책무 중의 하나라고 한다면 질문 만들기는 결코 소홀히 여길 수 없는 중요한 활동의 하나가 될 수밖에 없다.

질문을 만드는 것은 결코 쉬운 과정이 아니다. 특히 읽은 글을 바탕으로 하여 질문을 만들되 그 질문이 높은 수준의 질문이라면 더더욱 쉽지 않다. "글과 상관없이 만들어낼 수 있는 질문"도 있고, "글에 바탕으로 둔 수준 높은 질문"을 만들어 낼 수도 있다. 각각 하나씩 사례를 들어 질문을 만드는 과정을 보이기로 한다.

먼저 글과 상관없이 질문을 만드는 활동의 예시를 보이기로 한다. 질문을 한다는 것은 일단 질문하는 사항에 대해 궁금해 하거나 해결하고자 하는 의도가 있기 때문이다. 그런데 질문의 내용이 너무 포괄적이어서 쟁점이나 초점이 어디에 있는지를 명확하게 인식하지 못하는 경우에 대답이 쉽지 않고 상투적인 대답만 되풀이할 가능성이 높다. 그래서 이러한 상투적인 대답을 지양하기 위해 질문의 내용에 대해 관점을 새롭게 정립하고 세분화함으로써 이런 문제를 해결할 수 있다.

글과 상관없이 "왜 최근에 대졸자 취업이 어렵지?"와 같은 질문을 제기할 수 있다. 이러한 질문에 답하기가 쉬운 것 같으면서도 결코 쉽지 않은 것은 상황이 너무 복잡하기 때문이다. 따라서 이러한 복잡한 상황을 좀더 깊이 있게 이해할 필요가 있다. 깊이 있게 이해하는 한 방법으로서 "현재의 취업 실태가 어떻게 되어 있는가?"라는 실태를 묻는 질문을 제기해보면 대답이 좀 더 명확해진다. 그러면 실태를 묻는 질문과 원인을 묻는 질문을 연결하여 생각하되 개념을 세분화하여 이해함으로써 질문을 새롭게 만들 수 있다. 예를 들어 대졸자에 대해 성별 요인을 구분해보면 좀 더 구체적인 대답을 할 수 있다. 즉 남자 대학생과 여자 대학생으로 세분화하여 살펴봄으로써 앞에서 제기한 대졸자 취직 문제에 대한 새로운 시각을 정립할 수 있다는 의미이다. 이번에는 다시 여성 졸업자의 취직에 초점을 맞춰 “유명대학 출신의 여성 졸업자의 취직은 어떻게 되어 있는가?와 비유명 대학 출신의 여성 졸업자의 취직은 어떻게 되어 있는가?”와 같이 세분화할 수 있다. 다시 지역 요인을 고려하여 “수도권 대학 출신 여학생의 취직은 어떻게 되어 있는가?와 지방대학 출신 여학생의 취직은 어떻게 되어 있는가?”의 문제로 세분화하여 대답을 추구할 수 있다. 이렇게 질문에 대해 “실태를 묻는 질문과 인과를 묻는 질문”으로 관점을 정립하고, 개념을 세분화하면서 영향 요인을 분석해 봄으로써 상식적으로 대답해버릴 때의 문제점을 극복하고 영향 요인이 무엇인지를 중심으로 좀 더 명료하고 구체적인 대답을 이끌어 내서 생각의 폭을 넓히고 깊게 할 수 있다. 다음은 위에서 설명한 내용을 그림으로 간략하게 제시한 것이다(다음 그림은, 이규원역,1997: 165쪽을 참조하여 재구성한 것임).

활동 8-2 위계적 질문하기: 하향식

이 활동의 목적은 위계적 질문하기를 어떻게 하는가를 알고 활용할 수 있는 능력을 함양하기 위함이다.

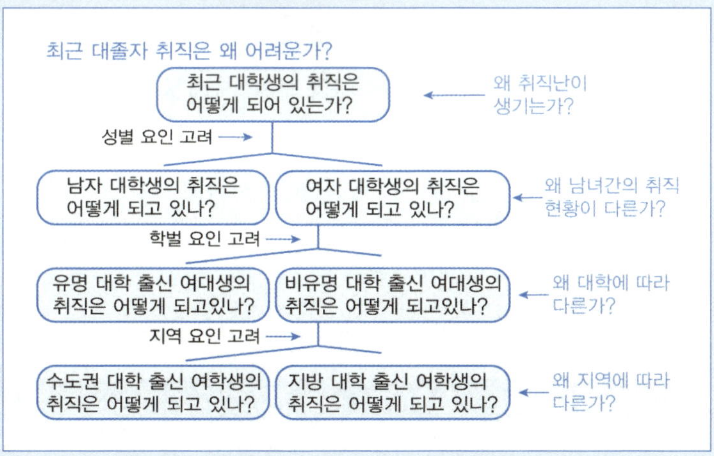

1. 인과형 질문과 실태 파악형 질문을 병행하여 큰 개념에서 작은 개념으로 내려가면서 질문을 만들어 본다.
2. 이러한 질문 만들기 활동을 함으로써 특정 현상에 대해서 비판적인 시각을 가질 수 있는 능력을 기를 수 있다. 위의 예시에서 이번에는 두 분지 중에서 왼쪽을 활용하여 질문을 만들고, 그에 대한 대략적인 답을 해보자.

위의 활동에서 보면 "왜"를 중심으로 하는 인과형 질문과 "실태"를 중심으로 하는 실태 파악형 질문이 "영향 요인"을 고려하면서 전개됨으로써 생각의 폭을 넓히고 깊게 해주고 있다.

개념의 세분화와는 다르게 개념의 대체(비슷한 말이나 다른 말로 바꾸기)를 통해서도 생각의 폭을 넓히고 깊게 하거나 명확하게 할 수 있다. 예를 들어 "공동주택에서 애완동물 사육을 금지해야 한다."라는 논제가 있을 경우 이 논제는 "왜 공동주택에서 애완동물 사육을 금지해야 하는가?"와 같은 논제로 바꿀 수 있다. 여기서는 논제를 의문형으로 하는가, 서술형으로 하는가의 문제는 상관하지 않기로 한다. 다만 생각의 폭을 넓게 하고 깊게 하는 능력을 갖추는 것이 중요하다는 점에 초점을 맞춰 서술형 논제를 중심으로 논의를 진행하고자 한다.

"공동주택" 대신에 "개인주택"으로 대체하면 쟁점이 되었던 것도 쟁점이 되지 않을 수 있다. 또 "애완동물 사육" 대신에 "짜장면 배달, 밤에 큰 소리로 노래 부르기, 밤 새워 공부하기, 거실에서 뛰어 다니기, 물고기 기르기, 커다란 개 기르기, 맹인견 기르기" 등의 개념을 대체시키면 쟁점이 될 수도 있고 되지 않을 수도 있다. 그렇다면 어떤 기준에 의해 쟁점이 되었던 것이 쟁점이 되지 않게 되는지에 대해 토론해봄으로써 생각의 폭을 넓히고 깊게 할 수가 있다.

다음에는 "글에 바탕을 두되 좀 더 수준이 높은 질문"에 대해 논의하기로 한다. 이러한 질문 만들기는 구체적인 사례를 바탕으로 하여 그 사례들이 가지고 있는 공통적인 개념을 도출하고, 그것을 바탕으로 일반화된 질문을 만드는 것을 의미한다. 먼저 두 가지 사례를 제시하고 그것을 바탕으로 논의를 진행하고자 한다(다음 질문과 설명은, 이규원역, 1997: 181~186쪽의 자료를 참조하여 재구성한 것임).

활동 8-3 위계적 질문하기: 상향식

이 활동의 목적은 앞에서 살핀 하향식 질문하기와는 반대로 작은 개념에서 큰 개념으로 나아가는 질문하기 훈련을 통해 문제를 다양한 각도에서 바라보는 능력을 함양하기 위함이다.

〈사례1〉

광주광역시 북구 A중학교 3학년 여학생(15세) 집단에서는 작년 봄 3학년생 학생이 교체되면서 왕따가 시작되었어요. '5명으로 구성된 모임에는 성격이 제멋대로여서 뭔가를 부탁할 때도 아예 명령 투로 말하는 이가 있었어요. 그래서 우리는 그 아이의 성격이 바뀌기를 바라며 앞으로 무시하기로 했어요.' 그러자 왕따를 당한 학생은 잠시 휴학하기로 했어요. 등교를 해도 양호실에 틀어박힌 채 교실로 들어오지 않았어요. 교사가 이것을 눈치 채고 서로 대화의 자리를 마련해주었어요. '시험 준비도 해야 하고 더구나 추천 입학을 희망하는 그 아이가 결석이 잦으면 감점당할 테니까 가을쯤부터 모두 예전처럼 교류하기로 했어요. 우리도 그 아이를 왕따시킨 것은 나빴지만 그 아이가 교실에 들어오지 않은 것도 잘한 일은 아니었어요. 왕따에는 죄책감을 느끼고 있고, 양쪽이 다 상처를 받았어요. 이제는 그러고 싶지 않아요.'

〈사례2〉

광주광역시 광주교대 1학년 남학생은 중학교 2학년 때 다른 학생들과 짜고서 한 학생을 따돌렸어요. 말을 걸어와도 대꾸하지 않았어요. 급우들은 모두 그 아이를 못 본 척했어요.

"조금 모자란 구석이 있어서 배구할 때면 엉뚱하게 공을 맞곤 했죠. 모두 놀려댔어요. 그런 애랑 친구가 되고 싶지 않았고, 웃는 얼굴로 대해주고 싶어도 다른 애들 눈치가 보여서 놀려댔어요." 지금 돌이켜 생각하면 공연한 짓을 했다고 생각해요. "어릴 적에는 항상 즐겁게 놀고 싶잖아요. 그래서 이런 짓 저런 짓 해보는 거죠. 남들 무시하는 것은 재미없었지만 뒤에서 험담하는 건 재미있었어요."

1. 위의 두 사례를 바탕으로 하여 하나의 의미 있는 질문을 만들어 본다. 먼저 두 사례에서 의미 있다고 생각하는 단어를 찾은 다음, 그 단어가 의미하는 바를 탐색한다.
2. 질문 만들기의 과정은 다음과 같다. 위의 두 사례는 각각 개별적으로 발생한 사례들이다. 모두 왕따에 대한 이야기이다. 〈사례1〉에서는 "왜 4명의 학생이 성격이 제멋대로인 아이를 무시하게 되었나?"와 같은 질문을 할 수 있다. 〈사례2〉에서는 "왜 거의 모든 급우들이 조금 모자라게 보이는 한 학생을 따돌리게 되었나?"와 같은 질문을 할 수 있다. 왕따의 원인에 대해 "무시하다와 따돌리다"는 공통점이 있다. "따돌리다"는 "어떤 일에서 밉거나 싫은 사람을 멀리하거나 떼 내어 관계를 못하게 하다"를 의미하고, "무시하다"는 "사물의 존재나 가치를 알아주지 아니하다"의 의미이다. 이들 의미의 공통적인 개념은 "집단으로부터의 배제"이고, 이러한 개념은 두 사례에서 사용된 어휘를 통해 귀납적으로 도출해낼 수 있다.
   다음으로 "왕따가 어떻게 여겨지고 있는가?"에 대한 공통점을 찾아볼 수 있다. 〈사례1〉에서는 "성격이 제멋대로여서 뭔가를 부탁할 때도 아예 명령 투로 말한다."로, 〈사례2〉에서는 "조금 모자란 구석이 있어서"로 되어 있다. 얼핏 보면 이들 사이에 공통점이 없는 것처럼 여겨지기도 한다. 하지만 왕따를 가한 입장에서 보면 "당한 아이들은 자기와는 다르다"는 생각을 가지고 있다고 보였을 수 있다. 그래서 이들 공통적인 개념을 생각해보면 "집단속에서의 이질성"이라는 것을 귀납적으로 도출해낼 수 있다. 사례 차원에서 생각했던 것을 이제 개념 차원으로 생각해보면 "왜 왕따가 일어났는가?"라는 질문은 "집단 내의 이질성은 왜 집단에서 배제 받는가?"와 같은 좀 더 일반화된 질문으로 바뀌게 된다. 이렇게 개별적인 사례를 통해 개념화된 질문이 다른 장소나 다른 사례에도 적용될 수 있음으로써 생각의 폭이 넓어지고 깊게 되는 결과를 초래할 수 있다. 이러한 논의로부터 우리는 "집단이 동질적이고 소속이 강제된다면 왕따는 일어나지 않는다. 반면에 집단이 이질적이고 소속이 강제되기 때문에 왕따가 일어난다."와 같은 논리적 추론을 할 수 있는 것이다.

3. 개념과 개념을 조합하여 새로운 개념(질문)을 만든다. 어떤 질문을 만들 수 있는가? 각자가 만든 질문을 비교해 보고 그것에 대해 토론해보자.

3.2. 연속체 기반의 질문하기

앞에서 위계 기반의 질문하기(위계적 질문하기)에 대해서 살펴보았다. 위계 기반의 질문하기라는 말 속에는 마치 높은 위계에 있는 질문이 좋은, 그리고 본질적인 질문이며, 낮은 위계에 있는 질문은 좋지 않은, 그리고 비본질적인 질문이라는 선입견을 갖게 만든다. 그런데 이러한 선입견은 옳지 않다. 질문하는 내용에 대해서 모르는 것을 질문하되, 그 질문이 낮은 위계에 위치해있다고 해서 덜 중요한 질문이라고 단정할 수 없다. 모르는 사람의 입장에서는 질문하는 것이 가장 중요한 고려의 대상이 될 수 있기 때문이다. 그래서 위계적 질문이 갖고 있는 이러한 문제점을 극복하게 해 줄 수 있는 질문하기가 바로 연속체 기반의 질문하기라고 필자는 생각한다.[3]

이러한 연속체 기반의 질문하기는 "세부 사항에 대한 질문 → 범주에 대한 질문 → 정교화를 요구하는 질문 → 정교화를 요구하는 질문에 대한 증거를 요구하는 질문"과 같은 4단계로 구성되는데, 각각의 단계는 다른 모든 단계와 마찬가지로 동등한 중요성을 갖는다. 먼저 논의하고자 하는 내용에 대한 세부 사항을 질문한다. 세부 사항에 대한 질문은 '인물, 기관 혹은 단체, 자연 발생적 장소, 사람이 만든 사물, 사람이 만든 장소, 자연 현상, 인간이 만든 개념'이 여기에 해당될 수 있다. 범주에 대한 질문은 '범주에 속한 예 찾기, 범주의 일반적인 특성 기술하기, 범주 내 비교하기와 범주 간 비교하기'가 있다. 정교화 질문

3 '연속체 기반의 질문하기'라는 용어는 정혜승 옮김(2017: 36－68쪽 참조)을 참조했다. 역자는 '질문 연속체'라는 용어를 사용했는데, 이 글에서는 앞 절에서 논의한 '위계적 질문하기'와 맥락을 같이 하기 위해서 '연속체 기반의 질문하기'라는 용어를 사용했다. 이하의 논의 내용은 정혜승(2017)을 참조했다.

은 ‘특성의 이유 설명하기, 특정한 특성의 영향 기술하기, 일정 조건하에서 무슨 일이 발생할지 예측하기’가 있다. 증거 질문하기는 ‘정교화를 뒷받침하는 자료 제시하기, 정교화를 구성하기 위해 사용한 추론 설명하기, 결론 중 일부에 단서를 달거나 제한을 두기, 정교화를 구성하기 위해 사용한 추론에서 오류 찾기, 다른 관점에서 정교화 검토하기’가 있다.

그런데 이러한 연속체 기반의 질문하기는 매우 유연하게 활용하는 것이 바람직하다. 교사는 연속체 기반의 질문을 자유롭게 이동할 수 있고, 상황에 따라서는 생략할 수도 있으며, 수업의 내용에 따라서 길게 또는 짧게도 구성할 수 있어야 한다.

위에서 연속체 기반의 질문하기를 개략적으로 살펴보았는데, 이러한 질문하기의 모습들은 어느 것이 좋고, 어느 것이 나쁘다고 단정할 수는 없다. 수업의 상황과 내용에 따라서 교사가 융통성 있게 활용할 수 있으면 된다. 중요한 것은 이론을 위한 이론이 아니라 실제로 이론을 유의미하게, 그리고 교육적으로 잘 활용하는 것이기 때문이다다.

CHAPTER 09

듣기에 대한 이해

CHAPTER

9 듣기에 대한 이해

이 장에서는 듣기의 개념, 듣기의 유형과 과정, 듣기 장애, 듣기 능력 향상 전략, 능숙한 청자와 미숙한 청자의 특성, 효율적 듣기의 이점, 듣기 기능(능력) 자기 점검표에 대해 탐색한다. 이러한 탐색은 학생들의 듣기 능력을 향상시키기 위해 지도할 때 이론적 기반으로 활용할 수 있다.

1 듣기의 개념

듣기는 Lundesten(1979: 1쪽)에 의하면 "청자가 화자의 말을 듣고 그 말을 자기의 머릿속에서 의미로 변환하는 과정"이다. 이 말이 의미하는 바는 "듣기는 화자를 전제하면서 화자가 전하는 메시지를 자기의 머릿속에서 자기의 말로 의미를 변환하는 과정"이라는 의미로 재해석할 수 있다. 엄밀한 의미에서 청자는 자기의 머릿속에서 화자가 전달하는 의미를 자기의 언어로 변환하지 못하면 제대로 된 듣기를 하지 못한다는 의미이다.

듣기에 대한 또 다른 정의를 보자. 국제듣기협회에서는 듣기를 "청자가 언어적·비언어적 메시지를 수용하여 수용한 메시지로부터 의미를 구성하고 반응하는 과정"(Engleberg/Wynn, 2000: 112에서 재인용)으로 정의하고 있다. 이 정의는 앞의 정의에 비하여 반응하기를 첨가하여 세분화하고 있는 점만 다를 뿐, 의미를 구성하는 과정이라는 점에서는 공통점을 보이고 있다.

한자 문화권에서 정의하는 듣기를 살펴보는 것도 듣기 현상을 이해하는 데 도움이 된다. 한자로 "청(聽)"이 듣기이다. 한자 "聽"을 파자하면 "이(耳)+임(壬)+직(直)+심(心)"이다. 듣기가 이뤄지는 신체의 부위는 "귀"이고, "임"은 임신을 해서 배가 불룩한 사람이 땅 위에 서있는데 임신한 사람은 늘 주변 상황에 대해서 주의를 집중하고 조심해야 한다는 의미를 갖고 있다. "직"은 "곧다"

는 의미인데, 파자하면 두 개의 눈으로 사물을 보는 것보다는 열 개의 눈으로 사물을 보는 것(목(十 + 目)이 더 정확하게(바르게)(一 : 바르다, 정확하다)본다는 의미이다. "심"은 마음으로까지 깨닫는다는 뜻이다. 이들을 종합해보면 듣기란 "화자가 전하는 메시지를 청자가 눈과 귀를 활용하여 주의집중을 하면서 정확하게 듣고 보는 정신 활동이면서 마음으로까지 느끼는 상태"라고 할 수 있다. 다른 한편으로 듣기를 한자 "청(聽)"을 가지고 설명하면서 "귀와 눈과 마음이 서로 분리될 수 없이 하나가 되어 조화를 이룸으로써 정보를 총체적으로 받아들이는 행위"로 파악하기도 한다(Clella Jaffe, 2007: 56쪽 참조).

2 듣기의 유형과 과정

2.1. 듣기의 유형

듣기 과정이 비교적 객관적인 측면을 반영한 것이라면 듣기 유형은 상대적으로 주관적인 측면을 반영한 것이라고 할 수 있다. 듣는 목적, 듣는 상황 등에 따라서 듣기의 유형이 달라질 수 있는 것을 보면 듣기 유형은 상대적으로 주관적인 측면이 강하다는 것을 알 수 있다. 듣는 목적을 중심으로 할 때 "이해하며 듣기, 공감하며 듣기, 비판하며 듣기, 감상하며 듣기"(Engleberg/Wynn, 2000: 114~116쪽)와 같은 유형으로 분류하거나, "내용 듣기, 비판적 듣기, 공감적 듣기, 감상적 듣기"(Morreale/Bovee, 1998: 70~72쪽)와 같은 유형으로 분류하거나, "정보전달의 말 듣기, 설득하는 말 듣기, 친교의 말 듣기, 정서표현의 말 듣기"(1998, 초등학교 교육과정 해설(Ⅲ): 21~22쪽은 물론 그 이후의 교육과정을 거쳐, 2015 교육과정 등에서 친교 및 정서표현 등에서 부분적인 변화가 있었지만, 목적 중심의 기술은 변화가 없었음)와 같은 유형으로 분류할 수 있다.

다음에서 논의하는 것처럼 듣기 단계에 따라서 듣기 유형을 설정하기도 한다. 듣기는 가장 초보적인 형태인 듣기 인식(auditory awareness)에서부터 가장 복잡한 수용의 형태로 확장하는 과정을 거쳐 완결된다. 듣기의 단계를 기준으로 하여 듣기를 유형화하면 다음과 같다(Osborn/osborn, 2006: 79~82쪽을 참조함).

① 식별하며 듣기

식별하며 듣기(discriminative listening)는 듣기가 시작되는 단계에서 이뤄진다. 식별적 듣기(식별하며 듣기)는 자동적이고 무의식적인 듣기로서 듣는다기보다는 들리기(hearing)의 차원이다. 사람 소리와 바람 소리를 구분할 수 있는 것이 식별하며 듣기의 예시가 될 수 있다. 이러한 식별하며 듣기는 듣기라고하기보다는 들리기라고 일반적으로 알려지고 있다.

② 이해하며 듣기

이해하며 듣기(comprehensive listening)는 식별하며 듣기의 다음 단계에서 이뤄진다. 이것은 음성을 인식하고 의미를 이해하는 것을 말한다. 화자의 언어와 비언어를 이해하며 자신의 지식과 경험을 바탕으로 메시지의 의미를 해석하는 것이 이해하며 듣기이다. 그래서 이해하며 듣기는 의도적이다.

③ 공감하며 듣기

공감하며 듣기(empathic listening)는 이해하며 듣기의 다음 단계에서 이뤄진다. 공감하며 듣기는 마음으로 듣는 것이다. 다른 사람과 생각이 다를지라도 다른 사람이 말하는 것을 들으려고 노력하는 듣기를 말하는데 이러한 듣기를 함으로써 다른 사람들을 격려할 수도 있다. 공감하며 듣기를 함으로써 교실 상황에서는 수용적 환경을 만들 수 있다. 공감하며 듣기는 특히 말하기 불안을 극복하려고 하는 화자에게 적절하게 대처하도록 해주는 데 유용하게 활용될 수 있다. 한자 청(聽)은 "이(耳)와 임(壬)과 직(直)과 심(心)"으로 이뤄졌다. "귀로 듣되 주의집중을 해야 하며 두 개의 눈으로 보기보다는 열 개의 눈으로 보는 것이 더 정확하게 보는 것이며 보고 들은 것이 마음으로까지 이어질 때 진정으로 듣는다."는 것을 의미한다. 이 경우에 공감하며 듣기는 "심(心)" 해당될 수 있다.

④ 감상하며 듣기

감상하며 듣기(appreciative listening)는 이해·공감하며 듣기 다음 단계에서 이뤄진다. 감상하며 듣기는 듣기의 심미적 측면을 반영한 것이다. 이것은 메시지의 본질적인 아름다움에 반응하는 듣기를 포함한다. 우리는 메시지의 단순함과 균형성을 선호한다거나 화자가 사용하는 낱말의 웅장함 등을 선호하는데 이러한 듣기를 감상하며 듣기라고 한다. 화자는 청자에게 다채롭고 생생하며 시적인 언어를 사용하여 영감을 주려고 노력하고 이러한 언어를 듣고 이해하는 것이 감상하며 듣기이다.

⑤ **비판하며 듣기**

비판하며 듣기(critical listening)는 감상하며 듣기 다음 단계에서 이뤄진다. 비판하며 듣기는 교육 과정뿐만 아니라 듣기 과정의 복잡한 양상에서도 중요한 목표가 된다. 비판하며 듣기는 메시지의 내용을 분석하고 평가한다. 비판하며 듣기는 듣기에서 이뤄지는 추론 과정을 탐색하며 메시지가 성공적이었는지 아닌지를 결정하는 것과 관련된다. 비판하며 듣기를 하면 화자가 전달하는 제목이나 이전의 평판 또한 화자의 카리스마 등에 덜 영향을 받는다. 그렇기 때문에 화자가 지향하는 정서적 표현 등에 저항하는 측면이 강하다. 화자의 정서적 표현에 쉽게 넘어가지 않으며 듣는다는 의미이다. 비판하며 듣기를 하면 공식적 의사소통에서 위험스런 것이 무엇인지를 많이 알게 되며 매우 신중하게 듣게 된다. 비판하며 듣는 것은 표면적으로 드러난 가치를 그대로 수용하지 않고 청자의 상황과 목적에 맞게 수용하기 때문이다.

⑥ **구성하며 듣기**

구성하며 듣기(constructive listening)는 비판하며 듣기 다음 단계에서 이뤄진다. 구성하며 듣기는 메시지가 우리 삶을 위해 가질 수 있는 가치를 위해 능동적으로 탐색하는 것을 포함한다. 구성하며 듣기는 좋은 피드백을 제공함으로써 화자가 성장하는 것을 도와준다. 구성하며 듣기는 동기 부여된 듣기라고도 할 수 있는데 그 이유는 모든 메시지는 가치가 있다는 전제 때문이다. 비록 메시지에 결함이 있고 숨겨진 의제에 대해 신중하도록 요구되기 때문에 구성하며 듣기는 비판하며 듣기를 뛰어 넘는다. 구성하며 듣기는 수동적이 아닌 매우 능동적인 듣기이므로, 구성하며 듣는 청자는 의사소통 과정에 참여하며 의미의 구성에 깊숙하게 관여한다.

2.2. 듣기의 과정

앞의 항에서 듣기의 유형에 대해 '듣기의 목적, 듣기의 단계'를 기준으로 하여 유형화한 것을 살펴보았다. 여기서는 듣기의 유형과 함께 듣기의 과정을 살펴보고자 한다. 듣기의 유형에 대한 이해도 필요하지만 교육적으로 더 의미 있는 것은 듣기 과정에 대한 이해이다. 듣기 과정을 잘 이해하면 듣기 지도 내용을 무엇으로 삼아야 할지를 잘 알 수 있을 뿐만 아니라 어디에 초점을 두고 들어야 할 것인지를 알게 해주기 때문에 듣기의 효율성을 높이는 데에도 기여할 수 있다.

듣기 과정을 "수신하기(hearing, attending) → 이해하기(learning, deciphering, meaning) → 기억하기(recalling, retaining) → 평가하기(judging, criticizing) → 반응하기(ansering, giving, feedback)"의 순환적 과정으로 보는 견해가 있다. 이것을 그림으로 보이면 다음과 같다(다음 그림은, Joseph A. Devito, 2006: 31쪽에서 인용함).

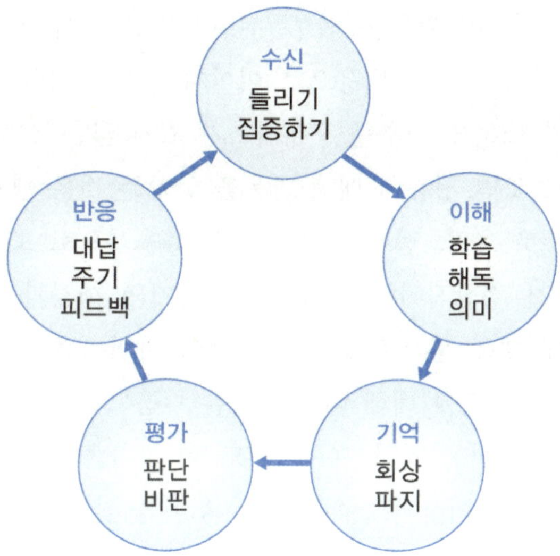

듣기는 먼저 정보를 수신하는 과정에서 시작된다. 수신(reception)의 하위 과정에 들리기와 집중하기가 포함된다. 듣기 위해서는 먼저 여러 가지 정보에 노출되어야 하고, 그 과정에서 듣기를 하려면 청중은 주의집중을 해야만 한다. 주의집중을 하지 않으면 평소에 보거나 생각한 것도 듣기 힘든 것이 인간들의 일반적인 정보 처리 양상인데, 처음 듣는 것이라면 더욱더 주의집중을 하지 않으면 듣거나 듣고 나서 능동적으로 의미를 구성할 수 없다.

수신 과정에 이어서 들은 내용에 대한 이해를 하게 된다. 이해에는 학습, 해독 및 의미가 포함된다. 들은 내용을 이해한다는 것은 매우 중요한 의미를 갖는다. 들은 내용에 대해 학습도 하고 이 과정에서 들은 내용을 해독하며 해독한 내용에 대해 능동적으로 의미를 구성해보는 활동이 잘 이뤄져야만 능동적인 독자가 될 수 있기 때문이다. 이런 의미에서 보면 이해한다는 것은 매우 중요한 과정이 아닐 수 없다.

이해가 충분히 되었다면 자연스럽게 기억으로 전이되는 것이 일반적인 정보 처리 과정이다. 그런데 이해가 되었더라도 기억하기 위한 의식적인 노력을 하지 않으면 처리한 정보는 곧 사라져버리기 때문에 기억을 해 두는 것이 좋다.

기억이 끝나면 저장한 정보에 대해 평가를 할 수 있다. 여기에서 이뤄지는 활동은 판단 활동과 비판 활동이다. 수신하여 의미를 이해하고 기억한 내용에 대해 판단을 해보고, “나와 다른 생각이 있다면 무엇이 다른지, 혹시 새롭게 안 것이기는 하지만 본질적인 것은 무엇이고, 본질적인 것이 아닌 것은 무엇인지”와 같은 정신 활동을 해보는 것이 비판의 한 예시가 된다.

평가가 끝나면 반응으로 이어지는데, 이러한 반응은 평가와 거의 동시에 일어나기 때문에 선후를 구분하기가 쉽지 않은 경우도 있을 수 있다. 하지만 논리적으로 보면 청중에 대해 반응을 한다는 것은 평가가 끝난 다음에 하는 것이 순서상으로 보건, 정보 처리 내용의 효율성으로 보건, 청중에 대한 배려의 측면에서 보건 정상적이다. 듣고 나서 자기의 생각과 비교하고 대조해보면서 화자의 발화에 대해 생각을 드러내는 것이 자연스럽고 논리적이기 때문이다.

듣기 과정에 대해 베르코 등은 다음 그림과 같이 “수신 → 주의 → 지각 → 의미부여 → 반응”처럼 제시하기도 한다(다음 그림은, Berko 등, 2013: 84쪽에서 인용함, 그 이하의 논의는 85~88쪽을 참조함).

다음 그림에서 수신은 일단 메시지를 수용하는 행위이다. 주의는 어떤 순간에 수용되는 모든 자극 중에서 선택된 특별한 자극에 초점을 맞추는 것이다. 주의는 지속적으로 이뤄지기보다는 짧은 시간에 이뤄진다. 주의를 집중하는 시간은 사람과 상황, 듣기의 목적 등에 따라 달라진다. 정보를 수신하고 주의를 기울이면 이어서 지각이 작동한다. 지각이 작동하는 동안 사람들은 정보나 자료를 수용하고 입력된 것들을 평가하기도 한다. 일반적으로 남성과 여성은 지각에서 차이가 있다. 지도력의 예를 들면 여성의 경우 일을 쉽게 만드는 것에 초점을 두지만 남성의 경우 지시적인 것에 초점을 맞춘다. 의사소통에 대해서도 여성은 전반적으로 이해하고 받아들이는 것으로 지각하는 반면 남성은 이기는 것, 수완이 이동하는 것에 초점을 맞춘다고 한다. 의미부여는 미리 결정된 어떤 범주 속으로 자극을 주는 과정인데, 청자는 받은 메시지에 대해 해석을 하기 위해서 정신적 범주를 계발한다. 의미부여를 함으로써 의미의 덩이 짓기 활동을 하게 되

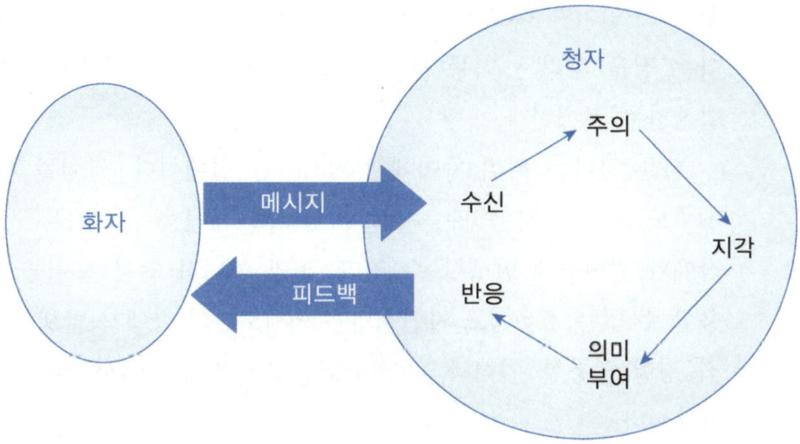

며, 덩이 짓기 활동이 적절할 경우 덩이의 크기가 커지고 최종적으로는 커진 덩이가 표현과 이해에 관련되면서 적응력이 증대된다. 의미부여 활동에 이어 사람들은 메시지에 대해 지적 반응 또는 감정적인 반응을 보인다. 이런 반응은 내적인 반응일 수도 있고 외적인 반응일 수도 있다.

3 듣기 장애

듣는 행위는 쉬운 것 같지만 결코 쉽지 않은 언어 사용 행위이다. 특별히 신체적으로 문제가 없는 경우에 태어나서 인간의 언어 사용 환경에 놓임으로써 자연스럽게 듣기 능력이 길러지기도 하지만 의식적으로 노력하지 않고 학습하지 않으면 고차원적인 듣기 능력은 길러질 수 없다. 듣기 장애를 극복함으로써 듣기 능력이 길러질 수 있기 때문에 여기서는 먼저 듣기 장애에 대해 "언어적 장애, 문화적 장애, 개인적 장애"로 구분하여 살피기로 한다.

3.1 언어적 장애

언어는 매우 다양하다. 다른 문화권에서 성장한 사람들이 언어가 다르면 소통의 장애가 생기는 것은 당연한 일이다. 한국어를 사용하는 사람과 영어를 사용하는 사람이 각 언어를 모른다면 의사소통을 할 없는 것은 극히 자연스런 현상이다. 언어가 다르면 자연스럽게 언어적 장애가 생기고, 의사소통이 불가능하다는 점을 우리는 너무나 잘 알고 있다. 이것은 이른바 언어 자체의 차이에서 발생하는 장애이다.

다른 하나는 어휘 차이에서 나타나는 장애이다. 국어를 사용하는 사람끼리도 제주도 방언을 사용하는 사람과 전라도 방언을 사용하는 사람들은 의사소통의 장애가 빈번하게 발생할 수 있다. 뿐만 아니라 전문 용어를 사용하는 경우와 사용할 수 없는 경우에도 자연스럽게 의사소통의 장애가 발생할 수밖에 없다. 직·간접 경험을 통한 인식과 지식의 폭, 그리고 깊이에서 너무나 많은 차이가 있기 때문이다.

3.2 문화적 장애

언어는 문화의 결과이면서 동시에 언어는 문화를 이루고 있는 여러 가지 중의 하나이기 때문에 문화의 부분이라고 할 수 있다. 또한 언어는 문화의 조건이라고 할 수 있다. 왜냐하면 언어는 문화를 전달하는 가장 중요한 수단이 됨과 동시에 언어가 재료가 되어 문화를 구성하고 이러한 재료는 동시에 언어를 구성하는 기본 조건이 되기 때문이다(이홍우, 1973: 163쪽 참조).

우리는 한 나라의 역사, 문학, 종교 등에 대해서 이해할 수 있으면 의사소통을 더 깊고 넓게 할 수 있다. 베트남의 역사와 문화를 알면 그들은 왜 그렇게 생활을 하는지에 대해 좀 더 깊이 있게 이해할 수 있다. 깊이 있는 이해는 의사소통의 장애를 극복할 수 있게 해준다. 이런 점에서 보면 문화적 차이 또한 듣기에 장애를 초래할 수 있다.

3.3 개인적 장애

화자의 스피치 속도와 청자의 듣기 속도는 상당한 차이가 있다. 한 연구에 의하면 영어 화자가 평균적으로 1분에 150 단어를 말하는 반면에 청자는 평균적으로 500 단어를 생각해냄으로써 스피치와 사고 속도의 차이가 350 단어 정도로 차이가 난다고 한다(Clella Jaffe, 2007: 57쪽 참조). 스피치와 사고 속도의 차이가 매우 크기 때문에 청자는 화자와 다른 생각을 하는 것이 당연하다. 이것을 듣기 사고 패턴(listening thought patterns)으로 유형화하면 "① 화자의 생각에서 크게 벗어나지 않음, ② 본래의 목적에서 벗어남, ③ 사적인 논쟁에 몰입함, ④ 화자의 생각에서 많이 벗어남"과 같이 정리할 수 있고, 그림으로 나타내면 다음과 같다(Clella Jaffe, 2007: 58쪽에서 인용).

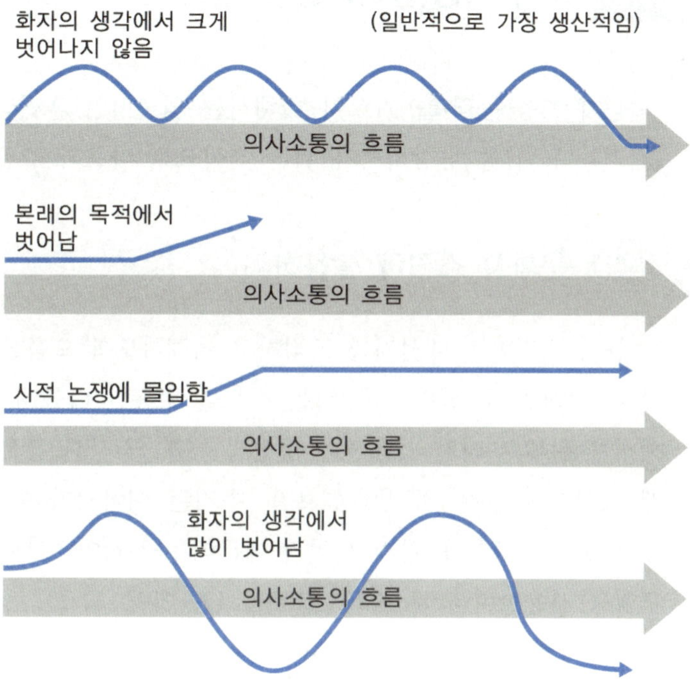

이들 듣기 사고 패턴은 듣기가 이뤄지는 과정 속에서 일반적으로 나타나는 패턴들인데, 맨 위에 있는 패턴이 가장 생산적이다. 왜냐하면 화자의 스피치와 가장 밀접하게 관련되면서 공유하는 부분이 많기 때문이다. 둘째 그림은 처음에는 어느 정도 의사소통의 흐름과 일치하지만 일정 시간이 경과하면 의사소통의 흐름에서 벗어나서 자신의 생각만을 하게 되면서 듣기를 멈추는 경우이다. 자기 자신의 생각만을 하게 된 나머지 화자의 말을 들으려고 하지 않는다. 셋째 그림은 논쟁을 할 경우에 다른 화자의 말을 듣지 않고 자기 생각만을 고집하는 경우이다. 다른 견해에 대해서 마음을 닫아버리고 화자의 생각을 이해하려고 하지 않는다. 대신 이 경우에 스피치 전체를 듣기 전까지는 어떤 판단도 하지 않고 판단을 보류한다. 넷째 그림은 관련되지 않는 영역으로 생각이 방황하고 화자의 스피치 듣기를 멈추고 관련되지 않은 것을 생각하는 경우이다. 이러한 순환이 반복되면서 의사소통의 흐름에서 벗어난 반복 행동이 계속된다.

4 듣기 기능(능력) 향상 전략

듣기 기능(능력)을 기르기 위해서는 의도적인 훈련과 연습을 해야 한다. 듣기 기능(능력)을 향상시키기 위한 전략으로 다음과 같은 것을 들 수 있다.

4.1 문화적 스키마 활용하기

듣기 스키마는 메시지를 조직하고 이해하도록 도움을 주는 문화적 기대(가능성)로 강화될 수 있다. 스키마는 정보를 수용한 다음에 해석하고 저장하고 인출해내기 위해 우리가 사용하는 정신적 계획, 청사진 혹은 모형이다. 우리가 어떻게 이야기를 듣는 지 생각해보자. 우리는 이야기가 어떻게 구성되어 있는지에 대한 정신적 모형을 가지고 있기 때문에 구체적인 이야기를 해석하는 데 이러한 모형을 사용한다(Cella Jaffe, 2007: 59~60쪽 참조). 정보를 접하는 경우에 그 정보와 관련된 배경지식(스키마)이 있으면 듣는 정보에 대해 더 많이 기억할 수 있다. 더욱이 문화적 차이가 별로 없다면 더 잘 듣고 더 많이 기억할 수 있다. 문화를 공유하면 공통의 배경지식과 정보가 공유될 가능성이 그만큼 많아지기 때문이다.

4.2 듣기 목적 알기

듣기 목적을 명확하게 함으로써 이해력을 증진할 수 있을 뿐만 아니라 비판적으로 사고하는 능력도 신장할 수 있다. 우리는 듣기의 홍수 속에 살고 있다. 우리의 일상을 고려해보자. 얼마나 많은 듣기 행위에 접하고 있는가? 그렇지만 우리에게 정말 중요한 것은 듣기 상황이 어떤 것인지에 대한 구체적인 인식이 부족한 상태에서 듣기 행위에 노출되어 있다는 점이다. 이렇게 노출되어 있는 상태에서 매우 중요한 것이 학습을 위한 듣기(혹은 포괄적으로 이해할 수 있는 능력을 기르기 위한 듣기)는 필수적인 기능이라는 점을 인식하는 것이다. 이러한 듣기 기능을 향상시키기 위해 다음과 같은 활동을 할 수 있다.

학습을 위한 듣기 기능을 향상시키기 위해서는 "① 미리 준비하기, ② 집중과 지시 전략 사용하기(주의집중을 하면서 중요한 내용을 메모하는 것), ③ 의미 강화하기, ④ 조직화된 패턴이 있는 지 살펴보기, ⑤ 개인의 학습 양식을 보완하는 전략 사용하기, ⑥ 화자가 강조하는 것 활용하기" 등을 활용하면 좋다.

또한 듣기를 통한 비판적 사고 기능을 증진하기 위해서 "① 화자가 말하는 목적 명확하게 파악하기 ② 메시지의 의의 파악하기 ③ 정보의 출처 확인하기 ④ 화자의 생각을 수용했을 때 이익 생각해보기 ⑤ 화자의 입장에 동의했을 때 생길 수 있는 문제점 파악하기 ⑥ 청자의 감정 상태 확인하기 ⑦ 화자에 대한 신뢰정도 확인하기"와 같은 점을 고려하면 효율적이다.

비판적 듣기 기능은 매우 중요한 듣기 기능이기 때문에 이것 외에도 기능 향상을 위한 다양한 방법이 있다. 몇 가지를 추가하면 다음과 같다. ① 증거와 정보를 평가하기이다. 증거와 정보가 중요한지 중요하지 않은지, 객관적인 것인지 주관적인 것인지를 제대로 평가할 수 있는 능력을 향상시킴으로써 비판적으로 듣는 능력을 향상시킬 수 있다. ② 출처의 신뢰성 평가하기이다. 출처의 신뢰성 평가 또한 비판적 듣기 능력 향상에 중요한 역할을 한다. 출처가 신뢰할 수 없는 자료를 바탕으로 하는 이야기를 무비판적으로 반응하여 신뢰할 경우에 판단의 착오가 생기는 것은 당연하고, 이러한 판단의 착오는 결국 공익에 해를 끼치는 역할을 할 수 있기 때문이다. ③ 언어 사용 분석하기이다. 언어 사용 분석 또한 중요하다. 사용하는 언어의 함축적 의미가 무엇인지를 정확하게 판단하는 능력을 향상시키면 함부로 추측하여 말하지 않음으로써 정확하게 사태의 진실을 파악할 수 있다. ④ 수사적 전략 점검하기이다. 화자가 표현하는 의미가 표면적으로는 긍정하는 것으로 보이지만 전후 맥락을 중심으로 하여 파악할 때 내면적으로는 부정하는 것으로 보이게 할 수 있다. 이러한 과정에서 화자는 수사적 전략을 사용하여 표현을 한다. 한 나라의 대통령끼리 국가간 회의를 하고 회의가 결렬되었을 때 "결렬되었다"고 직접적으로 말하지 않는다. 대신에 "의견 차이를 좁히지 못했다." 정도로 표현한다. "의견 차이를 좁히지 못했다."고 표현하는 것이 상대편을 존중해주는 전략을 사용해서 결렬의 의미를 완곡하게 표현하는 수사적 전략을 사용하는 것이다. 이처럼 사용된 수사적 전략이 무엇인지를 파악함으로써 듣기 능력을 향상시킬 수 있다.

4.3. 듣기 어려움을 극복하기 위한 전략[4]

잘 듣기 위해서는 앞에서도 언급된 것처럼 듣기 어려움을 극복함으로써 듣기 능력을 향상시킬 수 있다. 듣기 능력을 향상시키기 위해서는 듣는 상황에서 본인의 듣기 문제가 무엇인지를 명확하게 함으로써 듣기 능력을 향상시킬 수 있다. 듣기의 어려움에는 화자가 가지고 있는 어려움도 있지만 청자가 가지고 있는 어려움도 있다. 화자와 상황에 근거를 둔 듣기 어려움에는 "물리적 소음, 메시지 문제, 프레젠테이션의 문제"가 있을 수 있고, 청자에 근거를 둔 듣기 어려움에는 "청자의 부주의, 좋지 않은 듣기 습관, 듣기에 대한 지나친 걱정, 듣는 단어에 대한 감정적 반응, 동화·여과·대조를 선호하는 듣기의 태도" 등이 있다. 이러한 듣기 어려움을 인식하는 것 또한 듣기 능력을 향상시킬 수 있는 단서가 된다.

듣기 어려움의 문제는 아니지만 다음과 같은 것들도 듣기 능력을 향상시키기 위한 전략의 하나라고 할 수 있다. ① 일상의 대화에서 가치 있는 것에 주목하기이다. 대화를 하는 과정에서 가치 있는 것과 가치가 없는 것이 있을 수 있다. 가치 있는 것으로는 "중요한 것, 본질적인 것, 공통의 관심사, 공통의 관심사이면서 새로운 정보, 현상을 보는 다른 관점"을 들 수 있다. ② 들을 때 문제와 편견을 배제하기이다. 듣는 상황 속에서 본인이 선호하는 가치에 중점을 두는 나머지 본인이 선호하는 가치가 아닐 경우 편견을 가지고 들을 수 있다. 이처럼 가지고 있는 편견을 배제하는 것도 듣기 능력을 향상시킬 수 있는 전략의 하나이다. ③ 주의 산만 요인을 통제하기이다. 들을 때 주의를 산만하게 하는 요인이 있다. 물리적 소음도 주의를 산만하게 하는 요인이 될 수도 있지만 더 중요한 주의 산만 요인의 통제하기는 듣는 내용에 대한 배경지식과 문화적 스키마를 확충하는 것이다. 듣는 내용에 대해서 배경지식을 갖고 있으면 큰 어려움 없이 비판적으로 들을 수 있기 때문이다. ④ 결론을 들을 때까지 판단 보류하기이다. 흔히 화자의 말을 듣다보면 끝까지 잘 듣지 않는 경우가 많다. 이럴 경우 화자

4 이하에서 논의하는 듣기 능력 향상을 위한 전략에 대해서는, Osborn/Osborn, 2006: 86쪽을 참조함

의 말을 끝까지 들을 때까지 청자는 판단을 보류하는 것이 듣기 능력, 특히 비판적 듣기 능력을 향상시키는 중요한 전략의 하나라고 할 수 있다. ⑤ 화자가 말하는 모든 것을 적지 않고 요점을 중심으로 적기(요점 적기)이다. 청자는 화자가 말하는 모든 것을 적으려는 습성이 있다. 그런데 사실 화자가 말하는 모든 것을 제한된 상황에서 적는다는 것은 쉽지 않다. 그리고 더 중요한 것은 모든 것을 적는 것이 중요한 것이 아니라 들으면서 요점을 파악하며 듣고, 들은 요점을 중심으로 하여 적는 것이다.

5 효율적 듣기의 이점

우리는 일상의 대부분을 듣기에 보내면서도 듣기 능력 향상에 대해서는 소홀히 한다. 그래서 학교 교육을 통해서 효율적으로 들을 수 있게 만들어서 듣기 능력을 향상시켜야 한다. 그래야만 사회적 관계망 속에서 이뤄지는 의사소통에서의 장애를 극복하고 좀 더 바람직하고, 의미 있는 커뮤니티를 만들 수 있고, 이러한 행위는 결국 사회적 기회비용을 줄일 수 있는 기반을 조성할 수 있기 때문이다. 우리는 효율적으로 듣기를 하면 다음과 같은 이점을 얻을 수 있다.

효율적인 듣기를 잘 하면 직장은 물론 교실에서 유용할 뿐만 아니라 듣기를 소홀히 할 경우에도 듣기를 잘 할 수 있도록 해주기 때문에 효율적인 듣기는 중요하다. 효율적으로 들으면 정보를 정확하게 들을 수 있고, 비판적으로 들을 수 있으며, 의사소통의 결과로서 발생할 수 있는 실수를 줄일 수 있을 뿐만 아니라, 상대를 배려하는 태도를 보여 줌으로써 긍정적인 인간관계를 형성할 수 있다.

듣기를 잘 하느냐 혹은 잘 하지 못하느냐에 따라서 직장에서도 성공과 실패가 결정된다. 상위 수준의 지도자를 조사해보면 학교 졸업 후에 직장을 가지는 과정에서 가장 중요한 역할을 하는 것이 말하기 능력과 듣기 능력이라고 응답하고 있다(Osborn/Osborn, 2006: 77쪽 참조). 반면에 비효율적인 듣기는 비효율적인 수행으로 이어질 수 있기 때문에, 효율적으로 듣는다면 직장에서 승진 기회가 더 많아지고 능력을 개발할 수 있다.

효율적인 듣기는 직장에서뿐만 아니라 교실에서도 중요하다. 효율적으로 듣기를 하는 학생들은 더 높은 성적을 유지한다. 왜냐하면 메시지에서 중요한 것에 집중을 해서 그것을 자기 것으로 만들기 위해 지속적으로 학습을 하기 때문이다. 효율적인 듣기는 특히 공식적인 말하기 교실에서 유용하다. 효율적으로 들음으로써 스피치의 주제에 대해서 더 많이 학습할 수 있고 말하기 기법이 잘 작동될 수 있게 해주며 좋은 분위기가 유지될 수 있도록 해주기 때문이다. 능숙한 청중은 화자로 하여금 자기가 하는 메시지를 잘 관리하게 해주는 일종의 피드백을 제공해줄 수 있다. 뿐만 아니라 능숙한 청중은 화자가 잘 말할 수 있도록 지지 환경(supportive environment)을 만들어 줌으로써 화자의 말하기 불안이 적어지도록 해준다. 청자로서 우리는 음울하거나 주의집중을 하지 않는 것보다는 즐거운 상태와 반응을 유지해줌으로써 지지를 보여주는 것이 중요하다. 화자에게 지속적 관심을 보여주고 그들이 말하는 것에 대한 반응으로 종종 고개를 끄덕여준다. 비록 화자의 생각에 동의하지 않더라도 인간으로써 화자를 존중해주는 것이 중요하다.

효율적인 청자는 화자에게 심리적 상승감을 제공해준다. 얼마나 자주 사람들이 화자인 당신의 말에 귀 기울여 들은 적이 있는지 생각해보라. 얼마나 자주 화자로서 당신이 제기한 아이디어가 진지하게 검토된 적이 있는지 생각해보라. 만일 대답이 "결코 그렇지 않다"라고 나온다면 화자로서의 당신은 긍정적인 평가를 받지 못한 것이며, 많은 사람들이 당신의 말을 효율적으로 듣지 않았다는 것을 반증해주는 것이다.

듣기가 이렇게 중요하면서도 말하기, 읽기, 쓰기에 비해 학교 교육에서 소홀하게 다뤄지고 있는 이유는 무엇인가? 아마 듣기는 선천적인 것으로 누구나 다 잘 들을 수 있다는 가정이 가장 큰 이유로 작용할 수 있으며 읽기에 비해 가치가 낮은 것으로 평가되기 때문일 수 있다. 또한 듣기는 수동적이고 말하기는 능동적이기 때문에 듣기에 관심을 소홀히 하고 있다는 이유를 댈 수 있다. 그런데 어떤 상황에서는 듣기를 더 높은 위치에 놓기도 한다. "진지하게 말하고, 간략하게 말하고, 마음으로부터 들어라."라는 말이 있다. "삼사일언"이라는 말도 세 번 생각하고 한번 말하라는 의미이다. 듣기의 중요성이 그만큼 크다는 것을 의미하는 말들이다.

6 능숙한 청자와 미숙한 청자의 특성

의사소통의 상황에서 화자와 청자는 투수와 포수의 관계와 같다. 투수도 중요하지만 포수 또한 중요하다. 포수의 역할을 하는 청자도 능숙한 청자가 있을 수 있고, 미숙한 청자가 있을 수 있다. 듣기 훈련을 통해 미숙한 청자를 능숙한 청자로 전환시켜야 책임이 교사들에게 있기 때문에 교사들은 능숙한 청자와 미숙한 청자의 특성을 이해하고 활용할 수 있어야 한다. 또한 청자의 입장에서도 능숙한 청자와 미숙한 청자의 특성이 무엇인지를 알 때 좀 더 효과적으로 능숙한 청자가 될 수 있기 때문에 이들 특성을 이해할 필요가 있다. 다음은 능숙한 청자와 미숙한 청자의 특성을 표로 정리한 것이다(Osborn/Osborn, 2006: 84쪽 참조).

활동 9-1 능숙한 청자와 미숙한 청자의 특성

이 활동의 목적은 능숙한 청자와 미숙한 청자의 특성 파악을 통해 듣기 능력을 향상시키기 위한 단서로 활용하기 위함이다.

능숙한 청자	미숙한 청자
1. 메시지에 주의를 집중한다.	1. 메시지에 주의를 집중하지 못한다.
2. 자극적인 말에 대한 반응을 통제한다.	2. 자극적인 말에 대해 감정적으로 반응한다.
3. 들을 때 개인적인 문제는 생각하지 않는다,	3. 들을 때 개인적인 문제를 생각한다.
4. 주의산만을 극복하려고 노력한다.	4. 주의산만에 쉽게 굴복한다.
5. 들을 때 편견을 갖지 않는다.	5. 들을 때 편견을 갖는다.
6. 들을 때 상식적(mannerism)으로 듣지 않는다.	6. 들을 대 상식적(mannerism)으로 듣는다.
7. 활용할 수 있는 것을 듣는다.	7. 시시한 화제(dry topics)는 무시한다.
8. 의사소통에서 청자의 역할을 인지한다.	8. 의사소통에서 화자의 책임을 강조한다.
9. 능동적으로 듣는다.	9. 수동적으로 듣는다.
10. 화자가 말을 마칠 때까지 판단을 유보한다.	10. 화자가 말을 마치기도 전에 먼저 결론을 내린다.
11. 화자에게 진지한 피드백을 제공한다.	11. 듣는 척하며 잘못된(진지하지 않은) 피드백을 제공한다.
12. 듣기 전에 어려운 자료와 친숙해있다.	12. 어려운 자료에 대해서는 듣기를 회피한다.
13. 요점을 파악하며 듣는다.	13. 단지 사실만을 파악하며 듣는다.
14. 모든 메시지에 대해 호감을 갖지는 않는다.	14. 모든 메시지에 대해 호감을 갖고 싶어 한다.

1. 위의 점검표를 보고 각자 어떤 청자인가를 점검해보자.
2. 본인이 가진 문제점을 알고 있으면서도 왜 그것을 잘 해결하지 못하는지에 대해 듣기의 특성과 관련지어 원인을 찾아보고, 동료들과 그 문제에 대해 토론해보자.

위의 활동에서 일 수 있듯이 능숙한 청자는 메시지에 주의를 집중하며 자극적인 말에 대해 자신을 통제하는 능력이 있으며 들을 때는 개인적인 문제는 생각하지 않는다. 그리고 능숙한 청자는 스피치를 판단하지 않고 열린 마음을 유지한다. 뿐만 아니라 능숙한 청자는 좋은 스피치가 이뤄질 수 있도록 화자를 지속적으로 도우며, 표현되지 않은 메시지가 전달해줄 수 있는 윤리적 측면에도 관심을 가져야 한다. 화자가 청자에게 하고자 했던 것만큼 청자는 화자의 말을 듣는 것이 능숙한 청자가 가지고 있어야 할 자질의 하나로 인식하고 활용할 수 있어야 한다.

7 듣기 능력(기능) 평가하기

7.1. 듣기 기능(능력) 자기 점검표

듣기를 잘 하려면 자신의 현재 상태가 어떠한지를 제대로 파악하는 것이 중요하다. 현재의 자기 상태를 파악하기 위해 다음에 제시하는 듣기 기능 자기 평가표(listening skills self assessment)"를 활용할 수 있다(Clella Jaffe, 2007: 58~59쪽 참조).

활동 9-2 듣기 기능(능력) 자기 점검표

이 활동의 목적은 각자의 듣기 기능(능력)을 평가해봄으로써 듣기 능력을 향상시키기 위한 단서로 삼기 위함이다.

당신은 다음과 같은 행동을 얼마나 자주 하는가? 아래의 판정 방법을 참조하여 각자가 확인하는 활동을 해보자.

1. 어휘력 부족 때문에 스피치를 할 때 방황하는가?
2. 자기와 다른 입장을 가진 화자를 무시하는가?
3. 화자와 생각이 일치하지 않을 때 화나거나 소극적이거나 두렵다는 느낌을 갖는가?
4. 방 밖에서 들려오는 소음과 같은 외적 요인에 의해 혼란스러워지는가?
5. 개인적인 장애나 스트레스와 같은 내적인 선입견 때문에 혼란스러워지는가?
6. 상대방의 이야기를 듣는 대신에 화자와 지속적인 논쟁을 하는가?
7. 본래의 목적에서 벗어나 있는가?
8. 주의집중 시간이 짧은 나머지 긴 스피치를 할 경우에 어떤 입장을 취해야 할지를 잃어버리는가?
9. 화자가 당신의 듣기(방식)에 영향을 미치려고 할 때 무비판적으로 대응하는가?
10. 화자의 악센트를 이해하려고 노력하는 것을 단념하고 화자를 무시하는가?

판정 방법: A(거의 항상)는 2점, B(일반적으로)는 4점, C(가끔)는 6점, D(어쩌다 한 번 정도)는 8점, E(거의 그렇지 않다)는 10점을 부여하고 합산을 한다. 90점 이상이면 당신의 듣기 기능은 우수하며, 76~90이면 평균 이상이고, 60~75이면 대략 평균이며, 60 이하이면 미숙하다. 80점 미만이면 듣기 기능을 향상시키기 위한 전략 연습을 통해 듣기 기능을 향상시킬 수 있게 노력을 할 필요가 있다.

1. 위의 점검표를 완성하되 말하기의 장르(정보전달과 설명, 설득과 문제해결, 구두 연출과 스토리텔링)를 고려하여 완성한다.
2. 각자는 장르에 따라서 듣기 기능이 좋은 경우가 있을 수도 있고, 그렇지 않을 수도 있다. 장르에 따라 듣기 능력을 향상시킬 수 있는 방법에 대해 조별로 토론해보자.

7.2. 듣기 문제 점검표

위에서 언급한 듣기 기능 자기 점검표를 활용해서 현재 자기의 듣기 능력을 평가해볼 수 있음을 탐색했다. 다음에서 "듣기 문제 점검표"를 활용하여 자신의 듣기 문제가 무엇인지를 파악함으로써 듣기 능력을 향상시킬 수 있는 계기로 삼을 수 있다(Osborn/Osborn, 2006: 82쪽에서 인용함).

활동 9-3 듣기 문제 점검표

이 활동의 목적은 각자가 가진 듣기의 문제가 무엇인지를 알아보고, 능숙한 청자가 되기 위한 기반을 다지기 위함이다.

□ 1. 나는 듣기가 자동화된 행동이지 학습된 행동이 아니라고 믿는다.

□ 2. 나는 화자가 재미없이 말할 때 듣기를 멈춘다.

□ 3. 나는 친숙하지 않은 아이디어에 대해서 듣는 것이 힘들다.

□ 4. 나는 어떤 단어에 대해 감정적으로 반응한다.

□ 5. 나는 누군가 말을 할 때 소음 때문에 쉽게 정신이 산만해진다.

□ 6. 나는 전문가가 아닌 화자의 말을 듣는 것을 좋아하지 않는다.

□ 7. 나는 몇몇 사람들이 너무 심하게 이의를 제기하면 더 이상 듣고 싶지 않다.

□ 8. 나는 누군가가 단조로운 톤으로 말할 때 더 이상 듣고 싶지 않다.

□ 9. 나는 화자의 유창한 프레젠테이션 때문에 비판적으로 듣지 않고 현혹되는 경우가 있다.

□ 10. 나는 나의 가치와 반대되는 메시지에 대해 듣는 것을 좋아하지 않는다.

□ 11.나는 화자에게 동의하지 않을 때 반대 논증을 생각해본다.

□ 12. 나는 더 이상 들을 필요가 없다고 생각되는 몇몇 주제에 대해서도 상당히 많은 관심을 갖고 있다.

□ 13. 나는 청자보다는 화자가 효율적인 커뮤니케이션에 대한 책임이 더 많다고 믿는다.

□ 14. 나는 걱정하고 있을 때는 듣기가 힘들다.

□ 15. 나는 주제가 어려울 때 듣기를 멈춘다.

□ 16. 나는 내가 듣지 않을 때 내가 듣는 것을 좋아하는 것처럼 보일 수 있다.

□ 17. 나는 사실을 듣는 데 치중한 나머지 그 외의 메시지는 무시한다.

□ 18. 나는 강의에서 말하는 것 모두를 철저하게 받아쓰려고 노력한다.

□ 19. 나는 화자의 외모를 보고 듣기를 결정한다.

□ 20. 나는 모든 메시지에 대해 듣기 전에 성급하게 결론을 내린다.

1. 위의 듣기 문제 점검표를 각자가 확인해보고, 각자가 가진 문제점이 무엇인지를 찾는다.
2. '정보전달의 말하기, 설명하는 말하기, 설득하는 말하기, 구두 연출과 스토리텔링' 등에서 각자는 어떻게 반응하는지를 찾아보고, 각자의 문제점을 해결하기 위해 어떻게 할 것인지를 활동철에 기록한 다음 지속적인 실천을 해본다. 실천의 과정에서 드러난 문제가 무엇인지 동료들과 토론해보자.

7.3. 듣기 과정별 점검표

다음에 제시하는 야누식/월빈(Janusik/Wolvin)의 듣기 점검표도 활용하면 현재의 자기 상태를 확인할 수 있다. 다음의 듣기 점검표는 과정별 청자의 윤리적 책임과 크게 관련은 없지만 학생의 듣기 문제 점검표를 통해 듣기의 어디에 문제가 있는지를 살필 수 있는 자료이다. 이것은 "야누식과 월빈의 듣기 과정별 점검표(Janusik/Wolvin Student Listening Survey)"이다. 듣기 과정의 어느 부분에 문제가 있는지를 살펴서 자신의 듣기 문제를 분석해보고, 아울러 학습자들은 듣기를 하는 과정에서 어디에 문제가 있는지를 탐색하는 기초 자료로 활용해 볼 수 있다(Toy M. Berko 등, 2013: 82~83쪽에서 인용함).

활동 9-4 야누식/월빈(Janusik/Wolvin)의 듣기 과정별 점검표

이 활동의 목적은 각자가 듣기의 어떤 과정에 문제가 있는지를 점검하고, 그것을 기반으로 하여 듣기 능력을 향상시키기 위한 계기로 삼기 위함이다.

듣기 과정은 수신, 주의, 지각, 의미부여, 반응과 같은 5단계로 이뤄진다. 다음의 듣기 점검표를 활용하면 교실이라는 언어 사용의 맥락 속에서 듣기 단계의 강점과 약점을 확인하는 데 도움을 받을 수 있다. 다음 각각의 진술을 읽은 뒤에, 교실의 맥락 안에서 가장 적절한 반응이라고 생각되는 항목에 점수를 부여한다. 25개의 항목에서 각 항목별로 점수를 부여한다. "1점은 거의 그렇지 않다. 2점은 종종 그렇지 않다. 3점은 보통이다. 4점은 종종 그렇다. 5점은 거의 그렇다"이다.

______1. 누군가가 말할 때, 나는 외적·내적 혼란(이를테면 다른 대화 또는 어제 일어났던 것)을 잘 극복한다.

______2. 화자가 말한 것을 이해하지 못할 때, 나는 알기 위해 질문을 하면 편안함을 느낀다.

______3. 화자가 친숙하지 않은 단어를 사용할 때, 나는 그것을 메모해두었다가 뒤에 사전 등에서 찾아본다.

______4. 화자의 말을 들을 때, 나는 그의 신뢰성을 확인해본다.

______5. 화자가 말할 때, 말하는 요점을 내 머릿속에서 알기 쉽게 바꾸어 이해한다.

______6. 화자의 말을 들을 때, 나는 구체적인 사실보다는 요점에 집중한다.

______7. 나는 직접적으로(솔직하게) 표현하는 사람을 이해할 수 있는 것처럼 간접적으로(솔직하지 않게) 표현하는 사람도 이해할 수 있다.

_____ 8. 의사결정을 하기 전에, 나는 다른 사람이 전하는 메시지에 대해서 내가 이해하고 있는 내용에 대해 화자에게 확인한다.

_____ 9. 비록 화자가 말하는 것이 복잡할지라도, 나는 화자의 메시지에 대해 주의를 집중한다.

_____ 10. 화자가 말하는 것을 이해하고 싶어서 화자가 전하는 메시지에 주의집중을 한다.

_____ 11. 다른 문화를 가진 사람으로부터 이야기를 들을 때 나는 화자가 시간과 공간을 다르게 사용할 수 있다는 것을 이해하며, 내가 다른 문화를 이해하는 하나의 요인으로 시간과 공간을 포함한다.

_____ 12. 화자가 의미하는 것을 이해하기 위한 단서로 얼굴 표정과 신체 언어를 확실하게 지켜본다.

_____ 13. 화자가 말을 할 때, 나는 내 얼굴 표정과 언어적 표현을 통해 화자를 격려한다.

_____ 14. 다른 사람이 나에게 말할 때, 나는 확실하게 눈 접촉을 하며, 다른 과제를 하는 것을 중지한다.

_____ 15. 내가 동의하지 않는 뭔가를 들을 때, 나는 화자가 말하는 요점을 이해하기 위해서 내가 동의하지 않는 것에 대해 그의 입장에서 이해하려고 노력한다.

_____ 16. 정서적 자극이 활성화될 때, 정서적 자극이 존재하는 것 때문에 정서적 자극을 인식하고, 내 느낌을 제쳐두고, 화자의 메시지에 지속적으로 집중한다.

_____ 17. 나는 나의 비언어적 반응이 나의 언어적 반응과 잘 어울린다고 확신한다.

_____ 18. 화가가 말을 시작할 때, 나는 화자의 메시지에 주의를 집중한다.

_____ 19. 나는 내 과거의 경험이 어떻게 내가 메시지를 해석하는 데 중요한 역할을 하는지를 알고 있기 때문에 과거 경험의 영향을 인식하려고 노력한다.

_____ 20. 나는 외부의 방해와 혼란을 제거하려고 노력한다.

_____ 21. 화자의 메시지에 집중하기 위해 화자의 눈을 쳐다본다.

_____ 22. 화자의 메시지가 복잡하거나 전문적일 때, 나는 그것을 이해하려고 노력한다.

_____ 23. 나는 다른 사람의 관점을 이해하려고 노력하며, 비록 내가 믿는 것과 다르다고 할지라도 왜 화자의 말(과 행동)이 그렇게 느껴지는지를 알려고 노력한다.

_____ 24. 나는 들을 때, 일방적으로 판단하거나 비판하지 않는다.

_____ 25. 특수한 것으로써, 다른 사람이 나와 공유하는 만큼 자기 스스로 유사한 양의 개인 정보를 노출시킨다.

※ 점검표를 계산하는 방법

반응 점수를 생각한 다음 항목 별로 부여한 점수를 항목의 앞에 기록한다. 항목별로 점수를 부여하고, 각 항목별로 부여한 점수를 모두 더한다. 최고 점수를 획득한 단계는 화자가 가지고 있는 듣기의 강점을 보여주는 것이고, 최하 점수를 획득한 단계는 화자가 가지고 있는 듣기의 약점의 보여주는 것이다. 지침으로 다음 사항을 활용한다.

	수신	주의	지각	의미부여	반응
	1. ______	5. ______	3. ______	4. ______	2. ______
	9. ______	10. ______	6. ______	7. ______	8. ______
	12. ______	14. ______	15. ______	11. ______	13. ______
	18. ______	20. ______	16. ______	19. ______	17. ______
	21. ______	22. ______	23. ______	24. ______	25. ______
합	______	______	______	______	______

125－112: 당신은 스스로가 교실에서 듣기 능력이 매우 우수한 것으로 받아들여도 좋다.

111－87: 당신은 스스로가 교실에서 듣기 능력이 우수한 것으로 받아들여도 좋다. 그렇지만 향상시켜야 할 단계가 있다.

86－63: 당신은 스스로가 교실에서 듣기 능력이 보통인 것으로 받아들여도 좋다. 그렇지만 일부 단계에 대해 주의를 기울이면 당신의 듣기 효율성을 쉽게 향상시킬 수 있다.

62－0: 당신은 스스로가 교실에서 듣기 능력이 떨어지는 것(미숙한 것)으로 받아들여도 좋다. 그리고 모든 단계에서 주의를 기울이면 당신의 듣기 효율성을 쉽게 향상시킬 수 있다.

1. 당신은 듣기가 어떤 단계에 있으며 획득한 단계가 우수한가? 점검을 하는 과정에서 당신은 의식적으로 어떤 활동을 했는가?
2. 당신이 속한 단계 중에서 각 단계들을 향상하기 위해 필요로 하는 것은 무엇인가? 두 개의 구체적인 행동이 당신의 듣기 효율성을 향상시키도록 했다면 그것은 무엇인가?

8 말하기 평가하기

언어에는 크게 보면 외연적 의미와 내포적 의미가 있다. 외연적 의미는 언어 공동체가 공식적으로 한 단어에 부여한 명시적 의미이다. 그리고 이러한 외연적 의미(명시적 의미)는 맥락의 영향을 받아 내포적 의미를 갖게 된다. 내포적 의미는 명시적 의미를 기반으로 하여 말하기의 상황, 목적, 대상 등을 고려할 때 드러나는 의미이다. "장미의 색깔이 빨갛다"라고 하면 외연적 의미이지만 "장미의 색깔이 핏빛이다."라고 말하면 내포적 의미이다.

외연적 의미와 내포적 의미가 혼용되면서 언어 사용이 이뤄지는데, 이 경우에 화자는 언어 사용을 잘 해야 한다. 언어를 잘 사용하려면 잘 사용한다는 기준이 무엇인지를 명확히 이해해야 한다. 연구자들에 따라서 그 기준이 다를 수 있지만 대략적으로 다음과 같은 몇 가지 기준을 설정해볼 수 있다(Osborn/Osborn, 2006: 331~339; Verderber/Verderber, 2006: 177~187 참조).

첫째, 구체성(concreteness)이다. 언어를 구체적으로 사용하면 명확해지는 것은 당연하다. 구체적으로 언어를 사용하는 것은 특별한 항목과 관련된 일반적인 범주 혹은 그러한 범주내의 그룹으로부터 이해되는 것을 좁힘으로써 의미를 명료하게 하는 것을 말한다.

둘째, 명료성(clarity)이다. 언어 사용은 명료해야 한다. 명료하게 말하면 청중들이 잘 이해할 수 있을 뿐만 아니라 말하는 현상을 좀 더 확실하게 이해할 수 있기 때문이다. 명료하게 말을 하려면 외연적 의미를 중심으로 표현하는 것이 효과적일 뿐만 아니라 상세한 정보와 예시를 제공해줌으로써 명료성을 확보할 수 있다. 상세한 정보와 함께 가능하다면 예시를 제공해주면 그 의미가 더 명료하게 전달될 수 있다. 경우에 따라서는 상세한 정보를 제공하더라도 그 의미가 명료하게 전달되지 않은 경우도 있기 때문이다.

셋째, 정확성(correctness)이다. 말의 표현은 정확해야 한다. 명료성이 이해를 잘 하도록 하는 데 초점이 주어진다면 정확성은 표현에 대한 신뢰를 강화시켜준다. 최신의 통계수치를 활용한다거나 논증을 잘 하거나 외연적 의미를 중심으로 표현을 하면 정확하게 사용하는 능력이 향상된다.

넷째, 문화적 민감성(cultural sensivity)이다. 언어에는 한 집단이나 민족의 정서가 반영되어 있기 때문에 화자는 이런 문제에 늘 민감하게 대응해야 한다.

특정 지역에서 사용하는 방언의 의미가 다른 지역에서는 전혀 다른 의미로 사용되는 경우를 흔히 볼 수 있다. 또한 우리말은 특히 경어가 발달되어 있는데, 경어를 사용해야 할 상황에서 사용하지 않음으로 인해서 생기는 의사소통의 오해는 문화적 민감성이 왜 말하기에서 고려되어야 하는지를 잘 말해준다.

다섯째, 생동감(vividness)이다. 언어를 사용할 때는 생동감 있게 하는 것이 효과적이다. 생동감 있는 언어란 격정(vigorous), 밝음, 긴장이 일어나도록 하는 언어인데, 스포츠 중계를 하는 아나운서들이 득점 상황에서 사용하는 것을 대표적인 예로 들 수 있다. 직유나 은유를 사용하는 것도 생동감 있는 언어를 구사하는 하나의 예시가 될 수 있다.

여섯째, 적절성(appropriateness)이다. 언어는 그 사용이 적절해야 한다. 적절하게 말한다는 것은 청자의 필요, 관심, 지식, 그리고 태도에 적절하게 언어를 사용하고 청중들을 낯설게 하는 언어를 가능하면 사용하지 않는 것을 말한다. 적절성의 예시로는 "언어의 형식을 사건에 적합하게 하기, 비속어 사용 제한하기, 문화적 민감성 보여주기" 등이 있다. 시를 낭송할 때는 그에 적합한 구두 연출 능력이 요구되는가 하면 스포츠 중계를 할 때는 그에 적합한 구두 연출 능력이 요구되며, 공식적으로 뉴스를 전달할 때는 그에 요구되는 말하기의 형식이 있다. 비속어 사용의 제한도 중요하다. 공식적인 상황에서 비속어를 사용하는 것은 바람직하지 않다. 민감성을 살리는 것도 중요하다. 말은 흘러가는 물과 같아서 그 상황에 적절하게 대처하지 못하면 후회하는 경우가 많이 생긴다. 민감하게 대처함으로써 화자와 청자 사이에 생길 수 있는 오해도 줄어들 수 있다.

일곱째, 간결성(conciseness)이다. 언어 사용의 간결성이 요구되는 상황이라면 간결해야 한다. 간결하게 하려면 핵심어를 사용하고 아이디어를 강조해야 한다. 청중은 긴 이야기를 잘 듣지 못한다. 가장 중요한 이유는 인간의 기억이 가지고 있는 정보처리 용량의 한계 때문이다. 이러한 정보 처리 용략의 한계를 극복하기 위해 녹음이나 쓰기와 같은 수단이 개발되었다. 말하기의 경우 간결성을 살리는 한 가지 방법이 바로 핵심어 강조하기이다. 제한된 시간에 핵심어가 아닌 단어를 구사할 경우 청자는 화자의 의도를 잘 이해하지 못한다. 그래서 화자는 간결성을 확보하기 위해서 제한된 시간에서 핵심어를 사용하되 반복하여 사용함으로써 간결성을 유지하여 발화의 효과를 달성할 수 있다. 뿐만 아니라 말하기에서 연쇄적 위치(sequential position)를 고려하는 것도 간결성 유지와 밀접한 관련이 된다. 사람들은 일반적으로 강조하는 내용을 처음이나 끝에 두지 가운데에 두지 않는다. 강조하는 내용을 적절하게 배치함으로써 간결성이 추구하는 효과를 낼 수 있다.

여덟째, 공감(empathy)이다. 공감이란 "상상력을 발휘해 다른 사람의 처지에 서보고, 다른 사람의 느낌과 시각을 이해하며, 그렇게 이해한 내용을 활용해 당신의 행동지침으로 삼는 기술"인데(김병화 옮김, 2013: 13), 이러한 공감은 동정심과는 다르다. 동정심은 어떤 사람에 대한 연민이나 불쌍하다는 마음일 뿐, 상대방의 감정이나 시각을 이해하려는 노력을 담고 있지 않기 때문이다. 그래서 말을 할 때 화자의 말에 대해 청자가 공감하는 것은 중요하다. 공감하지 않는 이유는 매우 다양하다. "내용이 불충분하다고 청자가 느낀다거나, 청자와 화자가 선호하는 가치가 다르다거나, 화자에 대한 반감이 있다거나, 제공해주는 정보가 정확하지 않다거나 의미가 없다고 판단되는 정보일 경우" 공감하지 않는다. 공감하면 사람의 마음을 진심으로 움직일 수 있다.

아홉째, 개성(color)이다. 말에는 그 사람의 개성이 들어있다. 그래서 말을 할 때도 화자의 개성을 존중해주는 것이 필요하다. 이러한 개성은 획일화가 가진 단점을 극복해주면서 화자의 스피치에 활력(punch)를 불어넣어 주기 때문에 스피치를 할 때 적극 활용해야 한다. 사람의 성대 구조가 사람마다 다 다르기 때문에 획일화할 수 없다. 뿐만 아니라 화자가 개념을 표상하는 방식, 스피치의 스타일 등이 모두 다르기 때문에 말하기에서 개성은 중요한 판단의 기준이 되어야 한다. 모든 사람을 로봇과 같이 할 필요는 없다. 개성을 살려 표현함으로써 표현의 색체를 다양하게 하고, 그러한 다양함은 획일화의 단점을 극복할 수 있는 중요한 수단의 하나가 될 수 있기 때문이다.

이상에서 말하기를 평가하는 기준을 몇 가지 살펴보았다. 앞에서 언급한 바 있듯이 말하기를 평가하는 기준도 연구자에 따라서 다양할 수밖에 없다. 여기서는 다음과 같은 선행 연구에서 제안한 평가 기준을 살펴보고, 필자가 제안하는 평가 기준을 제시하고자 한다. Osborn/Osborn, 2006: 96)에서는 "총체적 측면(책무, 적합성, 목적, 새로움, 윤리성)과 부분적 측면: 내용 평가하기, 조직(구조) 평가하기, 표현 기능 평가하기(말하기의 언어, 화자의 프레젠테이션)"으로 나눠 다음과 같이 평가 기준을 제시하고 있다.

8.1. 총체적 측면

① 화자는 주제에 대하여 의견을 명백히 하는가?
② 스피치는 과제의 필요성을 충족시키는가?
③ 스피치가 청중에게 적합한가?
④ 스피치가 주제, 청중, 그리고 화자 사이에서 확신을 증진시켜주는가?
⑤ 스피치의 목적이 명료한가?
⑥ 스피치는 높은 윤리적 기준을 충족시키는가?

8.2. 부분적 측면

8.2.1. 내용

① 스피치는 가치가 있는가?
② 화자는 말하는 내용에 대해 충분한 탐색을 했는가?
③ 요점은 정보로 보완되고 있는가?
④ 증거가 적절하게 사용되는가?
⑤ 출처가 정확하게 표시되어 있는가?
⑥ 예시나 이야기가 효율적으로 사용되고 있는가?
⑦ 추론이 명료하고 올바른가?

8.2.2. 조직(구조)

① 도입부는 흥미를 유발하는가?
② 도입부는 메시지를 개관하는가?
③ 말하기는 쉽게 이어지는가?
④ 말하기의 요점이 명백한가?
⑤ 말하기를 관련시키기 위해 전이어를 사용하고 있는가?
⑥ 결론이 메시지를 요약하는가?
⑦ 결론은 스피치를 기억하게 하도록 도움을 주고 있는가?

8.2.3. 표현

① 언어가 명확하고 단순하며 직접적인가?
② 언어가 다채로운가?
③ 문법과 발음이 올바른가?
④ 스피치가 즉흥적으로 표현되고 있는가?
⑤ 메모(notes)가 신중하게 사용되고 있는가?
⑥ 화자가 열정적으로 말하는 데 그것이 적절한가?
⑦ 화자는 청중과 눈을 잘 맞추고 있는가?
⑧ 신체 언어가 아이디어를 보완해주는가?
⑨ 화자가 표현이 풍부한가(expressive)?
⑩ 말의 속도와 성량의 크기가 적절한가?
⑪ 화자가 적절하게 청자와 거리를 유지하고 있는가?
⑫ 프레젠테이션 보조 장치가 메시지를 강화시켜주는가?
⑬ 프레젠테이션 보조 장치가 스피치로 통합되어 있는가?
⑭ 프레젠테이션은 천편일률적으로 왜곡을 하고 있는 상황을 극복하고 있는가?

다음은 필자가 글쓰기와 말하기를 비교하면서 제시한 평가 기준이다(김재봉, 2019: 269에서 인용). 다음 활동을 보면 알 수 있듯이 내용, 조직, 표현으로 크게 구분하고 그 하위 항목을 세분화했다. 내용은 통일성과 설득과 감동으로 구분했다. 통일성(unity)은 주제에서 크게 벗어나지 않는 내용이어야 한다는 것이다. 설득은 그 하위에 응집성(coherence) 등을 제안했다. 응집성은 논의되는 내용이 논리성을 띠면서 서사(narrative)의 시간적 순서, 기술(descriptive)의 공간적 순서, 설명(expositive)의 논리적 순서를 유지하는 것을 말한다.

내용과 조직의 측면에서는 말하기와 글쓰기가 거의 대등하다고 할 수 있다. 다만 말하기와 글쓰기가 더 많은 차이가 나는 것은 표현하기 부분에서이다. 그래서 이런 점을 반영하여 표현에서 음성언어, 반언어, 비언어를 구분했다.

활동 9-5 말하기 평가 기준

이 활동의 목적은 각자가 말하기를 할 때 말하기 활동의 평가 기준으로 '내용, 조직, 표현'을 들 수 있음을 제안하고, 이러한 제안을 바탕으로 말을 잘하는 능력에서 '잘 말하기 능력'을 기르기 위해 어떻게 해야 할 것인지를 살피기 위함이다.

문어	세부 판단 기준		판단 기준	세부 판단 기준		구어
글쓰기	① 일관성(unity: 통일성)		내용	① 일관성(unity: 통일성)		말하기
	② 설득	-응집성(coherence)		② 설득	-응집성(coherence)	
		-새로운 정보와 지식			-새로운 정보와 지식	
		-올바른 논리			-올바른 논리	
		-적절한 근거			-적절한 근거	
	③ 감동	-공감		③ 감동	-공감	
		-경험			-경험	
		-눈높이			-눈높이	
	① 체계적(구조적)	-요점의 명확성	조직	① 체계적(구조적)	-요점의 명확성	
		-결론의 명확성			-결론의 명확성	
		-조직의 위계성			-조직의 위계성	
	① 명확성(clarity)		표현	음성언어	① 명확성(clarity)	
	② 간결성(conciseness)				② 간결성(conciseness)	
	③ 개성(color)				③ 개성(color)	
	④ 구체성(concreteness)				④ 구체성(concreteness)	
	⑤ 정확성(correctness)				⑤ 정확성(correctness)	
	⑥ 문화적 민감성(cultural sensitivity)				⑥ 문화적 민감성(cultural sensitivity)	
	⑦ 온점, 반점			반언어	⑦ 휴지(pause)	
	⑧ 진한 글씨와 밑줄				⑧ 강약(strength and weakness)	
	⑨ 단락 바꾸기 등				⑨ 리듬(rhythm)	
	⑩ 흘려쓰기				⑩ 템포(tempo)	
	⑪ 글씨크기				⑪ 성량(loudness)	
	⑫ 글꼴 등			비언어	⑫ 얼굴 표정과 시선(facial expression and eye contact)	
	⑬ 삽화와 사진 등				⑬ 움직임과 몸짓(movement and gestures)	

1. 위의 말하기와 글쓰기의 평가 기준을 참조하여 다음 글을 평가해보자. 평가할 때 어려움이 있는 부분은 낱말 차원인가, 문장 차원인가, 글 차원인가?
2. 나는 토요일 오후에 가족들과 함께 오랜만에 교외에 있는 아름다운 식당에서 식사를 했다.
3. 위의 글에 표면적으로 드러나지는 않지만 추론을 해서 알 수 있는 표현이 무엇인지 알아본 다음 구두 연출을 한다(추론이 가능한 내용: 식사한 날은 주말이다. 가족들과 식사를 한 지 상당한 기간이 흘렀다. 음식 주문을 받았다. 식사 값은 지불했다. 등등)
4. 글을 참조하되 동료들에게 구두 연출을 하여보자. 구두 연출과 스토리텔링의 차이를 고려해야 한다(스토리텔링은 등장인물과 등장인물의 말과 행동을 바꿔서 표현하는 것이 가능한 반면, 구두 연출은 저자의 목소리를 충실하게 반영해야 한다)

CHAPTER 10

언어 이해의 과정

CHAPTER

10 언어 이해의 과정

이 장에서는 언어 이해와 관련된 내용을 다룬다. 언어를 이해한다는 것의 진정한 의미는 무엇이며, 언어 발달의 국면(발견 국면, 통합과 변형 국면, 직접적 상황으로부터의 분리 국면)은 어떠하며, 언어 이해의 과정에서 이론과 모형은 어떤 역할을 하는지에 대해서 탐색한다. 나아가 표상(심상 표상, 명제 표상, 스키마 표상)의 중요성과 의사소통적 의의를 살피고, 언어 과정과 사고 과정을 탐색한다. 그리고 이해 활동을 좀 더 명확하게 이해하기 위해 이해 행위와 관련된 모형(상향식 모형, 하향식 모형, 상호작용 모형, 교섭 모형)의 개념과 차이, 그리고 활용 방안에 대해 탐색한다.

1 언어의 이해

인간의 심리에 대한 한 연구는 다음과 같은 재미있는 결과를 보여주고 있다. 연구자들은 상점에 동일한 회사의 동일 제품 4개를 고객이 볼 때 왼쪽에서부터 차례로 오른쪽으로 배열해놓았다. 그리고 나서 제품을 선택하게 했더니 맨 왼쪽에 있는 제품은 12%, 그 다음 왼쪽에 있는 제품은 17%, 그 다음 왼쪽에 있는 제품은 31% 그리고 맨 오른쪽에 있는 제품은 40%가 선택했다. 이 분포는 네 가지 제품 중 가장 오른쪽에 진열되어 있는 제품을 선호하는 경향이 있음을 보여준다. 이것이 의미하는 것은 사람들은 제품의 진열 위치에 의해 무의식중에 선택이 결정된다는 사실을 알지 못하고 있으며, 자신의 결정에 영향을 미치는 요인이나 행위의 과정, 절차에 대해 얼마나 관심 없이 무의식적으로 행동하는가를 잘 보여주고 있는지에 대한 것이다(노명완 등, 1991: 120쪽 참조).

이와 비슷한 행위는 언어 행위에서도 얼마든지 발견된다. 한 유치원 교사가 카드 한 뭉치를 들고 교실에 들어섰다. 교사는 주위에 모여 있는 아동들에게 다음과 같이 말했다(다음 예문은, 노명완 등, 1991: 121쪽에서 인용함).

> "자, 다 같이 카드놀이를 하자. 한 사람이 한 장씩 카드를 젖히는 것이다. 그래서 특별 카드를 젖히는 사람이 이기는 것이다."

이 지시를 듣고 아동들은 기대를 하며 카드를 젖혔다. 사자와 코끼리 같은 여러 가지 동물이 나왔지만 마지막 카드를 젖힐 때까지도 특별 카드는 나오지 않았다. 아동들은 그때서야 자신들이 무엇을 잘못했는지 깨달았다. 교사가 '특별 카드'가 무엇을 의미하는지를 정확하게 지시하지 않았기 때문에 이해를 못했을 수도 있지만 아동들의 경우 교사의 지시에 따라 실제 행동을 취한 후에야 그 지시가 완전하지 못한 것임을 깨달은 것이다. 아동들은 교사의 지시를 부분적으로는 이해했지만, 상황과 관련지어 전체의 의미를 이해하는 것은 아니었다. 이러한 현상은 읽기 과정에서도 찾아볼 수 있다. 다음 글을 읽어보자(다음 예문은, 노명완 등, 1991: 121쪽에서 인용함)

> "배 안에서 일하는 사람들은 모두 화목하게 지낸다. 돈을 많이 받는 사람이나 적게 받는 사람이나 서로 다 친구들이다. 선장은 나를 하찮게 대하여 준다. 우리는 가끔씩 모여 함께 회식도 한다. 내 생각에 우리는 마치 한 가족과 같다."

이 글을 읽는 독자 중 어떤 사람은 아무런 저항감이 없이 읽었을 것이고, 이 글의 뜻을 이해했다고 생각했을지도 모른다. 그러나 이 글 속에는 내용이 상치되는 부분이 있다. '화목하게'와 '하찮게'는 상치되는 내용이 그것이다.

언어를 이해한다는 것은 낱낱의 단어나 문장에 대한 이해를 넘어서서 글 전체의 내용과 구성 그리고 숨겨져 있는 의미까지도 파악할 수 있는 매우 수준 높은 지적 활동이다. 이러한 지적 활동은 말이나 글 자체에 대해 이해하는 활동과 독자 자신의 이해 과정에 대해 이해하고 조절하는 활동으로 이뤄진다. 앞의 것은 언어에 대한 것이고 뒤의 것은 자기 자신에 대한 것이다. 다시 말하면 전자는 말이나 글을 듣거나 읽고 그 내용을 아는 것 자체를 뜻하며, 후자는 내용의 이해 과정에 대한 인식으로써 '안다는 사실을 알거나 또는 모른다는 사실을 아는 것'을 뜻한다. 읽기를 연구하는 사람들은 이 두 과정을 각각 인지(cognition)와 초인지(meta cognition)이라고 부르는데, 전자는 '이해'에 대한 것이며 후자는 '이해 과정의 조절'을 뜻한다(노명완 등, 1991: 121~122쪽을 참조함). 글을 읽고 이해를 잘 하려면 두 과정 모두에 관심과 노력을 기울여야 한다.

2 언어의 분석

아동들은(물론 성인들도 해당될 수 있다) 언어를 이해할 때 적절한 내용과 부적절한 내용이 함께 들어 있는 담화에서 부적절한 내용을 찾아내는 데 상당한 어려움을 겪는다. 그리고 문장 내에 비문법적인 요소가 있어도 그것을 찾아내어 바로 잡지 못하는 경우가 많다. 이것은 아동이 말이나 글의 부분 부분의 뜻은 이해하지만, 이 부분들의 전체적인 결합 그리고 내용의 전체적인 흐름을 포괄적으로 포착하지 못하기 때문이다. 사실, 아동들은 이야기 속의 어떤 중요 사건이 이야기의 다른 부분과 어떻게 관련되고 있는지에 대해 주의를 기울이지 못한다. 또한 이들은 불확실한 상황에서도 너무 쉽게 대화나 글의 결론을 내린다. 그러면서 아동들은 자기들이 말이나 글을 제대로 이해하지 못하는 이유는 몇몇 어려운 단어들 때문이라고 생각한다.

다른 사람의 말이나 글을 접하면서 이해할 때 그 이해의 과정을 스스로 점검하고 조절하는 것은 언어에 대한 분석적인 사고를 의미한다. 언어의 분석적 사용은 언어를 단지 정보를 전달하는 수단을 넘어서서 고등 수준의 사고와 추론을 가능하게 해 주는 도구로 이해하는 것이다. 다시 말하면, 언어란 연구되고, 분석되고, 해석되어져야 할 그 무엇이라는 점을 깨닫는 것이다.

아동이 언어를 습득하고 사용해가면서 언어에 대한 인식과 이해도 새롭게 학습되고 발달해나간다. 이러한 발달의 국면은 명확한 단계가 구분될 수 있는 것은 아니지만 언어 습득이나 발달의 과정을 보면 대략적으로 다음과 같은 발달의 국면을 경험하는 것이 보통이다(발달 국면에 대해서는, 노명완 등, 1991: 123~124쪽에서 재인용하고 보완함).

첫째는 언어의 발견(discovery of language)이다. 인간이 가지고 있는 언어에는 의미와 목적이 있으며, 대상이나 사건에 대해 무엇인지를 나타낸다는 사실을 발견하는 것을 말한다. 이 과정에서 이름을 붙이기도 하고, 붙인 이름에 대해서 그것이 어떠하다는 진술을 하기도 한다. 진술이 부족하면 보충하기도 하면서 발견한 언어를 활용하여 생각을 확장해나간다.

둘째는 통합과 변형(consolidation and diversification)이다. 이것은 사람들이 언어적 상황에 놓이고 사회생활을 해가면서 상황에 맞게 말하고 들으면서 언어를 해석하는 것을 말한다. 언어는 언어 자체가 생각과 느낌을 표현하는 수단이지만 표현 자체는 늘 불완전할 수밖에 없다. 이러한 불완전함을 극복하기 위해 활용되는 것이 상황이다. 상황이 주어지면 언어로 표현하고자 하는 정보의 상당수는 상황에 의해 대체되어 언어로 표현을 하지 않더라도 소통이 가능하게 된다. 상황이 주어지면 사람들은 그 상황에 맞춰 지적 능력을 발휘하여 자기의 생각과 행동을 드러낸다. 이렇게 보면 의미는 상황 속에 있다고 해도 과언이 아니다. "떨어진 낙엽 속에서 알밤 줍기"라는 구절이 있다고 생각해보자. 이것을 문자 그대로 해석하면 그야말로 알밤을 줍는다는 의미이다. 그런데 이 구절이 주가가 언급된 글의 뒤에 놓이게 되면 해석이 달라진다. "떨어진 낙엽"은 "값이 떨어진 주식"을 비유적으로 의미할 수 있으며 "알밤 줍기"는 "떨어진 주식 속에서 그래도 건질 가치가 있는 것을 찾아내는 것"을 비유적으로 의미한다고 해석할 수도 있다. 이처럼 발견된 언어는 통합과 변형의 과정을 거치면서 의사소통을 가능하게 하는 중요한 표현 수단의 하나로 작용한다.

셋째는 직접적 상황으로부터의 분리(detachment from immediate context)이다. 이 단계에서는 자신의 정신적 상태에 대해 의식적이 되며, 자신의 경험을 반추할 수 있고, 사고와 행동을 분리시키며 탈맥락화된(decontextualized) 언어 사용이 가능하다. 언어는 매우 추상적이다. 추상적이기 때문에 구체적인 사실에 크게 관련이 없으면서도 구체적인 사실을 포함하는 좀 더 큰 생각(좀 더 일반화된 생각)을 담아내는 도구가 바로 언어이다. 언어는 사적 개념에서 공적인 개념으로, 공적인 개념에서 과학적인 개념으로 발전한다. 사적인 개념은 주관적인 느낌이 많이 들어있는 것이기 때문에 객관적이지 못하다. 하지만 공적인 개념은 객관적으로 규명된 개념이기 때문에 덜 맥락의존적이다. 하지만 공적인 개념이라고 하더라도 특정한 맥락에 놓이게 되면 그 맥락에 적합한 의미로 해석된다. 예를 들어 과학적 개념으로서의 물(H_20)과 "산은 산이요 물은 물이다."라는 표현에서의 물은 전혀 다른 의미로 사용된다. 탈맥락화가 되면 추상적, 논리적이기 때문에 언어의 의미는 항상성과 불변성을 갖게 된다. 이렇게 추상적으로 인식된 개념이라고 하더라도 특정한 맥락에 놓이게 되면 이러한 추상적인 의미는 다르게 해석될 수 있는 것이 언어의 사용과 해석에서는 항상 가능하다.

위의 언어 발달의 세 국면 중에서 세 번째가 곧 분석적 도구로서의 언어 사용이다. 읽기와 쓰기 활동에서 요구되는 문자를 읽고 쓸 수 있는 능력(다른 말로 하면, 문식성: literacy)의 습득은 '직접적 상황으로부터의 분리'와 같이 구체적인 경험 내용이나 상황의 도움 없이도 문자 언어나 음성 언어를 구사하는 능력의 습득을 말한다.

여기서 한 가지 유의할 일이 있다. 외국어 구사 능력의 경우를 예로 들어보자. 외국어를 습득할 경우에 처음에 습득의 상황이 주어지고 그 이후에 학습의 상황이 주어지면 언어의 구사능력은 융통성과 유창성을 잘 발휘할 수 있다. 그렇지만 학습을 먼저 경험하고 그 후에 습득의 상황에 놓이게 되면 언어 사용에서 융통성과 유창성이 잘 발휘되지 않는다. 대신 이 경우에는 학습한 것만 활용할 가능성이 많아진다. 그래서 언어 학습은 가능하면 습득의 환경이 먼저 주어지고 그 후에 학습의 환경이 주어지는 것이 바람직하다. 그런데 학습의 환경을 먼저 경험하고 그 후에 습득의 환경을 경험하면 언어구사 능력이 크게 발달하지 않는다. 1980년대 전후의 학교에서 이뤄진 언어 교육(영어교육) 모습을 보면 이러한 사실을 잘 알 수 있다. 습득과 학습의 선후 문제에 초점을 맞춰 보자면, 먼저 문자언어인 읽기와 쓰기를 배우고 그 뒤에 음성언어인 말하기와 듣기를 공부하도록 한 것은 순서와 방법이 잘못된 것이다.

활동 10-1 언어의 분석

이 활동의 목적은 '언어 발견의 과정, 통합과 변형의 과정, 직접적 상황으로부터의 분리 과정'을 탐색하고, 탐색한 내용을 교육적으로 활용할 수 있는 능력을 기르기 위함이다.

■ '은메달보다 기쁜 동메달' 척 보면 안다

지난 18일 밴쿠버올림픽 여자 스피드 스케이팅 500m 메달 시상식장. 아시아 선수 최초로 우승한 이상화와 동메달을 딴 중국의 왕베이싱은 환한 표정으로 사진 기자들 앞에 포즈를 취했다. 반면 은메달리스트인 독일의 예니 볼프는 엷은 웃음을 띠긴 했지만 뭔가 아쉬움을 떨쳐내지 못한 얼굴이었다. 볼프는 '스프린트 여제'라 불리는 선수였다.

모태범이 은메달을 딴 남자 스피트 스케이팅 1000m 시상식. 금을 딴 미국의 샤니 데이비스와 동을 딴 미국의 채드 헤드릭이 환호하는 옆에서 모태범은 생각에 잠긴 듯했다. 남자 500m 금메달에 이어 한국 스피드 스케이트 사상 처음으로 두 번째 메달을 따고도 모태범은 "금메달도 딸 수 있었는데 아쉽다"고 했었다.

다른 종목 시상식에서도 장면은 큰 차이가 없었다. 금메달리스트와 함께 행복한 동메달리스트, 그리고 아쉬움을 감추지 못하는 은메달리스트. 이처럼 '아쉬운 은메달과 행복한 동메달'에는 어떤 비밀이 담겨있을까.

미국 노스웨스턴대학 심리학 연구팀은 1992년 바르셀로나 올림픽에서 시상식 사진을 일반인에게 보여 주고 표정으로 '행복도' 점수를 매기는 등 '메달의 심리학' 실험을 해왔다. 이 실험 결과는 밴쿠버의 시상식 풍경과도 거의 일치한다고 캐나다 일간지 '글로브 앤드 메일'이 최근 보도했다.

노스웨스턴대학의 빅토리아 메드백 박사는 "2위는 조금 더 잘했더라면 금을 딸 수 있었을 텐데 하는 부정적인 생각에 빠지기 쉽지만, 3위는 최소한 메달은 건졌다는 긍정적인 생각을 하는 경향이 많다"고 했다. 성적만 따지면 더 행복해야 할 넘버 2가 '만약의 심리'에 빠져 넘버 3보다 우울해지기 쉽다는 설명이다.

캐나다의 심리학자인 솔 밀러도 "2위는 팬과 동료, 스폰서의 기대를 충족시키지 못했다는 실망감에 빠지기 쉽다"고 했다. 밀러는 "올림픽에서 메달보다는 참가 자체가 중요하다고 말하지만 사실은 그렇지 않은 것 같다"고 덧붙였다.

지난 1996년 애틀랜타 하계 올림픽에서 스포츠 용품업체 나이키는 '당신은 은메달을 딴 것이 아니라, 금메달을 놓친 것'이라는 도발적인 광고 문구를 내세웠다가 올림픽 정신을 훼손했다는 비난을 받았다. "챔피언이나 다름없는 은메달리스트를 '패배자'로 만드는 것은 잘못"이라는 지적이었으나, 이와 달리 "은메달에 대한 정곡을 찌른 것"이라는 의견도 있었다.

어쨌든 메달을 목에 건 선수들 표정만 보면 동메달이 은메달보다는 올림픽 정신에 더 부합하는 것 같기도 하다. 근대 올림픽 창시자 쿠베르탱 남작은 "올림픽 대회의 의의는 승리하는 데 있는 것이 아니라 참가하는 데 있으며, 인간에게 중요한 것은 성공보다 노력하는 것"이라고 설파했었다(동아일보, 2010. 2. 20., 민학수 기자).

1. 위의 제시 글에 '동메달, 은메달, 금메달'이 언급되어 있다. 이 중 하나를 선택하여 언어의 분석을 해보자.
2. 분석한 다음 동료들에게 발표해보고, 동료들이 '발견, 통합과 변형, 상황으로부터의 분리'를 어떻게 생성했는지를 토론해보자.

3 이론과 모형의 의의

우리는 의미의 세계 속에서 살고 있다. 그런데 이러한 의미는 늘 상황과 목적과 같은 요인들에 의해서 다르게 해석될 수 있다. 상황과 목적에 따라서 의미가 다르게 해석될 수 있는 것은 주어진 상황을 바탕으로 의미를 새롭게 구성할 수 있는 인간의 지적 능력 때문이다. 인간의 지적 능력을 확인할 수 있는 여러 가지 방법 중에서 구체적인 사실을 바탕으로 한 개념의 추상화가 있는데, "이론"과 "모형"도 그 중의 하나이다.

이론과 모형이라는 용어는 그 개념의 층위를 보면 "철학 → 이론 → 방향 → 모형 → 전략"과 같은 위계 속에서 이해하는 것이 효과적이다. 철학이 가장 넓은 상위의 개념이라면 그것보다 하위의 개념이 이론이고, 그 밑에 방향, 그리고 모형과 전략으로 개념의 층위를 설정할 수 있다. 이러한 개념의 층위를 비유적으로 말하면 철학의 차원은 구성주의, 이론의 차원은 언어습득 이론, 방향의 차원은 총체적 언어 교육, 모형의 차원은 직접교수법, 전략의 차원은 SQ3R과 같이 말할 수 있다.

이론은 어떤 현상에 대해 "기술, 설명, 예언"을 해줄 수 있기 때문에 가치가 있다. 이론이란 어떤 현상에 대한 추상적인 설명 체계이다. 그리고 모형은 이론에 대한 조작적 정의이다. 사회과학에서 말하는 이론이나 모형은 '기술, 설명, 예언'의 측면에서 볼 때 자연과학이 추구하고 있는 '엄밀성, 공식성'을 충족시키지는 못한다. 언어 자체가 명확하지 않고 비유적(metaphor) 특성이 강하기 때문이다. 그래서 국어 교육 현상을 설명하는 이론이나 모형은 태생적으로 명확하지 못한 한계를 가지고 있기는 하지만, 그럼에도 불구하고 다음과 같은 점에서 유용성이 있다(국어 교육은 학문의 분류상 '사회과학'에 속한다)(노명완 등, 1994: 112쪽 참조).

첫째, 학자들이 제시하는 인간의 언어 처리 과정 모형을 통해 우리는 자신은 물론 대부분의 사람들이 무의식적으로 행하는 언어의 표현 또는 이해에 대해 보다 명료하게 이해할 수 있다. 다시 말하면 언어 처리 과정 모형은 언어의 이해 또는 표현 행위가 어떤 과정으로 이뤄지며, 또 그 과정에는 어떤 요인들이 중요하게 관련이 되는지를 비교적 분명하게 밝혀주기 때문이다.

둘째, 언어 처리 과정 모형은 교사들이 교실에서 수행하는 수업 과정의 진면목을 여실히 드러내준다. 언어 교육을 담당하는 대부분의 교사들은 말하기, 듣기, 읽기, 쓰기에 대하여 그들이 의식하든 또는 의식하지 못하든 그들 나름대로의 모형을 갖고 있고, 이 모형이 수업에 반영되고 있기 때문에 어떤 교사가 읽기에 대하여 어떤 모형을 갖고 있는가는 교사의 수업 과정을 관찰해보면 쉽게 알 수 있다.

우리는 모형의 이해와 관련하여 다음과 같은 점을 유의할 필요가 있다(노명완 등, 1994: 113쪽을 참조하고 보완함).

첫째, 우리들이 무의식중에 갖고 있는 언어 이해 모형이 무엇인가를 생각해 볼 필요가 있다. 우리는 끊임없이 의사소통을 한다. 의사소통의 방식으로서의 대화나 토의, 토론, 협상, 강의 등의 언어 사용 활동을 하면서 의사소통을 하는데, 이 과정을 분석해봄으로써 의사소통의 양적 확장은 물론 질적 심화를 도모하여 궁극적으로는 가장 지혜로운 선택과 관계 개선 및 자아실현을 할 수 있다.

둘째, 만일 교사들의 수업을 관찰할 경우 그들의 언어 교육 과정과 교육 방법은 어떤 모형에 의존하고 있는지를 분석해 볼 수 있다. 교사들이 사용하는 언어의 양상을 분석해 봄으로써 교사의 언어 사용 문제점을 찾아내고 개선을 할 수 있다. 교사의 언어 사용 능력 향상은 곧바로 학생들의 언어 사용 능력 향상으로 이어질 가능성이 매우 높기 때문에 분석의 의의가 있다. 교사들 본인의 언어 사용 능력과 가르치는 능력이 반드시 일치하지는 않을 수 있지만, 언어 사용 능력이 뛰어난 교사가 언어 사용 능력이 미숙한 교사보다는 학생들을 더 잘 가르칠 가능성이 높다.

셋째, 수업 방법이나 수업 전략은 그 수업을 담당하는 교사가 갖고 있는 모형에 따라 달라짐을 알 필요가 있다. 교사가 어떤 수업 모형을 선호하느냐에 따라 학생들을 지도하는 방식은 상당히 달라질 수밖에 없다. 교사가 탐구학습 모형을 선호한다면 학생들도 이러한 모형에 기반하여 가르치는 것이 인간의 정보처리 이론에서 보자면 자연스런 방식이다. 사람들은 생각한 것을 보거나 들을 때 기억을 할 수 있는 것이지, 처음 보거나 들은 것은 잘 기억하지 못한다는 점을 보더라도 교사가 선호하는 모형에 대한 이해의 중요성이 학습자의 지력 향상에 밀접한 영향을 미침을 알 수 있다.

넷째, 여러 가지 이론이나 모형을 살펴보면서 언어 수업에 대한 유용한 아이디어를 얻을 수 있게 된다. "가장 좋은 이론보다 더 실제적인 것은 없다"라는 말이 있다. 이론은 그만큼 현상을 설명하고 더 나은 방향으로 견인하는 데 중요한 역할을 한다는 의미로 해석할 수 있다. "이론무용론"을 주장하는 경우도 없지 않으나 그것은 잘못된 것이다. 이론은 구체적인 사실을 설명할 수 있을 뿐만 아니라 추상적인 것까지도 일반화시켜서 인간의 기억부담을 줄여주면서 정보처리의 속도를 높여주는 역할을 한다. 이론은 구체적인 맥락에서 벗어나 탈맥락적인 일반적인 상황으로 나갈 수 있도록 해주기 때문에도 중요하다. 이론은 어두운 밤에 방향을 안내해주는 불빛과 같은 것이다. 불빛이 없는 어두운 바다를 항해하는 배를 생각해보자. 불빛의 소중함을 바로 인식할 것이다. 이론의 습득 과정은 종종 인간을 머리 아프게 만들 수도 있지만, 그 머리 아픈 과정을 경험했을 때의 이점이 경험 하지 않은 것에 비해서 훨씬 크기 때문에 이론을 알고 활용할 수 있어야 한다.

4 표상의 개념과 의사소통적 의의

언어를 사용할 때 우리는 표상(representation)이라는 용어를 자주 접한다. 표상은 실물이나 실물을 반영한 단어, 문장, 담화, 혹은 글을 보고 청자(독자)의 머릿속에 떠올리는 심적 이미지이다. 다음 그림을 보자.

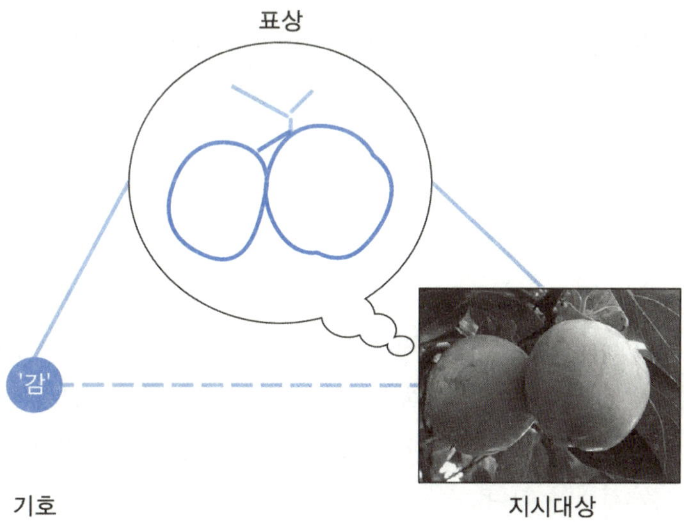

위의 그림을 보면 지시대상이 있다. 지시대상에 대해서 우리는 '감'이라는 언어 기호를 사용하여 의사소통을 한다. 이와 같은 활동을 할 때 우리는 감을 직접 보거나 또는 감이라는 말을 보고 상상을 통해서 감을 머릿속에 그리게 되는데 이때 머릿속에 그려진 감을 표상 혹은 심상(mental image)라고 한다. 감이라는 지시대상이 직접 머릿속에 그대로 들어올 수 없기 때문에 표상이라는 일종의 이미지로 대신해서 들어온다. 표상의 형태로 머릿속에 들어온 것을 다른 사람들과 의사소통을 하기 위해서 끄집어내어 전달해야 하는데 이 과정에서 필요한 것이 언어이다. 감의 표상은 '감'이라는 언어로 번역되어 상대방에게 전달되고 상대는 언어 덕분에 화자가 머릿속에 담고 있는 표상이 무엇인지 알게 되고 결국에는 그 표상이 무엇을 가리키는 것인지도 알게 된다. 이런 점에서 본다면 '표상을 어떻게 형성하는가.'는 의사소통에서 매우 중요한 역할을 하고 있음을 알 수 있다.

표상에는 직접적인 경험 행동으로부터 유래하는 행동표상, 그림이나 도형, 사진등으로부터 유래하는 영상표상, 단어(기호)가 중심이 되어 이뤄지는 상징적 표상이 있다. 상징적 표상의 하나인 심상 표상은 어휘가 중심이 되어 형성되면서 가장 일찍 발달하기 때문에 다른 표상의 기반이 된다. 이것은 다른 말로 하면 언어적 심상에 의한 표상이라고 한다. 이러한 심상표상에 이어 발달하는 것이 문장이 중심이 되어 이뤄지는 명제 표상이다. 명제 표상은 문장이 중심이 되어 표상을 형성하기 때문에 심상 표상보다 훨씬 복잡하다. 이러한 명제 표상은 어휘의 결합에 의해 문장이 이뤄지고 문장도 하나의 추상적 지식망을 형성하기 때문에 추상적 지식망에 의한 표상이라고도 한다. 그리고 명제 표상에서 더 나아가 여러 개의 명제 표상이 결합되어 일종의 스키마를 이루기 때문에 명제 표상의 결합에 의해 이뤄지는 표상을 스키마 표상이라고 한다. 이러한 스키마 표상은 명제 표상의 결합에 의해 한편의 텍스트를 형성하기 때문에 텍스트 기저에 의한 표상이라고도 한다. 표상의 형성이 심상 표상에서 명제 표상으로, 명제 표상에서 스키마 표상으로 발달하더라도 이들은 서로 영향을 주고받으면서 발달하기 때문에 이들은 동시 다발적 양상을 띠면서 발달한다. 그래서 교육을 할 때 어느 하나만을 분리하여 처리하기보다는 동시 다발적으로 표상의 형성과 발달을 시켜야 한다.

위의 그림에서 지시대상은 실제 사물이다. 우리가 지시대상을 활용하여 의사소통을 할 때 그 대상을 짊어지고 다닐 수도 없으므로 그것을 기호로 나타낸 것이 언어이다. 이 기호는 음성언어일 수도 있고, 문자언어일 수도 있다. 그런데 지시대상과 기호가 직접 연결된다면 같은 낱말을 쓰는 사람들은 모두 같은 의미를 생각하고 있어야 한다. 그렇지만 실상은 그렇지 않다. 기호와 대상이 직접 연결되지 않고 중간 단계인 표상을 통해서 간접적으로 연결된다. 간접적으로 연결되는 표상이 사람들마다 다르기 때문에 같은 감을 사용하더라도 그 의미를 다르게 사용할 수 있다.

그림에서 실선은 관계의 필연성을 의미한다. 말하자면 지시대상을 보거나 들으면 반드시 표상작용이 있어야 하고, 표상 작용이 없다면 감이라는 언어기호를 사용할 수 없다. 점선은 자의성을 의미한다. 지시대상에 대해서 반드시 모든 사람들이 '감'이라는 언어기호를 사용해야 하는 것은 아니라는 것을 의미한다.

5 언어 과정과 사고 과정

듣기와 읽기는 정보 전달의 매체인 언어를 수용하여 화자나 필자가 의도한 의미를 형성하는 복합적인 인지 과정이다. 언어 이해의 인지적 과정은 지금까지 많은 학자들에 의해 사고 과정(thinking process) 또는 문제해결 과정(problem－solving process)으로 여겨지기도 했다. 언어 이해 과정이 사고 과정이나 문제해결 과정과 같이 매우 복잡한 인지 과정이라는 것은 오래 전부터 경험적으로 인지되고 이해되어 왔다. 많은 학자들이 이렇게 언어 처리 과정을 사고 과정이나 문제 해결 과정과 같은 복잡한 심리 과정으로 보는 데에는 그만한 이유가 있다(노명완 등, 1991: 175～176쪽을 참조함).

언어를 처리하는 과정에는 언어의 지각이나 언어의 구조에 대한 이해는 물론 동기, 목적, 세상사에 대한 지식, 개념의 발달 등 여러 인지적 및 정의적 요인들이 복잡하게 관련되어 있다. 이러한 요인들은 일상생활에서 우리의 행동을 지배하는 사고 요인들이다. 다만 한 가지 차이가 있다면 그것은 정보 전달의 매체가 상징 기호인 언어인가 또는 구체적인 사물 혹은 사건인가 하는 것뿐이다. 예를 들어 집에 불이 난 상황에서 사람들은 재빨리 집을 빠져나온다. 이것은 구체적 감각 자극에 대한 반응이다. 만일 어떤 사람이 "불이야!"하고 소리칠 때 사람들은 불을 본 것과 마찬가지로 뛰어 나온다. 이것은 상징적 음성 언어 자극에 대한 반응이다. 또한 글을 읽는 도중에 "불이야!"를 접하면 독자들은 불을 보는 것과 같은 반응을 보일 수도 있다. 이것은 상징적 문자 언어 자극에 의한 반응이다.

언어습득 과정에서 볼 수 있는 언어 자극의 양상에 대해 외국어 습득과 관련지어서 다음과 같이 설명할 수도 있다. 불이 난 상황을 직접 접하고 피하는 행동을 하는 경우는 구체적 감각 자극에 의한 반응이다. 외국어를 습득할 경우 이러한 상황을 많이 접할수록 언어를 잘 습득할 수 있다. 다음으로 상징적 음성 언어 자극을 소홀히 하면 외국어를 습득하기 어렵다. 상징적 음성 언어 자극은 어린 시절 구어의 습득 과정을 살펴보면 쉽게 이해할 수 있다. 문자 언어를 모르면서도 구어를 완벽하게 구사할 수 있다. 이러한 바탕 위에서 학교에 들어가서 문자 언어를 습득하는 것이 정상적인 방법이다. 그런데 우리의 외국어 습득 방법은 상징적 문자 언어 자극에 의한 반응을 먼저 습득하고, 이것을 바탕으로 상징적 음성 언어를 습득하는 방식을 취했다. 그 결과 음성 언어를 구사할 줄은 모르면서도 문자 언어는 구사할 수 있는 언어 습득 상황을 만들었던 것이 70~80년대 우리의 외국어 습득 방식이었다. 결론적으로 말하면 "구체적 감각 자극에 대한 반응→상징적 음성 언어 자극에 대한 반응→상징적 문자 언어 자극에 대한 반응"으로 나아가는 것이 외국어 습득(또는 모국어 습득)의 정상적인 방법인데 우리의 경우 "상징적 문자 언어 자극에 대한 반응→상징적 음성 언어 자극에 대한 반응→구체적 감각 자극에 대한 반응"으로 외국어 습득의 과정을 경험하게 만듦으로서 글을 읽을 줄만 알지, 말로 의사소통을 하지 못하게 만드는 순서가 뒤바뀐 언어(외국어) 습득 교육을 했다는 점을 유의할 필요가 있다.

인간의 언어 처리 과정에는 언어적 요소(언어의 지각, 언어 구조의 이해 등)와 언어 외적 요소(세상에 대한 지식, 흥미, 언어 사용의 목적, 배경, 과제 등)가 모두 포함된다. 언어적 요소와 언어외적 요소 중 어느 것이 더 언어 이해 과정에 우선적인가에 대해서는 완전한 합의가 이뤄지지 않고 있으며 앞으로도 이뤄지지 않을 것이다. 언어를 중시하는가, 언어외적 요소를 중시하는가에 대한 생각들은 언어 처리 과정에 대한 이론 및 모형 설정에도 그대로 드러난다. 언어를 강조하는 모형(상향식 모형)이 있는가 하면, 이해자를 강조하는 모형(하향식 모형)도 있고, 언어와 이해자를 병행하여 강조하는 모형(상호작용 모형)도 있다. 상호작용 모형은 그 근원이 하향식 모형에서 나온 것이기는 하지만 상향식 모형과 하향식 모형의 결점을 보완하면서 스키마 이론이라는 틀 속에서 연구되고 있다.

어떤 모형을 선호하든 간에 모형에는 다음과 같은 사항들이 전제되어 있음을 이해할 필요가 있다(노명완 등, 1991: 176~177쪽 참조).

첫째, 언어를 이해하는 이해자에게는 지금까지의 세상 경험을 통해 축적한 세상사에 대한 지식이 기억 속에 내장되어 있다는 가정이다. 세상사에 대한 지식이 장기기억 속에 내장되어 있지 않다면 정보 처리에서 엄청난 노력을 필요로 할 것이며, 작업기억의 용량을 크게 해야만 이 문제를 해결할 수 있는데 현재의 인간의 모습으로서는 작업 기억의 용량을 키우는 것은 매우 제한되어 있다. 따라서 작업 기억의 용량을 키우는 데는 한계가 있기 때문에 인간들은 지속적으로 장기기억의 용량을 키우기 위해 계속 노력을 하고 있는 것이다.

둘째, 모든 인간에게는 소리로 듣는 말이나 종이 위에 적힌 문자를 표상화하여 기억 속에 저장된 지식 체계와 연결시키는 심리적 장치가 있다는 가정이다. 즉 언어 이해의 심리적 과정을 이해하기 위해서는 이해자가 갖고 있는 기존 지식(prior knowledge), 그리고 상징 기호인 언어를 번역하여 표상화 하는 심리적 장치를 가정하여야 한다. 현존하는 많은 언어 이해 모형들은 이 두 가지의 기본 가정을 근간으로 하되, 이 두 가정 사이의 관계를 어떻게 보는가에 따라 그 특징을 달리한다. 예를 들면 언어 기호를 의미로 번역하는 표상 과정을 '요소주의적으로 보는가, 전체주의적으로 보는가, 그리고 기억 속에 저장된 기존 지식의 역할을 능동적으로 보는가 또는 수동적으로 보는가.'하는 문제이다. 그리고 이 같은 기본 가정들은 이론 형성에서 뿐만 아니라 교수 방법에 대한 제언에서도 차이를 보인다. 유능한 이해자를 기르기 위해서는 언어 기호를 빨리 지각하고 확인하도록 지도할 것인가, 또는 갖고 있는 기존 지식을 능동적으로 최대한 활용하도록 할 것인가 하는 문제가 바로 그런 것들이다.

6 상향식 모형과 하향식 모형

언어 이해 과정은 크게 상향식 모형과 하향식 모형으로 구분될 수 있다. 이 구분은 언어 기호를 의미로 번역하여 표상화하는 번역 과정에서 무엇(언어 혹은 이해자의 기존 지식)이 주도적 역할을 담당하는가에 대한 관점의 차이에서 비롯된다. 상향식 모형은 언어기호의 표상화 과정이 작은 단위의 언어에서 시작하여 점차 큰 언어 단위로 확대되고 나아가 의미가 형성된다고 가정한다. 여기서 의미의 형성은 언어의 지각이 이루어진 후에 일어난다고 보는 것이다. 따라서 상향식 모형에서는 언어 이해의 과정에서 청자나 독자는 무엇보다도 먼저 언어(말/글)를 정확하게 확인하고, 지각하고, 해독하여야 한다고 본다. 초보적 읽기의 경우 언어 해독이란 문자 기호를 정확하게 식별하고 확인한 후 이를 이와 대응하는 음성 기호로 바꾸는 것이다. 이와 같이 언어 기호를 정확하게 해독한 후(읽기의 경우는 문자를 바르게 말소리로 바꾼 후), 이해자는 그의 음성 언어 이해 능력(이 능력은 출생 후 언어를 습득하는 과정에서 형성된다고 본다)을 동원하여 의미를 파악하게 된다고 보는 것이다.

상향식 모형에서는 의미 형성이 언어 기호에서 비롯된다고 보기 때문에 이 모형에서는 듣기 과정과 읽기 과정은 결국 같은 과정이라고 보고 있다. 단지 읽기 과정은 문자 기호를 음성 기호로 바꾸는 단계가 하나 더 추가될 뿐이다. 이 모형에서는 의미 형성이 언어로부터 시작된다고 보기 때문에 의미의 구성 과정에서 이해자(청자나 독자)의 역할은 수동적이다. 왜냐하면 이해자가 하는 일이란 음성 기호나 문자 기호를 해독하는 것뿐이기 때문이다. 따라서 언어 기호의 해독만 올바르게 된다면 의미는 자동적으로 형성된다고 본다. 상향식 모형의 대표적인 것으로는 고프의 모형을 들 수 있다.

상향식 모형과는 달리 하향식 모형에서의 언어의 이해는 말이나 글의 의미에 대한 이해자의 가정 또는 추측에서부터 시작되며, 이 가정이나 추측이 언어 기호 번역의 시발점이 된다고 보고 있다. 하향식 모형에서 가장 중요시하는 이해자의 가정이나 추측은 지금까지 들은 내용 또는 읽은 내용의 앞뒤 문맥이 새로 받아들이는 정보의 해석에 크게 작용한다. 그러나 일차적인 근원은 무엇보다도 이해자가 가지고 있는 배경 지식 또는 사전 지식과 글을 읽는 목적이다.

하향식 모형에서 가정하는, 내용에 대한 이해자의 가정이나 추측은 그 이해자가 갖고 있는 지식의 정도에 크게 영향을 받는다. 메시지의 내용에 대하여 많은 지식을 갖고 있는 사람은 내용에 대한 추측을 많이 그리고 정확하게 할 수 있으며, 반대로 배경 지식이 적은 사람은 추측을 많이 할 수도 없고 또 정확하게 할 수도 없다. 따라서 배경 지식이 많은 이해자는 언어 기호의 번역에 그리 크게 의존하지 않고 부분적인 언어 자료만 가지고도 내용을 이해할 수 있지만, 배경 지식이 적은 사람은 많은 언어 자료를 필요로 한다. 이와 같이 이해자의 배경 지식은 내용 이해에 필요한 언어의 양을 제한하는 기능도 담당한다. 그리고 이해자는 추출한 언어 자료를 근거로 자기의 가정이나 추측이 맞지 않을 때에는 자기의 추측을 수정하거나 또는 새로운 추측을 만들어 낼 때까지 중립 상태를 유지하면서 더 많은 언어 자료를 수용한다.

하향식 모형은 언어를 의미로 번역하는 언어 이해 과정에서 청자나 독자의 능동적인 참여와 언어 처리 역할을 강조한다. 즉 청자나 독자는 꼭 필요한 만큼의 언어 자료만을 수용한다. 그리고 그가 갖고 있는 세상사에 대한 일반적 지식, 그리고 문맥으로부터 얻는 정보를 최대한으로 활용한다. 하향식 모형의 대표적인 연구로는 굿맨과 스미스의 연구를 들 수 있다.

7 상호작용 모형

상향식 모형도 하향식 모형도 언어 처리 과정을 완벽하게 설명할 수는 없다. 상향식 모형은 언어의 역할을 좀 더 강조하고 하향식 모형은 이해자의 역할을 좀 더 강조할 뿐이다. 상호작용 모형은 이 두 모형이 가지고 있는 단점을 보완하기 위해 등장한 것이다. 상호작용 모형에서 언어 이해는 메시지 내용에 대한 이해자의 가정과 추측, 그리고 언어 자료(말이나 글)의 확인이 동시에 작용함으로써 이루어진다고 보고 있다. 따라서 상호작용 모형은 서로 다른 임무를 띤 두 집단의 사람들이 모여 공동의 목표를 성취하기 위해 협상하는 위원회와 같다고 할 수 있다. 상호작용 모형에서는 상향식 언어 처리 과정과 하향식 언어 처리 과정이 상호 보완적으로 작용한다고 가정하고 있다. 그러므로 언어 이해자의 역할은 하향식에 의해 형성된 메시지 내용에 대한 추측이 얼마나 강력하고 정확한가에 따라 능동적일 수도 있고 혹은 수동적일 수도 있다. 상호작용 모형의 대표적인 예로는 '스키마' 이론으로 널리 알려진 라멜하트의 연구를 들 수 있다.

언어 이해 과정에 대한 상호 작용 모형을 보다 분명히 이해하기 위하여 아래에 예문 하나를 제시하고, 이 예문의 이해 과정을 스키마 이론에 따라 살펴보기로 한다. 예문은 다음과 같다(예문과 설명은, 노명완 등, 1991: 180쪽을 참조함).

> "석유 파동 이래 사업은 저조해만 갔다. 아무도 더 이상 우아한 것을 찾으려 하지 않는 것 같다. 갑자기 문이 열리고, 정장을 한 신사 한 분이 전시장 안으로 들어섰다. 존은 정중하면서도 친근감 있는 태도로 그 신사를 향해 걸어갔다."

첫째 문장을 읽으면서 사람들은 석유와 관련된 사업을 머릿속에서 생각할 수 있다. 예를 들면 "주유소 운영, 정유 사업, 산유국의 건설업, 의류 사업" 등을 생각할 수 있다. 이런 것들을 생각하면서 독자는 다음 문장을 읽는다. 그러면서 앞에서 언급한 사업과 "우아한 것"을 연결 짓는 활동을 하면서 밀접하게 연결될 가능성이 없는 것들을 제외시킨다. 그리고 다시 다음 문장을 읽으면서 이미 예측한 것과 연결될 적절한 단어를 떠올리지 못하고 새로운 개념을 찾기 시작한다. 왜냐하면 앞에서 언급된 개념에는 그 문장의 내용과 부합되는 것이 없기 때문이다(정장을 한 신사, 전시장). 그래서 독자는 다시 다음 문장을 읽으면서 지금까지 생각한 개념과 가장 부합되는 새로운 개념을 찾아내려고 노력을 한다. 존이 정중하면서도 친근감 있는 태도로 신사를 향해 걸어간 행동으로 미뤄보아 존은 "자동차 판매원"일 것이라고 추론할 수 있다. 우리는 글을 읽거나 말을 들으면서 매우 짧은 순간이지만 이처럼 전후 맥락을 고려하여 추론을 하면서 필요로 하는 정보를 도출해내는 지적 활동을 끊임없이 행하고 있다. 이렇게 상향식과 하향식을 절충하여 정보를 처리하는 방식을 상호작용 모형이라고 한다.

8 교섭 모형

교섭 모형은 이미 논의한 바 있다. 이 모형은 의미의 위치가 글과 독자, 저자 및 상황 등에 있다고 보고 있으며, 의미의 개념에 대해서 저자와 독자가 협상한 것으로 이해하기 때문에 특히 상황을 중시한다. "사랑해"라는 메시지를 소통하는 과정에서 발생하는 화자이면서 청자이고, 동시에 청자이면서 화자인 경우를 보면 교섭 모형에서 이뤄지는 언어활동의 의의를 추론할 수 있다. 이상에서 언급된 모형에 관한 논의를 비교하여 정리하면 다음과 같다(천경록 등, 2013: 163쪽 참조).

기준	상향식 모형	하향식 모형	상호작용 모형	교섭 모형
의미의 위치	글	독자	글과 독자	글, 저자, 독자, 상황
의미의 의미	저자가 의도한 의미	독자가 구성한 의미	독자가 구성한 의미	저자와 독자가 협상한 의미
읽기 유형	글 중심의 읽기	독자 중심의 읽기	글, 독자의 상호작용적 읽기	상황 중심의 읽기
읽기 관점	분절, 기능, 독해 = 해독 + 듣기	전체, 전략	균형, 절충	거래, 맥락, 상황
강조점	해독, 정음법	스키마, 예측	구성, 독해	대화, 협상
주요 읽기 형태	음독, 낭독	묵독	발췌독, 재독, 확인, 통합	창조적 읽기, 심미적 읽기
배경 심리학	행동주의심리학	형태심리학	인지심리학	사회구성주의 심리학
주요 이론가	고프	굳맨	라멜하트	로젠블렛
읽기 자료	통제된 교재	이야기 책	통제된 책과 이야기 책	다양한 종류와 수준의 책
읽기 지도 모형의 예	직접교수법	탐구학습법	균형적 지도법	반응중심 문학 교수학습 방법

CHAPTER 11

언어 표현의 과정

CHAPTER

11 언어 표현의 과정

이 장에서는 앞 장에서 살핀 이해의 과정을 기반으로 하여 언어 표현의 과정을 상세하게 살피고자 한다. 먼저 글쓰기 과정과 관련된 모형(연속적 모형, 평행적 상호작용 모형, 인지적 과정 모형)을 살피고, 이어서 말하기 과정과 관련된 모형을 살핀다. 그리고 말하기와 글쓰기의 특성을 비교하면서 살피고, 이어서 글쓰기와 말하기에 영향을 미치는 요인을 살핀다. 이러한 탐색은 글쓰기와 말하기를 지도할 때 이론적 기반으로 활용하는 데 도움을 줄 수 있다.

1 언어 표현 과정에 관한 연구의 개관

언어 표현이란 개념이나 사고의 내용을 음성이나 문자로 구체화시켜 드러내는 일련의 과정이라고 할 수 있다. 전통적으로 언어 표현에 대한 연구와 관심은 과정보다는 결과에 중점을 두었으며 화자(필자)의 정신작용에는 별다른 관심을 두지 않으면서 글쓰기에 관하여 이미 개발된 논리를 중시한 나머지 경험적 논리로부터 나올 수 있는 글쓰기의 동태적 과정을 소홀히 했다. 그러다보니 글쓰기의 논리가 기계적이고 순차적인 규범으로 고정화되고, 언어의 구조에 관한 지식을 활용하여 문법적으로 정확한 글쓰기를 하는 것을 훌륭한 글쓰기의 전형으로 생각했다. 이것은 말하기도 마찬가지여서 말하기 자체가 역동적인 정신 작용으로써 인지적 사고 작용이며 언어를 통한 하나의 문제해결 과정이라는 점에 깊은 관심을 보이지 않았다.

이와 같은 흐름은 인지심리학의 발달에 영향을 받아 변화되기 시작했다. 행동주의 심리학이 과정보다는 결과에 초점을 맞추었고, 행동주의 심리학의 다양한 연구 결과가 글쓰기에 반영된 결과는 과정보다는 결과를 중시한 글쓰기의 형태로 나타났다. 행동주의 심리학의 한계를 극복하기 위해 등장한 인지주의 심리학은 결과보다는 과정을 중시했고 이러한 연구 결과가 글쓰기에 반영된 결과는 결과보다는 과정을 중시한 글쓰기의 형태였다. 인지주의 심리학의 발달은 표현 행위에도 영향을 미쳐서 표현의 과정이 어떻게 이뤄지고 있는지에 관하여 심도 있는 이해와 연구를 가능하게 하였다. 인지심리학의 영향을 받은 표현 행위에 관한 연구는 주로 필자와 독자의 관계, 글쓰기 과제, 주제, 글쓰기 상황 사이의 복잡한 관계를 탐색하는 방향으로 진행되었다. 아울러 텍스트언어학이나 언어심리학 등의 연구에 힘입어 독자의 지식에 관한 필자의 인식, 언어의 표현과 이해에 관한 장기 기억과 단기 기억의 영향, 필자와 독자의 마음속에 있는 인지적 표상의 특성들에 관한 요인들을 작문과정 연구에 관련시키면서 필자와 독자의 상호작용 모습을 보다 심층적으로 들여다볼 수 있게 되었다. 이상의 언어 표현 과정에 대한 이해를 바탕으로 하여 언어 표현 행위(글쓰기)를 설명할 수 있는 모형 세 가지(표현 과정의 연속적 모형, 평행적 상호작용 모형, 인지적 과정 모형)를 차례로 살피고, 이어서 말하기 과정을 탐색하기로 한다.

2 표현 과정의 연속적 모형

글쓰기는 생각이 필자(화자)의 계획하기에서부터 음소나 문자로 드러나 하나의 말이나 글로 산출되기까지 단계적으로 시간적 순서에 의해 진행되는 연속적인 과정이라는 것이 표현 과정의 연속적 모형이다. 이 관점은 표현의 목적 또는 계획하기에서 출발하여(화용론) 의미(의미론), 구절 구조(통사론), 단어(어휘론), 음소/문자(음운론/문자론)의 통로를 거치면서 구체적인 담화나 글로 산출되는 과정으로 글쓰기를 보고 있다. 이 모형을 그림으로 보이면 다음과 같다(노명완 등, 1991: 231쪽에서 인용함).

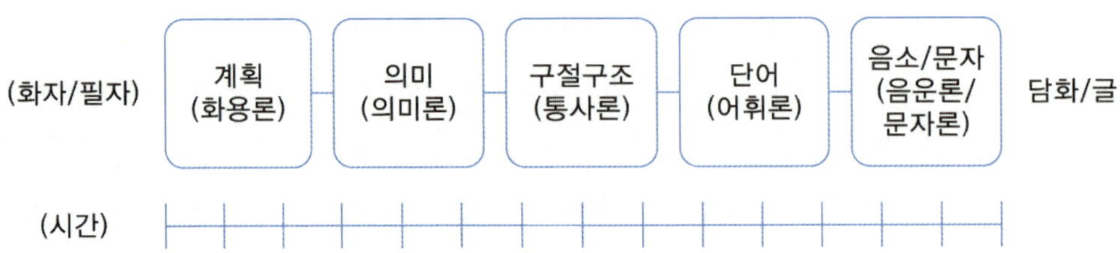

그런데 이 모형은 실제로 각 요소들의 내부에서 일어나는 인지적 작용들을 소홀히 하고 있다는 점을 문제점으로 지적할 수 있다. 말하자면 글쓰기의 단계에서 입력과 산출만을 고려했기 때문에 각 단계에서 일어나는 구체적인 인지적 작용이 무엇인지에 대해서는 전혀 설명을 하지 못하고 있다. 이를테면 필자(화자)가 글을 산출하기 위해 동원하는 배경 지식이나 나타내고자 하는 주제와 관련된 내용 등이 무엇이어야 하는가에 대한 아무런 정보를 제공해주지 않고 있다.

3 평행적 상호작용 모형

위의 순차적(연속적) 모형이 필자(화자)의 인지적 정신 활동의 역동성을 반영하지 못한다는 단점이 있기 때문에 이러한 문제를 극복하기 위해 등장한 모형이 평행적 상호작용 모형이다. 우선 이 모형을 그림으로 제시하면 다음과 같다(노명완 등, 1991: 233쪽에서 인용함).

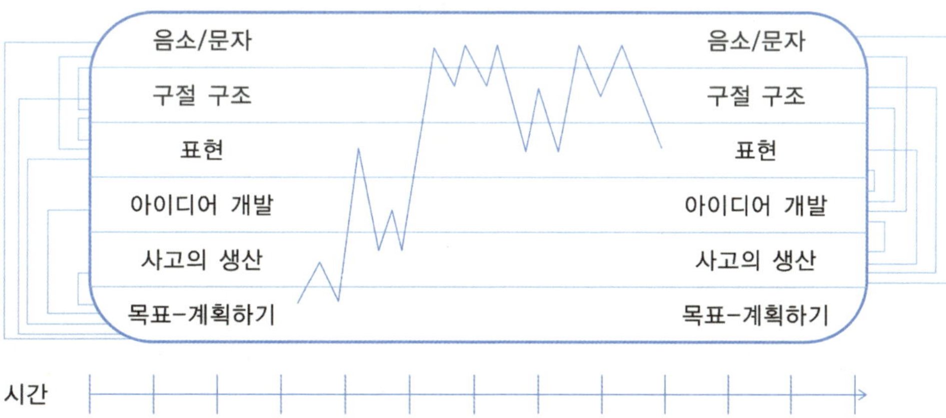

이 모형은 표현의 각 단계들이 순차적으로 작용하는 것이 아니라 여러 국면들이 동시다발적으로 작용하면서 의도하는 결과를 산출한다고 이해하고 있다. 여기의 각 국면들은 시간적인 단위가 아니라 기능적인 단위로 구성된다.

목표 - 계획하기 단계는 화자(필자)가 목적을 달성하고 그 목적 달성에 필요한 하위 단계들에 대한 계획을 세운다. 이 단계에서는 주어진 상황에 적절하게 자신의 역할을 설정하고, 적절한 담화(글)의 형태를 선정하고 담화(글)의 중요도에 따라 화자가 준비를 한다.

사고의 생산 단계는 프레임이나 배경지식을 활성화하는데 여기서 활성화된 배경 지식이나 프레임의 내용들이 실제로 표현으로 완전하게 전이되지는 않으며 변형되기도 한다. 화자(필자)는 기존 지식의 구조로부터 필요한 요소들을 찾아내고 결합하여 새로운 사고 단위들을 만들게 되고 새롭게 결합된 단위들이 텍스트에서 차지하는 비중이 높을수록 창의적인 텍스트가 된다. 사고의 생산 단계에서는 아이디어가 비명시적 형태로 남아있는데 비명시적인 아이디어의 모습을 명시적으로 드러나게 하면 그것이 바로 텍스트의 화제 또는 주제가 된다. 무엇을 표현할 것인지(주제 또는 화제)를 명확하게 하는 활동이 이 단계에서 이뤄지는 중요한 활동이 된다.

아이디어 개발 단계는 앞 단계의 "사고의 생산"에서 생산된 화제(주제)에 대하여 넓고 깊게 확장하는 활동을 한다. 생각을 확장하는 활동을 위해 "귀납, 연역, 정의, 분류와 구분"과 같은 개념을 활용하기도 하고 "대상과 속성, 전체와 부분, 부류와 실례, 상위부류–하위부유, 원인과 결과, 문제와 해결, 시간적 순서와 공간적 질서"와 같은 개념들을 활용한다. 아이디어 개발 과정이 대단히 중요하다.

표현 단계는 개발된 아이이어들을 언어적 표현으로 전환시키는 지적 작용들이 일어나는 단계이다. 생각들을 표현할 경우에 표현하는 방식은 매우 다양할 수 있으며 가장 적합한 방식으로 표현하기 위해 노력을 한다. 사고와 표현이 서로 대응되어 동일성을 지니느냐의 문제는 각각 상반된 입장에서 오랫동안 논의가 되어 왔다. 동일성을 강조하게 되면 표현의 속도와 난도의 차이가 생기는 현상을 설명할 수 없으며 독립성을 강조하게 되면 사고의 언어적 번역 가능성을 부정하는 것이 된다. 표현 단계는 확정적이고 기계적인 것이 아니라 유동적이며 선택적인 과정이기 때문에 화자가 동일한 내용을 표현하더라도 여러 가지 방법을 사용함으로써 이 과정에서의 의사 결정 및 고쳐 쓰기 작용이 매우 복잡한 양상을 띠게 된다.

구절 구조 단계는 말하기 또는 글쓰기의 양식에 맞춰 표현을 연속적으로 배열하는 단계이다. 이 단계에서 통사론이나 화행이론 등이 관여를 한다. 구, 절, 문장의 구성은 통사론으로 설명될 수 있는 개념들이며 화제와 초점, 단언, 의문,

명령 등은 화행 이론으로 설명할 수 있는 개념들이다. 표현 단계에서 생성된 내용들을 잠시나마 저장해 놓는 단계이다.

음소/문자 차원에서는 청각적/시각적 부호를 만들어내는 단계이다. 음소/문자 차원을 별도로 설정한 것은 실제로 정보를 처리하는 과정에서 볼 때 음소 또는 문자로 나타내기 위한 발화 및 표기 행위를 별도로 필요로 하기 때문에 이 단계를 설정한다. 음소/문자로 표현하는 것은 조음, 표기, 시각적, 청각적 행위 등이 복합적으로 이뤄진다.

이상에서 여러 단계로 나눠 설명을 했지만 실제로 표현 행위가 이뤄지는 과정 속에서는 매우 빠르게 이뤄지기 때문에 각 단계가 명확하게 구분되거나 고정될 수 있는 성질의 것이 아니며, 또한 표현 행위가 이 단계들을 모두 거쳐서 이뤄지는 것도 아니라는 점에 유의할 필요가 있다.

연속적 모형과 평행적 상호작용 모형을 비유로 들어 비교하면 다음과 같이 말할 수도 있다. 8명의 선수들이 달리기 시합을 하는데 하나는 장애물이 있는 달리기 시합을 하는 경우이고 다른 하나는 장애물이 없는 달리기 시합을 한다고 가정해보자. 장애물이 있는 달리기를 할 경우 목적지에 도달하려면 반드시 장애물을 통과해야만 한다. 하지만 장애물이 없는 달리기일 경우 장애물을 반드시 통과할 필요는 없다. 연속적 모형은 목표에 도달하기 위해서는 반드시 장애물을 거쳐야만 한다. 글쓰기의 경우에도 연속적 모형은 장애물을 거쳐야만 목적지에 도달할 수 있는 달리기 선수처럼 표현 과정이 연속적으로 진행된다고 설명한다. 반면에 평행적 상호작용 모형은 표현을 하는 과정에서 동시다발적으로 선수들이 출발하여 모든 장애물을 다 통과하여 목적지에 도달하는 것이 아니라 어떤 선수는 장애물을 다 거치기도 하지만 어떤 선수들은 몇 개의 장애물을 생략하고 목적지에 도착할 수도 있다. 장애물이 있기도 하지만 장애물을 건너뛰고 목적지(글쓰기의 표현 행위)에 도달할 수도 있다. 이 과정에서 '평행적'이라는 말은 생각의 표현 단위들이 '순차적'으로 전개되지 않고 '동시다발적'으로 전개된다는 것이다. 다시 말하면 '목표 – 계획하기'에서 '사고의 생산'으로 진행될 수 있지만 '목표 – 계획하기'에서 '아이디어 개발'로 진행될 수도 있고, 심지어는 '음소/문자'로 바로 진행될 수도 있다는 의미이다. 이 모형에서 말하는 '평행적'이라는 의미는 바로 생각의 전개 단위들이 순차적으로 진행될 수도 있지만 동시다발적으로 진행될 수 있음을 의미한다.

또한 '상호작용'의 의미도 음미할 필요가 있다. 이 모형에서 '상호작용'이란 6개의 표현 단위들끼리의 사고의 영향 관계라고 말할 수 있다. 다시 말하면 '목표－계획하기'에서 '사고의 생산'으로 나아갈 수도 있지만 다시 '사고의 생산'에서 '목표－계획하기'로 되돌아 갈 수 있다는 의미이다.

그리고 평행적 상호작용 모형의 오른쪽에 있는 실선의 모습에서 '목표－계획하기'에 해당되는 부분이 없다. 그 이유는 실제로 생각의 표현 과정에서 표현이 이뤄진 상태에서 새롭게 '목표－계획하기'로 진행될 경우에 완전히 새롭게 글을 써야만 한다. 표현을 한 다음에는 일단 글쓰기를 종결하는 것이 정상이다. '목표－계획하기'는 기존의 생각이 종결된 후에 새롭게 시작하는 글쓰기 행위이기 때문에 '사고의 생산, 아이디어 개발, 표현, 구절구조, 음소/문자'끼리는 상호작용을 할 수 있지만 '목표－계획하기'까지 영향을 미치는 것은 적절하지지 않기 때문이다.

4 인지적 과정 모형

작문의 인지적 과정 모형은 플라워와 헤이즈에 의하여 제안된 것이다. 이 모형은 작문 행위를 일련의 단계가 계속적으로 전개되는 과정으로 보지 않고 필자가 글쓰기의 과정에서 적절히 조정하고 통제해야 하는 하위 과정들이 어떻게 조직되는지를 구체화한 것이다.

앞에서도 잠시 살펴본 바 있지만 모형은 그 개념을 이해하기가 결코 쉬운 것은 아니다. 모형의 개념을 이해하기 위해서 우선 모형의 개념적 위치를 확인할 필요가 있다. 우리가 일반적으로 인식하고 있는 개념의 위계는 "철학→이론→방향(approaches)→모형(model)→전략(strategies)"과 같다. 철학은 가장 큰 개념이다. 구성주의와 같은 것이 그 예이다. 이론은 철학보다 하위 개념이다. "언어 습득에 관한 이론"이라고 할 경우가 여기에 해당된다. 방향은 이론보다 하위 개념이다. "글쓰기 지도의 방향은 과정 중심이 되어야 한다거나 글쓰기는 총체적인 방향으로 이뤄져야 한다."고 말할 때가 여기에 해당된다. 모형은 단위 수업 시간에 적용될 수 있는 개념이다. 예를 들어 "직접교수모형"이 그것이다. 전략은 모형보다 하위 개념이다. 모형이 잘 작동될 수 있도록 뒷받침해주는 기제가 전략이다. 독서 활동을 할 때의 "SQ3R"이 여기에 해당된다.

모형은 일반적으로 이론을 기반으로 하는데, 이론은 간결한 형태로 설명하기 어렵기 때문에 모형을 통해 구체화된다. 그런데 구체화될 때의 모형은 원래의 이론이나 대상, 과정이 가지고 있는 중요한 특성을 공유하게 되며, 중요한 특성을 공유하면서도 간결하기 때문에 이론보다는 이해하거나 조작하기가 용이하며, 체계적인 분석이나 적용도 가능하다. 그래서 모형은 어떤 현상에 대한 추상적 설명 체계로서의 이론을 조작적으로 정의해놓은 것이라고 할 수 있다. 이러한 모형은 "이론을 조작적으로 정형화한 것이고, 수업의 절차나 과정을 포함하며, 목적을 달성하기 위해 동원되는 전략을 포함한다."는 특성을 가지고 있다(최영환, 2003: 266~267쪽 참조).

글쓰기의 인지적 과정 모형은 글쓰기의 회귀성을 강조한다. 회귀성(recursive)이란 글쓰기가 순차적 과정을 보이기보다는 회귀적 과정을 보이고 있기 때문에 이러한 글쓰기의 과정을 강조하는 용어로, 표현하기 과정 중에 있으면서도 다시 내용 생성하기 과정으로 되돌아가 글쓰기가 이뤄질 수 있다는 것을 의미한다. 글쓰기의 과정이 선조적(순차적)이라기보다는 회귀적이기 때문에 글쓰기의 회귀적 과정을 강조하는 인지적 과정 모형에 좀 더 중점을 두어 살피기로 한다. 먼

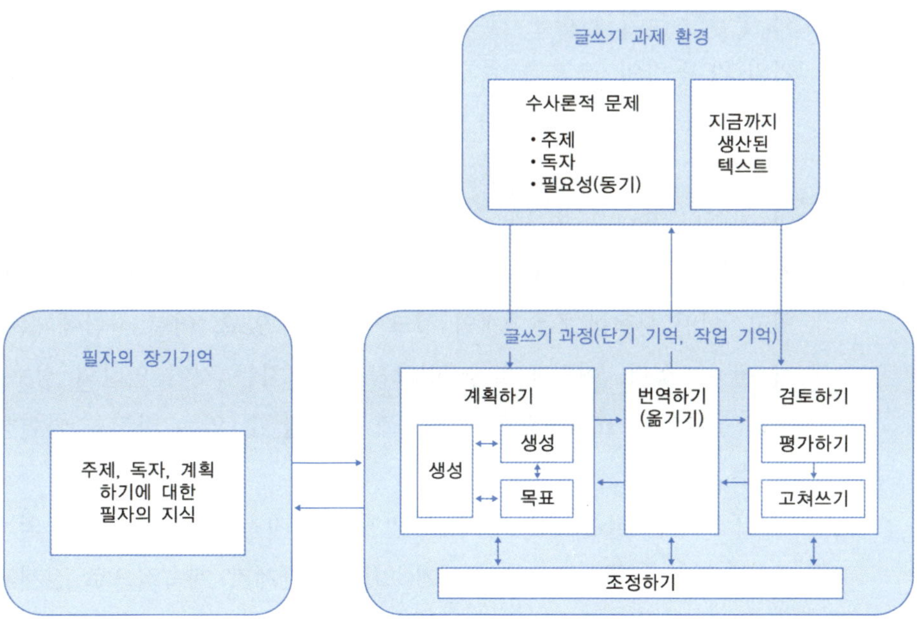

저 이 모형을 정리하면 다음과 같다(Glover 등, 1990: 275쪽 참조)

인지적 과정 모형에서 '인지적'이라는 말에 유의할 필요가 있다. '인지'의 구성 요소를 여러 가지로 볼 수 있지만 여기서는 '감각. 지각, 기억, 사고, 언어'가 중요한 구성 요소가 된다(Hampson, P.J.& Morris P.E., 1996:17~84쪽에 의하면 인지의 요소는 '기억, 시각, 언어, 주의집중, 기능'으로 보고 있다)고 전제한다. 여러 연구자들의 견해를 종합해볼 때 여러 연구자들이 인지의 공통적인 요소로 설정하고 있는 것이 바로 "기억"이다. 인지에서 기억이 차지하는 비중이 그만큼 크고 중요하기 때문이라고 해석된다.

인지적 과정 모형은 인지의 여러 요소 중에서도 '기억'이라는 요소에 초점을 맞추어 작문 과정을 설명하는 모형이 인지적 과정 모형이다. 기억 중에서도 장기 기억을 인출해 내어 과제 환경을 고려하여 작업 기억을 활성화시켜서 작문을 하게 된다. 설득하는 글의 서론을 쓴다고 가정해보자. 작문의 과제 환경과 장기 기억을 부분적으로 활용하여 서론을 쓰는 동안 필자는 다양한 생각들을 결합하여 생각을 표현한다. 이렇게 생각을 표현하는 과정을 되풀이하면서 생각의 덩어리를 키워가는 것이 일반적인데, 이 과정에서 중요한 역할을 하는 것이 작업 기억(단기 기억)이다. 글의 일부를 써 놓고 나서 쓴 내용을 잊어버리고 다음 내용을 표현하는 활동을 반복적으로 진행하면서 한 편의 글을 완성한다. 이 과정에서 중요한 역할을 하는 기억이 바로 작업 기억(단기 기억)이다. 작업 기억(단기 기억)의 용량이 크면 클수록 인간의 정보 처리 능력은 향상된다. 단기 기억의 작업 용량은 사람에 따라서 매우 다르다. 밀러가 말하는 마법의 수 "7±2"를 상기해보자. 사람들은 한꺼번에 5~9개의 청크만큼만 정보를 처리할 수 있다. 작업 기억의 용량을 키우는 한 가지 방법은 청크의 크기를 키우는 길밖에 없다. 전화번호가 "010-123-4567"이 어떤 사람에게는 10개의 청크(chunk)가 될 수 있고, 어떤 사람에게는 3개의 청크가 될 수 있고, 어떤 사람에게는 하나의 청크가 될 수 있다. 이렇게 보면 청크를 크게 하는 것이 인간의 정보 처리 용량을 늘려 글(말)을 효과적으로 이해하고 생산할 수 있는 바탕을 마련하는 길이라고 할 수 있다.

이 모형은 글을 쓰는 행위를 필자의 인지적 조정과 통제에 의해 이루어지는 과정으로 보는데, 글쓰기 행위가 일련의 단계가 계속적으로 전개되는 과정으로 보지 않고, 필자가 글쓰기의 과정에서 적절히 조정하고 통제해야 하는 하위 과정들이 어떻게 조직되는지를 구체화한 것이다.

인지적 과정 모형은 "과제 환경, 장기 기억, 작업 기억"을 작문 행위의 큰 축으로 설정한다. 이 중에서 작업 기억이 글쓰기에서 가장 중요한 활동을 이루며, 실제로 글쓰기 과정의 핵심을 이룬다. 다음에서는 이들에 대해 좀 더 상세하게 살피기로 한다.

4.1. 과제 환경

과제 환경(task environment)도 쓰기에 영향을 미치는 하나의 변인이다. 과제 환경은 다시 '지금까지 생산된 텍스트'와 '수사론적 문제'로 나눠 생각할 수 있다. '지금까지 생산된 텍스트'를 글을 쓰면서 활용할 수 있다. 글을 써 가면서 생성된 필자의 기록은 필요하다고 생각되는 것도 있지만 필요 없다고 생각되는 것들도 있다. 글을 쓰는 과정에서 이러한 기록들 모두가 글을 쓰는 데 도움을 준다. 뿐만 아니라 필자가 글을 쓰려고 참고한 여러 글들도 중요한 변인이 된다. 인간의 기억은 한계가 있기 때문에 한 편의 완성된 글을 생성해내기 위해서는 쓰고자 하는 글과 관련된 다른 사람의 글이나 자기가 썼지만 쓴 글에서 활용하지 않은 글들도 글을 고치고 다듬는 과정에서 활용할 수 있다.

다음에 '수사론적 문제'를 생각해보자. 우리는 한 편의 과제(assignment)를 해결해야 할 상황이라고 가정해보자. 과제를 하기 위해서 필자는 과제의 성격은 무엇인지(기말 보고서인지, 별 부담이 없지만 써내야만 하는 것인지 등등)'에 대해서도 알아야 하지만 주제에 대해서도 수사론의 측면에서 알아야 한다. 예를 들어, '이란의 시아파와 사우디아라비아의 수니파의 갈등의 원인'이 무엇인지가 글쓰기의 주제라고 하자. 필자의 장기 기억 속에 있는 '주제(에 대한 지식)'는 이들 원인에 관한 상세한 정보를 알고 있는 것을 말한다. 그렇지만 수사론적 문제의 측면에서 '주제'는 예를 들면 시아파와 수니파의 갈등의 원인에 대해서 어느 한 종파의 입장에서 생각할 때 갈등의 원인을 전혀 다르게 해설할 수 있다. 이 경우에 사용되는 개념이 '수사론적 문제'에서의 주제이다. 그러니까 관련된 지식이 있다는 것과 그것을 목적과 상황에 맞게 해석하는 과정에서 관심을 갖는 주제는 다른 성격을 갖는다고 할 수 있다.

과제를 제시하는 사람은 좋은 쓰기 과제를 제공해주어야 한다. "분명하고 간결하게 제시하고, 쓰기의 모형을 제공하며, 누구를 위하여 글을 쓰는지를 생각해보게 하며, 가능하면 학생들이 잘 알고 있는 주제에 대하여 글을 써보도록 하는 것"이 중요하다. 이렇게 할 때만이 학생들이 적극적으로 참여하게 되며, 쓰기 능력이 향상된다.

또한 글을 쓰면서 이 글을 읽어줄 독자가 누구인가를 생각함으로써 독자들이 필요로 하는 정보를 제공해줄 수 있다. 그렇게 하면 독자들에게 필요한 내용을 제공해줄 뿐만 아니라 필자에게도 동기부여가 되어 더 좋은 글을 쓸 수 있는 과제 환경이 마련된다.

이상에서 논의한 글쓰기를 위한 과제 환경은 글쓴이의 외부에 존재하는 변인들인데 글쓰기 행위에 영향을 미칠 가능성이 있기는 하지만 그렇다고 하여 글씨기 행위의 본질을 이룰 수는 없다. 그래도 글쓰기 행위의 본질은 어디까지나 '조정하기'가 관련되는 '글쓰기 과정' 부분이라고 할 수 있다.

4.2. 장기 기억

사람들은 글을 쓰면서 과제 환경과 단기 기억(작업 기억) 및 장기 기억을 유기적으로 연결 짓는 활동을 한다. 쓰기 활동을 할 때 장기 기억도 영향을 미치는 변인 중의 하나이다. 필자의 장기 기억 속에는 주제에 관한 지식이나 독자에 관한 지식 그리고 계획하기에 관한 지식들이 저장되어 있고, 이들 지식들이 쓰기 행위나 과정에 관여한다. 그런데 이러한 장기 기억의 내용들은 정적이라기보다는 동적이다. 쓰기 과정을 살펴보면 사실 쓰는 사람의 아이디어, 어휘, 그리고 목표를 탐색하는 동안이나 평가하고 검토하는 동안 지속적으로 작업 기억과 장기 기억 및 과제 환경은 상호작용을 한다. 장기 기억은 쓰기의 전 과정에 작용하는 통합적인 요소라고 보아야 한다. 모형에서 화살표를 보면 세 개의 축이 밀접한 관련을 맺고 있으면서 다시 내부에 서로 상호작용을 하는 모습을 볼 수 있다. 이것은 바로 글쓰기에 관여하는 세 개의 축이 '작문과정(단기 기억, 작업 기억)을 중심으로 하여 상호작용을 하고 있음을 보여주고 있다.

4.3. 작업 기억(글쓰기 과정)

플라워와 헤이즈는 작업 기억에서 이뤄지는 핵심적인 과정으로 "계획하기, 생각을 글로 바꾸기(번역하기), 검토하기"를 제시하고 있다. 사람들은 글을 쓰면서 이들 과정들을 순차적으로 거치는 것은 아니다. 말하자면 바꾸기를 한 다음에 다시 계획하기로 가서 글쓰기를 진행할 수도 있고, 검토하기를 마친 다음에도 다시 계획하기로 가서 새롭게 글쓰기를 시도할 수도 있다. 이러한 과정을 글쓰기의 회귀적 과정이라고 한다. 이른바 글쓰기는 순차적이라기보다는 역동적이고 카오스적이다. '카오스적'이라는 말은 여러 생각들이 섞여 있는 가운데 생각들을 결합하여 의도하는 내용을 생성해내는 상황을 비유적으로 나타낸 말이다.

계획하기는 목표 설정하기, 생성하기, 그리고 조직하기로 구성되어 있다. 목표 설정하기는 글을 쓰는 목표를 설정함을 의미한다. 이러한 목표 설정은 쓰기의 계획하기에서만 나타나는 것이 아니라 전 과정에서 나타난다. 목표 설정하기의 모습은 다양하다. "나는 이 과제를 제출해서 최상위 점수를 받겠다. 나는 이 과제를 최종 정리를 하는 용도로 사용하고자 한다. 나는 다음 장의 공부를 위해 이 장의 내용을 종합하고자 한다." 등이 목표의 내용에 해당될 수 있다.

생성하기는 글에서 쓸 아이디어와 내용을 개발하는 데 관여한다. 장기 기억에서 아이디어를 꺼낼 수도 있고, 과제 환경에서도 꺼낼 수 있다. 이러한 생성하기는 다른 과제 환경에 영향을 미치기도 하면서 글쓰기의 전 과정에 관여한다.

조직하기는 목표와 아이디어를 수집하고 이들을 서로 관련 있게 통합하는 데 관여한다. 이러한 조직하기도 쓰기가 진행되는 동안 계속된다. 조직은 글쓰기 아이디어의 논리적 배열을 의미한다. 배열을 어떻게 하느냐에 따라서 정보를 효율적으로 처리할 수도 있고 비효율적으로 처리할 수도 있기 때문에 논리적 흐름에 따라 아이디어를 조직할 필요가 있다. 예를 들어, 설명을 한 다음에 예시를 제시하는 것이 예시를 제시하고 이어서 설명을 덧붙이는 것보다 효과적인 경우가 대부분이다. 조직하기에서는 이러한 측면을 고려해야 한다.

번역하기는 글을 쓰는 사람의 아이디어를 글로 표현하는 과정이다. 이 과정은 의미적 기억에 접근하고 적절한 어휘를 생각해내고, 아이디어에 적합한 단어들을 찾아내고, 이들을 배열하여 쓴 글 속의 단어들을 읽어보는 과정이다. 번역하기는 작업 기억에 큰 부담을 주지만 자동화가 될수록 부담이 줄어들며, 글을 잘 쓰는 사람의 경우 부담은 더 줄어든다. 왜냐하면 글을 잘 쓰는 사람의 경우 쓸 글의 주제와 관련된 지식의 청크(덩어리)가 커서 그만큼 정보를 처리하는 데 들어가는 노력이 줄어들기 때문이다.

검토하기는 쓴 글에 대하여 스스로 만든 기준과 비교하는 과정이다. 검토하기는 평가하기와 고쳐 쓰기의 두 하위 과정으로 이뤄진다. 평가하기는 글을 다시 읽으면서 하나 이상의 기준을 설정하여 비교해보는 활동이다. 평가는 일반적으로 필자의 지식과 그 작가가 생산해 내는 특정한 유형의 지식에 의존한다. 글을 잘 쓰는 사람과 못 쓰는 사람은 글을 평가할 때 극단적인 차이가 있다. 글을 잘 쓰는 사람들은 글의 구성, 내용의 일관성 그리고 단어 선택의 결점을 지적하지만 글을 못 쓰는 사람은 그렇게 하지 못한다. 글을 잘 쓰는 사람은 잘 쓴 글이든 못 쓴 글이든 잘 이해하지만 못 쓰는 사람은 글의 잘못된 점을 잘 찾아내지 못한다. 또 잘 쓰는 사람은 자신이 쓴 글의 문제점을 잘 찾아내지만 못 쓰는 사람은 그렇지 못한다.

조정하기는 계획하기와 번역하기와 검토하기 모두에 관여한다. 번역하기 부분에 문제가 있다면 다시 계획하기로 되돌아가서 생각을 정리한 다음 다시 번역하기로 진행하고 극단적으로는 검토하기 과정에서 문제가 심각하다고 인식할 경우 다시 번역하기나 계획하기로 진행될 수 있다. 이러한 일련의 진행 과정은 조정하기로 설명할 수 있다. 이러한 조정하기의 성격은 바로 '회귀성'이다.

5 말하기의 과정

앞에서 표현 과정을 설명할 수 있는 모형 세 가지를 살펴보았다. 말하기와 글쓰기가 표현 행위의 측면에서 볼 때 동일한 행위라고 한다면 굳이 말하기와 글쓰기 과정을 설명하는 모형을 별도로 설정할 필요가 없다. 하지만 말하기와 글쓰기는 공통적인 부분도 있지만 상이한 부분 또한 많다. 여기서는 말하기와 글쓰기의 상이성에 더 중점을 두는 관점에 기반하여 말하기 과정을 설명하는 모형을 하나 살피기로 하다.[5]

---

5 말하기의 과정과 특성에 관한 내용은, 원저자(노명완 등, 1991: 239~244쪽) 허락 하에 내용을 요약·정리한 것이다. 좋은 글을 읽을 수 있도록 게재를 허락해준 원저자에게 감사드린다. 요약·

말하기는 생각을 상황이나 목적에 맞게 드러내는 행위이다. 말하기의 과정은 크게 보아 계획하기와 표현하기로 나눌 수 있다. 계획하기는 시발점이고 표현하기는 종결점이다. 계획하기가 가지는 교육적 의미는 표현하기 전의 활동 내용이 표현하기에 많은 영향을 미칠 수 있기 때문에 계획하기를 고려할 필요가 있으며, 표현 과정에서 생길 수 있는 표현 능력의 차이를 진단하기 위한 단서로 활용할 수 있기 때문이다. 예비 교사들은 단순하게 표현만 하는 것에서 그치는 것이 아니라 그 표현의 적절성과 타당성을 따지면서 학생들의 표현 능력을 길러주어야 할 책무가 있고, 이러한 책무를 수행하기 위해서는 말하기가 이뤄지는 과정을 정밀하게 관찰하고 분석할 수 있는 능력을 갖추고 있어야 하기 때문이기도 하다.

말하기 과정을 단순화시키면 '계획하기 과정'과 '표현하기 과정'으로 구분할 수 있다. 이 모형을 앞의 인지적 과정 모형과 비교하여 보자. 인지적 과정 모형의 세 축에서 '장기 기억'과 '글쓰기 과제 환경'이 제거된 상태를 생각할 수 있다. 그러면 인지적 과정 모형은 '글쓰기 과정'만 남는다. 작문 과정만을 보았을 때 '검토하기와 조정하기'가 빠지면 인지적 과정 모형의 '계획하기와 번역하기'는 다음의 말하기 과정 모형에서 '계획하기와 표현하기'처럼 대응된다. 먼저 말하기

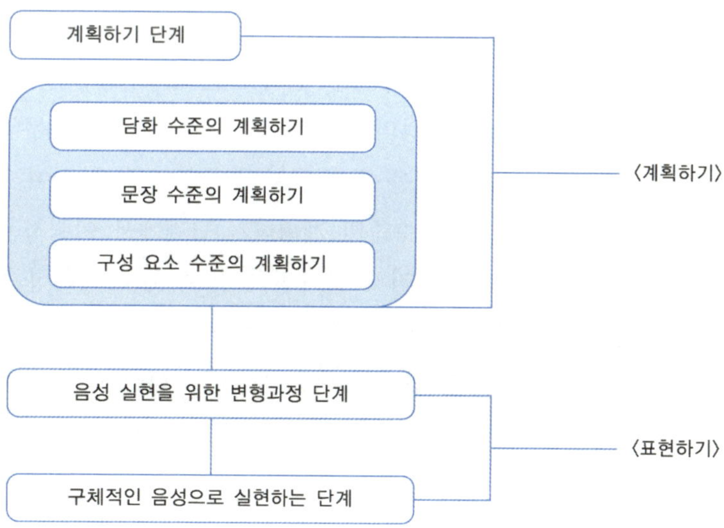

정리하되, 필요하다고 생각되는 내용은 첨가했음을 밝힌다.

과정을 설명하는 모형을 제시하고 이어서 다시 논의를 하기로 한다. 말하기 과정을 설명하는 모형은 다음과 같다(노명완 등, 1991: 240에서 인용함).

말하기 과정 설명 모형의 경우에 각 과정에서 이뤄지는 구체적인 활동에 대해서는 모형에서 상세하게 설명하지 않고 있다. 하지만 계획하기 과정에서 이미 화자의 장기기억에 저장되어 있는 지식이나 과제 환경을 인식하고, 말하기의 각 과정에서 이러한 정보들을 종합적으로 활용한다고 볼 수 있다. 이렇게 본다면 담화 수준의 계획하기 단계에서 이미 작문 과제 환경과 장기 기억 속에 저장되어 있는 정보를 직·간접적으로 활용하고 있는 셈이 된다. 각 과정에서는 다음과 같은 활동을 할 수 있다.

말하기의 계획하기는 화자의 의도, 청자의 상태, 화자의 언어 사용 능력상의 한계 등에 대한 인식을 토대로, 자신이 표출할 메시지의 사실적 타당성과 사회적 맥락상의 적합성을 고려할 필요가 있다. 먼저 담화 수준의 계획하기에서는 말하고자 하는 담화가 지닌 일반적인 구조를 고려해야 한다. 말할 내용이 토의인지 토론인지 등에 관해서 생각을 정리하고 그 전체적인 구조를 고려해서 말할 내용을 미리 생각해보는 것이 담화 수준의 계획하기이다. 담화 수준에서의 계획하기를 할 경우에 말하기의 종류를 고려할 필요가 있다. 토론을 할 경우에는 주장이 명료해야 할 뿐만 아니라 주장에 대한 근거의 적절성과 상관성을 생각한다거나 반박을 할 경우에 어떻게 반박을 하는 것이 효과적인지 등에 대한 생각을 정리하는 것이 담화 수준에서의 계획하기이다. 담화 수준의 계획하기에서는 다음과 같은 활동을 하기도 한다. "어떤 유형의 말을 할지, 말하는 목적은 무엇인지, 가볍게 이야기를 하는 것인지, 어떤 사건을 기술하는 것인지, 토론에 참여해서 자기의 주장을 펼치는 것인지" 등이 담화 수준의 계획하기 단계에서 이뤄지는 활동이다.

담화 수준의 계획하기가 끝나면 문장 수준의 계획하기를 한다. 여기서는 "명제의 내용, 화행의 내용, 화제의 구조"를 고려한다. 화자가 하나의 문장을 표현하려고 할 때 동일한 명제의 내용이라고 하더라도 어떠한 화행의 내용으로 표현할 것인지를 결정해야 한다. 하나의 예를 들어보자.

> "서울행 고속버스를 타고 막 출발하여 가고 있다. 그런데 뒷자리에 앉은 두 중년 여성이 주변을 의식하지도 않고 너무 시끄럽게 이야기를 한다. 무척 신경질이 난다. 조용히 갔으면 좋겠다. 뒷자리에 있는 두 사람에게 어떻게 말을 해서 좀 조용히 해 달라는 목적을 달성할 수 있을까?"

흔히 경험할 수 있는 상황이다. 이 상황에서 상대방이 기분 나쁘지 않으면서도 내 목적을 달성할 수 있는 말하기 방법은 무엇인가? 이것을 결정하는 것이 화행의 내용이고, '좀 조용히 갑시다.'와 같은 내용이 명제 내용이다. 이 상황에서 화행의 내용은 직접적으로 말하는 것이 아니라 고속버스 운전사에게 부탁하여 그로 하여금 조용하게 할 수 있게 하는 것이 화행의 내용이 된다(이른바 간접화행이다). 말하자면 당사자가 아닌 객관적인 위치에 있는 제3자(여기서는 운전사)에게 말할 권한을 넘겨 그로 하여금 문제를 해결하게 하는 것이 화행의 내용이 된다. 이러한 화행은 설명, 설득, 지시, 의문과 같은 여러 형태로 진행된다. 이 과정에서 중요하게 생각해야 할 것이 표현의 적절성이다. 설명의 경우 정보의 진실성이 중요하고, 지시를 할 경우 진지성이 중요하다. 이런 것들을 표현의 과정에서 고려하는 것이 적절성을 살피는 것이다.

화행의 내용은 언표적 행위(locutionary act)와 비언표적 행위(illocutionary act)와 언향적 행위(perlocutionary act)로 나눠볼 수 있다. 언표적 행위는 직접적인 지시적 표현행위이다. 겨울이고 날씨가 매우 추운 상황을 상정해보자. "날씨가 무척 쌀쌀하구나!"라고 아버지가 말했다면 이것은 언표적 행위이면서 동시에 언표적 의미를 표현한 것이 된다. 그러나 이 말을 "언제, 누구에게, 무슨 의도로" 했느냐에 따라서 그 의미는 크게 달라질 수 있다. 예를 들어 출근하는 딸에게 아버지가 이 말을 했다고 하자. 그러면 그 의미는 "날씨가 춥기 때문에 옷을 따뜻하게 입고 출근해라."라는 의미가 된다. 말하자면 이 표현의 의미는 문장 속에 있는 것이 아니라 상황 속에 있다고 할 수 있다. 이러한 의미를 비언표적 의미라고 한다. 비언표적 행위를 기반으로 한 비언표적 의미의 표현이 매우 많이 생산되고 수용되는 것이 우리의 언어 사용의 상황을 보면 비일비재하다. 이뿐만 아니라 아버지가 한 이 말은 그것을 들은 사람에게 아버지의 의도와는 거의 무관하게 영향을 미칠 수도 있다. 예를 들어 가벼운 옷차림으로 외출하는 딸이 우연히 이 말을 들었다고 가정해보자. 딸은 아버지가 나에게 "주의나 경고"를 하고 있다는 의미로 받아들이고 "오늘은 시간이 없으니 그냥 입고 가고 내일부터는 꼭 따뜻하게 입고 가야지"하고 생각한 다음 말을 한다. 이런 표현 행위가 바로 언향적 행위이다. 이러한 언향적 행위는 비언표적 행위에 비해 간접적이고 비의도적이라는 점에서 비언표적 행위와 구분될 수 있다(김진우, 1994: 190쪽 참조).

물론 이러한 문장 수준의 계획하기는 언어가 사용되는 상황을 전제하면 담화 수준의 계획하기에도 해당될 수 있다. 하지만 표현의 단위 측면에서 보았을 때 담화가 전체적인 수준이라면 문장은 전체를 구성하는 기본 단위의 하나라는 점을 고려할 때 문장 수준의 계획하기 범주에 넣을 수 있다.

명제의 내용은 말하기의 메시지 그 자체에 해당된다. 문장 수준에서 볼 때 명제 내용은 가장 핵심적인 것이 된다. 이 과정에서 중요한 것은 명제의 내용을 묶는 방법과 단순화시키는 것이다. 묶을 때 개념적으로 무엇이 중요한가를 기준으로 하여 개념적으로 중요한 것을 중심으로 묶어야 하며 자신의 언어로 표현할 수 있는 것을 기준으로 해야 한다. 덜 중요한 것을 묶어 놓으면 산만해질 뿐만 아니라 정보를 처리하는데 방해를 받을 수 있기 때문이다. 또한 자신의 언어로 표현할 수 있어야 한다는 것은 곧 표현하고자 하는 내용에 대해 충분히 이해하고 있어야 한다는 의미이다. 자기의 언어로 이해하지 못하면 쉽게 표현할 수 없기 때문이다.

다음에 또 하나 고려해야 할 것이 화제의 구조이다. 화제(topic)의 개념에 대한 여러 가지 견해가 있지만 여기서는 "화제(topic)와 초점(comment)"의 연관성 위에서 화제의 개념을 사용하기로 한다. 화제는 넓게 보면 문장이나 단락 혹은 전체에서 진술되거나 언급되는 '대상'을 말하고, 초점은 그 대상에 대한 서술(진술)이다. 화제와 관련하여 가장 작은 단위인 문장을 가지고 설명하기로 한다(물론 이러한 화제의 개념은 문단이나 글 전체의 차원에서도 동일하게 생각할 수 있다). "순이는 착하다."라는 문장을 가정해보자. 이 문장에서 보자면 진술(언급)되는 대상으로서의 "순이"가 화제이고, "착하다"가 초점이다. 초점은 '순이'라는 대상에 대해 그 속성(예를 들면, 아름답다, 착하다, 귀엽다, 피부가 하얗다 등등) 중에서 "착하다"라는 것을 선택하여 하나의 완결된 문장으로 표현한다. 왜 이런 것을 선택했는지는 전체적인 상황 속에서 결정될 문제이지만 표현을 위한 계획하기 수준에서 보자면 화제의 구조를 고려한 문장 구성이 된다.

구성 요소 수준의 계획하기는 계획하기 단계에서 최소의 단위라고 할 수 있다. 이 단계에서 활용되는 언어 단위는 단어나 구절을 말한다. 단어나 구절을 선택하는 과정은 문장 수준의 계획하기가 진행되는 과정과 거의 동시에 일어나지만 언어적 표현 단위의 측면에서 보자면 계획하기 단계에서 최소 단위에 해당된다. 이러한 최소 단위를 어떻게 선택하는가의 문제는 화자가 처해 있는 상황,

그러한 말을 하는 목적, 말하고자 하는 주제, 그 주제의 난도, 청자, 화자의 지적 능력 등에 의해 '상황 의존적'으로 구성된다.

표현하기 단계는 음성 실현을 위한 변형 과정과 구체적인 음성으로 실현하는 단계로 나눌 수 있다. 음성 실현을 위한 변형 과정과 구체적인 음성으로 실현하는 단계는 매우 밀접하게 관련되어 순간적으로 이뤄지는 음성적 표현 활동이기 때문에 둘의 경계를 구분하기는 쉽지 않지만 말하기 과정에서 발생하는 오류를 살펴보면 이들의 관계를 어느 정도 알 수 있다. 글쓰기와는 조금 다르다고 할 수 있는 것으로서 글쓰기는 고쳐 쓰기가 중요한 글쓰기의 과정 중의 하나이지만 말하기는 '고쳐 말하기'가 그렇게 중요한 말하기의 과정으로 인식되지 않고 있다. 이것은 말하기의 경우 면 대 면 상황에서 잘못 말했더라도 즉시 의미의 오류 교정이 가능한 것도 고쳐 말하기가 크게 강조되지 않는 이유이기도 하다.

구체적 음성으로 실현하는 단계에서 발생하는 오류는 여러 가지가 있을 수 있지만 대표적으로 몇 가지만 들어보면 다음과 같다. ① 다음에 올 단어의 음소를 앞질러 발화하는 경우가 있다. "쌀을 팔았다 → 팥을 팔았다"가 그것이다. ② 앞선 단어의 음소에 의해 계속적으로 영향을 받는 경우이다. "작대기로 맞았다 → 작대기로 잦았다."가 그 예이다. ③ 연속되는 단어들의 첫 음소를 맞바꾸어서 말하는 경우다. "경수와 영민 → 영수와 경민"이 그 예이다. ④ 어떤 단어를 그 단어와 의미상으로 밀접하게 관련되는 다른 단어로 대치하여 말하는 경우이다. "문을 닫아라! → 문을 열어라!"가 그 예이다. 다음 활동을 통해 화행 내용을 분석해보자.

활동 11-1 화행의 분석

이 활동의 목적은 화행 분석을 통해 상황과 맥락에 맞게 언어를 사용하는 능력을 함양하기 위함이다.

■ A를 보고도 B라고 말하는 이유는? 상상력 때문

분명히 같은 얘기를 듣고, 동일한 대상을 봤는데도 다르게 말하는 경우가 있다. 의도적인 거짓말이 아닌데도 이런 일이 벌어지는 이유는 상상력 때문이라는 연구 결과가 발표됐다.

스웨덴 카롤린스카 연구소의 헨릭 어슨(Ehrsson) 교수팀은 상상력이 시각 정보를 변형하는지를 알아볼 수 있는 실험을 고안했다. 연구진은 정상인 22명에게 직사각형 모양의 스크린을 보여줬다. 스크린 상단의 좌우 꼭짓점에 두 개의 푸른색 원형 물체가 등장해 중앙을 향해 초속 16.5cm의 속도로 이동했다. 대각선으로 이동한 두 물체는 중앙에서 만나면 그 순간 스크린에서 사라지도록 했다. 어슨 교수팀은 두 물체가 만날 때 '땡그랑'하는 금속 소리를 상상하라고 실험 참가자에게 요구했다. 땡그랑 소리에 대한 상상은 스크린의 두 물체가 서로 충돌한 장면을 연상시킨다.

상상 없이 스크린을 보기만 한 사람 중에는 27%가 두 물체가 만나고 서로 튕겨 나갔다고 말했다. 실제로는 두 물체가 중앙에서 만나면서 스크린에서 사라졌지만, 충돌로 두 물체가 튕겨 나갔다고 착각한 사람이 2배로 많아진 것이다. 연구진은 상상 대신 두 물체가 만날 때 땡그랑 소리를 직접 들려주는 실험도 진행했다. 이때도 두 물체는 서로 만나면서 스크린에서 사라졌지만, 실험 참가자들은 소리를 상상한 경우와 마찬가지 비율로 두 물체가 서로 튕겨 나갔다고 응답했다.

어슨 교수는 "이번 연구로 상상력이 실제로 듣는 것과 같은 효과를 뇌에 전달하고, 뇌는 상상력과 오감이 수집한 정보를 종합해 판단한다는 사실이 확인됐다"며 "상상력과 오감으로 수집된 정보를 구별할 수 있다는 통념이 근거가 없다는 사실도 확인됐다"고 말했다. 연구진은 관련 내용을 국제학술지 '커런트바이올리지' 최신호에 발표했다(조선일보, 2013년 7월 1일, 조호진 기자).

1. 위의 제시 글을 읽고 적절한 구절을 하나 선택하여 언표내적 행위와 비언표적 행위, 언향적 행위를 만들어보자.
2. 언어를 사용할 때 '언표내적 행위, 비언표적 행위, 언향적 행위'를 병행하여 사용하는가? 이렇게 했을 때의 장점은 무엇인지에 대해 토론해보자.

6 말하기와 글쓰기의 특성 비교

말하기와 글쓰기는 공통점이 있지만 차이점도 분명하게 존재한다. 매체 측면에서 음성과 문자라는 점, 발신자와 수신자의 상호작용이 가능하다는 점과 불가능하다는 점, 대상의 분명성 정도가 다르다는 점, 시간과 공간을 공유하는 정도의 차이, 메시지 속의 지시 대상의 가시성과 구체성이 다르다는 점, 언어 사용자의 명료성 여부 면에서 차이가 있다. 이들을 바탕으로 기타의 견해를 종합하여 말하기와 글쓰기의 차이점을 정리하면 다음과 같다(노명완, 1991: 244쪽 참조).

기준 구분	말하기	쓰기
의미의 표현 방식	- 개별적 단어로부터 의미를 획득 - 말하는 맥락에 바탕을 둔 추측을 통하여 의미의 관련성 및 화자의 의도 파악 - 표현의 과정에서 오류의 수정 및 보충·부연 - 문법적 오류가 문제되지 아니함	- 보존에 의하여 공식화된 산물로 작용함 - 문법적 맥락이 중시됨 - 상호작용(필자, 독자)이 없으므로 진술의 내용적·형식적 완결성이 요구됨 - 오류의 즉각적 조정이 불가능함
표현 전략	- 담화의 효율성에 초점이 주어짐 - 고등 정신 기능으로서의 사고 활동을 의식적으로 수행하지는 아니함 - 초인지적 전략 사용이 비교적 소홀함	- 언어적·인지적 제약이 많음 - 말하기에서와 같이 맥락에 의존 할 수 없으므로 고도의 인지적 전략을 구사해야 함 - 자신의 아이디어를 일정한 형식에 의거 명시적으로 구조화해야 함
심리적 경향	- 언어를 엄격하게 논리적인 방식으로 사용하 지 않는 경향 - 공유된 맥락과 전달 공간의 상호의존성	- 언어를 엄격하게 논리적인 방식으로 사용하는 경향 - 공유되지 않는 맥락과 전달 공간의 독립성

위에서 말하기와 글쓰기의 차이점을 정리해보았다. 말하기와 글쓰기의 계획하기 단계에서는 전체 의미를 결정하는 초기 단계이기 때문에 그 과정이 유사하다는 여러 연구 결과가 있다. 또한 말하기와 글쓰기에서 드러나는 실수가 유사하다는 점도 말하기와 글쓰기의 유사성을 지지해주는 하나의 증거이다.

반면에 차이점을 강조하는 연구 결과도 많다(이에 대한 논의는, 조명한 등, 2003: 364쪽을 참조함). Rubin(1980)은 말하기와 글쓰기의 차이를 구조적 차원에서 설명하고 있다. 단어수준에서 말하기는 친근하고 쉬운 어휘를 사용하는 반면, 글쓰기는 친숙하지 않고 어려운 어휘를 사용한다는 것이다. 문장 수준에서도 말하기는 구조가 단순하며 반복, 중복 등 구문의 짜임새가 느슨하고 문법에 맞지 않거나 완전하지 못한 문장이 많은 반면, 글쓰기는 복문이나 중문 등 문장이 복잡한 구조를 가지며 문법적이고 완전한 문장을 사용한다는 것이다. 그리고 글 수준에서 말하기는 상황 의존적인 언어를 주로 사용하지만, 글쓰기는 문장 속에 전달하고자 하는 모든 내용을 명료하게 표현하는 특징을 갖고 있다는 것이다.

위에서 말하기와 글쓰기의 특성을 살펴보았는데 여기서는 글쓰기가 이뤄지는 과정을 중심으로 글쓰기는 어떤 특성을 가지고 있는지에 대해 좀 더 구체적으로 살펴보기로 한다.

말하기의 과정을 크게 볼 때, 계획하기와 표현하기로 이뤄져 있는 것과 마찬가지로 글쓰기의 과정도 이와 동일하다고 할 수 있다. 계획하기 과정의 핵심은 "아이디어의 생성 과정과 조직 과정"이며, 표현하기 과정의 핵심은 "텍스트의 생산 과정과 고쳐 쓰기 과정"이다. 아이디어 생성 과정과 텍스트의 생산 과정은 큰 차이가 있다. 텍스트의 생산은 단어들의 순차적 배열로 이뤄지지만 아이디어의 생성은 순차적이지 않으며 복잡하게 서로 연결되어 하나의 집합을 이루고 있기 때문이다. 비록 아이디어의 생성과 관련하여 아이들이 서로 논리적 일관성과 개연성, 관련성과 같은 규칙의 지배를 받고 있다고 할지라도 텍스트의 생산과 관련된 일련의 규칙보다는 훨씬 체계화되어 있지 않다.

아이디어 생성 과정은 "아이디어 발견 과정과 조정 과정"으로 나눠진다. 쓰고자 하는 주제에 대해 아이디어를 발견하는 활동은 매우 중요하다. 쓰고자 하는 주제와 관련하여 많은 아이디어를 가질수록 좋은 글을 쓸 가능성이 많아지기 때문이다. 아이디어를 발견하는 능력을 길러주고자 할 때 활용할 수 있는 전략으로 "자유 연상, 관련 아이디어와 사건들에 대한 기록물의 활용, 브레인스토밍, 전문가들로부터 조언받기" 등이 있다. 이렇게 일단 아이디어를 발견해내면 그 다음에는 발견한 아이디어를 쉽게 처리할 수 있도록 가능한 형태로 조정(정리)하는 일이 중요하다. 아이디어를 조정하는 과정은 발견된 아이디어를 일정한 그룹으로 묶는 일부터 시작된다. 묶는 일 자체가 또 다른 아이디어를 생성해 내기 위한 자극제가 될 수 있기 때문이다. 아이디어를 묶는 데 활용할 수 있는 전략으로는 "비교와 대조, 유목화" 등이 있다.

아이디어 생성과 관련하여 한 가지 중요한 문제는 글쓰기 과정에서 생성된 아이디어 혹은 의미를 어떤 방식에 의해 내적으로 표상하게 되는가 하는 문제이다. 글을 쓴다는 것이 사고를 표상한 것이라고 할 때 "어떻게 사고의 표상을 기술할 것인가"가 중요한 문제이다. 사고의 표상은 언어적 심상에 의한 표상, 추상적 지식망에 의한 표상, 텍스트의 기저에 의한 표상으로 구분할 수 있는데,[6] 이들 표상들을 어떻게 형성하고, 형성된 표상들이 글로 완성되기 위해 어떻게 활용되는지에 대해 알기가 쉽지 않다. 알기가 쉽지 않지만 미흡한 대로 하나의 안이 있는데 그것이 바로 프로토콜 분석법이다. 이것은 필자가 글을 쓰면서 생

---

6 표상에 대해서는 앞(9장)에서 논의하였음.

각하는 것을 자연스럽게 말하게 하고 그 내용을 분석하는 것이다. 이를 통해 미흡하나마 글쓰기의 과정에서 이뤄지는 표상들의 연결 모습을 알 수 있다.

다음으로 텍스트를 생산하는 과정을 살피기로 한다. 텍스트의 생산은 "텍스트, 문단, 문장, 단어"와 같은 네 가지 단계로 구분된다. 이렇게 단계를 구분지어 놓으면 학생들의 글쓰기를 지도하는 데에도 상당한 이점이 있다. 이러한 단계와 더불어 텍스트를 만드는 과정에서 고려해야 할 전략적인 장치를 살필 필요가 있는데, 그것은 "구조적 장치, 문체적 장치, 내용적 장치"이다. 구조적 장치는 다시 텍스트 단계의 장치, 단락 단계의 장치, 문장 단계의 장치로 나눌 수 있다. 텍스트 단계의 장치로는 "피라미드 형, 이야기 혹은 서사형, 논증형, 그리고 역피라미드 형"이 있다.[7] 단락 단계의 장치로는 "논제의 진술, 논제의 상세화, 논제의 요약" 등이 있고, 문장 단계의 장치는 새로운 정보를 알려진 정보보다 먼저 위치시키는 것 등이 있다. 문체상의 장치에는 "대조, 유머, 긴장감 갖게 하기(suspense), 그림의 사용" 등이 있고, 내용상의 장치에는 "아이디어의 계층적 구조, 아이디어들의 확실성, 그리고 아이디어들의 연결성"이 있다. 계층적 구조는 상위 개념을 위에 위치시키는 것을 말하고, 확실성은 아이디어를 긴밀하거나 명확하게 연결시키는 것을 말하며, 연결성은 새로운 아이디어와 이미 알려진 아이디어들의 관계를 효과적으로 표시하거나 위치시키는 것을 말한다.

고쳐 쓰기 과정은 텍스트의 각 단계에서 모두 일어날 수 있다. 텍스트 단계에서 고쳐 쓰기가 일어날 수도 있는데, 고쳐 쓰기 단계에서 가장 힘들고 어려운 단계이다. 글의 전체적 내용을 고쳐야 하기 때문이다. 단락 단계에서 고쳐 쓰기가 이뤄질 수도 있고, 문장 단계에서 고쳐 쓰기가 이뤄질 수도 있다. 능숙한 필자는 고쳐 쓰기도 능하지만 미숙한 필자는 고쳐 쓰기를 힘들어할 뿐만 아니라 하지 않으려 한다. 따라서 효과도 떨어지며 결국 글의 수준을 떨어뜨리게 만드는 하나의 요인으로 작용한다.

---

7 이러한 장치는 말하기나 글쓰기의 본론을 구성하는 방식의 하나이다. 본론의 구성 방식에 대해서는 뒤에서 다시 상론된다.

7 글쓰기(말하기)의 개인차

글을 잘 쓰는 사람과 못 쓰는 사람의 차이는 학습 능력에서보다는 읽기 능력과 쓰는 연습의 양에서 변별된다. 즉 잘 쓰는 사람은 못 쓰는 사람에 비해서 더 많이 읽으며, 글을 쓰기 위해 더 많은 연습을 한다. 읽기 능력은 읽기를 통해서 향상되고, 쓰기 능력은 쓰기를 함으로써 향상된다는 평범한 진리를 되새길 필요가 있다. 조명한 등(2003: 360쪽 참조)에서는 능숙한 필자는 "아이디어 생성의 양이 많고, 문장의 길이가 상대적으로 길며(11단어 대 7단어), 논증의 응집성과 구조에 초점을 맞추고, 의미의 수준에서 수정을 많이 하고, 수정하는 데 시간을 더 많이 보내며, 자기가 써 놓은 글에서 문제점을 더 많이 발견하며 자기가 발견한 문제점들의 본질을 더 정확히 파악하고 있다."는 것과 같은 특징을 보인다고 보고하고 있다.

조명한 등에서는 계획하기 과정에서 능숙한 필자는 지식 변형 전략(knowledge transforming strategy)을 사용하는 반면에 미숙한 필자는 지식 서술 전략(knowledge telling strategy)을 사용한다고 말하고 있다. 지식 서술 전략은 주제에 대해 별로 계획하지 않은 채, 알고 있는 바를 그냥 열거해 놓는 양식으로 글을 쓸 때 사용되는 전략이다. 이것은 새로운 정보를 담으려는 노력보다는 이미 존재하는 정보를 대강 엮어서 글을 쓰는 전략이다. 이는 당연히 미숙한 필자들이 주로 활용하는 전략이다. 반면에 지식 변형 전략은 글을 쓸 때 그 주제에 대한 단순한 사실이나 지식 이외에 글쓰는 이가 가지고 있는 여러 신념이나 지식 등의 개념적 지식과 글쓰기의 목표를 어떤 식으로 달성할 것인가와 같은 초인지적 지식(혹은 전략적 지식)이 서로 상호작용하여 영향을 미치는 전략이다. 이 전략은 능숙한 필자들이 주로 활용하는 전략으로 내용을 잘 조직화하고 요점을 잘 표현하는 데 활용된다.

다음에 이신동 등(1999: 387~395쪽)에서 논의된 능숙한 필자와 미숙한 필자의 차이에 관한 내용을 소개하여 글쓰기의 개인차 이해가 왜 글쓰기에서 중요한지에 대한 이해를 돕고자 한다.

첫째, 정보 처리의 차이이다. 글을 잘 쓰는 사람과 잘 못 쓰는 사람은 정보 처리에서 차이가 있다. 무선적인 순서로 만들어진 일련의 문자들을 피험자에게 컴퓨터 영상으로 제시하고, 마지막 문자가 제시된 후에 피험자들에게 알파벳 순서로 문자들을 회상하도록 지시했다. 모든 피험자들은 그 문자들을 회상하기 위해 노력했고, 그 결과 능숙한 필자는 미숙한 필자보다 더 빠르고 더 정확하게 회상을 했다. 또한 낱말 재배열 과제에서 피험자들에게 무선화된 순서로 낱말 세트를 제시하고 낱말들을 사용하여 하나의 문장으로 만들 수 있는 순서로 낱말을 재배열하는 실험을 했다. 실험 결과 능숙한 필자는 미숙한 필자보다 더 빠르고 정확하게 낱말을 재배열했다. 뿐만 아니라 일련의 문장을 문단으로 만드는 과제와 여러 문장을 두세 문단으로 조직화하는 과제에서 훨씬 빨리 처리를 했다. 결론적으로 말하면 능숙한 필자는 미숙한 필자에 비해 문자, 낱말, 문장, 구를 더 빠르고 효율적으로 재배열할 수 있다.

또한 능숙한 필자는 의미에 초점을 두지만 미숙한 필자는 문법, 철자법 등과 같은 형식적인 문제에 더 주의집중을 한다. 이상의 내용은 정보 처리와 주의집중의 차이에 중점을 둔 기술이다.

둘째, 계획하기의 차이이다. 능숙한 필자와 미숙한 필자는 "의미 표현하기, 실수 피하기, 연상을 통해 쓰기" 등에서 차이가 난다. 능숙한 필자는 쓰기의 기계적 측면도 잘 수행한다. 왜냐하면 이러한 기계적 측면들이 의미를 명확하게 전달하기 위해서도 중요한 역할을 하기 때문이다.

능숙한 필자는 의미 전달에 초점을 두지만 미숙한 필자는 실수를 피하는 것에 초점을 맞춘다. 자신의 글쓰기에 대해 말하라고 했을 때 능숙한 필자는 의미를 강조하면서 전체적인 틀에 초점을 맞춘다. 하지만 미숙한 필자는 기교에 치우치면서 개별적인 낱말들과 문장들을 연결하는 데 급급한 경향이 많다. 미숙한 필자는 연상적인 글을 쓰기를 선호하는 나머지 글의 응집성을 무시하는 경향이 있다.

셋째, 아이디어 생성의 차이이다. 능숙한 필자와 미숙한 필자는 아이디어 생성의 수와 질에서 차이가 있다. 아이디어 생성의 수에서 차이가 나는 원인은 명확하지 않지만 "관련된 주제에 대한 지식, 좋은(의미 있는) 이야기를 만들어 내는 지식, 독자에 대한 지식, 그리고 초인지적 글쓰기 전략의 사용" 등에서 차이가 있다. 한 연구에서 많은 아이디어를 생성하기 위해서는 "폭 넓게 읽고, 다양한 곳에서 아이디어를 수집하는 경향"이 있음을 보여주었다. 이것이 의미하는 것은 지식의 다과에 따라서 아이디어의 생성에 차이가 있다는 점이다. 다양하고 폭넓은 지식을 바탕으로 선택과 집중을 할 때 좋은 아이디어가 만들어지고 양이 많아지며 질적으로도 심화된다.

글을 쓰는 과정에서 칭찬과 격려도 중요한 역할을 한다. 글쓰기에서 교사는 아이디어 생성을 잘 할 수 있도록 하는 데 초점을 두어야 한다. 필자들이 아이디어를 생성하기를 원한다면 아이디어 생성이 왜 중요한지를 명확하게 인식시켜 주어야 하며, 적절한 피드백을 해 주어야 하고, 향상된 아이디어에 대해 칭찬과 격려 혹은 기타의 것으로 보상을 해주어야 한다.

넷째, 조직화의 차이이다. 능숙한 필자는 미숙한 필자에 비해 응집성이 높게 조직화한다. 이를 위해 응집적인 연결 장치를 사용하는데, 그 장치에는 "지시어, 접속어, 어휘" 등이 있다. 어휘적 응집의 경우 의미를 나타내기 위해 같은 낱말을 사용하는 것이 예가 된다.

능숙한 필자는 문단 사이에 전이 문장(예 다른 관점에서 말하면 등)을 사용하며, 서론 부분에서 기술할 내용을 잘 요약하기도 하고, 다음에 나올 내용을 연결해주는 신호(다음 장에서는 ……내용을 기술하고자 한다)를 사용하고, 적절한 곳에서 정보를 요약한다. 이것은 앞의 말하기 부분에서 살핀 전이어와 같다. 능숙한 필자는 쓰고자 하는 내용에 대해 지속적으로 점검을 함에 비해 미숙한 필자는 점검을 하는 데 소홀히 한다.

8 글쓰기(말하기)에 영향을 미치는 요인

글쓰기에 영향을 주는 요인도 아주 다양한데, 여기는 "글 쓸 주제에 대한 지식이 어느 정도 있는가? 글의 유형은 무엇인가? 글쓰기의 매체가 무엇인가?" 등을 중심으로 논의하기로 한다(이에 대해서는, 조명한 등, 2003: 361~363쪽을 참조함).

먼저 주제에 대한 지식의 정도가 글쓰기에 미치는 영향이다. 글을 쓰는 행위는 산만하고 비구조화된 형태로 존재하는 사고와, 서로 연결되지 않은 채 산재해 있는 정보를 정교하게 연결된 구조를 갖는 지식망으로 변형시키는 과제(과정)라고 볼 수 있다. 그래서 글을 쓰려면 관련된 지식을 체계화시키고 논리적으로 전개하여 응집성을 띠도록 해야 하고, 이런 활동을 하는 데 주제와 관련된 지식을 얼마나 많이 갖고 있느냐가 글쓰기에 영향을 미친다. 주제와 관련된 지식이 많을수록 생각을 폭넓게 할 수 있고, 깊이 할 수 있기 때문에 더 좋은 글을 쓸 수 있다.

그런데 지식의 양이 많다고 해서 반드시 좋은 글을 쓴다는 보장이 없다. 문제는 많은 지식을 어떻게 전략적으로 사용하느냐가 중요하다. 지식이 많은 경우 계획하기 단계에서 생각을 잘 정리해 놓아야 글의 질이 좋아진다는 켈로그(1987)의 연구 결과를 참조할 필요가 있다. 말하자면 아이디어의 생성 단계에 시간을 얼마나 더 많이 투자하느냐가 더 질이 좋은 글을 산출하게 만드는 하나의 요인이 된다.

글의 유형도 글쓰기에 영향을 미친다. 글을 기술적인 글과 정서적인 글과 처방적인 글로 나눌 때 기술적인 글은 사실에 대한 진술이 중심이 되고, 정서적인 글은 감정을 중심으로 진술하고 처방적인 글은 주장에 대한 진술이 중심이 된다. 객관적인 사실을 중시하지 않고 각자의 감정 표현을 중시하는 필자라면 정서적인 글을 쓰기를 좋아할 것이며, 객관적인 사실을 선호한다면 기술적인 글을 쓰기를 좋아할 것이다. 문제는 과제가 주어지는 상황이 어떠하냐에 따라서 글쓰기에 영향을 미칠 수도 있다는 점이다. 반드시 써야만 하는 상황인지, 아니면 그렇지 않은 상황인지도 글쓰기에 중요한 영향을 미친다.

마지막으로 생각해볼 요인은 글쓰기의 매체에 따른 차이이다. 여기서의 매체란 컴퓨터를 이용하느냐, 그렇지 않느냐의 문제에 한정한다. Bridwell-Bowles, Johnson, 및 Brehe(1987)는 컴퓨터를 이용하면 산출의 양이 많아지고, 교정을 더 많이 하며, 보다 창조적일 수 있다고 한다. 이들은 손으로 글쓰기에 익숙한 사람들을 대상으로 컴퓨터로 글을 쓸 때 나타나는 특이점을 검증했다. 그 결과 손으로 쓰기에 비해서 컴퓨터로 쓰기를 하면 텍스트 산출에 소요되는 시간이 매우 적고(전체 시간의 약 15%차지), 텍스트 생산과 멈춤이 결합되어 나타나는 비율도 전체 시간의 9%로서 그 비율이 매우 적다는 것을 밝혀냈다.

PART 02

말하기 준비와 발표

제2부

〈교육과정 관련 성취 기준〉

[6국 02-02] 글의 구조를 고려하여 전체의 내용을 요약한다.

[6국 02-04] 글을 읽고 내용의 타당성과 표현의 적절성을 판단한다.

[6국 01-05] 매체 자료를 활용하여 내용을 효과적으로 발표한다.

[6국 01-04] 자료를 정리하여 말할 내용을 체계적으로 구성한다.

[6국 01-04] 자료를 정리하여 말할 내용을 체계적으로 구성한다.

[6국 01-05] 매체 자료를 활용하여 내용을 효과적으로 발표한다.

CHAPTER 12

말하기의 목적, 청중, 화제, 그리고 조직

CHAPTER

12 말하기의 목적, 청중, 화제, 그리고 조직

이 장에서는 말하기의 목적, 청중, 화제, 그리고 조직에 대해 논의한다. 말하기의 목적을 명확하게 하는 것이 스피치의 효율성을 위해서 중요하다는 점을 강조하고자 한다. 그리고 말하기가 성공하기 위해서는 청중에 대한 분석(동기, 태도)이 필요하며, 적절한 화제를 선택하고 탐색하고 정련하는 것이 중요함을 강조하고자 한다. 그리고 이렇게 탐색된 말하기가 효율적으로 청중들에게 전달되기 위해서는 말하기를 잘 조직하는 것이 중요함을 강조하고자 한다. 말하기의 조직은 "화제－양상의 틀, 방법의 틀, 문제해결의 틀"을 예시로 들어 논의하고자 한다.

1 말하기의 목적

스피치를 하는 목적은 매우 다양하다. 정보를 효율적으로 전달하고 횡설수설하지 않고 청자가 잘 이해할 수 있도록 설명하는 것을 목적으로 스피치를 할 수 있다. 때에 따라서는 문제 해결과 설득을 위해 스피치를 하는 것이 스피치의 목적이 될 수도 있다. 또한 시나 소설을 접하고 의미 있다고 생각되는 부분을 대화의 상대와 공유하기 위해서 상황과 목적에 맞게 개인의 관점을 반영하여 구두 연출(oral interpretation)을 하는 것이 스피치의 목적이 될 수도 있다. 이처럼 스피치의 목적은 상황과 대상, 화자가 추구하는 가치 등에 따라서 매우 다양하다.

그런데 이러한 스피치의 목적은 거시적(일반적)일 수도 있고 미시적(구체적)일 수도 있다. 중요한 것은 일반적인 것을 말해야 하는 상황에서 구체적인 것을 말하거나, 구체적인 것을 말해야 하는 상황에서 일반적인 것을 말하는 것은 적절하지 않다는 것이다. "다양한 유형의 테니스 라켓, 테니스 라켓의 줄 강도, 테니스에서 사용하는 장비, 테니스 게임, 테니스 라켓에 적합한 줄"과 같은 예시에서 "테니스 게임이나 테니스 장비"에 대해 스피치를 하는 것은 거시적인 것이며, "테니스 라켓에 적합한 줄"은 미시적(구체적)인 것이다. 앞의 예시에서 알 수 있듯이 스피치의 목적은 거시적인 것에서부터 미시적인 것에 이르기까지 매우 다양하기 때문에 맥락에 맞게 스피치를 하는 것이 대단히 중요하다.

스피치를 할 때 화자는 느낌을 말하는지, 정보를 전달하거나 설명하는지, 또는 조언을 하는 지에 대해서도 늘 생각을 해야 한다. 청자는 조언을 요구하는데 화자는 느낌을 위주로 말한다면 결코 적절한 의사소통이 될 수 없음은 명확하다.

2 말하기에서의 청중

말하기를 할 때 청중을 이해하는 것은 스피치의 성공을 위해서도 매우 중요하다. 화자는 청중을 분석하면서 "청중들은 어떤 화제에 관심이 있는가(interest)? 청중들은 화자가 말하고자 하는 것 대부분을 이해하고 있는가(understand)? 청중들은 정보가 유용하다는 점을 발견하고 있는가(useful)? 청중들은 당신을 믿는가(believe)?"와 같은 점을 고려해야 한다. 이런 점들을 고려하면서 다음에서는 "청중 역동성, 청중과 상황 분석, 청중 적응"의 문제에 대해 논의하기로 한다.

2.1. 청중 역동성 이해하기

청중 역동성(audience dynamics)은 메시지 수용에 영향을 미치는 동기, 태도, 신념, 그리고 가치를 말한다. 따라서 어떻게 이들 역동성이 작용하는지를 이해하는 것은 청중을 이해하는 지름길이 될 수 있다. 청중들을 잘 알면 알수록 화자가 전하는 메시지는 더 효율적으로 전달되어 상호 간에 긍정적인 의미 구성을 가능하게 하기 때문이다. 다음에서 청중 역동성에 대해 좀 더 상세하게 살피기로 한다.

2.1.1. 동기

사람들이 효율적으로 공식적 말하기를 하기 위해서는 화자와 청자가 가지고 있는 동기(부여)가 중요한 역할을 한다. "왜 내가 말을 해야 하는가?"를 화자 스스로 설명할 수 있어야만 말을 잘 할 수 있다. 왜냐하면 사람들은 말하는 내용이나 듣는 내용이 자신의 필요, 욕구, 가치 등과 관련될 때에만 메시지를 듣거나 학습하거나 기억하려고 하기 때문이다. 무엇이 사람들로 하여금 동기부여를 하게 만드는가를 이해함으로써 화자와 청자의 역할을 더욱 충실하게 할 수 있다. 물론 이것은 청자에게도 마찬가지다. "왜 청자인 내가 화자의 말을 들어야 하는가?"를 이해하는 것도 메시지를 효율적으로 듣고 활용하는 데 중요한 역할을 한다.

동기는 사람, 상황, 문화의 측면을 고려할 때 매우 다양하다. 사람들은 자기들이 필요하거나 원하는 것을 소유하지 못하기 때문에 동기를 부여할 수 있다. 이렇기 때문에 화자는 청자가 필요로 하는 것을 제공해주는 것이 중요하다.

인간의 동기에 대한 연구는 20세기 심리학에서 흥미로운 주제 중의 하나였다. 사회과학자들은 처음에 동기의 유형을 확인하는데 초점을 맞추었다. 그 일환으로 1930년대에 이 분야의 선구적인 연구가 발표되었는데, 하버드 대학의 심리학 클리닉에서 머레이와 그의 동료들은 25개 이상의 다른 인간의 욕구를 확인했다. 이것을 바탕으로 심리학자 매슬로우는 25개 이상이 되는 욕구를 정리하여 다섯 개의 계층을 이루는 "욕구의 계층"을 보편화시켰다. 매슬로우에 의하면 그것은 "생리적 욕구, 안전 욕구, 소유 욕구, 자아 욕구, 자아 실현 욕구"이다(Osborn/Osborn, 2006: 106에서 재인용). 물론 이러한 욕구의 계층이 절대적이지는 않다. 예를 들어 예술을 향한 욕구는 모든 계층에 관련되어 있을 수 있다.

욕구의 계층에서 생리적 욕구가 가장 본능적인 것이며 위로 올라갈수록 덜 본능적인 욕구이다. 청중이 어떤 계층의 욕구를 요구하는가에 따라서 공식적 말하기의 내용과 방법이 달라질 수 있기 때문에 이러한 청중의 욕구를 충족시켜줄 수 있는 동기에 대한 이해가 공식적 말하기에서 매우 중요한 역할을 한다. 다음 그림에서 보면 자아실현 욕구가 가장 정상에 위치하고 있다. 매슬로우는 자아실현을 위해 노력하는 것은 자연스런 것이며 사람들이 가지고 있는 특성의 하나라고 했다. 자아실현의 욕구가 강한 사람들은 다른 사람들과 비교하는 삶이 아니라 자신이 생각하는 일을 중요하게 생각하고 자발적이며 자유롭게 살아간다. 따라서 그들은 자신의 내적 성장이나 잠재력의 개발, 그리고 개인적인 사명 등에 의해 행동하는 경향이 강하다.

부연하지만 말하기를 할 때 청중을 분석하는 것이 매우 중요한 이유는 청중들이 어떤 욕구를 가지고 있느냐를 파악하는 것이 공식적 말하기나 글쓰기에 영향을 미치기 때문이다. 다음 그림의 맨 밑에 있는 생리적 욕구를 필요로 하는 사람들에게 맨 위에 있는 자아실현 욕구를 강조한다면 그 말하기는 청중을 전혀 배려하지 않았기 때문에 공감을 얻을 수도 없다.

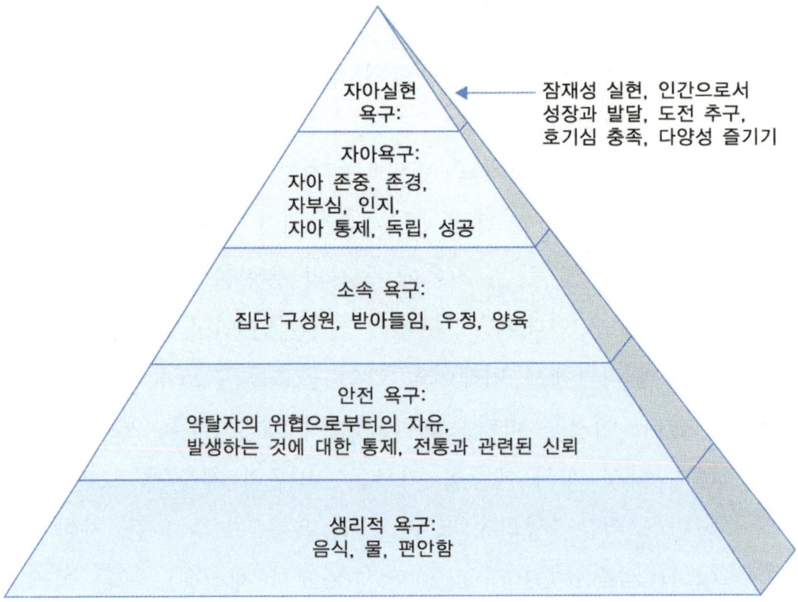

2.1.2. 태도

태도는 우리의 느낌에 바탕을 둔다. 우리는 좋아하기도 하고 싫어하기도 한다. 대상이나 사람, 사건, 아이디어에 대해 좋다고 시인하기도 하고 시인하지 않기도 한다. 이들은 모두 느낌과 밀접한 관련이 있다. 다음은 태도 체계를 그림으로 나타낸 것이다. 앞에서 언급한 매슬로우의 욕구의 위계에서 볼 수 있는 것처럼 태도는 누구나 가질 수 있는 가장 본능적인 것이며 해석이나 판단이 가미된 신념은 태도보다는 위계가 높으며 가치는 가장 높은 위계를 차지하고 있다. 개인의 태도가 신념에, 신념이 가치에 영향을 미칠 수도 있지만 역으로 어떤 가치를 선호하느냐에 따라 선호하는 가치가 신념에 영향을 미칠 수 있고, 이러한 신념은 태도에 영향을 미칠 수 있다.

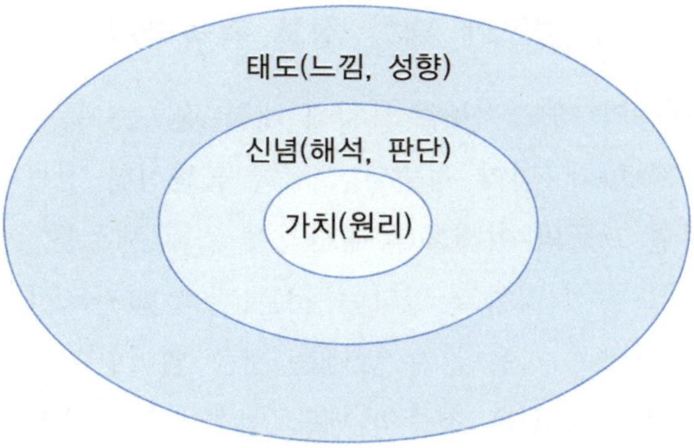

가치는 인간의 감정이나 요구나 관심의 대상이 되는 것을 말한다. "좋아하고 싫어하는 것이나, 착하고 악한 것" 따위가 그것이다. 또한 가치는 인간 정신의 목표가 되는 보편타당한 당위(當爲)이다. "진선미" 따위가 그것이다.

신념은 우리가 주제에 대해서 알고 있는 것에 대해 생각하는 것이다. 그리고 우리의 경험에 대해서 우리가 생각하는 것이 사실이라는 것을 생각하는 것이다. 부연하면 신념이란 굳게 믿어 의심하지 않는 마음이라고도 할 수 있다. "호오(好惡), 선악(善惡)"이라는 가치에 대해 "그것은 동전의 양면과 같다."와 같은 신념(믿어 의심치 않는 마음)을 가질 수 있다.

우리가 더 중요하게 생각하는 태도와 신념은 우리가 생각하고 있는 가치에 의해 견인된다. 가치란 존재의 이상적인 모습으로서 우리가 고려하는 것이거나 행동해야 할 것에 대해 우리는 어떻게 생각하느냐는 것을 말한다. 가치는 우리가 형성하는 태도에 영향을 미치며 우리가 발달시키고자 하는 신념에 영향을 미친다. 종종 가치는 청중들이 신념의 기반을 질문할 때 표면으로 등장한다. 가치는 우리 정체성의 핵심이다. 우리의 행동과 세계를 보는 관점을 통제하는 원리로서, 이 체계에서 가장 안정적인 요소이며 변화에 가장 민감하지 않다. 화자와 청자는 좀처럼 자기가 생각하고 있는 가치를 변화시키려고 하지 않는다. 자기의 가치를 변화시키기보다는 다른 사람의 가치를 변화시키는 데 더 관심이 많기 때문에 진정한 의사소통이 이뤄지려면 각자가 선호하는 가치가 과연 왜 정당한지를 탐색하고 그러한 탐색이 보편적 특성을 드러낼 수 있을 때 진정한 의사소통이 될 수 있다고 할 수 있다.

2.1.3. 태도에 대한 정보 획득하기

청중의 태도, 신념, 가치에 대한 정보는 특히 설득적 스피치의 설계에서 매우 중요하다. 만약 청중의 신념이 불완전한 정보나 부족한 이해에 바탕을 두고 있다면 그들의 이해를 증대시키기 위해 새로운 정보를 제공할 수도 있다. 청중의 태도를 인식하고 있다는 것은 바로 화자로서의 당신이 올바른 듣기를 위해 어떤 전략을 사용할 수 있다는 것을 의미한다.

어떻게 당신은 청중의 태도 체계에 대해 미리 발견할 수 있을까? 교실에서 이것은 어렵지 않다. 왜냐하면 사람들은 교실에서 이런 종류의 정보를 끊임없이 산출해내기 때문이다. 교실 밖에서 태도 체계를 어떻게 알 수 있을까? 이를 위해 청중들이 화제에 대해서 알고 있는 것은 무엇인지를 파악하기 위한 조사를, 그리고 어떻게 그들이 그것에 대해 느끼고 있는지를, 그리고 어떻게 그들이 다른 정보의 원천(source)에 대해 반응할 수 있는지를 파악하기 위한 조사를 할 수 있다. 이를 위해 설문지 방식이 가장 많이 활용된다.

2.2. 청중과 상황 분석하기

2.2.1. 청중 분석하기

청중을 분석한다는 것은 스피치를 하기 위해 청중들이 요구하는 것이 무엇인지를 탐색하는 것이다. 청중 분석의 내용은 다양하지만 대략적으로 성, 연령, 지식, 종교, 사회적 배경, 인종 등이 그 내용이 된다. 공식적인 말하기의 대상이 학생인 경우도 이 내용과 크게 다르지 않기 때문에 학생의 지식, 사회적 배경, 학습의 동기와 태도 등이 분석의 대상이 될 수 있다. 청중을 분석하기 위해서는 "필요로 하는 청중 자료의 유형, 청중 자료를 수집하는 방법"을 이해할 필요가 있다.

첫째, 필요로 하는 청중 자료의 유형이다. 청중 분석의 첫 단계는 인구통계학적 자료와 주제와 관련된 구체적 정보를 수집하는 일이다. 왜냐하면 화자와 청자는 공통점이 무엇이고 차이점이 무엇인지를 결정해야만 하기 때문이다. 인구통계학적 자료는 연령, 교육, 성, 수입, 직업, 종족, 종교, 지리적 특성, 그리고 청중의 언어 등을 말한다. 주제 관련 청중 자료는 청중이 가지고 있는 지식의 정도, 청중의 관심사, 주제에 대한 청중의 태도, 화자에 대한 태도 등이 있다.

학교 현장에서 이들 자료가 모두 사용되는 경우는 드물겠지만 다문화 학생들이 늘어나면서 이러한 요소들이 고려의 대상이 될 가능성이 점점 많아지고 있다.

둘째, 청중 자료를 모으는 방법이다. 조사를 통해 자료를 모을 수 있는데, 조사는 사람들로부터 직접적으로 정보를 모으기 위해서 설계된 질문지이다. 여기에는 양면법(two-sided item), 다면반응법(multiple-response items), 척도법(scaled items), 개방법(open-ended items) 등이 있다. 양면법은 "예, 아니오"와 같은 두 가지 선택지를 활용하여 의견을 모으는 방법이고 다면반응법은 세개 이상의 선택지를 주고 의견을 모으는 방법이다. 척도법은 선택 항목을 주고 그 항목에 대하여 척도(보통 1~5점 척도가 사용된다)를 표시하게 하여 의견을 모으는 방법이다. 개방법은 주어진 항목에 대해 다양한 생각을 언어로 표현할 수 있게 하여 의견을 모으는 방법이다. 이 외에도 관찰을 통해 자료를 모으는 관찰법, 질문을 통해 의견을 모으는 질문지법 등도 있다.

2.2.2. 상황 분석하기

스피치를 하기 위해서는 상황(setting)도 고려해야 한다. 여기서 말하는 상황은 장소와 시기이다. 이것과 관련하여 다음과 같은 것들을 고려할 필요가 있다. "특별히 기대하고 있는 것(목적), 스피치의 길이, 청중의 수, 장소, 스피치 시간, 스피치 순서, 스피치에 필요한 장치, 맥락" 등이 상황 분석과 관련된 내용이다. 스피치를 하기 위해 위에서 언급된 것과 같은 여러 가지 요소들을 분석하고 스피치에 활용하면 스피치의 효과를 높일 수 있다.

2.3. 청중 적응(청중에게 적합하게 하기)

청중 적응(audience adaptation)은 화자가 제공하는 정보를 청중이 이해할 수 있도록 적합하게 가공하는 과정을 말한다(Verderber/Verderber, 2006: 47 참조). 청중 적응(청중에게 적합하게 하기)을 위해서는 "관련성(relevance), 정보 이해(information comprehension), 공통의 근거(common ground), 화자 신뢰성(speaker credibility), 초기의 청중 태도(initial audience attitudes), 언어와 문화의 차이, 청중 지향의 구체적인 계획 세우기" 등을 고려할 필요가 있다.

첫째, 관련성이다. 관련성은 스피치를 할 때 청중이 정보를 자기들에게 중요한 것으로 여기게 하는 것을 말한다. 다시 말하면 스피치가 시기적절하고(timeliness), 관심이 있는 주제와 밀접하며(proximity), 효과적(impact)임을 보여주는 것을 말한다.

둘째, 정보 이해다. 정보 이해는 "청중을 지향하고, 핵심어를 정의하고, 새로운 개념을 생생한 예시를 통해 드러내고, 정보를 개별화하고(청자에게 친근한 참조의 틀 속에서 정보를 드러낸다. 예를 들어, "제주도 면적은 1832㎢이다."라고 했을 때와 "제주도 면적은 진도 면적의 5배이다."라고 했을 때 청중들은 후자를 더 잘 이해할 수 있기 때문에 표현을 할 경우 이런 점을 고려할 필요가 있다. 이것을 여기서는 '정보의 개별화'라는 의미로 사용한다.), 알려지지 않은 아이디어는 유사한 아이디어와 비교하고(공룡알과 달걀의 비교), 아이디어를 개발하기 위해 다양한 방법을 사용하는 것"을 의미한다.

셋째, 공통의 근거(의견)이다. 공통의 근거는 화자와 청자가 공유하고 있는 배경, 지식, 태도, 경험 그리고 철학을 말한다. 공통의 근거는 "우리" 등과 같이 화자와 청중을 직접적으로 연결하는 대명사에 의해 표현될 수도 있고, 공통의 경험으로부터 도출될 수도 있으며, 수사적 질문을 통해서도 가능하다. 여기서 수사적 질문이란 청중의 일부와 관련하여 이뤄진 실제적인 구어 반응이라기보다는 정신적 반응을 자극하기 위해 표현되는 질문이다. 표면적으로는 의문형이지만 실제적으로는 명령형의 진술 형태가 수사적 질문의 한 예가 될 수 있다. 또는 국가의 정상이 만나서 회담을 했고, 그 회담이 실패했을 경우에도 "실패"라는 표현을 하기보다는 "두 정상 간의 의견이 좁혀지지 않았다"처럼 표현하는 것이 수사적 표현의 예가 될 수 있다. 이러한 수사적 표현은 겉으로 드러난 결과보다는 드러나지 않은 많은 사실들을 함축적으로 표현하는 측면이 많이 있기 때문에 간접적인 표현을 통해 의견을 드러나는 진술 방식의 하나이다.

넷째, 화자 신뢰성이다. 신뢰성이란 화자가 말한 것의 진실성에 대해서 청자가 신뢰하는 확신을 말한다. 신뢰성을 위해 지식과 전문적인 의견을 내고, 신뢰를 확립하고, 품위가 있음을 드러내는 등의 활동을 할 수 있다.

다섯째, 초기의 청중 태도이다. 초기의 청중 태도는 일반적으로 찬성 혹은 반대 의견으로 초기에 표현되는 기질을 말한다. 초기의 청중 태도, 그 중에서도 반대 의견을 표출하는 태도가 있다면 그것을 잘 파악하여 말하기를 해야 말하기의 성공 확률이 더 높아진다.

여섯째, 언어와 문화의 차이이다. 언어 문제를 극복하고 문화적으로 민감한 자료를 선별적으로 선택할 수 있는 안목이 필요하다. 다문화가정을 이루고 있는 베트남 출신 여성들을 상대로 하여 말하기를 한다고 생각해보자. 화자가 그들의 언어를 구사할 줄 모르더라도 그들의 문화는 학습을 통해서 알 수 있고, 그들의 문화와 접목하여 공식적인 말하기를 하면 더 효과적일 수 있다.

일곱째, 청중 지향의 구체적 계획 세우기이다. 청중 지향을 위한 구체적인 계획을 세우는 것이 필요하다. 이 때 고려할 사항은 다음과 같은 것이 있다.

① 청중은 이 자료가 얼마나 관련될 것이라고 알고 있는가? 다시 말하면 화자로서의 나는 그 자료가 시기적절하고, 밀접하며, 효과적이라는 것을 어떻게 예시할 수 있는가?
② 나는 청중과 공유할 정보를 청중이 더 이해하기 쉽게 하려면 어떻게 해야 할지를 알고 있는가?
③ 어떤 공통의 근거(의견)가 청중과 내가 공유할 수 있는 것인가?
④ 나는 나의 신뢰성을 강화하기 위해 무엇을 할 수 있는가?
⑤ 나의 스피치 화제에 대한 청중의 초기 태도는 무엇을 선호하는 것처럼 보이는가?
⑥ 어떤 언어적 혹은 문화적 차이가 화자와 청중의 차이를 일으키는가?

3 화제(topics)

스피치에서 화제를 선택하는 것 또한 대단히 중요하다. 특히 공식적인 말하기를 할 경우에 적절한 화제를 선택하는 것을 제일 먼저 해야 한다. 다음에서 화제와 관련하여 "좋은 화제의 개념, 화제 발견의 과정, 화제 발견하기, 화제 탐색하기, 화제 정련하기(발견한 화제 다듬기)"에 대해서 논의한다.

3.1 좋은 화제의 개념

주제(subjects)는 영화, 인지심리학, 컴퓨터 테크놀로지, 중동, 아시아와 같은 넓은 경험 영역이다. 반면에 화제(topics)는 좁은, 그리고 구체적인 측면을 언급하는 용어이다. 좋은 화제는 화자 자신에게 좋아야 하며, 청자에게도 좋아야 할 뿐만 아니라 관련된 화제를 화자가 다룰 수 있어야 한다(Osborn/Osborn, 2006: 143 참조). 여러 사람들이 보기에 좋은 화제라 할지라도 화자가 다룰 수 있는 능력을 벗어난 화제는 좋은 화제라고 할 수 없다.

3.2 화제 발견의 과정

화제를 발견하는 과정은 사람에 따라서 다를 수 있지만 일반적으로 세 가지 국면을 거친다. 발견 국면(discovery phase)에서 검토 국면(exploration phase)으로, 검토 국면에서 정련 국면(refinement phase)으로 진행되는 것이 그것이다. 발견 국면은 적합하다고 생각되는 다양한 화제 영역을 확인하는 것이다. 발견을 위해서 "브레인스토밍, 관심 도표, 미디어 촉발" 등이 활용될 수 있다. 검토 국면은 발견 국면에서 발견된 아이디들이 연결될 수 있는 구체적인 스피치 화제를 확인하기 위해 이들 생각들을 심도 있게 탐색하는 것이다. 검토를 위해서 "마인드 맵핑, 화제 분석"이 활용될 수 있다. 정련 국면은 검토된 스피치 화제를 바탕으로 스피치를 하고자 할 때 일반적이고 구체적인 스피치 목적을 확인하는 것이다(Osborn/Osborn, 2006: 144쪽 참조).

3.3 화제 발견하기

3.3.1. 브레인스토밍

브레인스토밍은 "연관된 아이디어를 생성하는 허용적인(uncritical), 비평가적인(nonevaluative) 과정"이다(Verderber/Verderber, 2006: 45쪽 참조). 허용적이고 비평가적인 아이디어 생성 활동을 통해서 화제를 발견하는 것이 브레인스토밍이다. 브레인스토밍은 "자유로운 연상을 강화하고 자극하기 위한 하나의 기법"이라고도 할 수 있다(Osborn/Osborn, 2006: 144쪽 참조). 한 장의 종이 위에 위에서부터 관심 있는 하나의 화제 영역을 설정하고, 그와 관련된 생각들을 아무런 조건을 두지 않고, 가능한 한 많이 써보는 활동을 해봄으로써 많은 아이디어를 발견하는 것이 이 기법이다. 아이디어 목록에 등록될 때까지는 연상된 아이디어들을 다듬는다거나 숙고하지 않는다. 자유롭게 생각하는 것이 중요한데, 브레인스토밍은 주제 발견을 위한 비지시적 기법(nondirective techniques)이다. 이런 점에서 보면 다음에 언급할 "관심 도표"는 좀 덜 자유롭다고 할 수 있다.

3.3.2. 관심 도표

관심 도표(interest charts)는 자연스런 생각의 흐름을 반영하여 떠오르는 생각들을 그룹으로 묶어서 목록화 하는 기법이다. 수사학과 관련하여 전통적 필자들은 처음에 마음(정신)이 종종 창의적일 뿐만 아니라 비판적인 사고에서 생산적인, 어떤 습관적인 경로를 따라 흘러간다는 것을 발견했다. 그들은 이러한 경로를 토우피(topoi)라고 불렀다. 생산적 경로는 화제 발견의 토우피로 쉽게 적응되고 확산될 수 있다. 이것은 마음을 자극하고 안내하는 질문의 형식으로 다음과 같이 나타낼 수 있는데, 브레인스토밍보다는 더 직접적인 기법이다(Osborn/Osborn, 2006: 145쪽 참조).

① 우리는 어떤 장소를 즐거운 장소라고 찾아내는가?
② 우리는 어떤 사람을 매력적인 사람이라고 생각하는가?
③ 우리는 어떤 활동을 즐기는가?
④ 우리는 어떤 일에서 즐거움을 발견하는가?
⑤ 우리는 어떤 사건을 마음속에서 가장 중요하게 간직하고 있는가?
⑥ 우리는 어떤 아이디어가 사고를 유발하는 것이라고 알고 있는가?
⑦ 우리는 어떤 가치를 중요하게 여기는가?
⑧ 우리는 어떤 문제에 가장 관심이 있는가?
⑨ 우리는 어떤 대학에 관심을 가지고 있는가?

위와 같은 토우피를 사용하여 다음과 같은 개인이 관심이 있는 아이디어를 만들어 낼 수 있다(물론 이러한 토우피는 절대적인 것이 아니고 필자의 관심에 따라서 늘릴 수도 있고, 줄여서 활용할 수도 있으며, 내용을 다른 것으로 대체할 수도 있다. 위의 것들은 하나의 예시일 뿐이다.). 먼저 해당되는 것을 중심으로 관련된 아이디어들을 5개 정도 적는다. 그 결과는 다음과 같다.

장소	사람	활동
금강산	빌 클린턴	하이킹하기
백두산	우샤인 볼트	스키타기
서울	메시(축구선수)	야구 관람하기
제주도	김연아	요리하기
뉴욕	시진핑	여행하기
일	**사건**	**아이디어**
등산	리우 올림픽	저널리즘에서의 객관성
영화 포스터 그리기	세계 무역 센터 피습	쾌락주의
골동품 수집	세월호 침몰	무질서
정치 만화 그리기	경주 5.8 강진	표현의 자유
자동차 수리	북한의 미사일 발사	창조 경제
가치	**문제**	**관심사**
긴밀한 가족 유대	대기와 수질 오염	임용 시험 합격률 증대
관용	선제 전쟁	기숙사 안전
신체의 건강	물질 남용	데이트 중인 학생 성폭행
존경	인터넷 검열	좋은 교육과정
세계 평화	테러리즘에 대해 대처하기	수업료 인상

위의 관심 도표와 같은 개인적 차원의 관심 도표가 만들어지면 다음에는 청중 분석을 통해 얻어진 정보를 바탕으로 청중의 관심사를 반영하는 도표를 다시 만들 수 있다. 위의 관심 도표에 나와 있는 것에서 쟁점이 될 만한 것은 어느 것인가? 공유된 관심사를 찾기 위해 두 도표를 함께 참조한다. 이것을 체계적으로 하기 위해 세 개의 "화제 영역 발견 도표"를 만든다. 하나는 필자가 관심을 가지고 있는 것을 만들고, 다른 하나는 청중이 관심을 가질 만한 것을 만들고, 나머지 하나는 화자와 청중의 관심사를 결합시켜서 가장 바람직한 스피치 화제 영역을 찾아내는 것이다. 이것을 예시로 보이면 다음과 같다.

내 관심사		청중의 관심사		가능한 화제
여행/하이킹	→	특별한 장소에 가기	→	주말 모험 장소로서의 지리산 등반
선제 전쟁	→	테러리즘	→	선제 전쟁이 테러리즘에 대한 대안인가?
신체의 건강	→	허위 광고	→	온천 허위 광고에 대한 조사
대기와 수질 오염	→	여가 활동	→	국립공원 내에서의 자동차 제한 조치

위의 "화제 영역 발견 도표"에서 보면 네 가지의 가능한 화제를 도출해내고 있다. 첫째 내 관심사인 여행/하이킹과 청중의 관심사인 특별한 장소에 가기가 결합되어 "주말 모험 장소로서의 지리산 등반"과 같은 화제가 가능해졌다. 둘째, 내 관심사는 선제 전쟁이고 상대 관심사는 테러리즘인데 이들이 서로 결합되어 "선제 전쟁이 테러리즘에 대한 대안인가?"와 같은 화제의 도출이 가능해졌다. 셋째, 내 관심사는 신체의 건강이고 상대 관심사는 허위 광고이다. 이 두 개의 개념이 결합되어 "온천 허위 광고에 대한 조사"와 같은 화제의 도출이 가능해졌다. 넷째, 내 관심사는 대기와 수질 오염이고 청중의 관심사는 여가 활동이다. 이 두 개념이 결합되어 "국립공원 내에서의 자동차 운행 제한 조치"와 같은 화제의 도출이 가능해졌다. 이렇게 하는 것이 하나의 화제 발견 전략이라고 할 수 있는데, 이러한 전략을 활용할 수 있는 능력을 길러줌으로써 공식적 말하기를 위한 준비를 할 수 있다.

3.3.3. 매체(미디어) 촉발

다음으로 "매체(미디어) 촉발(media prompts)"에 대해 살피기로 한다. 브레인스토밍이나 관심 도표를 통해 가능성 있는 화제를 발견하지 못했다면 다음 수단으로 미디어 촉발을 활용할 수 있다. 미디어 촉발은 신문, 잡지, 인터넷, 서적 등의 자료에서 아이디어를 발견하는 것을 말한다. 이들 미디어를 통해 아이디어를 발견하는 미디어 촉발 기법을 활용할 때 주의할 점이 있다. 이 기법을 활용하여 발견한 아이디어는 매우 빠른 시간에 형성된 것이기 때문에 주의를 해야 한다. 왜냐하면 미디어는 스피치를 위한 아이디어는 제공해주지만 그것을 간단하게 요약하고, 또한 그것을 스피치에 사용하기가 쉽지 않기 때문이다. 또한 이러한 아이디어들은 단지 말하기를 위한 시작점을 제공해줄 뿐이지 실질적인 내용까지 제공해준다고는 보장할 수 없기 때문이다. 화자의 스피치는 화자의 메시지여야 하며, 구체적인 청중에게 호소하기 위해 설계된 것이기 때문에 스피치 내용에 늘 새로운, 그리고 청중이 요구할 만한 것을 제공해주어야만 스피치가 효과가 있다.

3.4 화제 탐색하기(검토하기)

3.4.1. 마인드 맵핑

화제를 발견한 다음에는 발견한 화제에 대해 탐색하면서 어떻게 내용을 심화시킬 것인지를 생각하게 된다. 이 과정에서 마인드 맵핑을 화제 탐색의 하나로 활용할 수 있다. 마인드 맵핑은 창의적 탐색을 위한 우리의 마음을 자유롭게 하는 것을 당연하게 여겼던 표현의 기본 패턴을 변화시켰다. 한 장의 종이 위에다 생각을 표현하는 모습을 생각해보자. 생각은 맨 위에서 시작하되 왼쪽에서 오른쪽으로 향하고 다시 아래로 향한다고 생각했다. 사람들은 이렇게 하는 것을 자연스럽다고 생각했으며, "선형적 수평 패턴과 수직적 패턴(linear horizontal and vertical patterns)"이라고 이름을 붙였다. 이러한 습관적인 패턴에 대해 커뮤니케이션 이론가 케네스 브루커(Kenneth Bruke)는 "훈련된 무능력(trained incapacity)"이라고 했다(Osborn/Osborn, 2006: 148 쪽 참조). 생각을 새롭게 하는 데 영향을 미치지 못하고 있다고 판단했기 때문이다.

그런데 마인드 맵핑은 훈련된 무능력을 극복하고 보다 더 많은 창의성을 위해 이런 패턴을 뒤집었다. 마인드 맵핑 사용자들은 줄이 처지지 않은 종이를 가지고 아이디어 생성을 시작했고, 길이보다는 깊이를 강조하기 위한 측면에 초점을 두었다. 종이의 위에서 시작하는 대신에 중심에서부터 시작했으며, 아래로 향하게 하기보다는 사고가 중심에서부터 발산하되 이들 사고가 일관성 있는 체계를 형성하는 것을 중요하게 생각했다.

마인드 맵핑은 중심에 핵심 개념이 위치하고 주변에 핵심 개념을 뒷받침하는 개념들이 위치하고 그 개념을 뒷받침하는 개념들이 다시 위치하는 구조로 이뤄진다. 마인드 맵핑이 수평적이고 수직적인 사고 패턴을 지양하고 중심에서 방사하는 형태의 사고 패턴을 지향함으로써 사고의 유연성을 확보할 수 있었지만 여전히 문제로 남는 것이 있다. 그것은 바로 화제 영역 탐색을 예측하기가 쉽지 않다는 점이다. 발견 국면에서 살핀 브레인스토밍이 생각의 나열에 치중했고 그래서 그 보완책으로 관심 도표가 제안되었듯이, 마인드 맵핑도 생각의 집합이지만 가능한 화제 수준의 생각이 집합을 이루고 있는 것이 아니기 때문에 "화제 분석"의 기법이 제안되었다고 볼 수 있다. 그래서 다음에는 화제 분석에 대해 살피기로 한다.

3.4.2. 화제 분석

화제 분석은 신문 기자들이 사용하는 것과 유사한 질문의 체계를 사용한다. 신문 기자들은 "누가, 언제, 어디서, 무엇을, 왜, 어떻게"와 같은 육하원칙을 활용하는데, 이것을 화제 분석에 활용하면 효과적이다. 작가 Rudolf Kipling은 한때 육하원칙과 관련하여 탐구할 문제를 "나에게는 6명의 충직한 하인이 있다(그들이 나에게 지금 내가 알고 있는 모든 것을 가르쳐주었다). 그들의 이름은 무엇을과 왜와 언제와 어떻게와 어디에와 누가이다."와 같이 기술했다.

예를 들어 "환경오염"이라는 화제 영역을 위에서 제시한 육하원칙을 활용하여 분석해보면 다음과 같다.

① 환경오염이란 무엇인가? 공기오염의 주범은 무엇인가? 수질 오염의 주범은 무엇인가? 환경오염을 일으키는 주범은 무엇인가? 환경오염의 결과는 무엇인가? 우리가 환경오염을 통제하기 위해서 할 수 있는 일은 무엇인가? 환경오염을 감소시키기 위해서 개인들이 할 수 있는 일은 무엇인가? 우리 지역에서 가장 중요한 오염 문제는 무엇인가?

② 왜 우리에게 환경오염 문제가 직면해있는가? 왜 몇몇 회사들은 오염 멈추기를 꺼려하는가? 왜 몇몇 농촌지역이 오염되어 있는가? 왜 일부 도시들은 다른 도시들보다 환경오염 문제가 더 심각한가?

③ 언제 환경오염이 처음으로 문제가 되었는가? 언제 사람들은 환경오염에 대해 처음으로 관심을 갖게 되었는가? 언제 환경오염에 대한 중요한 책이 처음으로 출판되었는가? 언제 환경오염을 방지하는 법이 처음으로 통과되었는가?

④ 어떻게 하면 공기오염이 감소될 수 있을까? 어떻게 하면 수질 오염이 감소될 수 있을까? 이떻게 하면 회사들이 오염 방지법에 순응하게 할 수 있을까? 오염을 방지할 수 있게 어떻게 개인들을 도울 것인가?

⑤ 공기 오염으로 가장 문제가 많은 곳은 어디인가? 수질 오염으로 가장 문제가

많은 곳은 어디인가? 오염을 통제하기 위해 어느 도시가 가장 많은 노력을 해왔는가?

⑥ 누가 공기오염에서 가장 힘든가? 누가 수질 오염에서 가장 힘든가? 누가 오염 통제를 강화하는 데 책임이 있는가? 누가 오염 문제를 공식적으로 인식하도록 했는가?

6개의 사고촉발 단서를 활용하여 우리가 할 수 있는 화제 영역에 대한 구체적인 아이디어들에 대해 더 많이 만들어 낼 수 있다. 그리고 이것에서 우리는 다시 아이디어들의 다발이 나타나는 것을 발견할 수 있다. 어떤 도시들은 공기오염의 중심에 있고, 어떤 도시들은 수질 오염의 중심에 있다. 일부는 환경오염의 역사와 관련되며 일부는 오염을 통제하기 위한 노력과 관련된다. 일부는 야생 생물이나 사업적 관심과 관련된 오염의 결과와 관련된다.

환경오염과 관련하여 스피치를 한다고 할 때 가장 적절한 화제는 무엇인가? 화제의 주제를 결정하는 데 가장 많이 의존하는 것은 바로 스피치를 들어줄 청중과 장소이다. 만일 우리가 중요한 오염 문제를 가지고 있는 지역에 산다면 오염을 기술하는 스피치는 새로운 정보의 전달은 최소화할 필요가 있다. 그렇지만 청중들은 환경과 관련된 입법의 역사에 관심을 갖거나 환경문제를 해결하기 위한 지역의 노력에 관심을 가질 수 있다. 다른 한편 만일 우리가 오염이 직접적 혹은 명확한 문제가 아닌 지역에 산다면 우리는 상황에 대해서 관심을 가져야만 하는 청중들을 확신시키기 위한 노력을 할 필요가 있다.

화제 분석을 위한 예시를 정보전달의 스피치에 초점을 맞추었지만 같은 방식을 설득적 스피치를 위한 화제 발견에도 사용될 수 있다. 왜냐하면 설득은 종종 문제를 강조하며, 우리는 간단하게 문제의 초점을 바꾸고 설득적 상황에 적합한 몇 가지를 첨가만 하면 되기 때문이다. 예를 들면 다음과 같다.

① 누가 이 문제 때문에 영향을 받는가?
② 가장 쟁점이 될 만한 것은 무엇인가?
③ 왜 그런 문제가 일어났는가?
④ 어디에서 이 문제가 있어나고 있는가?
⑤ 언제 그 문제가 시작되었는가?
⑥ 어떻게 이 문제가 이전의 문제와 닮았고 또한 닮지 않았는가?

⑦ 그 문제는 얼마나 심각한가?
⑧ 그 문제를 다루기 위한 계약 사항은 무엇인가?

3.4.3. 화제 선택하기

화제 선택은 화제 영역을 발견하고 스피치를 하기 위한 가능성을 검토하고 나면 2~3개의 구체적인 주제가 선택될 수 있다. 그러면 이것을 바탕으로 하여 다음과 같은 몇 가지 물음을 제기하여 적절한 주제(theme)를 선택하는 기준으로 삼을 수 있다.

① 이 화제는 이 과제에 적합한가?
② 나는 이 주제로 정해진 시간에 스피치를 하는 것이 가능할까?
③ 나는 책임 있는 스피치를 하기 위해서 이 주제에 대해서 충분히 학습할 수 있을까?
④ 왜 나는 이 주제에 대해서 말을 하고자 하는가?
⑤ 이 주제에 대한 스피치는 청중이 듣기에 좋으며 유용한가?

3.5. 화제 정련하기

화제의 탐색이 끝나면 다음에는 선택된 화제를 정련하는 활용이 필요하다. 이 화제 정련하기 활동은 "일반적인 목적, 구체적인 목적, 요점 진술"로 구성된다. 화제 선택부터 정련까지의 활동이 이뤄진 결과를 개략적으로 제시하면 다음과 같다.

- 화제 영역: 전남 지역 관광
- 화제: 담양 대나무 파크 관광
- 일반적 목적: 정보를 알리기 위함
- 구체적인 목적 : 담양 대나무 파크를 관광하면 아름다우면서도 번잡하지 않다. 그래서 이러한 사실을 청중들에게 알리고자 한다.
- 요점 진술(thesis statement) : 담양 대나무 파크는 아름다우면서도 혼잡하지 않은 관광지이다. 입구에는 전설의 고향 촬영장이 있고, 중간에는 캠핑 장소가 있으며, 끝 부분에는 맨발로도 걸을 수 있는 황톳길이 있다.

4 말하기 조직하기

사람이 다르면 주변 세계에 대해 인식하는 것을 조직하는 방식 자체가 다르다. 예를 들면 자동차 운전석이 영국은 오른쪽에 있는 반면, 미국이나 우리나라는 왼쪽에 있다. 글쓰기의 체제에서도 일본은 세로쓰기가 중심이 되는 반면에 우리는 가로쓰기가 중심이다.

사람들은 문화를 만들기도 하지만 문화에 속하기도 하는데 특정한 순서와 조직의 패턴(형태)을 활용하도록 교육을 받는다. 대부분의 경우 청중들은 정보나 생각, 사물을 조직할 때 유사한 방식을 사용하여 학습해왔다. 한편 어떤 청중들의 경우는 전혀 다른 문화에서 다른 방식으로 정보나 생각을 조직하도록 학습했을 수도 있다. 화자로서의 당신이 사용하는 조직 방식이 청자가 기대하는 것이 아닐 때 화자인 당신은 "의사소통의 장애"를 겪을 수 있다. 이렇게 되면 청자는 혼란스러워질 것이고 당신의 생각을 순서대로 받아들이는 데 어려움을 느낄 수 있다. 그래서 이런 점들을 고려하여 메시지가 효율적으로 전달되기 위해서 스피치는 청중들이 잘 이해할 수 있도록 명확한 방식으로 조직되어야 한다.

4.1. 말하기 계획

등산을 할 때 가장 중요한 것 중의 하나는 정확한 안내 지도이다. 정확하게 작성된 안내 지도를 활용하면 등산객은 등산의 목적을 효율적으로 달성할 수 있다. 이처럼 화자의 말을 듣는 청자도 화자가 전달하고자 하는 스피치 계획을 잘 세워 제공하면 청자는 화자의 스피치를 잘 들을 수 있다. 정보전달의 스피치를 하고자 할 때 다음과 같은 몇 가지 계획(크게 세 부분으로 나눠짐)을 반영하면 유용하다.

Ⅰ. 서론
- A. 청중들에게 무엇을 말하고자 하는지를 명확하게 말해준다.
- B. 청중들에게 왜 말하는 정보가 유용한지를 말해준다.
- C. 청중들에게 왜 화자인 당신이 그 주제에 대해서 말할 충분한 자격이 있는지를 말해준다.

Ⅱ. 본론

메시지를 말한다(예시, 설명, 그리고 기술을 사용한다)

Ⅲ. 결론

A. 청중들에게 말한 것이 무엇인지를 말해준다.

B. 청중들에게 왜 그 정보가 유용한지를 요약해준다.

C. 명확하게, 구체적으로, 그리고 강력한 느낌을 주는 끝맺음 문장을 사용한다.

이러한 일반적인 계획은 구체적인 스피치 상황에 적합하게 하기 위해 다양한 방식으로 특정한 사태의 요구에 적합하게 조정될 수 있다. 우리는 정보를 제공하거나 설명을 하거나 문제 해결과 설득을 위해 계획을 세울 수 있다. 우리는 이 과정에서 발표가 일반적으로 몇몇 존재하는 작품(시, 에세이, 혹은 단편 소설)에 기반을 두고 있기 때문에 개인적 표현이나 구두 연출을 위해 구체화된 계획보다는 일반화된 계획을 활용한다. 존재하는 작품은 이미 구성되고 조직되어 있으며 화자로서 당신의 노력은 논리적 조직 이상의 선택과 연출을 포함할 수 있기 때문이다.

4.2. 말하기의 틀(체제) 조직하기

구체적인 화제가 정해지면 그것을 어떻게 틀(체제)을 잡을 것인가를 결정해야 한다. 정보를 전달하기 위한 틀을 잡을 때는 "화제－양상의 틀"을 활용하고, 과정이나 기법을 설명하고자 할 때는 "방법(how to)의 틀"을 활용하고, 문제해결과 설득을 위해서는 "문제해결의 틀"을 활용하다. 다음에 간략하게 예시를 보인다('말하기 조직하기'는 14장에서 상론된다.).

정보전달 스피치를 위한 발표(프레젠테이션)의 전형적인 틀은 화제(3～4개)와 양상으로 배열한다. 양상의 수는 길이, 목적, 말하기 상황에 따라서 다양하다. 예시를 들면 다음과 같다.

• 화제: 모든 인간은 기본적인 욕구를 가지고 있다.
• 양상1: 신체적 욕구
• 양상2: 안전 욕구

- 양상3: 소속 욕구
- 양상4: 자아 욕구
- 양상5: 자아실현 욕구
- 적용: 우리는 이들 욕구를 매우 다양한 방식으로 충족시키기 위해 노력하면서 우리의 삶을 보낸다.

문제 해결과 설득을 위한 것은 정보 전달을 위한 틀과 다르기 때문에 다른 조직의 틀을 사용하는 것이 당연하다. 틀을 예시하면 다음과 같다.

- 문제: 무엇이 잘못인가를 기술한다(두 자녀가 차의 앞자리에 누가 앉을 것인가에 대해 논쟁을 하고 있다).
- 원인: 원인을 추적한다(각자는 앞자리에 앉기를 좋아한다).
- 해결: 해결책을 제안한다(짝수 날과 홀수 날에 각각을 앉게 한다.)
- 효과: 징후나 효과를 열거한다(모든 여행은 하나의 서두름이다).
- 이익: 문제 해결을 위한 긍정적인 효과를 제안한다("누가 앞자리에 앉는 것이 이익이 많은가")

CHAPTER 13

말(글)의 구조화와 전개 방식

CHAPTER

13 말(글)의 구조화와 전개 방식

이 장에서는 말과 글을 통해 생각을 표현하고 이해하는 데 가장 중요한 역할을 하는 개념의 위계화 수단으로서의 구조화에 대해 살핀다. 이를 기반으로 글의 이해와 표현에 중요한 수단의 하나로 활용가치가 높은 화제와 초점 찾기에 대해 살핀다. 더 나아가 말과 글을 전개하는 기본적인 방식인 연역적 전개 방식과 귀납적 전개 방식에 대해 살핀다. 귀납법은 단위 단계 활동에 유익하고, 연역법은 하위 단계 활동에 유익함을 알게 만든다. 이러한 탐색은 익숙하게 활용만 할 수 있다면 의사소통 과정에서 이해와 표현의 효율화를 이루는 데 중요한 역할을 할 수 있기 때문에 교육적으로 큰 의미가 있다.

1 구조화에 대한 이해

표현 수단으로서의 말이나 글은 일정한 구조를 띠게 되면 이해와 적용이 용이해진다. 구조(화)가 가지고 있는 "기억, 이해, 전이의 이점" 때문이다(이홍우 역, 2005: 20쪽 참조). 구조화가 되어 있지 않은 것을 구조화함으로써 기억과 이해 그리고 전이를 용이하게 할 수 있기 때문에 표현할 내용을 구조화하는 것은 화자와 청자를 동시에 배려하는 활동인데, 가장 흔한 구조화의 모습은 피라미드(삼각형) 형태이다. 표현의 당사자로서 화자(필자)는 피라미드(삼각형) 형태를 만들기 위해서 화자(필자)이면서 스스로 청자(독자)가 되어서 질문과 대답을 반복하고, 질문의 결과를 말(글)에 반영함으로써 말이나 글을 구조화시킨다. 구조화의 모습을 예로 보이면 다음과 같다(이진원 역, 2004: 32~37쪽을 참조하여 재구성함).

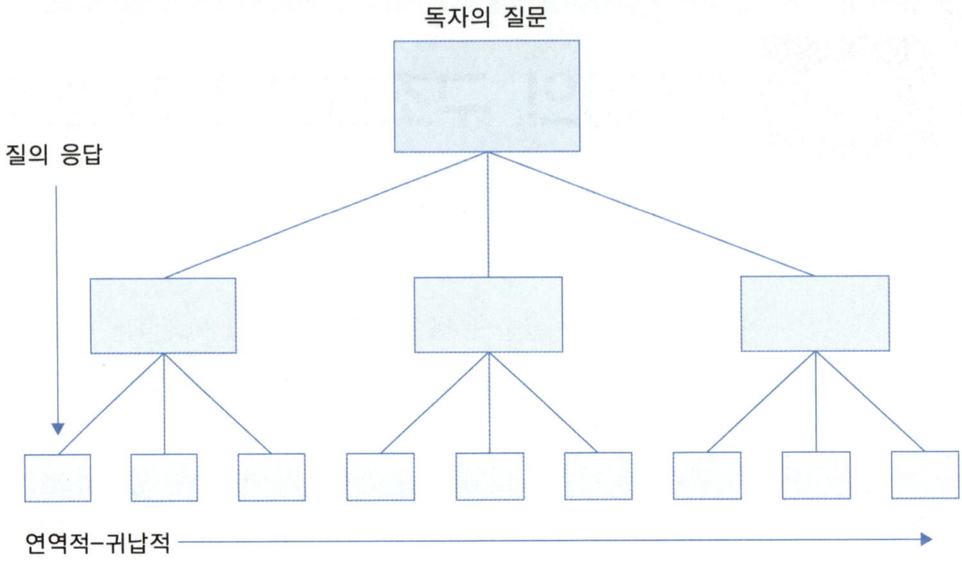

위의 그림은 피라미드 형태의 구조를 보여준다. 피라미드 형태가 좀 더 완전해지기 위해서는 다음과 같은 규칙을 필요로 한다.

- 규칙1: 어떤 계층에 있는 메시지든 하위 그룹의 메시지를 요약해야 한다.
- 규칙2: 그룹 내의 메시지는 논리적으로 동일한 종류여야 한다.
- 규칙3: 그룹 내의 메시지는 항상 논리적 순서로 배열되어야 한다.

'규칙1'은 상위 개념이 하위 개념을 포함하면서 글이 전개되어야 한다는 것을 의미한다. 위의 그림에서 보면 맨 위에 있는 네모는 그 밑에 있는 세 개의 네모를 포함하는 상위 개념이라는 의미이다. '규칙2'는 위의 두 번째에 있는 세 개의 네모가 있는데 그 안에 들어갈 내용이 있다고 할 때 세 개의 네모 안의 내용들은 논리적으로 동일한 종류여야 함을 의미한다. 개의 특징을 알리는 글이 있다고 할 때 맨 위의 네모가 "개의 특징"을 언급한 것이라면 그 밑의 세 개의 네모에는 "냄새를 잘 맡음, 귀가 밝음, 눈이 밝음"과 같이 가능하면 동일한 종류이어야 한다는 것을 의미한다. '규칙3'은 말이나 글이 전개되는 과정에서 그 내용은 늘 논리적 순서로 배열되는 것이 바람직하며, 논리적 순서로 배열하는 방법은 넓게 보면 귀납적 방법과 연역적 방법이 있다.

2 화제와 초점 그리고 구조화의 예시

먼저 다음 글을 읽고 그 글을 바탕으로 글의 구조를 분석해보고자 한다(이면우, 2011년 10월 3일(월), 조선일보, 아침논단에서 인용).

승진을 앞둔 교사 모임에 나간 적이 있다. '창의성'이 화두(話頭)였다. 창의성이란 무엇인가? 존재하지 않는 사물의 필요성을 남보다 먼저 찾아내는 자질이다. 창의성은 왜 필요한가. 살아가며 닥쳐오는 새로운 문제들을 풀어가는 생존의 지혜이기 때문이다. 창의성 교육은 어떻게 하는가? 창의성은 교육의 대상이 아니다. 훈련 대상이다. 언제 시작하는 것이 좋은가. 유아기에 부모와 같이 시작하는 것이 좋다. 훈련 기간은 얼마인가. 아무리 빨라도 10년쯤 걸린다. 내 말에 의아해하며 다소 실망한 표정이 있는 교사들이 있는 듯하여 창의성을 농사에 비유하여 설명했다.

창의성 농사는 어떻게 짓는가. 먼저 종자와 토양, 기후와 절기, 농부의 역할을 이해한 후에 시작해야 한다. 종자는 창의성의 자질, 토양은 여건, 기후는 가치관, 절기는 연령, 농부는 부모의 역할에 비유될 수 있다.

먼저 종자를 알아보자. 우리는 창의적인 민족인가. 유네스코 문화유산은 독창성을 중요하게 여긴다. 그간 등록된 문화유산은 725건이며, 이 중에 우리 문화유산은 9건이다. 문화유산을 국가수로 나누면 평균 3건이 나온다. 우리는 평균의 3배이다. 그러나 이것은 과소평가된 수치이다. 그간 무심히 지나쳐온 닥종이, 단청, 범종, 불탑에 의궤문화를 더하고, 난리 통에 훼손된 유산, 전란을 겪으며 잃어버린 보물, 옛 영토에 남아 있는 유적을 더하면 우리는 세계에서 손꼽히는 창의민족이다. 이런 우수한 민족이 왜 창의성에 확신을 갖지 못하며 주저하는가.

다음 토양을 살펴보아야 한다. 지난 100년은 우리 민족의 창의성이 끊임없이 훼손되어 온 형극의 세월이었다. 1900년부터 해방을 맞기까지 45년은 식민지 시대였다. 이민족이 우리 창의성을 말살시키려 광분했던 시대이다. 그다음 15년은 6·25 동란으로 전 국토가 폐허로 변한 시기였다. 창의성을 생각할 틈이 없었다. 1960년 이후 40년간 질주해온 경제성장은 모처럼 자부심을 되찾은 업적이었으나, 이 과정에서도 창의성은 배제됐다.

기후는 사회의 가치관을 나타낸다. 경제성장 과정에서 우리가 택한 가치관은 효율·원가·소득이었다. 지난 10여년은 IMF 사태, 제조업 붕괴, 이공계 기피 현상을 겪으면서 가치관은 고소득·안정·보장으로 격하된 시기였다. 물신을 숭배하는 사회로 전락한 것이다. 반면에 창의성은 도전과 실패, 시행착오와 불확실성을 수반하는 개념이다. 물신교에서 창의성은 금기사항이며, 창의성은 한파를 부른다.

농사에 절기가 중요하듯이, 창의성 훈련에도 절기가 있다. 농부는 언제 파종을 시작하는가. 새싹이 날 시기와 기후조건을 가늠하여 씨를 뿌린다. 창의성 훈련은 언제 시작하는가. 지능발달이 마무리되는 유아기에 맞추어 시작해야 한다. 창의성 훈련의 첫 단추는 무엇인가. 부모의 선도로 많이 노출되어야 한다. 전시회·음악회·체육대회·축제·여행·가족행사에 노출돼야 궁금한 것이 생긴다. 노출이 반복되면 관심으로 발전한다. 이 과정은 부모가 맡아야 한다. 자녀의 눈빛·표정·혈색·호흡·습관·특징을 놓치지 않고 관찰할 수 있는 사람은 부모뿐이기 때문이다.

이제 부모는 자녀와 국가의 생존, 국제사회에의 공헌을 위해 가치관을 바꾸어야 한다. 농부는 농사를 품앗이에게 전적으로 의존하지 않는다. 그런데 부모들은 자녀교육을 품앗이에게 맡기고 있다. 초등학교 부모의 88%가 과외를 시킨다. 관찰이 중요한 시기에 남에게 보내고, 교감이 이뤄져야 할 시기에 떨어져 지내고, 노출돼야 할 시간에 차폐막을 씌우는 것이다. 그런데 품삯도 만만치 않다. 맞벌이 부부 수입의 40%가 지불된다. 부부의 수입이 늘어나면 내야 할 품삯도 지체 없이 오를 것이다.

농사에 절기가 있듯이, 자녀교육에도 절기가 있다. 평생을 지속할 부모와 자녀의 좋은 관계는 초등학교 시절이 지나기 전에 마무리돼야 한다. 이 시기를 놓치면 사춘기로 접어들어 평생을 소원한 관계로 지낼 것이다.

자녀교육을 남에게 의존하는 부모들이 하는 이야기가 있다. 현실을 무시할 수 없다는 것이다. 현실을 살펴보자. 현재 유망한 분야는 10년 후, 아이가 대학을 졸업할 때쯤이면 모두 쇠퇴기에 접어들 것이다. 하지만 지금부터 창의성을 훈련하면 무엇이 없어지더라도 별 걱정이 없을 것이다. 어떤 예상치 못한 환경에 처하게 되더라도 살아남을 것이다. 부모는 자녀를 남에게 위탁하고 품삯을 들먹이며 한탄하던 저간의 잘못부터 반성해야 한다.

우리는 위의 글을 읽으면서 가장 먼저 스스로 "무엇은 무엇이다"에 초점을 맞추고 사고 활동을 해야 한다. "무엇은"은 말이나 글에서 언급되고 있는 대상으로써 화제라고 한다. "무엇이다"는 언급되고 있는 대상에 대해 설명하는 것인데 이것을 초점이라고 한다. "순이는 예쁘다"란 글이 있을 때 "순이"는 화제이고 "예쁘다"는 초점이다. 말이나 글을 듣거나 읽으면서 화제와 초점을 찾는 것이 사고 과정(사고 활동)의 핵심이다.

위의 글을 활용하여 화제와 초점을 찾는 활동을 해보자. 먼저 화제를 찾는 것이 중요한데, 그것을 찾는 방법은 다음과 같다. 우선 "무엇에 대한 글인가"에 대해 독자 스스로 질문을 한다. 그런 후에 이에 대한 대답을 찾게 되는데 그것은 "창의성"이라고 이해한다. 독자는 다시 좀 더 생각을 구체화하여 "무엇의 무엇에 대한 글인가"를 생각하게 되고 이에 대한 대답으로 "자녀의 창의성"을 찾아낸다. 다시 "무엇의 무엇의 무엇에 대해 언급하고 있는가"에 대한 물음을 생성해내고 이에 대한 대답으로 "자녀의 창의성의 교육"이라고 이해한다. 다시 독자는 "무엇의 무엇의 무엇의 내용은 무엇인가"를 생각하게 되고 독자는 그에 대한 대답으로 "자녀의 창의성의 교육 내용을 창의성의 자질, 여건, 가치관, 연령,

부모의 역할"과 같이 이해하고 있다. 이러한 활동은 말이나 글에서 언급되고 있는 내용(이것은 다르게 말하여 "화제"이다)이 무엇이냐에 대한 답을 찾기 위한 것이다.

화제를 찾았으면 다음으로 초점을 찾는다. 초점은 화제가 "어떠하다(무엇이다)"란 물음에 대한 대답이다. 말하자면 대상에 대한 설명이 초점이다. 위의 글에서 초점은 "훈련을 통해서 가능하다." 정도가 될 수 있다. 결론적으로 위의 글을 화제와 초점으로 구분하면 "자녀의 창의성 교육은 훈련을 통해서 가능하다." 이다. 이것을 시각화하면 다음과 같은 대략적인 피라미드 형태를 보인다.

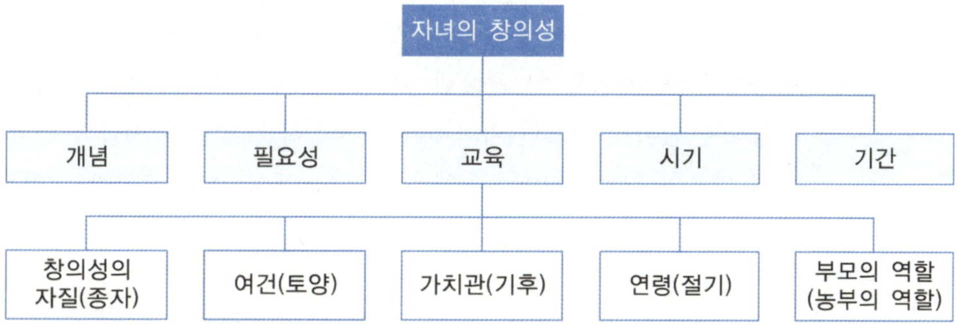

위의 그림에서 보면 자녀의 창의성이 피라미드의 정상에 위치한다. 한 단계 밑까지 고려하면 자녀의 창의성 교육이 다시 피라미드의 정상에 위치한다. 피라미드의 정상에 위치한 내용에 대해서 그 밑에서 설명하는 구조를 이루고 있다. "자녀의 창의성"과 관련된 내용은 5개의 요인으로 구성되어 있고, "자녀의 창의성 교육"과 관련된 내용은 다시 5개의 하위 요인으로 구성되어 있다.

하위의 구성 요인들은 논리적으로 동일한 종류이다. 그리고 요인이 하나의 그룹을 형성하고 있기 때문에 이들 그룹 내의 메시지는 논리적 순서로 배열되는 것이 정보 처리에 용이하다. 화자(필자)는 글의 생산자이면서 동시에 독자가 되어 글을 전개한다. 첫 단락에서 보면 창의성이 무엇인가에 대한 물음을 제기하고 바로 뒤에서 답을 제시하고 있다. "필요성, 교육, 시기, 기간"에 대해서도 같은 방식으로 전개하고 있다. 이어서 창의성의 교육에 초점을 맞춰 "창의성의 자질과 여건, 가치관과 연령, 그리고 부모의 역할"에 대해 독자들이 궁금하게 생각하는 것을 예상하여 글로 드러내서 한 편의 완결된 글을 완성하고 있다. 모든 글이 이와 같이 피라미드 형태로 전개되는 것은 아니지만 전체적으로 글은 피라미드 형태로 제시되는 것이 정보의 처리에 용이하기 때문에 피라미드 형태를 유지하려고 노력한다.

구조화를 시킬 수 있을 때 말이나 글을 더 잘 이해할 수 있기 때문에 말이나 글을 듣거나 읽고 구조화 할 수 있는 능력을 기르는 것은 매우 중요한 일이다. 구조화를 하려면 먼저 글의 주제를 파악하는 것이 중요하고, 주제를 파악하기 위해 먼저 글이나 말에서 말하고자 하는 화제와 초점을 파악하는 것이 중요하다는 점은 앞에서 간단하게 언급했다. 여기서 다시 한 번 화제와 초점을 어떻게 파악할 것인지에 대한 논의를 보완해서 화제와 초점에 대한 이해를 돕고자 한다.

화제는 말하고자 하는 대상인데, 그 대상은 "내용의 중요도, 지칭하는 범위, 주종관계" 등에 의해 구분할 수 있다. 내용의 중요도 측면에서 중요한 화제가 핵화제(주화제)이고, 덜 중요한 화제가 부화제이다. 지칭하는 범위의 측면에서 지칭하는 범위가 넓으면 가화제이고, 지칭하는 범위가 언급되어 있는 글의 범위 내에 있으면 참화제이다. 주종관계의 측면에서 보면 포함하는 화제는 주화제이고 포함되는 화제는 종화제이다. 다음 글을 참조하여 화제와 초점을 찾아보자.

> 작가는 자신의 공간을 만드는 창설자이며, 언어의 땅을 경작하는 옛 농부의 상속인이며, 우물 파는 사람이며, 집짓는 목수다. 이와 반대로 독자는 여행객이다. 남의 땅을 이곳저곳 돌아다니고, 자기가 쓰지write 않은 들판을 가로질러 다니며 밀렵하고, 이집트의 재산을 약탈하여 향유하는 유목민이다. 저작writing은 생산물을 축적하고, 저장하고, 어떤 공간의 설정으로 시간의 흐름에 저항하며, 재생산이라는 확장을 통해 그 생산물을 더욱 증식시킨다. 독서reading는 시간의 침식에 대처하지 못하고(사람들은 자기를 잊고 독서를 잊는다), 얻는 것을 지켜내지 못하거나 겨우 지켜내며, 들르는 장소 하나하나가 실낙원의 반복이다(이종삼 옮김(로제 사르티에, 굴리엘모 카발로 엮음, 2006), 『읽는다는 것의 역사』, 11쪽).

위의 글에서 언급되고 있는 대상은 무엇인가? 우선 "작가, 독자, 저작, 독서"이다. 그렇다면 이들이 화제가 된다. 그리고 초점은 각각 "창설자, 여행객, 생산물, 실낙원의 반복"이다. 화제와 초점을 연결한 것이 주제문이므로 이 글의 주제문은 "작가와 독자, 저작과 독서는 각각 창설자이고 여행객이며 생산물이고 실낙원의 반복이다."가 된다. 주제는 필자가 나타내고자 하는 본질적인 의미이다. "창설자, 여행객, 생산물, 실낙원의 반복"은 각각 화제가 어떠하다는 것에 대한 진술이므로 이 글에서 필자가 말하고자 하는 주제는 "작가와 독자, 저작과 독서에 대한 조작적 정의"라고 할 수 있다.

> 언어의 의미는 다양하다. 언어가 다양한 목적을 위해서 다양한 기능으로 사용된다는 말이다. 그런데도 불구하고 한 언어가 발언되거나 필기됨으로써 의도적으로 사용될 때 그것의 기능은 편의상 서술적(descriptive), 정서적(affective), 처방적(prescriptive)인 세 가지 범주로 간추려 분류할 수 있다. 서술적 기능의 경우 언어의 기능은 객관적 사실의 기록이고, 정서적인 경우 같은 모양의 언어는 주관적 감동을 야기하는 기능을 하며, 처방적 기능을 할 경우 남에게 어떤 행위를 일으키기 위해서 사용된다. 따라서 이 세 가지 경우 언어의 의미는 각기 언어가 지칭하는 〈객관적 대상〉, 언어가 야기하는 〈인과적 효과〉, 그리고 언어가 주는 〈행동적 규제〉가 되므로 구체적 내용, 즉 언어의 의미의 의미는 세 가지 경우 서로 다르다(박이문(1995), 『문학과 철학』, '인문계 텍스트의 독서론', 140~141쪽)

위의 글에서 우선 화제가 무엇인지를 알아보자. 먼저 중요도를 중심으로 화제를 찾아보자. 화제를 찾는 방법은 이 글이 "무엇에 대한 글인가?"라는 물음에 대한 대답을 찾으면 그것이 화제이다. 일단 언어의 의미라고 할 수 있다. 그러면 다시 언어의 의미에 대한 진술이 무엇인지를 찾아야 하고 그 진술이 초점이다. 초점은 "다양하다"이다. 그러면 화제와 초점은 "언어의 의미는 다양하다."이고 동시에 이것이 주제문이며, 주제는 주제문을 명사형으로 만든 "언어 의미의 다양성"이 된다.

그런데 이 글에서 필자가 말하고자 하는 진정한 의도는 "언어 의미의 세 가지 기능"이라고 이해한다면 "언어의 의미"는 부화제가 된다. 그러면 핵화제는 "언어 의미의 세 가지 기능"이고 초점은 "기술적, 정서적, 처방적이다."가 된다. 범위를 중심으로 볼 때 "언어의 의미"는 가화제이고, "언어 의미의 세 가지 기능"은 참화제이다. 내용의 주종관계를 중심으로 볼 때 "언어의 의미"는 주화제이고, "언어 의미의 세 가지 기능"은 종속화제이다. 또한 이 경우에 종속화제가 핵화제이면서 참화제라고 할 수 있다.

> 연어는 고향을 아는 신기한 동물입니다. 강에서 태어나 바다에서 살다가 고향으로 되돌아옵니다.
>
> 연어는 가을에 깨끗한 강에서 알을 낳습니다. 약 두 달이 지나면 그 알에시 새끼가 나옵니다. 새끼연어는 1년쯤 강에서 살면 10센티미터 정도의 크기가 됩니다. 그러면 먼 바다로 나가서 자유롭게 돌아다니며 큰 고기로 자랍니다. 몇 년 뒤에 알을 낳을 때가 되면, 연어는 떼를 지어 자기가 태어난 강으로 되돌아옵니다.
>
> 연어는 그 곳에서 수많은 알을 낳은 뒤에 자갈로 알을 덮고 주변을 지킵니다. 이렇게

알을 보살피다가 연어는 온몸에 상처를 입고 결국 죽습니다.

위 글에서 화제와 초점을 구별해보자. 화제는 우선 "무엇에 대한 이야기인가?"에 대한 답을 찾는 활동이다. "연어"에 대한 이야기라는 것을 알 수 있을 것이다. 글을 읽어 가면서 다시 "연어의 무엇에 대한 이야기인가?"에 대한 답을 찾는다면 그 답은 무엇인가? 그 답은 "연어의 일생"에 대한 이야기라는 것을 이해할 수 있다. 그러면 다시 "연어의 일생"이 "어떠하다는 것인가?"에 대한 답을 찾아야 초점이 된다. 그러면 "연어의 일생이 어떠하다"에 대한 답은 "신기하다"이다. 그러면 이 글을 화제와 초점으로 나누면 "연어의 일생(화제)은 신기하다(초점)."이다. 이를 바탕으로 주제를 파악해보자. 주제는 필자가 전달하고자 하는 본질적인 의미이기 때문에 "신기한 연어의 일생"이 주제라고 할 수 있다. 그리고 주제를 문장으로 진술한 것이 주제문이다. 내용의 중요도를 중심으로 보면 연어의 일생이 핵화제이고, 연어는 부화제이다. 범위를 중심으로 보면 연어가 가화제이고, 연어의 일생이 참화제이다. 주종관계를 중심으로 보면 주화제는 연어이고 종속화제는 연어의 일생이다.

이상에서 몇 가지 예를 중심으로 화제와 초점, 주제문과 주제를 찾는 방법을 논의했다. 먼저 글을 읽으면서 이 글이 "무엇"에 대한 글인가를 파악한다. 다시 더 구체화하여 "무엇의 무엇"에 대한 글인가를 파악한다. 초점은 "무엇" 혹은 "무엇의 무엇"에 대한 진술이다. 이러한 방법은 주제를 파악하기 위한 하나의 전략이라고 할 수 있으며, 위에서 언급된 글을 바탕으로 가화제와 참화제, 초점, 그리고 주제를 정리하면 다음과 같다.

화제		화제와 초점(주제문)	주제 : 화제와 초점을 결합한 명사형
가화제	참화제		
무엇	무엇의 무엇	무엇의 무엇은 어떠하다	무엇의 무엇은 어떠함
연어	연어의 일생	연어의 일생은 신기하다	신기한 연어의 일생(또는 연어 일생의 신기함)

3 말(글)의 전개 방식

말이나 글을 전개한다는 것은 명제를 바탕으로 명제의 내용을 조직하고, 조직을 바탕으로 개념을 덧붙여 내용을 상세하게 진술하는 활동이다. 내용을 상세하게 진술할 때 가장 일반적으로 활용되는 논리적 전개 방식이 귀납적 방식과 연역적 방식이다.

연역적 방식은 이미 증명된 하나 또는 둘 이상의 명제를 전제로 하여 새로운 명제를 결론으로 이끌어 내는 것을 말하며 귀납적 방식은 개별적인 특수한 사실이나 원리로부터 그러한 사례들이 포함되는 좀 더 확장되는 일반적 명제를 이끌어 내는 것인데, 다음은 그 예이다(이진원 역, 2005: 55쪽 참조). 예를 보면서 어떻게 연역적 추론과 귀납적 추론이 전개되는지 그 원리를 생각해보자.

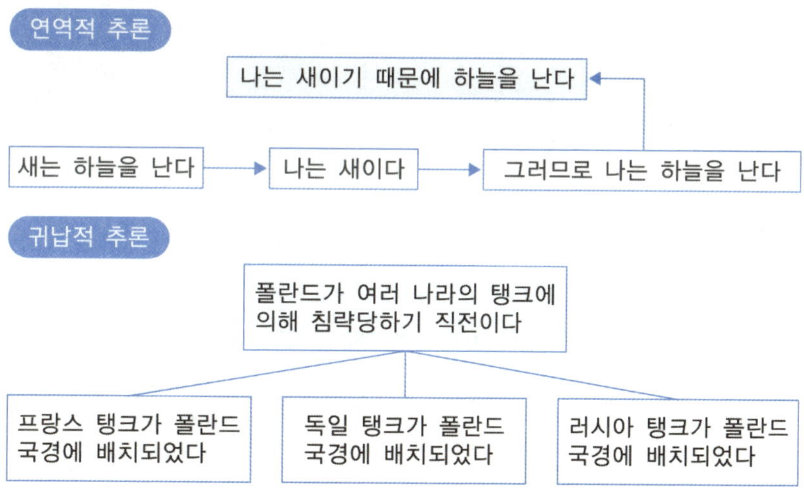

위의 그림에서 보면 연역적 방식은 처음 문장에서 언급한 내용의 일부가 다음 문장에서 언급되고 그 내용의 일부가 또 다음 문장에서 언급되어 생각이 정리되는 방식으로 전개된다. "새는 하늘을 난다"라는 문장에서 이 문장을 이루고 있는 한 요소인 "새"는 다음 문장에서 언급된다. 다음 문장에서는 "새"가 중복되기 때문에(이른바 논리학의 술어로 말하자면 이것은 매개 변인이다) 이를 제거하고 하나의 완성된 문장을 만든다. 이것이 "그러므로 나는 하늘을 난다"가 된다. 이러한 추론 과정은 연역적 삼단논법의 추론 과정이다. 비록 엄격하지는 않지만 대부분의 논리 전개는 이러한 방식에 의해 전개되는 것이 일반적이다. 세 가지 명제를 요약한 것이 맨 위에 있는 "나는 새이기 때문에 하늘을 난다"와 같이 정리된다.

반면에 귀납적 방식은 상위 개념을 중심으로 제기된 질문에 대해 "이유(왜), 방법(어떻게), 증거(어떻게 아는가)"와 같은 사고 유발의 기제를 활용하여 내용을 전개해나간다. 위의 귀납적 추론에서 보면 "폴란드가 여러 나라의 탱크에 의해 침략당하기 직전이다"라는 명제는 "증거(어떻게 아는가)"라는 사고 유발의 기제에 의해 뒷받침된다. 물론 "어떻게 아는가?"와 같은 사고 유발의 기제는 직접적으로 언급될 때도 있지만 보통은 생략되어 말이나 글에 반영된다. 청자나 독자는 물론 화자도 말이나 글 속에서 이미 이것에 대해 알고 있다고 판단하기 때문이다. 화자나 필자는 이에 대한 답으로 "프랑스, 독일, 러시아 탱크의 국경 배치"가 근거로 작용한다.

다음에 연역적 추론과 귀납적 추론의 전개 양상을 좀 더 상세하게 살피기로 한다(이진원 역, 2004: 121~122쪽 참조)

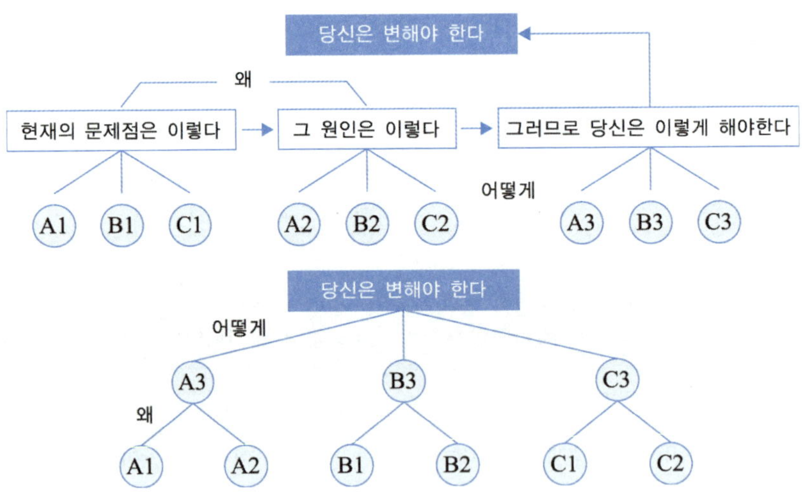

위의 그림을 중심으로 살펴보자. "당신은 변해야 한다."라는 말이나 글을 표현할 경우에 변해야 하는 이유를 들고 그 이유에 대해 어떻게 변해야 하는가에 대해 기술하는 방식으로 글을 전개할 수 있다. 예를 들어, 첫 단락은 "당신은 현재 체중이 많이 나가는 것이 문제이다(A1). 그 원인은 저녁에 과식을 하기 때문

이다(A2). 따라서 당신은 저녁에 과식을 하지 않아야만 과체중을 극복할 수 있다(A3)."처럼 단락을 전개할 수 있고, 둘째 단락은 "당신은 현재 생각하는 능력이 부족하다(B1). 그 원인은 책을 많이 읽지 않기 때문이다(B2). 그래서 당신은 생각하는 능력을 향상시키기 위해서 독서를 많이 해야 한다(B3)."처럼 전개할 수 있고, 셋째 단락은 "당신은 체력이 약하다는 것이 문제이다(C1). 그 원인은 운동을 규칙적으로 하지 않기 때문이다(C2). 그래서 당신은 체력을 강화시키기 위해서는 규칙적으로 운동을 해야 한다(C3)."처럼 전개할 수 있다. 그리고 최종적으로는 "앞에서 제시한 문제점과 원인과 해결책 때문에 당신은 변해야 한다."라고 주장을 할 수 있다. 이것은 간략하게 나타내기 위해 든 예이지만 각각의 단락에 대해 더 상세하게 단락의 내용을 전개할 수 있고 실제로 단락들은 위에 제시된 것보다는 더 상세하게 전개되는 것이 일반적이다.

그런데 이 글을 다음과 같이 전개할 수도 있다. 예를 들어 "당신은 변해야 한다. 어떻게 변해야 하는가. 첫째, 체중을 줄여야 한다. 왜냐하면 과식으로 인해서 과체중이 심각하기 때문이다. 둘째, 독서를 많이 해야 한다. 왜냐하면 사고력 신장을 위해서는 독서가 필요하기 때문이다. 셋째, 규칙적으로 운동을 해야 한다. 왜냐하면 약한 체력을 운동을 통해서 강화시킬 수 있기 때문이다. 이렇게 단락별로 변해야 하는 양상을 먼저 제시하고 그것이 왜 그렇게 되어야 하는지에 대한 보완을 다음 단계에서 하는 방식이다. 말이나 글에서 논리 전개는 위에서 살펴보았듯이 큰 틀에서 보면 연역적 방식과 귀납적 방식 중에서 어느 하나로 전개되거나 이들이 섞여서 전개된다고 할 수 있다. 다음 글을 바탕으로 제시된 활동을 해보자.

활동 13-1 연역적 추론과 귀납적 추론의 전개 방식

이 활동의 목적은 연역적 추론과 귀납적 추론을 분석할 수 있고, 그 바탕 위에서 이들을 활용할 수 있는 능력을 함양하기 위함이다.

■ '보는 것이 믿는 것이라고? … 그렇게 믿는 것이 착각

'백 번 듣는 것보다 한 번 보는 것이 낫다'고 한다. '보는 것이 믿는 것'이라는 서양 속담도 있다. 자신이 직접 눈으로 본 것을 사실이라고 믿으니 당연한 말로 들린다. 과연 그럴까. 사람들은 흔히 눈·코·입·손 등을 통해 느끼는 감각과 뇌에서 이를 인식하는 것을 같은 의미로 받아들인다. 하지만 실제 세상은 우리의 감각 기관이

받아들인 것과는 다르다. 감각 기관의 기능은 우리가 처한 세상을 '정확하게' 감지해 전달하는 것이 아니라 '적절하게' 감지하는 것이기 때문이다.

아이가 자라는 과정을 살펴보면 감각 기관이 왜곡(歪曲)되는 이유를 잘 알 수 있다. 하지만 생후 6개월에서 1년 사이에 아이는 자신이 속한 문화권에서 사용되는 언어에만 집중한다. 다른 소리는 자연스럽게 무시한다. 'R'과 'L'의 구분이 중요한 영어권의 아이는 이 시기에 'R'과 'L'의 차이를 명확하게 인식한다. 반면 한국, 일본 아이는 생후 1년이 지나면 두 발음을 구분하지 못한다. 두 발음을 구분하는 것이 한국이나 일본에서 살아가는 데 큰 의미가 없기 때문이다. 이는 유전자의 차이가 아닌 후천적인 결과이다. 한국이나 일본 아이라도 영어권에서 태어나 살면 두 발음을 구분할 수 있도록 성장한다.

비슷한 현상이 다양한 분야에서 나타난다. '주변 환경에 많은 것' '변하는 것'일수록 쉽게 알아챌 수 있다. 화장실의 경험을 떠올려 보자. 처음 들어갔을 때 코를 쥐게 하는 악취라도 1분도 지나지 않아 무감각해진다. 코가 냄새를 맡지 않는 것이 아니라, 무해한 냄새라고 뇌가 인지했기 때문에 적응하는 것이다.

이와 달리 냄새가 변하면 금방 알아챌 수 있다. 경험하지 않은 다른 냄새는 빨리 알아채야 위험한지 판단할 수 있다. 경험은 무의식중에 감각 기관을 지배한다. 조명을 쳐다보라고 말하면 누구나 위쪽을 먼저 바라본다. 태양, 달 등 밝은 것은 위에 있다는 선천적인 경험과 인공적인 조명도 위에 있다는 경험이 반복되면서 익숙해진 것이다.

착시현상은 감각 기관의 왜곡을 보여주는 직접적인 증거이다. 주변 배경에 따라 색을 조절해 다르게 받아들이고, 한 생각이 피곤할 정도로 지속되면 다른 생각으로 인식하기도 한다. 하나에 집중하도록 선택하면 다른 것들은 지워지기도 한다. 한 사람을 집중해서 보면 시야 안에 있어도 다른 사람은 저절로 보이지 않게 되는 현상이 대표적이다. 소리 역시 한 사람과의 대화에 집중하면 주변이 아무리 시끄러워도 다른 소리는 잘 들리지 않는다.

결국 감각 기관과 뇌의 지각은 주어진 현상들을 적응과 생존에 도움이 되는 방향으로 적절하게 해석해주는 역할을 한다고 볼 수 있다. 이는 사람이 아닌 동물도 마찬가지다. 사람의 시각은 모든 색의 가시광선을 만드는 3원색인 빨강·파랑·녹색에 민감하다. 가시광선 중 일부에 최적화돼있다. 이와 달리 뱀은 적외선을 보고, 나비는 자외선을 본다. 각자 생존에 적합하도록 일부만을 받아들이게 돼 있다.

사람의 감각 기관과 뇌는 객관적이지 않고 주관적이고, 수동적이지 않고 능동적이다. 받아들이는 세상이 다르기 때문에 개성도 생긴다. 흔히 '착각'은 나쁜 의미로 사용된다. 하지만 사람의 뇌와 감각 기관은 착각할 수 있어야 제대로 된 역할을 하는 셈이다(조선일보, 2016. 5. 28., 정수영 한국과학기술연구원 신경과학연구단 책임연구원·박건형 기자)

1. 위의 글을 기반으로 하여 귀납적 추론과 연역적 추론을 반영하는 글을 써보자.
2. 쓴 글을 전개할 때 '원인1 → 원인2'와 '결과1 → 결과2'와 같은 전개 방식과, '원인1 → 결과1, 원인2 → 결과2'와 같은 전개 방식 중에서 본인은 어떤 전개 방식을 더 선호하는지, 선호한다면 그 이유는 무엇인지에 대해 동료들과 토론해보자.

CHAPTER 14

말하기의 형식과 조직

CHAPTER

14 말하기의 형식과 조직

이 장에서는 성공적인 말하기를 위해 말하기의 형식, 말하기 조직의 원리, 말하기 조직하기, 말하기의 스타일, 그리고 말하기에서 언어의 유형을 논의한다.

1 말하기의 형식

인간의 모든 사고 행위의 결과는 언어가 중심이 되어 문자와 음성으로 표현이 되면, 그러한 표현의 결과는 완전하다고는 할 수 없지만 상대에게 전달된다. 전달하는 형식을 다 열거할 수는 없지만 대략적으로 공식적인 형식을 정리할 수 있다. 공식적인 형식에는 즉석 스피치(imprompt speech), 준비된 스피치(extemporaneous speech), 원고 기반의 스피치(manuscript speech), 암기 스피치(memorized speech)가 있다. 이러한 스피치는 '① 스피치를 하는 목적, ② 청중의 크기와 특성, ③ 스피치의 사건과 상황, ④ 기록의 필요성, ⑤ 화자가 사건에 대해 지니고 있는 책임감의 정도' 등에 따라서 어떤 스피치 형식을 사용할 것인가가 결정된다. 이들에 대해서 다음에서 좀 더 상세하게 살피기로 한다.

1.1. 즉석 스피치[8]

즉석 스피치란 특별한 준비 없이 하는 것을 말한다. 일상에서 특별한 준비 없이 행하는 온갖 스피치가 여기에 해당될 수 있다. 그런데 여기에서 언급하는 즉석 스피치는 공식적인 상황에서 이뤄지는 것에 초점을 맞추기 때문에 즉석 스피치를 하더라도 미리 상당한 준비가 필요하며 긴장감은 상당히 높을 수밖에 없

8 이 책에서는 스피치와 말(말하기)을 같은 개념으로 사용한다. 맥락에 따라서 말하기와 스피치를 병용한다.

다. 즉석 스피치는 준비를 위한 사전의 생각이 단지 몇 초나 몇 분 안에 이뤄지고, 그것을 바탕으로 하여 전달하는 스피치이기 때문에 이런 즉석 스피치는 일반적으로 어떤 종류의 메모도 활용하지 않고 이뤄지는 것이 보통이다. 즉석 스피치를 위해 다음과 같은 지침(guide lines)을 활용함으로써 전달 능력을 향상시킬 수 있다(Joseph A. Quattrini, 1996: 104쪽 참조).

첫째, 학급의 모든 학생들에게 단어로 잘 정리된 스피치 주제를 준비하게 하고, 그것을 '7×12㎝' 정도의 카드에 적는다. 이때 주제는 매우 구체적이어야 하고, 유머가 있는 것이면 더 좋다. 그리고 주제는 개인의 경험과 관련된 것일수록 바람직하다. 둘째, 스피치 할 시간을 제한하고 시계를 준비한다. 셋째, 모든 주제를 박스에 넣는다. 스피치 할 차례가 되기 바로 전에 카드를 꺼내고 15초 정도의 시간을 할애하여 주제를 읽고 그것에 대해 생각해본다. 넷째, 처음으로 카드를 살펴볼 때, 언어적 피드백을 하지 않아야 하며 단지 박수만 보낸다. 다섯째, 박수 이외의 피드백을 사용하기 시작할 때 주제에 대해 토론하지 않도록 노력한다. 대신에 의사소통의 기능(스킬)에 초점을 맞춰야 한다. 예를 들면, "화자는 서론, 본론, 결론을 구체화했는가? 명확하고 쉽게 실행할 수 있는 계획이었는가? 화자는 어떻게 스피치를 개선할 수 있는가?" 등에 초점을 맞춘다.

이러한 지침을 기반으로 즉석 스피치 능력을 향상시키고자 할 때는 다음과 같은 활동을 할 수 있다. 첫째, 지침을 참고로 하여 각자 주제 카드를 준비하고 학급에 가져온다. 학급의 구성원들은 준비한 주제 카드를 소리 내어 읽는다. 각 주제에 대해 토론하고 그것이 적절한지, 핵심 단어들이 잘 정리되어 있는지, 그리고 소리 내어 읽은 것들을 토론할 가치가 있는지를 결정한다. 둘째, 토론을 통해 결정된 주제 카드를 박스에 넣고, 각자 한 번에 하나의 주제 카드를 뽑은 다음, 1~2분 동안 한 주제에 대해서 스피치를 한다. 이때 화자가 주제 카드보다 더 많을 수 있기 때문에 활용한 주제 카드는 다시 박스에 넣는다. 이렇게 할 경우 다른 학생은 동일한 주제에 대해 말할 수 있다. 셋째, 모두가 스피치를 하고나면 서로 화자와 청자가 되어 스피치를 한 경험에 대해 토론한다.

1.2. 준비된 스피치

준비된 스피치는 논의되고 있는 문제에 대해 준비하고, 연구하고, 메모하고,

결론에 도달할 때까지 충분히 생각하고 스피치의 필요성이 제기될 경우 스피치를 할 준비가 되어 있는 스피치를 의미한다. 다시 말하면 준비된 스피치는 화자 스스로 스피치를 할 준비를 하긴 하지만 스피치를 하기 위한 구체적인 텍스트까지는 준비하지 않는다는 것을 의미한다.

준비된 스피치는 화자가 특정 사안에 대해 책임을 지고 있으며 기여하기를 기대할 때 일어난다. 일반적으로 데이터의 정확성이 중요한 상황에서 일어난다. 예를 들어, 화자가 학교의 새로운 교육과정을 제안하는 구성원의 일부라면 교육과정과 학비에 관심이 있는 학생들의 수가 얼마나 될 것인가와 같은 사실(facts)을 발표할 가능성에 대비하여 스피치를 준비하는 것이 준비된 스피치에 해당될 수 있다.

1.3. 원고 기반의 스피치

원고 기반의 스피치는 스피치 텍스트 전부를 주의 깊게 준비하고, 문자로 표현하고 스피치 텍스트 전체를 대상으로 읽기를 연습하는 스피치를 의미한다. 그래서 원고 기반의 스피치는 일반적으로 화자가 스피치를 해야만 하는 경우에 청자보다 더 많이 알 수 있다. 화자는 이용할 수 있는 스피치 복사본을 준비해둘 필요가 있다. 이 외에도 스피치를 위한 구체적인 시간제한을 고려해야 한다. 원고 기반의 스피치는 일반적으로 공식적인 것이며 학술적인 논문 발표, 정견 발표 등에서 활용된다.

원고 기반의 스피치에도 다양한 양상이 존재한다. 여러 가지의 원고 기반 스피치의 형식 중에서 어떤 것을 선택하더라도 가장 본질적인 것은 철저하게 준비하는 것이다. 스피치의 형식을 다양하게 한다는 것은 결국 화자가 어떤 방법을 선택하여 스피치를 하느냐의 문제와 직결되기 때문이다. 단지 최선을 다해 준비하는 화자만이 원고 읽기를 최소화하면서 발표하려고 노력한다. 만일 화자가 작성한 원고를 사용하지 못하도록 하는 제한된 상황이 아니라고 한다면 원고를 활용하는 것은 정상적이다. 아주 극소수의 사람만이 과도하게 준비를 한다. 특히 중요한 비즈니스의 경우, 준비를 소홀히 하면 불행한 결과를 초래할 수 있기 때문에 철저하게 준비하는 것이 당연하다.

원고 기반의 스피치를 하는 데도 원고를 활용하는 다양한 양상이 있을 수밖에 없다. 스피치의 상황에 맞도록 어떤 원고의 양상을 선택하는 것이 가장 최상일 것인지는 화자의 선택에 달려 있다. 다음과 같은 원고의 양상을 활용하여 원고 기반의 스피치를 할 수 있다.

첫째, 원고 전체의 활용이다. 일반적으로 원고는 표현하고자 하는 생각을 낱말의 연속(word for word) 형태로 드러나게 하는 대본이다. 원고가 잘 쓰여 지면 당연히 읽기가 쉬워지는 것은 당연한데, 원고 전체를 요약 없이 활용하는 것이다.

둘째, 부분 원고의 활용이다. 원고 전체를 활용하는 대신에 원고 중에서 가장 중요한 부분만을 추려내어 스피치 원고를 준비하는 것을 말한다. 예를 들면 서론과 결론은 원고 그대로 사용하고 본론은 요점을 중심으로 하여 활용하는 방식이다. 이런 방식은 화자에게 요점 발표를 확실하게 해줄 수도 있지만 더 의미 있는 것은 전체 원고를 활용하는 것과 비교할 때 청중들과 더 많은 접촉을 가능하게 해 준다는 점에서 원고 전체를 활용하는 것과 차별화된다. 부분 원고의 방식으로 스피치를 할 경우 정확한 단어로 표현하지 않아도 될 곳에서는 화자가 말할 내용을 보다 잘 조직하여 재미있게 발표를 할 수 있는 장점이 있다.

셋째, 요점 기록 카드의 활용이다. 가장 전통적인 스피치 준비 방법은 8∞12 ㎝의 카드를 사용하는 것이다. 이런 기록 카드는 이동과 소유가 편리하고 쉽게 순서를 변화시키고 첨가할 수 있으며 삭제할 수도 있다. 만일 카드 위에 단지 하나의 요점만 작성한다면 카드의 옆에 하위 요점을 기록하기도 쉽다.

요점 기록 카드가 융통성이 있긴 하지만 이러한 융통성 때문에 화자는 발표 내용을 잘 구성해야 한다. 자칫 요점 기록 카드를 섞은 상태에서 스피치를 하게 되는 상황이 되면 스피치를 실패할 가능성이 커진다. 뿐만 아니라 카드가 쉽게 움직여서 순서가 잘못 될 수도 있고, 잘못하면 잃어버리기도 쉽다. 어떤 화자는 카드에 너무 많은 정보를 담으려고 하는데, 너무 많은 정보가 담기면 결과적으로 담은 정보를 잘 활용하지 못하는 경우가 많기 때문에 요점 기록 카드에는 적당한 만큼의 정보를 담는 것이 중요하다.

넷째, 주제 점검표의 활용이다. 주제 점검표는 화자가 점검표를 발표하고자 할 순서에 맞춰 목록화한 일련의 요점 목록이다. 주제 점검표를 활용하면 화자가 말하고자 하는 내용 모두를 포함함으로써 화자에게 안전하게 내용을 참조할 수 있게 해주는 것 외에도 화자가 하고자 하는 스피치의 아이디어를 철저하게 통제하는 것을 가능하게 해준다. 주제 점검표를 활용하면 화자는 전체 발표 내용을 한 장의 종이 위에서 볼 수 있으며, 순서 또한 발표할 순서를 따르기도 쉽다.

그런데 비록 점검표가 간략하고 준비하기가 쉽더라도 점검표를 활용하여 발표를 하려고 할 때는 화자는 많은 준비를 해야 한다. 화자는 모든 것을 잘 구성하여 적절한 곳에 위치시켜야 하며, 온힘을 다하여 청중들의 주의집중을 유도해야 한다. 스피치를 위해 예행연습을 하는 동안 화자가 마음속에 명심해야 할 것은 스피치를 잘 해야겠다는 심리적인 압박감을 가능하면 받지 않도록 하는 것이다.

다섯째, 틀 중심의 개요 활용이다. 이 장치는 화자로 하여금 스피치에서 4~5가지의 가장 중요한 아이디어를 정확한 단어로 문서화하되 각각의 요점이 포함되어 있는 세부 항목만을 목록화하여 스피치를 하는 것이다. 긴 보고서가 아니라면 한 장에 요점과 세부 사항 모두 기록하여 활용할 수 있다. 틀 중심의 개요 활용이 가질 수 있는 이점은 발표의 순서를 지키기 않고 발표를 하더라도 틀이 미리 설정되어 있기 때문에 잘못 발표했더라도 바로 순서에 맞춰 스피치를 할 수 있는 장점이 있다.

1.4. 암기 스피치

암기 스피치는 스피치의 내용을 충분히 연습과 훈련을 통해 암기를 한 바탕 위에서 이뤄지는 스피치이다. 따라서 암기 스피치의 경우 원고나 단어 카드를 스피치에서 활용하지 않는 것을 의미한다. 그런데 암기 스피치의 경우, 암기한 내용이 기억나지 않을 때 문제가 가장 심각해지기 때문에 이런 경우에 대비를 해야만 스피치의 목적을 달성할 수 있다. 암기 스피치는 오늘날 잘 사용되지 않는다. 정교한 기록 장치들이 이들의 필요성을 감소시켜왔기 때문이다. 하지만 암기는 아직도 드라마나, 수락 연설과 같은 특별한 경우, 그리고 연예 프로그램에서는 매우 효율적으로 활용되고 있다. 배우가 특정한 상황에서 대본을 암기하여 연기를 하는 것도 암기 스피치의 일종이다.

2 말하기 조직을 위한 좋은 형식의 원리

스피치를 하기 위해 말할 내용을 조직할 때(구조화할 때)는 사람들이 자연스럽게 자기들의 마음속에서 정리하는 방식을 따르는 것이 바람직하다. 사람들은 정보를 개별적으로 머릿속에 저장하지 않는다. 대신 사람들은 쉽게 기억하고 인출하기 위해 의미 덩이 짓기(chunking) 형태로 저장한다. 전화번호를 낱개의 숫자로 머릿속에 기억하기보다는 123－4567과 같이 기억하는 것이 저장과 인출에 용이하기 때문이다. 스피치를 조직할 때(구조화할 때)도 그 형식을 잘 갖추는 것이 중요한데, 좋은 형식을 갖추기 위한 원리로 "간결성(simplicity), 균형성(balance), 순서성(order)"을 들 수 있다. 여기서는 이들 원리들을 상세하게 살피기로 한다(Osborn/Osborn, 2006: 231～234). 이와 더불어 이들 원리가 기반이 되어 화자가 말하고자 하는 바(요점)를 적절하게 배열하는 원리에 대해서도 살피기로 한다.

2.1. 좋은 형식의 원리

2.1.1. 간결성의 원리

스피치를 간결하게 설계하면 청중들이 메시지의 내용에 대해 자연스럽게 따라가게 되고 이해하며 기억한다. 간결성이 중요한 것은 청중은 일반적으로 듣는 내용이 혼란스럽다면 언급하는 내용을 이해하고자 하는 틀을 가지고 있지 않을 경우에 노력을 기울이려고 하지 않기 때문이다. 스피치에서 간결성을 유지하기 위해서는 요점의 수를 제한하고, 간결하게 기술해야 한다. 다음 예를 보자.

주제 진술: 정부의 복지 프로그램이 효과적이지 않다.

요점 : Ⅰ. 두 개의 중요한 프로그램이 있다.

Ⅱ. 그 프로그램은 적용범위가 중복되고 있다.

Ⅲ. 도움을 필요로 하는 일부 사람들이 배제되고 있다.

Ⅳ. 그 프로그램은 빈약하게 제공되고 있다.

Ⅴ. 그 프로그램은 돈을 낭비한다.

Ⅵ. 수령자들은 필요로 하는 만큼 돈을 받지 못하고 있다.

Ⅶ. 그 프로그램은 의존성을 강화시킨다.

Ⅷ. 그 프로그램은 솔선수범을 약화시킨다.

Ⅸ. 그 프로그램은 가난한 자들의 자존감을 빼앗아간다.

이들 요점들의 각각은 중요할 수 있지만 너무 평면적으로 나열되어 있어 혼란을 일으키고 기억과 이해를 어렵게 할 수 있다. 청중들이 이것을 이해하기가 어려운 이유는 이들이 의미의 덩어리로 조직되어 있지 않기 때문이다. 이해를 쉽게 하기 위해 이들 생각들을 간결한 구조적 패턴으로 그룹을 지으면 다음과 같다. 이것이 더 이해하기 쉽다.

• 주제 진술: 복지에 대한 접근은 적절하지 않고, 충분하지 않으며, 필요로 하는 것에 대해 민감하지 않다.

요점 Ⅰ. 우리의 접근은 적절하지 않다.

하위 요점 A. 자금을 충분하게 제공하지 않고 있다.

B. 도움을 필요로 하는 일부 사람들이 배제되어 있다.

C. 두 개의 중요한 프로그램이 있다.

요점 Ⅱ. 우리의 접근은 충분하지 않다.

하위 요점 A. 그 프로그램은 빈약하게 제공되고 있다.

B. 너무 중복이 많다.

C. 너무 돈을 많이 낭비한다.

요점 Ⅲ. 우리의 접근은 민감하지 않다.

하위 요점 A. 그 프로그램은 의존성을 강화시킨다.

B. 그 프로그램은 솔선수범을 약화시킨다.

C. 그 프로그램은 가난한 사람들의 자존감을 빼앗아간다.

이렇게 간결하게 스피치를 구성하면 청중들은 더 쉽게 따라가면서 들을 수 있다. 주제 진술은 스피치의 개요를 제공해주고, 각 요점은 주제 진술의 차원을 정교하게 해주며, 하위 요점은 요점을 지지할 수 있도록 종속적인 생각을 조직하고 초점을 맞춘다. 중복된 생각은 결합되고 불필요한 생각은 삭제된다. 이러한 구조는 주제 진술에 반응하여 사려 깊은 청중들의 마음속에서 야기된 질문에 체계적으로 대답한다. "실제로 복지가 부적절하고, 불충분하며, 민감하지 않은가? 이 주장이 무엇을 의미하는가?"와 같은 것이 질문의 내용이 될 수 있다. 간결성이 의도하는 바람직한 결과를 예상한다면 그것은 그러한 청중들을 만족시키는 설계이며 청중들이 들은 것을 잘 기억할 수 있도록 돕는 설계이다. 그리고 요점을 표현 할 때는 "Ⅰ. 우리의 접근은, Ⅱ. 우리의 접근은, Ⅲ. 우리의 접근은; 너무~; 그 프로그램은~"과 같이 한다. 이렇게 간결하게 함으로써 스피치를 함께 묶어주는 효과를 노릴 수 있기 때문이다.

2.1.2. 균형성의 원리

균형성은 스피치의 각 부분(서론, 본론, 결론)이 적절해야 한다는 것을 의미한다. "본론이 가장 길어야 하고, 각 요점의 전개가 균형을 이뤄야 하며, 서론과 결론의 길이가 거의 동일해야 한다."는 것이다. 만일 서론에 3분을 사용하고, 본론에 1분 30초를 사용하고, 결론에 30초를 사용한다면 이 스피치는 균형을 이루지 못한다고 할 수 있다.

요점이 동등하게 중요하다면 요점을 동일하게 강조하는 것이 균형을 이루는 것이다. 말하자면 요점의 동등한 강조(equal emphasis)이다. 만일 말하고자 하는 내용이 문제-해결 설계를 따르는 스피치라면 청중들에게 먼저 문제가 무엇인지를 확실하게 하고 그 문제에 초점을 맞추어 더 많은 시간을 할당해야 한다. 이것은 하강 순서를 지향한다. 그런데 만일 문제가 있다는 것에는 청중이 동의하지만 그 문제에 대해서 무엇을 해야 할지를 모른다면 나머지 시간은 그 문제에 대한 해결책에 시간을 많이 할당해야 한다. 이것은 상승 순서를 지향한다. 위에서 언급한 내용을 그림으로 보이면 다음과 같다.

2.1.3. 순서성의 원리

순서를 예시하는 스피치는 처음부터 끝까지 일관된 전개 패턴을 따른다. 주제와 목적을 서론에서 말하고 본론에서 요점을 전개하고 결론에서 요약하고, 지금까지 말한 것의 의미를 숙고한다. 일단 스피치의 본론을 구성하면 스피치를 위해 관습에 따른(custom-tailored) 서론과 결론을 준비할 수 있다. 말하자면 먼저 본론을 준비하고 여기에 맞춰 서론과 결론을 준비한다는 것이다.

순서는 또한 요점을 배열하는 방법에도 적용된다. 만일 해결을 제안한다면 먼저 문제를 제시해야한다. 왜냐하면 문제를 명확하게 해야 해결을 대안으로 삼을 수 있기 때문이다. 순서 있게 배열하는 것은 과정에서 단계를 예를 들어 제시할 때나 역사적 관점에서 사건을 기술할 때 중요하다. 이러한 배열은 순차적 설계와 연대기적 설계에 적합하다. 이런 패턴에 따라서 스피치를 구조화할 때 첫 단계나 첫 사건을 시작하고, 그런 다음에 발생하는 순서에서 단계나 사건의 나머지를 전개한다. 만약 단계를 건너뛴다면 청중들은 이해를 잘 못할 것이며 화자가 준비를 하지 않았다고 판단할 수 있기 때문이다.

2.2. 요점 배열의 원리

스피치를 구조화할 때는 위에서 언급된 좋은 형식이 갖춰야 할 원리를 마음속에 두면서 말하고자 하는 바로서의 요점을 잘 배열해야 한다. 요점은 화자가 말하고자 하는 스피치에서 가장 중요한 생각이다. 우리는 어떻게 요점을 확인하고 구성할 것인가? 먼저 가능한 여러 가지 아이디어를 목록화 하고 그 중에서 청중 분석을 통해 청중이 필요로 하는 것을 선택한다. 물론 청중이 필요로 하는 것이라고 해서 모두를 선택할 수는 없고 화자가 자료를 수집할 수 있고, 또한 학습할 수 있는 것을 선택해야 한다.

요점을 선택한 다음에 적절하게 요점을 배열하는 것이 필요하다. 요점의 배열이 시간적으로나 논리적으로 적절하게 이뤄지지 않는다면 정보 처리에 어려움이 있게 되고 결국 화자와 청중간의 바람직한 의사소통이 이뤄지지 않기 때문에 요점을 잘 배열해야 한다. 의사소통을 효율적으로 하기 위해서 요점을 배열할 때 "유사성의 원리, 근접성의 원리, 종결성의 원리"를 고려할 필요가 있다(Osborn/Osborn, 2006: 236쪽 참조). 다음에서 이에 대해 좀 더 상세하게 살피고자 한다.

2.2.1. 유사성의 원리

유사성의 원리(principle of similarity)는 비슷하게 보이는 사물들을 그룹으로 함께 묶어서 청중들을 이끄는 것이다. 이러한 경향은 스피치를 위한 범주적 설계(categorical design)를 강조한다. 범주적 설계는 "첫째, 둘째, 셋째" 등과 같이 범주에 따라서 구성되는데 가장 일반적으로 활용된다. 유사성의 원리는 또한 화자가 어떻게 사물들이 유사하거나 다른지를 보여주는 비교 설계(comparative design)에도 적용할 수 있다. 예를 들어, 정보적 화자는 백두산 천지와 한라산 백록담의 분화구를 비교할 수 있고, 설득적 화자는 정당에서 추구하는 핵심 쟁점을 비교할 수도 있다. 이렇게 하는 설계가 비교 설계이다. 반박 설계(refutative design)는 설득적 화자가 반대 입장을 반박하기 위해 시도하는 것인데 여기에도 유사성의 원리가 적용될 수 있다. 예를 들어 화자는 일본인들이 독도가 자기 땅이라고 주장하는 이유와 근거를 반박하기 위해 설계를 할 수 있고, 여기에 활용되는 설계가 반박 설계이다.

2.2.2. 근접성의 원리

근접성의 원리(principle of proximity)는 시간과 공간에서 함께 일어나는 일이 자연스럽게 일어나는 순서(질서)에 따라 표현되어야 한다는 것이다. 예를 들어, "어떻게" 스피치에는 청중이 취해야 하는 순서에서 단계를 나타내는 순차적 설계(sequential design)가 제시되어야 한다. 만일 화자가 오늘날 문제를 야기한 사건에 대해 토론한다면 이러한 상황과 관련된 역사적 전망을 표현하기 위해서 연대기적 설계(chronological design)를 사용할 수 있다. 우리는 1961년, 1974년, 1980년에 중요한 사건이 일어났다는 것을 보여줄 수 있다. 이렇게 연대기적 패턴을 따르는 스피치를 하면 청중들은 더 쉽게 이해할 수 있는데, 이렇게 하지 않고 1974년에 일어난 사건을 말하고 이어서 1961년에 일어난 사건을, 그리고 1980년에 일어난 사건을 말하면 사건들이 서로 근접하지 않고 분리되어 있어서 청중들이 혼란스럽게 되고, 근접성의 원리를 위반하게 됨으로써 청중들의 이해도를 떨어뜨릴 수 있다. 만일 충주호에서 번지점프를 한 것에 대해 스피치를 한다면 공간적 설계(spatial design)를 잘 사용할 수 있다. 충주호는 서울에서 보면 남쪽이고, 광주에서 보면 북쪽이며, 대구에서 보면 서쪽이고, 서산에서 보면 동쪽이다. 이처럼 동서남북과 같은 공간적 질서를 활용하여 스피치를 하면 근접성의 원리에 의해서 청중들은 더 잘 이해할 수 있다.

2.2.3. 종결성의 원리

종결성의 원리는 완성을 추구하기 위한 사람들의 자연스런 경향에 근거한 것이다. 우리는 글이나 말에서 종결이 되지 않은 부분을 발견하면 늘 종결을 짓고 싶어 하는 본능이 있다. 종결성의 원리는 이를 활용한 것이다. 이 원리는 몇 가지 스피치 설계에 적용될 수 있다. 이야기 설계(narrative design)는 종결의 원리에 근거한다. 만일 우리가 이야기를 종결하지 않으면 청중들은 좌절될 수 있다. 만일 토픽을 개발할 때 중요한 범주를 생략해버리면 청중들은 생략된 것에 주목할 것이다. 만일 필요한 단계를 생략해버리면 청중들은 그 흐름을 눈치 챌 것이다. 비록 모든 스피치가 이러한 필요를 충족시켜야 할지라도 종결성이 절대적으로 필수적인 두 개의 스피치 패턴이 있다. 이것은 인과적 설계와 문제 해결적 설계이다. 인과적 설계의 경우 원인에 따른 결과가 제시되어야만 종결이 되어 다음 이야기로 넘어가게 된다. 문제 해결적 설계의 경우 문제와 그 문제에 따른 해결책이 제시되어야 청중들은 만족을 하게 된다.

3 말하기 조직하기

3.1. 서론 조직하기

스피치의 서론에서는 왜 화자인 내가 스피치를 하는가에 대한 목적, 이러한 목적을 달성하기 위해 화자가 청중들에게 스피치를 하는데 이때 하는 스피치의 기능은 무엇인지, 그리고 스피치를 하기 위한 유형은 어떠한지를 고려해야 한다.

첫째, 서론에서 행하는 스피치의 목적을 명확히 해야 한다. 서론의 목적은 "주의집중을 유도하고, 스피치 주제를 진술하며 화자의 신뢰성을 확립하고, 화자가 말할 어조(톤)를 설정하며 선의(善意)의 유대를 확립하는 것"이다(Osborn/Osborn, 2006 : 135쪽 참조). 스피치를 시작할 때 청중들은 다음과 같은 세 가지 기본적인 질문을 마음속에 품을 수 있다. "왜 내가 이 스피치를 들어야 하는가?, 왜 내가 이 화자의 말을 들어야 하는가?, 나는 무엇을 이해하고자 하는가?"

이다. 이러한 질문은 스피치의 목적을 명확하게 하기 위해서도 중요하게 활용해야 할 내용이다. 화자는 전달하고자 하는 메시지를 도입하면서 먼저 "주의집중을 시킬 필요가 있고, 청중들이 호기심을 갖고 더 많이 알도록 하기 위해서 화자가 가지고 있는 신뢰성을 확립할 필요가 있으며, 화자가 말하고자 하는 바가 무엇인지를 구체적으로 알 수 있도록 하기 위해 메시지를 점검할 필요가 있고, 적절한 도입 기법을 사용해야 한다는 점"을 늘 생각하고 있으면서 활용할 수 있어야 한다.

스피치의 서론에서 화자가 청중들에게 주의집중을 잘 시키는 것은 매우 중요하다. 주의집중을 위해 "① 청중, 장소, 사건에 대해 정확하게 인지하기, ② 적절한 질문하기, ③ 개인적 경험 관련시키기, ④ 이야기(story)하기, ⑤ 유머 사용하기, ⑥ 긴장하게 만들기 ⑦ 발표 보조자료 사용하기, ⑧ 청중을 깜짝 놀라게 하기" 등과 같은 다양한 방법(스피치 유형)을 활용할 수 있어야 한다.

또한 화자의 신뢰성을 확립해야 한다. 청중은 화자를 평가하기 때문에 화자는 청중에 대해 심도 있게 연구해야 한다. 청중이 화자를 신뢰할 수 있을 때 공식적 말하기는 성공을 보장할 수 있기 때문이다. 청중의 화자에 대한 신뢰성은 "화자의 전문성, 선호하는 가치와 신념, 태도" 등에 따라서 달라질 수 있기 때문에 화자는 청중에게 신뢰를 주어야 한다.

그리고 메시지를 점검해야 한다. 화자가 준비한 메시지가 내용이 적절한지, 표현상 예상되는 문제는 없는지, 핵심적인 아이디어를 중심으로 전달할 메시지가 구성되어 있는지 등을 점검한다. 메시지의 점검을 통해 화자가 초점을 삼고 말해야 할 것과 청중이 무엇을 필요로 하는지를 인식해야 한다.

끝으로 화자가 말할 톤을 결정한다. 화자가 말하고자 하는 내용을 잘 전달하기 위해 청중의 욕구와 흥미에 연결시키기 위한 서론의 도입을 위해서 말할 톤(분위기) 등을 고려한다. 예를 들어, 엄숙한 분위기를 요구할 경우 그에 적절한 어조를 선택한다. 또한 시간제한도 고려해야 한다. 10분을 말하고자 하는데 7분을 도입에 사용할 수는 없기 때문이다.

둘째, 스피치에서 서론이 갖는 기능을 이해할 필요가 있다. 스피치의 서론은 스피치 전체와 비교해볼 때 다음과 같은 중요한 기능을 한다. 스피치의 서론이 하는 기능은 "① 청중의 주의를 끌기 ② 청중들의 관심과 호기심 그리고 욕구를 일으켜서 청중들이 더 많이 알게 하기 ③ 청중들에게 화자가 말하고자 하는 바가 무엇인지를 구체적으로 알도록 하기 ④ 청중들에게 왜 이 정보가 중요하고 가치가 있는지를 알게 하고 스피치를 하는 목적의 위계를 설정하게 하기"이다. 서론이 갖는 이러한 기능을 화자가 이해하고 활용함으로써 스피치의 효율성을 극대화할 수 있기 때문에 스피치의 서론이 갖는 기능을 이해할 필요가 있다.

셋째, 스피치의 유형을 고려한다. 스피치의 유형(방법)에 대해서는 앞의 "첫째"에서 이미 언급한 바 있는데, 서론에서 스피치의 유형을 결정한다는 것의 의미는 "적절한 도입 기법의 사용"을 뜻한다. "깜짝 놀라게 하는 진술, 수사적 질문, 이야기하기, 긴장시키기"등을 스피치 유형의 예로 들 수 있다.

3.2. 본론 조직하기

사람들은 경험하는 세계에 대해서 생각하는 방식이 보편적으로 유사하다. 예를 들면 "① 시간 ② 공간 ③ 사물의 구조 ④ 사물의 기능 ⑤ 인과 ⑥ 양, 크기, 혹은 범위 ⑦ 질, 중요성, 또는 비용" 등으로 범주화하고 이러한 범주화의 결과들을 혼용하여 생각을 전개한다. 여기서는 이들 방법에 대해 좀 더 상세하게 살피기로 한다.[9]

3.2.1. 연대(시간)기적 방법

고대 그리스에서 시간의 신으로 일컬어지는 크로노스(Chronos)에서 크로노로지(Chronology)가 유래했고, 이것에 근거를 두어 '크로노로지컬(chronological)'(연대, 시간 기반의)이라는 용어가 등장했다. 연대(시간) 기반의 생각 전개이기 때문에 지속적이어야 하고, 하나의 일관된 시스템을 사용하는 것이 중요하다. 연대를 넘나들면서 전개하는 것은 바람직하지 않다.

3.2.2. 공간적 방법

사고의 전개에서 장소(공간)는 중요하게 활용된다. 사람들은 자기를 중심으로 해서 "상하, 전후좌우, 안과 밖, 원근" 등의 공간 관계를 기반으로 하여 생각을 전개해나갈 수 있다.

---

9 스피치의 본론을 조직하는 방법에 대해서는 22장의 6에서 좀 더 상세하게 설명된다.

3.2.3. 구조 - 기능적 방법

이 방법은 사람들이 자신의 생각을 사물이나 사건의 구조(structure)와 기능(function)을 병용하여 전개하는 것을 말한다. 집은 크게 보면 '지붕과 기둥과 그 기둥을 지지해주는 기초'로 이뤄져있다. 지붕과 기둥과 기초는 집이 집으로서의 기능(function)을 잘 할 수 있도록 해주는 중요한 집의 구조(구성 요소) 중의 하나이다. 이러한 구조는 다시 "하위 - 하위 구조"와 같은 구조를 이루면서 전체를 완성한다.

기능은 부분과 부분, 부분과 전체 사이에 존재하는 관계나 행위를 대표하는 용어이다. 하나의 사물이 존재하면 반드시 그에 적절한 기능이 있다. 다시 말하면 주어진 방식으로 기능을 발휘하기 위해서 하나의 사물은 용도에 맞는 구조를 가지고 있어야 한다. 비가 올 때 우산을 쓰는 것은 우산이 비를 막는 기능을 발휘하고 있기 때문이다. 그리고 이러한 우산은 비를 막는 역할을 잘 할 수 있도록 구조가 마련되어 있다. 구조는 하나의 사물이 존재하는 것을 의미하는 반면에 기능은 하나의 사물이 어떻게 작동하는지를 의미한다. 그래서 표현의 양상으로 보자면 명사는 구조를 상징하며 동사는 기능을 상징한다고 할 수 있다.

3.2.4. 인과적 방법

인간들은 세계를 관련되고 연결되는 사건의 연쇄로서 자기 주변을 중심으로 바라볼 뿐만 아니라 모든 것에는 선행하는 원인이 있다고 생각하기를 매우 좋아한다. 사건의 연쇄 혹은 인과적 방법은 정보를 전달하는 스피치를 준비하고자 할 때, 특히 만약 당신이 사물들이 어떻게 작용하는지를 설명하고 싶어 할 때 매우 유용하다. 일반적으로 인과라는 용어로 표현되는 정보의 좋은 예시로는 요리법을 들 수 있다. 원료가 특별한 순서로 제시되어 있고 특별한 방법으로 처리하도록 되어 있다. 만약 그것을 다르게 처리한다면 당연히 결과는 다르게 나타날 것이다. 또 하나의 인과적 방법의 전형적인 예로는 "자동차가 어떻게 움직이는지"를 설명하는 것을 들 수 있다.

3.2.5. 양, 크기, 혹은 범위 기반의 방법

가장 큰 것에서 가장 작은 것으로 혹은 가장 일반적인 것에서 가장 구체적인 것으로 항목을 정리하는 것은 매우 유용할 수 있다. 새로운 기준 또는 규정에 대한 비즈니스 발표는 산업에 주는 효과를 가지고 시작하여 특별한 회사로 관점을 이동시키고 끝으로 청중이 하는 구체적인 제조 공장으로 마무리를 할 수 있다. 물론 이들 순서는 당연히 바뀔 수 있다.

3.2.6. 질, 중요성, 혹은 비용 기반의 방법

본체의 또 다른 일부는 질적으로 가장 높은 것에서부터 가장 낮은 것으로, 가장 중요한 것으로부터 좀 더 덜 중요한 것으로, 가장 비싼 것으로부터 가장 싼 것으로 정리할 수 있다. 물론 이들 순서는 바뀔 수도 있다. 예를 들어, 판매용 자동차의 비교는 하나의 조직하는 원리로 비용이나 질을 사용할 수 있다. 고용의 이익에 대한 토론은 중요성의 순서를 사용할 수 있다. 문제 해결을 위한 회의는 증가되는 비용의 순서로 세 가지 가능한 해결 전략을 보여줄 수 있다.

3.3. 결론 조직하기

스피치의 결론은 서론과 본론을 최종적으로 정리하면서 다시 한 번 표현한 내용을 상기시키는 역할을 한다. 스피치의 결론을 구성할 때는 결론의 목적과 내용, 내용 진술의 방식 그리고 유형을 고려할 필요가 있다.

첫째, 결론의 목적이다. 결론의 목적은 넓게 보면 두 가지이다. 그 중의 하나는 스피치에서 언급된 아이디어에 대해 청중들이 기억하고 있는지를 검토하는 것이고, 다른 하나는 청중들에게 말한 것이나 논증에 의해 구축된 것의 중요성을 이해하도록 생생한 인상을 남겨두는 것이다. 기억하고 있는지와 관련된 활용 내용으로 "① 청중들을 위해 지금까지 한 것 중에서 가장 의미가 있으면서도 잘 할 수 있는 것이 무엇인지 생각해보기, ② 청중들에게 들려주고 싶어 했던 것이 무엇인지를 고려해보기"를 들 수 있고, 인상과 관련된 활동 내용으로 " ① 청중들이 당신에게서 바라는 것에 대한 느낌을 강화하기 위한 결론을 사용하기, ② 정해진 시간 내에서 결론을 지을 수 있을 것인가를 기억하기"를 들 수 있다.

둘째, 결론의 내용이다. 결론에서는 다음과 같은 네 가지 내용 요소를 기술한다. 네 가지 요소는 "① 발표된 내용을 간결하게 개관하기 ② 발표된 내용의 중요성에 대해 간결하기 개관하기 ③ 청중이 더 많은 정보를 획득하도록 제안하기 ④ 청중들에게 스피치가 끝났다는 느낌을 주는 진술하기"이다. 발표된 정보를 간결하게 개관한다는 것은 요약을 기반으로 하여 이뤄진다. 따라서 결론에서는 지금까지 한 스피치에 대해 요약을 해서 청중들에게 다시 한 번 알려준다. 이러한 요약은 청중들에게 메시지가 종결된다는 느낌을 주면서 동시에 정보의 공유를 확인할 수 있게 해준다.

셋째, 결론의 내용을 진술하는 방식이다. 진술 방식에는 다음과 같은 것이 있다(김재봉, 2019: 171~202 참조). "① 중심 문장의 요약 진술에 의한 결론 문장 진술, ② 중심 문장의 재진술에 의한 결론 문장 진술, ③ 요점의 연결에 의한 중심 문장 진술, ④ 화제와 초점으로 구조화하여 결론 문장 진술" 등이다. 이들은 정해진 것은 아니지만 화자가 표현 의도를 고려하여 적절한 방식을 선택하면 된다.

넷째, 결론 진술의 유형이다. 위의 셋째에서 언급된 내용들을 기본적인 뼈대로 하여 결론을 진술하되, 메시지를 종결할 때는 다음과 같은 내용들로 보완하여 메시지를 종결할 수 있다. 그것은 "① 서론을 되풀이하기, ② 행동으로 옮기기를 요청하기, ③ 수사적 질문하기, ④ 이야기로 종결하기, ⑤ 질문으로 종결하기, ⑥ 은유로 종결하기" 등이다. 이들 모두를 반드시 사용할 필요는 없으며 상황과 목적에 맞게 필요하다고 생각되는 내용을 활용하면 된다.

3.4. 개요 완성하기

말하기를 위한 조직하기를 "서론, 본론, 결론"의 순서로 살펴보았다. 개요를 완성하기 위해서는 정보의 출처를 다시 한 번 점검하고 제목을 만든다. 제목은 "단순한 주제의 진술, 질문, 창의적인 것"으로 구분할 수 있다. "토론의 중요성"처럼 진술하면 단순히 주제를 진술하는 것이다. "컴퓨터가 우리 생활에 준 충격은 무엇인가?"는 질문 형태의 제목이다. "노인에게 새로운 기술 가르치기: 성인의 컴퓨터 문식성의 필요"는 창의적인 제목의 예가 될 수 있다. 제목을 완성했으면 최종적으로 검토한다. 이 과정에서 "(1) 요점과 하위 요점을 잘 기술하고 있는가? (2) 요점과 하위 요점은 동일한 계통의 아이디어를 포함하고 있는가?"와 같은 점을 고려한다. 다음과 같이 개요를 작성하여 모든 말하기를 하기란 쉽지 않지만, 이렇게 말하기를 하기 위한 연습을 함으로써 공식적 말하기 상황에서 말하는 능력을 향상시킬 수 있는 계기를 마련하는 것이 필요하다. 완성된 개요의 예를 보이면 다음과 같다(Osborn/Osborn, 2006: 267~268쪽에서 인용).

활동 14-1 개요 완성하기

이 활동의 목적은 서론, 본론, 결론을 구조화하여 말하기와 글쓰기를 잘 하기 위한 개요를 완성하는 능력을 향상시키기 위한 것이다.

- 화제: 온실 효과
- 구체적 목적: 청중들에게 온실 효과의 의의를 알림
- 주제 진술: 지구 온난화에 대해 생각하기에 앞서 온실 효과를 이해해야 한다.

서론

주의집중 자료: ① 남극의 빙하가 절단됨: 지구 온난화의 불길한 신호.
② 로마가 불길에 휩싸였을 때도 네로는 방관만 함. 우리도 지구가 불타고 있을 때 방관하고 있음.

주제 진술: 지구 온난화에 대해 생각하기에 앞서 우리는 온실 효과를 이해해야 한다.

예비 조사: 우리는 특히 육지의 손실, 농업과 산업 방출물, 그리고 우리 자신의 에너지 소비에 대해 주의를 기울일 필요가 있다.
(스피치의 본론을 위한 전이어: "온실 효과를 이해하는 것부터 시작하자.")

본론

Ⅰ. 첫째 요점: 온실 효과는 대기 중에 있는 일부 가스가 지표면으로부터 방출되는 적외선을 흡수하여 지표면으로 되돌려보냄으로써 지표면 부근의 기온이 높아지는 현상이다.
하위 요점A: 이런 자연적 과정은 지구를 살기에 좋은 곳으로 만든다.
하위 요점B: 이제는 이러한 과정이 인간의 활동에 의해 불균형이 되었다.
하위 하위 요점 1. 대기 중에 이산화탄소와 매탄가스가 집중되어 있다.
2. 인공적 온도파가 모든 온도 기록을 깨뜨리고 있다.
3. 이것은 지구의 기온과 많은 생물들을 위협하고 있다.
(두 번째 요점 전이어: "이제 그 원인을 하나씩 조사해보자.")

Ⅱ. 둘째 요점: 숲의 손실은 온실 효과를 부추긴다.
하위 요점A: 벌채로부터의 손실
하위 요점B: 쾌적함으로부터의 손실
하위 요점C: 불탐으로부터의 손실
(세 번째 요점 전이어: "더 큰 원인은 농업적·산업적 방출물이다.)

Ⅲ. 셋째 요점: 농업·산업 방출물이 온실 효과를 가속시키고 있다.
하위 요점A: 농업이 문제의 중요한 부분이다.
하위 하위 요점 1. 빈번한 경작과 대량의 이산화탄소

2. 쌀 농사와 매탄

3. 소 사육과 더 많은 매탄

하위 요점B: 불타는 화석 연료로부터의 산업적 방출물

또 하나의 거대한 문제의 원천

(네 번째 요점 전이어: "끝으로 온실 효과의 가장 중요한 원인은 바로 우리들 자신이다.")

Ⅳ. 넷째 요점: 우리 개인인의 에너지 소비가 온실 효과를 증가시킨다.

하위 요점A: 인구와 번영이 문제를 더 심각하게 하고 있다.

하위 하위 요점 1. 더 많은 사람이 더 많은 에너지를 소비한다.

2. 향상된 삶의 수준이 문제를 더 증가시킨다.

하위 요점B: 개인의 에너지 소비가 온실 효과의 가장 큰 원인이다.

하위 하위 요점 1. 화석 연료는 미국의 개인 에너지 소비의 90%를 담당한다.

2. 자가용이 1950년 이후로 세배나 증가했다.

(전이어: "결론적으로……")

결론

요약 진술: 온실 효과는 지구 온난화 이해의 핵심이다. 중요한 원인은 숲의 손실이고, 농업과 산업의 방출물이고, 개인의 소비 증가이다.

결론어: 미래 세대는 자기들의 삶의 질과 관련하여 왜 우리가 이것을 했는지를 물을 것이다.

1. 위의 자료를 활용하여 본인의 스피치 개요를 예를 들어서 완성해보자.

4 말하기의 스타일

말하기 스타일은 화자의 본질적 특성과 개성을 구두로 표현한 것이다. 부연하자면 화자가 청중과 대화할 때 청중들이 느끼도록 스피치를 표현하는 비형식적 방법을 말한다. 여기에는 열정, 음성 표현, 자연스러움, 유창성, 눈 접촉 등이 있다. 음성 표현(vocal expressiveness)은 청중들이 화자가 말하는 발화로부터 얻는 메시지에 영향을 미치는 높낮이, 성량, 특질을 말한다. 자연스러움(spontaneity)은 시연하거나 기억해서 말하는 것처럼 보이지 않는 자연성을 말한다. 유창성(fluency)

은 망설임이나 음성적 간섭이 없이 쉽게 흘러가는 스피치를 말한다. 대화를 할 경우에 위에서 언급된 것처럼 음성 표현이나 자연스러움 및 유창성을 살리는 것이 필요하다. 눈 접촉(eye contact)은 말을 할 때 청중과 눈을 직접 마주치는 것을 말한다. 이렇게 눈 접촉을 하고 접촉을 유지하면 청중들이 스피치에 집중하게 되고, 화자에 대한 신뢰성을 증가시키며, 스피치에 대해 청중들이 좀 더 통찰을 할 수 있도록 도움을 준다.

5 스피치에서 언어의 유형

5.1. 청중 접촉 언어

직접적인 시선 접촉은 청중들에게 인간으로서 인식되고 있다는 느낌을 준다. 이와 유사하게 청중 접촉 언어(audience－contact language)는 청중들에게 소속의 느낌을 갖도록 하는 데 도움을 준다. 예를 들어, "여기, 오늘, 당신, 우리, ～합시다, 지금, 우리들 모두, 함께, 동료, 내 친구들"과 같은 청중 접촉 언어들은 화자가 청중들과 함께 말하고 있다는 느낌을 준다.

5.2. 기술 언어

언어는 단일하고(simple), 구체적이고(concrete), 명확해야(specific)할 때가 있다. 이런 언어를 흔히 지시적(denotative)이라고 한다. 대부분의 경우 정보전달의 스피치는 지시적 언어를 요구한다. 일반적으로 지시적 언어는 주로 명사, 대명사, 부사로 이뤄지는데 일부 기술 언어는 형용사와 부사로도 이뤄진다.

한편 언어가 함축적(connotative)이어야 할 때도 있다. 함축적이 의미하는 것은 기분(mood), 느낌, 그리고 개인적 의견을 반영해야 한다는 것이다. 함축적 언어의 사용은 사람들에게 개성을 제공하며, 그것은 특정한 사건에 대한 개성(color), 기분, 그리고 느낌을 제공해준다. 휴가를 맞이하여 하는 여행과 같은 개인의 경험을 기술하는 스피치에서 함축적 언어의 사용은 가치가 있다.

우리는 함축적 언어를 사용할 때 주로 형용사와 부사를 많이 사용한다. 종종

이들은 비교하는 형용사와 부사를 주로 사용한다. 우리는 또한 함축적 언어로 직유, 유추, 은유를 사용하기도 한다.

5.3. 행동 언어

행동 언어는 기술적이다. 그렇지만 기술은 사물, 사람 혹은 사건보다 더 행동적이다. 화자는 형용사를 중심으로 하여 기술 언어를 사용하는 반면 부사를 사용하여 행동 언어를 기술한다. 부사는 행동 언어가 더 의미 있게 하는 데 도움을 주기 때문이다.

5.4. 동기부여 언어

청중들로 하여금 청중들이 받아들이는 정보가 청중들에게 얼마나 가치가 있을 것인지를 이해하도록 도움을 주는 것은 의사소통에서 매우 중요하다. 이를 위해 당신은 동기부여 언어를 사용할 수 있다. 동기부여 언어는 청중들의 의미 있는 삶에 그 정보가 얼마나(어떻게) 영향을 미칠 수 있을 지를 드러내준다. 모든 동기부여 언어는 청중들이 완수하고자 하는 필요성을 참조하는 청중접촉 언어를 포함한다. 그 메시지는 "어떻게 그것이 당신에게 영향을 미칠 것인가."는 바로 여기에 있다는 것이다. 이렇게 표현하는 것이 동기부여 언어이다.

5.5. 비유 언어

5.5.1. 유추

유추는 비교와 대조의 원리를 결합한 것이다. "아버지: 어머니 = 아들: ?"에서 "?"은 "딸"을 생각해내는 언어활동이 유추이다. 유추는 관계를 기본적인 속성으로 한다. 아버지와 어머니의 관계를 생각하고, 이러한 관계의 연장선에서 아들과 딸의 관계를 생각해낸다. 관계를 알지 못하면 유추를 잘 할 수 없다. 아버지와 어머니는 성의 차이에 의해 변별되기 때문에 대조이며, 아버지와 어머니는 아들과 딸보다는 한 세대 위라는 점이 공통적이기 때문에 비교이다. 그래서 유추는 비교와 대조의 원리를 결합한 것이라고 말할 수 있다.

유추는 무관한 것같이 보이는 것에서 관계를 주목하고, 거기서 해결의 단서를 찾아가는 사고 활동을 강조한다는 특징이 있다. 이러한 사고 활동의 특성을 좀 더 확장하여 생각한다면 유추는 결국 귀납적 사고방식의 일종이라고 말할 수 있다.

유추는 본질적으로 닮지 않은 사물이나 개념간의 유사성을 지적한다. 유추는 두 가지 형식으로 실현된다. 첫째, 문자적 유추(literal analogy)이다. 이것은 다른 말로 비율적 유추라고도 하는데, 동일한 경험 영역에서 도출된 주제를 함께 연결 짓는다는 점에서 비교와 많은 공통점이 있다. 앞에서 든 아버지와 어머니의 관계에서 아들과 딸의 관계를 도출해내는 것도 가족이라는 동일한 경험 영역을 기반으로 한다. 이것은 "손: 장갑 = 머리: ?"에서 "?"에는 "모자"를 유추할 수 있다. 이것은 "착용"이라는 공동의 경험 영역을 기반으로 한다.

둘째, 비유적 유추(가상적 유추: figurative analogy)이다. 이것은 영역 간 유추라고도 하는데, 이러한 유추는 다른 경험 영역으로부터 도출된 주제를 결합시킨다. 예를 들어, 집을 짓기 위해서는 설계도를 잘 만들어야 좋은 집을 지을 수 있듯이, 스피치를 잘 하기 위해서는 스피치를 위한 구조화를 잘 해야 좋은 스피치를 할 수 있다. 이 경우에 설계도와 구조화는 다른 영역으로부터 온 것이지만 좋은 집(좋은 글)을 짓기 위한(쓰기 위한) 조건의 측면에서는 같다고 할 수 있다. 교육을 설명하기 위해 "원예"를 도입하여 교육은 원예와 같다고 말할 경우, 교육의 영역과 원예의 영역은 다르지만 교육 현상이 원예와 닮아 있기 때문에 교육을 설명하기 위해 원예를 활용하는 경우 비유적 유추라고 할 수 있다.

성공적인 유추는 관계가 멀거나 추상적인 아이디어를 더 직접적이고 이해할 수 있게 해준다. 특히 유추는 화자가 생각의 틀을 발전시킬 수 있는 시기로서 스피치를 시작할 때 유용하다. 유추는 또한 사람들 사이의 느낌 공유를 가능하게 해준다. 유추는 본질적으로 관계를 기본으로 한다는 점은 앞에서 이미 설명한 바 있다. 혈액순환을 이해시키고자 할 경우에 수도관을 관련시키거나 원자구조를 이해시키기 위해 우주모형을 관련지어 설명하는 것이 유추의 기본적인 속성이다. 유추를 사용하고자 할 때 "① 사용하는 유추가 말하고자 하는 요점을 잘 드러내주고 있는가? ② 내가 사용하는 유추가 혹시 청중들의 주의를 산만하게 하지는 않을 것인가? ③ 화자로서 내가 유추를 사용할 때 유추의 결과가 유익하게 작용할 것인가?"와 같은 점을 늘 생각해야 한다.

5.5.2. 직유

직유(simile)는 비슷한 성질이나 모양을 가진 두 사물을 '같이, 처럼, 듯이'와 같은 연결어로 결합하여 직접 비유하는 표현이다. 그리고 직유를 사용하여 표현하는 것을 직유법이라고 한다. 예를 들어, "그는 여우처럼 교활하다. 내 누님같이 생긴 꽃이여!"를 예로 들 수 있다.

5.5.3. 은유

사물의 상태나 움직임을 암시적으로 나타내는 표현을 은유라고 한다. 그리고 이러한 표현을 사용하는 표현법을 은유법이라고 한다. "내 마음은 호수요."를 그 예로 들 수 있다.

5.5.4. 반어

반어(irony)는 실제 의미와는 반대를 의미하기 위해서 단어를 사용하는 것이다. 예를 들어, "그것 참 나쁜 영화야!"에서 '나쁜'을 '좋은'의 의미로 사용하는 것이다. 그리고 이러한 반어를 사용하는 표현법을 반어법이라고 한다.

5.5.5. 의인

의인(personification)이란 살아 있는 것이 아닌 대상(객체)에게 인간의 특성을 부여하는 것이다. 예를 들어, "달이 미소 짓는다."에서 달에게 인간의 자격을 부여한 것이 의인이고, 이러한 의인을 활용하는 표현법을 의인법이라고 한다.

5.5.6. 과장

과장(hyperbole)은 사람이나 대상은 실제보다 더 나쁘거나 더 크게 표현하는 것이다. 그리고 이러한 과장을 활용하는 표현법을 과장법이라고 한다.

CHAPTER 15

음성과 그 힘

CHAPTER

15 음성과 그 힘

이 장에서는 먼저 인간 음성의 중요성에 대해 논의한다. 이어서 인간의 음성은 발성기관이 활용되어 표출되는데, 이러한 음성의 표출에 관여하는 요소들로 '호흡 조절, 명확한 조음(자음과 자음체계, 모음과 모음체계), 증대된 성량과 목소리의 방출, 적절한 억양과 강조, 수용할만한 발음'을 들 수 있다. 이 장에서는 이들에 대해서 논의한다.

1 인간 음성의 중요성

당신은 당신의 음성에 대해 만족하는가? 당신은 어떻게 타인에게 음성을 표현하는가? 당신의 음성은 목쉰 소리인가? 굵고 낮은(장중한) 소리인가? 울려 퍼지는 소리인가? 강력한 소리인가? 매력적인 소리인가? 권위가 있는 소리인가? 그 외 여기에서 언급되지 않은 소리인가? 각자는 각각 다른 음성을 사용하여 생각을 표현하기 때문에 각자의 고유한 특색이 있다.

사람들은 종종 어떻게 특정인이 그렇게 경탄한 말한 소리를 내는 지에 대해 흥미로워하기도 하지만 사람들이 던져야 할 더 중요한 질문은 각자가 좀 더 효율적으로 의사소통을 하기 위해서 무엇을 할 수 있느냐, 그리고 어떻게 해야 하느냐에 대해 관심을 가진다.

당신은 음성을 활용하는 연습을 해야 한다. 대부분의 경우는 많은 연습을 하지 않지만 전문직으로서의 교사는 의미 있는 의사소통이 되기 위해서 꾸준히, 그리고 체계적으로 연습을 해야 한다. 먼저 소집단에서 말하는 연습을 하고, 이어서 집단의 크기를 크게 한 상태에서 연습을 한다. 당신의 복장처럼 당신의 음성도 당신이 전달하는 메시지의 비언어적 요소의 대부분을 전달하기 때문에 당신을 위해서 당신의 음성이 잘 작동되게 하는 것은 대단히 중요하다. 당신의 음성이 효율적이 되도록 하기 위해서는 당신의 음성은 다음과 같은 모습을 띠는 것이 바람직하다.

- 청중이 잘 들을 수 있도록 충분히 음성이 커야 한다.
- 당신이 표현하는 단어가 변별될 수 있도록 충분히 명확해야 한다.
- 당신에게 말려들고 있음을 보여줄 정도로 충분히 이해관계가 있어야 한다.
- 당신의 청중들을 말려들게 할 만큼 충분히 재미가 있어야 한다.

2 음성을 효율적으로 산출하는 데 관여하는 요소

음성을 효율적으로 산출하여 청중으로 하여금 잘 들을 수 있도록 하기 위해서는 음성이 가지고 있는 힘에 포함되어 있는 다양한 요소들에 주의를 집중하고 관심을 가져야 한다. 강력하면서도 즐거움을 주면서 명확하게 이해되는 음성을 산출할 때는 다음과 같은 다섯 가지 중요한 요소들에 의존한다.

2.1. 호흡 조절(controlled breathing)

만일 당신이 당신 음성의 기록(녹음)을 듣지 않으면 당신은 다른 사람들이 당신의 말을 듣는 것처럼 당신 자신의 말을 들을 수 없다. 당신이 자신에게 하는 말을 들을 때 당신은 당신의 입에서 나와서 당신의 귀로 들어가는 음성 모두를 들으며, 당신의 머릿속에 있는 통로와 뼈를 통하여 당신의 귀에 직접적으로 전달되는 음성을 들을 수 있다.

당신의 청중이 당신의 말을 들을 때, 그들은 당신의 입에서 음성이 나온 다음 공기를 통해 전해지는 음성을 눈과 귀를 통해 보면서 듣는다. 이 과정에서 당신이 듣는 음성과 당신의 청중이 듣는 음성은 다를 수 있다. 또한 당신은 두 개의 음성, 말하자면 당신의 사적인(개인적인) 음성과 공적인 음성을 가지고 있다.

화자로서 스피치를 할 때 당신의 청중이 듣는 것이 무엇인지를 아는 것은 의사소통의 효율성을 위해서 매우 중요하다. 청중들이 듣는 것은 스피치 형성에서 중요하기 때문이다. 당신은 당신의 청중들이 듣는 것처럼 당신의 음성을 들음으로써 음성이 가진 힘을 더 유의미하게 증가시킬 수 있다.

사람들은 음성을 산출할 때 맨 처음 폐를 작동하여 소리를 일으키는데, 이 과정에서 폐의 바로 아래에 있는 커다란 근육인 횡경막도 소리를 일으키는 데 영향을 미친다. 폐에서 발원한 공기가 기관(trachea)을 거쳐 성대와 후두를 통과하면서 음성이 만들어진다. 후두 밑에는 파이프처럼 생긴 두 개의 근육이 있다. 이것을 성대(vocal cords)라고 하는데 폐에서 올라온 공기의 힘에 의해 성대는 열리고 닫히는 활동을 한다. 성대를 닫으면 폐에서 나온 공기가 가로막힐 수도 있다. 이때 성대를 통과한 공기의 진동이 인간의 음성으로 우리가 흔히 듣는 것이다. 우리는 폐의 작동을 통해 폐에서 공기를 충분히 밖으로 내보내어 기관을 거쳐 성대로 통과시킴으로써 음성을 지속적으로 산출한다.

폐에서 공기를 내보내는 만큼 공기를 흡수해야만 소리를 생산해낼 수 있다. 그래서 사람들은 입과 코를 통해 공기를 계속 흡입하고, 흡입한 것을 밖으로 내보내는 일을 계속하게 된다. 이 과정에서 강하고, 지속적인 음성을 유지하려면 충분한 양의 공기를 폐에서 저장하고 있다가 밖으로 내보내는 것이 중요하다. 갈비뼈 안쪽에 있는 횡경막과 폐의 호환 작용에 의해 공기의 양이 얼마나 유지되고 밖으로 내보내느냐에 따라서 호흡 조절이 이뤄진다.

화자는 그가 받아들이는 산소의 양과 그들이 내보내는 이산화탄소의 양을 조절하기 위해서 횡경막 호흡을 연습할 필요가 있다. 중요한 메시지를 전달해야 할 필요가 있는 화자는 말하는 도중에 말을 멈추고 공기를 들이마시고 싶어 하지 않는다. 특히 가수들은 그들의 횡경막을 통제함으로써 숨을 쉬는 방법을 배워서 활용한다. 대략적으로 그 방법은 다음과 같다(Joseph A. Quattrini, 137쪽 참조).

첫째, 숨을 깊게 들이마신다. 천천히 들이마시면서 할 수 있는 한 최대한으로 폐에 공기를 가득 채운다. 호흡을 유지하고 천천히 공기를 내보내는데, 이것을 다섯을 셀 정도까지 한다. 이런 연습을 20이나 그 이상을 셀 수 있을 때까지 계속한다.

둘째, 평평한 표면에 눕는다. 사전이나 백과사전처럼 두께가 있는 큰 책을 선택하고, 그것을 갈비뼈 바로 밑에 있는 위(stomach)에다 올려놓는다. 정상적인 호흡 패턴으로 들이마시기와 내쉬기를 한다. 호흡을 할 때마다 책이 올라가고 내려가게끔 확실하게 한다. 이런 활동을 통해 좋은 음성 산출에 필요한 횡경막 호흡을 발달시킬 수 있다.

셋째, 심호흡을 한다. 그런 다음 당신이 할 수 있을 만큼 길게 '아~'소리를 내면서 공기를 내보낸다. 얼마 정도 할 수 있으며, 가장 많이 할 수 있는 시간은 어느 정도 되는가? 가능한 한 많은 시간을 활용할 수 있으면 좋다.

넷째, 천천히 공기를 들이마신다. 그리고 당신이 내보낼 수 있는 '이른 아침, 좋은 아침'과 같은 짧은 구절을 말하는 연습을 한다. 당신이 당신의 호흡을 조절할 수 있는 범위 안에서 당신이 느낄 수 있고 변화를 들을 수 있을 때까지 연습을 계속한다.

2.2. 명확한 조음(clear articulation)

공기가 성대를 통과하고 하나의 음성이 만들어질 때, 그 음성을 발음(phonation: 혹은 발성)이라고 하고 이러한 발음이 턱, 입 혀, 이, 연구개, 입술, 비강 통로의 움직임에 의해 잘 처리가 될 때 이것을 조음(articulation)이라고 한다. 그리고 발음을 조절된 소리로 전환하는 데 포함되는 이들 신체의 일부를 조음기관(articulators)이라고 한다. 얼마나 효율적으로 당신이 당신의 조음기관을 사용하느냐가 명확하고 즐겁게 당신의 발음을 다른 사람이 잘 들을 수 있게 해주느냐를 결정한다. 스피치에서 쉽게 발달시킬 수 있는 기능의 하나는 당신의 조음을 향상시키는 것이다. 좋은 조음은 우연한 것도 아니고 신의 선물도 아니다. 그것은 조음 과정에서 화자가 행하는 세심한 주의 집중의 결과이면서 수많은 연습의 결과이다. 스피치가 잘 이해되기 위해서 스피치는 명확해야 한다. '실언'과 '실업'은 'ㄴ'과 'ㅂ'의 차이밖에 없지만 그 의미는 커다란 차이가 있기 때문이다.

인간의 발성기관에는 조음기관도 포함된다. 그리고 이러한 조음기관을 잘 활용하여 조음 활동을 하기 때문에 이하에서는 발성기관과 조음기관, 그리고 조음방법과 조음에 대해 좀 더 상세하게 논의하고자 한다. 이러한 논의가 그것을 이론적으로 알고 효율적으로 활용할 수 있는 기반을 조성하는 데 도움을 줄 수 있기 때문이다.

2.2.1. 발성기관에 대한 이해

인간의 언어는 뇌의 영향을 받아 발성기관을 통해 밖으로 드러난다. 언어는 폐에서부터 생성되기 시작하여 후두를 거쳐 성문으로 소리가 나온다. 후두를 거쳐 나오는 소리가 입(구강)을 통해 나오는 소리를 구강음이라고 하고, 코로 나올 때 비강음(비음)이라고 한다. 이 과정에서 성대의 떨림이 병행하여 소리가 발성되면 유성음이라고 하고, 떨림이 없이 소리가 발성되면 무성음이라고 한다. 소리의 표출은 성대를 거쳐 구강을 통해 이뤄지기 때문에 발성 기관에 대한 서술도 구강을 중심으로 하여 이뤄진다.

일반적으로 음성은 '세 단계'를 거쳐 표출된다. 첫 단계는 폐(허파)에서 음성에 필요한 기류를 만들어낸다. 이러한 단계는 소리가 처음으로 태동하는 것이기 때문에 '발동'이라고 한다. 두 번째 단계는 폐에서 생성된 소리가 성문을 통과하면서 성대의 진동을 일으키기도 하고 일으키지 않기도 하는데, 이 단계를 '발성'이라고 한다. 세 번째 단계는 성문을 통과한 기류가 구강과 비강에서 여러 발음기관의 작용으로 인해서 조음이 되어 음성으로 표출되기 때문에 '조음'이라고 한다. 이 단계애서 표현이 가장 많이 이뤄지기 때문에 발성 기관의 기술은 주로 조음에 집중하여 이뤄진다. 이러한 조음에는 더 능동적인 역할을 하는 부분과 수동적인 역할을 하는 부분이 있다. 예를 들어, 윗입술과 아랫입술 중에서 아랫입술이 더 능동적인 역할을 하기 때문에 아랫입술을 능동부라고 한다. 혀끝과 잇몸, 앞혓바닥과 센입천장, 뒤혀바닥과 여린 입천장, 혀뿌리와 인두벽의 짝에서 앞에 있는 것이 능동부이고, 뒤에 있는 것이 수동부이다.

2.2.2 발성 기관으로서의 성대

허파에서 기관을 통과한 기류는 성문을 지나게 된다. 성문(聲門)이란 두 개의 성대 사이를 말한다. 성대는 입술과 같은 두 개의 근육으로 이뤄져있는데, 평소에 숨을 쉴 때는 떨어져 있어서 호흡이 가능하게 하고, 음식을 먹을 때는 통로를 막음으로써 허파로 이물질이 들어가지 못하게 한다. 성대는 발음 기관의 하나로서 음성의 성질을 결정하는 데 중요한 역할을 한다.

우리는 성대의 간격을 좁혀서 성대를 빠르게 진동시키는 일을 하는데, 이러한 성대의 빠른 진동을 성(voice)이라고 한다. 어떤 음성에 성대의 진동이 섞여 있느냐 그렇지 않느냐는 그 음성의 성격을 결정하는 데 중요한 의미를 갖는다.

속삭임도 성대의 진동에 의한 것이며, 남자보다는 여자가 음성이 더 고음인 것도 성대의 길이가 달라서 그 진동수가 다르기 때문이다. 성대의 기본 길이가 긴 남자의 음성은 상대적으로 저음이고, 성대 길이가 짧은 성인 여자나 어린이는 상대적으로 고음이다. 또 성대가 진동하는 폭이 크면 큰 소리가 나고, 폭이 작으면 작은 소리가 난다(배주채, 2003: 29쪽 참조).

성대가 가볍게 붙어 있는 상태에서 기관으로부터 공기가 나오면 공기의 압력 때문에 성대가 잠깐 동안 떨어져서 소량의 공기가 지나가고 다시 성대가 붙고 다시 떨어졌다 하는 동작이 반복되는데, 이를 성대의 진동이라 하며, 성대의 진동이 수반된 소리를 유성음이라고 한다. 성대의 진동 유무에 의해서 유성음과 무성음으로 구분하는데, 유성음과 무성음을 구분하는 방법으로 "발음을 하면서 목의 앞부분에 손을 대고 진동이 느껴지면 유성음, 그렇지 않으면 무성음"임을 확인할 수 있다. 그런데 언어 이론을 중시하는 언어학에서는 유성음과 무성음을 구분하는 것이 의미가 있겠지만 발성 기관의 효율적인 활용을 중시하는 국어 교육의 입장에서는 이들의 엄격한 구분이 큰 의미가 없고 다만 효율적으로 활용하는 것에 더 큰 의미가 있다.

2.2.3 자음 체계와 모음 체계

언어가 존재하는 곳이면 어느 곳에나 기본을 이루는 음절이 존재한다. 이러한 음절은 자음과 모음의 결합에 의해 이뤄지는데, 이 세상에 존재하는 대부분의 언어가 자음과 모음의 결합에 의해 하나의 음절을 이룬다. 국어의 경우도 자음과 모음의 결합에 의해서 음절이 이뤄진다.

2.2.3.1. 자음과 자음 체계

자음은 허파에서 발생한 기류가 성문을 통해 구강을 통해 밖으로 표출될 때까지 발성 기관의 어딘가에서 저항을 받고 나오는 소리(나올 때 어딘가에 닿아서 나오는 소리, 그래서 자음을 닿소리라고 한다)이다. 이때의 저항은 조음체인 능동부와 수동부의 접촉에 의해 생기는 것이 일반적이다. 그래서 자음의 경우는 어디에서 저항을 받는가가 중요하다. 말하자면 저항(장애)의 위치(place of articulation)가 발음의 형성에 중요한 역할을 한다. 그래서 저항을 받는 위치가 입술이면 순음이라고 하고, 잇몸이면 치조음이며, 경구개이면 경구개음이고, 연구개이면 연구개음이고, 후두이면 후두음이라고 한다. 또한 폐쇄(파열)가 있을 경우를 폐쇄음이라고 하고, 마찰이 있으면 마찰음이라고 하며, 파열과 마찰이 동시에 일어나면 파찰음이라고 한다. 또한 비강을 통해서 소리가 나오는 것을 비음(비강음)이라고 한다. 또한 '달, 활동'처럼 가운데 통로가 막히고 혀 양쪽으로 나오는 소리도 있는데, 이것을 설측음이라고 한다. 그리고 자음의 경우 저항의 위치가 어디인가, 그리고 그 저항의 위치에서 어떻게 조음이 이뤄지는가(이른바, 조음 방법)에 따라서 이름이 붙여진다. 그래서 그 이름은 일반적으로 '조음위치 + (유무성) + 조음방법'의 순서대로 붙인다. 이러한 이름붙이는 법에 따라서 이름을 붙일 때 'ㅂ'은 '양순무성파열음'이 그 정확한 이름이고, 'ㅈ'은 '경구개 무성 파찰음'이 그 정확한 이름이다. 다음은 위에서 언급된 내용을 반영한 국어의 자음 체계이다.

조음 위치			순음	치조음	구개음		후(두)음
조음 방법					경구개	연구개	
파열음(폐쇄음)	평음	무성음	ㅂ p	ㄷ t		ㄱ k	
		유성음	b	d		g	
	경음(된소리)		ㅃ pp	ㄸ tt		ㄲ kk	
	격음(거센소리)		ㅍ ph	ㅌ th		ㅋ kh	
파찰음	평음	무성음			ㅈ		
		유성음					
	경음(된소리)				ㅉ		
	격음(거센소리)				ㅊ		
마찰음	평음	무성음		ㅅ s			ㅎ h
		유성음					
	경음(된소리)			ㅆ ss			
비음(유성음)			ㅁ m	ㄴ n		ㅇ	
유음(유성음)				ㄹ l			

경음(된소리)은 평음에 성문폐쇄음이 동반된 소리이기 때문에 성대가 진동하고 있음을 느낄 수 있다. 격음(거센소리)는 평음에 성문마찰음 [h]이 동반된 소

리이기 때문에 격음을 발음할 때는 입 가까이 손바닥이나 종이를 대어 보면 바람이 이는 것을 알 수 있다. 이러한 바람을 기(aspiration)라 하며 기가 수반되는 소리를 다른 말로 유기음이라고 한다. 그런데 '납'과 같은 낱말을 발음할 때는 받침 'ㅂ'의 음가는 'p˥'로, 원래의 파열음이 가진 속성, 즉 맨 마지막이 파열되는 모습을 보이지 않는다. 이런 음을 내파음(불파음)이라고 한다.

국어의 평음 'ㄱ, ㄷ, ㅂ'에 해당하는 음성 기호가 사실은 [g, d, b]가 아니고 [k, t, p]라는 것에 주의해야 한다. 영어의 'k, t ,p'가 유기음이어서 우리에게 'ㅋ ㅌ, ㅍ'로 들리고, 'g, d, b'가 오히려 우리 귀에는 'ㄱ,ㄷ,ㅂ'에 가까운 소리로 들리기 때문에 음성 기호로도 그렇게 짝이 되는 것으로 생각하는데 그렇지 않다. [k][t][p]는 유기음이 아닌 평음을 대표하는 음성 기호이고, [g][d][b]는 유성폐쇄음을 대표하는 음성 기호여서 국어의 'ㄱ, ㄷ, ㅂ'은 바로 [k][t][p]에 해당하는 것이다. [g][d][b]는 어두를 기준으로 보면 국어에는 없는 소리이다. 굳이 가까운 소리를 찾는다면 'ㄱ, ㄷ, ㅂ'보다는 'ㄲ, ㄸ,ㅃ'에 가깝기 때문에, 영어 화자들은 우리가 '바'라고 하면 [ba]로 듣지 않는다. 대신 '빠'라고 하면 [ba]에 가까운 소리로 인식한다. 우리가 'bus'를 '뻐스'로 인식하는 것은 이러한 이유에서 그렇다(이익섭, 2000: 54−55쪽 참조).

또 한 가지 유의할 점이 있다. 모음과 비교할 때 자음의 변별력이 훨씬 강하다. 이를테면 '강'과 '방'을 읽고 그 의미의 차이는 자음인 'ㄱ, ㅂ'에 의해 구분된다. '아버지'와 '아부지'를 듣거나 읽으면서 의미의 차이는 방언적 차이에 불과할 뿐 기본적으로 '아부지'[10]는 '아버지'와 동일한 의미를 갖는다. 또한 '엄마'와 '엄매'도 모음의 차이는 있지만 기본적으로 동일한 의미를 갖는다.

2.2.3.2. 모음과 모음 체계

모음은 발성기관을 통과할 때 장애를 받지 않고 홀로 나는 소리이기 때문에 홀소리라고도 한다. 국어의 모음은 10개의 단모음과 그 밖에 13개의 이중모음으로 이뤄져 있다. 단모음 체계를 제시하면 다음과 같다(모음 체계는, 이익섭: 63쪽 참조).

---

10 '아부지'는 전라도 지역에서 아버지와 동일한 의미로 사용되는 방언이다. '엄매'도 전라도 지역에서 '엄마'와 동일한 의미로 사용되는 방언이다.

혀의 위치 / 입술 모양 / 혀의 높이	전설모음		중설모음		후설모음	
	평순	원순	평순	원순	평순	원순
고모음	ㅣ	ㅟ			ㅡ	ㅜ
반고모음	ㅔ	ㅚ				ㅗ
반저모음	ㅐ				ㅓ	
저모음			ㅏ			

위의 표에서 볼 수 있는 것처럼 10개의 단모음 체계로 이뤄져 있다(ㅚ, ㅟ'를 이중모음으로 넣으면 단모음은 8개가 된다). 모음 체계는 '혀의 위치, 입술 모양, 그리고 혀의 높이'에 따라서 그 특성이 파악된다. 자음과 마찬가지로 모음도 그 이름을 붙이는 방법을 정하여 이름을 부르고 있는데, '혀의 위치+입술 모양+혀의 높이'를 반영하여 이름을 부른다. 예를 들어, 'ㅣ'는 '전설평순고모음'이 그 이름이고, 'ㅏ'는 '중설평순저모음'이 그 이름이며, 'ㅜ'는 후설원순고모음'이 그 이름이다.

2.3. 증대된 성량과 목소리의 방출(increased volume and projection)

성량(음량)의 부족은 초보 화자들에게 발견되는 흔한 문제이다. 만일 여러분의 선생님이 "소리 좀 크게 하세요. 잘 들리지 않아요."라고 말해왔다면 여러분은 소리를 크게 하기 위해서 많은 노력을 해야 한다. 소리의 방출을 통해서 성량이 결정되기 때문에 성량은 소리의 방출과 밀접한 관련을 맺는다.

성량은 음성의 힘 혹은 일반적인 음의 강도(loudness)를 의미한다. 성량은 공기의 양과 그 양의 통제에 의존한다. 성량은 단순한 속삭임에서부터 매우 큰 외침에 이르기까지 매우 다양하다.

배우들은 많은 다양한 조건과 청중이 있는 상황 하에서 청중들이 잘 들을 수 있도록 성량을 통제하는 것을 배운다. 때때로 여러분은 중대한 사건이 일어났을 때 크게 소리치는 것을 보거나 들으면서 마음속에서 근심걱정을 해본 일이 있을 것이다. 모든 사람이 소리치고 당신은 넓게 공개된 공간에 있기 때문에 당신은 잘 들을 수 없게 되는 상황에 직면하는 경우를 흔히 접할 수 있게 되는데, 이때 성량은 듣는 데 중요한 요인으로 작용한다.

모든 화자는 스피치가 이뤄지고 있는 방이나 영역(지역)의 크기에 맞게 성량을 적절하게 조절하는 방법을 배워야 한다. 그래서 화자는 발성이 이뤄지는 영역(지역)의 소음 환경에 적합하게 성량을 조절해야만 효율적으로 의사소통을 할 수 있다. 다음과 같은 활동들은 당신으로 하여금 당신의 성량을 발달시키고 조절할 수 있도록 하는 데 도움을 줄 수 있다.

첫째, 작은 지역에서 소집단을 상대로 하여 신문의 머리기사를 읽는다. 동일한 머리기사를 학교 강당의 무대를 중심으로 하여 여러 곳에 흩어져 앉아 있는 모든 구성원들에게 잘 들릴 수 있도록 읽는다. 더 나아가 동일한 머리기사를 오케스트라 무대의 정면에서 멀리 떨어져 있는 좌석에 앉아 있는 구성원들이 들을 수 있도록 읽는다.

둘째, "테니스 시합, 가수 선발 대회, 학교 대항 야구팀의 시즌 첫 번째 게임, 정규 방송의 뉴스 전달"과 같은 사건에 대해서 당신이 공영방송 아나운서인 것처럼 생각하고 말한다.

셋째, 이장의 첫 페이지를 당신이 수업을 위해 혼잡하게 이동하는 친구들에게 읽어준다. 이와 대조되는 상황에서 동일한 페이지를 읽는다. 즉, 동일한 페이지를 모든 사람이 조용하고 주의를 기울이고 있을 때 읽는다.

방출은 청중들이 쉽게 당신의 음성을 들을 수 있게 하는 성량 혹은 음의 강도(loudness)이다. 방출은 일반적으로 뒷줄에 있는 청중들이 당신의 말을 편안하게 들을 수 있고, 앞줄에 있는 청중들이 화자인 당신이 청중들에게 소리치고 있다는 느낌을 갖지 않을 정도로 적절한 힘을 주어 말할 필요가 있다는 것을 의미한다. 만약 당신의 음성이 강하고 감정이 통제된다면, 앞줄에 있는 청중들은 당신이 소리치고 있다는 느낌을 가지지 않을 것이다.

큰 성량을 가지고 말하기를 시도할 때나 당신 음성의 피치를 높이고자 할 때 이러한 경향이 있다. 높여진 피치는 일반적으로 청자들이 인식할 때 소리치는 것으로 받아들인다. 당신의 음성이 모든 청중들에게 들리도록 시도를 할 때 당신은 당신의 음성 피치를 "비감정적" 범위 내에서 유지해야 한다는 점을 명심해야 한다. 말하자면 따뜻하고, 힘이 있고, 수용할 만하다는 느낌을 전달하는 스피치 수준을 유지해야 한다.

활동 15-1 적절한 성량과 방출

이 활동의 목적은 적절한 성량과 방출을 통해 효율적인 의사소통을 하기 위함이다.

충분한 강도를 가진 이러한 톤은 횡경막의 사용에서부터 출발한다. 이러한 톤은 입을 크게 벌리고 당신 성량의 피치를 비교적 낮게 유지함으로써 발생한다. 당신의 성량을 상황에 맞게 방출하려면 다음과 같은 방법을 활용할 수 있다.

첫째, 화자는 청중과 상당한 거리가 있는 곳은 찾는다. 100 피트 정도면 충분하다. 동료들이 충분히 들을 수 있을 정도로 성량을 방출하여 책을 읽는다. 필요하면 동료들과 번갈아 읽어도 된다.

둘째, 3명 혹은 네 명의 다른 사람들과 교대를 하면서, 동일한 장소에서 동일한 시간에 동일한 일을 한다. 예를 들어, "빠른 고양이가 개으른 게를 뛰어넘었다."를 교대로 읽는다. 이때 학급의 동료들은 어떤 화자가 최상으로 소리를 방출했는지를 결정할 수 있다.

셋째, 라디오의 성량을 최대로 높여 말하기를 연습한다. 가족의 구성원이 들을 수 있게 하고 당신이 한 말의 성량과 방출에 대해 가족 구성원들이 하는 피드백을 스피치의 자료로 확인한다.

1. 횡경막을 사용하는 것이 어떤 것인지를 동료들에게 설명해보자.
2. 집단의 크기와 위치에 따라서 적절한 성량과 방출은 상대적이다. 라디오의 성량을 최대한 높이고 적절한 성량으로 음성을 방출하는 것의 교육적 의의를 토론해보자.

2.4. 적절한 억양과 강조(proper inflection and emphasis)

음성언어 기반의 소통에서 억양은 중요한 역할을 한다. 억양은 상승하고 하강하는 음성의 음악적 특성이다. 일반적으로 "고양이는 어디 있지?"와 같이 질문을 할 때에는 상승하는 억양을 사용하고 "창문이 열려 있다."와 같이 진술(statement)을 할 때는 하강하는 억양을 사용한다. 억양이 없는 음성은 "평탄, 혹은 비음악적"이라고 말해진다.

우리는 일상의 대화에서 크게 억양을 고려하지 않고 억양을 사용하는데, 이것은 무의식적이며 자연스런 것이다. 그렇지만 당신이 청중 앞에서 말할 때는 당신이 전달하는 의미가 명확해야 하기 때문에 이 경우에는 억양을 고려할 필요가 있다. 나이가 듦에 따라 화자는 그들이 사용하고자 하는 억양을 드러내기(활용하기) 위해서 정교한 체계를 작동시켜 왔다. 하나의 체계가 쓰기에서 활용되어 왔는데 다음과 같다. 이것은 원래 음악의 "도레미파솔라시도"와 같은 음의 높이를 활용하여 학생들에게 노래로 그 단어의 억양을 가르친 것이다. 예를 들어, "제발 가지 마세요! 하루 종일 있어주세요." 같은 문장을 활용하여 억양을 지도할 때 다음과 같이 했다.

있어주세요

제발 가지 종일

마세요! 하루

다음과 같은 체계는 화살표를 활용하여 억양을 표시하는 방식인데, 주로 배우들이 억양을 연습할 때 활용한다.

↑

제발 가지 마세요! 하루 종일 있어주세요.

↓ ↓

억양에 추가하여 말하고자 하는 것을 음성의 피치나 톤을 변화시킴으로써 표현할 수 있다. 피치가 높으면 높을수록 당신의 음성은 감정적 혹은 즐거움을 드러내며, 피치나 톤이 낮으면 낮을수록 당신의 음성은 조용하고 더 진지하다.

강조는 표현하고자 하는 단어를 다른 단어보다 더 강하게 표현하는 행위이다. 우리는 일반적으로 거의 모든 문장 표현에서 특정한 의도를 담은 단어를 강조해서 사용한다. "나는 그것을 할 수 없어."와 같은 문장을 구사할 때 "나, 그것, 할 수, 없어" 각각을 강조하여 표현할 수 있다. 그렇게 함으로써 표현을 통해 강조하고자 하는 의도를 달성할 수 있기 때문이다. 우리는 일반적으로 강조를 하기 위해 흔히 다음과 같은 네 가지 방식을 사용한다.

① 음성의 피치(높낮이)를 변화시키기
② 음성의 음량(성량)을 변화시키기
③ 말하기의 속도를 변화시키기
④ 단어 앞에서 휴지를 사용하기

2.5. 용인할 만한 발음(acceptable pronunciation)

발음도 의사소통에서 중요한 영향을 미친다. 사람들이 발음을 잘 못하면 청중들은 다른 중요한 것이 있음에도 불구하고 잘못한 발음에 주의집중을 한 나머지 발화 전체가 의도하는 것을 파악하지 못하는 경우가 종종 발생할 수도 있기 때문이다. 일단 발음은 정확하게 하는 것이 바람직하다. 용인할 만한 발음을 하여 의사소통을 하는 것을 차선책이기 때문이다.

CHAPTER 16

신체 언어 사용하기

CHAPTER

16 신체 언어 사용하기

비언어적 행위를 통한 의사소통 또한 의사소통에서 중요한 위치를 차지한다. 이 장에서는 신체 언어를 사용하여 의사소통을 하는 것에 대해 논의한다. 의사소통에서 말을 사용하지 않는 언어의 중요성을 이해하고, 비언어적 행위를 어떻게 효율적으로 사용할 것인가를 학습한다. 또한 외모의 영향을 알아보고 그것을 어떻게 당신이 유의미하게 활용할 것인지에 대해 논의한다. 아울러 몸짓의 네 가지 중요 범주를 이해하고 설명할 수 있으며, 네 가지 몸짓의 유형을 사용하는 기능을 발달시키는 방법에 대해 탐색한다.

1 비언어적 행위의 중요성

대다수의 스피치의 의미는 화자의 비언어적 행위의 결과이다. 대략적으로 우리가 수집한 정보의 80%는 비언어적 메시지로부터 유래한다. 말을 사용하지 않는 언어(nonverbal language)는 매우 복잡하며 다양한 방식으로 분류할 수 있는데 이 글에서는 외모(physical appearance)와 몸짓(gestures)의 사용이라는 두 개의 큰 범주를 설정하고 논의를 한다.

우리가 화자의 말을 들을 때 우리는 화자가 음성으로 하는 그 이상의 많은 정보를 받아들인다. 화자가 하는 음성의 톤을 들으면서 화자가 말하고자 하는 그 이상의 의미를 파악하는 경우가 대부분이다. 화자가 보여주는 자세와 몸짓을 보면서 메시지의 의미를 파악하기도 하고, 화자의 얼굴 표정과 신체의 움직임을 통해서 의미를 파악하기도 한다. 화자와 시선을 접촉하면서 편안함을 느끼기도 하고 불편함을 느끼기도 한다. 말하자면 화자가 하는 모든 것들을 통해서 의미를 받아들인다. 이 과정에서 말을 사용하지 않으면서도 매우 중요한 정보가 소통된다. 그래서 말을 사용하지 않는 언어가 의사소통에서 매우 중요한 역할을 한다.

손을 사용하지 않고 말을 한다거나 무표정한 스피치가 얼마나 비효율적인가를 관찰해보면 비언어적 행위의 중요성을 잘 알 수 있다. 먼저 손을 사용하지 않고 말하기를 할 경우를 연습해보자.

활동 16-1 비언어적 행위의 중요성

이 활동의 목적은 비언어적 행위의 중요성을 이해하고 활용할 수 있는 능력을 함양하기 위함이다.

먼저, 집단을 둘로 나눈다. 한 집단은 청중 집단의 역할을 하고 한 집단은 손을 사용하지 않고 말하기를 한다. 이때 말하기를 하는 집단은 손을 등 뒤로 한 다음 손을 움직일 수 없도록 가볍게 수건이나 끈으로 묶는다. 연습이나 준비 없이, 말하기를 하는 집단은 특정한 주제(예를 들면, 바닥 청소, 얼굴의 면도, 귀걸이 착용하기 등)를 선택하여 즉석 스피치를 한다.

이어서, 묶인 손을 풀고 화자는 전신을 사용하여 동일한 주제를 표현한다. 이런 표현 행위가 끝나면 "(1) 손을 묶인 상태로 말하기를 할 때 어떤 느낌이 들었는가? (2) 만일 여러분이 청중의 일원이었다면 손을 사용하지 않고 말하기를 지켜볼 때의 당신의 반응은 무엇이었는가? (3) 손을 사용할 때와 사용하지 않았을 때의 차이는 무엇인가?"와 같은 활동을 해봄으로써 전신을 활용하여 표현하는 것의 중요성을 느낄 수 있다.

다음으로 얼굴 표정을 무표정하게 하고 스피치를 했을 때 비언어적 행위의 중요성을 연습해보자. 이러한 활동의 목적은 화자의 스피치를 봄으로써 받아들이는 비언어적 메시지의 중요성을 설명하기 위한 것이다. 집단은 앞의 훈련 집단과 동일하다. 이번에는 두 번째 집단이 과제를 수행하되 첫 번째 집단은 청중의 역할을 한다. 두 번째 집단의 각 구성원은 코와 입만 내놓고 얼굴 전체를 덮은 큰 종이 쇼핑백을 준비한다. 그런 다음 각각의 화자는 쇼핑백을 머리에 올려놓고 "사과를 먹을 때의 느낌은 어떤지, 어떻게 당신은 머리를 빗는지" 등등의 스피치 주제를 설정하여 2분 이상 말해본다. 그런 다음, 각각의 화자는 머리에 쓴 것을 벗은 다음 스피치를 반복한다. 스피치를 한 다음, 스피치 동안에 이뤄진 정보원으로서의 얼굴의 중요성에 대해 토론한다. 이때 "얼굴을 덮고 말을 할 때 느낌은 어떠했는가? 만일 당신이 청중이라면, 화자가 얼굴을 가리고 말을 할 때 어떤 느낌이 드는지, 얼굴 표정을 드러내놓고 말을 할 때와 숨기고 말을 할 때의 차이는 무엇인지?"와 같은 질문을 하여 표현을 할 때의 얼굴 표정이 얼마나 중요한 역할을 하는지에 대해서 다른 집단과 토론해본다.

1. 비언어적 표현 행위의 중요성에 대해 동료들과 다른 예를 들어서 토론해보자. 어떤 점에서 비언어적 표현이 효과적인가? 반대로 효과적이지 않은 부분이 있다면 어떤 부분인가?
2. 언어, 반언어, 비언어 사용을 홀로 했을 때의 단점을 토론해보자.

2 외모(physical appearance)의 영향

스피치를 할 때 외모는 많은 영향을 미친다. 특히 첫인상이 스피치에서 중요한 영향을 미치기 때문에 스피치를 하는 공식적 화자는 외모에도 주의를 기울일 필요가 있다. 이 글에서는 외모를 구성하는 세 가지 중요한 구성 요소로 "자세, 복장, 시선 접촉"을 들어서 논의하고자 한다.

2.1. 자세(posture)

당신이 공식적 말하기를 할 때 똑바로 서서 말하는 것이 중요하다. 다리를 구부린다거나 꼬고 말하면 당신은 청중들에게 말할 준비가 안 된 사람으로 인식되기도 하고, 건방지다고 인식되기도 하며 힘이 없다고 인식되기도 한다. 어깨를 쫙 펴고 꼿꼿하게 서서 말하는 연습을 해야 한다. 다음과 같은 활동은 스피치를 하는 동안에 이뤄지는 좋은 자세의 중요성을 당신에게 가르쳐준다.

활동 16-2 좋은 자세의 중요성

이 활동의 목적은 좋은 자세를 유지하는 것이 의사소통에서 왜 중요한지를 이해하고 활용할 수 있는 기반을 제공하기 위함이다.

먼저 학급 구성원들이 있는 곳의 정면으로 걸어간다. 그런 다음 화자가 말하기 좋은 적당한 장소를 정하고 스피치를 하지 않는 상황에서 있을 때 하는 것처럼 자연스럽게 선다. 그리고 말하기 전에 청중들과 직접적으로 얼굴을 마주친 다음, 크게 부담이 없는 스피치, 예를 들어 "여러분, 오늘은 우리 학교 개교 50주년입니다. 여러분에게 우리 학교의 역사에 대해 말할 기회를 주셔서 대단히 감사합니다."와 같은 스피치를 해서 청중들로 하여금 특별한 의미를 갖게 한다.

다음으로, 당신의 자세를 "똑바로 서보고, 키를 쭉 늘리고, 10~12인치 정도 떨어져서 평평한 상태를 유지하며 가만히 서있고, 어깨 높이를 마루와 수평이 되도록 하여" 보기 좋게 한다. 동일한 문장을 청중 앞에서 전달을 하고, 청중들의 얼굴을 확인한 다음, 청중들로 하여금 특별한 의미를 갖게 한다.

자세 예시를 보여준 다음에는 동료들과 교사에게 그들이 받은 충격(영향)에 대해 피드백을 해주도록 요청을 한다. 그런 다음 할 수 있다면 받은 피드백에 대해 기록을 해둔다. 특히 "좋은 자세를 갖기 위해 행해진 제안이 무엇인지, 특별히 당신이 잘 한 것은 무엇인지?"에 대해 기록을 해두고 좋은 자세를 유지할 수 있도록 연습을 해야 한다.

1. 좋은 자세를 유지하는 것이 왜 스피치에서 중요한지를 토론해보자.

2.2. 복장(의복)

의사소통을 할 때 복장(옷)이 하는 상징적 역할을 고려한다면 복장은 하나의 중요한 진술을 만들어내는 언어라고도 말할 수 있다. 옷의 스타일, 디자인, 옷의 길이 등은 모두 다른 의미를 전달해주기 때문이다. 여러분이 입고 있는 옷은 종종 사회적 지위, 권력, 특정 집단의 구성원을 드러내준다거나 여러분이 참여하고 있는 활동의 유형을 드러내준다.

우리가 스피치를 할 때 "어떤 유형의 옷이 청중들로 하여금 화자인 나를 기대하게 만들까?"와 같은 질문을 해보는 것은 중요한 측면이 있다. 만일 청중 대다수가 기대하는 만큼의 수준으로 옷을 갖춰 입지 못하면 프레젠테이션에서 장애를 초래할 수 있다. 그리고 이러한 장애는 메시지의 효과를 감소시킬 수도 있다. 대중에게 말하기를 하는 상황에서 당신은 메시지를 효율적으로 전달하기 위해서 옷이 가지고 있는 잠재적 영향을 인식하는 것은 중요한 일이다.

2.3. 시선 접촉(eye contact)

문화에 따라 다를 수 있지만 미국의 경우에 눈을 똑바로 쳐다보지 못하고 말을 할 경우 당황해한다거나, 자신감이 부족해 보인다는 느낌을 준다거나 진정성이 부족해 보인다는 느낌을 주기도 한다. 그래서 화자가 실제로 시선 접촉을 잘 하지 않으면 효율적으로 의사소통을 하는 데 어려움이 있다는 것으로 이해되곤 한다.

물론 문화에 따라서 이러한 직접적인 시선 접촉이 수용하기 어려운 행위로 여겨지는 것이 있다는 것을 아는 것이 중요하다. 만일 그렇다면 이런 사항에 대해서 여러 사람들에게 이러한 상황을 알리는 것 또한 의사소통에서 중요한 기여를 한다.

대부분의 미국인들에게서 청중을 직접적으로 쳐다보는 것은 가장 효과적인 말로 하지 않는 메시지 전달 방법의 하나이다. 이런 메시지에는 자신감, 진지함, 정직함 등이 들어 있다. 그래서 청중들에게 특별한 의미를 갖게 한다. 청중의 다양한 모습을 관찰해보고 개개인의 청중 구성원들을 직접적으로 살펴보고 그들을 당신이 기억하고 싶은 사람으로 이해한다. 그러면 청중 구성원들은 당신이 청중자신들에게 직접 말하고 있다는 느낌을 갖지 않을 수 없다. 미국의 경우에는 다르게 우리의 눈보다는 코나 인중을 처다보는 것이 일반적이다.

3 몸짓[11](제스처)의 영향

몸짓(제스처)은 매우 다양한 방식으로 분류할 수 있다. 이 글에서는 "위치 몸짓, 기술 몸짓, 전체 아이디어 몸짓, 감정적인 어조의 몸짓"로 분류하고 관련된 내용을 기술하고자 한다.

첫째, 위치 몸짓(손짓)(locating gesture)은 말하는 시간과 공간과 관련되는 몸짓이다. 손이나 머리의 움직임이 수반되는 몸짓인데, "여기, 거기, 가까이, 멀리, 과거, 현재, 미래, 위, 아래, 안, 밖, 함께"라는 말을 할 때 같이 사용된다.

둘째, 기술 몸짓(descriptive gesture)은 청중의 마음속에 이미지를 만들고 싶어 하는 스피치를 할 때 시간이 필요할 수 있고, 이 경우에 손, 팔, 심지어 다리 등을 사용하여 "크기, 형태, 수, 감정 상태, 성격"과 같은 이미지를 의사소통할 수 있다. 이때 사용하는 몸짓을 기술 몸짓이라고 하는데, "거대한, 미세한, 울퉁불퉁한, 무수한, 뚱뚱한, 낙담한, 부드러운"과 같은 단어를 사용할 때 수반되는 몸짓이다.

---

11 'gesture'는 '몸짓, 손짓'으로 번역할 수 있다. 손짓은 몸짓의 일부이기 때문에 이 책에서는 몸짓이라고 하더라도 맥락에 따라서 손짓의 의미로 병용하고자 한다.

활동 16-3 몸짓 활용 능력 향상 방법

이 활동의 목적은 몸짓을 활용하는 능력을 향상시키기 위함이다.

집의 거울 앞이나 친구 혹은 가족 앞에서 다음 문장을 활용하여 연습을 한다. 그런 다음 학급의 구성원들에게 그 아이디어들이 더 생생하고 효과적이 되도록 하기 위해 당신이 발달시킨 몸짓을 사용하는 문장을 읽는다.

① 나는 당신이 기억해주었으면 하는 것 세 가지가 있다.

② 그 상자는 높이가 2피트이고, 길이가 3피트이며, 넓이가 6피트이다.

③ 그 작은 강아지는 키가 단지 5인치에 불과하지만 꼬리의 길이는 20인치나 된다. 그런데 그 꼬리는 완전한 원처럼 되어 있으면서 뒤틀려서 위로 감겨있다.

④ 그 강아지는 털이 덥수룩한 코트를 걸치고 있는데, 그 코트는 단단하면서도 부드러운 느낌이 있는 나선형 모양이다.

⑤ 강아지가 음식을 먹는 접시는 둥글고, 대략 둘레가 12인치 정도라고 생각해. 접시 측면에는 많은 눌린 자국이 있고, 밑바닥과 접속되어 있는 큰 다리가 하나 있다.

⑥ 만일 당신이 지붕으로 올라간다면 대략 빵 상자 크기의 작은 창문을 하나 발견할 것이다.

⑦ 지난 밤 달은 초승달의 모습이었고, 매우 작게 보여서 당신은 그것을 당신의 주머니 속에 넣고 싶어 했다.

⑧ 그 얼음 깨는 송곳은 대략 길이가 10인치였다. 강화된 플라스틱으로 만들어진 원주 형태의 핸들은 대략 4인치였다.

⑨ 소금 두 줌, 레몬주스 세 스푼, 후추 한 접시를 취하고, 실제로 불을 붙인다.

⑩ 나는 실제로 그렇게 많은 불나방을 결코 보지 못했어. 수 십 억 마리로 생각돼.

⑪ 이 풋볼 선수는 내가 지금까지 본 가장 술주정뱅이 운동선수였어. 그는 마치 하나의 캘리포니아 산 건포도처럼 보였어.

1. 다른 자료를 활용하여 위에서 제시된 활동을 해보자. 그리고 몸짓을 적절하게 사용하는 것이 왜 중요한지 동료들과 토론해보자.

셋째, 전체 아이디어 몸짓(whole idea gesture)이다. 이것은 일명 판토마임(pantomimes)이라고도 한다. 몸짓은 전체 아이디어를 표현한다. 예를 들어, 미국문화에서 한 사람이 집게손가락(forefingers)을 그의 머리나 귀 주변에 대고 빙글빙글 회전시켜서 다른 뭔가를 가리킬 때, 이 몸짓은 단어 없이 그리고 홀로 사용하더라도 거절, 심지어는 경멸을 표현한다. 전체 아이디어 몸짓은 다소 복잡한 생각을 비언어를 활용하여 전체적으로 의미를 전달해준다.

전체 아이디어 몸짓에는 얼굴을 활용하는 것과 손을 활용하는 것으로 구분할 수 있다. “나 그것 싫어, 조용히 해, 난 그것이 사실이라는 것을 결코 믿을 수 없어”와 같은 문장을 학급 구성원들에게 먼저 음성을 사용하여 문장을 말해보고, 그런 다음 단지 몸짓(얼굴)만을 사용하여 학급 구성원들에게 다시 해본다(얼굴 판토마임). 동일한 방식으로 이번에는 손을 사용하여 “우리들 중에 세 명이 있었다. 나 무척 걱정됐어, 부끄러워할 줄 알아야지, 멀리 사라져버려”와 같은 문장을 읽어보는 활동을 해본다. 이어서 몸짓(손)만을 사용하여 다시 해본다(손 판토마임).

넷째, 감정적인 어조의 몸짓(emotional tone gesture)이다. 일반적으로 정서나 느낌은 몸 전체에 영향을 준다. 만일 당신이 피곤하다면, 당신은 몸 전체가 피곤하다. 만약 당신이 한 곳에 상처가 났다면, 당신은 몸 전체가 상처가 난 것처럼 아프다. 당신은 구체적인 아이디어라기보다는 의사소통을 위해 시도하는 구체적인 몸짓을 지금까지 무의식중에 지속적으로 연습해왔을 수도 있다. 이제 당신은 일반적인, 거대한 느낌을 표현하는 작업을 할 수 있다. 이러한 감정적인 어조의 몸짓은 신체 움직임의 일종이며 극적인 목적을 위해 사용되는 태도의 일부이다. 이들은 구두 연출을 할 때 많이 사용된다.

CHAPTER 17

보조자료 사용하기

CHAPTER

17 보조자료 사용하기

이 장에서는 스피치를 할 때 보조 자료 사용의 중요성에 대한 이해를 심화하고자 한다. 보조 자료는 스피치를 하기 전, 중, 후에 모두 활용할 수 있는데, 다양한 유형의 시청각 보조 자료를 잘 활용할 수 있는 능력을 갖추는 것이 중요하다. 이러한 맥락에서 보조 자료의 중요성, 보조 자료의 종류, 시청각 자료를 선택하는 기준, 시청각 자료를 설계하는 원리와 지침, 그리고 보조 자료를 효율적으로 활용하기 위한 연습 방법 등에 대해 논의한다.

1 보조 자료의 중요성

스피치 만에 의한 프레젠테이션은 거의 이뤄지지 않는다. 대부분의 스피치에는 청중들이 중요한 것을 인식하고 기억하도록 돕기 위해서 보조 자료가 활용된다. 보고 듣는 정보는 단지 듣기만 하는 정보에 비해서 더 잘 이해되고 기억되기 때문이다.

이러한 보조 자료는 스피치를 하기 전, 중, 후에 모두 사용할 수 있는데, 스피치의 상황과 목적에 맞게 보조 자료를 사용하는 것이 중요하다. 만일 보조 자료를 잘 조직화된 계획의 일부로서 주의 깊게 사용하면 보조 자료는 당신이 청중들에게 강력하고 지속적인 영향을 미칠 수 있게 하는 데 도움을 줄 수 있다.

2 보조 자료의 종류

보조 자료는 스피치의 목적과 상황을 고려할 때 매우 다양하다. 각종 유인물(handouts), 시각 보조 자료(visul aids), 청각 보조 자료(audio aids) 등이 있다.

2.1. 유인물(handouts)

유인물은 프레젠테이션의 일부로서 스피치의 효율성을 위해 청중들에게 나눠주는 보조 자료이다. 그것이 주의집중에 초점을 맞추기 때문에 유인물은 시작이나 마무리할 때 사용하기 쉽다. 또한 유인물은 길고 복잡한 스피치를 해야 할 때 하나의 지침으로 중요한 역할을 할 수 있다. 모임의 주제처럼, 하나의 "스케쥴" 유인물은 청중들로 하여금 전체 프레젠테이션의 맥락에서 현재 화자인 당신의 위치가 어디인지를 알게 해준다. 또한 유인물은 청중들에게 스피치를 들으면서 논평한 내용이나 질문을 적어 놓은 편리한 장소를 제공해주기도 한다.

당신이 활용할 수 있는 유인물의 형태는 매우 다양하다. 다음과 같은 유인물의 형태를 참고하여 다양한 유인물을 만들어 스피치에서 활용할 수 있다(두 가지 예시만 든다). 아래 그림에서 위에 있는 유인물은 구체적인 내용을 담은 유인물인 반면, 아래에 있는 유인물은 구체적인 내용을 필요에 따라서 선택한 다음 기입하는 데 활용할 수 있는 유인물의 형식이다. 다양한 유인물을 만들어서 스피치를 할 때 보조 자료로 활용하는 것은 스피치의 효율성 향상에 많은 도움을 줄 수 있다.

---

1. 유인물
   a. 사용과 목적
   b. 개요
   c. 열린 개요
   d. 중요한 특징
   e. 여러 페이지 유인물
   f. 반응 유인물
   g. 질문 유인물

---

1. 유인물

a. ____________________

b. ____________________

c. ____________________

d. ____________________

e. ____________________

f. ____________________

g. ____________________

2.2. 시각 보조 자료

시각 보조 자료에는 사진, 영화, 모형, 소도구와 도우미, 그래프, 컴퓨터 그래픽 등이 있다. 이들은 다양한 정보를 전달해 주는 데 사진은 중요한 역할을 한다. 사진을 활용함으로 해서 의사소통에서 시각적 효과를 극대화할 수 있다. 영화도 중요한 시각 보조 자료가 될 수 있다. 활용하기에 힘이 들기는 하지만 영화를 스피치의 일부로 활용할 경우 효과는 매우 크다.

모형은 아이디어나 대상의 재현인데, 가장 일반적인 모형으로 복제 모형과 개념 모형이 있다. 복제 모형(replica model)은 실물을 활용하기에 좋은 작은 크기로 만든 것인데, 신체를 나타내는 신체 모형이나 구강의 모습을 드러내는 구강 모형, 비행기 모형, 지구 내부의 구조를 드러내는 모형 등을 예로 들 수 있다. 이들 모형은 실제의 대상처럼 정교하지는 않지만 중요한 특징을 드러나게 하여 실물과 같은 효과를 유발하는 역할을 한다. 개념 모형(concept model)은 생각을 드러내기 위해 구체적으로 보일 수 있도록 만든 것으로, 분자를 설명할 때 좀 더 분자의 구조를 잘 알 수 있도록 하기 위해서 '분자 구조 모형'을 만들어서 시각적으로 제시할 수 있다.

연극 등을 하기 위해서 각종 소도구(props)를 활용할 수도 있고, 보조 진행을 위해 도우미(사람)를 활용할 수도 있다. 각종 통계 자료를 간명하고, 생생하며, 명확한 방법으로 드러내고자 할 때 각종 그래프를 사용할 수 있다. 뿐만 아니라 차트, 표, 점검표, 만화 등을 활용할 수도 있다. 또한 각종 보조 자료로 컴퓨터 그래픽을 활용할 수도 있다. 이들은 스피치를 도우는 보조 역할을 하기도 하지만 경우에 따라서는 오히려 주류의 역할을 하기도 한다. 예를 들어 '시화전'을 보면 글이 우선이고 그림은 보조 자료의 역할을 하는 의도를 반영하여 만들어진 것인데, 오히려 글보다는 그림에 초점을 맞춰 의미를 구성하는 활동을 하는 것이 이러한 경우이다.

2.3. 청각 보조자료

의사소통을 할 때 시각 보조 자료와 더불어 청각 보조 자료도 적극적으로 활용할 필요가 있다. 청각 보조 자료는 시각 보조 자료와 병행하여 사용하는 것이 보통인데, 여기서는 시각 보조 자료와 구분하여 설명하고자 한다. 청각 보조 자료의 대표적인 것으로 녹음(recordings)이 있다. 녹음을 활용하여 청각 보조 자료로 활용하면 효과적인 경우가 많다.

3 시청각 자료를 선택하는 기준

발표 보조 자료는 유인물에서부터 시청각 자료에 걸쳐 다양하다. 유인물은 개별 청중이 소유하기가 가장 쉽고 큰 노력이 없이도 활용이 가능하다. 하지만 시청각 보조 자료는 유인물보다는 개별 소유가 어려운 반면에 화면 공유나 모형의 활용을 통해서 더 영향력 있게 활용할 수 있다. 그래서 여기서는 유인물보다는 시청각 자료를 중심으로 하여 그것을 발표의 보조 자료로 활용하고자 할 때 그것을 선택하는 기준에 대해 살피기로 한다.

시청각 자료를 선택할 때도 아무런 기준이 없이 할 수는 없다. 다음과 같은 기준을 바탕으로 시청각 자료를 선택한다면 발표 보조 자료로서의 시청각 자료는 발표를 유익하게 하는 데 도움을 준다(Verderber/Verderber, 2006: 164~165 참조).

활동 17-1 시청각 자료를 선택하는 기준

이 활동의 목적은 시청각 자료를 선택하는 기준을 익혀 활용하는 능력을 함양하기 위함이다.

첫째, "청중들이 이해하고 기억하기 위해서 가장 필요로 하는 아이디어는 무엇인가?"를 중심으로 시청각 자료를 선택한다. 필요로 하는 아이디어를 제공하고자 할 때 가장 유효한 것이 무엇인지를 결정하는 것은 효율성의 측면에서 우선적으로 고려해야 할 사항이기 때문에 필요로 하는 아이디어를 중심으로 선택하는 것이 하나의 선택 기준이 될 수 있다. 영상 자료를 제공할 필요가 있다면 컴퓨터를 활용하여 사전에 잘 검토하여 제공해야 한다.

둘째, "언어적으로 설명하기 힘들거나 복잡한 아이디어이지만 청중들에게 시각적으로 보여줄 때 쉽게 이해할 수 있는가?"를 선택의 기준으로 삼을 수 있다. 언어적으로 복잡한 아이디어일수록 시각화하여 제시하는 것이 이해가 용이하기 때문이다.

셋째, "얼마나 많은 시청각 자료를 고려해야 하는가?"를 기준으로 활용한다. 너무 많은 시청각 자료를 활용할 경우에 오히려 혼란을 야기할 가능성이 있기 때문에 선택과 집중을 할 필요가 있다. 우선 시간과 장소를 고려하고 발표자의 능력을 참조하여 시청각 자료의 양을 결정해야 한다.

넷째, "청중의 크기는 얼마나 되는가?"를 선택의 기준으로 삼을 수 있다. 청중의 크기에 따라서 사용할 시청각 자료를 다르게 해야만 효과를 극대화할 수 있다. 특히 청중의 크기를 고려해야 하는 이유는 어떤 경우이든 발표 내용을 화자는 물론 청중도 잘 보고 들을 수 있을 때 발표의 효과가 극대화될 수 있기 때문이다.

다섯째, "시청각 자료를 준비할 시간과 장비 투입에 따른 효과는 어떠한가?"를 고려할 필요가 있다. 시청각 자료를 선택할 때는 준비할 시간과 효과도 생각을 해봐야 한다. 효과에 비해 너무 많은 시간을 투입한다면 오히려 역효과를 초해할 수도 있다. 시간과 장비 투입의 효과를 미리 생각해봄으로써 불필요한 노력을 기울이지 않을 수 있기 때문이다.

4 시청각 자료를 설계하는 원리

발표 보조 자료로서의 시청각 자료를 효율적으로 활용하기 위해서는 기본적인 설계를 잘 해야 한다. 설계를 하는 원리를 살펴보면 다음과 같다(Verderber/Verderber, 2006: 166~169쪽 참조).

활동 17-2 시청각 자료를 설계하는 원리

이 활동의 목적은 시청각 자료를 설계하는 목적을 이해하고 활용하기 위함이다.

첫째, 전체 청중이 쉽게 볼 수 있는 글자 크기를 사용한다. 발표 화면에 제시된 글자 크기가 너무 작아서 청중들이 잘 보면서 들을 수 없으면 발표의 효과가 떨어질 수밖에 없다. 그래서 발표자는 청중과의 발표 거리를 고려하여 글자 크기를 적절하게 해야 한다.

둘째, 읽기에 편하고 안정감을 주는 활자체를 사용한다. 어린 학생들에게 발표를 할 경우에는 정자체를 활용하는 것이 바람직하다. 기운 글씨체로 한다거나 독특한 활자체를 사용하는 것은 어린 학생들에게 적절하지 않으며 충분한 판단이 가능한 성인들에게 사용하는 것이 바람직하다.

셋째, 화면에 보여줄 때는 가능하면 키워드를 7개 이하로 하는 것이 바람직하다. 이렇게 해야만 시각적으로 한 눈에 들어오며, 너무 많으면 분산되어 집중의 효과가 떨어지기 때문이다.

넷째, 스피치에서 강조할 정보의 항목만을 포함한다. 스피치를 위해 모든 내용을 포함할 수 없기 때문에 중요한 내용을 중심으로 전달하고자 하는 정보의 항목을 선택한 다음 발표를 하는 것이 바람직하다. 발표 목적과 상황에 따라서 부분적으로 다를 수 있지만 발표 내용을 문장으로 하는 것은 권장할 만한 것이 못된다. 문장으로 되어 있으면 읽고 싶은 욕구가 생길 수 있고, 또한 발표자는 발표할 내용에 대해서 고민을 덜할 가능성이 높아지기 때문이다. 특히 발표의 경우 단어와 구절로 하는 것이 바람직한 이유는 발표 내용을 읽지 않음으로써 청중과 눈맞춤을 많이 하게 되고, 이러한 눈맞춤 기회의 증대는 청중들에게 주의집중을 시킴은 물론 청중들을 인정해 주고 있다는 느낌을 더 많이 갖게 해주기 때문이다.

다섯째, 발표 효과를 위해 적절한 그림이나 사진을 첨가하는 것이 좋다. 발표의 처음과 끝, 혹은 중간에 상황을 이해하는 데에 도움을 줄 수 있는 그림이나 사진을 첨가하면 분산된 흥미를 집중하게 할 수 있고, 그렇게 함으로써 궁극적으로는 집중을 지속시킬 수 있기 때문이다.

여섯째, 컬러를 전략적으로 사용할 필요가 있다. 사람들은 흑백보다는 원색을 더 선호하고, 적절한 컬러의 사용은 주의집중 효과를 도모할 수 있기 때문이다.

1. 시청각 자료를 설계하고 활용할 경우에 문제가 있던 사례를 찾아보고, 개선방안을 토론해 보자.

5 시청각 자료를 활용하기 위한 지침

시청각 자료를 활용하기 위해서는 "시청각 자료의 확보 장소, 비용, 방법(직접 제작하는가, 주문하는가), 주문했을 경우의 도착 시간, 중복 여부, 작동 방법, 위험성, 동료와의 협업 가능성, 안정성"등을 기반으로 하여 다음과 같은 지침을 활용할 필요가 있다((Verderber/Verderber, 2006: 169~171쪽 참조).

활동 17-3 시청각 자료를 활용하기 위한 지침

이 활동의 목적은 시청각 자료를 활용하기 위한 지침을 이해하고 활용하는 능력을 함양하기 위함이다.

첫째, 사용 시기를 주의 깊게 계획해야 한다. 시청각 자료는 사용의 시기가 매우 중요하다. 시청각 자료는 정리를 위해 사용할 수도 있고, 새로운 정보를 제공하기 위해 사용할 수도 있다. 이러한 사용 시기의 결정은 일차적으로는 화자가 주도권을 행사하지만 청자가 처한 상황을 화자가 어떻게 인식하느냐에 의해서도 이뤄지기 때문에 주의 깊게 계획되어야 한다.

둘째, 관련된 말을 할 때만 시청각 자료를 보여준다. 흔히 발표를 하다보면 말의 내용과 발표의 내용이 달라질 경우가 있다. 이 경우에 말의 내용이 달라지면 발표의 내용도 달라져야만 청중들은 화자가 의도하는 대로 움직여줄 가능성이 더 높아지기 때문이다.

셋째, 모든 청중이 볼 수 있도록 시청각 자료를 제시한다. 청중들이 볼 수 있게 하는 것이 바람직하다. 청중들이 볼 수 있는 위치에 있지 않으면 주의집중을 산만하게 하기 때문이다.

넷째, 시청각 자료에 대해 말하지 말고 청중에게 말해야 한다. 이러한 지침은 발표를 성공적으로 하는 데에서 중요한 역할을 한다. 시청각 자료 자체는 청중들의 이해를 돕기 위한 것이기 때문에 중심이 되는 것은 청중의 이해이지 시청각 자료 자체가 아니다. 시청각 자료는 어디까지나 보조의 역할을 할 뿐이다. 청중들에게 집중하지 않고 시청각 자료에 집중하게 되면 주객이 바뀌는 현상을 초래한다. 이러한 맥락에서 자료에 대해 초점화하여 말하게 되면 청중들은 주의집중을 하지 않고 산만해진다. 그래서 주의집중을 유지하기 위해서 화자는 발표 내용을 충분히 이해하고 있어야 하며 철저한 연습을 해야 한다. 그렇게 해야만 청중들도 대우를 받고 있다는 인식이 확산되어 발표 효과를 좀 더 높일 수 있기 때문이다.

다섯째, 청중 주변에 불필요한 실물이 놓여 있게 해서는 안 된다. 발표가 진행되는 동안 청중 주변에 발표와 관련이 없는 것이 있게 되면 시선을 흐트러뜨리기 때문이다.

여섯째, 스피치 원고는 최소한 발표 1일 전까지는 발표를 주관하는 담당자에게 보내주어야 한다. 그렇게 해야만 스피치 내용을 검토하고 효율적으로 화자를 소개할 수 있기 때문이다. 사소한 것 같아 보이지만 발표 주관 담당자의 화자 소개는 청중들에게 상당한 영향을 미치기 때문이다.

1. 원고의 일부로 화려한 프레젠테이션 자료를 활용하기도 한다. 내용보다는 프레젠테이션 자료가 화려할 경우의 문제점에 대해 토론해보자.

6 활동하기

다음에는 위에서 익힌 내용을 하나의 시퀀스(순서)로 활용하는 활동을 해보자(Joseph A. Quattrini. 180쪽 참조).

활동 17-4 순서에 따른 전체 활동 연습

이 활동의 목적은 시청각 자료를 종합적으로 활용하는 능력을 익히기 위함이다.

1. 준비하기

준비하기 활동을 하는 목적은 시청각 보조 자료를 활용하여 정보전달 스피치를 할 경우에 어떻게 준비할 것인지를 알고 활용할 수 있게 하기 위함이다. 정보전달 스피치를 준비하기 위해서 다음과 같은 스피치 발표의 순서(시퀀스)를 활용하면 효과적이다.

① 청중 분석, ② 스피치 주제 선택, ③ 스피치를 지원할 시청각 보조 자료 선택과 준비, ④ 스피치 연습, ⑤ 스피치 발표, ⑥ 피드백의 수용과 평가

스피치를 준비할 때 대체적으로 위에서 제시한 6단계를 거치는 것이 바람직하다. 특히 이 중에서도 가장 중요한 것은 연습을 하는 것이라고 생각한다. 글을 쓸 때도 수많은 퇴고의 시간을 갖고 난 다음에 완성된 글의 형태를 최종적으로 남겨놓듯이, 구두 표현 행위로서의 말하기도 연습(퇴고의 과정)을 해야만 스피치의 효율성을 극대화할 수 있다. 연습이 없는 발표는 퇴고 없는 글쓰기와 같기 때문에 연습은 매우 중요한 역할을 한다. 그리고 발표가 끝난 다음에 청중들의 피드백을 받는 것 또한 이후의 스피치 능력 향상을 위해서 간과해서는 안 될 순서이

다. 일단 발표가 끝났다는 안도감 때문에 청중들의 피드백 받는 것을 소홀히 하는 경우가 종종 있는데, 피드백 받기를 소홀히 하는 것은 결과 바람직하지 않다. 피드백 받기의 두려움 때문에 소홀히 할 수 있지만, 이런 두려움을 한두 번 극복하게 되면 다음부터는 피드백을 긍정적으로 활용할 수 있는 힘이 생기게 된다.

2. 연습하기

연습하기 활동의 목적은 화자에게 스피치를 지원하기 위해서 시청각 자료 활용을 연습할 기회를 부여하는 데 있다. 우리는 이미 다양한 종류의 정보전달 스피치를 연습한 경험을 해왔다. 스피치의 일부로서 시청각 자료를 활용할 때 유의할 세 가지 특별한 지침을 활용할 필요가 있다.

첫째, 시청각 보조 자료 활용을 연습할 때는 모든 시청각 보조 자료가 활용되도록 해야 한다. 만일 시청각 보조 자료를 친숙하게 사용한다면 스피치는 더욱 효과적일 것이기 때문이다. 연습을 할 때는 시청각 보조 자료를 사용할 순서대로 정리하는 연습을 해야 한다. 순서대로 정리해 놓지 않으면 혼란스럽게 되어 결과적으로 스피치의 효율성을 떨어뜨리는 결과를 초래할 수 있기 때문이다. 만일 보조 요원이 있다면 사전에 그 보조 요원과 함께 연습을 해보는 것이 유용하다.

둘째, 시각 보조 자료를 활용할 경우에 포인터를 사용하는 것을 권장한다. 포인터 대신 손을 사용하는 것은 요점을 정확하게 가리킬 수 없는 경우가 발생할 뿐만 아니라 화면 가까이 다가감으로 인해서 청중들의 시선을 빼앗을 가능성이 많아지기 때문이다.

셋째, 실제 발표가 이뤄지는 장소와 크기가 유사한 공간에서 연습하면 가장 효과적이다. 그렇게 하면 공간의 크기에 적합한 음성으로 연습함으로써 실제와 가장 가깝게 연습할 수 있기 때문이다. 그리고 청각 보조 자료는 명확하게 들릴 수 있게 하는 것이 가장 중요하다.

3. 발표하기

시청각 보조 자료를 활용하여 발표를 하는 목적은 이러한 보조 자료의 활용이 스피치의 목적을 달성하는 데 매우 효과적인 보조 수단임을 이해하고 잘 활용할 수 있도록 하기 위함이다. 시청각 보조 자료를 활용하여 발표를 할 때 다음과 같은 점에 유의해야 한다.

첫째, 발표의 주관자가 화자인 당신을 소개할 때에는 예의를 지켜야 한다. 이렇게 예의를 지키는 것은 청중들에게도 좀 더 화자를 신뢰할 수 있도록 해주기 때문이다.

둘째, 발표를 시작하기 전에 발표에 필요한 순서대로 자료를 잘 정리해 놓아야 한다. 그래야만 당황하지 않고 시청각 보조 자료를 효과적으로 활용할 수 있기 때문이다. 여기서 한 가지 주의할 점이 있다. 모든 발표에서 반드시 시청각 보조 자료를 활용할 필요는 없다. 시청각 보조 자료의 도움 없이도 충분히 발표의 목적을 달성할 수 있다면 굳이 시청각 보조 자료 활용에 시간과 노력을 들일 필요가 없다는 점을 이해해야 한다.

셋째, 발표를 위해 보조 자료 활용이 함께 연동되도록 해 놓았는데 연동이 잘 되지 않을 때 주의할 점이 있다. 그것은 만일 특정한 시청각 보조 자료가 연동되지 않는다면 그것 없이 할 수 있는 준비도 함께 해 놓아야 한다는 것이다. 만일 연동되지 않을 경우 차라리 그것 없이 하는 것 또한 결코 나쁘지 않다. 훌륭한 스피치는 절대적으로 보조 자료에만 의존해서는 안 된다. 보조 자료가 작동이 잘 안될 경우에 대비해서 적합하게 스피치를 할 수 있도록 준비해야 한다. 그리고 설령 발표를 지원해 줄 훌륭한 시청각 보조 자료가 있을지라도 좋은 발표를 하기 위한 기법의 훈련과 활용을 결코 소홀히 해서는 안 된다. 비록 화자인 당신을 뒷받침해줄 훌륭한 시청각 보조 자료가 있을지라도 좋은 스피치를 하기 위한 기법을 잊지 않아야 한다. 시선을 유지하고, 청중의 피드백에 반응하면서 강렬한 끝맺음을 한다.

넷째, 시선을 유지하고 청중의 피드백에 반응하면서 강렬하게 끝맺음을 한 다음에는 동료들로부터 논평을 들을 필요가 있다. 그리고 화자로서 동료들에게 피드백을 해야 할 책임이 있을 수 있다는 점도 유의해야 한다. 그리고 발표를 준비하고 연습하고 실제로 발표를 하면서 다음과 같은 질문을 스스로 해보면 좋은 시청각 보조 자료 활용 발표를 할 수 있다.

① 시청각 보조 자료가 유용한가? 그리고 적절한가?
② 시청각 보조 자료 활용 계획은 잘 되어 있는가?
③ 시청각 보조 자료가 효과적으로 다뤄지고 있는가?
④ 시청각 보조 자료를 잘 볼 수 있고, 들을 수 있는가?
⑤ 시청각 보조 자료는 스피치의 요점을 지지해주는가?
⑥ 화자는 청중과 좋은 시선 접촉을 유지하는가? 아니면 보조 자료에 의해 방해를 받는가?
⑦ 보조 자료가 종종 발표를 방해할 수 있는데 왜 그러는가?
⑧ 청중은 시청각 보조 자료의 사용에 우호적으로 반응하는가?

CHAPTER 18

예행연습과 점검하기

CHAPTER

18 예행연습과 점검하기

경험이 적은 화자는 스피치를 잘하는 것은 "스피치 주제를 탐색하고, 계획을 세우고 스피치를 할 내용을 조직하고, 그것을 글로 써서 완성하면 되는 것"으로 생각한다. 하지만 경험이 많은 능숙한 화자는 "경험이 적은 화자가 생각하고 있는 것은 스피치를 잘하기 위해서 절반만의 요점을 말하고 있다."고 생각한다. 스피치를 100미터 달리기에 비유한다면 경험이 적은 화자는 출발선에서는 준비를 잘 하여 달릴 수 있는데, 중간 부분에서부터 실수할 가능성이 많아진다. 반면에 경험이 많은 능숙한 화자는 출발선에서는 물론 중간 부분에서도 힘차게 목적지를 향해 나갈 수 있는 힘을 적극적으로 활용할 수 있는 사람이다. 중간 부분에서 종점까지 힘차게 달릴 수 있는 원동력이 바로 "예행연습과 점검하기"이다. 그래서 이 장에서는 예행연습과 점검하기에 관련된 내용을 탐색하고자 한다. 먼저 시선 접촉(처리)의 중요성을 탐색하고, 비언어적 어울림(aptitude)의 활용, 과정 점검하기, 예행 연습하기 등에 대해 탐색하고자 한다.

1 시선 접촉

청자로서 우리는 화자가 청자인 자기에게 시선을 맞춰주고 이야기를 할 때 상대적으로 편안함을 느낀다. 화자가 말할 때 메모해온 것을 집중하여 보고, 고개를 숙이고, 머리를 들거나 심지어 창밖을 보면 당신은 화자에게 집중을 하지 않는다. 집중을 하지 않는 이유는 화자와 시선이 마주치지 않고 음성만 접하기 때문이다. 인간으로서 우리는 시선 접촉(처리)을 통해 의사소통에 적극적으로 참여한다. 그래서 시선 접촉은 청중들을 몰입하게 만들고 주의를 집중하게 하는 중요한 방법의 하나라고 할 수 있다.

물론 화자는 모든 순간 청중과 시선을 접촉할 수는 없다. 종종 메모를 활용하기도 하고 창밖으로 시선을 돌리기도 하지만 기본적으로 시선을 접하게 되면 사람들은 주의집중을 하지 않을 수 없다. 그래서 시선 접촉은 의사소통의 상황에서 청중들의 주의를 분산시키지 않도록 하는 역할을 한다.

2 비언어적 어울림(nonverbal aptitude): 복장, 자세, 미소

화자로서 청중 앞에서 스피치를 할 때 복장, 자세와 몸짓, 미소 등은 비언어어적 의사소통의 수단으로서 중요한 역할을 한다. 이들이 자연과학의 법칙처럼 명확한 것도 아니고, 모든 경우에 적합한 것도 아니며 특별한 제스처나 표현이 언제나 올바르며 자연스럽지 않은 측면도 있다. 그럼에도 불구하고 다음과 같은 일반적인 규칙으로 규정지을 수 있고, 그래서 의사소통이 원활하게 진행되기 위해서는 따를 필요가 있다.

첫째, 복장(옷)을 갖출 때는 청중과 목적을 생각하고 상황과 문화에서 크게 일탈하지 않는 범위 내에서 입는 것이 바람직하다. 적절하지 않게 옷을 입는다는 것은 당신에 대한 좋은 판단을 흐리게 하거나 부적절한 관심을 갖도록 할 수 있다.

둘째, 자세는 정상적이면서도 이완된(긴장되지 않은), 그리고 자연스런 움직임을 보여준다. 종종 목석같은 표정으로 화자가 말하는 경우를 접할 때 우리가 느끼는 것에 대해서 생각해보자. 친근감이 사라지고 더 이상 말하고 싶어 하지 않는 마음 상태가 될 것이다. 또한 말을 하면서 너무 심하게 움직이지 않는 것이 필요하다. 심하게 움직일 경우 주의집중을 하지 못하게 하는 효과를 드러내주기 때문이다.

셋째, 미소는 늘 동일한 의미를 갖는 것은 아니다. 문화에 따라서, 그리고 문화 내에서도 상황에 따라서 그 의미는 다를 수 있다. 특정한 문화에서는 미소가 사과를 의미하기도 한다. 일반적으로 미소는 따뜻하며 긍정적인 표현으로 인식된다. 많은 비즈니스 회사들은 손님들을 만날 때 "미소, 미소, 미소"라고 말할 정도로 미소를 강조한다. 미소 짓는 사람에게 말하기가 좀 더 수월하기 때문이다. 또한 미소를 접하게 되면 듣기도 더 쉬워진다. 미소는 전염성이 있기 때문에 미소를 지으면 유리한 점이 많다. 화자가 미소 짓는 표정을 보여주면 청중들은 이완되면서 스스로 더 많이 즐길 준비가 된다. 그러한 결과로 화자가 미소지을수록 청중들은 화자의 메시지를 더 잘 받아들일 기회가 증가할 수 있다.

3 과정 점검하기

3.1. 대안 준비하기

스피치를 하기 전에 우리는 프레젠테이션의 여러 양상들을 고려하여 스피치 계획을 세운다. 계획을 세운다고 하더라도 잘 되지 않을 수도 있다. 그럴 경우에 대비해서 대안(plan B)을 준비할 필요가 있다. 대안을 준비할 때는 "이 프레젠테이션이 나에게 얼마나 중요한가? 프레젠테이션의 어떤 측면이 내 발표에 영향을 미칠 수 있는가? 뭔가 잘못되게 진행될 때 내가 할 수 있는 것은 무엇인가?"와 같은 점을 생각하면서 대안을 준비해야 한다. 이러한 대안은 준비한 것이 문제가 생겼을 경우를 대비해서 행하는 것이기 때문에 대안 준비는 어떤 경우라도 당신의 스피치를 청중에게 더 설득력 있게 할 수 있다는 자신감을 갖게 해주는 원동력이 되기도 하면서 동시에 스피치를 더 철저히 준비하게 해주는 추동력으로 작용한다. 그래서 대안 준비하기는 중요하다.

3.2. 계획 점검하기

프레젠테이션을 할 때 화자인 당신은 단순한 화자와 청자 이상일 필요가 있다. 화자는 듣고 관찰해야 한다. 당신의 말하기 노트는 당신에게 당신의 말하기가 현재 어디에 있는지를 알게해 줄 수 있지만 당신은 또한 당신이 어떻게 하고 있는지에 대한 의미를 파악하기를 원할 수 있다. 만일 화자인 당신이 청중과 지속적으로 시선 접촉을 유지한다면 당신은 청중들이 지루해하는지, 재미있어 하는지, 혼란스러워하는지 혹은 화가 나있는지를 알 수가 있다. 주의를 기울이고 있으면 당신은 청중들이 휴식이 없이 자리에서 이동할 것인지 말지에 대해서 보고, 듣고, 느낄 수 있다.

의식적이든 혹은 그렇지 않든 간에 청중 반응은 "피드백"이라고 할 수 있다. 그리고 화자로서 당신은 이러한 피드백을 활용하여 당신의 프레젠테이션을 향상시키는 데 도움을 받을 수 있다. 만약 화자인 당신이 하나의 반응으로 유인물을 사용한다면 당신은 이미 피드백을 받는 의미를 획득했다고 보아도 좋다. 그렇지 않다면 당신은 반응을 위해 질문을 할 수도 있다. 예를 들어 당신이 스피치의 일부를 하고 나서, 스피치를 계속하기 전에 질문을 할 수도 있다.

3.3. 피드백에 반응하기: 적합하게 하기

스피치를 하는 중이거나 한 후에 청중들이 보낸 피드백은 다양한 형태로 존재할 수 있다. 긍정적인 피드백이 있을 수도 있지만 부정적인 피드백이 있을 수도 있다. 현재의 발표를 위해서는 물론 다음에 이뤄질 수 있는 발표를 위해서도 청중의 피드백을 점검하고 스피치의 완성도를 높일 수 있도록 힘써야 한다. 그리고 수신한 피드백에 대해서 자기의 스피치 능력 향상을 위해 개선하려고 노력해야 한다.

4 예행 연습하기

4.1. 이미지화하기

스피치를 하기 전이나 하는 중에 "난 잘 할 수 있어, 난 잘 할 수 있어."처럼 이미지화하는 것은 자신감의 향상 차원에서도 의미 있는 일이다. 이러한 이미지화하기는 긍정적인 정신적 이미지를 형성하게 하고, 형성한 정신적 이미지는 스피치를 할 때 당신을 이완시켜줄 뿐만 아니라 성공할 수 있도록 도움을 준다. 이런 유형의 예행 연습을 통해 당신은 머릿속에 한 편의 영화도 만들 수 있다. 이미지화하기를 하는 활동을 통해서 당신은 스피치를 어떻게 시작할 것인지, 어떻게 보조 자료를 사용할 것인지, 어떻게 앉고 서고 이동할 것인지, 그리고 어떻게 스피치를 마칠 것인지에 대해 점검할 수 있다. 이것은 한 편의 영화이기 때문에 영화가 행복한 결말로 끝나도록 하는 것이 중요하다. 이러한 정신 활동은 당신으로 하여금 프레젠테이션을 할 때 그 속에 포함된 모든 활동들에 대해서 함께 할 수 있게 하도록 도움을 줄 수 있다.

4.2. 흐름 학습하기

흐름을 학습할 때 우리가 명심해야 할 세 가지가 있다. 첫째, 당신의 프레젠테이션을 알아야 한다. 둘째, 당신의 프레젠테이션을 알아야 한다. 셋째, 당신의 프레젠테이션을 알아야 한다. 여기서 우리는 "아는 것"과 "기억하는 것"이 동일한 것이 아님에 유의해야 한다. 운전 면허증을 획득하기 위해서 필기시험을 통과하려면 일정 부분의 정보를 기억해야 한다. 그러나 당신은 어떻게 차를 운전해야 하는지를 알고 있다. 아이디어와 기교를 마스터함으로써 당신이 하는 프레젠테이션을 알아야 한다. 기억하는 것에서 더 나아가 알아야 한다. 요약하면 기억하는 것을 기반으로 하여 아는 것이 더 중요하다는 점을 알아야 한다.

4.3. 텍스트 연습하기

프레젠테이션에서는 문장 구성의 기본 단위인 단어를 연결하여 말을 하기 때문에 화자는 중요한 분절로서의 단어와 단어(예를 들면 시작과 끝과 같은)의 효율적인 연결(흐름)을 학습하고 싶어 하는 것은 극히 정상이라고 할 수 있다. 뿐만 아니라 스피치 원고에 드러나 있는 내용뿐만 아니라 드러나 있지 않고 화자와 청자가 추론을 통해 도출해낼 수 있는 부분까지도 연습할 필요가 있다. 화자인 당신은 이러한 흐름을 어떻게 학습하는가?

4.4. 보조 자료 점검하기

여기서는 스피치에서 활용할 모든 것을 잘 활용할 수 있는지에 대해 연습한다. 보조 자료 점검하기를 통해서 문제가 무엇인지를 찾아내고 발견된 문제가 실제 스피치에서 재연되지 않도록 하는 것이 중요하다. 각자가 말하고자 하는 영역에서 필요한 보조 자료를 적절히 활용할 수 있도록 완전하게 점검이 이뤄졌다면 여러분은 자신감을 가지고 해야 할 스피치 시간이 빨리 오기를 기다릴 것이다.

4.5. 복장 갖추고 연습하기

전문 영역에서 스피치를 할 때 말하고자 하는 주제에 적합한 복장을 갖추는 것이 스피치를 듣는 청중을 배려하는 차원뿐만 아니라 화자 자신을 위해서도 바람직한 일이다. "정장 차림으로 할 것인가, 아니면 일상복 차림으로 할 것인가? 자신의 신체적 특성을 살리는 복장을 갖출 것인가? 아니면 이런 것을 무시하고 본인의 취향에 맞게 입는 것이 좋은가?" 등과 같이 고려해야 할 내용들이 많다. 그렇지만 여기서 한 가지 주의할 점이 있다. 그것은 복장이 결코 스피치의 질을 결정하는 것은 아니라는 점이다. 아무리 복장이 훌륭하더라도 스피치의 내용과 질이 더 중요하기 때문에 스피치의 내용보다는 복장에 중점을 두어서는 결코 바람직하지 않다는 점을 유의해야 한다. 스피치에 방해를 받지 않는 상태에서 스피치의 효율성을 증대시키기 위해 복장을 보조 수단으로 활용해야 한다.

4.6. 우호적인 적 활용하기

예행 연습을 할 때 "우호적인 적(friendly enemy)"을 활용하면 실제 상황에서 화자의 스피치 능력을 증가시킬 수 있다. 우호적인 적이란 화자에게 적의가 있는 척하며 화자가 전하는 아이디어에 적의가 있는 척하는 청중이다. 예행연습을 하는 동안 우호적인 적은 스피치를 듣고 무엇을 공격할 것인지를 준비하고 질문도 하면서 가끔 화자의 스피치를 의도적으로 방해하기도 한다. 이런 우호적인 적의 활용을 통해 당신이 예상할 수 없었던 질문을 미리 파악하고, 그에 대한 대비를 함으로써 스피치의 질을 향상시킬 수 있다. 예행연습을 할 때 화자는 "스피치의 상황이나 장면, 실제로 스피치를 할 때 활용할 요점, 마이크 상태, 각종 소도구와 유인물, 대안, 복장을 갖추고 난 후의 연습 상황에서 생성된 프레젠테이션의 결과, 청중들의 반응" 등을 점검해야 한다.

memo

PART 03

구두 연출과 이야기하기

제3부

〈교육과정 관련 성취 기준〉

[2국 01-03] 자신의 감정을 표현하며 대화를 나눈다.

[2국 02-01] 글자, 낱말, 문장을 소리 내어 읽는다.

[2국 02-02] 문장과 글을 알맞게 띄어 읽는다.

[2국 05-04] 자신의 생각이나 겪은 일을 시나 노래, 이야기 등으로 표현한다.

[4국 010-4] 적절한 표정, 몸짓, 말투로 말한다.

[4국 01-02] 대화의 즐거움을 알고 대화를 나눈다.

[6국 02-03] 글을 읽고 글쓴이가 말하고자 하는 주장이나 주제를 파악한다.

[6국 05-04] 일상생활의 경험을 이야기나 극의 형식으로 표현한다.

[6국 05-01] 문학은 가치 있는 내용을 언어로 표현하여 아름다움을 느끼게 하는 활동임을 이해하고 문학 활동을 한다.

CHAPTER 19

구두 연출

CHAPTER

19 구두 연출

이 장에서는 구두 연출의 개념과 필요성, 구두 연출을 위한 문학작품 선정하기, 서사문학 작품의 구성 요소, 소리 내어 읽기의 원리를 논의한다.

1 구두 연출의 개념

인간이 글쓰기를 배우고 나서 "시간 구속(bind time)"이 가능하다는 것을 발견했다. 시간 구속이란 인간이 언어를 사용하여 과거와 현재와 미래를 자유롭게 왕래할 수 있다는 것이다. 사람들은 느낌, 두려움, 갈등, 희망, 꿈에 대해 글로 표현하면서 머릿속에서 이뤄낼 수 있는 상상력을 시간에 구속받지 않고, 시대를 넘다들면서 이해하고 표현한다.

구두 연출(oral interpretation)은 문학을 기반으로 하여 이뤄지는 특별한 종류의 공적 의사소통이다. 연극을 한다거나 시를 읊는다거나 이야기를 주인공이 되어 실감나게 표현해보는 활동도 구두 연출의 예라고 할 수 있다. 사람들은 구두 연출을 통해 저자의 생각과 느낌을 청중에게 효율적으로 의사소통을 한다. 엄마가 아이를 눕혀놓고 들려주고 싶은, 혹은 교훈적인 이야기를 아이에게 소리 내어 읽어주는 것은 우리의 일상에서 매우 익숙한 문식 활동인데, 이러한 구두 연출은 우리가 그것을 정확하게 정의하지는 않았지만 생각했던 것보다는 훨씬 더 많이, 그리고 친근하게 다가와 있고, 수없이 많이 활용되고 있으면서 우리 삶을 풍성하게 해주고 있다.

2 구두 연출 연구의 필요성

당신이 구두 연출에 의한 듣기 경험이 있을 때도 실제로 당신은 구두 연출을 해본 경험은 많지 않을 수 있다. 그리고 당신은 당신의 구두 읽기 능력에 대해 굳은 확신을 가지지 않았을 수도 있다. "학급의 구성원들을 상대로 하여 문학작품을 읽기, 소집단이나 학교의 조직에서 보고서 읽기, 사회과학과 역사 교육이 이뤄지는 교실에서 보고서 읽기, 집단 프로그램에 참여하기, 어린이에게 글 읽어주기"와 같은 구두 연출 활동을 통해 지적·의사소통의 양적 확장과 질적 심화를 견인할 수 있기 때문에 구두 연출과 같은 정서적 능력을 강화할 필요가 있다.

3 구두 연출을 위한 문학작품 선정

구두 연출을 위해 문학작품을 선정할 때는 잘 선정하는 것이 중요하다. 아리스토텔레스는 BC 3세기에 다음과 같은 6가지 특성을 제안했다(Joseph A. Quattrini 1996: 201~202 참조).

첫째, 내용(substance)이다. 선택한 문학작품은 독자나 청자에게 그 내용이 가치가 있고 아이디어가 유용해야 한다.

둘째, 보편성(universality)이다. 어떤 경험들은 특별한 사회와 문화에서 대부분의 사람들에게 공통적이며, 어떤 느낌은 사회와 문화를 고려하지 않고 모든 인간들에게 공통적이다. 이들 경험과 느낌들은 필자가 표현한 것이다. 만일 주제가 대부분의 사람들이 흔히 가지고 있는 것이라면 그 선택은 보편성을 획득했다고 말할 수 있다.

셋째, 통찰력(insight)이다. 만일 하나의 선정이 독자나 청자에게 아이디어, 사고, 느낌, 혹은 관계에 대해서 새롭거나 다른 관점을 제공한다면 그런 선정은 삶에 통찰력을 제공해준다.

넷째, 아름다움(beauty)이다. 아름다움은 독자나 관람자에게 찬미의 느낌을 들게 만드는 아이디어, 장소, 사건, 혹은 사물의 특질이다. 그 느낌을 심미적 즐거움(aesthetic pleasure)이라고 한다.

다섯째, 기교적 특성(technical quality)이다. 언어는 경우에 따라서 적절하게 혹은 적절하지 않게, 효율적으로 혹은 효율적이지 않게 사용될 수 있다. 삶에 대한 필자의 아이디어는 좋지만 쓰기 스타일이 문제가 되어 이러한 생각을 효율적으로 소통하는 데 장애가 되었던 시대도 있다. 만일 작자가 당신의 이해를 어렵게 하는 문어 장치를 사용한다면 그러한 쓰기는 기교적 어려움(technical difficulties)을 가진 것이라고 말한다. 별난 철자, 이상한 단어 배치를 하는 것은 기교적 어려움의 예시가 될 수 있다.

여섯째, 암시적 특성(suggestive quality)이다. 이것은 필자가 전체 아이디어가 한 번에 드러나지 않고 독자나 청중에게 그들 자신이 결론을 도출하도록 허용하는 것이다. 암시는 긴장을 만들기도 하고, 청중이나 독자에게 더 듣거나 읽고 싶어 하게 만들기도 한다. 정확하고 구체적인 표현을 통해 명확한 의미를 드러내어 의사소통을 하는 언어를 우리는 문자적 언어(literal language)라고 하며 의미를 암시하는 언어를 비유적 언어(figurative language)라고 한다. 시는 대부분 비유적 언어에 의존한다.

이들 6가지 특성들이 좋은 문학작품을 판단하는 기준으로 설정될 수 있는데, 이것 외에도 구두 연출과 관련지어 말한다면 이해가능성(understandability)을 들 수 있다. 이러한 이해가능성은 구두 연출을 위해 문학작품을 선정할 때 중요한 선정 기준이 된다. 문학작품을 선정했는데 당신이 이해를 하지 못할 정도의 작품이라면 구두 연출을 위해서 적절하기 않기 때문에 당신이 이해할만한 작품을 선정하는 것이 중요하다. 그래서 구두 연출을 위해 작품을 선정할 때는 여섯 가지 외에 이러한 이해가능성을 하나 더 추가할 필요가 있다.

4 서사 문학작품의 구성 요소

전반적으로 서사 문학 작품은 다음과 같은 4가지 구성 요소를 가지고 있다. 사건이 있고, 그 사건에 관여하는 인물이 있으며, 이러한 인물은 특정한 상황 속에서 서로 간에 갈등을 일으키기도 하도 해소하기도 한다. 사건에는 인과관계가 있으며, 갈등의 양상은 매우 다양하게 나타난다. “인간과 인간의 갈등, 인간 내부의 갈등, 인간과 자연의 갈등, 인간과 운명의 갈등, 인간과 신의 갈등” 등이 그것이다. 이러한 갈등은 수없이 존재하는데 그러한 갈등을 통해 내가 어떻게 대응해나갈 것인가를 성찰하는 활동이 의미가 있다.

5 소리 내어 읽기의 원리

5.1. 일반적인 원리

소리 내어 읽는 행위는 읽기 행위에서 자기의 소리를 자기가 들을 수 있다는 점에서 화자이면서 동시에 청자가 되도록 하는 읽기 행위이다. 이러한 의미를 지니는 소리 내어 읽기에는 다음과 같은 일반적인 원리(general principles)가 있다.

첫째, 원고를 읽기 스탠드 위에 올려놓는다. 만약 읽기 스탠드가 없이 책을 읽는다면 한 손은 책 밑에서 책을 받치고 다른 손은 읽을 페이지의 낮은 부분에 위치시킨다.

둘째, 산문 읽기는 종종 시나 연극과 같은 곳에서 발견되는 정서적 톤을 포함하지 않는다. 물론 소설이나 짧은 이야기에서 나온 매우 극적인 순서처럼 예외도 있다.

셋째, 다른 억양과 강조를 사용하여 다양한 방식으로 한 부분을 읽는 연습을 한다.

넷째, 묵독(silent reading)과 구술 읽기(oral reading)의 중요한 차이는 음성이 아니라 정신적(mental)이라는 것을 기억해야 한다. 만약 당신이 당신의 내부에 아이디어, 느낌, 혹은 특정한 감정(기분)이 있다면 소리 내어 읽기의 중요한 양상(국면)의 하나를 가지고 있다. 당신의 머릿속에 무엇이 일어나고 있고, 어떻게 사람들이 반응하고, 어떻게 선택 행위를 하는지에 대해 시각화한다. 당신은 그것을 표현하기 전에 반드시 먼저 생각해야 한다.

다섯째, 휴지(pause)를 사용하는 것은 효율적 읽기에 대단히 중요하다. 침묵은 페이지 위에 있는 흰 공간이나 시각적 펼침과 같다. 당신은 쉼, 줄표, 또는 생략이 있는 곳에서 중지하는 연습을 한다. 청중은 각자의 머릿속에 읽기로부터 도출된 이미지를 만들 시간을 가져야 한다. 휴지가 청중들에게 그러한 시간을 제공해준다. 중요한 단어나 단어의 집합 앞에서 중지하기 위해 노력한다.

여섯째, 당신의 읽기에서 각각의 인물은 분리된 음성을 가져야 한다. 전체의 읽기를 통해서 각 인물을 위한 동일한 음성을 유지하는 것이 안전하다. 인물의 차이는 연극에서 가장 중요하지만 운문과 산문에서도 중요하다. 청자는 유사한 음성을 표출하는 몇몇 인물 때문에 혼란스러워서는 안 된다. 당신은 또한 각 인물과 이야기하는 사람(narrator)를 구별해야 한다. 만약 인물이 조용한 사람이라면 조용하게 읽고, 인물이 난폭한 사람이라면 소리를 크게 하여 읽는다. 인물이 화나 있다면 청중들도 화가나 있음을 알 수 있도록 읽어야 한다.

위에서 언급한 소리 내어 읽기에서의 일반적인 원리 외에도 소리 내어 읽기를 할 때 "너무 빨리 읽는다거나 마지막 자음을 빠뜨리는(생략하는) 것"과 같은 실수를 초보 화자들뿐만 아니라 몇몇 경험이 있는 화자들도 범하곤 한다. 그래서 소리 내어 읽기를 스스로 하거나 지도할 때 유의해야 한다.

먼저 읽기 속도이다. 읽기 속도(reading rate)는 읽는 본인뿐만 아니라 청중에게도 중요하다. 그래서 너무 빨리 읽음으로 인해서 청중들이 잘 이해하지 못하는 측면이 있기 때문에 읽기 속도를 늦추기 위해서는 다음과 같은 활동을 해서 빠른 읽기 속도를 조절할 수 있다. 그 방법은 "(1) 당신은 모음 음성을 발음할 때 더 많은 시간을 들일 수 있다. 예를 들어, "오~~~ 노~~~"처럼 발음하는 것이다. (2) 당신은 더 많이, 더 길게 휴지를 사용할 수 있다. (3) 당신은 모든 자음을 자음이 가진 모든 특성이 반영될 수 있도록 할 수 있다. (4) 당신은 각 단어의 끝에서 중지(pause)를 할 수 있다."와 같은 것이다. 훌륭한 읽기를 위해서 이들 방법 모두를 활용할 수 있어야 한다. 당신이 읽기를 시작할 때 할 수 있을 만큼 천천히 읽고 점차적으로 속도를 높인다. 당신이 빨리 읽는다면 천천히 읽기는 더 어렵게 되기 때문이다.

다음으로 자음 명확하게 읽기이다. 한 단어에서 마지막 자음을 빠뜨리는 것은 가장 흔히 있는 실수 중의 하나이다. 이 스피치 습관은 심각한 오해를 불러일으킬 수 있다. 읽을 때 마지막 자음을 빠뜨리면 정확한 의미가 전달이 잘 안 될 뿐만 아니라 읽기 속도 또한 증가된다. 자음이 단어의 의미 전달에서 중요한 역할을 한다는 점은 '물'과 '문'을 비교하면 이들의 차이를 금방 알 수 있을 것이다. 그래서 자음을 소리 낼 때는 너무 빠르게 하지도, 너무 느리게 하지도 않게 하면서도 마지막 자음을 빠뜨리지 않도록 주의를 해야 한다. 또한 우리의 언어 습관에서 문장이 끝나는 지점을 늘 생략하는 습관이 있다. 예를 들어 "제가 그

일을 철저히 하겠습니다. 혹은 대단히 감사합니다."와 같은 발화를 할 때 문장의 끝 부분에 있는 "~니다"등을 너무 약화시키거나 빠뜨리지 않고 정확하게 발음하는 것이 중요하다.

이와 곁들여 읽기에 동원하는 감정도 소리 내어 읽기에서 상당한 역할을 한다. 처음에 주의 깊게 읽을 때, 당신은 가짜(phony) 소리의 느낌을 가질 수 있다. 처음에 주의 집중을 많이 하고자 할 때 "입, 입술, 혀, 그리고 이"를 능숙하게 활용하는 것은 쉽지 않다. 그래서 처음에는 이들이 당신에게 표현의 서투름(clumsy)과 어색한 느낌을 줄 수도 있다. 그런데 이러한 느낌은 새로운 것을 시작할 때 가장 일반적이라는 것을 기억한다면 크게 문제될 것은 아니다. 수영을 새롭게 배울 때 처음에는 발차기를 하는 것이 매우 어렵듯이 당신도 처음에 연습을 할 때는 당연히 어려울 수 있다. 이와 같은 맥락에서 볼 때, 소리 내어 읽기를 할 때 당신이 느끼는 것과 당신의 말을 듣는 청중이 느끼는 것은 동일하지 않는 것은 당연하다. 그래서 이점을 유의하면 소리 내어 읽기를 좀 더 의미 있게 활용할 수 있다.

5.2. 시 읽기

장르로서의 시(poetry)와 한 편의 시(poem)는 용어상 구분할 필요가 있다. 구두 읽기를 준비할 때 주의집중을 정당화하는 것은 시가 가지고 있는 독특한 특성이다. 그래서 우리는 이와 관련해서 다음과 같은 몇 가지를 탐색하고자 한다.

첫째, 시(poetry)와 그 형식(form)이다. 우리는 처음에 시(poem)에 접할 때 그것은 규칙적인 산문이 아니라는 것을 명확하게 알 수 있다. 시는 페이지 위에 짧은 줄, 긴 줄 그리고 비정상적인 단어의 배치로 이뤄져 있다. 일반적으로 시는 대부분의 산문 쓰기보다 길이에서 훨씬 더 짧다. 그런데 시대가 최근으로 오면서 장르로서의 시와 산문은 그들 사이의 경계가 점점 더 허물어지고 있는 것 또한 사실이다.

산문과 달리 장르로서의 시는 소리 내어 읽기(read aloud)를 위해 쓰여 졌다. 장르로서의 시를 묵독으로 읽는다는 것은 단지 하나의 내적인(internal) 효과만을 만들어 낸다. 의미의 대부분이 소리가 없이 시를 읽으면 사라져버린다.

연극과 달리, 한 편의 시에는 늘 하나의 배우 혹은 화자가 있다. 시적 전통의 사용은 추종되어야만 하는 몇몇 형식을 필요로 한다. 일반적으로 그것은 몇몇 단어가 운이 있고, 리듬이 있고, 구두점과 같은 형식이 있다. 비록 형식의 측면에서 운과 리듬을 기본으로 하지만 가장 중요한 것은 운과 리듬을 기반으로 하면서도 궁극적으로는 사고의 패턴을 지향해야 한다는 것이다. 사고의 패턴은 다름 아닌 사고의 단위를 그룹으로 묶어서 형식화를 해야 한다는 점이다. 한 편의 시에서 줄의 단위는 반드시 사고의 단위와 동등하지는 않다. 한 편의 시의 경우에 중요한 것은 줄의 배열이 아니라 의미 단위(사고 단위) 중심으로 시를 이해하고 표현해야 한다는 점을 기억하는 것이다.

다음으로, 시의 운(rhyme)이다. 시에는 일반적으로 운이 있다. 운은 "각 시행의 동일한 위치에 규칙적으로 쓰인, 음조가 비슷한 글자"를 말한다. 이러한 운은 일반적으로 줄의 끝에 배치한다. 김소월의 시에 "산유화"가 있다. 인용하면 다음과 같다(어문생활, 통권 267호, 2021년 3월호에서 인용)

산유화

산에는 꽃 피네
꽃이 피네
갈 봄 여름없이
꽃이 피네

산에
산에
피는 꽃은
저만치 혼자서 피어 있네

산에서 우는 작은 새요
꽃이 좋아
산에서
사노라네

산에는 꽃 지네
꽃이 지네

갈 봄 여름없이
꽃이 지네

위의 예에서 운의 예로 들 수 있는 것은 "~네"이다. 행의 끝에 위치시켜서 아름다움과 시적 이미지를 떠오르게 하는 의미를 만들어 내기 때문이다.

다음으로, 시의 리듬(rhythm)이다. 리듬이란 "음의 장단이나 강약 따위가 반복될 때의 그 규칙적인 음의 흐름 혹은 일정한 규칙에 따라 반복되는 움직임을 이르는 말"로 정의할 수 있다. 음악과 마찬가지로 시에도 리듬이 있다. 시의 리듬은 줄의 길이와 단어의 강세와 비강세로부터 도출된다. 음악에서는 단어의 강세와 비강세의 조합을 흔히 미터(meter: 리듬, 박자)라고 하는데, 강세를 어디에 두고 흐름에 맞춰 소리 내어 읽는가가 중요하다. 다음에서 "ˈ"는 강세가 있는 음절이고, "˘"는 강세가 없는 음절이며, "/"는 휴지를 의미한다.

ˊ ˘ ˊ ˊ ˘ ˊ ˘ ˊ ˘ ˊ ˊ ˊ ˊ ˘ ˊ ˘ ˊ ˘

산에는 꽃 피네/ 꽃이 피네/ 갈 봄 여름없이/ 꽃이 피네//

(산문: 산에는 꽃이 피고 있다. 꽃이 피고 있다. 가을, 봄, 여름 할 것 없이 꽃이 피고 있다.)

초보 화자들이 경험하는 가장 중요한 어려움은 과도하게 리듬을 강조하는 것이다. 그래서 과도하게 리듬을 강조하는 것을 방지하기 위한 하나의 방법으로 시를 위의 예에서 볼 수 있는 것처럼 운문의 형태로 써봄으로써 과도하게 리듬을 강조하는 것을 줄일 수 있다.

다음으로, 음성 구두점(vocal punctuation)이다. 시 읽기에서 또 다른 어려움은 기록된 구두점을 이해하고 그것들을 상황에 맞게 발음(vocalization)하는 것이다. 기록된 구두점 표지는 문법적 올바름이며, 독자가 보기 위함이다. 음성 구두점은 들려지는 것이다. 구두점 표지가 시의 의미를 발견해내려고 할 때 가치가 있는 보조 장치가 될 때도 이들은 늘 억양이나 단어의 그루핑을 위한 정확한 지침은 되지 않을 수 있다. 음성 구두점을 잘 활용하기 위한 방법으로 "휴지, 온전한 멈춤, 의문부호"가 있다.

첫째, 휴지이다. 휴지는 화자나 독자가 사용하기 위해서 배울 수 있는 가장 유용한 음성 장치 중의 하나이다. 하나의 휴지는 무언가가 더 이어질 수 있다는 것을 지시해준다. 그러면서 표현하는 아이디어가 아직 완성되지 않았음을 의미한다. “콤마(,), 대시(/), 생략(…)”은 3가지 주요한 방법이다. 휴지를 만들어내더라도 무턱대고 휴지를 하는 것이 아니다. 가장 중요한 것은 의미 단위를 중심으로 하여 휴지를 두는 것임을 반드시 기억해야 한다.

둘째, 온전한 멈춤이다. 온전한 멈춤은 사고나 아이디어가 온전하게 끝났음을 나타내기 위해 사용한다. “온점(.), 콜론(:), 세미콜론(;), 느낌표(!)”는 온전한 끝남을 나타내기 위해 사용하는 것이다. 음성을 온전하게 멈추도록 하기 위해서, 억양이나 피치를 다양한 정도로 떨어뜨린다. 미세한 떨어뜨림은 사고나 생각의 끝을 의미한다. 다소간의 큰 떨어뜨림은 사고나 아이디어의 변화를 의미한다. 억양이나 피치의 가장 큰 떨어뜨림은 일반적으로 읽기의 끝을 위해 남겨두는 것이다.

많은 전문적인 독자와 수행자들에 의해 사용되는 장치는 하나의 휴지와 온전한 멈춤을 위해 텍스트에서 슬레시(/)를 두는 것을 포함한다. 재빨리 움직이는 눈은 슬레시를 인식한다. 그런 반면에 쉽게 그것 모두를 보지 않거나 잠시 동안만 보고자 할 때는 콤마를 취한다. 가장 일반적인 시스템은 하나의 휴지를 의미할 때는 하나의 슬레시를 사용하고, 온전한 마침을 의미할 때는 두 개의 슬레시(//)를 사용하는 것이다. 그리고 당신은 당신 자신의 체계를 만들어서 사용할 수도 있다.

셋째, 의문부호(question)이다. 의문부호를 활용해서 표현하는 것은 세 번째로 활용할 수 있는 음성 구두점이다. 여러 경우에, 하나의 의문부호는 많은 의문이 포함되는 단어를 포함한다. 이럴 경우 청중은 의문이 포함된 단어나 구절을 듣고 그러한 의문이 아직도 물음으로 지속되고 있구나 하고 이해하게 된다.

5.3. 희곡 읽기

연극에서 한 부분을 선택하여 읽는 것은 기쁨을 많이 가장 만끽할 수 있는 구두 연출 활동 중의 하나이다. 청중의 마음속에 연극의 행위와 드라마를 재창조하는 것은 당신으로 하여금 당신이 가지고 있는 열정적인 힘을 온전하게 사용할 수 있게 해주기를 요구한다.

드라마는 행위이며 드라마는 연극의 인물에 중점을 둔다. 당신을 위해, 이것은 신체적 행위를 의미하는 것이 아니다. 그것은 청중들의 마음속에 행위를 창조하는 것을 의미한다. 당신은 물리적 동작을 사용할 수 있다. 하지만 확실히 물리적 동작을 제스처와 병용할 때는 한두 단계로 제한해야 한다.

읽기 위해 연극을 선택할 때 당신은 좋은 인물의 특성을 고려해야 한다. 말하자면 호소하는 인물, 믿을 수 있는 구성, 좋은 대화, 좋은 얼굴, 그리고 정서적인 즐거움 등을 고려해야 한다. 당신이 읽을 연극의 정보(sources)를 위해, 학교 도서관을 활용하거나 교사와 함께 체크하거나 당신의 문학 텍스트북을 활용한다.

명백하게도, 당신은 5분 이내에 전체 연극을 읽을 수 없다. 그래서 당신은 적절한 시간제한을 위해 그 연극의 일부만을 선택할 수밖에 없다. 읽기 위한 연극의 일부를 선택하기 위해 다음과 같은 중요한 요점을 마음속에 유지해야 한다.

① 하나의 물리적 행동보다는 인물에 더 의존하는 장면을 선택하라.
② 연극의 절정을 포함하는 장면을 선택하라.
③ 처음의 행위보다는 마지막 행위에서 한 장면을 선택하라.

연극의 일부를 선택한다는 것은 소리 내어 읽기에서 중요한 의미를 갖는다. 구두 연출을 위해 연극으로부터 일부를 선택하기 위해서는 시간과 기능이 필요하다. 연극의 일부를 선택한다는 것은 초보 학생들이 전문가의 도움 없이는 매우 힘든 일이다. 몇몇 회사가 이런 작업을 위해 프로그램을 만들어 내서 활용할 수 있도록 하고 있기 때문에 교사나 도서관 등에서 이를 활용할 수 있는 방법을 찾아서 활용할 필요가 있다. 연극의 일부를 선택할 때는 다음과 같은 단계를 거치면 효과적이다.

① 준비할 장면을 결정하기 전에 연극 전체를 읽는다.
② 연극의 절정을 포함하는 장면을 선택한다.
③ 제한된 수의 인물을 포함하는 장면을 선택한다.

CHAPTER 20

이야기하기

CHAPTER

20 이야기하기

우리는 앞 장에서 음성을 사용하는 방법, 기술적 언어와 행위 언어 사용법, 효율적인 이동과 몸짓 사용법, 소리 내어 읽기의 원리 등에 대해 탐색했다. 이제 당신은 이들 모든 기능들을 활용하여 실제로 이야기하기(storytelling)를 할 준비가 되었다.

이야기하기는 구두 연출과 한 가지 중요한 점에서 차이가 있다. 구두 연출에서 전달자는 작자의 의도를 엄격하게 반영하여 전달해야 한다. 그래서 전달자는 이름, 사실, 리듬, 분위기, 또는 연출되고 있는 목적을 바꿔서는 안 된다. 이와는 대조적으로, 이야기하기에서 화자는 이야기를 화자의 목적에 맞게 변형할 수 있다. 이름도 변형할 수 있고, 지역도 새롭게 명명할 수 있으며, 사실도 변화하고 창조할 수 있다. 간단히 말해서 연출을 위한 읽기에서, 독자는 또 다른 창의적인 작업을 할 수 있다. 그리고 이야기하기에서 화자는 예술가 혹은 창조가가 된다. 이야기하기는 오래된 예술이다. 그것은 인간들이 그들 문화를 유지하는 방법이었다. 쓰기가 발달되기 이전에, 지역의 소식, 역사 그리고 전설은 모든 것을 기억하는 마을의 이야기꾼에 의해 세대에서 세대로 전승되었다. 그 후에, 이동하는 이야기꾼, 음유 시인 혹은 서정 시인이라는 이름으로 불린 이동하는 이야기꾼이 지역과 지역을 돌아다니면서 소식과 전설을 자세하게 전달했다. 전달자가 기억을 잘 할 수 있도록 돕고, 존중의 가치를 증대시키기 위해서 이야기는 종종 운을 띠는 형태로 발달되었고 나아가서 음악으로까지 정착하기도 했다. 그리고 이야기는 하나의 목적을 위해 말해졌고, 청중들에게 채택되었다.

1 이야기하기의 중요성

어떻게 당신 스스로 하나의 이야기를 하고 있다는 것을 발견한다는 것은 놀라운 일이다. 화자가 하는 이야기는 사실일 수도 있고, 부분적으로 사실일 수도 있으며, 완전히 허구일 수도 있다. 당신이 친구들과 함께 할 때마다 늘 이야기가 뒤따르는 것은 지극히 당연하다. 이야기하기는 거의 모든 경우에 일어난다. 이야기는 재미가 있고, 일부 이야기는 웃음을 자아내며 일부 이야기는 우리를 편안하게 이완시키기도 한다.

아이들은 이야기를 사랑한다. 그들은 이야기를 즐길 준비가 되어 있고, 텔레비전의 이야기를 좋아하며 무엇보다도 성인들이 들려주는 "옛날이야기"를 좋아한다. 당신의 삶에서 당신은 아이들과 함께 활동하고, 놀이를 하고, 자신의 아이를 키우기도 한다. 당신이 이야기를 할 수 있다는 것을 안다는 것은 당신이 이야기를 할 수 있기 때문에 당신으로 하여금 앞으로 더 잘 될 수 있도록 스스로 격려하는 것이 될 것이다. 훌륭한 이야기꾼은 칭송을 받으며 잘 들으며 생각을 깊이 있게 추구한다. 당신은 어린이들에게 재미 있는 이야기를 들려주고 당신이 들려준 재미 있는 이야기를 기억하는가? 만일 그렇다면 당신은 이야기의 힘을 알고 있다.

당신은 다음과 같은 질문에 대답해봄으로써 이야기하기를 위한 좋은 기회를 마련할 수 있다.

① 당신은 지금까지 아이들을 돌본 경험이 있는가?
② 당신은 캠핑을 가본 적이 있는가?
③ 당신은 스카우트 대원을 이끌어 본 적이 있는가?
④ 당신은 동아리에 속한 적이 있는가?
⑤ 당신은 특별히 관심이 있는 클럽에 속한 적이 있는가?
⑥ 당신은 캠프 상담책임자가 되어보고 싶다거나 되어본 경험이 있는가?
⑦ 당신은 교사가 될 계획이 있는가?
⑧ 당신은 아이를 양육할 계획을 세워본 적이 있는가?
⑨ 당신은 싫어하는 친구들과 시간을 보내본 적이 있는가?
⑩ 당신은 교회에서 적극적으로 의미있는 활동을 해본 적이 있는가?

⑪ 당신은 지역 도서관의 이야기하기 프로그램에 참여해본 적이 있는가?
⑫ 당신은 당신이 본 영화나 연극을 당신의 가족이나 친구들에게 설명해본 적이 있는가?
⑬ 당신은 누군가에게 텔레비전에서 당신이 본 것에 대해서 말하려고 시도해본 적이 있는가?

2 이야기 선택하기

당신은 당신이 들은 이야기를 회상할 수 있다. 아마도 당신은 텔레비전이나 영화에서 당신에게 감동을 준 것을 읽거나 본 적이 있을 것이다. 당신이 알고 있거나 친근한 이야기는 회상하기에 훨씬 용이하다.

만약 당신의 기억 속에서 당신 자신의 경험을 회상해낼 수 있는 이야기가 없다면 다음과 같은 정보원은 당신으로 하여금 적절한 이야기를 발견하게 하는 데 도움을 줄 것이다.

① 당신의 가족 구성원들에게 말할 좋은 이야기가 무엇인지를 묻는다.
② 당신이 상담한 정보원을 확인한다.
③ 당신이 좋아하는 소설을 다시 한 번 읽고 만일 선택할 수 있다면 좋은 이야기가 될 수 있는 곳을 결정한다.
④ 단편 소설을 모아 놓은 학교 도서관에서 단편 소설을 확인한다.
⑤ 당신 자신의 이야기를 만들어낼 수 있는가에 대한 가능성을 고려한다. 구체적인 청중을 마음속에 상정하고 있는 당신은 구성, 인물, 분위기를 설정할 수 있다. 당신은 당신이 텔레비전 쇼, 영화 혹은 당신이 읽은 이야기를 선택하고 그것을 당신 자신의 독특한 이야기로 만든다. 인물을 변화시키기도 하고 구성을 수정하기도 하고 분위기를 창조하여 당신이 말하고자 할 때 사건에 적합하게 접목시킨다.

이야기를 선택할 때 당신은 당신의 청중이 어떤 사람인지를 먼저 결정해야 한다. 이야기를 하고자 할 때는 당신의 청중이 누가 될 것인지에 대해서 먼저 알아야 한다. 화자가 이야기의 마지막 몇 분 안에라도 청중들에게서 예기치 않게 많은 차이가 있음을 발견하게 된다면 즉시 그의 스피치를 적합하게 해야 하기 때문이다. 그러나 이야기하기에서 문제는 더 어렵다. 이야기하기는 하나의 수행이다. 그것은 주의깊게 설계되고 구체적인 청중들에게 연습된다. 이것은 초점이 되는 곳의 조정을 거의 불가능하게 한다. 그래서 청중 분석과 적절한 이야기의 선택은 동일 과정의 중요한 양상이 된다.

청중에게 적합한 이야기를 선택하기 위해서 다음과 같은 점을 고려하면 효과적이다.

① 선택한 이야기의 제목과 필자
② 당신이 선택한 필자에 대한 기술
③ 당신이 선택한 이야기의 유형(예를 들어, 전설, 우화, 미스터리 소설, 역사, 여행, 전기및 자서전 등)
④ 이야기의 목적(예를 들어, 분위기의 전달, 교훈 이야기하기, 인물의 성격 묘사하기 등)

이런 활동을 한 다음에 왜 이런 이야기 선택이 당신의 청중들에게 적합한지를 노트에 기록해 놓는다. 그런 다음, 이야기하기를 위한 사건에 대해 유사한 단락을 기록해 놓는다.

3 이야기하기의 기법

일단 당신이 이야기를 선택하고 나면 당신은 그 이야기가 청중들에게 생생하게 다가가도록 그것을 표현하고 싶어 할 것이다. 이야기하기는 하나의 예술이지만, 사고와 연습을 통해서 획득할 수 있는 기법이기도 하다. 만일 당신이 당신 자신의 경험에 기반을 두거나 혹은 다른 사람들에게서 들은 이야기를 말하고자 한다면 당신은 문학 작품에 기반을 둔 당신의 이야기와는 다르게 준비를 할 필요가 있다.

3.1. 당신 자신의 이야기하기

당신이 자신의 이야기를 하고 있다면, 이야기를 시작하는 좋은 방식은 당신이 전달하고자 하는 바를 철저하게 글로 쓰는 것이다. 강력한 행위와 기술 언어를 선택한다. 미소는 물론 스피치의 다른 모습들을 반영할 수 있도록 한다. 청중들이 집중할 수 있도록 청중 접촉 언어를 잘 사용한다. 당신이 구체적인 청중들에게 구체적인 시간과 장소에서 이러한 이야기를 하고 있다고 상상한다. 한밤중에 모닥불 주위에 둘러 앉아 하는 이야기는 햇볕이 쨍쨍 내리쬐는 오후에 학교 도서관에서 하는 이야기와는 완전히 다를 수 있다.

이야기를 기록한 뒤에, 당신 자신을 청중으로 가정하여 반복하여 읽는다. 소리를 더 잘 낼 수 있는 장소를 다시 찾는다. 그런 다음, 당신이 말하고자 하는 누군가를 발견하고 피드백을 위해 그에게 질문한다. 당신이 발표를 하기 전에 당신이 할 수 있는 한 여러 번 이야기를 해본다. 오디오 혹은 비디오 리코더를 사용하여 당신 자신이 보고 듣기를 반복한다. 그리고 향상된 점을 기록해둔다.

3.2. 문학작품 기반의 이야기하기

만약 당신이 소설이나 단편 이야기와 같은 문학 작품에 기반을 두고 이야기를 선택한다면 당신의 선택은 자신의 이야기를 기반으로 하는 것과는 다소 다르다. 다음의 제안은 이러한 이야기의 유형을 결정하는 데 도움을 줄 것이다.

① 혼자 조용히 이야기를 읽는다.
② 이야기를 소리 내어 읽되 완벽하게 다른 사람에게도 읽어준다.
③ 만약 이야기가 정해진 시간보다 너무 길면 자른다. 이야기를 잘라야 한다면 자른 부분은 당신 자신의 진술과 연결되는 부분을 함께 고려하여 자른다.
④ 이야기의 절정을 발견한다. 그런 다음 이야기를 시작하고 절정으로 이끌 수 있는 중요한 장면이나 행위를 적절하게 위치시킨다.
⑤ 절정으로 이끄는 중요한 사건의 순서를 탐색한다. 만일 페이지를 표시하지 않는다면 사건을 페이퍼 위에 적어놓는다.
⑥ 이야기의 주인공을 탐색한다. 주인공들의 특성을 잘 알아야 하기 때문이다.
⑦ 작자의 언어를 탐색하여 당신이 등장인물들이 사용하는 대다수의 언어를 사

용할 수 있도록 한다. 만약 그 이야기가 좋다면 그 이야기를 전달하기 위해서 사용되는 언어는 이야기의 전체적인 효과를 내는 데 하나의 생생한 장면이 될 수 있을 것이다. 당신은 이야기의 행위, 아이디어, 그리고 분위기를 소통하고 싶어 할 것이라는 점을 기억한다. 이들은 동기 부여 언어, 행위 언어, 그리고 비유 언어를 필요로 한다. 이를 위해 당신 자신을 저자의 스타일에 적합하게 하는 것이 바람직하다.

3.3. 연결 언어

이야기의 언어는 분위기를 창조하고 유지한다. 언어는 소통하고자 하는 느낌과 아이디어를 전달한다. 이전에 연구된 기법의 사용에서 더 나아가 당신은 특별한 의미를 연결 언어(연결 언어는 단어, 구절, 문장, 그리고 단락을 묶어주며, 아이디어를 연결하고, 관계를 지시해주는 언어이다)에 부여하고 싶어할 수 있다. 구두 표현에서 연결 언어는 청중들에게 이미지에서 이미지로 부드럽게 연결을 한다.

다음에 제시하는 것들은 연결 언어의 몇몇 예시이다. 이들 단어와 구절들을 효율적으로 사용하면 당신의 청중들에게 이야기에서 당신이 어디에 위치해 있는지를 알도록 하는데 도움을 준다.

- 시간의 통과를 나타내기: 이전에; 앞에; 동일한 순간에; 동일한 시기에; 모든 시대에; 이 시간 동안에; 그 이후로; 이것 뒤에; 그러므로; 지금부터; 이후에 등
- 요점으로 관련시키기: 그러므로, 그것에 의하여; 이 경우에; 그러한 경우에; 그와 관련된 사건에서; 여기; 이 모든 것에서; 이것과 함께 등
- 예시 보여주기: ~과 관련지을 때; 예를 들어; 예시를 보이면; 요점에서 등
- 예외 만들기: 하나의 예외를 들면; 이 예외에 의하면; 이것 외에는 등
- 진술 요약하기: 요약하면, 일반적으로; 간단하게 말하자면; 우리가 관찰한 바에 의하면 등
- 결론 진술하기: 최종적으로; 결론적으로 말하면; 결론을 지으면 등
- 톤 변화시키기: 요점으로 돌아가면; 솔직하게 말하면; 사실 등
- 비교: 이런 방식으로; 유사하게; 이것과 반대되는; 동일한 방식으로 등
- 기타: 첫째; 처음으로; 전자; 후자; 계속하여; 내가 지적한 바 있듯이 등

이러한 연결 언어에 대해 당신은 이야기에서 "언제 사용하는지, 어떤 연결 언어를 사용하는지, 어떤 곳에 연결 언어를 사용하면 청중들이 효율적으로 당신의 발화를 이해할 수 있는지" 등에 대해 관심을 갖고 활용할 수 있어야 한다.

3.4. 성격 묘사

구두 연출이라는 범주 내에서 이야기하기의 등장인물의 성격 묘사는 효율적인 프레젠테이션의 생생한 일부분이 된다. 성격 묘사는 당신의 청중들에게 이야기를 생생하게 만드는데 도움을 준다. 어린이들에게 "귀여운 들쥐 프레데릭"을 이야기해준다고 상상해보자. 당신은 프레데릭을 비롯한 여러 귀여운 들쥐들에 대해서 단조롭거나 평평한 어조로 결코 말하지는 않을 것이다. 등장하는 동물들의 특성을 반영하여 그에 어울리는 음성을 사용할 것이기 때문이다. 그렇게 해야만 이야기의 즐거움을 배가시킬 수 있을 뿐만 아니라 화자 자신도 즐거움을 더 많이 누릴 수 있기 때문이다. 성격 묘사에서 중요한 것은 가장 최적의 상황과 목적에 맞게 등장인물의 성격을 묘사하려고 노력해야 화자 스스로도 만족할 뿐만 아니라 청중들도 이야기에 빠져 들어 화자에게 몰입할 수 있다는 것이다.

인물의 성격을 분석할 때는 "인물의 이름, 나이, 성, 음성, 외모(몸짓, 손짓, 복장), 언어를 전형적인 특성이 드러나게 사용하는 것(구, 속어, 교육 수준을 드러내는 언어 등)"를 기록해둔다. 그리고 이러한 정보가 당신의 이야기를 듣는 청중들에게 명확하게 전달되는지도 기록해둔다. 정보를 직접적으로 진술할 필요를 느끼지 않을 수도 있다. "철수는 여덟 살이다."처럼 진술하는 것은 청중이 이미 잘 알고 있다면 굳이 진술할 필요가 없다. 상황 맥락이 의미의 행간을 메워줄 수 있기 때문이다.

PART 04

정보전달의 말하기와 설명하는 말하기

제4부

〈교육과정 관련 성취 기준〉

[2국 01-04] 듣는 이를 바라보며 바른 자세로 자신 있게 말한다.

[4국 02-01] 문단과 글의 중심 생각을 파악한다.

[4국 01-03] 원인과 결과의 관계를 고려하며 듣고 말한다.

[4국 02-04] 글을 읽고 사실과 의견을 구분한다.

[4국 03-01] 중심 문장과 뒷받침 문장을 갖추어 문장을 쓴다.

[6국 01-01] 구어 의사소통의 특성을 바탕으로 하여 듣기·말하기 활동을 한다.

[6국 01-02] 의견을 제시하고 함께 조정하며 토의한다.

[6국 05-03] 비유적 표현의 특성과 효과를 살려 생각과 느낌을 다양하게 표현한다.

CHAPTER 21

정보의 정의와 탐색

CHAPTER

21 정보의 정의와 탐색

이 장에서는 정보와 지식의 개념, 정보의 중요성과 특성, 정보원에 대해 논의한다.

1 정보와 지식

우리가 표현하는 모든 스피치는 정보를 필요로 한다. 한 화자가 청중을 웃게 하고자 할 때 정보가 소통되어야만 한다. 화자가 청자로 하여금 행하고, 느끼고, 생각하고, 동의하기를 원할 때 정보는 늘 표현되어 전달된다. 그렇지만 화자의 주요한 목적이 단순히 정보를 청중들과 소통하는 것일 때도 많다. 이러한 스피치 표현을 정보전달의 말하기(speeches to inform)라고 한다. 이러한 말하기에서 만약 오락(entertainment)이나 설득의 양상이 있다면 이들 다른 두 스피치의 목적(objective)은 부수적이며(incidental) 덜 중요하다(secondary).

우리의 일상생활에서 정보전달을 위한 스피치의 사례는 매우 많다. 생물 선생님이 세포 분열에 대해 강의하는 것, 운전 교육 강사가 자동차의 타이어를 어떻게 교체해야 하는지를 말해주는 것, 부모님이 당신에게 저칼로리 새로운 요리법을 가르치는 것, 뉴스 캐스터가 뉴스를 표현하는 것, 기상예보관이 다음 3일 동안의 일기 예보를 하는 것 등은 모두 정보전달을 위한 스피치의 예라고 할 수 있다. 이들 모든 예시에서, 화자의 목적은 정보를 드러내는 것이다. 확실한 것은 이들 예에도 다수의 암시된 결과가 있다는 것이다. 만약 당신이 정보를 취하여 그것을 사용한다면 그 세계에 대한 당신의 경험은 다를 것이라는 가정은 당연하다.

그렇지만 이런 결과들은 화자의 중요한 이익이나 관심사가 아니다. 화자는 주로 정보의 공유에 관심을 갖는다. 화자는 당신으로 하여금 만들려고 하는 정보를 무엇에 사용하려고 하는지를 결정하게 한다. 정보전달을 위한 스피치는 화자의 목적이 당신에게 무엇인가에 대해서 알리는 것이 존재하는 곳에서 이들을 드러내는 것이다.

우리는 다음과 같은 활동을 하여 '정보(information)'란 단어의 의미가 무엇인지를 학습하는 데 도움을 받을 수 있다.

첫째, 단어 '정보(information)'의 정의가 무엇인지를 스스로 글로 써본다. 이때 사전이나 다른 사람들의 조언을 구하지 않는다. 단지 당신이 지금 그것을 사용할 때 그 단어가 무엇을 언급하고 있는지를 글로 써본다.

둘째, 단어 '정보'를 좋은 사전에서 찾아본다. 당신이 찾은 모든 정의를 적어둔다. 그런 다음, 말하기와 듣기의 연구에 가장 적합하다고 생각되는 정의 하나를 선택한다. 당신이 활용할 수 있는 목록 속에 그 정의에 대해 밑줄을 그어 놓거나 그것을 다른 것들과 분리하여 적어 놓는다. 이 정의가 당신이 한 것과 어느 정도 접목되는가? 지식(knowledge)에 대해서도 동일한 과정으로 정의를 활용해볼 수 있다.

뭔가를 안다는 것이 무엇을 의미하는지를 아는 것은 설명이나 이해가 쉽지 않다. 당신의 뇌는 당신 신체의 바깥 세상으로부터 몇 십조 비트의 자료를 받아들인다. 뇌는 또한 당신 신체의 내부에서 진행되는 온갖 활동으로부터 자료를 받아들인다. 이들 입력 단위들이 당신의 뇌를 변화시킨다. 이들 자료들은 당신의 뇌를 형성하고 뇌를 다르게 만들기도 한다. 당신의 두뇌는 일부 입력 단위들이 다른 단위들과 유사하다는 것을 발견한다. 그러면 당신의 뇌는 유사한 비트의 패턴을 만들고 동시에 유사하지 않은 것에 대해서는 다른 비트 패턴을 만든다. 이들 패턴들이 사고, 신념, 지식이 된다. 새로운 입력이 뇌에 들어오고 그 형식을 변화시킬 때, 우리는 새로운 정보를 획득하고, 더 많이 알고, 더 많이 획득했다고 말한다.

지능의 한 기반은 당신이 가지고 있는 정보의 양이며 당신의 뇌에서 당신이 발달시켜왔던 패턴이나 형식의 종류이다. 지식(knowledge)은 당신이 가진 정보가 당신이 문제를 해결하기 위해 그것을 사용할 수 있는 방법과 관련이 되어 있다거나, 동화되었다거나, 연결되어 있다는 것을 의미한다.

모든 지식은 정보에서부터 유래한다. 정보의 변화는 인간이 서로 대화하는 주요한 이유이다. 당신은 당신 자신이 문제를 더 잘 해결하기 위해 정보를 추구할 수도 있고, 다른 사람들이 문제를 해결하도록 도움을 주기 위해 정보를 제안하기도 한다.

2 정보의 중요성

당신은 한 도시에서 다른 도시로 이동을 하고, 직업을 선택하고, 자동차를 사고, 가족을 양육하는 등의 활동을 하기도 하는데, 이들 활동의 가장 기저에 각종 정보가 자리하고 있다. 그런데 이러한 정보는 당신이 획득했으며, 그러한 정보를 기반으로 하여 당신이 의미를 부여하고 활용하고 있다. 그래서 당신이 접하는 정보는 중요하다. 정보를 적절하게 활용하는 능력은 당신의 삶을 이끌기도 하고 변화시키기도 하고 다른 사람들과의 관계를 원활하게 만들기도 하기 때문에 정보와 정보 활용 능력은 삶에서 대단히 중요하다.

당신의 생존은 당신이 가지고 있는 정보의 양과 신뢰성에 크게 의존한다. 만약 당신이 문제를 해결하고자 할 때 충분한 정보를 가지고 있지 못하다면 당신은 문제를 해결하지 못할 것이며, 당신이 정확한 정보를 가지고 있지 못하다면 문제를 해결하지 못하고 실패할 가능성은 그만큼 커질 수밖에 없다.

한 세대에서 다른 세대로 정보를 소통함으로 인해서, 인간들은 지속적으로 동일한 경험을 반복하지 않고 생존할 수 있다. 과거의 지식이 오늘날까지 소통되는 것이 다름 아닌 교육이라고 할 수 있다. 정보를 갖고 있고, 그것을 사용하고 어디에서 정보를 얻는지를 아는 것은 교육받은 사람과 그렇지 않은 사람을 구분하는 능력이다. 정보를 주고받는 것은 당신이 평생 동안 해야 할 두 가지 중요한 활동이다.

정보는 민주사회를 살아가는 사람들에게 중요하고, 결정적이기 때문에 정보에 대한 권리는 보장받는다. 법률은 시민들이 정보에 용이하게 접근하도록 보장해 주어야 한다. 자유롭게 된다는 것은 선택권을 갖는다는 것을 의미하며, 지적이고 유용하며 생산적인 선택을 하기 위해서 당신은 정보를 가져야만 한다. 이런 맥락에서 보면 자유는 자유로운 정보의 흐름에 크게 의존할 수밖에 없다.

위에서 정보의 중요성에 대해서 살펴보았는데, 여기서는 정보의 부족 혹은 미흡함으로 인해 발생할 수 있는 경우를 탐색해봄으로서 더욱더 정보의 중요성을 이해하고 활용할 수 있는 계기를 마련하고자 한다. 다음과 같은 활동을 해봄으로써 정보의 중요성을 새롭게 인식할 수 있을 것이다.

활동 21-1 잘못된 정보

이 활동의 목적은 빈약한 정보 때문에 발생하는 몇 가지 문제들에 대해 설명해보기 위한 것이다. 활동철을 기반으로 다음과 같은 활동을 해보자. 첫째, 당신이 충분하지 않은 정보 때문에 뭔가를 이루는 데 실패한 예를 다섯 가지만 적는다. 그런 다음에는 나쁜 정보를 가지고 문제를 해결하고자 했던 다섯 가지 상황을 기술한다. 학급 토론에서 이들 사례를 공유할 준비를 한다.

〈예시〉

1. 당신은 결석을 했고, 교사가 3분 동안에 개인의 경험을 말하는 스피치를 설계했다는 사실을 몰랐다. 당신의 친구들은 당신에게 그 과제에 대해서 말해주었지만 당신에게 요구되는 길이를 말해주지 않았다. 당신은 5분 스피치를 준비했다.
2. 한 친구가 당신을 파티에 초대하고 당신에게 간편한 복장으로 파티에 나오라고 말을 했다. 당신은 청바지 차림으로 파티에 갔다. 당신이 도착했을 때 당신 이외의 모든 참가자들은 격식을 갖춘 옷을 입고 파티에 참가했다는 것을 알았다.

3 정보의 특성

당신이 스피치에서 드러내는 정보는 그것의 목적이 무엇인 것과는 상관없이 다음과 같은 특성을 가지고 있다.

첫째, 정보는 정확해야 한다. 이것이 의미하는 바는 진실하면서도 믿을 수 있어야 한다는 것이다. 그것은 단지 한 사람을 위해 진실한 것이 아니라 대다수의 청중들에게 진실해야 한다는 것이다.

둘째, 대다수의 청중들에게 새로워야 한다. 절대적으로 모든 사람들에게 그 정보가 새롭다고 말할 수는 없지만 그것이 대다수의 사람들에게 새롭지 않다면 청중들은 이미 자신들이 알고 있는 정보를 화자가 말함으로 인해서 청중들은 틀림없이 지루해할 것이다.

셋째, 정보는 청중들에게 유용해야 한다. 이것이 의미하는 바는 청중들이 가지고 있는 지식에다 청중들이 더 향상될 수 있도록 유용한 것을 첨가해주어야 한다는 것이다. 유용한 정보는 청중들의 요구와 바람을 채워준다. 주어진 정보의 항목을 포함하기 위해 결정을 할 때 자신에게 "어떻게 이것이 청중들을 더 행복하게, 건강하게, 더 성공하게, 더 지적으로 되게, 더 문제를 잘 해결할 수 있게 만들 것인가"를 질문한다. 다음과 같은 활동은 당신의 정보에 대한 관심 정도를 확인해볼 수 있는 것이다.

활동 21-2 나를 지루하게 하는 것/나를 흥미롭게 하는 것

이 활동의 목적은 왜 몇몇 정보는 당신을 흥미롭게 하고 몇몇 정보는 지루하게 하는지를 발견할 수 있도록 당신을 돕는 것이다. 먼저 당신이 집, 학교, 혹은 일터에서 당신이 들은 정보 중에서 새롭거나 유용하지 않은 것들이 있다면 왜 그러했는지에 대한 상황을 기술한다. 왜 당신은 이런 정보를 필요로 하지 않았는지를 설명한다. 다음에 당신에게 유익했던 정보를 제공해준 상황을 기술한다. 어떻게 이런 정보가 당신의 필요와 바람을 만족시켜주고 있는지를 설명한다.

〈예시〉

매뉴얼에 따라 차를 이동시키기 위해서 어떻게 해야 하는가를 설명하는 운전 교육 강사의 강의를 듣는 것은 유익함을 느끼기 위한 당신의 욕구를 만족시켜주며 당신의 운전 면허를 획득하고자 하는 바람을 만족시켜준다.

4 정보원

당신은 당신이 머릿속에 지식의 저장고를 가지고 있다. 그리고 이러한 지식은 다른 사람들이 이용할 수 있게 가공될 수 있다. 그렇지만 만약 당신이 한 주제에 대한 충분한 지식을 갖추고 있지 못하다면 당신은 그러한 지식을 그것이 저장된 다른 곳에서 찾을 수 있다. 머릿속에 저장된 정보는 개인의 지식(personal knowledge)이라 하고, 다른 곳에 저장된 지식은 공공의 지식(public knowledge)이라고 한다.

4.1. 개인의 지식

당신은 이미 문자적으로 수많은 경험을 해왔고, 지금도 하고 있다. 이들 경험들은 당신의 신경체계에 정도가 다르게 충격을 주고 있다. 그리고 이들 중의 일부가 언어로 저장이 된다. 각자는 저장된 지식을 활용하여 삶을 영위한다.

당신이 당신의 머릿속에 저장된 수백만의 경험을 가지고 있듯이, 다른 사람들도 당신과는 다른 수많은 경험들을 저장해놓고 있다. 당신이 스피치를 위해 정보를 수집하고 정보를 평가할 때 도움을 줄 수 있는 가족이나 공동체가 있을 수 있다. 있다면 그들을 충분히 활용하는 것이 좋다. 다른 사람들도 훌륭한 정보원(sources of information)이기 때문이다.

만약 당신이 다른 사람들의 머릿속에 저장되어 있는 정보를 활용할 필요성이 있다면 질문이나 인터뷰를 통해 그것을 수집해야 할 것이다. 이러한 방법은 종종 뉴스 리포터, 시장 분석가, 심리학과 사회학의 연구자들이 사용한다. 이런 방법을 잘 활용할 때 의미 있는 지식의 생산자와 소비자가 될 수 있다.

4.2. 공공의 지식

앞에서 언급한 바 있듯이, 인간들은 "시간 구속자"라 할 수 있다. 이것은 인간들이 그들의 이전의 경험을 저장하고, 오늘의 시점에서 저장한 것을 활용하며, 이들을 내일을 위해 그들의 기억을 활용할 수 있다는 것을 의미한다.

인간들은 축적된 정보를 보존하기 위해서 정보 센터를 만들어냈다. 이들 정보 센터는 역사상 다른 시대에 다른 형식을 취해왔다. 이러한 정보 센터로는 "박물관, 미술관, 도서관과 미디어 센터, 정보 저장 체계" 등이 있다. 이 중에서 정보 저장 체계(information storage systems)에 대해서만 언급하기로 한다. 오늘날 많은 정보가 컴퓨터에 저장되어 있다. 컴퓨터에 저장되어 있는 정보는 인터넷을 통해 유통되어 활용된다. 이러한 정보 저장 체계의 활용을 통해 공공의 지식을 삶의 목적에 활용한다.

CHAPTER 22

정보전달의 말하기

CHAPTER

22 정보전달의 말하기

좋은 발표는 메시지, 음성, 몸짓, 그리고 외모를 잘 조합한다. 스피치 상황은 학급의 구성원들이 다양한 만큼 매우 다양하다. 다른 상황, 다른 스피치 목적은 모두가 말하기의 기능, 전달의 스타일이나 양식에서 다름을 요구한다.

스피치를 하는 각자는 독특하다. 모든 사람에게 적용되어야만 하는 확고한 규칙은 존재하지 않는다. 중요한 일은 당신은 당신 자신이 되어야 한다는 것이다. 당신의 개성은 다른 사람과 당신을 구분시켜 주며, 중요하며, 그래서 당신은 그것을 반짝반짝 빛나도록 해주어야 한다.

그렇지만 이것이 당신은 큰 목소리로 대 집단에게 당신이 말할 때 매우 부드러운 음성을 사용해야 한다는 것을 의미하지는 않는다. 전혀 그렇지 않다. 당신은 효율적인 공식적 화자가 되기 위해서 몇몇 기본적인 기능을 배워야 한다는 것을 의미한다.

이 장에서는 정보전달의 말하기를 위한 몇 가지 지침을 학습할 것이다. 그리고 다른 상황과 다른 목적에 적합하도록 다른 전달 스타일이나 양식을 학습하고, 끝으로 정보전달의 말하기와 관련하여 듣기의 문제를 학습할 것이다.

1 정보전달의 말하기의 중요성

정보전달의 말하기는 기능(functions)에 의해 정의된 것이다. 말하기가 항상 명확하게 범주화되지는 않는다. 하나의 말하기를 하더라도 그 속에는 자기를 소개하는 의미가 들어있을 수도 있고, 타인이 필요로 하는 정보를 제공하는 의미나 행위를 하도록 촉구하는 내용이 들어 있을 수 있으며, 나아가 상대를 설득하는 내용이 들어 있을 수도 있기 때문이다. 그렇지만 대체적으로 보았을 때 말하기를 하는 목적이 타인에게 정보를 제공하여 타인과 공유하는 것이라면 우리는 이러한 말하기를 정보전달의 말하기(informative speaking)라고 할 수 있다.

정보전달의 말하기는 기억의 가능성을 증가시키고, 이해를 용이하게 하며, 흥미를 자극하는 방법으로 사실이나 가치 그리고 원리를 설명하거나 기술하는 것을 목적으로 하는 스피치이다. 이러한 목적을 위해 효율적으로 스피치를 하면 지적으로 자극이 될 수 있고, 창의성이 신장될 수 있으며, 중요한 사항을 강조하여 기억을 오래 할 수 있게 된다. 정보전달의 말하기는 정보의 제공을 위해 기능으로서의 말하기를 하는 것이고, 이러한 기능들을 서로 연계시켜서 스피치의 목적(정보전달, 설득, 친교, 사회적 상호작용 등)을 달성하기 위한 다양한 활동을 하는 것이 보통이다. 이 경우에 특정의 목적을 위해 이러한 언어의 기능(skills)을 활용하여 목적을 달성하는 것이 기능(functions)이다.

정보전달의 말하기는 화자가 가지고 있는 지식을 청자가 알아듣고 서로가 정보를 공유하는 활동을 통해서 공유의 폭을 넓히고 깊게 하는 활동인데, 정보전달의 말하기는 말하기의 가장 기본이 되기 때문에 중요하게 다루지 않을 수 없다. 이러한 정보전달의 말하기가 중요한 이유를 몇 가지 더 살펴보면 다음과 같다(Osborn/Osborn, 2006: 382~385쪽 참조).

첫째, 화자가 전달하는 정보와 아이디어를 청자와 공유함으로써 청자가 능력을 발휘할 수 있는 가능성을 증가시켜 준다. 정보전달의 말하기는 청중들에게 질문하기보다는 정보를 제공해준다. 그렇기 때문에 화자가 전달해주는 정보를 바탕으로 뭔가 결정을 하도록 강요하지는 않는다. 다만 이러한 정보제공이 행동화의 단서로 작용할 수는 있지만, 궁극적으로는 행동화를 목표로 하지 않는다는 점에서 설득하는 말하기와 구분된다. 전달하고자 하는 주제에 대해 화자가 정확하고 깊이 있게 안다면 청중들에게 그만큼 정보와 아이디어를 제공할 가능성이 높아지기 때문에 훌륭한 화자란 결국 정확하고 깊이 있게 말하고자 하는 주제에 대해서 알고 있는 화자라고 말할 수 있다.

정보를 제공함으로써 청중들을 계몽할 수 있다. 이것은 이미 알고 있는 것을 반복하는 것이 아님은 물론이다. 이보다는 정보전달의 말하기의 가치는 새롭고 중요한 정보를 청중들에게 많이 제공해서 청중들이 잘 이해하게 만들 수 있느냐에 따라 결정된다. 정보전달의 말하기에서 화자는 교사의 역할을 할 필요가 있다. 효율적으로 가르치기 위해서 말하고자 하는 메시지를 청중들의 관심과 흥미에 적합하게 해서 주의를 끌게 만들고 지속적으로 주의를 집중하게 해야 한다.

새롭게 제시하는 정보가 얼마나 중요한지를 청중들에게 인식시키는 것이 화자로서 해야 할 또 하나의 중요한 과제가 될 수 있기 때문이다. 이를 위해 화자는 다음과 같은 질문을 해볼 필요가 있다.

① 내가 말하는 화제가 정보전달의 스피치를 장양하는 데 충분히 중요한가?
② 내가 말하는 화제에 대해 청중들이 이미 알고 있는가?
③ 청중들이 더 알고 싶어 하는 것이 무엇인가?
④ 청중들이 이해할 수 있게 하기 위해 나는 충분히 화제에 대해 이해하고 있는가?

둘째, 청중들의 지각을 구체화시킬 수 있다. 화자로서 우리는 중요한 정보와 덜 중요한 정보를 구분하고, 중요한 정보를 중심으로 청중들이 지각할 수 있게 해야 한다. 청중들의 지각에 영향을 미치는 정보전달의 말하기의 이러한 힘은 선설득적 기능(prepersuasive function)을 발휘하는 데 도움을 줄 수 있다. 여기서 선설득적 기능이란 청중들로 하여금 이후의 설득적 말하기를 하게 하기 위한 준비를 하게 하는 것을 의미한다. 선설득적 기능을 인식하게 되면 청중들은 좀 더 적극적으로 화자의 말을 지각하려고 노력할 가능성이 높아지고, 지각을 공유함으로써 화자는 청중들이 이후의 설득하는 말하기를 하기 위한 준비를 하게 만들어준다.

셋째, 공통적으로 관심이 있는 의제를 설정하는 데 도움을 줄 수 있다. 오늘날 사람들에게 전달되는 정보의 양은 상상을 초월할 정도로 많다. 이른바 미디어를 통한 정보의 홍수는 의제 설정 기능(agenda－setting function)에 기여한다. 미디어는 화제의 중요성을 마음속에 갖도록 만들어주는 데 중요한 역할을 한다. 정보전달의 말하기 또한 의제 설정 역할을 수행한다. 청중들에게 정보를 전달함으로써 의제를 설정할 수 있는 여건을 만들어주고, 그 여건 속에서 청중들이 선택할 수 있게 됨으로서 청중들은 새롭게 문제를 인식할 수 있기 때문이다. 의제 설정은 결국 화제의 중요성을 확립하게 해준다는 의미를 내포하고 있다.

넷째, 선택권을 명확하게 함으로써 청중들이 행동하는 데 필요한 실마리를 제공해 줄 수 있다. 정보전달의 말하기는 행동을 위한 선택권을 드러내고 명확하게 할 수 있다. 각종 정보는 우리의 인식을 확장시키고 어떤 현상에 대한 지평을 새롭게 열게 해주며, 새로운 가능성을 제안한다. 또한 정보는 우리들이 할 수 없는 선택권을 버릴 수 있게도 만들어 준다. 우리가 쟁점을 더 많이 이해하면 할수록 우리가 할 수 있는 선택에 대해 더 지적 능력을 증대시킬 수 있다. 정보전달의 말하기는 새로운 정보를 제공함으로써 말하고자 하는 주제에 대해 균형 잡힌 관점을 갖도록 만들어 주며, 이 과정에서 제공된 정보가 선택권을 좀 더 명확하게 해준다.

2 정보전달의 말하기의 특징

위에서 정보전달의 말하기의 중요성을 살펴보았는데, 여기서는 이러한 정보전달의 말하기가 가지고 있는 특징을 살펴보기로 한다. 이러한 특징을 이해함으로써 화자(교사)는 청자(학생)에게 더 정확하고 효율적으로 정보를 제공해서 의사소통의 완성도를 높일 수 있게 때문이다. 정보전달의 말하기에는 다음과 같은 특징이 있다(Verderber/Verderber, 2006: 216~220 쪽 참조).

첫째, 효율적으로 정보를 전달하게 되면 청중은 지적으로 자극을 받는다. 청중들에게 새로운 정보를 제공함으로써 청중들의 호기심을 자극하고 그들의 관심을 증대시키기 위해 정보를 제공한다. 이렇게 함으로써 청중들은 지적으로 자극되고, 동시에 화자도 청중들을 지적으로 자극시키기 위해 노력함으로써 스스로 지적으로 자극되기도 한다.

둘째, 정보를 효율적으로 전달하면 청중들의 창의성이 신장된다. 창의성은 새롭거나 혹은 본질적인 아이디어와 통찰을 생산해내는 개인의 능력이다. 창의적인 능력은 창의적 사고가 바탕이 되고, 창의적 사고는 다양한 관점을 바탕으로 뭔가에 대해 생각하기 위한 활동이다. 화자는 청중들에게 유용한 정보를 제공함으로써 청중들이 창의성을 신장할 수 있는 단서를 마련해줄 수 있다.

셋째, 기억을 돕기 위한 강조(emphasis to aid memory)이다. 정보를 전달하는 과정을 보면 전달하는 정보 모두를 청중이 이해하는 것은 불가능하다. 전달하는 정보의 절반은 스쳐 지나가버리고, 나머지 절반 정도만 청중들이 이해한다고 알려지고 있다. 물론 이것은 대체적으로 그렇다는 의미이지 절대적인 것은 아니다. 이 말이 의미하는 바는 전달되는 정보의 내용을 그만큼 청중들은 받아들이지 못한다는 것이다. 필요한 정보를 선택적으로 받아들일 수 있는 청중들도 있고, 필요한 정보를 받아들이고 싶지만 받아들일 능력이 부족한 청중들도 있기 때문이다. 이 말은 바로 관련된 주제에 대한 지적 능력의 결여와도 밀접한 관련을 맺는다. 받아들이고 싶지만 관련된 주제에 대한 지적 능력이 부족하기 때문에 받아들이지 못한 경우가 정보전달의 말을 듣는 과정에서 흔히 발생한다. 정보전달의 말하기가 가지고 있는 이러한 점 때문에 화자는 정보를 강조해서 전달하고자 한다. 강조를 위해 화자는 "시청각 자료, 반복, 전이어, 유머, 기억 보조 장치" 등을 사용할 수 있다.

3 정보 전달의 방법

정보를 전달하는 방법은 매우 다양하다. "기술(description), 정의(definition), 비교와 대조(comparison and contrast), 이야기(narration), 실례에 의한 설명(demonstration)" 등도 그 중의 하나이다. 이하에서 이들에 대해서 간략하게 살피기로 한다.

첫째, 기술이다. 기술은 대상, 지리적 특성, 장면, 혹은 이미지에 대해 정확하고, 생생하게, 그리고 비언어적으로보다는 언어적으로 표현하기 위해 화자가 사용하는 방법이다. 객관적으로 기술하는 경우도 있고 주관적으로 기술하는 경우도 있다. 흔히 객관적으로 기술하는 것을 객관적 묘사, 주관적으로 기술하는 것을 주관적 묘사라는 용어로 사용되기도 한다. "김철수의 키는 170cm이다. 개나리의 색깔은 노랗다."와 같이 표현하는 것이 객관적 묘사이고, "김철수의 키는 평균보다 훨씬 작은 키인데 170cm이다. 개나리의 색깔은 내 마음의 색깔처럼 매우 노~랗다."처럼 표현하는 것은 주관적 묘사이다. 객관적 묘사는 '일반적으로' 정보전달의 말하기나 글쓰기에 주로 활용되고, 주관적 묘사는 '일반적으로' 정서표현의 말하기나 글쓰기에 주로 활용된다.

둘째, 정의이다. 정의는 정의하는 것의 의미를 확인하기 위해 뭔가를 설명하는 정보전달의 방법이다. "사람은 이성적 동물이다."처럼 정의해야 할 것을 "사람은 두 발로 걷는 동물이다."처럼 정의할 경우 타조처럼 두 발로 걷는 동물이지만 사람이 아닌 경우도 있기 때문에 이것은 올바른 정의라고 말할 수 없다. 다음에 정의를 하는 방법을 먼저 언급하고 이어서 정의의 종류에 대해 살피기로 한다.

먼저 정의를 하는 방법이다. 정의는 정의하는 부분(정의 항)과 정의를 받는 부분(피정의항)으로 구성된다. 그리고 정의 항은 범주(유개념)와 변별 요소(종차)로 구성된다. 범주는 정의 받는 부분이 일차로 속할 수 있는 개념이다. "사람은 이성적 동물이다."에서 "동물"이 범주이다. 그리고 범주 앞에 첨가되어 사람을 동물로 제한시켜 주는 변별 요소(종차)가 있는데, 위의 예에서 보면 "이성적"이 여기에 해당된다. 정의 항과 피정의항을 바꿔서 진술하더라도 등식 관계에 있으면 올바른 정의라고 할 수 있다. "'사람은 이성적 동물이다.'를 '이성적 동물이면 사람이다.'"처럼 바꿔 진술하더라도 의미가 변하지 않으면 올바른 정의이다.

정의를 할 때 다음과 같은 점에 유의해야 한다. ① 피정의항에 나와 있는 낱말이 정의 항에 다시 나타나지 않아야 한다. 문화를 정의할 때 "문화란 한 민족이나 집단이 이룩해 놓은 문화유산이다."라고 정의하면 올바른 정의가 아니다. 피정의항에 다시 문화가 등장하기 때문이다. 따라서 "문화란 한 사회의 예술, 문학, 도덕, 종교 따위의 정신적 활동의 전통 또는 한 민족이나 집단이 공동으로 이룩해 놓은 유형·무형의 가치"처럼 정의하는 것이 올바르다. ② 반대말을 사용해서 하는 부정적 정의도 바람직하지 않다. "짐승은 사람이 아닌 동물이다"처럼 정의할 경우에 다시 사람을 정의해야 하기 때문에 이중의 노력이 요구된다. 따라서 "짐승은 몸에 털이 나고 네 발을 가진 동물이다"처럼 정의해야 한다. ③정의에 의한 설명과 비유는 구별되어야 한다. 정의는 정의 받는 요소가 소속되는 상위 범주를 바탕으로 하여 이뤄진다. 나무는 "줄기와 가지에 목질 부분이 발달한 다년생 식물"과 같이 정의될 수 있다. 이 경우에 나무는 "식물"이라는 범주에 속한다. 사랑은 "아끼고 위하며 한없이 베풀어주는 일 또는 마음"으로 정의되므로 사랑을 정의할 때 "마음"이라는 범주가 요구된다. 그런데 사랑을 "사람의 마음을 홀리는 달콤한 사탕"이라고 하면 이것은 정의가 아니고 비유이다. 사랑과 사탕이 둘 다 "달콤함"이라는 속성을 공유하고 있기 때문에 두 대상이 연결될 수 있어서 비유이다. 하지만 두 대상이 연결될 수 있다고 해서 정의라고는 할 수 없다. 앞에서 언급된 것처럼 정의는 범주(와 변별 요소)를 가지고 있어야 하는데, 사랑의 범주가 "사탕"은 될 수 없기 때문이다.

다음으로 정의의 종류이다. 정의는 정의하는 방법에 따라 "① 분류적 정의, ② 동의어 정의, ③ 예시적 정의, ④ 어원적 정의, ⑤ 조작적 정의(확장된 정의)

등으로 나눌 수 있다(이대규, 1994: 183쪽 참조). ① 분류적 정의는 가장 엄밀하고 일반적인 정의이다. 분류적 정의는 사물이나 현상을 분류하는 것에 바탕을 둔 것이다. 앞에서 "사람은 이성적 동물이다."가 분류적 정의에 속한다. ② 동의어 정의는 모르는 낱말의 의미를 이 말과 뜻이 같은 다른 말로 정의하는 것이다. 이러한 정의는 어린이나 외국인에게 낱말을 학습시키는 조금 편리한 방법에 지나지 않으며, 의미나 관념을 분명하고 일관성 있게 전달하는 데에는 별 도움이 되지 않는다. "인간은 사람이다. 수목은 나무다. 도로는 길이다."와 같은 예를 들 수 있다. 이러한 정의는 "사람, 나무, 길"이라는 낱말의 의미를 이미 알고 있다는 것을 전제로 한다. "감동"의 의미를 모르는 사람에게 "정서"를 감동이라고 정의하는 것은 의미가 없다. ③ 예시적 정의는 정의되는 말의 하위 개념을 나열하는 것이다. 채소를 "밭에서 가꾸거나 들에서 나는 온갖 푸성귀"로 정의할 수 있지만, "무, 배추, 시금치, 파 등을 가리킨다."라고도 할 수 있다. 예시적 정의를 들 경우에 예시에 해당되지 않은 것은 해당되지 않는다고 착각할 수 있기 때문에 분류적 정의만으로 불충분하다고 생각되는 경우에 부연설명을 하기 위해 예시적 정의를 사용하는 것이 바람직하다. 채소는 "㉠ 음식의 재료로 사용되는 식물이다. ㉡ 무, 배추, 시금치, 파 등이 있다."처럼 정의하는 것이 보통이다. 이것은 분류적 정의와 예시적 정의가 혼합되어 사용되기 때문에 혼합적 정의라고 할 수 있다. ④ 어원적 정의는 먼 과거로부터 사용되어 온 말의 본래의 의미와 그 후 역사적으로 변화된 의미와 현재의 의미를 차례로 밝히는 것이다. 목숨을 예로 든다. 목숨은 "㉠ 목으로 숨을 쉼, ㉡ 생명이다."처럼 정의할 경우에 ㉠이 어원적 정의이고, ㉡은 현대적 의미이다. ⑤ 조작적 정의(확장된 정의)는 흔히 단일 명제 형식으로 기술되지만, 그것의 난해성·압축성으로 인해 화자(필자)가 이를 해소하기 위해 새 개념과 견해를 동원하여 새로운 정의를 내리는 것이다. 언어가 사용되는 맥락에 충실할 때 조작적 정의에 의해 기술된 것만이 참다운 의미를 가질 수 있다. 그렇지만 "하느님, 선녀, 용, 악마, 귀신"과 같은 관찰할 수 없는 대상에 대한 조작적 정의는 오히려 의사소통을 어렵게 할 수도 있기 때문에 신중하게 사용할 필요가 있다. 교육이란 "성숙하지 못한 사람의 심신을 발육시키기 위해 일정한 기간 동안 계획적·조직적으로 행하는 교수 행동"과 같은 것이 조작적 정의이다. 이러한 조작적 정의는 사용의 맥락에서 강조되는 정의이다. 그 맥락을 벗어나면 보편적인 특성을 벗어날 수 있다는 점에서 분류적 정의와 다르다고 할 수 있다. 조작적 정의를 하나 더 예시하면 교육에 대해 "교육은 기본적으로 알게 하고, 할 수 있게 하는 의도적인 행위이다."처럼 정의할 수 있다. 이러한 것이 조작적 정의의 한 예이고, 실제로 교육에서 이러한 정의가 많이 활용되고 있다.

활동 22-1 정의하기

이 활동의 목적은 정보를 전달하는 다양항 방법의 하나인 분류적 정의에 대해 그 개념이 무엇이며 정의인 것과 정의가 아닌 것을 구별해서 정확하게 활용하는 능력을 함양하기 위함이다.

분류적 정의는 피정의항과 정의항으로 구성되어 있고, 정의 항은 유개념과 종개념으로 이뤄져 있다. 그리고 '사랑은 사탕이다.'처럼 기술하는 것은 정의가 아니고 비유이다.

다음을 정의해보자.

1. 민주주의:
2. 교육:
3. 지진:
4. 자유:
5. 사랑:
6. 정의(justice):

셋째, 비교와 대조이다. 이것은 유사성과 차이점에 바탕을 두고 정보를 전달하는 방법이다. 앞에서 이미 설명한 바 있지만 비교는 청중들이 무엇인가 유사성을 지적함으로써 주제를 포착하게 하는 데 유익하고, 대조는 차이점을 지적함으로써 주제나 핵심 개념을 포착하게 하는 데 유익하다. 비교와 대조의 방법을 사용함으로서 잘 모르는 사항을 이미 알려진 사항과 견주에서 설명할 수 있다. 이렇게 하면 더 잘 이해할 수 있고, 구체적인 설명의 효과를 거둘 수 있다. 비교와 대조는 하나의 말이나 글에서 같이 사용되는 것이 일반적이다. 다음 읽기 자료를 통해 비교와 대조가 어떻게 사용되고 있는지를 탐색해봄으로써 비교와 대조를 통한 전달 방법의 효용성을 확인할 수 있을 것이다.

활동 22-2 정보전달의 말하기(글쓰기)를 위한 예시: 비교와 대조

이 활동의 목적은 정보전달의 말하기(글쓰기)에서 비교와 대조의 정보전달에서의 효과를 이해하고 활용하기 위함이다.

〈돌담의 의미〉

타고르는 서구의 문명을 '성벽의 문명'이라고 생각했다. 고대 그리스의 문명은 도시의 성벽 안에서 성장했고, 현대 문명 역시 벽돌과 석회로 되어 있는 요람 속에서 비롯했다고 한다.

이 성벽은 인간에게 분리와 지배의 정신을 준 것이라고 그는 한탄한다. 나라와 나라를 가르고 지식과 지식을 가르며 또한 사람과 자연을 가르는 것이 성벽의 문명이기 때문이다. 이러한 성벽이 있기 때문에 사람들은 항상 저 장벽 너머에는 무엇이 있을까 하는 회의를 품게 되고, 그것들을 이해하기 위해서 인간은 맹렬한 투쟁을 하지 않으면 안 되는 것이다.

그러나 이와는 달리 인도의 문명은 담이 없는 '숲의 문명'이라고 했다. 그 문명은 광범한 자연 생활에 둘러싸여 있다. 자연의 옷을 입고 또 그 자연의 온갖 모습과 아주 밀접한 가운데 끊임없이 접촉을 행하고 있다. 그러기에 거기에는 '분열, 지배, 투쟁'이 아니라 '광대와 포괄, 상호의 침투와 조화'가 음악처럼 깃들어 있는 것이다. 숲 속의 인간은 우주와 그대로 통한다. 땅과 물과 빛과 열매와 꽃들은 인간과 대립되어 있는 것이 아니다. 오로지 그것들은 통일 속에서, 화합 속에서 공감과 평화를 실현시키고 있다. 소위 전일성의 문명인 것이다.

타고르의 말을 들을 때 우리는 우리의 돌담을 생각하게 된다. 성벽의 나라라고 하는 유럽인들도 이 땅에 발을 들여놓고 먼저 놀라는 것은 시골의 '돌담', 그 울타리들이다. 아무리 가난하고 쓰러져가는 초가일망정 담이 없는 경우란 없다. 돌담이 아니면 흙 담이요, 흙 담이 아니면 싸리 울타리라도 둘러쳐 있다. 누구나 다 알 듯이 우리나라는 세계에서 손꼽히는 산악국이다. 들판인 줄 알고 보면 기실 산과 산이 이어지는 접경에 지나지 않으며, 넓은 강하인 줄 알고 보면 실은 산과 바다를 잇는 골짜기에 불과한 것이다. 어디를 가나 산이 성벽처럼 우리를 가로막고 있는데 어찌해서 그 좁은 땅 위에서도 다시 담을 쌓는 습속을 배웠는지 알 수가 없다. 우리는 또 웬만한 시골에 가도 성지가 남아 있는 것을 발견한다. 고을은 성으로, 집은 담과 울타리로, 다시 그 담은 '열두 대문'으로 분리될 경우도 있다.[12]

그러나 잠시 우리들의 울타리를 보자. 그것은 결코 타고르가 지적한 것처럼 고립

12 서울엔 지금도 이문동(里門洞))이라는 동명이 있다. 이것은 옛날 마을 어귀마다 형식적인 것이라 해도 반드시 문이 있었던 풍습에서 비롯된 것이다.

과 분열 그리고 지배와 투쟁만을 위해서 둘러쳐진 것은 아닌 것 같다. 우리나라의 그 돌담은 임어당[13]이 '제3의 만리장성'이라고 부른 상해의 그 담처럼 결코 높지도 않고 튼튼하지도 않다.

중국의 담 벽은 집보다도 높은 것이다. 아무리 발돋움해도 그 내부를 들여다볼 수가 없다. 완전히 폐쇄적인 것이며, 외계와의 단절을 의미하는 완전한 성벽인 셈이다. 중국인들은 개개인이 모두 그들의 성벽을 지니고 산다. 한편 우리의 돌담은 일본의 그것보다는 높고 크다. '와라부키[草家]'에는 숫제 담이란 것이 없고, 설령 있다 하더라도 내부가 환히 보이는 '이케가키[生垣]'이다. 그것은 개방되어 있는 것과 다름없다. 성곽을 제외한 개인의 집들은 서구의 경우와 마찬가지로 '담'이란 것이 조금도 강조되어 있지 않는 것이다. 우리 돌담은 바로 폐쇄와 개방의 중간 측에 위치해 있다. 밖에서 들여다보면 그 내부가 반쯤 보인다. 당신은 그 토담 너머로 맨드라미꽃이나 해바라기 그리고 영창을 열고 나오는 여인의 그 상반신을 볼 수 있으리라. 내부의 풍경이 '보일락 말락' 하는 것, 그 '반개방성'이 바로 우리나라 울타리가 갖는 상징성이라고 할 수 있다. 그리고 또 그것은 얼마나 아름다운가? 빨간 고추잠자리가 앉아 있는 사립문이나, 푸른 넌출에 반쯤 가린 하얀 박들이 매달려 있는 돌담 풍경은 사실 '장식적'인 것이라고밖에 할 수 없다. 도둑을 막기 위해서인가? 도둑은 그 정도의 담은 다 뛰어넘을 수가 있다. 또 '도둑이 도둑의 마음을 도둑맞을까 두려울' 정도로 가난한 집에도 그런 담이 있지 않던가? 그러면 짐승을 막기 위한 것인가? 아니다. 그 담 한구석에는 으레 개구멍이란 것이 있어, 족제비든 도둑고양이든 자유로 드나들 수가 있다. 그것은 단순한 경계선에 불과하다. 그것은 '너'와 '나'의 분열과 대립을 위한 것이 아니라 그저 허전하기에 금을 그어놓은 것 정도에 불과하다. 담은 있어도 결코 담의 그 반발적인, 그 고립적인 그런 이미지는 주지 않는다. 이 돌담의 반개방성－그것은 분열이면서도 통일이며, 고립이면서도 결합이며, 폐쇄적이면서도 동시에 개방을 뜻하는 것이다. 이 어렴풋한 돌담의 경계선－말하자면 '성벽의 문명'과 '숲의 문명'의 중간인 '돌담의 문명' 속에서 한국의 문화는 어렴풋이 자라났던 것이다(이어령, 2002: 64~68쪽에서 인용, 돌담의 의미, 『흙속에 저 바람 속에』, 문학사상사).

1. 위의 자료를 통해 비교와 대조를 왜 사용하는지에 대해 토론해보자.
2. 이집트의 피라미드와 페루의 피라미드에 대해서 공통점과 차이점이 무엇인지를 탐색해보자.

13 임어당은 중국을 가로막은 세 가지 만리장성을 말한 적이 있다. 하나는 진시황이 만든 만리장성, 또 하나는 상해의 그 높은 담 그리고 마지막 것은 한자였다.

넷째, 이야기이다. 이야기(story)가 "무엇을"의 문제를 강조한다면 이야기(narrative)는 "어떻게"의 문제를 좀 더 강조한다. 그래서 이야기는 사건을 자세히 말함으로써 뭔가를 설명하는 정보전달의 방법이다. 이야기는 청중들이 좀 더 쉽게 이해할 수 있기 때문에 정보전달의 말하기에서도 활용된다. 이야기는 기본적인 구조를 공유하는 경우가 많기 때문에 기억하기가 쉽다. 뿐만 아니라 이야기에는 이른바 이야기의 "4C"가 있어서 청중과의 정보 공유에 유익한 측면이 있다. 우선 이야기에는 인물(character)이 있다. 인물이 있기 때문에 인물의 삶이 있고 한 문화권에서 사는 사람들은 문화적 경험을 공유하는 경향이 짙고 따라서 좀 더 쉽게 정보를 공유할 수 있는 바탕이 마련된다. 이야기에는 인과관계(causality)가 있다. 인과관계가 있으면 굳이 기억을 하려고 노력하지 않아서 인간기억의 정보 처리 속성상 자연스럽게 기억을 할 수 있다. 그래서 이야기는 기억하기가 쉽고 그래서 정보전달의 한 방법으로 매력이 있는 것이다. 이야기에는 인물이 등장하여 사건을 이끌어가기 때문에 인물들 사이에 갈등(conflict)이 존재하고 이렇게 존재하는 갈등이 이야기의 긴장감을 유지시켜서 청자를 더 몰입하게 하며 흥미를 지속시킨다. 또한 이야기는 조금 복잡할수록 흥미가 더해진다. 이야기가 너무 단순하면 흥미를 끌지 못할 뿐 아니라 전달하는 정보의 깊이도 얕아질 수 있다. 그래서 이야기는 적당하게 복잡(complexity)해야 흥미를 지속시킬 수 있다. 이렇게 이야기의 "4C"를 활용하여 정보를 전달하면 좀 더 효과적으로 정보를 전달할 수 있다.

다섯째, 실례에 의한 설명이다. 실례에 의한 설명은 어떻게 뭔가가 되고 있는지를 보여줌으로써, 과정의 단계를 보여줌으로써, 혹은 어떻게 뭔가가 작용하는지를 기술함으로써 뭔가를 설명하는 정보전달의 방법이다. 실례를 듦으로써 정보를 전달하면 청중들은 더 효과적으로 전달하고자 하는 정보를 이해할 수 있기 때문에 이런 전달 방법이 효과적일 때가 많다. 토론을 할 경우에도 실례를 들어서 주장을 하면 그 예를 경험한 청자가 있을 수 있기 때문에 설득하고자 하는 내용에 대한 정보의 공유가 쉽게 이뤄져서 정보를 좀 더 효과적으로 전달할 수 있다.

4 정보전달의 말하기의 유형

정보전달의 말하기의 유형으로 기술하는 말하기(speeches of description), 예시하는 말하기(speeches of demonstration), 설명하는 말하기(speeches of explanation), 간결한 발표(briefings)로 유형화할 수 있다(물론 이러한 정보전달의 말하기는 정보전달의 글쓰기에도 동일하게 적용할 수 있다). 스피치의 목적은 종종 특별한 활동, 사건, 목적, 사람, 그리고 장소에 대해 기술하는 것이 될 때가 많기 때문에 스피치의 목적과 유형을 연동하여 이해할 필요가 있다. 기술하는 말하기는 청중들에게 주제에 대한 명확한 정황(pictures)을 제공해주어야 한다. 기술한다는 것은 존재하는 현상에 대한 객관적 표현을 제공해줌으로써 청중들이 정보를 받아들이는 데 왜곡됨이 없도록 하는 것을 목적으로 하기 때문에 가능한 한 명확하게 제시하는 것이 중요하다. 실례에 의한 예시하는 말하기는 프레젠테이션의 사용에 의해 도움을 가장 많이 받는다. 이 말하기의 경우 청중들에게 어떻게 뭔가를 해야 하는지를 보여준다. 테니스 강사가 서비스 넣는 방법을 가르쳐주는 것이나 어떻게 인터넷을 탐색하는지를 가르쳐주는 것이나 교원임용고사를 어떻게 준비해야 하는지를 알려주는 것을 예시하는 말하기의 예로 들 수 있다. 설명하는 말하기는 추상적이거나 복잡한 주제에 대해 정보를 제공해주는 말하기이다. 이해시키는 것이 설명하는 말하기의 중요한 목적이기 때문에 설명하는 말하기는 주제에 대한 비판적 특성을 확고히 해야 하며 충분한 예시를 제공해야 한다. 학교나 사회생활에서 이뤄지는 대부분의 말하기는 설명하는 말하기가 많다. 눈으로 보거나 냄새를 맡는 것과 같은 구체적인 것보다는 추상화의 정도가 높은 것일수록 이해의 단계가 많아지고 복잡해지기 때문에 적절한 설명은 깊이 있는 이해를 위해 중요하다. 간결한 발표도 종종 유용하게 사용될 수 있다. 짧은 시간에 화자의 의도를 담은 메시지를 압축해서 전달해야 하는 상황에서 주로 활용된다.

5 청중들이 학습하도록 도와주기

청중들에게 상황에 적합하게 말하기를 하려고 할 때 청중들의 마음속에 다른 유형의 지식과 학습 스타일이 있다는 것을 이해하는 것이 중요하다. 예를 들어, 어떤 사람들은 듣기를 통해 학습하기를 좋아하는 사람이 있고, 어떤 사람은 읽기를 통해 학습하기를 좋아하는 사람도 있는가하면, 어떤 사람은 영상자료를 통해 학습하기를 좋아하는 사람도 있기 때문이다. 이렇게 청중들이 학습하기를 좋아하는 유형이 있고, 이를 가능하게 하기 위해서는 "동기, 주의집중, 기억하기"가 기반이 되어야 한다. 다음에 이들에 대해서 좀 더 자세하게 논의하기로 한다.

첫째, 동기이다. 청중들에게 동기를 부여하기 위해서, 특히 처음에 화자에게 관심이 없는 청중들에게 동기를 부여하기 위해서 왜 화자가 전하는 메시지가 중요한지를 알려주어야 한다. 왜 청중들이 화자가 말한 것을 알고 싶어 할 것인가에 화자 스스로 질문해볼 필요가 있는데 질문해볼 수 있는 내용은 다음과 같다.

① 내가 전달하는 메시지가 청중 주변 세계를 이해하고 통제하는 데 도움을 줄 것인가?
② 내가 전달하는 메시지가 그들의 호기심을 충족시켜줄 것인가?
③ 내가 전달하는 메시지가 건강, 안전, 그리고 일반적 복지를 향상시킬 것인가?
④ 내가 전잘하는 메시지가 청중들에게 기여한다는 느낌을 줄 것인가?
⑤ 내가 전달하는 메시지가 가족이나 친구들과 더 좋은 관계를 형성할 수 있게 해주는가?
⑥ 내가 전달하는 메시지가 성취감을 주어서 그들의 성장, 힘, 그리고 독립심을 향상시킬 것인가?
⑦ 내가 전달하는 메시지가 도덕적 균형과 정의의 회복에 기여할 것인가?
⑧ 내가 전달하는 메시지가 즐거움을 줄 것인가?

위에서 동기를 언급했다. 동기(형성)와 관련하여 정보전달의 말하기를 위해 청중들을 어떻게 고려할 것인지에 대하여 도움을 주기 위해 청중의 유형과 전략에 대해서도 살필 필요가 있다. 관련 내용을 제시하면 (Osborn/Osborn, 2006: 390쪽 참조)

청중의 유형	전략
관심이 있지만 정보를 잘 모름	• 기본정보를 명확하고 단순한 언어로 제공한다. • 특수 용어를 지양하고 전문용어라면 그에 대한 정의를 한다. • 적용할 수 있도록 예시를 들고 이야기 형태를 취한다. • 복잡한 정보를 의사소통할 경우에는 유추와 비유 그리고 시청각 자료를 사용한다. • 의미를 강조하기 위해 음성, 손짓, 눈 접촉을 사용한다.
관심과 지식이 있음	• 스피치를 할 때 일찍이 화자를 신뢰할 수 있도록 확신을 준다. • 토픽에 관한 다양한 관점을 안다. • 정보에 대해 깊이 있게 접근하고 전문적인 증거를 확보한다. • 내용에 대해 초점을 맞추는 프레젠테이션을 제공한다.
관심이 없음	• 청중들에게 메시지 속에 그들이 필요로 하는 것이 있다는 것을 보여준다. • 프레젠테이션은 가능하면 짧게 그리고 요점을 중심으로 진행한다. • 관심을 유지하고 북돋우기 위해 충분한 예시와 이야기를 사용한다. • 시각에 좀 더 호소하는 시청각 자료 및 다양한 언어를 사용한다. • 역동적인 프레젠테이션을 사용한다.
토픽에 대해 공감하지 않음	• 청중들 그리고 그들의 관점을 존경하고 있음을 보여준다. • 청중이 존경할 만한 출처(정보원)를 인용한다. • 청중의 이해를 확장하기 위한 정보를 제공한다. • 좋은 느낌을 야기하는 이야기와 예시를 개발한다. • 다정한, 그리고 적극적인 프레젠테이션을 한다.
의심이 많음	• 스피치를 할 때 일찍이 화자를 신뢰할 수 있도록 확신을 준다. • 사실적 예시와 전문적 증거에 더 많이 의존한다. • 프레젠테이션에서 정보의 출처를 인용한다. • 솔직하고, 비즈니스를 하는 것과 같아야 하고 인격적이 된다. • 청중들과 우호적인 눈 맞춤을 한다.

둘째, 주의집중이다. 일단 청중들이 잘 듣도록 동기부여를 시키고 나면 이어서 화자는 스피치가 이뤄지는 동안 주의집중을 시켜야 한다. 이를 위해서 다음과 같은 6가지를 활용할 수 있다. 우선 강력하게 말함(intensity)을 통해 주의집중을 시킬 수 있다. 대상에 대해 강력하게 말한다는 것은 얼마나 많이 강력하게 말하는 배경과 대조되는가와 관련된 기능이다. 표현에서 따옴표(" ")를 사용한다거나 큰 소리로 말하는 것이 강력하게 말함의 예가 된다. 이렇게 강력하게 말하기를 통해서 주의집중을 시킬 수 있다. 반복(repetition)을 통해서 주의집중을 시킬 수 있다. 인간의 기억력은 한계가 있어서 망각을 잘 한다. 망각을 극복하기 위한 하나의 방법이 반복이고 우리는 주의집중을 위해 반복의 방법을 활용할 수 있다. 새로움(norelty)도 주의집중을 시키는 방법이다. 청중들이 잘 알지 못

하는 새로운 것을 제시함으로써 주의집중을 시킬 수 있고, 활동(activity)을 시킴으로써 주의집중을 시킬 수도 있다. 큰 소리로 말하다가 낮은 소리로 말을 한다거나 빠르게 말하다가 갑자기 느리게 말하는 것 등이 대조(contrast)이다. 공식적 스피치를 할 때 이렇게 대조를 잘 활용하면 주의집중을 유지할 수 있다. 청중들이 구체적으로 필요로 하는 것이나 관심사와 관련지어 말하는 것으로서의 관련성(relevance)도 주의집중을 시킬 수 있다. 첫째와 둘째에서 언급한 내용을 개략적으로 정리하면 다음과 같이 할 수 있다(Osborn/Osborn, 2006: 394쪽 참조).

① 청중들에게 어떻게 청중들이 화자의 메시지로부터 이익을 얻을 수 있는지를 보여줌으로써 동기를 부여한다.
② 말하는 화제가 생생하게 기술되도록 단어 사진(word pictures)을 개발하여 강력하게 말한다.
③ 화자의 메시지를 확충하기 위해 전략적인 반복을 한다.
④ 신선한 표현과 새로운 예시를 통해 청중들이 매력적으로 다가올 수 있도록 새로움에 초점을 맞춘다.
⑤ 말하는 주제가 활력이 있게 하는 능동적 언어를 사용한다.
⑥ 말하는 화제가 그렇지 않다는 것을 보여주기 위해 대조를 사용한다.
⑦ 말하는 주제를 청중들의 경험과 직접적으로 연결시키기 위한 관련성을 강조한다.

셋째, 기억하기(retention)이다. 관련성이 기억하기에 중요하다. 사람들은 보통 새로운 정보를 접하고 기존에 알고 있는 것과 연결시켜서 새롭게 접한 정보가 사용을 위한 잠재성 측면에서 과연 유용한지를 고려한다. 또한 구조적 요인도 얼마나 잘 메시지가 기억되게 하는지에 영향을 미친다. 점검하기, 요약하기, 전이어 등을 사용하여 청중들로 하여금 화자가 전달하는 메시지를 더 잘 기억하게 할 수도 있다.

6 정보전달의 말하기의 설계

집을 짓기 위해서는 설계도가 필요하듯이, 말을 하기 위해서도 말하기를 위한 설계도가 필요하다. 사적인 대화에서는 스피치를 설계할 필요성이 크게 강조되지 않지만 공적인 말하기를 할 경우에는 스피치를 잘 설계해야 전달의 효율성을 높일 수 있을 뿐만 아니라 화자 자신의 스피치 만족도 또한 높일 수 있다. 공적인 말하기를 위한 스피치 설계 능력을 길러주면 그것을 활용하여 사적인 말하기에도 적용할 수 있기 때문에 스피치 설계를 이해할 필요가 있다.[14]

스피치를 설계할 때는 "공간적 설계, 순차적 설계, 연대기적 설계, 범주적 설계, 비교 설계, 인과적 설계, 대안적 설계" 등이 있다(Osborn/Osborn, 2006: 395~401쪽 참조). 그런데 이러한 설계는 한 가지만 활용되는 것이 아니고 여러 가지가 하나의 주제가 있는 스피치에 활용되는 것이 보통이다. 스피치 설계의 기본을 익히되, 실제의 스피치에서는 이들이 혼용된다는 점을 이해해야 한다. 바둑의 정석을 배우되 실전에서는 정석을 잊어버리라는 바둑의 기리(棋理)가 있듯이, 스피치를 잘 하기 위해서는 스피치를 설계하는 방법을 익히되 실제 스피치에서는 이들이 스피치 상황에 맞게 적절하게 변형되어 활용되는 것이 스피치를 딱딱하지 않게 하기 때문에 특정한 스피치 설계를 고집할 필요가 없다. 고집할 필요가 없다는 것은 스피치 설계가 필요 없다는 것이 아니고 충분한 스피치 설계 연습을 통해 기능을 자동화시킴으로써 기억의 부담을 줄여야 함을 의미한다. 이는 마치 처음에 자동차를 운전하는 순서와 방법을 의식적으로 익히고 부단한 연습을 통해 크게 노력을 기울이지 않고도 운전을 자유자재로 할 수 있는 것과 동일한 이치이다. 스피치 설계를 익히되 실제 스피치에서는 익힌 설계에 종속되지 않고 그것을 넘어서서 활용할 수 있어야 한다. 다음에 스피치 설계와 관련하여 좀 더 상세하게 살피기로 한다.

6.1 공간적 설계

공간적 설계(spatial design)는 물리적 상황 속에서 토픽을 개발하기 위한 스

---

14 스피치 설계와 관련해서는 앞의 14장 3절에서도 살핀바 있다. 이곳에서 사용하는 용어로서, "설계"는 "방법"과 동의어로 사용한다. 그래서 "공간적 설계"는 "공간적 방법"과 동일한 의미로 사용한다.

피치에 적합하다. 왜냐하면 토론(discussion)의 순서가 서로 가까이에 위치하는 것을 기반으로 하여 전개되며 그 패턴은 근접성의 원리를 따르기 때문이다. 만일 어떤 청자가 당신에게 서울의 위치가 어디냐고 묻는다면 서울의 서쪽인 인천에 사는 사람과 서울의 동쪽인 춘천에 사는 사람의 공간이 달라서 대답하는 방식이 달라질 수 있다. 서울과 대전과 광주와 목포와 제주도의 위치를 설명하자면 지도를 활용하는 것이 효과적이다. 이처럼 공간적 배치를 바탕으로 말하고자 하는 내용을 전달할 때 활용할 수 있는 설계 방식이 공간적 설계이다.

6.2 순차적 설계

순차적 설계(sequential design)는 청중들을 시간의 흐름을 통해 이동하게 한다. 이러한 설계는 특히 실례에 의한 설명을 강조하는 스피치에 적합하다. 순차적 설계의 예시를 보이면 다음과 같다. 다음 5단계는 Jeffery O'Connor가 제안한 것이다(Osborn/Osborn, 2006: 396쪽 참조).

Ⅰ. 첫째, 전체적 양상을 알아보기 위해 각 장에 대해 훑어 읽기(skimming)를 한다.
  A. 목차를 보고 중요한 아이디어를 확인한다.
  B. 요약문을 읽는다.
  C. 상자 안에 처리된 자료를 읽는다.
  D. 중요한 토픽의 핵심어 개요를 만든다.
Ⅱ. 둘째, 각 장의 세부 목록을 한 번에 읽는다(reading).
  A. 의문 사항을 빈 곳에 적는다.
  B. 친숙하지 않는 단어의 정의를 살펴본다.
  C. 중요한 아이디어를 생각해보고 강조할 점을 생각한다.
Ⅲ. 셋째, 각 장을 다시 읽는다(rereading).
  A. 더 상세하게 개요를 채운다.
  B. 빈곳에 적었던 질문에 대해 답해본다.
  C. 이해하지 못한 것에 대해 저자에게 질문할 틀을 만든다.

Ⅳ. 넷째, 읽은 것을 암송한다(reciting).

A. 스스로에게 구두 프레젠테이션을 하기 위해 개요를 만든다.

B. 자료를 누군가 다른 사람에게 설명한다.

Ⅴ. 다섯째, 1일 안에 자료를 점검한다(reviewing).

A. 개요를 점검한다.

B. 강조된 자료를 다시 읽는다.

6.3. 연대기적 설계

연대기반의 설계(chronological design)이다. 이 설계는 순차적 설계와 밀접하게 관련되어 있는데, 화자가 말하고자 하는 주제의 역사에서 중요한 사건의 순서에 따라 스피치를 설계하는 것을 말한다. 순차적 설계가 실례를 들어 설명하는 스피치(예시적 말하기)에 가장 적합한 반면, 연대기적 설계는 설명적 스피치에 더 적합하다. 순차적 설계는 어떻게 할 것인가에 초점이 두는 반면 연대기적 설계는 일어난 사건에 초점을 두기 때문이다.

6.4. 범주적 설계

범주적 설계(categorical design)는 종종 토픽 설계(topical design)라고도 하는데, 자연적 혹은 습관적 분할(division)이 있는 주제를 설명하고 싶을 때 활용한다. 자연적 분할은 주제 자체에 존재할 수 있는데, 예를 들면 붉은 와인, 흰 와인, 블랜드 와인 등이 그것이다. 자연적 분할은 주제에 대한 전형적인 사고방식을 나타내는데, 예를 들면 건강 다이어트에 필수적인 4가지 식품군 등이 그것이다. 범주는 우리들의 사고방식에 의해 결정되는 것이 대부분이기 때문에 가장 많이 활용되는 설계 방식이다.

6.5. 비교 설계

비교 설계(comparative design)는 주제가 이해하는 데 친근하지 않고, 추상적이며, 전문적이거나 어려울 때 활용된다. 이러한 설계는 종종 한 주제를 극적으로 변화시킬 때 사용할 수도 있다. 이 설계는 화자가 말하는 토픽을 변화시키는 데 유용하게 사용된다. 특히 이 설계는 설명하고 브리핑하는 말하기에 유용하다. 비교 설계는 문자적 유추(literal analogy), 비유적 유추(figurative analogy), 비교와 대조(comparison and contrast)와 같은 변이형이 존재한다. 문자적 유추는 비교되는 주제가 동일한 경험 분야에서 도출된 것이다. 한 학생이 그의 모국인 스리랑카에서 했던 러거 게임을 미국의 축구 게임과 비교했다. 왜냐하면 러거와 축구는 접촉하는 스포츠이며, 이들 사이의 비교는 동일한 경험에 기반을 두고 있기 때문이다. 비유적 유추는 그 주제가 다른 경험 분야에서 도출된다. 집을 짓는 데 좋은 재료가 중요하듯이, 좋은 글을 쓰려면 좋은 소재가 있어야 한다는 것이 비유적 유추의 예이다. 집을 짓는 것과 글을 쓰는 것은 다른 영역이지만 만든다는 측면에서 본다면 동일하기 때문에 비유적 유추라고 할 수 있다. 비교와 대조 설계는 주제나 아이디어 사이의 공통점과 차이점에 초점을 맞춘 것이다. 비교와 대조 설계를 할 때 중요한 아이디어는 5개 이내로 하는 것이 기억의 효율성 측면에서도 바람직하다.

6.6. 인과적 설계

인과적 설계는 종종 어떤 원인에 따른 결과나 어떤 결과에 따른 원인과 같은 그러한 주제에 대해 설명하고 해석하는 스피치에 사용된다. 화자는 일반적으로 어떤 주제와 중요성에 대해 사실대로 드러냄으로써 말하기를 시작하고, 이어서 그 결과가 어떻게 전개될 것인지에 대해 스스로 질문을 할 수 있다. 원인과 결과는 이러한 말하기에서 요점이 될 수 있기 때문이다.

6.7. 대안적 설계

이상의 것들이 전통적으로 애용되어왔던 설계라고 한다면 다음에서 언급되는 것들은 대안적 설계라고 할 수 있다. 전통적 설계들이 선형적이고 덜 역동적인 것이라면 대안적 설계들은 비선형적(원형적)이고 좀 더 역동적이라고 할 수 있다. 이들 대안적 설계들은 문화적 배경이나 개인적 취향의 다름을 반영하는 것일 뿐만 아니라 기존의 설계들이 너무 선형적이어서 화자가 불안한(uncomfortable) 느낌을 갖기 때문에 이런 문제점을 극복하기 위해 제안된 설계들이다. 요르겐센-엡(Jorgensen-Earp)이 제안한 이들 대안적 설계들은 기존에 제안된 선형 설계들에 비해 덜 지시적이고 역동적이며, 스피치를 하기 위한, 좀 더 입체적인 느낌과 역동적인 사고 활동을 가능하게 해준다. 대안적 설계로 "파도 설계, 나선형 설계, 별 설계" 등을 들 수 있다(이들 패턴에 대해서는, Clella Jaffe, 2007: 164~166쪽을 참조함).

첫째, 파도 설계이다. 파도 설계는 파도의 골과 마루가 있듯이 주제와 아이디어를 파도의 마루에 위치시키는 것이다. 킹 목사의 "나에게는 꿈이 있다."라는 연설이 여기에 해당될 수 있다. 예를 제시하면 다음과 같다.

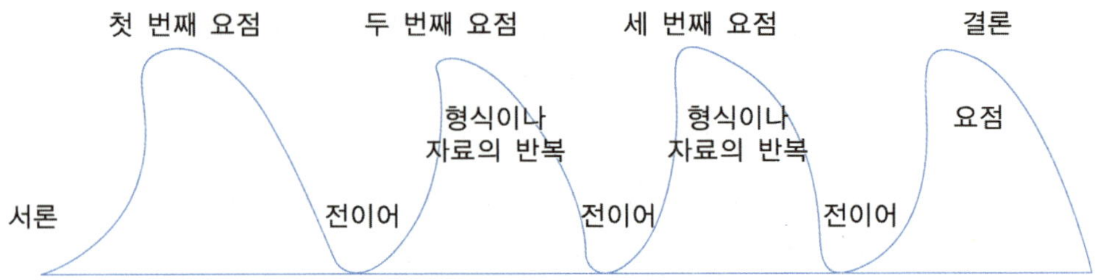

둘째, 나선형 설계이다. 나선형 설계는 드라마 등에서 강조하는 것인데, 일련의 요점을 점점 더 강조하면서 반복하는 패턴이다. 예시를 제시하면 다음과 같다.

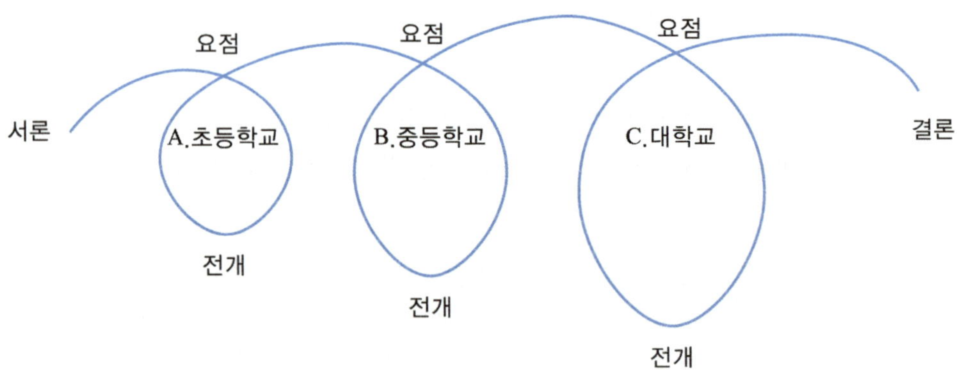

셋째, 별 설계이다. 별 설계는 상대적으로 동등하게 중요시하는 점을 주제가 드러나도록 원 안에 별 모양처럼 배열하는 설계이다(Clella Jaffe, 2007: 164~166쪽 참조). 그 예를 제시하면 다음과 같다.

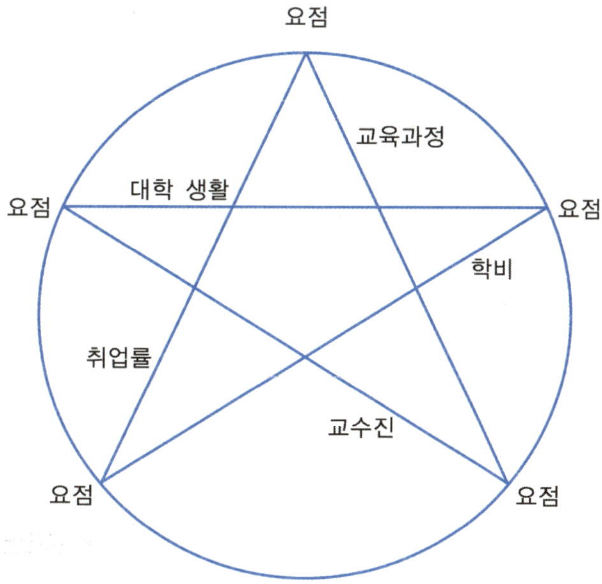

7 효율적인 발표를 위한 지침

여기서는 정보전달의 말하기에 효율적인 지침을 살피기로 한다. 그 치침은 "청중들의 주의를 집중시키기, 보고 보이도록 하기, 자세에 주의하기, 적절한 소리로 말하기, 반복하기, 대화하는 것처럼 말하기, 강렬한 끝맺음하기"이다. 다음에서 이들에 대해 좀 더 상세하게 논의한다.

첫째, 청중의 주의를 집중시키기이다. 청중의 주의를 집중시키기 위해서는 청중들로 하여금 청중들이 듣는 화자의 스피치에 대해서 스스로 '특별한 의미를 갖게 하기(polarizing the audience)'가 중요하다. 청중 스스로 화자의 스피치에 대해서 의미를 갖게 하려면 화자는 스피치를 하기 위해 청중들을 철저히 분석해야 하고, 새롭고, 유익하며, 정확한 정보를 제공해줌으로써 '강요된 충성자'가 아닌 '자발적 충성자'가 될 수 있도록 할 필요가 있다.

활동 22-3 특별한 의미를 갖도록 연습하기

이 활동의 목적은 스피치의 시작 부분에서 청중들에게 '특별한 의미를 갖게 하기'의 기능을 향상시키는 것이다.

스피치를 위한 개시 문장을 준비한 다음 청중들에게 알린다. 하나의 화제를 선택한다. 그 문장을 활동철에 기록한다. 그것을 소리 내어 말하고 특별한 의미를 갖고 보도록 연습을 한다. 당신은 당신의 학급 친구들 앞에서 이것을 연습하기 위해서 일정 시간을 확보해야 한다.

둘째, 보고 보이도록 하기(visible)이다. 화자인 당신이 연단에 섰을 때 당신은 모든 청중들을 볼 수 있는 위치에 있어야 한다. 뿐만 아니라 청중 또한 당신을 볼 수 있으며, 화자인 당신이 스피치에서 활용하는 각종 보조 자료를 잘 볼 수 있도록 해야 한다. 만약 청중들이 당신의 모습을 볼 수 없다거나, 당신이 활용하는 보조 자료를 잘 볼 수 없다면 스피치의 효율성은 그만큼 반감될 수밖에 없다는 점을 유의해야 한다.

셋째, 자세에 주의하기이다. 종종 초보 화자는 청중들과 너무 멀리 떨어져 있거나 다리를 꼬고 앉는다거나 한 다리를 뒤에 숨기는 자세를 보이기도 한다. 당신은 그러한 방식에 더 편안함을 느낄 지도 모른다. 하지만 그렇게 할 경우 당신은 청중들에게 그 상황에 대해 전혀 책임이 없는 사람의 이미지를 드러낼 수 있다. 따라서 당신은 앞에서처럼 하는 것 대신에, 똑바로 서고, 정중한 자세로 당신의 청중들과 조금 떨어진 채로 서 있어야 한다. 당신의 손을 당신의 측면에 자연스럽게 두거나 조금씩 움직여 당신이 아이디어를 효율적으로 표현할 수 있도록 해야 한다.

넷째, 적절한 소리로 말하기이다. 당신이 하는 스피치를 청중들이 잘 들을 수 없다면 청중들이 잘 들을 수 있도록 적절하게 성량을 크게 해야 한다. 잘 들리는지를 물어서 잘 들리지 않는다면 소리를 키워야 한다. 만약 매우 큰 공간이라면 마이크를 사용하는 것이 적절하다.

다섯째, 반복하기이다. 흔히 사람들은 화자가 하는 말을 세 번 정도 들을 때 들은 정보를 가장 잘 기억할 수 있다고 한다. 그렇기 때문에 화자인 당신은 중요한 정보의 항목을 반복할 계획을 세울 필요가 있다.

여섯째, 대화하는 것처럼 말하기이다. 오늘날 정보전달의 말하기에서 대화하는 것처럼 스피치를 하고 약간 비공식적인 상황에서 말하듯이 해야 가장 효율적인 스피치라고 여겨지고 있다. 최선의 말하기 스타일은 당신이 당신의 청중과 말하고 있는 아이디어를 전달하는 것이지 청중들에게 말하는 것은 아니다. 딱딱하고 정형화되지 않고 강력하면서도(단언적이면서도) 긍정적이어야 한다. 화제가 심각할 경우 당신은 웃을 수 없고 그것을 밝게 할 수 없다. 그리고 화제가 밝고 유머러스하다면 지나치게 심각할 필요가 없다.

일곱째, 강력한 끝맺음하기이다. 스피치의 끝은 특별한 주의를 요구한다. 초보 화자는 흔히 끝맺음을 할 때 추측을 말하기도 하는데 이는 적절하지 않다. 끝맺음은 쓰여지고, 대부분이 기억되고, 강력한 강조로 표현되어야 한다. 그것은 구체적이고, 명확하고, 강력해야 한다. 끝맺음은 청중들이 처음의 말부터 끝에서 하는 말에 이르기까지 주제와 관련된 문제에 대해 청자도 책임이 있다는 느낌을 갖도록 의미 있게 진술해야 한다.

스피치의 시작 부분에서 청중으로 하여금 특별한 의미를 갖게 하는 것은 끝맺음 부분에서도 그렇게 하도록 해야 한다. 당신이 마지막 단어를 말했을 때, 말하는 장소를 두 번 정도 빙 둘러본다. 청중을 바라보고 눈맞춤을 하면서 "감사합니다!"를 말한다. 비록 예의 때문에 청중들이 화자에게 박수를 보내는 것으로 감사하다는 점을 표현하더라도 화자인 당신은 "감사합니다!"를 음성으로 표현한다.

활동 22-4 정보전달을 위한 3분 스피치 준비하기

이 활동의 목적은 당신이 지금까지 학습해온 기능을 활용하여 정보전달을 위한 스피치를 준비하는 것이다. 이 과제를 위해, 그리고 모든 하위 스피치 준비 활동을 위해, 당신은 준비 과정(연속)을 실시해야 한다. 그러한 과정(연속)을 활용하는 것은 당신에게 당신이 하는 스피치에 대해 논리적으로 접근할 수 있게 해준다. 준비 과정은 다음과 같은 단계로 이뤄져 있다.

1. 청중 분석 준비하기
2. 스피치 화제 선택하기
3. 자료를 수집하고 조직한 다음 스피치 준비하기
4. 스피치 연습하기
5. 스피치 발표하기
6. 피드백을 받고 평가하기

당신이 정보전달 스피치를 준비할 때 이러한 지침을 따른다.

1. 당신의 스피치는 3분 이상이 되어야 한다.

2. 당신의 스피치는 하나의 중요한 요점을 포함해야 한다.
3. 스피치는 정보를 소통하기 위해 존재해야 한다.
4. 당신은 원고 준비 없이 하는 전달 양식을 사용해야 한다.
5. 당신이 사용하는 유일한 노트는 8~13센티미터 크기의 한 장 색인 카드여야 한다.

정보전달의 스피치를 준비하기 위한 팁

1. 주제를 선택할 때는 3분 스피치이기 때문에 구체적이어야 한다. 예를 들어 "마켓에서 신선한 과일 선택하기"는 너무 넓은 주제이기 때문에 "신선한 과일 사기의 중요성" 혹은 "어떻게 신선한 과일을 고를까?"처럼 구체적이어야 한다.
2. 색인 카드에는 요점만을 포함하되 서론이나 결론에서 사용할 인용문, 조크, 혹은 다른 자료들을 포함시킨다.
3. 스피치를 조직할 때 개요를 사용한다. 서론, 본론, 결론을 확실하게 해야 한다. 스피치의 본론을 당신의 아이디어가 명확하게 당신의 요점을 지지하도록 조직하고 모든 것들이 논리적인 순서로 흘러가도록 조직한다. 교사는 개요를 확인하고 할 수 있는 제안을 하여 통합시킨다.
4. 당신은 스피치의 개요를 볼 수 있는 단일한 색인 카드를 준비할 필요가 있다. 당신은 말하고자 하는 주제 별로 단일한 카드를 만들고 싶어할 수 있다. 주제별로 카드를 만들면 읽기 싫은 욕구가 생겨 압축하여 연습할 가능성을 줄여버릴 수 있다. 그리고 카드를 읽으려고 할 가능성이 많아진다. 만일 그렇게 되면 당신은 카드에 얽매이게 되고 카드를 읽느라고 당신의 청중을 무시하게 되고 말하는 것이 아닌 읽는 것이 될 가능성이 높다. 카드를 만드는 목적은 단지 당신이 말하고자 하는 것을 기억하는 것이지 당신이 말하고자 하는 것 모두를 말하는 것이 아님을 기억해야 한다. 카드는 당신이 말하고자 하는 모든 것을 포함해야만 하는 것은 아니다.

활동 22-5 스피치 연습하기

이 활동의 목적은 당신에게 당신의 스피치를 정련할 기회를 제공하고 당신의 자신감을 고양시키기 위한 것이다. 청중들을 위해 스피치를 준비하도록 하는 어떠한 언급도 없다. 이 시점에서 당신은 당신 자신의 독특한 스타일에 가장 적합한 하나의 방법을 찾는다. 다음과 같은 제안은 도움이 될 것이다.

1. 서론을 문장이 아닌 단어를 사용하여 작성한다. 그것을 여러 번 묵독으로 읽는다. 그런 다음, 조용한 곳에서 소리내어 읽지 않고 서론의 내용을 검토한다. 당신이 하듯이 청중들을 떠올려보고 당신이 청중 앞에 서서 스피치를 하는 상황을 상상해본다.
2. 스피치의 본론의 개요를 따라 가 보고(follow), 당신이 작성한 순서대로 요점에

대해서 말하기 연습을 한다. 당신이 말을 할 때, 청중들을 상상해본다.

3. 당신의 스피치를 들어줄 가족이나 친구를 찾은 다음 유용한 피드백을 제의한다.
4. 당신이 밤에 잠자리에 들 때, 처음부터 끝까지 스피치를 훑어본다.
5. 당신 스피치에서 중요한 단계인만큼 스피치 카드를 위치시킨다. 요점의 참조를 위해 한 두 단어를 활용한다. 완전한 문장으로 쓰지 않는다. 그렇게 하면 당신은 그것을 읽으려는 경향이 강해지기 때문이다.
6. 끝으로, 단지 당신의 노트 카드만을 사용하고, 거울 앞에 서서 당신의 스피치를 전달한다. 이 시점에서 시간을 알 수 있도록 시계를 사용한다. 시간 제한을 지키는 것은 매우 중요하다. 만약 당신이 길게 스피치를 한나면 사료를 형편에 맞게 바꾸기 위한 논리적 위치를 찾아본다. 너무 빨리 말하지 않는다. 앞에서 언급된 '특별한 의미를 갖게 하기'의 기법을 활용하여 당신의 연습을 시작하고 끝낸다.

활동 22-6 스피치 발표하기

이 활동의 목적은 당신에게 공식적 스피치에서 그리고 피드백을 받는 상황에서 경험을 해보게 하는 것이다. 앞에서 습득한 기능을 기반으로 하여 당신은 청중 앞에서 스피치를 해본다. 이것은 당신이 처음으로 해보는 공식적인 스피치이다. 이것은 지금까지 당신이 학습해왔던 모든 스킬들을 설명해야만 하는 스피치이다. 당신이 듣는 것은 무엇이고 어떤 피드백을 기대하는가? 다음은 다른 사람의 말을 듣고 피드백을 받을 경우에 어떻게 해야 할 것인지를 알 수 있게 해주는 점검표이다.

1. 서론은 주의를 집중시켰는가?
2. 예시가 사용되었으며 그것은 적절했는가?
3. 조직은 주제를 구현하기에 적합했는가?
4. 화자의 언어는 문법적으로 실수가 없었는가?
5. 단어는 적절했는가?
6. 화자는 짜증나는 태도를 지녔는가?
7. 화자의 말을 쉽게 들을 수 있었는가?
8. 전달은 너무 느렸는가? 아니면 너무 빨랐는가?
9. 화자는 열정적인 것처럼 느껴졌는가?
10. 화자는 청중들에게 특별한 의미를 갖게 했거나 화자가 청중들과 좋은 시선 접촉을 했는가?
11. 이것은 원 포인트 스피치였는가, 아니면 화자가 너무 많은 것을 포함했는가?
12. 화자는 대화적이고, 우호적이고, 청중들에게 관련되는 것을 말했는가? 이것은 청중들을 위한 하나의 수행이었는가?

당신 자신에게 처음으로 해본 공식적인 스피치와 관련하여 피드백의 기록을 주기 위해서 당신의 활동철에다 당신이 받은 모든 피드백을 기록해 놓는다. 그런 다음, 당신이 스피치를 할 때 반영할 필요가 있다고 생각되는 이와 같은 스피치 기능들에 대해서 그것을 기술하는 하나의 단락을 만들어놓는다. 나중에 이뤄지는 피드백과 비교할 수 있도록 이들 기록들을 간직한다. 이 외에도, 다른 사람들에게 주어진 피드백에 대해서도 들어보고 가장 흔하게 언급되었던 항목들을 기록해 놓는다. 당신이 가장 향상시킬 필요가 있는 것을 무엇이라고 기록해 놓았는가?

8 정보전달의 말을 들을 때 유의할 점

정보전달의 말을 들을 때 당신은 "반복, 사실과 의견, 관련짓기, 품격 있게 하기"와 같은 점에 유의하여 들어야 한다.

첫째, 반복(repetition)이다. 정보가 잘 기억될 수 있도록 그 정보는 충분하게 반복되는가? 하나의 메시지는 만일 그것이 두 번, 세 번, 심지어 네 번 반복된다면 기억되도록 하는 데에 있어서 더 확실하다. 이러한 반복을 잉여성(redundancy)이라고 한다.

당신이 정보전달의 스피치를 들을 때, 당신이 중요한 자료를 기억하고 있는지를 알고 있는가에 대해 확인한다. 반복의 사용을 관찰하기 위한 가장 좋은 장소는 장사하는 상황이다. 장사하는 상황에서 반복하는 목적은 정보를 적절하게 주는 것이 아니라 당신을 설득하는 것이다. 폭풍우가 몰아치고 있는 동안에 이뤄지는 일기 예보를 들어보자. 얼마나 자주 그 메시지가 반복되는가?

당신의 동료들이 학급에서 친구들에게 정보전달의 스피치를 할 때 주의 깊게 들어보자. 그들은 충분한 시간을 갖고 그것을 쉽게 회상할 수 있도록 중요한 정보를 반복하는가?

둘째, 사실(fact)과 의견(opinion)이다. 화자는 사실과 의견을 혼동하고 있는가? 의견은 확실히 정보적이다. 누군가가 뭔가에 대해서 어떻게 느끼고 생각하는가에 대해서 아는 것은 유용할 수 있다. 그러나 사실에 대한 다른 사람의 의견은 사실과 같지는 않다. 정보전달의 메시지에서, 화자는 늘 의견과 사실을 명확하게 구분하고 있어야 한다.

둘 사이의 혼란을 관찰하기 위한 좋은 장소는 광고가 이뤄지는 곳이다. 당신은 종종 일부 유명한 사람이 상품에 대해 진술하고 이어서 그 상품이 얼마나 좋은 가에 대해 그의 의견을 말하는 광고를 들을 수 있다. 당신은 또한 스포츠 해설, 일기 예보, 뉴스 등에 있는 사실을 근거로 거기에 의견을 덧붙이는 것을 들을 수 있다.

셋째, 관련짓기(making connections)이다. 정보는 당신이 그것을 이해할 수 있도록 다른 유용한 정보와 관련되어 있는가? 만약 당신이 라디오 방송의 주식 시장 운용에 관한 프로그램으로 주파수를 돌린다면 주식 가격에 관한 보고를 들을 수 있다. 그들은 당신에게 어떤 점을 느끼게 하는가? 당신이 주식 가격에 관심을 어느 정도 가지고 있다면 그것은 낯설지 않게 당신에게 친근하게 다가올 것이다.

당신은 당신이 접하는 정보에 귀를 기울이고 들음으로써 어떻게 화자가 당신이 알고 있을 것 같은 다른 사물에 정보를 관련시키는지를 알고 있는지 확인할 수 있다. 예를 들어, 당신이 스포츠 방송을 들을 때, 당신은 스포츠에서 사용되고 있는 규칙 모두를 이해하는가? 학급에서 당신의 동료들이 그들의 스피치를 할 때 그들은 자기들이 말하고자 하는 것을 당신이 알고자 하는 것과 관련시키는가?

넷째, 품격 있게 하기(wrapping up)이다. 화자는 스피치가 이뤄지는 동안에 표현되었던 가장 중요한 요점을 요약함으로써 끝맺음을 하는가? 좋은 정보전달 스피치의 특징 중의 하나는 요약이다. 하나의 좋은 예시는 선수들의 플레이와 점수를 요약함으로써 방송을 끝맺는 스포츠 경기를 중계하는 아나운서이다.

당신은 다음에서 듣기 활동과 관련된 내용을 접하게 될 것이다. 당신이 서론, 주의집중, 정보의 조직, 스피치의 마침에 대해 학습해 온 모든 것을 기억하시오.

활동 22-7 정보를 위한 듣기

이 활동의 목적은 어떻게 말하기 기법이 당신의 매일 매일의 삶에서 사용되고 있는지에 대한 당신의 인식을 증가시키는 것이다.

텔레비전 뉴스, 스포츠, 주식 시장, 일기 예보를 살펴보자. 많은 커뮤니케이션 기법들을 그들이 하는 만큼 당신도 사용하고 있는지 확인한다. 활동철에 당신의 관찰 결과를 기록하고 학급의 구성원들과 당신이 찾아낸 것을 가지고 토론할 준비를 한다.

활동 22-8 원고 기반의 스피치 준비하기

이 활동의 목적은 이 장에서 학습한 언어 기능을 활용하는 연습을 하는 것이며 원고 기반의 스피치를 읽을 때 어떻게 할 것인지를 연습하는 것이다.

앞 장에서 활용했던 스피치 준비 시퀀스를 활용한다. 스피치를 준비할 때는 다음과 같은 지침을 따른다.

1. 사회자가 당신과 당신 스피치를 소개하도록 한다. 스피치가 이뤄지기 최소한 하루 전에는 스피치 원고의 내용을 문서로 작성하여 사회자에게 보낸다.
2. 스피치의 길이는 교사가 결정할 수 있다.
3. 당신의 스피치는 당신이 한 경험에 대해서 해야 한다. 당신의 스피치는 구체적인 목적이 있어야 한다. 그리고 청중들이 당신의 스피치 주제에 대해 가치를 발견할 수 있게 하는 충분한 이유가 있어야 한다.
4. 당신의 스피치 준비에서의 강조점은 스피치 스타일을 개발하는 것이어야 한다. 기술, 행위, 그리고 청중 접촉 언어를 사용한다. 비유의 언어도 사용한다.

〈원고 기반의 스피치를 준비할 때의 팁〉

청중 분석을 준비한다. 스피치 화제를 선택하기 위해서 당신이 했던 경험을 선택하고 그러한 경험을 정보 제공의 수단으로 활용한다. 예를 들어, 당신은 최근에 해안으로 여행한 것에 대해서 말하기로 결정했다. 여행 중에 당신은 바다 조개의 아름다움을 발견하고 당신의 청중들에게 어떻게 바다 조개가 형성되었고, 어떻게 해안에서 발견되기에 이르게 되었는지를 말하고 싶어 한다.

관심 있는 화제를 활동철을 비롯한 여러 곳에서 선택할 수 있는데, 그것이 어렵다면 다음과 같은 목록을 활용하는 것도 가능하다.

> 내 일생에서 가장 아름다운 날// 등산// 첫 직장 출근// 하이킹 경험// 당황한 순간// 혼자서 한 긴 여행// 처음으로 운전했던 날// 미로 탈출

당신이 스피치를 소리 내어 읽을 수 있도록 당신의 스피치를 문서화한다. 스피치를 조직하기 위해서 개요를 활용한다. 스피치의 개요, 초고, 최종 원고를 활동철에 문서로 작성해 놓는다.

당신이 쓸 준비가 되어있을 때, 하나의 스피치는 하나의 논문, 뉴스의 발표, 단편소설과는 아주 다르다는 것을 기억한다. 당신은 청중 접촉 언어, 행동 언어, 그리고 기술 언어를 사용할 필요가 있을 것이다. 유추, 직유, 그리고 은유도 당신의 스피치를 청중들에게 더 재미있게 그리고 생생하게 하는 데 도움을 줄 것이다. 당신은 나아가 과장을 사용하고 싶어 할 수도 있고, 과도한 과장(예를 들면, 화성 크기와 같은 다이아몬드)을 사용하고 싶어 할 수도 있다.

본론을 점검하고 시작이 이상한 것, 생생한 것, 그리고 유행하고 있는 것을 찾는

다. 만일 타이틀이 주의 집중을 의도하고 있다면 타이틀을 설명하면서 스피치를 시작한다. 하나의 이야기, 인용 혹은 시작으로서의 예시를 사용하려고 노력한다. 당신이 선택하는 것 모두에 대해서, 서론에서부터 당신이 공유하고 싶어 하는 정보의 주요한 본론으로 나아갈 수 있도록 이들을 이끌(유도할) 방법을 확실히 찾아 낸다.

결론은 길 필요는 없다. 스피치에서 결론의 중요한 목적은 중요한 정보를 점검하는 것이며 청중들을 위해 그 정보의 가치를 다시 한 번 확신시켜주는 것이다.

당신이 초고를 마치고 나면, 교사나 더 경험이 있는 화자에게 원고를 읽고 제안(보완)을 부탁한다. 원고를 산뜻하게, 그리고 읽을 만하게 끝마치면, 마지막으로 원고의 가장자리에 강조할 곳, 음성을 강하게 하거나 약하게 할 곳, 어디에 휴지를 둘 것인가 등의 제반 사항에 대해 기록해 놓는다. 교사는 당신이 최종 원고의 복사본을 보내줄 것이라는 강력한 희망을 가질 수 있음을 기억한다.

활동 22-9 원고 기반의 스피치 연습하기

이 활동의 목적은 당신의 원고 기반의 스피치 읽기 기능을 발달시키는 것이다.

원고를 여러 번 읽는다. 그것을 천천히 읽고 자료를 상상한다. 당신의 마음의 눈에다 그 단어가 무엇을 나타내주고 있는지를 깨닫는다. 당신이 무엇을 말하고 있는지를 인식하지 못하고 단어를 읽는 것은 앵무새가 하는 것과 같다. 그런 단어는 목을 통해 나오는 소리일 뿐이고 전혀 느낌이 없다.

누군가 당신의 스피치를 듣고 있음을 발견하고, 당신에게 정직하면서도 건전한 피드백을 줄 수 있는 사람을 찾는다. 만약 당신이 당신의 스피치를 들어 줄 누군가를 찾지 못하면 당신의 스피치를 녹음한다. 그런 다음 주의깊게 들어본다.

천천히, 의도적으로 강세를 두면서 읽는다. 그리고 청중에게 영향을 주고자 하는 곳에 강조를 하면서 읽는다. 연습을 하는 동안 부드럽게, 그리고 쉽게 전달되도록 힘을 쓴다. 이 과정에서 당신은 전에 한 번도 본 적이 없는 원고를 읽듯이 소리를 내고 싶지는 않을 것이다.

연습하는 동안, 당신은 청중 앞에 있는 화자의 입장에 있음을 머릿속에 그린다. 당신의 청중이 종종 당신을 볼 수 있도록 머리를 들면서 읽기 연습을 한다. 단지 잠깐 시선을 주는 것이, 당신이 청중들을 스피치를 하는 동안 바라보듯이, 당신을 드러나게 할 충분한 단서를 제공해 줄 원고와 친밀해 져야한다.

원고 기반의 스피치에서 중요한 요소는 언어의 사용이다. 당신은 단어는 차이를 만들고, 스피치에서 사용하는 비유는 당신의 메시지를 강화시켜주며, 청중 접촉 언어와 기술 언어는 청중들이 당신에 대해 그리고 당신이 말하는 주제에 대해 좋은 느낌을 갖도록 도와주고 있다는 것을 학습하고 있다.

활동 22-10 원고 기반의 스피치 발표하기

이 활동의 목적은 당신에게 원고 기반의 스피치를 발표할 때 어떻게 할 것인가를 연습하게 하는 것이다.

덜렁거리는 것을 방지하기 위해서 당신의 원고를 단단한 누름쇠로 고정시킨다. 마닐라 폴더가 좋을 수 있다. 원고를 화자가 서 있는 스탠드에 놓는다. 청중들에게 당신의 스피치에 대해 특별한 의미를 갖게 하고 원고 이해에 초점을 맞춘다. 만일 당신이 원고를 완전히 이해하기 위해 노력하고, 철저하게 연습을 한다면 원고 없이 즉흥적으로 하는 스피치와는 격이 다른 스피치를 할 수 있다.

크고 명료하게 소리를 낸다. 완전하게 조절하고 마지막 자음을 충분히 소리 내는 데 힘쓴다. 당신이 사용해 온 언어 장치 모두를 활용해 충분하면서도 의미 있게 집중하게 한다.

당신의 스피치에 대해 피드백을 받을 때 요점을 활동철에 적어 놓는다.

당신은 당신의 동료들에게 피드백을 해줄 책임이 있다. 피드백을 할 때는 다음과 같은 질문에 특히 주의한다.

1. 화자가 청중 접촉 언어를 사용했는가?
2. 화자는 청중들에게 요점을 호소하기 위해서 명확하고 타당한 언어를 사용했는가?
3. 화자는 기술 언어를 사용했는가?
4. 화자는 행동 언어를 사용했는가?
5. 화자는 동기 부여 언어를 사용했는가?
6. 화자는 쉽게 그리고 스스로 조절이 되어 있었는가?
7. 원고는 화자의 전달을 간섭했는가? 스피치는 '읽기'에 건전한가?

CHAPTER 23

설명하는 말하기

CHAPTER

23 설명하는 말하기

당신은 단어의 세계, 그리고 사물의 세계를 살아가고 있다. 당신은 다른 사람들이 하는 말을 들으면서 학습을 하고 당신이 살고 있는 세상을 직접 경험하면서 학습을 한다. 듣는 것을 보는 행위와 병행할 때 훨씬 더 잘 들을 수 있다. 실제로 듣기만 하고 보지 않고 사물이나 현상을 이해하려면 그만큼 이해하는 데 어려움을 겪는다.

당신은 사물의 세계에 살고 있다. 그러면서 이러한 사물로 이뤄진 세계에서도 언어는 여전히 중요한 소통의 수단 역할을 한다. 당신은 매일 라디오, 텔레비전, 신문, 유튜브, 광고에 의해 무차별적으로 정보의 폭격을 받고 있는데, 이들은 궁극적으로 사람들을 설득하려고 노력한다. 그래서 이 장에서는 설명의 중요성과 설명을 할 때 고려해야 할 사항에 대해 탐색하고 설명을 하는 방법을 익히는 데 논의의 초점을 둔다.

1 설명의 중요성

당신 삶의 대부분은 온갖 정보를 주거나 받으면서 이뤄진다. 확실한 것은 사람들이 혼자 살 수 없으며 뭔가 의미 있다고 생각되는 정보를 다른 사람과 주고받으면서 살지 않을 수 없다는 것이다. 당신은 설명을 필요로 하는 상품을 팔아야 할 지도 모르고 아이들에게 특정한 상품을 어떻게 사용할 것인지를 설명해야 하는 경우에 그에 적합한 설명 활동을 해야 할 경우가 생길 수밖에 없다. 다음 활동을 통해서 설명의 중요성에 대한 인식을 증내시켜보자.

활동 23-1 설명 찾아보기

이 활동의 목적은 공식적 스피치에서 설명의 사용에 대한 당신의 인식을 증가시키는 것이다.

설명(예 요리하기 보여주기)을 활용하는 다양한 텔레비전 프로그램이 있다. 이들 프로그램에서 화자는 뭔가에 대해서 말하고 동시에 그것에 대해서 설명한다. 세 가지의 다른 프로그램을 찾아서 다음 각각의 항목에 따라 답을 해본다. 관찰 결과를 활동철에 적어놓고, 학급에서 적어놓은 것을 동료들과 함께 토론한다.

1. 프로그램의 이름은 무엇인가?
2. 무엇이 설명되고 있는가?
3. 누가 말하고 있는가?
4. 자료들이 논리적인 순서대로 활용될 수 있도록 주의 깊게 놓여 있는가?
5. 당신은 명확하게 무엇을 보고 있는지를, 언제 화자가 그것을 말하는지를 알 수 있는가?
6. 프레젠테이션에는 서론과 결론이 있는가?

2 설명 스피치를 할 때 고려할 사항

설명 스피치에서 당신은 누군가에게 특정한 사물이나 현상에 대해서 그것을 어떻게 하는지에 대해 하는 것을 보여주기도 한다. 종종 설명 스피치는 어떻게 빵을 굽는가와 같은 과정을 제시한다. 뿐만 아니라 설명 스피치는 프로그램을 어떻게 사용할 것인가와 같은 방법을 제시해주기도 한다. 과정과 방법은 상생의 관계에 있다. 과정을 모르면서 방법을 설명하면 효과가 떨어지고 방법을 중시하되 과정을 소홀히 하면 그것 또한 비효율적이다. 그래서 설명을 할 때에는 설명의 과정과 그 과정에 동원되는 방법을 잘 활용하는 것이 중요하다. 다음과 같은 사항을 고려할 때 설명 스피치를 더 효율적으로 할 수 있다.

첫째, 적절성(appropriateness)이다. 화제에 따른 활동이 좋은 음식이 어떤 것인지를 선택하는 것인데, 체중계를 활용하여 설명을 하는 것은 대단히 적절하지 않다. 설명할 때도 적절한 자료를 가지고 활용해야 효과적이다.

둘째, 자료 수집이다. 수집한 자료의 크기가 너무 커도 문제가 있고, 너무 작아도 문제가 있다. 수집한 자료의 성격을 고려하여 설명을 해야 하며, 설명을 하기 전에 먼저 어떤 자료를 수집해야 할 것인지를 탐색해야 한다.

셋째, 안전성(security)이다. 설명을 위해 준비된 자료가 안전한 것이어야 한다.

넷째, 다른 것과의 관련성(concern)이다. 설명을 할 때는 사람의 시범이 필요하다면 그와 관련된 사람을 잘 선택해야 한다. 설명의 효율성을 극대화하기 위해서는 설명의 내용과 관련성이 있는 것들을 잘 활용해야 한다. 다음에 제시하는 활동들은 설명을 잘 하려면 '준비하기, 연습하기, 발표하기'와 같은 일련의 순서를 지켜서 연습하는 것이 효과적이기 때문에 이러한 활동을 잘 하기 위한 연습과 훈련 활동이다.

활동 23-2 설명하는 말하기 준비하기

이 활동의 목적은 당신이 지금까지 학습한 기능을 활용하여 설명 스피치를 준비하는 것이다.

스피치를 준비하기 위해서 아래에 제시된 것과 같은 스피치 준비 시퀀스(차례)를 활용한다.

1. 청중분석 준비하기
2. 스피치 화제 선택하기
3. 당신이 필요로 하는 자료를 수집하고 조직한 다음 스피치 준비하기
4. 스피치 연습하기
5. 스피치 하기
6. 피드백 받고 평가하기

스피치를 준비할 때는 다음과 같은 지침을 따른다.

1. 당신의 스피치는 5분 이상이어야 한다.
2. 당신은 설명을 제시하기 위하여 몇몇 대상을 활용할 수 있다.

〈설명 스피치를 준비하기 위한 팁〉

당신은 이미 어떻게 청중을 분석해야 할지를 알고 있다. 적절한 스피치 화제를 발견하기 위해서 이전에 했던 활동(브레인스토밍 등)과 자료들을 점검해볼 수도 있고, 다음에 제안되어 있는 목록에서 하나를 화제로 택할 수도 있다.

1. 안경은 어떻게 닦는가?
2. 컨텍트 렌즈는 어떻게 보관하는가?
3. 아동용 곤충을 어떻게 보관할까?
4. 캠코더를 어떻게 사용할까?
5. 이는 어떻게 닦는가?
6. 개는 어떻게 목욕시키는가? 등

설명을 하기 위해 실물을 가져와서 활용할 필요가 있다는 것을 기억한다. 당신은 다른 사람이나 동료를 데려와서 활용할 수도 있다. 당신은 그림, 모형, 차트, 스케치한 것 등은 가져오지 않는다. 그런 자료는 시청각 보조 자료를 활용하는 스피치에서 나중에 활용한다.

화제를 선택한 다음에는 활동철에 당신이 필요로 할 것 같은 대상의 목록을 만든다. 그런 다음, 스피치를 조직하고, 개요를 활용한다. 서론, 본론, 결론이 있어야 한다는 것을 확실히 한다. 당신이 토론하고자 하는 과정의 단계 혹은 대상의 사용이 당신의 청중들에게 명확하도록 당신의 스피치 본론을 조직한다. 교사에게 당신의 개요를 확인해달라고 요청하고 그가 해주는 제안을 검토하여 본론을 만들 때 첨삭을 한다.

스피치를 끝낸 뒤에는 청중의 주의를 끌 수 있을 것 같은 제목을 생각한다. 제목은 청중들이 기대할 만한 정보를 담아낼 수 있도록 한다. 당신은 당신이 무엇을 말하려고 하는지를 명확하게 하기 전까지는 제목을 확정하는 것은 바람직하지 않다.

활동 23-3 설명하는 말하기 연습하기

이 활동의 목적은 당신에게 당신의 스피치를 정련할 기회를 주고 자신감을 갖도록 하기 위함이다.

서론과 결론이 쓰여지고, 본론이 개요의 형식을 취하는 상태에 있으면 그동안 했던 것을 여러번 반복하여 읽는다.

하나의 거울을 준비한다(발견한다). 작은 테이블을 거울 앞에 놓는다. 테이블 뒤에서서 설명을 위한 자료를 테이블 위에 놓는다. 거울을 보면서 당신 스스로에게 연설을 해본다. 당신 자신을 똑바로 쳐다보면서 연설을 한다. 설명 자료들을 가까이에, 순서대로 정리한다. 거울 앞에서 당신의 스피치를 몇 번에 걸쳐 소리 내어 연습을 한다.

당신이 청중들에게 그 자료들을 활용할 준비가 될 때까지 자료들을 테이블 위에 남겨두고 연습을 한다. 또한 스피치가 끝나면 대상 자료들을 뒤에 밀쳐두고 연습을 한다. 대상 자료들을 한꺼번에 묶지 않는다. 말할 때는 대상 자료들을 보지 않는다. 대상 자료에 대해서 논의가 이뤄진 뒤에는 그 대상 자료에 대해 손을 댄다거나 시선을 주어서는 안 된다.

스피치를 하기전에 여러 번에 걸쳐 스피치를 생각해본다. 휘파람소리를 내면서 스피치를 연습하지 않는다. 실제로 스피치를 전달하는 때에 사용하기 위해 당신이 계획한 음량과 명쾌함을 활용한다. 당신이 기록했던 정확한 단어를 기억하려고 하지 않는다. 대신에 순서, 단계에 근거한 논리를 기억하려고 노력한다.

이제 어떠한 메모나 개요, 혹은 원고 없이 스피치를 연습한다. 끝으로, "내가 가지고 있는 이러한 느낌은 단지 두려움이며, 두려움은 정상이다!"를 반복한다.

활동 23-4 설명하는 말하기 발표하기

이 활동의 목적은 당신에게 공식적인 말하기를 할 때, 그리고 피드백을 받았을 때의 경험을 해보게 하기 위함이다.

앞에서 언급된 전달 관련 제안을 검토한다. 만일 유익하다면 프레젠테이션이 이뤄지는 동안 포인터를 사용한다. 작은 대상을 활용할 때는 손에 가깝게 하는 것이 좋다. 큰 대상을 활용할 때는 적절한 크기의 자나 포인터가 필요하다.

만일 대상이 너무 작아서 뒤에 있는 사람이 볼 수 없다면 실수한 것이다. 대상과 그것의 일부는 반드시 모두가 볼 수 있어야 한다. 청중을 지켜보고, 그들의 피드백을 받는다. 피드백을 할 때 일부가 볼 수 없다고 판단되면 피드백을 확인한다. 만일 필요하다면 요점을 말하기 위해서 청중 사이에 들어가는 것도 괜찮다. 당신이 말하고 있을 때 혹은 바로 다른 사람들이 말을 시작하려고 할 때 대상을 그들 사이로 지나가게 해서는 안 된다.

단호하게 끝맺는다. 힘이 부족하면서 가라앉는 목소리로 질질 끌지 않는다. 제목을 당신의 끝맺음과 연결되도록 노력한다.

스피치 뒤에는, 동료나 교사들이 해주는 논평을 귀담아 듣는다. 방어하려고 하지 않는다. 향상을 위해 제안에 대해서 마음의 문을 연다. 스피치의 의미는 청자에게 있고 각각의 청자는 다르다는 것을 기억한다.

모든 피드백 노트를 활동철에서 정리한다. 피드백이 구두라면 당신이 받은 중요한 피드백 내용을 당신 자신의 단어로 정리해놓는다.

당신은 또한 동료들에게 피드백을 요청할 수도 있다. 가능하다면 당신의 피드백 논평을 시작할 때 하는 것이 좋다는 것을 알아야 한다. 피드백은 진지하고, 우호적이고, 유익하며 긍정적이다. 단지 스피치를 하는 방법과 관련된 것에만 코멘트를 하는 것에 초점을 맞춘다. 화자의 개성과 관련된 논평을 하지 않는다.

1. 횡설수설하지 않고 정확하게 설명하는 스피치를 하는 방법으로 'TNPREP의 법칙'을 활용하면 효과적이다. T는 Theme(주제)이고 N은(Number(수)이고 P는 Point(요점)이고 R은 Reason(이유)이고 E는 Example(예시)이고 P는 Point(요점)이다.' 이들을 적절하게 배열하여 말하면 정확하게 횡설수설 하지 않고 스피치를 할 수 있다. 내가 좋아하는 운동을 주제로 하여 설명하는 스피치를 연습해 보자.
2. TNPREP에서 TNP를 하나로 묶어서 기술하면 '주장(Assertion)'과 같다. 그래서 이것을 '주장(Assertion), 이유(Reason), 예시(Example or Exidence), 주장(Assertion)'처럼 'AREA'로 줄일 수 있다. 이것은 다시 '결론(Conclusion), 이유(Reason), 예시(Example)' 처럼 줄일 수 있다.

PART 05

설득하는 말하기와 문제해결의 말하기

제5부

〈교육과정 관련 성취 기준〉

[2국 03-04] 인상 깊었던 일이나 겪은 일에 대한 생각이나 느낌을 쓴다.
[2국 03-05] 쓰기에 흥미를 가지고 즐겨 쓰는 태도를 지닌다.
[4국 01-02] 회의에서 의견을 적극적으로 교환한다.
[4국 01-03] 원인과 결과의 관계를 고려하며 듣고 말한다.
[4국 03-01] 중심 문장과 뒷받침 문장을 갖추어 문장을 쓴다.
[4국 03-04] 읽는 이를 고려하며 자신의 마음을 표현하는 글을 쓴다.
[4국 03-05] 쓰기에 자신감을 갖고 자신의 글을 적극적으로 나누는 태도를 지닌다.
[6국 01-03] 절차와 규칙을 지키고 근거를 제시하며 토론한다.
[6국 03-01] 쓰기는 절차에 따라 의미를 구성하고 표현하는 과정임을 이해하고 글을 쓴다.
[6국 03-02] 목적이나 주제에 알맞은 내용과 매체를 선정하여 글을 쓴다.
[6국 03-03] 목적이나 대상에 따라 알맞은 형식과 자료를 사용하여 글을 쓴다.
[6국 03-04] 적절한 근거와 알맞은 표현을 사용하여 주장하는 글을 쓴다.
[6국 03-06] 독자를 존중하고 배려하는 글을 쓰는 태도를 지닌다.

CHAPTER 24

설득하는 말하기

CHAPTER

24 설득하는 말하기

이 장에서는 설득하는 말하기(와 글쓰기) 능력을 향상시키기 위한 기반 다지기와 연습을 한다. 논증의 구축을 기반으로 하여 설득하는 말하기의 본질, 설득의 과정과 원리, 설득의 과제, 논증 모형 이해하기와 토론에서 활용하는 방법, 가치 토론과 정책 토론을 중심으로 토론의 논제를 어떻게 설정하고 실제로 토론을 할 것인지를 탐색하여 국어 교육의 기반을 다지고자 한다. 또한 설득하는 말을 들을 때 '누가 말하는가? 근거는 무엇인가? 다른 자료는 그 말(질문)에 대해 어떻게 답하고 있는가?'를 고려하면서 들으면 비판적으로 들을 수 있다.

1 논증 구축하기[15]

1.1. 증거로서의 보조 자료(supporting materials)

설득하는 말하기에서 증거(evidence)는 보조 자료로서 중요한 역할을 한다. 사실과 사진, 예시는 화자가 하는 말을 믿게 하는 정당화 자료로 활용되는데, 특히 설득 과정을 인식하는 단계에서 중요한 역할을 한다. 설득하는 말하기에서 사실과 사진 그리고 예시는 청중들로 하여금 행동하기를 원하게 만드는 느낌을 불러일으킬 수 있기 때문이다. 이러한 보조 자료는 그것을 활용하기 위해 수집·분석하고, 선택·활용해야 하는데, 그 과정이 단순하지 않으며 회귀적이고 복잡하다. 그렇지만 이러한 보조 자료의 활용을 통해 화자는 전달하고자 하는 메시지의 내용에 대해 생동감을 불어 넣어서 청중들로 하여금 화자의 메시지를 받아들이도록 하기 때문에 증거로서의 보조 자료 활용에 관심을 가져야 한다.

15 이 장의 논의는, 김재봉, 2014: 104～144쪽에서 가져왔고, 필요한 부분을 보완함.

1.2. 증거(proofs) 개발하기

증거(proofs)는 증거(evidence)와 다르다. 증거(proofs)는 증거(evidence)에 근거할 수도 있고, 우리의 정서적 반응에 근거할 수도 있으며, 사회적 유산에 의존할 수도 있고, 스피치에서 우리에게 영향을 미치는 화자 개인의 리더십 자질에 근거할 수도 있다.

증거의 본질에 대해서는 그리스의 황금시대로부터 연구되어 왔다. 아리스토텔레스는 그의 수사학에서 세 가지 형태의 증거를 확립했다. 첫째가 로고스(logos)이다. 로고스는 우리가 행동에 반응하는 것을 인지하게 한다. 최소한 우리는 우리가 논리적(합리적) 동물이라고 생각하기를 좋아한다. 이러한 맥락에서 스피치가 우리에게 좋은 의미를 제시할 때, 화자가 강력한 증거를 가지고 말할 때, 그리고 수용하기를 원하는 결론으로 논리적으로 나아갈 때 우리는 저항하기가 쉽지 않다. 논리적 측면을 강조하는 로고스는 바로 논리적 사고의 바탕을 이룬다.

둘째는 파토스(pathos)이다. 파토스는 청중이 가지고 있는 감정이다. 부연하면 파토스란 청중이 가지고 있는 두려움, 연민 그리고 노여움과 같은 개인적 감정(느낌)에 주로 호소하여 청중을 설득하는 수단이다. 예시와 이야기에는 파토스와 같은 증거(proofs)가 많은데, 인간이 가지고 있는 개별적 성향, 혹은 기질에 대응하는 개념으로서의 파토스는 인간이 가지고 있는 감정을 말한다. 이렇게 파토스를 활용함으로써 화자는 청중들을 좀 더 쉽게 설득할 수 있다.

셋째는 에토스(ethos)이다. 에토스는 능력, 특질, 선의, 그리고 역동성에 대한 우리의 지각에 대해 화자가 개인적으로 가지고 있는 특질이다. 다시 말하면 에토스란 사람이 가지고 있는 성질이나 특질(기풍, 정신)을 말한다. 우리는 이러한 특질이 매력적일 때, 화자에게 동의하고 싶어 한다. 이러한 특질이 부정적이거나 부족하다면 화자는 청중을 설득하기가 쉽지 않다. 우리는 스피치에서 인용되는 증거(evidence)의 신뢰성에 의해 영향을 받기도 한다. 만일 우리가 화자가 스피치에서 인용한 사람들을 존경한다면 우리는 그들의 증언에 대해 존경심을 갖고 듣겠지만 존경심을 갖지 않는다면 경청하지 않을 것이기 때문에 화자는 존경심을 갖도록 증언들을 구성해야 한다.

넷째는 미토스(mythos)이다. 이것은 최근에 이 분야에 종사하는 학자들이 추가한 것인데, 우리는 우리가 속한 전통과 문화, 전설과 민담 등에 호소하는 것에 대해 반응한다. 부연하자면 어떤 집단, 문화에 특유한 집단 양식이나 가치관이 존재할 수 있고, 이것을 미토스라고 한다. 설득하는 말하기는 단일한 증거에만 의존하지 않고 다양한 증거들이 복합적으로 작용하는데, 설득하는 상황과 대상이 누구냐에 따라서 이들 네 가지 요인들이 복합적으로 작용한다. 이들이 복합적으로 작용하기는 하지만 가장 바탕이 되는 것은 논리적 측면으로서의 로고스이다.

설득하는 말하기에서 위에 제시한 근거는 서로 밀접한 관련성을 가지되 설득의 상황에 따라서 적극적으로 활용되는 근거가 있고, 소극적으로 활용되는 근거가 있다. 각각의 근거는 설득의 기본 구조에서 각각의 색체와 강점이 있다. 이런 이유 때문에 아마도 전통적인 근거의 형식은 수행에 대해 동등한 중요성이 있는 것처럼 종종 논의되고 있다. 그러나 설득하는 스피치에서 화자는 논리적인 로고스보다는 감정(파토스)이나 성향(에토스) 혹은 집단의 문화(미토스)와 같은 것들을 선호하고 싶어 한다. 활용이 더 용이하기 때문이다. 그렇다고 하더라도 로고스의 가치가 이들에 비해 떨어진다고는 할 수 없다. 가장 기본적인 것이 인간의 합리적인 사고작용으로써의 논리가 바탕을 이루는 로고스이고, 이러한 로고스 위에 파토스와 에토스 그리고 미토스가 혼용되어 설득이 이뤄지기 때문이다.

우리가 여기서 관심을 갖고 있는 설득의 종류, 즉 논증적 설득은 로고스에 초점을 두고 있으며 에토스, 파토스, 미토스가 보조 역할을 한다. 비록 에토스, 미토스 그리고 파토스가 설득에 대한 삶과 색깔 그리고 인간의 관심사에 불가결하다고 할지라도 설득에서 로고스가 중요한 역할을 하고 있고, 이러한 로고스는 우리의 이성적 본질에 호소하고 있다. 이들의 관계를 그림으로 보이면 다음과 같다(Osborn/Osborn, 2006: 441쪽을 참조함).

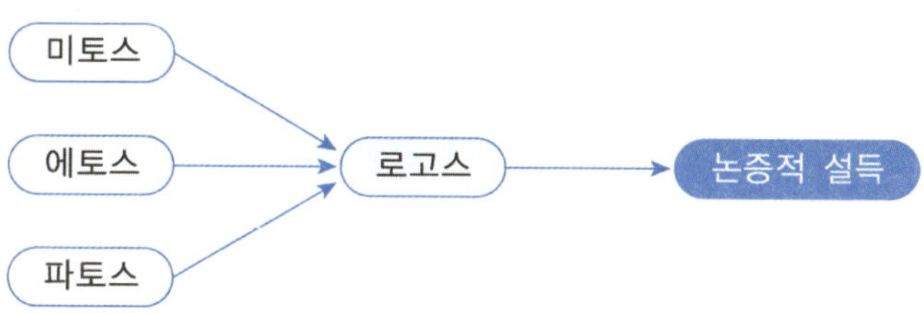

위의 그림에서 보면 미토스와 에토스 그리고 파토스는 모두 로고스를 지향하

며 로고스가 바탕이 되어 논증적 설득을 가능하게 하는 것을 알 수 있다. 세월호 사건을 예로 들어 로고스가 설득에서 중요한 이유를 설명하기로 한다. 세월호의 경우 과적이 침몰의 원인 중의 하나였다. “과적을 하지 않아야만 안전하다.”는 것이 논리적인 생각이다. 그런데 이것을 무시하고 과적을 일삼았기 때문에 사고가 났다고 그 원인을 설명하면 침몰 원인으로 설득력이 더 있다. 이 경우에 로고스가 설득을 하는 데 특히 중요하다. 또 다른 예로 횡단보도 건너기를 들 수 있다. 횡단보도를 통해서 가면 100미터를 돌아가야만 한다. 이 경우에 돌아가지 않고 무단횡단을 하면 바로 갈 수 있다. 이런 상황에서 횡단보도를 가다가 사고를 당하면 보상을 제대로 받을 수 있지만 당장의 편리함 때문에 무단 횡단을 하다가 사고를 당하면 보상도 제대로 받을 수 없다. 감정과 정서로 판단하자면 받아야 하는 것이 적절하지만, 그렇게 해서는 안 된다는 것을 로고스가 가르쳐주고 있기 때문에 로고스가 판단의 중요한 기준이 된다. 이처럼 로고스를 바탕으로 설득할 때 사람들은 가장 보편적인 시각을 가지고 합리적인 판단을 할 수 있게 된다. 미토스와 에토스 및 파토스도 설득에 중요하게 영향을 미칠 수 있지만 로고스가 가장 기본이 되는 것은 로고스가 탈맥락적인 성격을 가지고 있기 때문이다. 원래 탈맥락적인 논리로서의 로고스가 미토스와 파토스, 그리고 에토스와 접하면서 맥락을 고려한 상태로 변화되어 로고스의 영향이 감소된 상태가 되기도 하지만 여전히 판단과 행동에 영향을 미친다고 할 수 있다.

2 설득하는 말하기의 본질

설득하는 말하기를 하기 위해서는 먼저 설득의 개념을 이해해야 한다. 설득이란 하나의 문제에 관심을 일으키고 그 문제에 대한 구체적인 해결책을 상대가 수용하기를 추구하는 시도의 과정이다(Joseph A. Quattrini, 1996: 276쪽). 이러한 설득은 특별한 목적을 달성하기 위해 논리적이고 정서적인 호소를 사용하는데, 혼자서 할 수도 있고 집단을 이루어 할 수도 있다.

설득하는 말하기의 본질을 이해하려면 설득하는 말하기 그 자체를 고려하기보다는 정보전달의 말하기와 대조할 때 본질을 더 잘 알 수 있다. 뿐만 아니라 설득하는 말하기의 특징을 탐색함으로써 그 본질을 더 잘 파악할 수 있다. 설득하는 말하기는 다음과 같은 특징이 있다(Osborn/Osborn, 2006: 412 ~413쪽 참조).

첫째, 정보전달의 말하기가 선택권을 드러나게 하는 것에 비해 설득하는 말하기는 드러낸 선택권 중에서 선택하기를 촉구한다. 이점이 정보전달의 말하기와 설득하는 말하기의 차이이다. 정보전달의 말하기는 앞에서 살핀 것처럼 선택권을 청중들에게 드러내어 알려주는 것임에 비해, 설득하는 말하기는 그것을 청중이 선택하도록 촉구한다는 의미에서 차이가 있다.

둘째, 정보전달의 말하기에서 화자는 교사의 기능을 하는 반면에 설득하는 말하기에서 화자는 선택권을 옹호하는 역할을 한다. 정보를 효율적으로 전달하기 위해서 화자는 청중이 요구하는 것이 무엇인지를 파악해서 그것을 정확하게 이해하게 하면 그 역할이 끝난다. 하지만 설득하는 말하기에서는 이해를 바탕으로 그것을 청자가 선택하는 것이 옳다고 주장해야 하는 점이 다르다.

셋째, 정보전달의 말하기는 요점을 드러내기 위해서 보조 자료를 제공하는 반면에 설득하는 말하기는 그러한 보조 자료가 조언(충고)을 정당화하는 증거가 되게 한다. 다시 말하면 설득하는 말하기를 할 경우에 보조 자료가 정보 전달을 위한 역할을 하는 것에서 더 나아가 그 자료가 주장을 정당화하는 증거가 되어야 한다는 것이다. 이렇게 보조 자료가 주장을 정당화할 수 있는 증거가 된다는 점에서 설득하는 말하기는 정보전달의 말하기에서 보조 자료를 보는 관점과는 다른 관점을 취한다.

넷째, 정보전달의 말하기는 청중 책임(commitment)을 적게 요구하는 반면에 설득하는 말하기는 더 많이 요구한다. 정보전달의 말하기는 선택권이 없지만 설득하는 말하기는 선택을 해야만 하기 때문에 선택을 하는 입장에서는 더 많은 책임이 수반된다.

다섯째, 정보전달의 말하기도 화자의 신뢰성이 중요하지만 설득하는 말하기는 화자의 신뢰성이 더욱 중요하게 인식된다. 정보전달의 말하기를 할 경우에 수용한 정보를 실천에 옮기는 것은 선택적이다. 하지만 설득하는 말하기는 선택한 정보를 청자는 실천에 옮겨야 하기 때문에 이런 측면에서 보자면 설득하는 화자는 정보전달의 화자에 비해 좀 더 신뢰성이 있어야만 청중을 행동으로 옮길 수 있게 할 가능성이 높아진다.

여섯째, 정보전달의 말하기에서는 느낌에 덜 호소하지만 설득하는 말하기에서는 느낌에 더 많이 호소한다. 설득하는 말하기는 논리적 측면을 강조하기 때문에 느낌에 덜 호소한다고 생각할 수 있지만, 이것은 잘못 생각한 것이다. 설득하는 말하기라고 하여 논리적 측면만을 강조하는 것이 아니라 오히려 느낌에 더 많이 호소하여 행동화할 것을 요구하기도 한다. 대중 연설을 통해 사람을 설득하는 연설가를 보면 정서적 측면을 설득에 더 많이 활용하고 있음을 흔하게 찾아볼 수 있다.

일곱째, 정보전달의 말하기에서도 윤리적 책임이 강조되지만 설득하는 말하기에서는 윤리적 책임이 더욱 더 강조된다. 정보전달의 말하기에서 객관적인 정보를 제공할 경우에 비윤리적인 것들은 가능하면 제시하지 않는 것이 바람직하다. 이것을 뒤집어 생각하면 정보에 대한 윤리적 책임이 중요하다는 의미이다. 그런데 설득하는 말하기의 경우 더 많은 윤리적 책임이 요구된다. 왜냐하면 정보전달의 말하기의 경우 행동으로 옮기지 않아도 되지만 설득하는 말하기의 경우는 정보 내용을 바탕으로 하되 나아가 그 내용을 행동으로 옮겨야 하기 때문에 실제적으로는 더 많은 윤리적 책임이 요구된다고 할 수 있다.

3 설득의 작용(work)과 논제의 유형

설득하는 말하기는 청중들의 신념이나 행동에 영향을 미치기 위한 목적으로 하는 스피치이다. 이러한 스피치를 할 때 “반대, 중립, 찬성”의 입장에서 스피치를 할 수 있다. 중립의 경우, 의견을 형성한 화제에 대해서 충분히 알지 못하는 상태(uninformed)나 의견이 없는 상태(impartial)나 화제에 관심이 없거나 흥미가 없거나 무관심한 상태(apathetic)가 있을 수 있다. 그래서 찬반 대립 토론의 경우 중립은 의미가 없다.

설득은 우리 삶에 끊임없이 널려있는 불확실성을 해결하도록 도움을 준다. 그런데 불확실성을 반영하는 질문으로 사실에 관한 것, 가치에 관한 것, 그리고 정책에 관한 것이 있다. 그것은 다음과 같다.

① 어떤 일의 진정한 상태는 무엇인가?(사실)

② 그 상황에 대해 나는 어떻게 생각하는가?(가치)

③ 그것에 대해 나는 어떻게 해야 하는가?(정책)

이들 질문들은 기본적인 세 가지 설득하는 말하기의 유형을 촉발한다. 세 가지는 "(1) 사실에 초점을 맞춘 말하기, (2) 태도, 신념, 가치를 강조하는 말하기, (3) 행위와 정책을 옹호하는 말하기"이다. 우리가 이미 알고 있는 바를 바탕으로 말하자면 "사실 명제, 가치 명제, 정책 명제"의 방식으로 설득이 작용한다고 말할 수 있다.

사실 명제는 어떤 것이 "사실인지 아닌지, 존재하는지 존재하지 않는지, 일어났는지 일어나지 않았는지"를 청중들에게 확신시키기 위해 설계된 진술이다. 예를 들어, 사실에 초점을 맞춘 스피치는 과거의 사실, 현재의 사실, 미래의 사실에 대해 말한다. 과거의 사실은 "뭔가가 실제로 일어났는가?"가 여기에 해당된다. 현재의 사실은 "현재 진행되고 있는 것은 무엇인가?"가 여기에 해당된다. 미래의 사실은 "미래는 현재와 같은 모습일까?"와 같은 것이 여기에 해당될 수 있다. 우리가 사실 명제를 중심으로 토론을 할 경우에 과거의 사실에 대해 "그러했다, 그러하지 않았다"로 설정하여 토론을 할 수 있고, 현재의 사실이 "그렇다, 그렇지 않다"로 논제를 설정하여 토론할 수 있고, 앞으로 "그럴 것이다, 그렇지 않을 것이다"로 논제를 설정하여 토론을 할 수가 있다. 이렇게 보면 사실 명제와 관련된 토론의 논제는 3가지로 설정할 수 있다. 사실논제는 재판과정에서 가장 많이 활용한다.

화자의 태도, 신념, 가치에 바탕을 둔 스피치가 있다. 이른바 가치 명제가 중심이 된 스피치이다. 가치 명제는 "무엇이 좋은가 나쁜가, 바람직한가 바람직하지 않은가, 건전한가 그렇지 않은가, 이익이 있는가 없는가, 중요한가 중요하지 않은가"를 청중들에게 확신시키기 위해서 설계된 진술이다. 예를 들어, 화자가 선호하는 가치에 대해서도 "과거의 가치에 대해 긍정적으로 생각하는가, 그렇지 않은가"를 논제로 설정할 수 있다. 현재의 가치에 대해서도 "긍정하는가, 긍정하지 않는가"로 논제를 정하여 토론할 수 있다. 미래의 가치에 대해서 "긍정하는가, 긍정하지 않는가"를 논제로 하여 토론을 할 수 있다. 이 경우에도 세 가지의 논제가 가능하다. 하나를 긍정하면 다른 하나는 자연스럽게 부정되기 때문에 논제는 결국 3개로 압축될 수 있다.

행위나 정책을 옹호하는 것에 바탕으로 둔 설득하는 말하기가 있다. 정책 명제는 구체적인 행동 과정을 취해야 하는 것을 청중들에게 확신시키기 위해 설계된 진술이다. 이것은 앞으로 일어날 일에 대해 "어떻게 해야 한다."라는 의지의 표명에 초점을 둔다. 정책 명제는 "과거와 현재는 문제 삼지 않고 미래에 어떻게 되어야 한다."는 의지만을 문제 삼고 있기 때문에 결국 하나의 토론 논제로 귀결될 수 있다. 이렇게 보자면 토론(특히 대립토론)에서 활용할 수 있는 논제는 결국 7개가 된다고 할 수 있다(강치원, 2007: 387쪽 참조).

사실 명제가 중심이 된 논제를 사실 논제, 가치 명제가 중심이 된 논제를 가치 논제, 정책 명제가 중심이 된 논제를 정책 논제라고 하는데, 가치 논제와 정책 논제는 서로 밀접한 관련이 있기 때문에 혼용되어 사용되기도 하지만 엄밀한 의미에서 이들의 층위를 분리해서 토론하는 훈련을 해야 한다. '긍정과 부정, 호와 불호' 등에 대해 어떤 입장을 선택하는 것과 선택한 입장이 반드시 실행되어야 한다고 주장하는 것은 다른 문제이기 때문이다. 사형 제도의 유지에 대해 찬성하는가, 반대하는가에 대해 어느 입장을 선택해서 토론을 하면 그것은 가치 논제를 중심으로 한 가치 토론인 반면, 사형 제도를 폐지해야 한다고 주장할 경우 당위의 문제가 관련되는 정책 토론이다.

가치 토론에서는 가치 구조(가치 구조는 핵심 가치와 그것을 뒷받침하는 가치 판단의 기준으로 구성된다)에 대한 이해와 활용이 중요하기 때문에 입론 과정에서 이러한 가치 구조를 이해하고 활용하는 훈련과 연습을 해야 한다. 정책 토론에서는 문제의 심각성(중대성), 문제의 원인이 현재의 제도 내에 있다는 내재성(내인성), 대안의 실현가능성, 문제해결력, 그리고 장점(효과)을 입론과 반박 과정에서 서로가 언급해야만 토론의 효과를 극대화할 수 있다.

4 설득의 과정과 원리

4.1. 설득의 과정

설득의 과정은 문화와 상황에 따라서 달라질 수 있지만, 일반적으로 과정 그 자체로 볼 때 '인식, 이해, 동의, 행동화, 통합'과 같은 과정을 거치며(Osborn/Osborn, 2006 : 419~420쪽 참조), 교육과 연결시켜서 그 과정을 볼 때는 "문제 발견하기, 문제에 대해 학습하기, 가능한 해결책 고려하기, 해결책을 옹호하기 위한 준비하기, 해결책을 집단에게 표현하기, 문제나 해결책을 거절하기 위해 집단의 결정 준수하기"와 같이 구분할 수 있다. 여기서는 먼저 설득 그 자체가 어떻게 이뤄지는가를 살피고, 이어서 설득을 교육과 관련시킬 때 어떻게 그 과정이 이루지는지를 살피기로 한다.

4.1.1 설득 그 자체의 과정

첫째, 인식(awareness)의 과정이다. 설득하는 과정의 첫 번째 단계는 인식이다. 인식은 문제에 대해서 알고, 문제에 주의를 집중하며, 그것이 우리 삶에 어떻게 영향을 미치는지를 이해하는 것을 포함한다. 이 단계는 종종 의식적 일깨움(consciousness raising)이라고도 불린다. 인식을 창조하는 것은 우리들이 실제로 문제가 있음에도 불구하고, 그것을 믿지 않을 때 특히 중요하다. 예를 들어 교과서에서 남성의 역할을 능동적으로 묘사하고 여성의 역할을 수동적으로 묘사할 때, 그것이 이미 존재하고 있음에도 불구하고 그것을 인식하지 못할 때 성의 정체성 측면에서 중대한 문제가 발생한다. 그래서 이러한 인식이 사람의 자아 존중감을 향상시키는 데 중요한 역할을 한다는 점을 인식할 필요가 있다.

둘째, 이해(understanding)의 과정이다. 인식의 다음 단계는 이해의 단계이다. 청자는 화자가 말하는 것을 이해해야 한다. 청중들은 화자의 생각에 의해 동기부여가 되어야 하며, 화자는 어떻게 생각을 잘 전달할 수 있을 것인지를 이해해야 한다.

셋째, 동의(agreement)의 과정이다. 셋째 단계는 동의의 단계이다. 화자 스스로가 동의의 긍정적인 모델이 되어야 한다. 동의는 작은 양보에서부터 전체적 수용까지 해당될 수 있다.

넷째, 행동화(enactment)의 과정이다. 넷째 단계는 행동화인데, 이것은 청중들이 말한 것을 수용하게 하는 것이다. 의견에 대해 손을 들어보게 하는 것이 여기에 해당하는 하나의 예이다.

다섯째, 통합(integration)의 과정이다. 마지막 단계는 통합이다. 청중의 이전의 신념과 가치에 새로운 태도나 책무를 결합시키는 것이 통합이다.

설득의 과정에서 윤리적인 측면도 간과해서는 안 된다(Osborn/Osborn, 2006: 429쪽 참조). 이를테면 다음과 같은 윤리적인 측면을 고려해야 한다. ① 이름 부르기를 회피한다. 사람을 공격하는 것이 아니라 문제, 제안된 내용, 아이디어를 언급하는 것이 좀 더 바람직하다. ② 개인적인 관심사에 대해 개방한다.

그렇게 할 때 청중의 참여를 좀 더 많이, 적극적으로 유도할 수 있다. ③ 신념에 해를 끼치는 부분에 대해서 가능하면 언급하지 않는다. 신념을 건드린다고 생각하면 열었던 문도 닫을 수 있기 때문이다. ④ 감정보다는 지식을 중심으로 논쟁한다. 그렇게 되어야만 말하기가 끝나고 나서도 청중을 적으로 만들지 않는다. ⑤ 사실에 바탕을 둔 의견을 간과하지 않는다. 너무 추상적인 의견은 청중들의 관심을 끌기에 적절하지 않기 때문이다. ⑥ 부족한 증거를 숨기기 위해 선동적인 언어를 사용하지 않는다. 결국은 시간이 지나면 곧 부족한 증거는 밝혀지기 때문이다. ⑦ 당신의 제안이 청중들에게 가장 많이 흥미가 있다는 것을 확신한다. 그래야만 자신감을 갖고 청중들을 대할 수 있기 때문이다. ⑧ 단어가 마음을 상하게 할 수 있다는 것을 기억한다. 청중의 입장에 따라서는 "호·불호"가 명확하게 변별되는 용어를 사용함으로써 상처를 받을 수 있기 때문이다. 따라서 가능하면 가치중립적인 단어를 사용한다.

4.1.2. 설득을 교육과 관련시킬 때의 과정

설득을 교육과 관련시킬 때의 과정은 앞에서 언급한 바 있듯이 대체적으로 "(1) 문제 발견하기, (2) 문제에 대해 학습하기, (3) 가능한 해결책을 고려하고 가장 좋은 것 선택하기, (4) 해결책을 옹호하기 위한(주장하기 위한) 준비하기, (5) 해결책을 집단에게 표현하기, (6) 문제나 해결책을 거절하기 위해 집단의 결정 준수하기"와 같은 여섯 단계로 이뤄진다. 다음에서 이들에 대해 좀 더 상세하게 살피기로 한다(Joseph A. Quattrini, 1996: 277－288 참조).

첫째, 문제 발견하기(locating a problem)이다. 설득은 일단 문제가 무엇인지를 확인하는 과정이 가장 먼저 이뤄져야 한다. 한 사람만 문제로 인식하는 것이 아니라 여러 사람들이 문제라고 인식할 때 설득의 효과는 더 커진다. 일단 문제를 발견했다면 발견한 문제를 설득의 대상이 되는 사람들과 공유할 필요가 있다. 문제를 공유하지 않으면 굳이 설들을 할 필요성이 반감될 수 있기 때문이다. 문제의 발견 과정에서 우리는 다음과 같은 활동을 해서 발견한 문제의 중요성을 인식할 필요가 있다.

활동 24-1 문제 선택하기

이 활동의 목적은 당신이 속한 집단의 구성원의 일부가 직면한 실제적인 문제의 일부를 분석해봄으로써 당신이 스피치 화제를 선택하도록 돕는 것이다.

선택한 문제 중에서 가장 중요한 것을 선택하는데 도움을 받기 위해 다음과 같은 질문을 고려한다.

1. 다섯 개의 문제 중에서 어느 것이 가장 많은 사람들에게 영향을 미치는가?
2. 다섯 개의 문제 중에서 문제가 해결되지 않는다면 어느 것이 가장 심각한 결과를 초래할 수 있는가?
3. 다섯 개의 문제 중에서 어느 것이 당신이 생각하기에 가장 강력하다고 느끼는가?
4. 문제의 어느 것이 다른 집단의 구성원들이 볼 때 가장 분개하게, 화나게, 또는 어렵게 하는 것처럼 보이는가?

이 질문에 대한 대답에 대해서 생각하는 것은 당신으로 하여금 가장 적합한 것처럼 보이는 문제를 선택하게 할 때 도움을 주어야 한다. 당신의 결정을 활동철에 잘 기록해놓는다.

둘째, 문제에 대해 학습하기(studying the problem)이다. 문제를 발견한 다음 단계에서는 당신이 고려하고 있는 문제를 가진 설득할 집단을 조사하는 것이다. 조사의 방법으로 여러 가지가 있을 수 있지만 인터뷰도 다양한 방법 중의 하나이다. 문제에 대해 학습할 때 문제의 중요성, 문제의 본질, 문제의 범위(정도), 문제의 가능한 해결책에 대해 집단 구성원이 어떻게 느끼고 있는지를 파악할 필요가 있다. 다음과 같은 활동들을 통해 집단이 가진 문제를 설득을 통해 해결할 단서로 활용할 수 있다.

활동 24-2 내가 소속한 집단이 어떻게 문제를 바라보는가?

이 활동의 목적은 당신이 선택한 문제가 실제적이고 중요하다는 당신의 느낌을 지지하기 위해 더 많은 정보를 확보하게 하는 것이다.

집단 구성원들에게 24-1 활동에서 당신이 선택한 문제에 대해 다음과 같이 질문한다.

1. 당신은 이 문제가 실제적이라고 느끼는가?
2. 당신은 이것이 중요한 문제라는 생각을 가지고 있는데 그 증거는 무엇인가?
3. 당신은 이것이 실제적인 문제가 아니라는 생각을 가지고 있는데 그 증거는 무엇인가?

당신이 한 탐색의 결과에 의할 때 당신이 선택한 문제가 문제 해결을 위한 설득 스피치에 적합하다고 느끼는가? 그렇지 않다면 또 다른 문제를 선택하여 당신의 활동철 목록에 기입하고 동일한 절차를 거치고 적절한지를 다시 점검한다. 한 집단이 문제를 가지고 있고 그것을 실현하지 못할 가능성이 있다는 것을 기억한다. 만일 당신이 그것이 문제라고 믿는다면 중심이 될 만한 주제를 만들어야 한다.

활동 24-3 문제와 관련된 예비 보고서

이 활동의 목적은 다른 동료들에 의하여 행해진 스피치의 중복을 줄이고 교사와 동료들에게 유익한 제안을 하도록 하기 위함이다.

당신이 말하고자 하는 화제 및 조사 결과와 관련된 1분 보고서를 준비한다. 당신의 예비 보고서를 준비하기 위해 다음과 같은 지침을 활용한다.

1. 당신의 학급 구성원들에게 당신이 제기하는 구체적인 문제를 말한다. 문제의 본질, 원인, 정도 등은 자세히 설명하지 않는다. 문제의 본질을 제시하고자 할 때 하나 이상의 예를 제시하지 않는다. 해결책에 대해 토론하지 않는다. 설득하려 하지 않는다. 철저히 정보적이어야 한다.
2. 학급 구성원들에게 이 문제를 가진 구체적인 집단을 말한다.
3. 당신이 조사를 통해 수집한 중요한 자료를 제공한다. 만약 당신의 조사가 집단의 구성원들이 그 문제가 중요하다고 생각하지 않은 것을 나타냈고, 당신이 어떤 식으로든 그것에 관하여 말할 계획을 세웠다면 당신의 결정을 학급 구성원들에게 정당하다고 말한다(주장한다).

프레젠테이션이 끝나고 당신이 받은 피드백을 활동철에 반드시 잘 정리해 두어야 한다. 활동철에 정리해놓은 이러한 내용들은 당신이 설득 스피치를 할 때 적극적으로 활용할 수 있기 때문이다.

활동 24-4 심층 분석

이 활동의 목적은 어떻게 하면 좀 더 문제를 심층적으로 분석할 것인가를 학습하는 것이다.

비록 당신의 스피치에 관한 문제가 단지 작은 집단에만 관련될 수 있지만 다른 집단들도 같거나 비슷한 문제를 가질 가능성이 있다. 예를 들어, 당신의 학생회가 돈이 필요할 수도 있다. 많은 작은 조직들도 돈을 필요로 한다. 올바른 탐색은 당신이 존재하는 동안 지금까지 알지 못했던 기금 조성과 관련된 정보를 제공해줄 수 있다.

심층 탐색을 위해 다음과 같은 일반적인 지시를 따른다.

1. 문제를 가진 구체적인 집단을 더 조사한다. 그 집단의 구성원들이 아닌 전문가나 작자와 인터뷰를 한다.
2. 도서관을 활용한다. 도서관에는 당신에게 유용한 일반적인 정보가 많이 있다. 사서 선생님에게 어떻게 지속적인 자료를 찾는지에 대해 요구한다.
3. 도움을 위한 구체적인 기관을 적는다. 만약 당신의 문제가 클럽이나 학교의 문제라면 도움을 줄 수 있는 곳을 찾는다. 만약 그 문제가 사회 혹은 정치적 문제라면 도움을 줄 전문가를 고용하는 더 큰 조직에 대해 탐색한다. 만약 그 문제가 경제적인 것이라면 노동의 리더나 사업 수행가와 인터뷰한다.

분석을 할 때 당신의 활동철에 수집된 자료를 메모하고 기록한다. 하나의 순서 체계를 가짐으로써 당신은 당신이 스피치를 기록할 준비가 되어 있으며, 당신의 작업은 훨씬 더 나아질 것이라는 것을 발견할 수 있다.

셋째, 해결책을 고려하고 선택하기이다. 문제를 분석하는 과정에서, 문제에 대한 다수의 해결책이 제안될 수 있다. 이들 해결책의 일부는 당신이 상담한 문제로부터 온 것이며 다른 해결책들은 당신이 한 읽기로부터 온 것이다. 문제에 대해 생각하다보면 다른 해결책이 떠오를 수도 있다.

주어진 문제에 대한 많은 가능한 해결책이 있을 수 있기 때문에, 최상으로 보이는 하나의 해결책을 선택하는 것이 필요하다. 만약 그 문제가 소외된 지역의 학생들이 일찍 시작하는 수업에 참여하는 데 어려움을 겪는 것이라면, 가장 좋은 해결책은 아마도 학생들에게 자명종을 제공하는 것은 아닐 것이다(반면에 자명종은 속임수일 수 있다). 유사하게, 모든 학생들이 차를 산다는 제안은 비실용적이고 비현실적일 수 있다. 더 좋은 해결책은 이들 학생들에게 카풀이나 버스를 이용하도록 조정하는 것이다. 다음은 문제 선택하기와 관련된 활동의 하나이다.

활동 24-5 대안(해결책) 선택하기

이 활동의 목적은 당신이 선택한 문제에 대해 최선의 방안을 확인하는 것이다.

다음 질문에 대한 대답을 적는다.

1. 문제가 존재한다는 증거가 무엇인가?
2. 현재 이 문제로 어떤 폐해가 발생하는가?
3. 문제의 정도는 어떠한가?(문제의 정도는 얼마나 되는가?) 얼마나 많은 사람들이 그 문제의 영향을 받는가?
4. 그 문제의 원인은 무엇인가?

당신이 한 대답을 평가한다. 어떤 해결책이 그 문제에 대한 최선으로 보이는가? 그 대안을 선택하고 당신의 활동철에 그것에 대해 상세하게 기록한다.

넷째, 해결책을 준비하고 발표하기이다. 일반 문제에 대한 최상의 해결책을 결정했다면, 당신은 그 해결책을 집단에게 발표하기 위해 스스로 문제를 조직할 필요가 있다. 당신의 과제는 행동하는 것이다. 당신은 당신의 청중들에게 문제에 대해서 느끼고, 당신의 해결책에 대해 동의하고, 그 해결책을 행동으로 옮기기를 원한다. 설득의 힘은 언어의 선택에 크게 의존한다. 청중 접촉 언어, 기술과 행동 언어, 그리고 비유 언어는 설득적 말하기를 할 때 대단히 가치가 있는 보조 장치이다.

효율적인 조직은 설득적 말하기에서 또 하나의 가치 있는 수단이다. 설득적 스피치를 조직하기 위한 다섯 가지 중요한 단계가 있다. "청중의 주의 끌기, 문제의 본질 보이기, 해결책 발표하기, 해결책 시각화하기, 해결책을 청중이 행하도록 호소하기"이다.

① 청중의 주의 끌기(get attention)이다.

청중의 주의를 끄는 몇 가지 효율적인 방법으로는 다음과 같은 것이 있다.

㉠ 문제의 구체적인 예를 제시한다. 문제의 원인, 해악, 문제의 정도를 포함하는 예를 제시하되, 모든 예를 제시하기보다는 필요한 만큼의 예를 제시한다.

㉡ 수사적 질문을 한다. 청중들에게 그들의 흥미를 불러일으키기는 하지만 스스로 그 질문에 큰 소리로 대답할 필요는 없는 질문을 한다. 이런 질문은 약하며 또한 종종 사용된다. 가능하면 최소한으로 사용한다.

㉢ 깜짝 놀랄만한 진술을 활용한다. 청중을 깜짝 놀라게 할 시작 진술을 한다. 동시에 제시된 문제로 직접 이어지도록 진술한다.

㉣ 문자적(literary) 인용으로 시작한다. 시, 격언, 짧은 인용은 종종 문제 전체의 본질을 포함하기 때문이다.

㉤ 증거를 축적한다. 증거를 연달아 제시하되 관련되는 것을 중심으로 하여 발표를 시작한다.

㉥ 유머러스한 이야기를 한다. 요점이 있는 유머는 좋은 시작 방법의 하나이다. 요점이 문제와 확실하게 관련되도록 한다.

② 문제의 본질 보이기이다.

당신은 문제의 범위를 설명하고 싶을 때가 있을 것이다. 예시, 통계, 전문가의 견해를 활용한다. 또한 당신은 문제의 효과를 설명하고 싶어할 때도 있을 것이다. 영향을 받은 사람들에게 문제가 하는 역할은 무엇인가? 이때 예시와 사실을 사용한다. 그리고 당신은 문제의 원인을 설명하기 위해서 노력을 해야 한다. 이 때 종종 원인을 결정하는 것이 가능하지 않을 때도 있다. 끝으로, 당신은 어떻게 문제의 존재가 청자에게 영향을 미치는지를 설명해야 한다. 열악한 조건을 생생하게 기술한다. 청중들이 문제를 느낀다면 그들은 더욱 더 당신의 해결책을 받아들일 가능성이 높아진다.

③ 해결책 발표하기이다.

사용된 절차와 방법에 대해 명확하게 진술한다. 문제를 해결하고자 할 때 비용, 시간, 구성원의 수는 얼마나 필요할 것인지를 명확하게 한다. 유사한 해결책을 다른 곳에서 행해진 것이 있다면 보여준다.

④ 해결책 시각화하기이다.

해결책이 어떻게 원인을 제거할 것인지를 보여준다. 징후를 없애거나 줄이고, 사람들을 도우면 유리한 점이 많아지게 되고, 결론적으로 비용이 줄어들고 효율성은 증대된다. 동시에 제공되는 해결책이 채택되지 않을 경우 어떤 일이 일어날지를 시각화하여 제시한다.

⑤ 청중이 행하도록 호소하기이다.

청중들에게 직접 말하고 그들의 페어플레이 의식, 도움이 된다고 생각되는 그들의 욕망, 지적이라고 생각되는 그들의 욕망, 소유권에 대한 그들의 자부심, 또는 공동체에 대한 그들의 자부심에 호소한다. 청중들에게 당신이 제안한 해결책의 채택과 발달을 위해 도움을 달라고 요구한다. 당신은 또한 스피치의 처음으로 돌아와야 한다. 그리고 행동으로 옮겨주도록 마지막 호소로 연결시키고 다음과 같은 내용을 반영하여 마무리한다.

- 청중들에게 뭔가를 하도록 요구한다.
- 요점을 요약하여 제공한다.
- 어떤 일을 하고자 하는 당신의 의도를 나타낸다.

다음의 활동은 위에서 언급한 내용들을 체화하는 데 도움을 주는 것들이다(이하의 활동은, Quattrini, 1996: Josep. A.을 참조하여 재구성함).

활동 24-6 설득 스피치 준비하기

이 활동의 목적은 당신이 학습한 기능을 활용하여 설득 스피치를 준비하는 것이다.

설득 스피치를 준비하고 연습하고 전달하는 활동을 할 때 여기에 포함되어 있는 단계는 본질적인 측면에서는 앞에서 학습한 정보전달 스피치에서 사용해온 것과 동일하다. 다만 여기서는 주제 공부의 진척 정도를 1분간 요약하여 발표한다. 이것이 차이점이다.

다음 지침들을 당신의 설득 스피치에 적용할 수 있다.

1. 당신의 스피치는 사회자의 도입을 포함하여 8분 이상을 초과해서는 안 된다.
2. 이 스피치에서, 당신은 당신이 해결하기를 시도하는 문제를 가진 집단의 구성원들에게 당신이 말하고자 하는 것처럼 말하기를 할 수 있다. 당신의 동료들은 그런 집단의 구성원으로 행동할 것이다.
3. 의장(사회자)을 활용한다. 당신은 최소한 당신의 프레젠테이션 하루 전에 의장에게 서론을 확실하게 제시해 주어야 한다. 서론에서는 청중이 누구여야 하는지, 다시말하면 여러분이 해결하고자 하는 문제가 있는 집단을 식별해야 한다.

〈설득 스피치를 준비하기 위한 팁〉

구두 읽기 과제에서 당신은 스피치를 위한 청중 분석을 결정할 수 있다. 당신의 청중 분석은 조직하기와 쓰기에 앞서야 한다. 누가 당신의 청중인가를 결정하고 분석하고자 할 때는 다음 항목을 고려해야 한다.

1. 당신이 연설하고자 하는 구체적인 집단
2. 스피치의 구체적인 목적
3. 청중의 수, 평균 연령, 그리고 그들의 교육 배경
4. 집단의 회원은 선택되었는가? 자발적인가? 강요에 의한 것인가?
5. 당신에 대한 청중의 태도에 순위를 부여하면 어떤 상태인가?
   a. 그들은 나를 존경한다.
   b. 그들은 나를 잘 안다.
   c. 그들은 나를 모른다.
   d. 그들은 나를 싫어한다.
   e. 나는 모른다.
6. 청중에 대한 당신의 태도 순위는 어떠한가?
   a. 나는 그들을 가장 좋아한다.
   b. 나는 그들의 대부분을 안다.
   c. 나는 그들의 대부분을 모른다.
   e. 나는 태도가 없다.
7. 청중이 흥미로워 하는 것은 무엇인가?
   a. 그들은 돈을 모으는 것이다.
   b. 그들은 변화에 흥미가 있다.
   c. 그들은 변화를 싫어한다.
   d. 그들은 집단에 관심이 적다.
   e. 그들은 문제를 인식하고 있다.

일단 청중 분석이 끝나면, 당신은 스피치를 조직할 필요성을 느낄 것이다. 앞에서 제시된 다섯 단계를 활용한다.

활동 24-7 설득 스피치 연습하기

이 활동의 목적은 당신의 스피치를 정련하고 당신에게 자신감을 심어주기 위한 것이다.

당신이 스피치의 내용을 철저하게 알 수 있도록 스피치의 개요를 여러 번 읽는다. 그런 다음, 당신이 원고를 거의 기억할 수 있도록 원고를 여러 번 읽는다. 만약 당신이 노트 카드를 사용한다면 당신이 정확하게 요점의 선후관계를 알 수 있도록 전체를 훑어보아야 한다.

그런 다음, 개요와 원고 혹은 카드를 옆에 놓는다. 그리고 친구나 가족 혹은 거울을 활용하여 여러 번 말한다.

스피치를 즐겁게 연습한다. 당신이 뭔가를 위해 싸우고 있다는 것을 기억한다. 열정과 헌신이 대단히 많다는 것을 보여준다. 당신이 학습한 모든 것, 말하자면 몸짓, 조음, 적절한 억양, 강조 등을 기억한다. 준비된 연설의 의도를 정확하게 말한다.

끝으로, 스피치의 주요 단계를 하나의 카드 위에 간단히 적어 둔다. 당신의 기억을 되살리는 것을 돕기 위해 각 단계 아래에 한 두 단어를 쓴다. 주의 깊게 준비하고 연습하면 당신은 카드가 불필요하다. 만약 그렇게 할 수만 있다면 그것을 사용하지 않는다.

활동 24-8 설득 스피치 하기

이 활동의 목적은 당신에게 청중 앞에서 설득 스피치의 경험을 해보도록 하기 위함이다.

만일 여러분이 실제 청중들 앞에 나타난다면 스피치에 꼭 맞게 옷을 입는다. 반이 청중이라고 가정한다.

당당하게 청중 앞으로 걸어간 다음 청중들에게 특별한 의미를 갖게 한다. 의장의 소개에 반응하고, 그 소개가 당신의 실제 스피치를 도울 것이라고 확신한다.

부드러우면서도 직접적으로, 그리고 강력하게 말한다. 시선 접촉을 확실하게 한다. 어떻게 청중들이 당신에게 반응하는지를 알고 대응하기 위해서 주의 깊게 청중들을 지켜본다.

다양한 방법으로 전달한다. 요점에서 성량을 증가시키고 음성의 피치를 올리고 내린다. 또한 그들이 자연스럽고 도움이 될 때마다 적절한 몸짓(제스처)를 사용한다. 특히 요점을 재강조하는 것을 돕는 제스처를 사용한다.

행위로 옮기도록 하기 위한 정서적 호소로 끝맺는다. 진부함을 두려워하지 않는다. 진중하게 행동하고 소리 낸다. 그러면서 청중들이 특별한 의미를 갖게 하고 자리에 앉는다. 어떤 피드백도 주의 깊게 듣고, 활동철에 메모해둔다.

이 스피치를 들으면서 다음 질문을 스스로에게 해본다. 화자가 식별한 특정 집단의 구성원으로서 당신은 다음 내용을 고려하면서 듣고 있다는 것을 기억한다.

1. 이 화자의 진정한 목적은 무엇인가?
2. 문제는 화자가 말하는 만큼 실제적이고 중요한가?
3. 화자는 그가 나에게 받아들일 것을 요구하고 있는 충분한 증거를 제시했는가?
4. 제시되지 않은 증거가 있는가?

5. 화자는 자료의 출처를 제공하는가?
6. 이 문제는 실제로 나에게 영향을 미치는가?
7. 화자는 중요하지 않은 농담, 이야기, 예시, 세부 사항으로 주요 쟁점을 무시하지는 않는가?
8. 화자는 진지해보이는가?
9. 화자는 정직하다는 측면에서 평판이 좋은가?
10. 화자가 사용하는 논리는 좋은가?

4.2. 설득의 원리

설득을 하려면 설득의 원리를 이해할 때 상대를 효과적으로 설득할 수 있을 뿐만 아니라 함부로 설득을 당하지 않는다. 설득의 원리를 제시하면 다음과 같다(동아일보 2001년 2월 8일 목요일 참조).[16] 물론 이러한 설득의 원리는 인간의 심리적인 측면이 강조된 것들이다.

첫째, 상호성의 원리이다. 미국 상이군경협회가 우편모금을 했을 때 18%만이 모금에 응했다. 하지만 무료 회신 봉투를 동봉했을 때는 모금 율이 35%로 뛰어올랐다. 사람들은 이처럼 아무리 작은 것이라도 뜻밖의 선물을 받았을 때에는 은연중에 보답을 해야 한다고 생각하게 된다. 백화점 식품매장에서 제공하는 무료시식 코너도 마찬가지의 예다. 이른바 '주고받기의 원리'라 할 수 있다.

둘째, 일관성의 원리이다. 1998년 미국의 한 유명 레스토랑은 30%에 달하는 예약 파기율을 10%로 줄였다. 예약담당자가 사무적인 말투를 버리고 "예약을 취소하실 때는 전화를 주실거죠?"라고 부탁을 한 것이 효과를 나타냈다. 여기에 "예"라고 답한 고객은 자신의 말에 일관성을 가져야 한다는 의무감을 갖게 되어 예약 취소 때 꼭 전화를 하게 된다.

셋째, 사회적 증거의 원리이다. 건널목에서 갑자기 한 남자가 하늘을 쳐다보면 몇 사람이나 따라할까? 뉴욕 시립대학의 조사에 따르면 단4%만이 그 행동을 따라 했다. 하지만 다섯 명이 하늘을 쳐다보면 18%, 15명이면 40%가 따라했다.

---

16 다음에 소개하는 6가지 설득의 원리는 미국 애리조나 주립대학의 심리학 교수인 로버트 치알디니가 제시한 것이다. 치알디니 교수에 따르면 현대인들은 정보의 홍수에서 살고 있기 때문에 더 이상 과거처럼 여러 정보를 검토, 분석할 수 없기 때문에 다음에 제시된 6가지 설득의 원리에 알게 모르게 반응하게 된다고 한다.

사람들은 다수의 의견이나 행동은 바람직한 것으로 여기는 경향이 있다. 그래서 광고는 얼마나 많은 사람들이 그 제품을 샀는지 열심히 알린다.

넷째, 호감의 원리이다. 사람들은 자신이 잘 아는 사람이거나 또는 자신과 같은 집단에 속하는 사람, 심지어 모르는 사람이라도 외모에 호감이 가는 사람에게 긍정적인 답을 한다. 94년 미국의 한 대학에서 이루어진 자선모금에서 모금자가 "저도 이 학교 학생입니다."라는 말을 했을 때 모금액이 두 배로 증가했다고 한다.

다섯째, 권위의 원리이다. 빨간 신호등이 켜졌을 때 누군가가 길을 건넌다면 다른 사람들의 반응은 어떨까. 55년 텍사스 대학 연구에 의하면 실험자가 캐주얼 차림으로 길을 건널 때보다 정장 차림으로 건넜을 때 따라오는 사람들의 비율이 무려 350%나 늘어났다. 권위에 대한 순종의 원칙을 이용해 기업광고에서는 종종 전문가들이 등장해 제품의 우수성을 보증한다.

여섯째, 희소성의 원리이다. 호주산 수입고기를 슈퍼마켓에 공급하는 미국의 한 회사가 고객들에게 기상 악화로 수입물량이 줄 것이라고 하자, 주문량이 두 배로 늘었다고 한다. 여기에다 기상 정보가 호주 국립기상대에서 나온 정통한 소식이라 했을 때는 6배 가까이 늘었다. 사람들은 유형의 물건이든 무형의 정보든 희소성이 있다면 달려들기 마련이다.

설득의 원리는 환경에 따라 때론 어떤 것이 더 강조되기도 한다. 최근 스탠퍼드 대학은 여러 나라의 시티뱅크 직원들이 동료의 업무협조 요청에 대해 어떻게 반응하는지를 조사해보았다. 이에 따르면 미국인은 "내가 저 사람에게 보답할 일이 있는지(상호성)" 자문했으며, 중국인은 "상사가 시킨 일인지(권위)", 스페인 사람은 "나와 친한 사람인지(호감)", 독일인은 "회사의 규정에 맞는지(일관성)"를 생각했다고 한다. 우리나라는 아마 호감과 권위가 앞서지 않을까?

5 설득의 과제(challenges)

5.1 꺼려하는 청중들을 경청하게 하기 위한 방법

설득적 말하기를 할 때 화자에게 호감을 갖는 청중들도 있지만 호감을 갖지 않는 청중들도 있다. 특히 이 과정에서 호감을 갖지 않는 청중들을 잘 듣게 하는 것이 중요하다. 비호감을 극복하기 위한 하나의 방법에 공동 활동 접근법(co-active approach)이 있다. 이것은 화자와 청자 사이에 존재하는 차이를 연결(넓히는)하는 방법이다. 이러한 접근법의 중요 단계는 다음과 같다(Osborn/ Osborn, 2006: 423쪽 참조).

① 스피치를 할 때 초기에 정체성과 선의를 확고하게 한다. 화자가 청자와 함께 공유할 수 있는 경험, 배경지식, 신념, 그리고 가치를 강조한다.
② 동의하지 않는 영역에서 부딪치기 전에 동의하는 영역에서부터 먼저 스피치를 시작한다. 그렇지 않으면 청중들은 화자가 본론을 말하기도 전에 귀를 닫고 외면하기 때문이다.
③ 논증과 관련된 설명을 강조한다. 거절하기보다는 입장을 설명함으로써 소극적 행동 유발을 회피하고, 청중들로 하여금 당신이 말하는 경우의 장점을 고려하도록 한다.
④ 청중들이 존중하고 수용할 것 같은 권위를 인용하다. 만일 화자인 당신이 호감이 가는 권위에 의한 진술을 발견할 수 있다면 청중들을 설득할 좋은 기회를 얻는 것이 된다.
⑤ 변화를 위한 최적의 목표를 설정한다. 청중들을 너무 멀리, 너무 빨리 밀어내려고 노력하지 않는다. 호감을 갖지 않는 청중들이 당신의 스피치를 듣는다면-만일 당신이 청중들의 인식을 향상시키고, 이해를 위한 기반을 구축한다면-당신은 이미 좋은 거래를 성취한 것이다.
⑥ 호감이 가는 방식으로 화자인 당신의 입장과 청중의 입장을 비교하는 다양한 측면의 프레젠테이션을 만든다. 반대 의견을 존중하는 것, 그리고 왜 다른 사람들도 그러한 입장을 취했는지를 이해하고 있다는 것도 보여준다. 그런 다음 어떻게 이러한 입장이 그러한 지원을 받을 만한 자격을 갖고 있지 않다는 것을 드러낸다. 당신의 태도는 청중들에게 도전적이 되어서는 안 되며, 청중들로 하여금 상황에 대해 새로운 시각으로 보도록 도움을 주어야 한다.

5.2. 책임감을 갖게 하기 위한 장애 제거하기

의사를 결정하지 않은 청중들은 더 많은 정보를 필요로 하기 때문에 결정을 망설일 수도 있고, 그들이 추구하고 있는 가치와 관심사 및 쟁점 간의 관계가 바람직하지 않다고 생각하여 결정을 망설일 수도 있고, 판단과 관련하여 확실성을 인식하지 못하기 때문에 망설일 수도 있다. 이런 과제를 해결하기 위해서 필요한 정보를 제공하고, 가치를 확고하게 하여 적용하게 하고, 신뢰성을 향상시켜야 한다.

5.3. 소극적 태도에서 행동으로 나아가게 하기

소극적인 태도에서 적극적인 행동으로 나아가게 하기 위해서는 “① 열정을 일깨우기, ② 공유된 신념과 가치에 생기를 불어넣기, ③ 향상을 위한 필요를 드러내기, ④ 명확한 행동 목표를 나타내기, ⑤ 수업에서 구체적이 되게 하고 적용하게 쉽게 하기” 등과 같은 활동을 할 수 있다.

5.4. 설득 내용을 비판적으로 듣기

비판적 듣기란 당신이 들은 것의 진실을 평가하기 위해 그와 관련된 충분한 지식이 있을 때까지 들은 것 믿기를 거절하는 과정이다(Joseph A. Quattrini, 1996: 285쪽 참조). 이러한 비판적 듣기는 청자인 당신이 화가가 말한 것의 의미와 화자가 의도하는 것과 관련된 질문을 제기하는 것까지도 포함된다. 비판적 듣기를 잘 하기 위해 다음과 같은 활동을 할 수 있다.

활동 24-9 비판적으로 듣기

이 활동의 목적은 주어진 행동이나 관점으로 당신을 설득하려는 공식적 시도하기에 대해 비판적으로 경청하는 경험을 당신에게 주는 것이다.

설득하는 화자의 말을 듣는다: 다수의 성직자, 경찰, 판매원, 또는 아나운서는 뭔가를 팔려고 노력하는 사람들이다. 사용된 모든 설득 수단을 분석한다. 분석할 때는 음악, 음성, 의복, 동기, 논리, 유머 그리고 평판을 고려한다.

다음 질문을 살피면서 질문에 대해 답한다.

1. 화자의 구체적인 목적 혹은 주제는 무엇이었는가?
2. 설득이 어렵거나 부드러웠는가?
3. 화자가 사용한 설득 장치는 무엇이었는가?
4. 당신은 화자가 원했던 방향에서 설득되고 있다고 느끼는가?

6 논증 모형 이해하기

논증 모형은 다양하게 존재한다. 여기서는 툴민(Toulmin)의 논증 모형을 소개하여 토론은 물론 주장하는 글쓰기를 할 때 활용할 실마리로 삼기로 한다. 영국의 논리학자인 툴민은 삼단논법이 순전히 논리적인 규칙에 의해 필연적인 결론을 이끌어 내는 연역적 사고법만을 나타내주기 때문에 제한적으로 사용될 수밖에 없음을 문제 삼았다. 그는 이런 문제를 보완해서 귀납법적인 사고방법을 결합시켜 논증 모형을 제시했다. 그 모형을 제시하면 다음과 같다(Wood 2001: 124쪽에서 재인용).

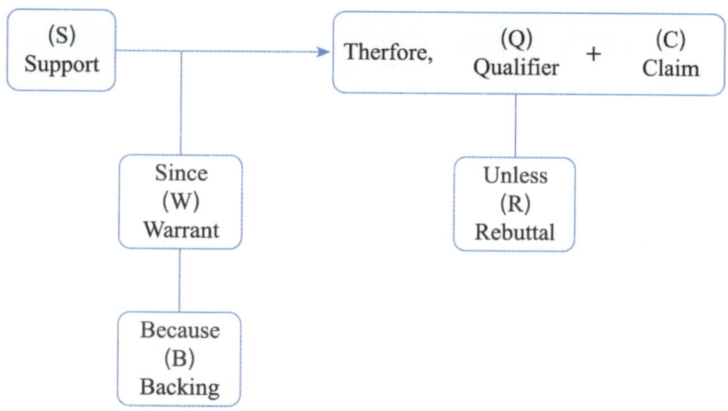

위의 그림에서 "(S), (W), (C)"는 논증의 본질적인 요소이고, "(B), (Q), (R)"은 선택적인 요소이다. "지지 자료(Support)"는 주장을 위한 기본 자료인데, "자료(Data), Evidence(증거), Reasons(이유), Examples(예시), Facts(사실), Grounds(근거), Proofs(증거: 미토스, 파토스, 에토스, 로고스 등), Premise(전제), Statistics(통계), Explanations(예시에 바탕을 둔 설명), Informations(정보), Personal narratives(이야기)"를 같은 의미로 사용하기도 한다(Wood 2001: 128쪽 참조). 이것을 삼단논법으로 말하면 소전제(minor premise)에 해당되는 것인데, 어떤 명제가 진이라는 판단이나 그러한 판단의 근거가 되는 사실들을 의미한다(차배근, 1990: 201 참조).

논증을 할 때 이러한 지지 자료는 "필자가 주장을 확신시키기 위해 제공해주는 추가적인 자료는 무엇인가? 혹은 만일 당신이 필자라면 청중들에게 확신을 심어주기 위해서 제공할 필요가 있는 정보는 무엇인가?"와 같은 질문을 함으로써 발견할 수 있다. 이러한 지지 자료는 주장을 강화해주는 역할을 하기 때문에 주장을 가능하게 해주는 일차적인 자료라고 할 수 있다.

"주장(Claim)"은 "지지 자료(Support)"를 근거로 하여 도출된 결론을 말하는데, 삼단논법의 결론과 같다. "주장(Claim)"은 "주제(Thesis), 주명제(Proposition), 결론(Conclusion), 요점(Main point), 거시 논증(Macro-argument), 정선된 생각(Controlling idea)"과 같은 의미로 사용되고, "하위 주장(Subclaims)"는 "이유(Reasons), 요점(Main ideas), 미시 논증(Micro-arguments), 논증(Arguments), 논증의 윤곽(Lines of arguments), 지지 논증(Supporting arguments), 구체적 쟁점(Specific issues)"과 같은 의미로 사용된다(Wood 2001: 128쪽 참조). "지지 자료"가 "주장"의 앞에 오면 "그러므로"와 연결되어 귀납적 방법이 되지만, 반대로 되면 "Because"로 연결되어 연역적 방법이 된다. 예를 들어, "소크라테스는 사람이기 때문에 언젠가는 반드시 죽는다."와 같은 것은 귀납적 논증에 의한 결론이다. 소크라테스는 물론, 공자, 석가, 예수 등의 여러 사람을 보더라도 언젠가는 모두 죽기 때문에, 이런 내용을 바탕으로 유추해보면 "사람은 언젠가는 모두 죽는다."와 같은 귀납적 결론을 도출해낼 수 있다. 반대로 결론이 앞에 올 경우도 있다. 예를 들어, "모든 사람은 죽는다. 왜냐하면 소크라테스는 사람이고, 사람이라면 언젠가는 죽기 때문이다."와 같이 논리를 전개하면 그것은 연역적 방법이 된다. 툴민의 논증 모형이 갖고 있는 장점은 바로 이러럼 귀납법과 연역법을 동시에 사용할 수 있게 함으로써 지나치게 논리적인 측면을 강조하는 전통적인 삼단논법의 사용상의 어려움을 극복하게 해주는 수단이 될 수 있기 때문이다.

"보장(Warrant)"는 "지지자료(Data)"와 "결론(Conclusion)" 사이의 사고 비약(mental leap)을 보완해서 그 관계를 서로 맺어주는 것으로 삼단논법의 대전제와 같은 역할을 한다. "보장"을 "가정(Assumptions), 일반적 원리(General principles), 넓게 유지되는 가치(Widely held values), 보편적으로 수용되고 있는 신념(Commonly Accepted beliefs), 동기에 대한 호소(Appeals to human motives), 문화적 가치(Cultural values), 예상(Presuppositions), 진술되지 않은 전제(Unstated premises), 일반적으로 수용된 진실(Generally accepted truths)"

과 같은 의미로 사용하기도 한다(Wood, 2001: 128쪽 참조). 보장은 지지 자료와 결론을 연결시켜서 이들이 논리적으로 비약되는 것을 막아주는 장치인데, 위에서 볼 수 있는 것처럼 여기에는 "일반적으로 가정하고 있는 것이라든가, 문화적 가치, 일반적으로 수용된 진리"를 전제로 하여 지지 자료에서 결론으로 나아가게 하는 징검다리 역할을 하고 있다. 따라서 이러한 보장이 수용되지 않으면 결론 또한 수용되기 어렵다.

보장이라는 용어는 우리에게 익숙하지 않다. 이 용어를 우리들에게 익숙한 용어로 말하자면 주장과 지지 자료 사이가 튼튼해지도록 연결시켜주는 "근거"라고도 할 수 있다. "주장의 근거가 튼실해야 주장이 좀 더 설득력을 갖는다."라고 말할 때 근거는 지지 자료와 주장을 연결시켜주는 고리의 역할을 한다. 이 근거가 일반적인 믿음과 일치하고 사회 통념을 위반하지 않을 때 주장은 설득력을 얻는다고 말할 수 있다. 논증에서 가장 중요한 핵심은 바로 이 근거의 충실성 여부라고 할 수 있다. 근거를 충실하게 "설명"할 수 있을 때 필자는 좀 더 능동적으로 독자를 설득할 수 있고, 독자는 필자가 근거를 충분하게 설명해 줄 때 더 잘 이해할 수 있다. "Backing"은 수용자가 주어진 보장을 쉽게 받아들이지 않을 경우에 추가되는 것으로써 "보충설명(보강)"으로 번역할 수 있다. 보충설명을 통해 근거가 확실하다고 보여줌으로써 논증 내용을 좀 더 확실히 할 수 있고, 이를 읽거나 듣는 사람들은 좀 더 확실히 신뢰할 수 있다. 또한 몇몇 논증에서는 근거가 여러 개여서 가장 적절한 근거가 무엇이 되어야 할 것인가에 대해 경쟁적일 수가 있거나 서로 충돌이 일어날 수 있다. 이 경우에 이러한 문제(경쟁이나 충돌)를 해결하도록 하기 위해서 추가적 정당화의 형태로 근거를 강화하기 위해 활용될 수 있는 것이 바로 보충설명이다.

"Rebuttal"이란 "주장(Claim)"에 대한 제한적 진술(명제)인데, "다만, ~하지 않는 한"과 같은 한정어를 포함한다. 이것을 "반박"으로 번역할 수 있는 이유는 상대 주장도 일정 부분 수긍할 수 있는 부분이 있음을 인정하자는 것이다. 그렇다고 하여 내 주장을 철회하기 위한 것이 아니고 내 주장의 단점을 인정하면서 상대를 설득하는 면 또한 일상적인 설득 과정에서 있을 수 있기 때문에 이런 점을 반영한 것이 반박이다. 그래서 이러한 반박은 주장(결론)에 대한 "유보(Reservations)"와 같다고도 할 수 있다. 유보를 함으로써 좀 더 신중한 결론 도출을 담보할 수 있기 때문이다.

이러한 반박은 논증의 내용에 대해서 무엇이 잘못 되어 있고, 무엇이 유효하지 않으며, 수용할 수 없는 것은 무엇인지, 그리고 반대 논증을 한다든지 또는 쟁점과 관련된 요점을 중심으로 보았을 때 다른 전망을 표현하는 새로운 논증을 말한다(Wood 2001: 138쪽 참조). 주장의 타당성을 반증하기 위해서 화자는 지지 자료(support)가 잘못이라는 것을, 혹은 근거가 잘못이거나 믿을 수 없다는 것을 논증할 수 있다.

"한정(Qualifier)"은 "주장(Claim)"의 앞에 붙어서 그 확실성의 정도를 "한정해주는" 수식어이다. 예를 들어, "아마도, 십중팔구"와 같은 것을 말한다. 이것은 일상생활에서 늘 사용하듯이 주장을 하지만 그 주장이 "100%"옳다고 말할 수 있는 경우는 거의 없다. 따라서 이점을 고려하여 자기주장의 문제점을 보완하기 위한 장치로 이러한 수식어를 사용할 수 있다.

앞의 그림에서 보면 "since, because, therefore, unless" 등이 제시되어 있는데, 그것은 "근거(보장)이나 보충설명(보강), 결론의 도출 및 반박을 안내해주는 지표"로 작용한다. 이러한 지표를 인식함으로써 좀 더 명확하게 주장과 그에 따른 자료를 분석하고 해석할 수 있게 된다. 다음 그림은 앞에서 논의된 툴민 모형의 예를 제시한 것이다(차배근, 1990: 202쪽에서 인용). 이 모형을 중심으로 앞에서 논의된 것들을 다시 한 번 정리하기로 한다.

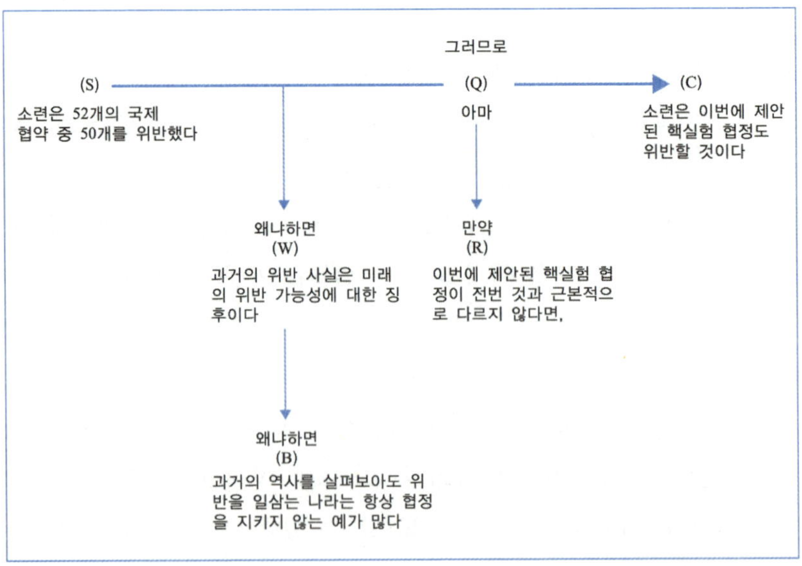

위의 "툴민 모형의 6개의 요소 예시"에서 볼 때, "소련이 이번에 제안된 핵실험 협정도 위반할 것이다."는 결론이다. 이러한 결론이 도출된 근거 자료는 "소련은 52개의 국제 협약 중 50개를 위반했다."이다. 52개의 협약 중 50개를 위반한 것을 유추할 때 소련은 이번에도 핵실험 협정을 위반할 것이라는 결론을 도출하고 있다. 이러한 결론 도출 방식은 연역적 사고방식에 의한 것이다. 그런데 이러한 결론이 사고의 비약을 하지 않도록 해주는 장치가 보장(대전제)인데 그것은 "과거의 위반 사실이 미래의 위반 가능성 징후이다."는 것이다. 그런데 이러한 전제에 대해 "과거의 위반 사실이 미래의 위반 가능성 징후는 아니다."라는 신념을 가진다면 위와 같은 결론 도출은 설득력이 없어진다.

근거(보장)를 좀 더 보완하기 위해서 다시 보충설명(보강)을 하고 있다. 그것은 "과거의 역사를 살펴보아도 위반을 일삼는 나라는 항상 협정을 지키지 않는 예가 많다."는 통계적 자료(미흡하지만)를 사용하여 보장을 강화(보강)하고 있다. 그리고 이러한 자료와 보장 및 보강을 바탕으로 하여 결론을 도출하기는 했지만 결론을 100% 확신을 할 수는 없기 때문에 "아마"라는 장치를 활용하여 협정을 지킬 가능성을 남겨두고 결론을 이끌어 내리고 있다. 이러한 결론을 내릴 경우에도 만약에 "이번에 제안된 핵실험 협정이 전번 것과 근본적으로 다르지 않다."는 가정이 충족될 때 이러한 결론의 도출이 유효한 것이지 "근본적으로 다르다."면 이러한 결론 도출은 오류를 범할 수 있다. 그래서 "아마"나 "만약"과 같은 제한 장치를 사용하여 결론 도출의 신뢰성을 증대시키고자 하는 것이다.[17]

17 포항공대 김병원 교수가 툴민의 논증구조를 활용하여 토론 6단 논법을 말하고 있는데("생각의 충돌", 2000, 자유지성사), 용어 선택에서 주의할 필요가 있다. 이 글에서 사용하는 용어와 대조하면 다음과 같다. 이 글에서 사용하는 "근거"를 김교수는 "설명"이라는 용어로 사용하고 있다고 생각된다. 그리고 보충설명을 설명의 개념에 포함하여 사용하고 있다고 생각된다. 이 글에서 사용하는 "한징"을 "예외의 징리"로 사용하고 있다고 생각되며, "빈박"은 "빈론꺾기"라는 용이로 사용하고 있다. 원래 툴민이 말하는 "반박"은 결론의 "유보"를 의미한다고 생각된다. 그런데 김병원 교수가 이를 토론에 활용하는 과정에서 "반론꺾기"라는 용어로 사용하고 있다. 결론의 "유보"가 "좀 더 신중하게 결론을 이끌어 내자."라는 의미가 툴민의 논증 구조에 더 적합한 용어라고 생각된다. 다만 이것이 논증 구조 자체를 위한 것이라기보다는 그것을 토론에 활용하는 측면을 강조하고 있기 때문에 김병원 교수의 용어는 수용되어도 무난하리라고 생각된다.

7 툴민 논증 모형의 활용

위에서 툴민의 논증 모형을 살펴보았는데, 이것을 왜 이해하고자 하는가? 여러 가지 이유가 있겠지만 여기서는 다음과 같은 몇 가지 이유 때문에 논증 모형을 이해할 필요가 있다.

첫째, 이 논증 모형을 설득적 글쓰기(말하기)에 활용할 수 있다. 설득하는 글쓰기도 글쓰기인 이상 일반적인 글쓰기의 과정과 비슷하다. 다만 설득하는 글쓰기의 경우 이유와 근거가 명확해야 하고 상대 주장의 이유와 근거에 대해서도 반박을 할 필요성이 제기되기 때문에 이 경우에 적극적으로 활용할 수 있다. 이 모형은 모형 자체가 하나의 "구조화된 틀"이기 때문에 별도의 내용 조직하기를 할 필요가 없이 이 모형에 맞춰 본질적인 요소를 뼈대로 하여 내용을 채우는 활동을 하고 부가적 요소를 보완하면 한 편의 완결된 말(글)을 만들어 낼 수 있다.

설득하는 글쓰기에는 설득하고자 하는 내용의 핵심인 주장이 있어야 한다. 모형을 바탕으로 그 모형을 활용하려면 모형에 해당되는 기본 요소를 우선하여 관련된 내용을 채워야 한다. 먼저 주장이 무엇인지를 명확하게 한다. 위의 모형에서 "C"이다. 이것을 명확하게 한 다음 "연역적으로 전개할 것인가? 아니면 귀납적으로 전개할 것인가?"를 결정한다. "Data"를 먼저 언급하고 "Claim"을 언급한다면 귀납적인 방법을 활용하는 것이 되고, 반대로 하면 연역적인 방법이 된다.

주장에는 "① 사실의 주장: 무엇이 일어났는가? 그것이 존재하는가?, ② 정의의 주장: 그것이 무엇인가? 우리는 어떻게 그것을 정의해야하는가?, ③ 원인의 주장: 무엇이 그것을 일으켰는가? 그것의 결과는 무엇인가?, ④ 가치의 주장: 그것이 좋은가? ⑤ 정책의 주장: 우리는 그것에 대해 무엇을 해야 하는가?" 등이 있다. 이것을 다시 정리하면 "①~③, ④, ⑤"로 분류할 수 있다. "①~③"은 사실에 바탕을 둔 주장이고(사실 명제), "④"는 가치에 바탕을 둔 주장이고, "⑤"는 정책(의지)에 바탕을 둔 주장이다. 이들 중 어떤 주장을 할 것인지는 상황과 필자의 선택에 달려있다. 현재의 가치에 대해 주장을 하고자 한다면 가치를 중심으로 주장을 해야 할 것이며, 앞으로 어떻게 되어야 한다는 의지를 표명하는 것이라면 정책(의지)을 주장해야 할 것이다.

주장을 결정하고 "적절한 이유와 근거"를 들어 주장과 연결시키는 활동을 하면 일단 두 개의 요소는 활용하는 셈이 된다. 그런데 이러한 이유와 근거가 결론으로 연결되는 과정에서 논리적 비약이 있을 수 있다. 자료에서 결론으로의 논리적 비약을 방지하기 위한 장치가 근거(보장)이다. 이는 앞에서 말한 것처럼 대전제에 해당된다. 대전제가 잘못되면 결론은 물론 잘못된 것이기 때문에, 이 과정에서 자료와 결론의 연결 고리를 다시 한 번 확인한다. 이런 활동이 끝나면 중요한 세 가지 본질적 요소에 대한 말하기(글쓰기)는 끝이 난다. 다음 내용들(보충설명, 한정, 반박(유보))은 논증 내용 중에서 추가할 필요가 있을 때 가능하다.

보충설명(보강)은 근거(보장)를 뒷받침해주는 보조 장치이다. 근거(보장)가 이해하기가 어렵거나 이해하기 쉽더라도 좀 더 쉽게 이해할 수 있도록 추가적인 정보를 제공할 수 있다. 전제와 관련된 전문가의 의견이나 증언을 첨가한다거나 관련된 적절한 예를 첨가한다거나 공통의 근거(이유)를 추가하는 것도 관련된 정보를 뒷받침하는 것이라고 할 수 있다. 필자와 독자(청중)의 생각이 다를 수 있기 때문에 주장이 설득력을 얻으려면 이런 부분도 늘 고려해야 한다. 설득력이 약하다고 생각되면 그것을 보완할 내용들을 찾아서 보충해야 한다.

모든 논증이 완전하게 확실성(certainties)을 담보해주지 않는다는 점을 기억해야 한다. 왜냐하면 논증은 결국 가능성(probabilities)의 문제를 다루는 것이기 때문이다. “결코, 항상, 가장 많은, 최악의” 등과 같은 말은 사용하지 않는 것이 바람직하다. 세상의 일 중에 100% 확실성을 보장하는 일은 그렇게 많지 않기 때문이다.

반박도 활용될 필요가 있다. 반박은 “이 쟁점과 관련된 다른 가능한 관점은 무엇인가?”와 같은 질문을 해봄으로써 글쓰기에서 활용할 수 있다. 글을 읽을 경우에는 “그러한 문제에 대해 나는 어떻게 답변할 수 있을까?”와 같은 질문을 함으로써 아이디어로 활용할 수 있다.

둘째, 이 논증 모형은 설득하는 글쓰기(말하기)를 평가하기 위한 기준으로 활용될 수 있다. 설득하는 글쓰기를 할 경우에 어떤 기준을 가지고 평가해야 할지를 결정하기 어려울 때가 많다. 이럴 경우에 이 모형을 기준으로 삼아 평가를 할 수 있다. 보통 주장은 글에 제시되어 있기 때문에 크게 고려하지 않아도 된다. 주장을 언급하지 않는 설득하는 글쓰기는 거의 없기 때문이다. 그러면 나머지 다섯 가지 요인을 중심으로 평가를 해야 하는데, 우선 고려할 수 있는 것으로 자료와 보장이다. 자료가 “적절한 이유와 근거”로 되어 있는지를 평가의 기준으로 삼을 수 있다. 이유는 주장에 대한 의견이라면 근거는 그 의견을 뒷받침해주는 객관적인 지표이다. 비유적으로 말하면 이유는 주장이라는 다리를 받쳐주는 기둥이고, 근거는 그 기둥을 지지해주는 기초라고 할 수 있기 때문에, 근거가 튼실할 때 다리의 기둥은 더 객관성을 확보할 수 있다. 따라서 다리를 받쳐주는 이유(기둥)가 좀 더 많은 사람들이 수용할 수 있는 것일 때 좋은 것이고, 기둥을 받쳐주는 기초(근거)가 좋을 때 더 좋은 글이라고 할 수 있다.

근거(보장)도 평가의 기준으로 삼을 수 있다. 앞에서 말했지만 근거(보장)는 "문화적 가치, 널리 수용되고 있는 신념" 등 매우 다양하다. 이러한 근거가 합리적으로 사용되고 있는지를 고려하여 평가의 기준으로 삼을 수 있다. 근거가 합리적으로 사용되지 못하여 지지 자료와 결론을 잘 못 연결 짓게 만들면 좋은 근거라고 말할 수 없다. 또한 자료와 결론을 연결 짓는 근거가 보통 생략되기도 하는데, 이 과정에서 생략된 근거를 찾아내어 평가의 기준으로 삼음으로써 "좋은 글쓰기인지, 아닌지"를 평가할 수 있는 기준으로 삼을 수 있다. 그 외 "보충설명, 한정, 반박"도 평가의 기준으로 삼을 수 있다. 근거를 뒷받침해주는 내용으로서의 보충설명이 잘 선택되어 활용되고 있는지도 평가의 기준이 될 수 있고, 반박이 어떻게 활용되고 있느냐도 평가의 기준으로 삼을 수 있다.

셋째, 사고력 향상 훈련의 과정으로도 활용할 수 있다. 인간의 사고는 매우 다양하지만 여기서는 앞에서 연역적 방식과 귀납적 방식을 언급했기 때문에 연역적 방식에 의한 사고법과 귀납적 방식에 의산 사고법으로 나눠 설명하기로 한다. 귀납적 사고방식을 훈련하기 위해서 자료(Data)를 바탕으로 결론을 이끌어내는 과정 훈련을 통해서 사고력을 향상시킬 수 있다. "학급의 대표가 홍길동이 되어야 한다."는 주장을 한다고 해보자. 여러 가지 이유를 들 수 있을 것이다. "책임감이 강하기 때문"을 이유로 들 수 있을 것이다. 그러면 책임감이 강하기 때문에 홍길동이 학급의 대표가 되어야 한다는 주장을 하는 것이 되고 이것은 귀납적 사고 훈련 방식이다. 반대로 홍길동이 학급의 대표가 되어야 한다고 주장한다고 생각해보자. 그렇다면 당연히 자연스럽게 "왜 그렇지"와 같은 생각이 떠오를 수 있다. 그러면 홍길동이 학급의 대표가 되어야 하는 이유는 "그가 책임감이 강하기 때문이고(소전제), 책임감이 강한 사람이 학급의 대표가 되는 것이 정상이다(대전제)"는 이러한 주장을 하는 이유가 된다. 이러한 주장은 연역적 사고방식에 의한 것이다. "책임감이 강한 사람이 학급의 대표가 되는 것이 정상이다(대전제: 보장), 홍길동은 책임감이 강하다(소전제). 그래서 결과적으로 홍길동이 학급의 대표가 되어야 한다."고 논리를 전개하면 그것은 연역적 사고방식을 바탕으로 한 사고 전개 방법이 되는 것이다. 설명은 이렇게 할 수 있지만 이런 사고 과정에 대해 습관을 갖게 만들고, 훈련을 함으로써 생각하는 능력을 키우는 활동은 인내와 끈기가 필요하다.

8 설득하는 말하기 연습

설득하는 말하기를 잘 할 수 있는 좋은 방법이 토론하는 것이다. 토론은 문답형 토론에서부터 토의형 토론과 논쟁형 토론에 이르기까지 다양하다(강치원, 2007: 378~379쪽 참조). 토론을 하고자 할 때는 "토론의 논제를 정하고, 토론 준비를 하고, 절차와 규칙에 따라 토론을 하는 것"이 일반적이다. 여기서는 이들에 대해 좀 더 상세하게 살피기로 한다.

8.1. 토론의 논제 정하기

토론의 논제는 토론을 하기 위한 가장 기본적인 출발점이다. 그렇기 때문에 어떤 논제를 가지고 토론을 하느냐에 따라서 토론의 참여 정도가 달라진다. 논제를 정하는 방법은 매우 다양하다. 이미 정해진 논제가 있을 수 있다. 이 경우에 적극적인 참여를 유도하기가 어렵다. 그렇다면 적극적인 참여를 유도하려면 어떻게 해야 하는가? 참신한 논제를 설정해서 적극 참여하게 하는 것도 한 방법이지만 여기서는 "자료를 읽고 그것을 바탕으로 논제를 찾는 방법"을 한 가지 소개하고자 한다. 두 가지의 예를 들고자 한다. 하나는 초등학교 저학년이나 중학년에 적합한 문답형 토론의 논제를 어떻게 설정할 것인가에 대한 것이고, 다른 하나는 고학년에 적합한 논쟁형 토론에 적합한 논제를 어떻게 설정할 것인가에 대한 것이다.

먼저 읽기 자료를 제시하면 다음과 같다("우리들의 일그러진 영웅", 7차 초등학교 읽기 교과서 12~15쪽에서 인용).

활동 24-10 논제 설정을 위한 글 비판적으로 읽기

이 활동의 목적은 토론의 논제를 설정하기 위해 글을 읽을 때 어떻게 읽는 것이 바판적으로 읽는 것인지를 탐색하기 위함이다.

〈우리들의 일그러진 영웅〉

그때껏 서울에서 내가 보아 왔던 반장들은 하나같이 힘과는 거리가 멀었다. 집안이 넉넉하거나 운동을 잘 해 거기서 얻은 인기로 반장이 되는 수도 있었으나, 대개는 성적순으로 반장, 부반장이 결정되었고, 그 구실도 반장이라는 명예를 빼면 우리와 선생님 사이의 심부름꾼에 가까웠다. 드물게 힘까지 센 아이가 있어도, 그걸로 아이들을 억누르거나 부리려고 드는 법은 없었다. 다음 선거가 있을 뿐만 아니라, 아이들도 그런 걸 참아 주지 않는다는 까닭이었다.

그런데 나는 그 날, 전혀 새로운 성질의 반장을 만나게 된 것이었다.

"반장이 부르면 다야? 반장이 부르면 언제든 달려가서 대령해야 하느냐고?"

그래도 나는 사내다운 꿋꿋함으로 마지막 저항을 하여 보았다.

그 때, 알 수 없는 일이 벌어졌다. 그런 말이 떨어지자마자, 구경하고 있던 아이들이 갑자기 큰 소리로 웃어 댔다. 내가 무슨 바보 같은 소리를 하였다는 듯, 그때껏 나를 을러대던 두 녀석과 엄석대까지를 포함한 많은 아이들 모두가 입을 크게 벌리고 떠들썩하게 웃어 댔다. 나는 어리둥절하였다. 겨우 정신을 가다듬어, 내가 한 말 어디가 그토록 웃게 만들었는지 생각하여 보고 있는데, 미화부장이라는 녀석이 웃음을 참으며 물었다.

"그럼 반장이 부르는데 안 가? 어디 학교야? 어디서 왔어? 너희 반에는 반장이 없었어?"

그런데 그 무슨 어이없는 생각의 변화였을까? 나는 문득 무엇인가 큰 잘못을 하고 있다는 느낌, 특히 담임 선생님께서 부르시는데 뻗대고 있었던 것과 흡사한 착각이 들었다. 어쩌면 그 때까지도 멈춰지지 않고 있던 아이들의 왁자한 웃음에 기가 죽어, 그게 굴욕적인 복종인 줄 알면서도 석대의 말을 따랐는지도 모를 일이었다.

내가 머뭇머뭇 그에게 다가가자, 엄석대는 그 동안의 웃음을 그치고 웃는 얼굴로 바꾸며 물었다.

"나한테 잠깐 오기가 그렇게도 힘들어?"

목소리도 전과 달리 정이 듬뿍 묻어나는 듯하였다. 나는 그 너그러움에 하마터면 감격하여 펄쩍 뛰며 머리를 저을 뻔하였다. 아까보다는 다소 덜하기는 하였어도, 아직은 나를 강하게 지배하고 있는 어떤 거부감이 겨우 그런 자존심 상하는 짓을 막아 주었다.

엄석대는 확실히 놀라운 아이였다. 그는 잠깐 동안에, 내가 그에게 억지로 끌려갔다는 느낌을 깨끗이 씻어 주었을 뿐만 아니라, 내가 담일 선생님께 품었던 야속함까지도 풀어 주었다.

"서울 무슨 학교랬지? 얼마나 커? 물론, 우리 학교와는 댈 수 없을 만큼 좋겠지?"

먼저 그렇게 물어 주니, 엄청나게 많은 학생 수와 오랜 전통이 있으며, 서울에서도 공부 잘 하기로 소문난, 내가 다니던 학교를 자랑할 수 있게 해 주었고,

"공부는 어땠어? 거기서 몇 등이나 했지? 다른 건 뭘 잘해?"

그렇게 물어 줌으로써, 내가 4학년 때 국어 과목에서 우등상을 탄 것이며(그 때, 이미 그 학교는 과목별로 우등상을 주었다.), 도한 그 전해 가을에 경복궁에서 열린 어린이 미술 대회에서 특선한 것을 자연스럽게 자랑할 수 있도록 하여 주었다.

그것만도 아니었다. 마치 내 마음 속을 읽었기나 한 듯, 석대는 내 아버지의 직업과 우리 집안의 살림살이도 물어 주었다. 그 덕분에 나는 또한 특별히 내세운다는 느낌을 아이들에게 주지 않고도 군청에서 군수 다음 가는 자리에 있는 내 아버지와 우리 집안의 넉넉함을 아이들 앞에 드러낼 수 있었다.

"좋아. 그럼……."

이런저런 얘기를 다 듣고 난 엄석대는 어른처럼 팔짱을 끼고 무언가를 생각하는 눈치더니, 제 줄 앞의 앞엣자리를 가리키며 말하였다.

"너는 저기 앉도록 해. 저기가 네 자리야."

그 갑작스러운 지시에 나는 약간 정신이 들었다.

"선생님이 조기 앉으라고 하셨는데……."

문득 되살아나는 서울에서의 기억으로 그렇게 대꾸하였지만, 얼마 전의 투지는 되살아나지 않았다. 엄석대는 내 말을 못 들은 척 넘어 갔다.

"어이, 김영수, 여기 이 한병태와 자리 바꿔."

석대가 그 자리에 앉았던 아이에게 그렇게 말하자, 그 아이는 두말하지 않고 책가방을 챙겼다. 그 아이의 철저한 복종이 다시 묘한 힘으로 나를 몰아, 잠시 머뭇거린 것으로 저항을 마치고 나도 자리를 옮겼다.

위의 글을 읽고 아래에서 언급된 내용과 관련된 활동을 자유롭게 해보자.

1. 글을 읽을 때 어떻게 읽으면 비판적으로 읽는 것인지에 대해 토론해보자.

여기서는 12장에서 언급된 "관심 도표"와 13장에서 언급된 "주제 파악 전략"을 활용하여 논쟁형 토론을 위한 논제를 설정하는 과정을 설명하고자 한다. 다음과 같은 과정을 거쳐서 토론의 논제를 설정할 수 있다.

8.1.1. 글 읽기

먼저 글을 읽으면서 "①읽은 글이 무엇에 대한 글인가?, ②무엇의 무엇에 대한 글인가?, ③무엇의 무엇이 어떠하다는 것인가?"에 대한 답을 찾아보는 활동을 한다.

8.1.2. 관심 도표 활용하기

13장에서 언급된 관심 도표를 활용한다. 이를 활용하기 위해 A4용지를 준비하고 9개의 칸이 되도록 접는다. 맨 위의 왼쪽부터 오른쪽으로 장소, 사람, 활동의 순서로 개념을 칸 위에 적는다. 다음 칸을 바꿔 일, 사건, 아이디어의 순서로 개념을 칸 위에 적는다. 그런 다음 칸을 바꿔 가치, 문제, 관심사의 순서로 개념을 칸 위에 적는다.

8.1.3. 칸에 개념 채워 넣기

위의 개념을 생각하면서 글을 다시 읽고 관련되는 개념을 각 칸 속에 채워 넣는다. 이 경우에 몇 개의 개념을 채워 넣는가는 채워 넣는 사람들의 자유로운 판단에 의해 결정된다. 그리고 반드시 9개의 칸을 만들 필요는 없다. 6개도 좋고 그 이하도 가능하다. "우리들의 일그러진 영웅"을 읽고 관련되는 활동을 해보자(글을 읽으면서 9개 중에서 생략해도 좋을 것이 있으면 생략한다. 다음에 제시된 내용은 위의 글과 원전(이문열, 1987: 13~79쪽(문학과사상사)을 읽으며 관련되는 내용을 도출한 것이다(위에 제시된 교과서의 글은 원전의 17~19쪽에서 발췌되었고, 문맥이 수정되어 제시되어 있음).

① **장소**: 교실

② **사람**: 엄석대, 한병태, 한병태 아버지, 엄석대 친구들, 4~5학년 때의 선생님, 6학년 때의 선생님

③ **활동**

- 엄석대(가 즐기는 활동): 명령, 조직 장악, 불의의 조장
- 한병태(가 즐기는 활동): 저항(도전), 굴복, 순응, 위기 순간에 엄석대 옹호
- 한병태 아버지 : 엄석대 동정(불의 인정)
- 엄석대 친구들 : 엄석대 돕는 활동, 배반, 기회주의자

–4~5학년 때의 담임선생님 : 맹목적 믿음

–6학년 때의 담임선생님 : 냉철한 지성, 비판적 자유, 합리적 의지

④ 일(어떤 일에서 즐거움을 발견하는가?)

–엄석대: 자유와 인권을 무시한 편의와 효용성, 교활한 독재

–한병태: 민주주의를 바탕으로 한 합리적 사고, 고발정신, 고자질 아님

–4~5학년 때의 선생님: 편한 것이 좋음

–6학년 때의 선생님: 새 담임선생님의 관여로 인해 엄석대 체제를 붕괴시킴

–엄석대 친구들 : 복종, 기회주의자

⑤ 사건(가장 중요하다고 생각하는 사건)

–엄석대와 한병태의 만남

–주먹 싸움, 편가르기 시도, 공부, 약점 찾기 등을 시도했지만 모두 실패

–체제의 변화를 유발한 시험지 바꿔치기

–한병태가 엄석대를 고발했지만 선생님의 무관심으로 병태만 곤란해짐

–6학년 선생님이 엄석대의 비위를 발견함

–불의에 대한 친구들의 묵인과 엄석대의 노련함에 끌려들어가는 한병태의 이중성

⑥ 가치(어떤 가치를 중요하게 생각하는가?)

–엄석대: 편의와 효용성, 권위주의

–한병태: 평등 지향, 합리와 자유 의지 지향

–4~5학년 때 선생님: 새로운 변화를 귀찮고 성가셔함

–6학년 때 선생님: 새로운 변화를 적극적으로 이끌어 감

⑦ 문제(어떤 문제에 관심이 있는가?)

–엄석대: 불합리와 폭력에 기초한 불의와 권위

–한병태: 불합리에 대한 도전, 자유와 합리적 의지가 반영되는 사회 갈망

–주인공은 누구일까?

8.1.4. 관심 도표를 활용하여 토론 주제(논제) 생성하기

자신(혹은 집단)이 만든 관심 도표를 활용하여 토론의 토픽(주제)를 만들 수도 있고, 자신이 만든 관심 도표와 다른 집단이 만든 도표를 참조하여 토픽을 만들어 낼 수 있다. 생성할 토픽이 상대와 정보를 공유하는 것이라면(정보전달

이라면) 상대가 만든 관심 도표와 자신이 만든 관심 도표를 활용하되 공통점을 중심으로 생각을 연결한 다음 가능한 토픽을 생성할 수 있다. 토론을 위한 토픽을 발견하는 것이 목적이라면 자신(혹은 팀)과 다른 생각을 하고 있는 관심 도표를 활용하되 찬반의 대립이 명확한 것을 토론을 위한 토픽으로 삼을 수 있다. 자신의 관심 도표와 타인의 관심 도표(예상한 것임)를 활용하여 토론을 위해 생성한 토픽의 내용을 제시해보면 다음과 같다.

① 주제 파악

먼저 주제를 파악해보자. 앞에서 학습한 내용을 되살린다. 이 글은 무엇에 대해 언급하고 있는가? 반장에 대해 언급하고 있다. 다시 무엇의 무엇에 대해 언급하고 있는가? 반장의 역할에 대해 이야기하고 있다. 이것이 화제이다. 그러면 그 화제가 어떻다는 것인가? 서울에서 경험했던 반장의 역할과 전학 와서 경험한 반장의 역할이 "다르다는 것을 알게 되었다"는 것이다. 이제 화제와 초점을 맞춰 생각을 정리한다. "반장의 역할이 다르다는 것을 알게 되었다."와 같이 정리할 수 있다. 이것을 명사형으로 만들면 주제가 된다. 그러면 "반장 역할의 다름에 대한 새로운 인식" 정도가 될 수 있다. 이것이 이 글에서 말하고자 하는 주제이다. 그러면 이러한 주제를 중심으로 앞으로 생각을 정리해 나갈 수 있다. 다만 이글은 앞뒤에 생략된 내용이 많기 때문에 다른 주제를 설정할 수 있지만 이 부분을 중심으로 보자면 글의 주제는 "반장 역할의 다름에 대한 새로운 인식" 정도가 될 수 있을 것이다.

② 관심 도표를 활용한 화제 생성하기

– 이 글의 주인공을 누구로 하면 좋을까? 적절한 이유와 근거를 들어 토론해보자(문제와 사람의 결합)

생성 이유: 이러한 토론 주제 생성은 글을 읽고 토론이 될 만한 것이 무엇인지를 찾는 과정에서 생각해낸 것이다. 힌트는 앞에서 전개한 관심도표 항목 중 "문제"에 있다. 반장과 관련된 논의가 있었고, 서울에서 시골로 전학 온 내가 새로운 학급에 속하면서 겪는 중요한 일이 반장의 역할에 대한 새로운 인식이었다. 그렇다면 여기서 좀 더 나아가 사람과 연관 짓는 활동을 할 수 있다. 여기에 등장하는 사람은 누구인가? "엄석대와 서울에서 새로 전학 온 나(한병태)"이다. 이 둘 중에서 누구를 주인공으로 생각하면 좋을지 각자의 입장을 정하고, 그렇게 정한 이유와 근거를 들어 토론해보는 활동을 할 수 있다.

– 엄석대와 한병태는 어떤 가치를 중요하게 여기는가? 적절한 이유와 근거를 들어 토론해보자(가치).

생성 이유: 이 글에서 보면 엄석대는 자유와 인권을 무시한 편의와 효용성을 추구한다고 생각할 수 있다. 교활한 독재자의 모습도 볼 수 있다. 반면에 서울에서 전학 온 한병태는 민주주의를 바탕으로 한 합리적 사고를 가진 일물이다. 이 글에서 볼 때 각각의 인물이 추구하고 있는 가치는 표면적인 단어로 표출되지 않지만 글에 제시되어 있는 정보를 연결해보면 엄석대와 한병태가 추구하고 있는 가치는 이 글을 중심으로 볼 때 서로 다름을 알 수 있다. 이러한 생각의 연장선에서 엄석대의 입장과 한병태의 입장으로 나눠 각자가 추구하고 있는 삶의 가치에 대해 토론할 수 있을 것이다.

– 한병태는 엄석대의 어떤 행동 때문에 생각이 변화되었는지 토론해보자(문제)

생성 이유: 글에서 보면 전학 온 난 전혀 새로운 성질의 반장을 만나고 기존의 반장과 비교했을 때 부당하다고 생각해서 저항도 했으나 어이없게 생각의 변화를 겪는다. 이것을 가능하게 한 것은 엄석대가 "웃는 얼굴, 정이 듬뿍 묻어나오는 목소리, 담임 선생님에게 품었던 야속함 해결, 한병태 개인이 자랑하고 싶은 것 해결"과 같은 행동을 한 결과이다. 교활하지만 상대를 이용할 줄 아는 엄석대의 노련함 때문에 한병태는 변화되었다고 할 수 있다. 그러면서 한병태의 이중성도 암시되어 있다. 엄석대의 불의에 대해 저항했지만 자기를 인정해주는 엄석대에게 생존을 위해 한병태는 이중성을 드러내고 있다("그런데 그 무슨 어이없는 생각의 변화였을까?"란 글에서 보면 이중성을 짐작할 수 있다).

– 효용성을 위해 민주적 절차를 소홀히 해도 되는가?(가치)

생성 이유: 이 글에서 보면 한병태의 입장에서 보았을 때 엄석대의 행동은 처음에 이해가 되지 않는다. 그래서 저항을 했다. 그런데 교활한 독재자인 엄석대의 행동은 민주적 절차를 무시한 독재적 발상이요, 불의의 명령이라도 그 명령에 복종하지 않으면 손해를 당하게 하여 개인의 자유와 권리를 억압하면서, 다시 말하면 목적 달성을 위해서는 수단을 정당화하는 방식을 취하고 있다. 이러한 생각을 근거로 하여 효용성을 위해서라면 민주적 절차 또한 중요한 측면이 있는데, 이러한 민주적 절차가 소홀히 된다면 사회 발전의 저해되어 자유와 인권이 침해된다. 한병태의 입장에서 보자면 평등을 지향하며 합리

와 자유 의지를 존중하고 있다. 편의와 효용성을 위해 민주적 절차를 무시해도 된다고 생각하는 엄석대의 입장과 평등과 합리 및 자유를 위한다면 효용성은 부차적이어야 된다는 입장이 충돌할 수 있다. 이러한 생각의 연장선에서 위에서 제기된 것과 같은 논제를 생성할 수 있다.

– 다수에 의한 불의가 소수라는 이유로 합리적인 자유 의지를 침해할 때 어떻게 해야 하는가(가치)?

생성 이유: 이 글에서 보면 엄석대라는 선생님과 동급의 권위자가 주변에 동조자를 확보하고서 합리적인 자유 의지를 가졌지만 소수라는 이유로 부당하게 취급하고 있다. 이런 점에 비춰볼 때 다수라는 이름의 불의가 소수의 약자를 억압하고 복종하게 하여 불의를 정당화하는 활동을 할 때 과연 어떻게 해야 하는가? 엄석대의 친구들은 엄석대를 돕는 활동을 하면서 현실적 편안함이라는 이익을 챙기고 있다. 이들은 뒤에 엄석대의 불의가 새로운 담임선생님에 의해 발각되자 재빨리 엄석대를 배반하는 기회주의자(?)의 나약한 모습을 보여준다.

– 내가 담임선생님이라면 어떻게 할 것인가? 엄석대와 한병태가 처한 상황을 중심으로 어느 한 입장을 선택하여 토론해보자(사람과 문제).

생성 이유: 이 글에서 보면 담임선생님에 대한 언급은 거의 없다. 하지만 담임선생님은 이 사건에서 중요한 역할을 하고 있다. 왜냐하면 엄석대는 마치 담임선생님과 같이 명령을 행사하고 있기 때문이다. 명령을 좋아하고 조직을 장악하여 불의를 교활하게 조장하는 엄석대를 맹목적으로 믿음으로써 소수의 자유 의지를 침해하게끔 하는 방조자의 역할을 하고 있기 때문이다. 엄석대를 맹목적으로 믿음으로써 냉철한 지성과 비판적 사유 그리고 합리적 의지를 실천해야 할 교사의 입장에서 보면 비합리적인 측면이 있다. 이 글에는 제시되어 있지 않지만 후반부에 새로 등장하는 담임선생님이 엄석대의 비리를 발견하여 매질을 하면서 그 이유로 "엄석대 동조자에게는 지난 일들에 대한 비겁의 값, 앞으로 삶에 주는 교훈의 값"을 제시하고 있다. 이 선생님은 엄석대 체제를 붕괴시키고 엄석대 친구들에게도 복종과 기회주의자의 삶이 바람직하지 않다는 점을 일깨워주고 있다.

8.1.5. 토론 논제 검토하기

위에서 논의한 토론 논제에 대해 검토를 할 필요가 있다. 과연 위에서 생성한 토론 논제 중에서 어떤 것을 토론의 논제로 발전시킬 것인가를 정하는 활동이 토론 논제 검토하기이다. 앞에서 생성된 토론을 위한 논제를 다시 정리하면 다음과 같다.

- 이 글의 주인공을 누구로 하면 좋을까?
- 엄석대와 한병태는 어떤 가치를 중요하게 여기는가?
- 한병태는 엄석대의 어떤 행동 때문에 생각이 변화되었을까?
- 효용성을 위해 민주적 절차를 소홀히 해도 될까?
- 다수에 의한 불의가 소수라는 이유로 합리적인 자유 의지를 침해할 때 어떻게 해야 할까?
- 내가 담임선생님이라면 어떻게 할 것인가?

위에서 제기된 가능한 논제를 "질문의 답은 어디에?" 전략과 관련지어 논의해보자. 글 속에 있는 정보를 가장 잘 활용한 것은 "한병태는 엄석대의 어떤 행동 때문에 생각이 변화되었을까?"이다. 나머지 논제들은 거의 다 "글과 내 머릿속에 답이 있는 질문"이거나 혹은 "내 머릿속에 답이 있는 질문"이다.

앞(8장)에서 학습한 "질문의 답은 어디에?" 전략을 활용할 수도 있다. 잠시 살펴보자.

① 글 속에 답이 있는 질문

- 서울에서 내가 보아 왔던 반장의 모습을 어떠했는가?

② 글 속의 정보를 연결해야 답을 찾을 수 있는 질문

- 엄석대와 한병태의 성격을 나타내주는 말을 찾은 다음 그 말을 통해 어떤 성격을 알 수 있는지 알아보자.
  엄석대: "어이, 김영수, 여기 이 한병태와 자리 바꿔"
- 명령적, 이기적, 독재적인, 고집이 센 등
  한병태: "반장이 부르면 다야? 반장이 부르면 언제든 달려가서 대령해야 하느냐고?"
- 정직한, 진지한, 자존심이 강한, 남을 배려하는 등
- 한병태는 엄석대의 어떤 행동 때문에 생각이 변했을까?

③ 글과 독자의 머릿속에 답이 있는 질문

– 엄석대와 한병태는 어떤 가치를 중요하게 여기는가?

④ 독자의 머릿속에 답이 있는 질문

– 효용성을 위해 민주적 절차를 소홀이 해도 될까? 등등

8.2. 토론 준비하기

위에서 토론의 논제를 탐색해보았고, 그 중에서 어느 것을 선정해서 토론의 논제로 삼을 것인지에 대해 논의했다. 하나의 토론 논제가 검토되었다면 토론을 할 준비를 해야 한다. 토론을 할 준비를 할 때 주의할 점은 찬성의 입장을 취하든 반대의 입장을 취하든 양쪽 모두에 관심을 갖고 토론을 준비하게 해야 한다는 것이다. 이 과정에서 무엇을 준비하게 할 것이냐가 중요하다. 여기서는 토론을 준비하기 위한 지침으로 앞에서 살핀 툴민의 논증 모형을 활용하는 것을 권장하고, 이를 바탕으로 논의를 하고자 한다.

첫째, 토론을 위한 논제를 정리한다. 토론을 위한 논제는 앞에서 언급된 툴민 모형에 의하면 주장(claim)이다. 논제를 중심으로 관련된 자료를 수집하고 분석하여 적극적으로 사용할 자료와 소극적으로 사용할 자료, 그리고 참고만 할 자료로 구분하여 정리한다. 물론 이 과정에서는 거시적으로 탐색한다. 토론의 논제는 찬성과 반대가 분명한 것이 바람직하다. 논제에 대해 토론을 진행하고자 하는 사람들은 찬·반의 입장을 구분하지 않고 모두에 관심을 가져야만 한다. 한쪽에만 편협하게 관심을 가지면 그 자체가 토론의 목적과는 맞지 않기 때문이다. 왜냐하면 토론이 궁극적으로는 토론의 논제에 대한 균형 감각을 갖게 만들고 그것을 삶의 상황에 지혜롭게 활용하는 것이라고 할 때 찬성을 하더라도 반대의 주장에 대해 알고 있어야만 자기주장을 좀 더 합리적으로 할 수 있기 때문이다.

둘째, 자료를 수집하고 분석하여 쟁점이 될 만한 것들을 찾아내어 정리한다. 이 과정에서 토론할 논제와 관련하여 찬성과 반대 입장 모두에 관심을 갖고 자료를 분석한다. 여기서 쟁점으로 삼을 만한 것을 찾아내는 것이 중요하다. 적절한 이유와 근거를 찾는 활동을 한다. 이유는 여러 사람들이 동의할 것으로 생각하는 것을 선정하는 것이 좋고 객관적인 것이 바람직하다. "사실, 통계, 증언,

조사" 등이 객관적인 가능성이 높다. 쟁점이 발견되었다면 보완할 자료를 찾아서 읽는다(자료 수집 및 분석). 읽은 다음 또래 집단이나 상위 집단과 생각을 함께 나눠보고(토론해보고) 최종적으로는 토론를 위한 개요를 만들 수도 있다.

셋째, 근거(보장; 전제)를 검토한다. 앞에서 여러 번 언급 되었듯이 근거는 이유(지지 자료)에서 주장을 도출하는 과정에서 논리적으로 무리하게 사고가 비약할 수 있는데, 이것을 방지하기 위해 사용된다. 근거(보장)가 토론의 논제 다음으로 중요하다고 할 수 있다. 왜냐하면 근거(보장; 전제)가 거짓이거나 일반적인 민음이나 신념 혹은 사실에 바탕을 두고 설명되지 않으면 도출된 결론 또한 거짓일 가능성이 많기 때문이다. 또한 근거(보장; 전제)가 겉으로 드러나 있지 않은 상태에서(숨겨져 있는 전제 상태) 토론을 진행하다가 드러나 있지 않은 근거(보장; 전제)를 찾아내서 그것이 가지고 있는 문제점을 지적하면 이유(지지 자료)는 근거와 관련되어야 하기 때문에 근거(보장; 전제)를 어떻게 찾아내고, 그것을 인식하고, 어떻게 정리하느냐가 토론에서 매우 중요한 문제라고 할 수 있다. 교육의 목표를 달성하는 데 그 목표를 달성하기 위해 "협동"을 통해 달성할 수도 있고, "경쟁"을 통해 달성할 수도 있다. "협동"을 통해 교육의 목표를 달성하는 것을 선호하는 집단이 있고, "경쟁"을 통해 교육을 달성하는 것을 선호하는 집단이 있을 때, 이들 입장이 무엇인지를 살피지 않고 토론을 할 경우에 토론다운 토론이 될 수가 없다. 그래서 토론다운 토론이 되기 위해서는 숨어 있는 근거(보장; 전제)가 무엇인지를 확인하는 것이 중요하다.

숨어 있는 전제 탐색과 관련하여 다음과 같은 몇 가지 가치 갈등을 탐색하면 토론을 하는 데 도움을 받을 수 있다. 그것은 "정의, 정직, 조화, 표현의 자유, 융통성, 창의성, 탁월성(수월성), 기회의 평등, 조건의 평등, 집단 책임, 개인 책임, 합리성, 안전, 경쟁, 협동, 용기, 모험, 야망, 자율성" 등이다. ① "동생이 담배피우는 습관이 있다는 것을 부모에게 말해야 하는가?"라는 논제가 있을 때 이것은 "정직과 의리"라는 가치 갈등이 양립하고 있다. 이 경우에 토론자는 어떤 가치를 선호하느냐에 따라 신념이나 태도가 결정될 수 있고 토론의 내용에 영향을 미칠 수 있다. ② "학생들의 성적 표시 제도를 지지하는가?"와 같은 논제는 "경쟁과 협동"이라는 가치 갈등이 존재하고 있다. 이러한 큰 개념을 이해하는 것이 토론에서 논리를 전개하는 데 중요한 영향을 미친다. ③ "광주교대의 전남교육감 추천 입학제도는 공정한가?"와 같은 논제는 "기회의 평등과 능력의 평등"이 가치 갈등을 일으킨다고 할 수 있다. 이에 따라서 "공정한가, 아니면 공정하지 않다"는 어느 하나의 입장을 선택하여 토론을 할 수 있다. 여기서도 가치 갈등과 관련된 큰 개념을 이해하는 것이 토론에서 중요함을 알 수 있다. ④ "위험한 직업을 선택해야 하는가?", ⑤ "걸인에게 재정적인 도움을 주는 것이 바람직한가?" ⑥ "국립공원인 무등산에 케이블카를 설치해야 하는가?, 학교 앞 문방구점에서 아이스크림을 팔게 해야 하는가?, 암 환자에게 생명이 얼마 남지 않았음을 알려야 하는가?"와 같은 논제도 어떤 가치를 선호하느냐에 따라 토론의 내용이 달라질 수 있다. 여기서도 물론 중요한 것은 큰 개념(토론자가 선호하는 가치나 신념)을 이해하는 것이 중요하다. 큰 개념을 이해함으로써 작은 개념들은 그 개념의 틀 속에서 토론을 진행할 수 있기 때문이다.

넷째, 보충설명(보강)을 한다. 토론을 잘 하려면 근거를 뒷받침할 수 있는 자료들을 많이 준비해야 한다. 이러한 자료들에는 "각종 통계 자료, 증언, 전문가의 조언, 공통의 의견, 지식" 등이 있다. 근거를 뒷받침하기 위한 이러한 자료들을 많이 준비하고 정리하고 분석해놓아야 한다.

다섯째, 한정을 고려한다. 토론에서 100% 자기의 생각이 옳다고 할 수는 없다. 토론이라는 것 자체가 이미 상대 또한 100% 옳다고 생각할 수 있기 때문이다. 이렇게 생각하는 상대도 물론 잘못이다. 따라서 토론을 하고자 할 때는 확실성을 중심의 개념으로 놓되 가능성을 배제해서는 안 된다. 토론을 준비할 때 이점을 고려해야 한다.

여섯째, 반박을 고려한다. 토론에서 자기의 주장과 그에 따른 이유와 근거를 들어서 토론을 하는데, 상대 또한 마찬가지의 활동을 한다. 따라서 상대가 어떤 이유와 근거를 가지고 토론을 전개할 것인지를 예상하면서 예상되는 반박 자료를 철저히 준비해야 한다. 이런 활동은 상대도 당연히 할 수밖에 없다.

일곱째, 토론에서 경청하는 능력을 길러야 한다. 토론을 잘 하려면 일단 상대가 말하는 것을 경청할 수 있어야 한다. 경청을 하기 위해서는 관련된 토론 주제에 대한 지식이 많이 있어야 한다. 지식이 없으면 듣고 싶어도 토론이 빨리, 그리고 상황 의존적으로 진행되기 때문에 즉각적인 반박을 할 수 없어 뒤늦게 후회하게 되는 경우가 많기 때문이다. 잘 듣고 싶어도 잘 들을 수 없는 상황을 극복하기 위해서는 관련된 토론 논제에 대한 충분한 지식을 갖고 있으면서 비판적으로 듣는 능력을 길러야 한다. 이런 비판적인 듣기 능력이 없으면 토론에서

"동문서답"을 하기가 쉽다.

경청 능력을 기르기 위해서는 귀납적 사고와 연역적 사고를 모두 활용할 수 있는데, 구체적인 사실에서 추상적인 사고로 나아가는 귀납적 사고 활동을 좀 더 강조할 필요가 있다고 생각된다. 먼저 큰 틀을 정해놓고 그 정해진 틀에 맞춰 자기 생각을 확고하게 하다보면 남의 이야기는 경청하지 않고 자기 입장만 강조하는 사고 습관과 행동 습관이 고착화될 가능성이 많아지기 때문이다. 반면에 귀납적 사고를 하면 구체적인 사실을 바탕으로 하여 좀 더 일반적이고 보편적인 사고를 할 수 있게 되는데, 이렇게 하는 과정을 통해서 남의 이야기를 좀 더 경청할 수 있고, 자기의 사고의 틀에 맞춰 해석하기보다는 구체적인 상황 속에서 문제를 발견함으로써 실생활과 좀 더 밀접한 내용으로 사고 활동을 할 수 있고, 이러한 활동은 결국 논리 속에 상황을 맞출 가능성이 높은 연역적 사고가 갖는 문제점을 보완해줄 수 있기 때문이다.

8.3. 토론의 중요성 이해하기

토론은 사람을 지혜롭게 하기 때문에 가르쳐야 한다. 어느 한 입장만을 고집하는 것이 아니라 찬성과 반대의 두 입장에 골고루 관심을 갖기 때문에 어느 한쪽에 치우치지 않는다. 그래서 지혜로운 선택을 할 수 있어서 토론을 가르쳐야 한다.

토론을 하면 가장 능동적으로 지식을 구성할 수 있다. 토론 주제가 결정되면 관련된 공부를 해야 하고 입장을 정리해야 하며 필요한 개념을 분석하고 선택해서 토론 상황에서 소통을 해야 한다. 이런 과정을 통해서 중요한 것과 덜 중요한 것, 먼저 해야 할 것과 나중에 해야 할 것, 본질적인 것과 덜 본질적인 것을 구분할 수 있는 능력을 갖추게 된다. 중요하지만 나중에 해야 할 것도 있고, 조금 덜 중요하지만 먼저 해야 할 것도 있다. 토론을 함으로써 이러한 판단력에 대한 안목을 키울 수 있다.

학생 시절에 토론을 연습하면 학교 현장에 나가서도 토론을 활용한 수업에 자신감을 갖고 임할 수 있다. 학교에서 토론을 해본 경험이 있으면 실제로 토론을 지도하는 데 어려워하지 않는다. 하지만 토론을 경험해보지 않으면 토론을 지도하는 데 상당한 두려움을 갖는다.

토론은 상대를 배려해주는 인성의 함양에도 많은 도움이 된다. 토론은 찬반이 팽팽하게 대립되는 가운데 서로의 의견을 주고받는 언어 사용 행위이다. 주제와 관련하여 찬반의 입장이 늘 대립되기 때문에 자기 입장을 옹호하기 위해서는 상대 입장이 무엇인지도 알아야 한다. 이렇게 상대 입장을 탐색하는 과정에서 자연스럽게 상대를 배려하는 인성을 갖추게 된다.

토론은 사람들을 능동적으로 만들어주기 때문에 이 과정에서 더 적극적으로 참여한다. 참여를 하기 위해 준비를 해야 하고, 준비를 하면서 지적 능력을 향상시키고, 향상된 지적 능력은 수업에 더욱 적극적으로 참여하게 만드는 선순환을 되풀이한다. 그래서 토론을 하면 사람들은 흥미로워하고, 경청하게 되며, 긴장을 하게 되고, 분석과 비판을 할 수 있게 된다. 토론을 함으로써 쟁점이 되는 문제가 무엇인지를 머릿속에서 정리를 하게 되고, 이러한 정리는 새로운 내용이 머릿속으로 들어 올 수 있는 공간을 마련해준다. 앞에서 학습한 용어로 말하면 작업 용량을 키움과 동시에 배경지식을 넓혀서 필요한 경우에 인출을 잘 할 수 있게 만들고, 적용력을 향상시킬 수 있는 상태가 되게 만들어 준다. 또한 토론을 하면서 관련된 내용에 대해 정리를 할 수 있고, 토론을 하는 순간 정리한 내용을 표현함으로써 다시는 토론할 내용을 별도의 노력을 통해서 배경지식에 첨가할 필요를 없게 만들어준다. 토론을 하기 위한 준비과정이나 토론을 하는 과정에서 인과관계가 없는 내용에 대해서는 사람들이 잘 기억을 하지 못하기 때문에 토론은 인과관계에 바탕을 둔 사고 능력을 신장시켜 준다고도 할 수 있다.

8.4. 근거 활용 능력 신장하기

토론을 하든 설득하는 글을 쓰든 근거를 어떻게 이해하고 활용하느냐는 매우 중요한 능력 중의 하나이다. 여기서는 근거를 찾아서 활용하는 하나의 방법을 소개하기로 한다.

첫째, 주장(결론)을 정한다. 주장으로서의 논제가 "체벌은 교육적으로 불필요하다."는 주장을 한다고 해보자.

둘째, 주장에 따른 이유를 찾아본다. 이유는 "왜"라는 물음을 바탕으로 한다. "왜 체벌이 교육적으로 불필요할까?"에 대한 답을 찾는다. 그 답으로 "① 체벌은 지속적이지 않다."를 찾았다고 가정해보자. 다시 "왜 체벌이 지속적이지 않을까?"에 대해 질문해보고 그 답으로 "② 진정으로 마음속에서 스스로 하고자 하는 마음이 생기도록 하지 않기 때문이다."는 답을 찾았다고 생각해보자. 다시 "왜 체벌이 진정으로 마음속에서 스스로 하고자 하는 마음이 생기도록 하지 않는가?"와 같은 물음을 제기하고 그 답을 찾아본다. 그 답으로 "③ 체벌은 인간관계를 악화시키기 때문이다."를 찾았다고 가정해 보자. 다시 "왜 체벌은 인간관계를 악화시키는가?"와 같은 물음을 제기해보자. 이에 대한 답으로 "④ 인간을 능동적인 존재로 인식하게 되면 체벌을 할 필요가 없는데, 인간을 수동적인 존재로 인식하기 때문에 체벌을 한다. 그래서 체벌은 인간관계를 악화시킨다."는 답을 했다고 가정해보자. 여기까지 연결의 고리가 이어지고, 다시 연결의 고리를 새롭게 만들어보는 활동을 할 수 있다. "그러면 이러한 연구를 한 사례는 있는가?"와 같은 질문을 제기할 수 있다. "⑤ 스키너의 조작적 조건화 이론에 의하면 체벌은 일시적으로 행동을 억제시키는 효과는 있으나 바람직하지 못한 행동을 제거하는 데는 효과적인 방법이 아니다"라고 말하고 있다. 그러면 다시 "바람직하지 못한 행동을 제거시키는 방법으로 체벌 외에 다른 방법으로 무엇이 있을까?"와 같은 질문을 제기할 수 있다. 그 답으로 "⑥ 체벌이 아닌 대안 체벌(칭찬과 격려 등)을 통해 효과를 달성할 수 있다."와 같은 것을 도출할 수 있다.

이제 위에서 살핀 "①~⑥"을 주장(체벌은 교육적으로 불필요하다.)에 대한 어느 하나의 이유로 설정하면 그에 대한 근거를 나머지 이유로 마련할 수 있다. 예를 들어 "① 체벌을 하면 그 효과가 지속적이지 않다."를 이유로 들었다고 하자. 그러면 "지속적이지 않기 때문에 체벌이 불필요하다."는 이유와 결론이다. 이 사이의 틈을 매워서 논리적 이탈을 방지하는 것이 바로 근거이다. 이들을 연결시켜주는 근거로 "진정으로 마음속에서 스스로 하고자 하는 마음이 생기도록 해야 효과가 지속적이다."를 삼을 수 있다. 이것을 매개로 하여 이유와 결론이 튼실하게 연결된다. 토론이나 설득적인 글쓰기에서 근거가 튼실해야 한다는 것은 바로 이유에서 결론으로의 도출이 논리적 비약을 하지 않아야 한다는 점을 함축적으로 표현해준다.

이번에는 "필요하다"의 입장에서 근거를 마련하는 논의를 해보기로 한다. 방법은 동일하다. "왜 필요하다고 생각하는가?"와 같은 물음을 만든다. 이에 대한 대답으로 "① 다인수 학급에서 질서 유지에 효과적이다."와 같은 답을 찾을 수 있다. 다시 "왜 다인수 학급에서 체벌이 질서 유지에 효과적인가?"와 같은 물음을 제기한다. 그 답으로 "② 다른 사람이 체벌을 당하는 모습을 보면서 자기도 체벌을 당하지 않아야 한다는 억제 효과 때문이다."와 같이 만들 수 있다. 그러면 다시 방향을 전환하여 "왜 체벌이 억제 효과가 있을까?"와 같은 질문을 제기할 수 있고, 그 답으로 "③ 체벌을 함으로써 다른 학생들을 간접적으로 통제하는 효과가 있기 때문이다"와 같은 내용을 설정할 수 있다. 이제 "① 다인수 학급에서 질서 유지에 효과적이다."라는 이유 때문에 그래서 체벌이 필요하다는 주장을 한다고 가정해보자. 그러면 이들을 연결시켜주는 근거로 "다른 사람이 체벌을 당하는 모습을 보면서 자기도 체벌을 당하지 않아야 한다는 억제 효과가 있고, 이것이 질서 유지에 효과적이다."로 들어 체벌은 교육적으로 필요하다고 주장할 수 있다.

8.5. 토론 진행하기

토론의 진행은 다양한 방식에 의해 이뤄질 수 있다. 정책 토론, 가치 토론을 위한 방법을 구분하여 살필 필요가 있다. 먼저 정책 토론을 위한 토론 방법을 소개한다. 그 대표적인 것이 반대 신문식 토론인데, 일명 CEDA이다. 'CEDA'는 "Cross Examination Debate Association"의 약자인데[18] 교차 조사를 강조하는 토론 협회에서 주로 사용하여 일반화시켰기 때문에 "반대 신문식 토론"이라고 한다.

반대 신문식 토론의 경우에 반드시 찬성에서 시작하여 찬성 쪽에서 끝나는 것이 원칙이다. 찬성하는 쪽은 현재 상태의 개선을 주장하되 입증의 책임이 있어서 반대하는 측보다 어렵기 때문이다. 반대로 반대쪽은 현재 상태의 유지를 바라기 때문에 굳이 입증의 책임을 지지 않고 현재 상태만 유지해도 되기 때문이다.

2인조 토론으로서의 반대 신문식 토론은 대체적으로 다음과 같은 절차(숫자는 진행되는 순서임)에 따라 진행된다. 토론수업에서 절차가 중요한 것은 관련되는 내용이 인과 관계 형성을 통해 논의되는 토론 내용의 집중과 분산에 영향

18 미국에서 제일 큰 대학생 토론 협회인데, 이 협회에서 교차 조사(cross examination)를 토론에서 활용하고 있기 때문에 교차 조사 방식의 토론(반대 신문식 토론)이라는 이름을 붙일 수 있고, 이것이 국내에서는 교차 조사 방식의 토론(반대 신문식 토론)이라는 이름으로 소개되어 활용되고 있다.

을 미치기 때문이다. 그런데 실제로 반대 신문식 토론을 다음과 같은 절차로 진행을 하다 보면 긴장감이 떨어진다. 찬성 측에서 먼저 입론을 하고 이어서 반대 측에서 교차조사를 한다. 입론하는 사람의 입장에서는 교차 조사의 내용을 경청하면서 반박할 시간을 갖게 하기 위해 반대 측의 입론과 교차 조사가 끝나면 반박을 하도록 순서가 되어 있다. 하지만 실제로 이 과정이 흥미가 없이 진행되는 것을 필자의 강의 경험에서 확인할 수 있었다. 따라서 입론에 따른 교차 조사가 진행되면서 바로 입론자가 반박을 하는 것도 긴장감과 주의집중을 유지하는 차원에서는 하나의 방안이 될 수 있다.

	사회자		
찬성 1	1 입론 4 교차조사 (반대신문) 10 반박	3 입론 6 교차조사 (반대신문) 9 반박	반대 1
찬성 2	5 입론 8 교차조사 (반대신문) 12 반박	2 교차조사 (반대신문) 7 입론 11 반박	반대 2

찬성1이 처음 입론을 하면 이어서 반대2가 교차 조사를 하고, 반대1이 입론을 하면 찬성1이 교차조사를 하여 한 번의 입론과 교차 조사가 마무리된다. 잠시 숙의 시간을 갖고 나서 다시 찬성2가 입론을 하면 이어서 반대1이 교차 조사를 하고, 반대2가 입론을 하면 찬성2가 교차조사를 하여 2차례의 공방이 마무리된다. 잠시 숙의 시간을 갖은 다음 '반대1 → 찬성1 → 반대2 → 찬성2'의 순으로 반박이 이뤄지고 토론이 마무리된다. 이 과정에서 토론에 주어지는 시간은 동일해야 하고 숙의 시간도 조정이 가능하다.

이렇게 토론을 진행하다 보면 우리는 학교에서는 물론 사회에서도 토론 진행이 매우 서툴다는 것을 확인할 수 있다. 그 이유로는 다음과 같은 것을 들 수 있다. 그 하나가 역사적으로 토론을 해본 경험이 적다는 점을 들 수 있다. 우리 조상들이 선호하는 의사결정 방식은 만장일치제였다. 그러나 만장일치란 합리적인 의사결정이라 할 수 없다. 사람이 다르면 당연히 생각이 다르고, 다양한 목소리를 낼 수 있는 것이 정상이기 때문이다. 따라서 토론은 나와는 다른 의견이 있다는 것을 인정하는 것에서부터 출발해야 한다. 그런데 우리들은 나와 다른 의견을 가지고 있으면 마치 인간적 공격을 받는 것처럼 흥분하고 심지어는 배신감까지 느끼기도 하는 사회·문화적 풍토와 분위기가 주류를 형성해왔기 때문에, 토론의 진행과 의사결정 과정이 미숙하고, 정해진 시간 안에 결론을 내지 못하는 모습을 보이곤 한다.

토론이 서툴기 때문에 우리는 교육을 통해 이런 것들을 개선해 나가야 한다. 토론의 진행은 "입론과 교차조사(확인질문) 그리고 반박"으로 진행된다. 입론에서는 "토론의 주제가 등장하게 된 배경, 2~3개의 쟁점, 용어의 정의, 기대 효과" 등을 발표한다. 교차조사(확인질문)에서는 상대 팀이 발언한 내용에 대해서만 질문하고, 상대 팀의 논점이나 발언 내용의 허점을 질문하며, 논점을 뒷받침하는 논거의 타당성에 대해 질문하고, 상대방에게 예의를 갖추어야 한다. 반박(반론)에서는 상대방이 내세운 논점이 논제에서 벗어나지 않았는지 검토하고, 상대방의 근거가 타당한지 검토하며(논점과 관련이 있는가? 자료가 정확한가?), 상대방의 주장이나 근거를 활용하여 반박을 해야 한다. 그리고 토론의 조를 편성할 경우 토론을 하는 조의 이름을 짓게 만드는 것도 필요하다. 이름을 잘 짓는 것도 창의적인 언어 사용의 한 양상이기 때문이다.

토론을 진행하기 위해서는 또 하나의 활동이 필요하다. 바로 토론 흐름표(개요서)와 평가표 작성이다. 토론의 흐름표는 찬성과 반대 두 입장에서 각각 작성하되 입론과 반론의 순서로 작성해서 활용한다. 설령 이러한 흐름표가 작성한 것처럼 진행되지 않더라도 중요한 것은 이것을 작성해봄으로써 상대방의 발언에 대한 충분한 예측을 할 수 있어서 논리적인 반론이 가능하기 때문에 반드시 작성할 필요가 있다.

반대신문식 토론의 경우 정책 토론에서 주로 활용되기 때문에 토론을 할 때 언급해야 할 핵심적인 내용이 무엇인지를 이해하고 토론의 과정에서 이들을 적극적으로 활용할 수 있어야 한다. 반대 신문식 토론의 입론에서는 먼저 '문제의 심각성(중대성)을 언급하고, 문제의 원인이 현재의 제도 내에 있음을 언급한다(내재성: 내인성). 문제의 원인이 현제의 제도 내에 있지 않다면 굳이 정책을 제안할 필요가 없기 때문이다. 그런 다음 제시한 대안이 문제를 해결하는 충분한 힘이 있으며(문제해결력), 제시한 대안은 실행가능성 또한 높다는 점을 제시한다. 그리고 이렇게 했을 때의 장점(효과)를 언급해야만 한다. 이러한 활동은 주로 입론을 하는 과정에서 이뤄진다.

다음은 퍼블릭 포럼 디베이트와 링컨-더글라스 토론을 소개하고자 한다(이 부분에 대한 논의는, 케빈 리 등 지음, 2017: 17~19쪽, 28~41쪽; 186-194쪽을 참조하여 정리하였음). 먼저 퍼블릭 포럼 디베이트의 형식은 다음과 같다.

+ 퍼블릭 포럼 디베이트의 형식

먼저 발언 팀	나중 발언 팀
입안 4분	입안 4분
교차질의	
반박 4분	반박 4분
교차질의	
요약 2분	요약 2분
전원 교차질의 3분	
마지막 초점 2분	마지막 초점 2분
준비시간(Prep Time) - 팀당 2분	

토론 수업은 전통적으로 진행되어온 강의식 수업이나 발표식 수업의 한계를 극복하기 위해 현재 학교 현장에서 가장 적극적으로 활용되고 있다. 특히 상대 주장의 이유와 근거에 대해 반박을 함으로써 비판적인 사고능력(듣기 능력과 읽기 능력)이 향상될 수 있다는 점을 특징으로 하고 있다.

그 진행 순서는 '입안(입론) → 교차질의 → 반박 → 요약 → 마지막 초점'이다. 입안(입론)은 일단 주장이 결정되면 찬성이든 반대든 자기 팀 입장이 왜 옳은지 3~4가지 근거(이유, 전제, 논거)를 들어 설명하는 것이다. 교차질의[19]는 바로 전에 끝난 입안의 내용에 대해 서로 질문하고 답하는 것이다. 반박은 상대 주장

19 교차질의(Cross Fire)는 서로 질문하고 답변하는 것이다. 이는 질문이 일방적으로 이뤄지는 교차조사와 비교했을 때 가장 큰 차이점이다. 교차조사에서는 입안이 끝나자마자 질문하는데, 교차질의에서는 서로 질문하고 답변해야 하므로 서로의 입안이 끝난 다음에 진행된다. 반면에 교차조사(Cross Examination)는 입안(입론)이 끝나 직후 상대방이 그 입안 발언에 대해 바로 질문하는 것이다. 질문권은 상대방에게만 있고, 입안자는 답변만 할 수 있다. 상대방은 방금 입안한 내용에 대해 확인하거나 공격하는 질문을 함으로써 심판과 청중들 앞에서 입안자의 발언 내용을 뒤흔들려고 한다. 거꾸로 입안자는 이에 대해 충실하게 답변함으로써 자신의 입안 내용이 타당함으로 고수하고자 한다. 결국 상대방이 공격하면 입안자는 방어하는 모양새다. 상대방은 질문 시간이 길게 주어지기를 바라고, 입안자는 가급적 이 시간을 빨리 끝내고 싶어 한다. 질문이 일방적이라는 점이 가장 큰 특징이다. 또한 보충질의(Point of Information)는 입안하는 발언 중간에 질문하는 것이다. 질문/답변 시간이 별도로 마련되어 있는 교차조사나 교차질의와는 다르다. 원래 입안 시간은 입안자의 것이다. 따라서 이 질문을 받을지 말지, 답변을 할지 말지는 모두 입안자의 판단에 따른다. 즉, 상대방이 질문을 신청하더라도 입안자가 거부할 수 있다. 질문 내용이 적절하지 않다면 입안자는 답변하지 않아도 된다. 또 입안을 시작한 지 1분 이내에 그리고 종료를 앞둔 1분 내에는 질문할 수 없다.

의 근거에서 적절하지 않은 점이 어디에 있는지를 찾아서 자기주장의 근거를 강화하는 활동이다. 반박 활동을 통해서 비판적 사고능력이 가장 많이 향상된다. 요약은 진행된 디베이트 전체를 대상으로, 쟁점을 중심에 두고 입체적으로 정리하는 것이다. 끝으로 마지막 초점은 자기 팀의 여러 가지 논거 중에서 가장 중요한 핵심을 골라 호소력 있게 말하는 순서다. 이 순서를 통해 학생들은 '상황 판단의 관건이 되는 핵심 쟁점을 구별하는 능력'을 기르게 된다.

토론 평가표 작성도 필요하다. 토론이 시작되기 전에 토론에 대한 평가를 청중들이 하고 토론이 끝난 뒤에 다시 평가를 하기도 한다. 두 번의 평가를 함으로써 토론 전과 후의 달라진 모습을 확인할 수 있다. 토론 평가표는 입론, 교차조사(교차질의), 반박이라는 토론의 진행 과정에 따라서 각 과정에서 토론을 평가하여 합산한 다음 승패를 결정하는 방식이 가능하고, 토론의 과정과 상관없이 논리적인 문제점이나 토론을 할 때의 언어 예절 등을 기준으로 하여 토론을 평가할 수 있다. 어떤 것을 선택하든 크게 상관이 없지만 가치 토론과 정책 토론의 경우 토론을 평가할 때 반드시 고려해야 점이 있다. 가치 토론의 경우 토론자는 핵심 가치와 핵심 가치를 뒷받침하는 여러 기준들을 제시해야만 토론에서 좋은 점수를 받을 수 있고, 정책 토론의 경우 토론자는 대안으로 제시하는 정책의 중요성(심각성), 내재성, 실행가능성, 문제해결력, 장점(효과)를 잘 제시해야 한 토론에서 좋은 점수를 받을 수 있다.

다음은 링컨-더글라스 토론이다. 링컨-더글라스 토론은 가치 토론의 전형적인 예라고 할 수 있다. 가치 토론을 진행할 때 가장 핵심적인 사항은 가치 구조를 활용하는 것이다. 앞에서 언급했지만 가치 구조는 '핵심 가치'와 '핵심 가치를 뒷받침하는 가치 판단의 기준'으로 이뤄져 있다. 그래서 입론을 할 때 핵심 가치와 가치 판단의 기준을 토론자는 적극적으로 제시해야 한다. 가치 토론의 진행 순서는 다음과 같다. ① 긍정측이 입론을 6분 한다. 이 때 핵심 가치와 핵심 가치를 판단하는 기준을 2~3가지 제시해야 한다. 가치 논제의 경우 찬반에 따라서 핵심 가치가 같을 경우도 있고, 다를 경우도 있다. 찬성이든, 반대이든 핵심 가치가 같다면 판단 기준에서 서로 다른 판단 기준을 제시함으로써 청중들에 의해 토론에 대한 평가가 이뤄진다. 찬성과 반대에 따라서 핵심 가치가 다르다면 각각의 입장에서 핵심 가치를 제시하고, 그 핵심 가치를 뒷받침하는 기준을 제시하여 청중들의 평가를 받는다.

가치 토론의 경우 핵심 가치가 무엇인지를 설정할 경우에 우리가 일반적으로 생각할 수 있는 가치를 이해하면 토론을 좀 더 잘할 수 있다. 일반적인 가치로는 "모험, 야망, 자율성, 집단 책임, 위안, 경쟁, 협력, 용기, 창의성, 조건의 평등, 기회의 평등, 탁월성, 융통성, 표현의 자유, 자비, 조화, 정직성, 정의, 공정, 질서, 애국, 평화, 합리성, 안전, 자발성, 인내, 전통, 지혜"와 같은 개념을 알고 활용하면 핵심 가치를 활용하는 데 효과적이다. 또한 핵심 가치를 탐색하고자 할 때 활용할 수 있는 방법으로 가치 갈등을 상정해보는 훈련을 할 수 있다. 예를 들어 '동생이 거짓말을 하고 있다는 것을 알고 있을 때 이것을 부모님께 알려야 할 것인가?'와 같은 가치 갈등 상황이 있다고 하자. 이때 이러한 논제가 함의하고 있는 가치 갈등은 무엇인가를 탐색하는 활동을 통해서 핵심 가치가 무엇인지를 파악하는 훈련을 할 수 있다. 그것은 바로 '충성 – 정직성'이다. 실제로 정직이나 충성심 같은 개념은 문면에 드러나 있지 않고 문맥에 함의되어 있다. 이렇게 문맥에 함의되어 있는 가치를 찾는 활동(가치 갈등을 일으키는 개념을 찾는 활동)을 통해 핵심 가치를 찾는 훈련을 함으로써 가치토론 능력을 함양할 수 있다. 또 다른 예로 '성적 표시 제도를 지지하는가?'와 같은 가치 논제로 토론을 할 수 있다. 이 경우에도 '경쟁 – 협력'이라는 개념은 문면에 노출되어 있지는 않지만 핵심 가치로 설정하여 토론을 깊이 있게 할 수 있다. 또 하나의 예로 '인종별 고용 할당제를 실시하는 것은 공평한가?'와 같은 논제로 토론을 할 경우에 핵심 가치는 무엇으로 삼아야 하는가? 문면에 제시되어 있지는 않지만 이러한 논제가 함의하고 있는 핵심 개념은 '평등 – 개인주의'와 같은 것일 수 있다(김재봉, 2021: 13~14쪽 참조).

가치 토론의 진행은 다음과 같은 과정을 통해서 이뤄진다(케빈 리 등 지음, 2017: 192~194쪽 참조). ① 찬성측이 먼저 입안을 6분 동안 한다. ② 찬성측의 입안이 끝나면 반대 측의 한 사람이 교차조사를 한다. 이 때 주도권은 당연히 교차조사자에게 있다. ③ 반대 측의 한 사람이 1분에 걸쳐 찬성 측의 입안에 대해 반박을 하고 나머지 6분 동안 반대 측의 입장에서 입안을 한다. ④ 반대 측의 입안이 끝나면 찬성 측은 교차조사를 한다. ⑤ 교차조사를 듣고 있던 찬성 측은 어느 한 사람이 4분 동안 반대 측의 입론과 교차조사 과정에서 논의된 내용에 대해 자기에게 유리한 입장이 되도록 반박을 한다. ⑥ 반대 측은 6분 동안 입안과 교차조사 과정에서 논의된 내용을 바탕으로 반박을 한다. ⑦ 마지막 순서로 찬성 측 한 사람은 3분 동안 반박을 하고 토론을 마무리한다.

활동 24-11 가치 토론과 정책 토론 해보기

이 활동의 목적은 가치 토론과 정책 토론을 통해 토론 능력, 그리고 토론 지도 능력을 향상시키기 위함이다.

■ 국어 정책에 발상의 대전환을

얼마 전 조선일보에서 선생님 인터뷰 기사를 재미있게 읽었습니다. '우리말 교열 박사' 이수열씨가 신문 칼럼의 잘못된 표현을 빨간 사인펜으로 고쳐 보내는 바람에 떨고 있는 언론인이나 교수, 문인들이 적지 않다는 내용이었습니다. 선생님에 관한 언론 보도가 이번이 처음은 아닙니다. 새로운 점이 있다면 20년 전 처음 시작할 때는 열 가지 신문을 챙겨보다가 요즘에는 두세 개만 읽는다는 것이었습니다. 80대 후반 연세 탓이겠지요. 그래도 빨간 펜의 '교정 본능'만큼은 전혀 변하지 않은 듯합니다.

저는 우리글을 바르게 지키려는 선생님의 열정을 존경합니다. 지금 대한민국은 변명의 여지없이 글쓰기 후진국입니다. 사실 정부나 기업, 대학 할 것 없이 선진국일수록 올바른 글쓰기가 정착되어 있습니다. 글쓰기 능력은 한 나라의 국력이자 경쟁력이라고 해도 과언이 아닙니다. 미국의 판사들은 법적 판단의 오류보다 작문의 과실을 더 수치스럽게 여긴다고 하지 않습니까. 이에 비해 우리나라는 일반인에서 전문가까지 글을 제대로 쓰는 이가 드뭅니다.

당연히 저도 그중 하나입니다. 사실 저도 선생님의 편지를 여러 번 받았습니다. 부끄럽게도 저의 글쓰기가 좀처럼 나아지지 않고 있다는 뜻이겠지요. 아닌 게 아니라 날이 갈수록 글쓰기가 더 두려워집니다. 문제는 저뿐만 아니라 우리나라 사람 대다수가 글쓰기를 괴로워한다는 사실입니다. 얼마 전 취업 포털 커리어가 구직자들을 대상으로 설문 조사를 실시했는데, 응답자의 64.4%가 우리말로 자기소개서를 쓰는 일을 힘들어했습니다. 가장 어렵다고 말한 것은 맞춤법이었고, 구어체와 문어체의 구분, 띄어쓰기 등이 뒤를 이었습니다.

우리말 글쓰기가 결코 녹록하지 않다는 사실은 국립국어원의 '우리말 맞춤법' 서비스 현황에서도 확인됩니다. 그곳에서는 기존의 전화 응답과 온라인 문답에 이어 2011년부터 트위터를 통한 대국민 상담을 제공하고 있습니다. 금년 중에 서비스가 모바일 메신저로까지 확대될 정도로 대성황이라고 하니, 이 또한 평소에 글쓰기를 부담으로 느끼는 민심의 방증이지 싶습니다. 상담원들이 제일 자주 받는 질문은 띄어쓰기에 있어서 '생각하다/생각 하다' '전화받다/전화 받다' 가운데 어느 게 옳은가, 표기와 관련하여 '아니에요/아니예요' '알맞지 않은/알맞지 않는' 가운데 무엇이 바른가라고 합니다.

그런데 선생님, 과연 이런 것들이 글쓰기의 옳고 그름을 판정할 정도로 중대한 사안일까요? 오히려 사람들의 글쓰기 울렁증만 자극시키는 것은 아닐까요? 저는 우리나라 사람들의 글쓰기 수준이 낮은 것에는 국어학자나 한글운동가, 교열 전문가, 어문 관료들의 책임이 없지 않다고 봅니다. 문법이나 어휘, 문체, 구문 등에 대한 그들의 과도한 '군기(軍紀) 단속'과 '풍속 규제' 때문입니다. 글쓰기의 원칙과 규범을 지나치게 강조하는 나머지 글쓰기 행위 자체가 위축되고 만 것입니다.

식민지를 경험한 나라로서 광복 이후 언어의 주권 회복은 대단히 시급했습니다. 국어는 국가 건설과 국민 형성의 핵심적 요소이기도 합니다. 이런 점에서 단기간에 이룩한 국어 발전의 성과는 놀랍고 자랑스럽습니다. 그럼에도 저는 어문정책과 한글 문화에 알게 모르게 내재되어 있는 국가주의적 계도와 민족주의적 강박이 불편할 때가 많습니다. 또한 이는 작금의 시대정신에 역행할 뿐 아니라 궁극적으로는 모국어의 성장 정체를 초래하고 있다고 믿습니다.

우리말이 아니라는 이유로 한자를 버린 것부터 과오였습니다. 삼국시대에 한반도에 유입된 동아시아의 국제어로서 현재 우리말의 70% 이상을 차지하고 있는 것이 한자임에도 불구하고 말입니다. 게다가 지금은 중국을 빼놓고 세계화를 말할 수 없는 상황 아닙니까? 단수 표준어 정책에 따라 일거에 사투리를 배척한 것도 우리의 언어 자원을 스스로 줄인 처사였습니다. 지역의 문화적 보고를 챙기지 못한 단견의 소산이지요. 영어식 문장이네, 일본식 한자입네 하고 따지는 순혈주의 언어 정책도 교류와 다문화, 공존이라는 문명사적 대세와 어울리지 않습니다. 정보화 혁명에 따라 손 글씨 시대가 저무는 만큼 맞춤법 역시 키보드 등의 기계적 특성을 적절히 반영해야 할 것입니다.

물론 누군가는 올바른 우리글을 보호하려는 노력을 계속해야 합니다. 하지만 급변하는 21세기 언어 환경에 대처하기에는 빨간 펜이 최상의 정답은 아닐지도 모릅니다. 대신 지금은 개방과 유연화를 통해 국어의 탄력 증감과 외연 확대를 꾀할 때가 아닌가 싶습니다. 싫든 좋든 언어의 집은 현실이고 그 현실과 함께 진화할 수밖에 없기 때문입니다(전상인, 서울대 환경대학원 교수, 사회학, 조선일보, 2015년 3월 30일(월).

1. 위의 자료를 활용하여 가치 토론과 정책 토론을 해보자.
2. 토론을 하기 전과 후에 각자가 달라진 점은 무엇인지 토론해보자.

8.6. 논증 분석과 평가

논증은 전제를 근거로 하여 결론을 도출하는 지적 활동이다. 이러한 논증에는 반드시 주장하는 바가 있어야 한다. 누구나 다 알고 있는 뻔한 사실을 설명하는 것은 논증이 아니다. 그것은 인과적 설명이다. 논증을 분석하는 훈련을 통해서 비판적 사고능력을 향상시킬 수 있다. 논증을 분석할 수 있으면 주장과 그에 대한 근거(이유, 전제)를 파악할 수 있고, 이러한 파악은 그 논증이 적절한 논증인지 부실한 논증인지를 알 수 있고, 이것을 근거로 하여 논증을 평가할 수 있는 힘을 길러주기 때문이다. 다음에 논증 분석의 한 사례를 들어보고자 한다.

활동 24-12 논증 분석

이 활동의 목적은 논증 분석 능력을 향상시킴으로써 논리적으로 사고하는 능력을 향상시키기 위함이다.

① 의사는 돈 없는 사람에게 의료 서비스를 공짜로 제공해야 하는 도덕적 의무를 가지고 있다. ② 첫째, 우리 사회는 대부분의 의료행위를 의사에게 제한시킴으로써 의료 독점을 하게 되어 이득을 보고 있기 때문이다. ③ 그러므로 의료 전문직에서는 돈이 없는 사람들에게 의료 서비스를 공짜로 해 주어야 하는 집단 책임을 인정해야 한다. ④ 둘째, 의사가 의료 서비스를 공짜로 제공해야 하는 도덕적 의무는 그들이 가지고 있는 특수한 역할을 이해하는 데서 생긴다. ⑤ 의사를 단순하게 자동차 수리공과 비교해서는 안 된다. ⑥ 자동차 수리공과 달리 사람들의 건강문제는 연기하거나 협상할 수 있는 것이 아니기 때문이다. ⑦ 의사가 보수 없이 다른 사람을 돕는 것은 의사가 의사로써 남아 있을 수 있게 하기 위하여, 그리고 의료 서비스가 기업의 이익 추구 활동과는 다르게 인정되도록 하기 위하여 필수적인 것이다.

위의 예시 글을 분석하여 그림으로 보이면 다음과 같다.

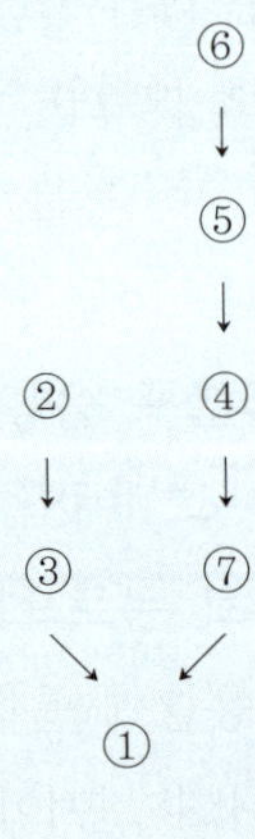

위의 그림을 보면 주장은 ①이고, 주장에 대한 전제(근거)는 ③과 ⑦이다. 나머지 문장들은 ③과 ⑦을 뒷받침해주는 역할을 한다. 따라서 글을 읽거나 말을 들을 때도 늘 주장이 무엇인지, 그것을 뒷받침하는 근거가 무엇인지를 따져보면서 읽거나 듣는 훈련을 함으로써 비판적 사고능력을 향상시킬 수 있다.

활동 24-13 논증 분석: 주논증과 부논증

이 활동의 목적은 논증 분석에서 주논증과 부논증을 구분함으로써 논증 능력을 이해하고 향상시키기 위함이다.

논증을 분석할 때 하나 유의할 점이 있다(김재봉, 2021: 68-69쪽 참조). 논증에는 주논증과 부논증이 공존한다. 주논증은 최종적인 결론을 직접 도출하는 단계이고, 거론된 근거에 대해 거듭 그 근거를 제시하는 부분을 부논증이라고 한다. 이들은 텍스트 속에서 각각의 논증이 어떤 역할을 하느냐를 기준으로 분류한 것인데, 대다수의 논증 텍스트는 주논증과 부논증이 섞여있다. 주논증과 부논증이 어떻게 전개되고 있는지에 대한 하나의 예시를 들면 다음과 같다(Shigeki 1997/2002, p. 77쪽에서 인용). 제시 글은 "① 범인은 A 아니면 B이다. ②그러나 A는 언제나 C와 함께 일을 한다. ③ 때로는 거기에 D도 가담한 적이 있다. ④ 어쨌든 이번 범행에서는 C에게 알리바이가 있다. ⑤ 그러니까 C는 범인이 아니다. ⑥ 이렇게 본다면 A도 범인은 아니며 ⑦ B가 범인이다. ⑧ 실제, B에게는 범행의 동기도 있다"이다. 이것을 주논증과 부논증으로 분석하면 다음 논증도와 같다. 다음 논증도에서 '4에서 6으로의 도출'이 부논증이고, '1과 6이 8과 합류하여 7이 도출되는 것이 주논증이다.

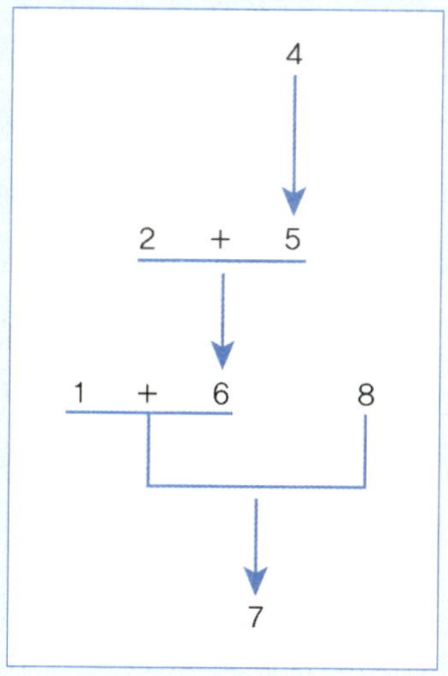

다음으로 논증이 좋은 논증인지, 부실한 논증인지를 평가할 수 있는 능력을 갖추는 것은 매우 중요하다. 글을 읽고 나서 스스로 그 글에 어떤 문제가 있는지를 발견할 수 있으면 그것을 개선하는 글쓰기 연습을 함으로써 글쓰기 능력을

향상시킬 수 있다. 그런데 문제가 무엇인지를 발견해내지 못하고 남이 써 놓은. 그리고 좋은 글이라는 평가에 의해 모방만 한다고 해서 좋은 논리적인 글을 쓸 수는 없기 때문이다. 논증을 평가하는 기준은 수용성(acceptable), 관련성(relevant), 충분한 근거(sufficient ground)이다. 이른바 논증 평가의 'ARG'이다. 수용성은 논증의 전제들이 받아들일 만한 것인가를 문제 삼는 것이고, 관련성은 논증의 전제들이 결론과 얼마나 관련성이 있는가를 문제 삼는 것이며, 충분한 근거는 전제들이 결론을 얼마나 강하게 지지하는지를 문제 삼는 것이다.

8.7. 토론 시 유의점

토론을 할 때 다음과 같은 점을 유의할 필요가 있다.

첫째, 토론의 논제이다. 토론의 논제는 실생활과 관련된 것을 정해서 토론하는 것이 바람직하다. 학교에서 여학생들이 입는 교복이 있는데 그 "교복의 치마 길이를 제한하는 것"을 가지고 찬반 토론을 할 수 있다. 짧은 치마의 경우 범죄 위험성이 높아지기 때문에 제한하는 것을 찬성한다고 할 수 있다. 대신 옷을 어떻게 입는가의 문제는 개인의 자유이기 때문에 길이를 제한하는 것에 대해 반대하는 입장을 선택해서 토론을 할 수도 있다. 어떤 논제를 선택하느냐의 문제는 상황에 따라 달라질 수 있지만, 많이 경험할 수 있고, 공유할 수 있는 경험이 많은 것을 선택하는 것이 바람직하다.

토론을 할 때 가장 기본적이면서도 중요한 것이 사실(fact)의 확인이다. 사실을 확인한 뒤에 그것을 바탕으로 토론을 진행하는 것이 중요한 이유는 토론의 논제가 사실 명제일 경우 사실에 관한 진위만 확인하면 토론의 승패가 결정되어버리기 때문이다. 또한 사실에 대한 확인이 전제되어야 정책을 제시할 때도 실질적인 대안이 될 수 있기 때문에 토론에서 사실의 확인은 매우 중요한 문제이다.

9 설득하는 글쓰기

9.1. 툴민의 논증이 반영된 글 예시

우리가 일상적으로 사용하는 글(말)은 표현의 목적에 따라 그 종류(장르, 갈래)를 구분한다. 이와 관련하여 다음 그림을 보자(김재봉, 2019: 358쪽에서 가져옴).

위의 그림을 보면 양 극단의 중심에 자기를 드러내는 표현적인 글(말)이 있고, 양 극단에 객관적인 내용을 드러내는 글(말)과 주관적인 내용을 드러내는 글(말)이 있다. 문예적인 글(말)은 주관적인 내용을 드러내는 것인데, 시나 소설이 대표적이다. 정보를 알리는 글(말)은 객관적인 내용을 드러내는 것인데, 설명문이나 논설문이 여기에 속한다. 설명문은 객관적인 정보를 전달하는 것을 목적으로 하는데 요리 안내서나 전자 제품 설명서 등이 여기에 해당된다. 이 세상에 존재하는 모든 글(말)은 객관적인 내용과 주관적인 내용을 극단으로 하여 그 어디엔가 위치하면서 자기를 드러낸다. 글(말)을 이렇게 연속선상에서 인식한다면 글(말)이 가지고 있는 장르적 구속성을 극복하면서도 사고의 유연성을 확보할 수 있다.

설득하는 글쓰기는 정보적 글쓰기의 바탕 위에서 이뤄진다. 이 장의 처음에 제시된 "국어 정책에 발상의 대전환을"도 설득하는 글쓰기이다. 설득하는 글쓰기에는 "주장과 그러한 주장을 하는 이유, 주장이나 이유를 뒷받침하는 근거, 상대 주장에 대한 반박, 자기주장의 약점을 방어하기 위한 예외의 인정" 등이 첨가되어 쓰여 진다. 다음은 앞에서 언급된 툴민의 논증 모형이 반영된 글의 예시이다. 물론 필자인 김천기 교수는 툴민의 논증 모형을 이해한 바탕위에서 글을 썼는지는 알 수 없다. 하지만 보편적 사고를 할 수 있는 인간의 특성을 생각해보면 모형과 상관없이 글을 썼을 가능성이 높다. 이런 점에서 보면 인간 사고의 보편성은 장소와 시간, 문화에 상관없이 일반성을 띤다고 할 수 있다. 다음은 전문가가 쓴 글의 예시이다(김재봉, 2014: 240~241쪽에서 인용함).

활동 24-14 설득하는 글쓰기 예시(1)

이 활동의 목적은 주장하는 글쓰기를 분석해보고, 그에 근거하여 연습을 통해 주장하는 글쓰기 능력, 그리고 지도 능력을 함양하기 위함이다.

교육과학기술부(교과부)가 학교폭력 근절 대책의 하나로 학교폭력 사항을 학생부에 기재하도록 지침을 내림으로써 큰 사회적 논란을 일으키고 있다. 기존 찬반 논쟁에 대한 일부 언론의 프레임을 보면, 왜곡된 형태의 이분법적인 대립항이 설정되어 있다. 즉 학생부 기재를 주장하면 피해자의 인권을 보호하는 쪽이고, 기재를 반대하면 가해자의 인권을 보호하자는 쪽이라는 이분법적 대립항이다. 그리하여 이 프레임에서는 학생부 기재를 반대하는 것이 마치 가해자의 인권을 지나치게 중시해 피해자의 인권은 소홀히 한다는 착각을 하게 만든다.

그러나 피해자 학생의 인권을 최대로 보호해주어야 한다는 것은 학교의 당위적인 의무 사항이다. 가해자가 성장기의 청소년임을 감안한다 해도 그에 대한 합당한 처벌의 필요성까지 부정하는 사람이 누가 있겠는가. 기재를 반대하는 쪽의 문제 인식은 합당한 처벌을 넘어 왜 그것을 학생부에 기재함으로써 평생 낙인을 찍느냐이다. 이는 이중 처벌·과잉 처벌에 해당된다는 것이다.

학생부 기재를 주장하는 쪽의 전제는 가해자에게 가해에 상응하는 처벌과 아울러 입시와 취업상의 불이익을 주는 것이 피해자 학생의 인권을 더욱 철저히 보장하고 재발을 방지할 수 있는 적극적 대응이라는 것이다. 그러나 피해자의 인권이 가해자 처벌의 양과 비례해 보호된다는 논리는 설득력이 별로 없다. 피해자의 자존감이 파괴되었다면, 그리고 극도의 수치심과 공포심으로 인해 지속적으로 고통을 당한다면, 가해자에게 입시와 취업상의 불이익을 주는 것이 어떻게 피해자 인권을 보호하는 것이 될까? 서로 별개의 사항일 따름이다.

학생부 기재를 주장하는 쪽이 내세우는 또 한 가지 이유는 학교폭력 '전력'을 학생부에 기재함으로써 가해자 또는 가해자가 될 잠재성이 있는 학생들에게 '경각심'을 줄 수 있다는 주장이다. 완곡어법상 '경각심'이지 사회적 경고요, 공포감을 조성함으로써 폭력의 가능성을 줄이는 억제효과를 얻자는 것이다. 그러니까 이중의 두려움과 공포감을 주자는 것이다. 하나는 법적 처벌이나 교칙에 따른 처벌이요, 또 하나는 학생부 기재를 통해 대학에 들어가지 못하게 하고 취업도 어렵게 하자는 것이다. 이것이 교과부의 의도이다.

그런데 이러한 전제는 경험적으로 검증되지 않은 가설이며, 또 현실에도 맞지 않는 가설이다. 만일 이런 가설이 옳다고 믿는다면, 성인 범죄자들에게 사법적 처벌과 미래의 불이익이 언제나 경고되어 있음에도 폭력이 줄어들기는커녕 증가하고, 점차 흉포화 되는 것은 어떻게 설명할 것인가? 여기서, 학생부 기재를 통해 경각심을 주려는 '타깃 집단'이 누구인지를 물어볼 필요가 있다. 일반 학생은 피해자가 될 가능성이 높기 때문에 그 대상에서 제외한다면, 누가 주 타깃 집단이 되겠는가? 학교폭력 가담자로 이미 발각되어 처벌이 진행 중인 학생은 경각심 효과의 대상이 아니다. 이미 폭력을 저질렀기 때문이다. 그렇다면 학교폭력 잠재성이 있는 아이들이거나 폭력 전력이 있지만 아직 발각되지 않은 학생이 대상일 텐데, 이들에게는 학생부 기재 경고가 그다지 억제효과를 발휘하지 못하리라 보인다. 사회 심리적 차원에서 보면 학교폭력 잠재성이 있는 학생은 자신이 처한 상황의 지배를 받기 쉽다. 실제 상황에서는 그 학생들에게 내재되어 있던 공격성·분노·적개심들이 분출되어 한순간 학생부 기재의 억제효과를 망각·마비시켜 폭력적으로 만들기 쉽다. 그리고 어떤 학생들은 학교폭력으로 인한 처벌과 불이익을 피하기 위해 더 교묘하고 교활한 방법을 사용하려고 할 것이다.

이보다 더 중요한 것은, 학생부 기재를 통해 입시와 취업에서 불이익을 준다는 경고가 사회적으로 심각한 후유증을 안겨줄 수 있다는 사실이다. 학생부 기재가 경각심을 일깨우는 효과가 클까, 아니면 그로 인해 폭력가담 청소년들이 레머트(E. Lemert)가 말하는 '이차적 일탈자'가 되도록 하는 효과가 클까? 이들에게 낙인을 찍음으로써 파생될 수 있는 우려스러운 일은, 일차적인 학교 폭력자가 학생부 기재 이후 학교폭력 전력자가 되어 이차적인 일탈자가 될 수 있다는 것이다. 이차적인 일탈자는 자신의 정체성 자체를 일탈자·범죄자로 스스로 규정하는 자이며, 그리고 새로운 자기 정체성에 의해 이후 일련의 범죄자로서의 역할 행동을 하게 된다. 그래서 특히 청소년을 대상으로 사회적 낙인을 찍는 일을 되도록 피해야 한다는 것이다.

이런 낙인이론 외에 다른 이론의 관점에서도 학생부 기재는 문제가 될 수밖에 없다. 예를 들어 긴장이론에 따르면, 합법적인 기회(대학입시와 취업)가 박탈되면, 합법적으로 일할 수 있는 사회적 가능성이 사라짐으로써 그 청소년은 비합법적이고 일탈적인 수단에 의존할 수밖에 없다. 또한 통제이론(사회적 유대이론)에 따르면, 사회기관과의 유대가 강화되면 될수록 일탈과 범죄의 가능성은 줄어든다. 학생들의 경우는 가정과 학교와의 유대가 강하면 강할수록 일탈의 가능성이 낮아진다. 사회적 유대가 통제력을 발휘하기 때문이다. 반대로 사회기관(대학, 회사 등)의 유대를 근원적으로 차단하면 할수록 일탈의 가능성은 더욱 높아져만 간다. 학생부 기재 찬성 쪽은 이렇게 말할지도 모른다. "그놈들이 이차적 일탈자가 되는 말든, 그것이 우리와 무슨 상관이 있다는 말인가? 그놈들 스스로 자신의 운명을 자초한 것이다." 그런데 기재 찬성론자들이 잊고 있는 것이 있다. 이차적 일탈자는 우리 사회에서 벗어나 사는 것이 아니요, 항상 감옥에 격리되어 있는 것도 아니라는 것이다. 그들도 우리 사회 속에서 이웃으로 사는 사람들이요, 많은 시간 감옥 밖, 우리 곁에서 사는 사람들이다.

교과부의 주장이 신빙성을 얻지 못하는 것도 바로 이 때문이다. 학생부 기재를 통해 경각심을 주어야 한다는 뜻은 충분히 이해할 수 있지만, 학교폭력 억제효과를 얻기 위한 학생부 기재라는 것도 어디까지나 도덕적 정당성을 지녀야 한다. 가해자를 처벌하는 데 도덕적 정당성까지 따져야 하느냐고 반발할지 모르지만, 이것은 매우 중대한 문제이다. 도덕적 정당성을 갖지 못하면, 가해자가 오히려 자신의 범죄 사실은 망각하고 처벌 그 자체에 대해서만 분노하고 원망하는 심리를 갖기 쉽다. 무엇이 진정으로 피해자의 인권을 살리고, 학교폭력과 범죄가 사라지는 안전한 학교와 사회를 만들 수 있는지를 심각하게 고민해야 할 일이다(김천기, 전북대 교육학과 교수, 시사IN 2012.9.15. 40~41쪽).

1. 툴민의 논증 모형에 의할 때 주장, 이유, 근거, 보충설명, 반박, 한정(예외의 정리)은 무엇인가?
2. 앞에서 언급한 툴민의 논증 모형을 중심으로 할 때 주장, 이유, 근거, 보충설명, 반박, 한정 중에서 보완할 부분이 있다면 보완하는 활동을 해보자.

툴민의 논증 모형에 의할 때 첫째로 주장이 무엇인지를 살펴보자. 먼저 앞에서 학습한 독해 전략에 의하면 이 글이 무엇에 관한 글인가를 탐색한다. 그러면 이 글은 학교폭력 근절 대책의 하나라고 말하고 있다. 이것은 거시적 화제이다. 이 글이 초점을 맞추고 있는 화제는 여러 미시적인 화제가 있고 그 중의 하나의 화제로 "학교폭력 사항의 학생부 기재"를 언급하고 있다. 화제와 더불어 초점을 찾아보면 그것은 "찬성한다, 반대한다" 중에서 "반대한다"를 선택하고 있다. 화제와 초점을 연결한 것이 주제문(주장문)이고, 이들을 연결하면 "학교폭력 사항의 학생부 기재를 반대한다."이다. 이것이 이 글에서 의미하는 주장이다.

둘째, 이유(주장을 지지하는 자료)는 무엇인가? 반대하는 이유로 먼저 "이중처벌임"을 들고 있다. 처벌을 반대하는 것이 아니고 처벌은 하되 입시나 취업상의 불이익을 줄 수 있기 때문에 학생부에 기재하게 되면 이중처벌을 하는 것이므로 반대하고 있다. 다음으로 "폭력 학생으로 낙인이 찍히면 더 큰 폭력을 부를 가능성이 있다."를 바탕으로 반대하고 있다. 사회 일반에서 관찰한 것만 보더라도 범죄자들이 범법자로 기재되어 있다고 해서 범죄를 저지르지 않는다는 보장을 할 수 없기 때문에 더 근본적인 대책을 마련하는 것이 바람직하다고 하고 있다.

셋째, 근거는 무엇인가? 여기서의 근거는 이유와 주장(결론)을 연결시켜주는 연결 고리이다. 이유에서 주장으로 나아갈 때 논리적 비약이 있을 수 있기 때문에 이들을 잘 연결시켜주어야 논리적 비약을 범하지 않으면서 이들 이유가 주장을 잘 지지해줄 수 있다. 먼저 이중처벌에 대한 근거를 살펴보자. "이중처벌은 과잉처벌이며 이러한 것들은 이미 처벌받은 것만으로도 족한데 다시 처벌을 함으로써 이미 받은 처벌과 상관없이 다시 처벌을 받기 때문에 적합하지 않다."가 그 근거이다. 이중처벌 금지는 사회 일반에서 흔히 받아들여지고 있기 때문에 근거로는 튼실하다고 할 수 있다. 다음으로 "낙인 효과"를 이유로 들고 있다. 폭력학생으로 낙인이 찍히면 그 학생은 더 큰 폭력을 만드는 것을 사회 일반에서 경험할 수 있다. 그래서 "한 번 폭력학생으로 낙인이 찍히면 더 큰 폭력을 만들어 낸다."는 것이 사회 일반에서 경험하는 일반적인 신념이다. 이러한 신념이 근거로 작용하여 이유와 결론을 연결시켜주고 있다.

넷째, 보충설명이다. 보충설명은 반드시 근거에서만 이뤄지는 것은 아니다. 주장과 이유에 대해서도 이뤄질 수 있으며 기타의 다른 요소 모두에서 이뤄질 수 있다. 낙인 이론 외에도 긴장 이론과 통제 이론(사회적 유대 이론)을 보충하여 설명함으로써 주장의 이유를 보완하고 있다.

다섯째, 반박이다. 필자는 학생부 기재 찬성 쪽의 이유를 들고 나서 그것과 연관 지어 반대를 하고 있다. 찬성 쪽의 이유는 학생부에 학교 폭력을 기재하면 "학교 폭력의 재발이 방지될 수 있고, 경각심을 주어서 억제 효과가 있다."는 점을 들고 있다. 이러한 찬성 쪽의 주장의 이유에 대해 재발 방지를 담보할 수 없고, 더욱이 경각심을 주어서 학생 폭력 억제 효과를 거둘 수 있다는 것은 검증된 바도 없고 현실에도 맞지 않다는 점을 들어 반박을 하고 있다. 더욱이 학생부에 기재하여 억제 효과를 얻는다고 하더라도 그것이 도덕적 정당성에 기반을 두고 있어야 한다고 하고 있다. 도덕적 정당성에 근거하지 않으면 가해자가 오히려 자신의 범죄 사실을 망각하고 처벌 그 자체에만 분노를 느껴서 원망하는 심리를 갖기 쉽기 때문이다.

여섯째, 한정(예외의 정리)이다. 학생부 기재를 통해 경각심을 주어야 한다는 뜻은 충분히 이해할 수 있다. 이것은 바로 찬성 주장의 이유이다. 이것을 모두 인정하지 못한다는 뜻은 아니다. 인정을 하더라도 도덕적 정당성의 바탕 위에서 인정되어야 한다는 점을 부연하고 있다.

9.2. 툴민의 논증 모형과 관계없는 설득하는 글

다음은 툴민의 논증 모형의 활용과는 상관없이 임용고사를 준비하는 학생들이 임용 논술을 대비하는 차원에서 쓴 글이다. 예문을 제시해주고, 그에 근거하여 "학교 폭력의 원인과 내안을 세시해보라"는 문제에 대한 설득하는 글이다. 제시된 예문과 학생들이 쓴 글을 제시하고 필자의 논평을 첨가하기로 한다. 먼저 예시 글을 제시한다(조선일보, 2016. 7.24(수))

활동 24-15 설득하는 글쓰기 예시(2)

이 활동의 목적은 주장하는 글쓰기를 분석해보고, 그에 근거하여 연습을 통해 주장하는 글쓰기 능력, 그리고 지도 능력을 함양하기 위함이다.

우리나라 초·중·고교생 9만 4000여명이 "학교 폭력을 당한 경험이 있다"고 대답했다. 이는 지난해 하반기 조사 때 32만 1000명 학생이 학교 폭력 피해 경험이 있다고 응답한 것에 비해 크게 줄어든 수치다.

교육 당국은 학교 폭력에 대해 사회적 인식이 바뀌면서 학교 폭력이 크게 줄어들고 있다고 해석했다. 하지만 일선 상담 전문가들은 "은밀하게 이뤄지는 학교 폭력이 여전하고, 아직도 10만명 가까운 학생이 학교 폭력으로 인한 고통을 호소하고 있다는 점에 주목해야 한다."고 말했다.

정부는 지난 3~4월 전국 초등학교 4학년부터 고등학교 3학년까지 519만 명을 대상으로 '학교 폭력 온라인 조사'를 실시한 결과 81.7%(424만 명)가 조사에 응했고, 조사대상 중 2.2%(9만 4000명)가 "학교 폭력을 당한 경험이 있다"고 대답했다고 23일 밝혔다.

지난 2011년 12월 대구에서 한 중학생이 지속적인 학교 폭력을 견디다 못해 자살한 이후, 정부는 1년에 2차례 전국의 초·중·고교생을 대상으로 학교 폭력 전수 조사를 실시하고 있다. 지난해 두 차례에 이어, 올해 상반기까지 총 세 차례 학교 폭력 조사를 실시한 결과 학생들의 학교 폭력 피해율은 점점 낮아지는 것으로 나타났다.

지난해 상반기에 "학교 폭력을 당했다"고 응답한 학생 비율은 12.3%이었는데 하반기 2차 조사 때는 8.5%로 줄었고, 이번 조사에서 2.2%로 낮아졌다. 교육부 김영진 학교폭력대책과장은 "작년부터 범정부 차원에서 학교 폭력 대책을 마련해 실시한 결과 '학교 폭력은 안 된다'는 경각심이 생겼고 가해 학생 엄중 처벌 등 정책 효과가 나타나는 것으로 보인다."고 말했다.

하지만 문재현 마을공동체교육연구소장은 "학생들 간 신체적인 폭력이 줄어들었을지는 몰라도 사이버 공간을 통한 학교 내 왕따와 따돌림 현상은 여전하다."고 말했다.

이번 학교 폭력 조사 결과에서 나타난 특징은 ①초등학생 간 학교 폭력 발생 건수가 많고, ②집요한 학교 폭력은 여전히 심각하며, ③친구의 학교 폭력을 외면하는 '외면파' 학생이 많다는 것이다.

초·중·고교별 학교 폭력 피해 경험을 분석한 결과 초등학생이 3.8%로 가장 높았고, 이어 중학생 2.4%, 고등학생 0.9%로 나타났다. 지난해 2차 조사에서도 초등학교의 피해 응답률이 가장 높았다. 교육부 관계자는 "초등학생은 부모들이 자녀의 학교 폭력 피해에 예민하게 반응해 신고 건수가 늘어난 측면도 있다"고 말했다.

또 경미한 피해(6개월에 1~2회 폭행)를 주는 학교 폭력은 상대적으로 덜 감소한 것으로 나타났다. 교육부에 따르면 경미한 피해를 주는 학교 폭력은 지난해 2차 조사 때 35만 8000건에서 이번에 10만 4000건으로 25만 4000건 줄었지만, 심각한 피해는 11만 건에서 6만 4000건으로 4만 6000건 주는 데 그쳤다.

1. 이 글을 툴민의 논증 모형을 중심으로 분석해보자. 미흡한 점이 있다면 무엇인지 토론해보자.

위의 글을 바탕으로 하여 교대 4학년 학생이 작성한 글 두 편을 제시하면 다음과 같다. 각각의 전개 방식에서 특징을 보인다.

활동 24-16 설득하는 글쓰기 예시(3)

이 활동의 목적은 주장하는 글쓰기를 분석해보고, 그에 근거하여 연습을 통해 주장하는 글쓰기 능력, 그리고 지도 능력을 함양하기 위함이다.

〈예시 글 ①(김○○)〉

최근 초등학교 현장에서의 학교 폭력 문제가 점차 심각해지고 있다. 학생들의 안전한 학교생활을 위해서 학교 폭력 문제의 해결은 필수적이다. 이에 초등학교에서의 학교 폭력이 일어나는 원인과 대안에 대해 논하고자 한다.

초등학교에서 학교 폭력이 발생하는 원인은 크게 학생, 교사, 학부모의 세 가지 측면으로 말할 수 있다. 첫째, 학생 측면에서 학교 폭력이 일어나는 원인은 자신의 행동 중 어떤 행동이 학교 폭력에 해당하는 지에 대한 인지가 부족하기 때문이다.

초등학교 학생들은 발달단계에 따른 특성상 도덕성과 인지의 발달이 완성되지 않았다. 그렇기 때문에 자신의 행동이 학교 폭력에 해당한다는 것을 인지하지 못하고 잘못된 행동을 하게 된다. 이러한 원인에 대한 해결책은 학생들을 대상으로 한 학교 폭력 관련 교육을 강화하는 것이다. 교육을 통해 학생들은 자신의 행동을 수정하거나 학교 폭력에 해당하는 친구의 모습을 보고 교사에게 말하는 등의 행동을 취할 수 있다.

둘째, 학교 폭력에 대한 교사 측면에서의 원인은 눈에 보이지 않는 교실 내 문제에 대한 대처가 부족하다는 것이다. 대부분의 교사들은 문제가 표면상으로 드러나기 전에는 직접적인 행동을 하지 않는다. 이로 인해 학교 폭력이 교사의 눈을 피해 발생하거나 심각해지는 문제점이 발생한다. 이러한 원인에 대한 해결 방안은 학생을 대상으로 지속적인 개별 상담을 실시하는 것이다. 교사는 개별 상담을 통해 자신이 인지하지 못한 문제를 학생들을 통해 들을 수 있다. 또한 학교 폭력을 초기에 발견하여 대처할 수도 있다.

셋째, 학교 폭력에 대한 학부모 측면의 원인은 자녀의 생활이 아닌 학업 성적에만 관심을 갖는다는 것이다. 학부모들이 자녀에게 먼저 문제 사항을 물어보지 않고 오로지 성적에만 관심을 갖게 되면 학교폭력 문제를 발견하고 대처할 수 없다. 또한 성적에만 관심을 두게 되면 자녀가 문제가 있음에도 성적이 문제가 되지 않으면 무시하는 경우도 발생한다. 이를 해결하기 위한 대안으로는 학부모가 학생의 평소 모습을 관찰하고 변화를 감지하면서 교사와 함께 상의하는 것이다. 즉, 교사와 학부모의 협력을 통해 학교 폭력 감지와 예방 체계를 갖추어야 한다는 것이다.

학교 폭력은 예방과 초기 발견이 가장 중요한 문제이다. 따라서 학생, 교사, 학부모는 상호 협력하여 학교 폭력 문제에 예민하게 반응하고 적극적으로 대처해야 한다.

〈예시 글②(신○○)〉

학교 폭력의 심각성을 인식하고, 학교 폭력에 대한 여러 가지 대책이 쏟아져 나온다. 그럼에도 학교 폭력은 여전히 심각한 문제로 남아있다. 따라서 학교 폭력의 원인이 무엇이며, 그 대책은 무엇인지 다각도에서 고찰해보고자 한다.

학교 폭력의 원인은 세 가지이다. 첫째, 다름을 틀림으로 받아들이고 배척하는 사회 분위기 때문이다. 학생들은 잠재적 교육과정의 영향을 많이 받는다. 다문화 학생들과 친하게 지내라고 가르치더라도, 사회 분위기가 외국인 노동자를 낮추어보고 조롱하는 짓을 한다면 의미 없는 메아리가 될 뿐이다. 둘째, 승자의 독식이 당연시되는 과도한 경쟁과 그로인한 스트레스 때문이다. 과거에는 밖에서 함께 뛰어놀며 에너지를 분출했다. 하지만 현대에 와서는 학생들은 모두 학교, 학원을 전전하여 공부하기를 강요당한다. 그 과정에서 발산하지 못한 스트레스와 에너지는 약자를 향해 분출된다. 셋째, 가해자는 자신의 행동의 심각성을 인지하지 못하고 장난이라고 가볍게 생각한다. 또는 심각성을 인지하더라도 가해자가 다수가 되면 그 죄책감이나 책임감이 약화된다.

학교폭력을 막기 위한 대책은 세 가지이다. 첫째, 다양성의 인정에 대한 실제적이고, 구체적인 인성교육을 실시한다. 교과서처럼 '다양한 모습을 인정합시다.'라고 가르치는 것이 아니라, 실제 다양한 사례 등을 활용한 체험 위주의 인성교육을 실시한다. 이를 통해 학생들이 다양성의 인정을 머리로만 이해하는 것이 아니라 내면화할 수 있게 한다. 둘째, 중간놀이, 체육 시간을 적극 활용해 학생들이 신체활동을 통해 에너지를 발산할 수 있도록 한다. 이러한 신체활동을 통해 스트레스도 해소하고, 사회성을 습득할 수 있게 된다. 셋째, 학교 폭력에 관한 영상, 역할극 등을 통해 다양한 입장에 대해 생각하고, 공감할 수 있는 기회를 마련한다. 나에게는 단순한 재미와 잠깐의 즐거움을 위한 장난이 상대방에게는 큰 상처가 될 수 있음을 인식시킨다. 또한, 다양한 입장에서 생각해 볼 기회를 평소에 많이 제공함으로써 학교 폭력의 방관자가 생기지 않도록 한다. 내가 피해자가 아니더라도, 주변의 학교 폭력을 예민하고 심각하게 받아들일 수 있도록 한다.

학교 폭력은 피해자, 방관자, 심지어 가해자 그 자신에게조차 상흔을 입힌다. 행복해야 할 학교에서 학교 폭력이 발생한다면 학교는 더 이상 배움의 장이 되기 어렵다. 그러기에 학교 폭력의 심각성을 인지하고, 이를 예방하기 위해 노력해야 한다.

위의 예시 글은 논리 전개의 방식이 다르다. 예시글 ①은 "원인 → 대안, 원인 → 대안, 원인 → 대안"과 같은 전개이고, 예시 글 ②는 "원인1, 원인2, 원인3 → 대안1, 대안2, 대안3"과 같이 전개된다. 어느 것이 더 적절하다고는 말할 수 없으나 예시 글 ①이 원인과 그에 따른 대안이 바로 제시되어 있어서 정보 처리의 연관성을 떠올리게 하기 때문에 더 바람직한 논리 전개라고 생각된다.

글쓰기를 지도하다보면 맞춤법이나 띄어쓰기는 규범을 보면서 스스로 할 수도 있지만 논리적 오류는 대체적으로 스스로 찾아내기가 어렵다. 따라서 글쓰기를 지도할 경우에 어문규범은 스스로 찾아서 학습할 수 있게 하는 것이 시간을 줄이는 방법의 하나인 반면, 논리적으로 오류가 있는 것이나 글(단락)의 구성은 필자 스스로 하기가 힘들기 때문에 지도자는 이점에 유의할 필요가 있다.

위의 두 글을 보면 관점이 매우 제한되어 있음을 알 수 있다. 이는 관련된 배경지식이 미흡하기 때문이다. 먼저, 폭력의 성격에 대해서도 생각을 넓힐 수 있다. 일반적으로 사회에서 이뤄지는 폭력에 대해서는 관대하지 않다. 하지만 학교폭력에 대해서는 상대적으로 더 관대하다. 이것은 바로 학교라는 기관이 교육을 하는 곳이고, 교육을 통해 학생들의 문제점을 교화하는 교화의 기능을 가지고 있기 때문에 이런 점을 반영하여 같은 잘못을 범하더라도 학교폭력은 사회폭력에 비해 처벌의 정도가 약하다. 이러한 점이 글에 반영되면 학교폭력의 성격을 이해하고 그에 근거를 두고 대안을 마련하고자 한다는 인상을 평가자에게 심어줄 수 있다.

둘째, 폭력의 원인에 대한 피상적인 접근을 지적할 수 있다. 폭력의 문제는 갈등이 해결되지 않았기 때문에 생긴 것이다. 그런데 갈등은 사회생활을 하다보면 모두가 경험하고 갈등을 짊어지고 산다. 갈등의 정도에 차이가 있을 뿐이다. 이러한 갈등에 대해서 내적 억압 능력을 길러 스스로 폭력의 문제점을 인식하는 경우가 있는가 하면, 외부 억압 능력에 기대어 갈등(학교폭력)을 일으키지 않을 수 있다. 말하자면 학교폭력을 행사했을 때 본인에게 다가올 불이익이 크다고 인식하면 갈등(학교폭력)을 일으키지 않는다. 이처럼 갈등의 원인에 대해 좀 더 다양한 관점에서 접근함으로써 갈등(학교폭력)을 해결할 수 있는 보다 근본적인 대안을 제시하면 좀 더 좋은 설득하는 글쓰기가 될 수 있다.

CHAPTER 25

문제해결의 말하기

CHAPTER

25 문제해결의 말하기

문제해결은 개인이 중심이 되어 이뤄지는 설득하는 말하기를 통해서도 이뤄지지만 개인의 차원을 떠나 집단이 공동사고를 통해 문제를 해결하는 집단 사고가 중심이 되어 이뤄지기도 한다. 이 장에서는 개인보다는 집단이 집단 사고를 통해 문제를 어떻게 해결할 것인지에 대해 "집단 토의란 무엇이고, 문제해결의 순서는 어떠하며, 문제해결에 필요한 요건은 무엇이고, 문제해결의 방법은 무엇인지"에 대해 탐색하기로 한다.

1 집단 토의의 개념

앞에서 설득이 한 사람이 중심이 되어 주로 이뤄지는 행위라고 했다. 집단이 처한 문제를 집단 사고로 해결하기 위해서는 집단 토의가 무엇인지를 먼저 논의할 필요가 있다. 이에 앞서 잠시 집단의 성격을 살피고자 한다.

인간들은 필요에 의해서 집단을 이루어 생활을 해왔고, 그 과정에서 자유를 위한 투쟁도 병행해왔다. 이 과정에서 발견한 것 중의 하나가 민주주의이고 이러한 민주주의는 자유를 위한 소중한 의사결정의 방식이며 민주주의가 실행되기 위해서 가장 중요한 것이 집단 구성원들의 적극적인 참여이다. 집단의 구성원 각자는 각자가 관심이 있는 문제를 가지고 있으며 이런 문제를 해결하고자 할 때 완전한 문제해결은 불가능하기 때문에 부분적으로 동의하고, 협상하고, 주고받으면서 집단 구성원들이 가지고 있는 문제를 해결한다.

집단 토의는 집단이 그들이 직면한 문제를 해결하기 위해 서로가 함께 의견을 주고받는 행위이며, 집단의 문제해결은 그들이 직면한 문제를 해결하기 위해 서로 수용할 수 있는 문제를 찾아가는 과정이다. 이런 집단의 문제해결을 하는 과정을 통해 집단 구성원들은 비판적 사고 기법을 연습한다. 여기서는 좀 더 상세하게 집단의 문제해결이 무엇인지에 대해서 살피기로 한다.

집단의 문제해결은 구체적인 목표를 가지고 그러한 목표를 중심으로 이야기를 하는 것이며, 생각을 무시하는 것이 아니라 공유하는 것이다. 그래서 집단의 문제해결을 위해서는 잘 준비해야 하는데, 준비를 하는 과정에서 아이디어를 얻고, 아이디어에 대해 연구하며, 아이디어를 준비하고, 필요하다면 그 아이디어에 대해서 전문가의 조언을 구하는 활동도 병행한다. 또한 집단의 문제해결이 성공을 하기 위해서는 집단 구성원들의 의견을 경청해야 하고, 문제를 철저하게 분석해야 한다. 그리고 집단의 문제해결은 집단이 비판적 사고를 통해 합의하는 것이 중요하며, 다수결이라는 이름으로 소수의 의견을 무시하는 것은 바람직하지 않기 때문에 투표를 통해 의사결정을 하기 전에 문제에 대해 충분하고 심도 있는 토론을 하는 것이 선행되어야 한다.

2 문제해결의 순서

민주적인 절차에 의해 문제를 해결하고자 하는 집단은 집단 구성원 각자가 독자적이고 다른 관점을 가질 수 있으며 다른 욕구와 문제에 대해 접근하는 다른 방식이 있다는 것을 기억해야 한다. 왜냐하면 집단의 문제해결을 할 때 그 힘은 이러한 다양성에서 나오기 때문이다. 한 사람의 생각보다는 두 사람의 생각이 좋을 경우가 많기 때문에, 그리고 한 문제에 대해서 집단 구성원 사이에 많은 차이가 있을 수 있기 때문에 문제를 해결하는 과정에서 절차를 지키는 것은 문제해결의 핵심적 과정이라고 할 수 있다. 문제를 해결하는 과정은 일반적인 순서가 있는데, 듀이에 의하면 그러한 절차는 종종 비판적 사고의 순서로 언급되기도 한다. 그것은 다음과 같다(Joseph A. Quattrini, 1996: 291－292쪽 참조).

① 절실한 욕구이다. 문제는 흔히 짜증나게 하는 사실을 접하거나 절실한 욕구가 있을 때 시작이 된다. 이 때 문제는 명확하지 않을 수도 있으며 매우 골치 아픈 것일 수도 있다.

② 욕구 발견이다. 절실한 욕구의 단계를 지나면 구체적으로 욕구가 무엇인지를 발견한다. 그리고 문제가 있다는 것을 명확하게 알기 전까지는 문제를 해결

하기 위한 시도는 크게 도움이 되지 않는다. 문제의 원인이 무엇이고, 그 원인은 어디에 있는지를 먼저 발견하는 것이 더 중요하다.

③ 욕구 정의이다. 두통의 원인이 치통이라고 결정을 했다면 당신은 이 단계에 만족한다.

④ 욕구 분석이다. 욕구를 정의한 다음에는 문제를 분석한다. 두통을 예로 하여 두통이 얼마나 지속되어 왔는지, 본래 이의 상태는 어떠했는지, 감염은 되었는지, 이 사이의 공간은 어떠한지, 신경의 손실은 없는지 등을 분석한다. 욕구 분석은 상당한 시간이 필요할 뿐만 아니라 종종 연구는 물론 전문가로부터의 조언을 필요로 한다.

⑤ 해결책 고려이다. 문제가 분석되고 나면 다음 단계는 모든 가능한 대안을 고려한다. 이 과정에서 브레인스토밍을 활용할 수 있다. 모든 실용적이고 유용한 해결책을 살펴본다. 이 과정에서 비용, 시간, 욕구의 해결 등을 고려한다.

⑥ 해결책 합의이다. 이 단계에서, 차이 사이의 타협이 집단에서 하는 가장 중요한 활동이다.

⑦ 해결책 시행이다. 합의가 이뤄진 다음에는 해결책을 시행에 옮긴다.

⑧ 해결책 평가이다. 해결책을 시행에 옮김 다음에는 그 해결책을 지속적으로 평가해본다.

⑨ 해결책 수정이다. 해결책을 평가해보고 변화시킬 것인지, 계속해서 채택할 것인지, 심지어는 새로운 해결책을 모색할 것인지를 결정한다.

3 문제를 성공적으로 해결하기 위한 요건

집단의 문제해결이 항상 성공적인 것은 아니다. 성공하지 못한 경우에는 그 이유가 명확하게 존재한다. 다음은 집단의 성공을 위한 본질적인 요건이다 (Joseph A. Quattrini, 1996: 292~293쪽 참조).

① 집단의 구성원들은 문제가 있고 그것이 중요하다는 것을 진지하게 수용한다. 이것은 일명 "자신의 문제"라고 불린다. 만일 문제가 자신들의 것이 아니라면 관심과 열정을 가지고 문제를 해결하려고 하지 않는다.

② 집단의 구성원들은 객관적이고 비판적인 사고를 할 수 있어야 한다. 이것이 의미하는 것은 앞에서 언급한 순서를 알고 그 순서에 따라 활동을 할 수 있음을 의미한다.

③ 집단의 구성원들은 민주적으로 문제를 해결하려고 할 때 타협의 중요성을 이해하고 수용한다.

④ 집단은 모든 구성원들이 참여할 수 있을 정도의 소집단이다.

4 집단 이끌기

당신이 의장(리더)이든 아니든, 집단의 문제를 해결하고자 할 때 의장(리더)에게 기대되는 기본적인 책임감과 행위를 알 필요가 있다. 집단의 의장(리더)는 많은 업무가 있다. 이러한 업무를 잘 수행하기 위해 집단의 의장(리더)에게 요구되는 주요 활동과 행동의 목록은 "① 회의 및 토론의 수행, ② 회의의 절차를 알고 이해하기, ③ 만일 있다면 집단의 규정(constitution)에 명시된 합의사항이 무엇인지를 알기, ④ 집단의 구성원들이 가지고 있는 느낌 알기, ⑤ 모든 구성원들에게 미팅을 확실하게 안내하기, ⑥ 의제 준비하기, ⑦ 다른 사람이 도착하기 전에 회의에 참석하기"와 같다(Joseph A. Quattrini, 1996: 294~296쪽 참조).

그리고 의장(리더)는 집단 토의를 수행하기 위한 절차를 알 필요가 있다. 절차는 "① 회의 소집하기, ② 자기 소개하기, ③ 토의의 화제 도입하기, ④ 토의의 구체적인 목적 진술하기, ⑤ 토의에서 논의되는 용어 정의하기, ⑥ 공정성 유지하기"와 같다. 뿐만 아니라 의장이 회의를 효율적으로 수행하기 위해서는 "① 간추려서 말하기, ② 중요한 사항을 필기하기(메모하기), ③ 위원 임명하기"를 잘 할 필요가 있다. 회의가 끝나거나 회의가 진행되는 동안 의장은 아이디어를 모으고 논의되거나 결정된 것을 명확하게 언급해야 한다. 집단이 문제를 해결하지 못했다면 의장은 그것을 인정하고 해결되도록 더 명확하게 해야 한다. 집단의 크기에 따라서 달라질 수 있지만 집단이 그렇게 크지 않다면 의장은 중요한 사항을 잘 기록해야 한다.

5 문제해결의 방법

일단 집단에서 문제를 선택했다면, 다음 단계에서는 그것을 분석한다. 문제를 해결할 때 이 단계에서 두 가지 접근 방식이 있다. 첫 번째 방식은 원탁 토의(roundtable discussion)이다. 여기서는 집단의 각자가 문제를 부분적으로 분석해보고 전체적으로도 분석해본다. 각자가 문제를 분석한 다음에는 집단 구성원들이 모여서 모은 데이터를 공유한다. 공유하는 과정 동안, 집단 구성원들은 그들이 할 수 있는 최선의 분석이라고 생각하는 것에 대해 동의를 할 수 있다.

두 번째 방식은 패널 토의(panel discussion)이다. 이 방식은 원탁 토의와는 다르지만 목적은 동일하다. 집단 구성원들은 문제의 다른 양상 연구에 동의한다. 각자가 임무를 마친 뒤에 집단으로 와서 각자가 발견한 것을 발표한다. 모든 발표가 이뤄진 뒤에, 집단은 발표된 전체 정보로부터 중요한 정보를 이끌어낼 수 있다.

6 집단의 문제해결을 위한 활동

집단의 문제해결을 위해 "집단 형성하기, 해결을 위한 문제 선택하기, 문제 분석하기, 최상의 해결책 결정하기, 문제와 해결책을 학급 구성원들에게 발표하기"와 같은 활동을 한다. 각각의 활동은 다음과 같다(Joseph A. Quattrini, 1996: 293~300쪽 참조).

활동 25-1 자체 점검 목록

이 활동의 목적은 집단의 문제해결을 할 때 자신의 태도, 자아 개념, 기능을 확인하기 위함이다.

1. 나는 잘못한 것에 대해 두려워하는가?
2. 나는 명확하게 말하는가?
3. 나는 문제가 있을 때 질문을 하는가?
4. 나는 단지 주의를 끌기 위해 질문하는가?
5. 나는 들을 수 있을 만큼 강하게 말하는가?
6. 나는 나의 의견을 고수하는가?

7. 나는 내 자존심을 지키기 위해 요점을 고수하는가?
8. 나는 늘 준비되어 있는가?
9. 나는 사람들에게 말을 할 때 직접 보면서 말하는가?
10. 나는 주의 깊게 듣는가?
11. 나는 남들이 말을 할 때 내 마음이 방황하는가?
12. 나는 발표를 할 때 내 생각이 잘 조직되어 있는가?
13. 나는 기꺼이 타협하는가?
14. 나는 너무 타협하고 싶어 하는가?
15. 나는 너무 말을 많이 하는가?
16. 나는 집단을 지배하는 경향이 있는가?
17. 나는 너무 쉽게 쟁점에 대해 항복하는가?
18. 나는 강하면서도 지지받지 못하는 편견을 가지고 있는가?
19. 나는 정시에 도착하는가?
20. 나는 진지한가?
21. 나는 스스로를 가치 있는 사람이라고 느끼는가?
22. 나는 예시를 사용하여 내 생각을 명확하게 드러내는가?
23. 나는 문제해결의 태도에서 객관적인가?
24. 나는 다른 사람들에게 접근해서 그들로 하여금 환영받고 가치있다고 느끼도록 할 수 있는가?
25. 나는 비판적 사고하기의 단계를 알고 있는가?

활동 25-2 집단 구성(형성)하기

이 활동의 목적은 문제 해결을 위해 임무를 수행하기에 적합하도록 집단을 구성(형성)하기 위함이다.

문제해결을 위해 학급 구성원을 5명 이내의 소집단으로 나눈다. 가능하다면 집단을 공통의 관심사를 가진 사람들로 구성한다. 다양한 집단들이 구성될 것이다. 연락처를 기록하고 학급의 밖에서도 활동할 수 있는 준비를 한다.

첫 모임에서 대표를 뽑되 대표를 돌아가면서 맡을 수도 있다는 점에 대해 논의할 수 있다. 그 외 집단을 구성하여 무슨 활동을 할 것인가는 집단 구성의 목적에 맞게 조정할 수 있다.

활동 25-3 문제 선택하기

이 활동의 목적은 해결을 필요로 하는 문제를 선택하기 위해 집단으로서 활동하기 위함이다.

만약 집단이 공통의 관심사가 있어서 집단을 구성했다면 문제 해결을 위한 과제 선택은 더 쉬울 것이다. 그러나 그렇지 않다면 동일한 문제에서 당신에게 공통의 관심사를 부여하기 위해 또 다른 집단의 구성원인 현재의 집단에서 사람이 충분한지를 결정한다.

그렇지 않다면 낙담하지 않는다. 당신 모두는 다음과 같은 몇 가지의 공통의 집단에 속한다:

- 동일한 스피치 학급
- 동일한 학교 시스템
- 동일한 세대
- 동일한 공동체
- 동일한 국가

대표의 지도 아래 다음 질문에 답해본다.

1. 당신 집단의 어떤 사람이 심각한 문제를 가지고 있는가?
2. 이 집단 토의의 어떤 구성원이 "학교는 학생들을 보호하기 위해 온종일 학교 지킴이를 고용해야 하는가?"와 같은 문제에 대해 문제의식을 가지고 있는가?
3. 지금 당신의 관심사는 아니지만 앞으로 언젠가는 당신의 관심사가 될 수 있는 문제, 예를 들어 "드래프트에 의한 등록이 폐지되어야만 한다."와 같은 문제가 존재하는가?

당신의 집단이 말할 때 당신의 집단이 확인할 수 있는 문제를 위해 다양한 제안을 목록으로 만들어둔다. 그리고 이들을 활동철에 기록해 놓는다.

당신의 집단이 문제에 직면했을 때 당신의 활동철에 그러한 결정을 기록해 놓는다. 그런 다음, 다음과 같은 두 개의 질문에 답하는 짧은 단락을 만든다.

1. 당신의 집단이 당신의 연구 주제에 대해 합의를 하고자 할 때 가장 큰 문제점은 무엇이었는가?
2. 개선이 필요한 토론 행위는 무엇이었는가?

활동 25-4 문제 분석하기

이 활동의 목적은 문제를 효율적으로 분석하기 위해 하나의 집단으로서 임무를 수행하기 위함이다.

당신의 집단이 어떤 접근 방식을 사용하면 좋을지를 결정하기 위해 미팅을 개최한다. 당신의 집단이 패널 토의를 하기로 결정했다면 활동철에 당신의 임무가 무엇인지를 기록해 놓는다. 당신의 과제와 관련이 있다고 여겨서 당신이 수집한 정보를 모두 기록하기 위해 당신의 활동철을 사용한다.

〈정보 발견하기〉

어떤 문제가 존재한다는 증거가 있는가? 통계자료와 예를 찾고, 여러분 자신의 경험을 참고하고, 관계자들을 인터뷰하고, 논문과 책을 읽는다.

특히 이런 문제가 야기하는 바람직하지 않은 조건은 무엇인가?

문제의 정도가 어느 정도인 것 같은가?

문제의 원인은 무엇이라고 여겨지는가?

문제가 해결되지 않는다면 어떤 일이 일어날 것인가?

〈데이터 준비하기〉

당신의 집단이 원탁 토의 방식을 사용한다면, 앞의 질문의 각각을 위한 구체적인 정보를 가질 필요가 있다. 데이터를 조직한다. 정보의 각 항목을 가장 만족할 만한 질문 밑에 놓는다. 각각의 질문을 위한 정보의 요약을 준비한다.

당신의 집단이 패널 토의의 방식을 선택했다면 당신은 당신이 추구하는 질문을 간결하게 진술하는 간략한 스피치를 준비할 필요가 있다. 당신은 당신의 데이터를 정리하고 앞의 모든 항목에 맞도록 프레젠테이션을 조정해야 한다. 정보가 전체 문제 분석을 하는 데 어떤 도움이 되는지를 보여준다.

활동 25-5 분석한 것을 집단에게 발표하기

이 활동의 목적은 집단 의사소통 기능을 발달시키기 위함이다.

만일 당신의 집단이 원탁 토의(회의)의 방식을 사용하고자 한다면 원탁 주위에 모이거나 당신의 의자를 얼굴을 마주볼 수 있도록 정리한다. 의장은 중심적인 위치를 차지해야 한다. 서기는 회의록을 확인해야 한다.

의장은 회의를 주관하지만 지배하지는 않는다. 의장은 미팅을 위한 의제로서 문제를 분석하기 위한 다섯 가지 질문을 사용해야 한다. 모든 구성원들로부터 자유롭게 생각의 흐름이 있어야 한다. 당신은 다른 사람들의 의견에 동의하지 않을 수도 있고, 지지할 수도 있으며, 중요한 정보를 추가할 수도 있고, 질문을 할 수도 있으며, 다른 사람들을 도와서 명확하게 사물을 진술하게 할 수도 있고, 생성을 할 수도 있으며, 만일 필요하다고 여겨진다면 심화된 연구를 위한 제안을 할 수도 있다.

패널 형식은 좀 더 공식적인 프레젠테이션이다. 각 구성원은 특별한 분야의 연구를 위한 책임을 진다. 당신이 패널에서 공식적인 프레젠테이션을 할 때 데이터가 연구 중인 더 큰 질문에 적합한 위치를 반드시 지적해야 한다.

각자가 프레젠테이션을 마친 뒤에는, 의장과 다른 구성원들은 명료화와 추가 정보를 위해 질문을 해야 한다. 다른 구성원들은 발표 패널리스트가 조사한 질문과 관련된 정보를 추가해야 한다.

서기는 패널 발표 시 회의록을 보관해야 한다. 의장은 미팅의 패널에게 허용된 시간을 통제할 필요가 있다. 시간 제한을 넘기는 경우가 많이 발생할 수 있기 때문이다. 의장은 이전에 원탁 회의에서 언급된 것과 동일한 일반 업무를 수행한다.

활동 25-6 집단 활동 평가하기

이 활동의 목적은 집단이 효율적인지를 평가해보기 위함이다.

활동철에 다음 항목에 대한 짤막한 논평을 적는다.

1. 당신의 집단은 얼마나 효율적이었는가?
2. 당신 자신의 효율성과 당신 동료들의 효율성을 향상시키기 위한 구체적인 권장 사항을 목록화한다(나열한다).
3. 어떤 권장 사항이 당신을 당신의 원탁 토의 혹은 패널 토의를 향상시키도록 만들어주는가?

활동 25-7 최상의 해결책 발견하기

이 활동의 목적은 당신이 접한 문제에 대해 수용할 만한 해결책에 이르도록 하기 위해 집단으로서 활동하기 위함이다.

첫째, 앞에서 언급한 브레인스토밍 부분을 활용하여 문제에 대한 모든 가능한 해결책을 발표한다. 각 집단은 각자 원하는 해결책을 제안한 기회를 가진다. 모든 사람들이 자신이 선택한 만큼 많은 것을 제안하기 전까지는 결코 그 해결책에 대해 평가하지 않는다.

다음 단계는 모든 경박하거나 명백히 어리석은 해결책을 제거한다. 각 해결책의 장점에 대해 논의한 뒤에는 해당 해결책을 가치 없는 해결책으로 여길 필요도 있다. 때때로 경박해 보이는 것도 실제로는 아주 유용해보일 때도 있기 때문이다.

합리적이고, 실용적이며 가능한 것으로 여겨지는 것이라고 제안된 해결책을 축소한 후에 각 제안을 선택하고 다음 질문에 적용한다.

1. 해결책이 문제의 원인을 제거하는가?
2. 해결책으로 인해 조건이 개선될 것인가?
3. 그 해결책은 추가적인 해악을 초래할 것인가 아니면 더 나쁜 해악을 초래할 것인가?
4. 그 해결책이 문제의 범위(정도, 심각성)를 줄일 수 있을까?
5. 해결책은 집단의 능력(집단의 권한, 집단의 재정 능력, 채택 가능한 시간) 내에 있을 것인가?

PART 06

삶과 교육과 인간을 위한 말하기

제6부

〈교육과정 관련 성취 기준〉

[4국 01-06] 예의를 지키며 듣고 말하는 태도를 지닌다.
[4국 04-04] 높임법을 알고 언어 예절에 맞게 사용한다.
[6국 01-07] 상대가 처한 상황을 이해하고 공감하며 듣는 태도를 지닌다.
[6국 05-05] 작품에 대한 이해와 감상을 바탕으로 하여 다른 사람과 적극적으로 소통한다.
[6국 05-06] 작품에서 얻은 깨달음을 바탕으로 하여 바람직한 삶의 가치를 내면화하는 태도를 지닌다.

CHAPTER 26

학습자에 대한 이해

CHAPTER

26 학습자에 대한 이해

이 장에서는 학습자에 대한 이해의 심화를 탐색한다. 학습자가 가지고 있는 특성은 무엇이고, 그러한 특성을 보는 철학적 관점, 그리고 학습자를 보는 관점을 탐색한다. 이러한 탐색은 학습자에게 효율적으로 교육을 할 수 있는 기반을 조정하게 해줄 수 있을 뿐만 아니라 교수자 자신도 학습자를 이해함으로서 자기 스스로를 성찰하는 기회가 될 수 있기 때문이다.

1 인간에 대한 이해

1.1. 철학에서의 인간관

"인간이 무엇인가?"라는 물음에 대해 답을 할 때 우리는 이미 인간에 관해서 어느 정도의 이해를 하고 있는데, 이를 철학의 용어로 전이해(前理解)라고 한다. 전이해를 전제로 하여 인간은 전이해 상태에서 인간에 대해 이해하려고 노력하며, 비록 정도의 차이는 있을 수 있지만 모든 인간이 가지고 있는 이와 같은 전이해는 인간을 연구하는 사람들의 인생관, 종교관, 교육관, 세계관 등과 밀접한 관련을 지니기 때문에 좀 더 풍요롭고 완전한 이해를 위해 열려져 있어야 한다. 열려져 있는 전이해를 바탕으로 하여 우리가 "인간이란 무엇인가?"에 대해 관심을 가질 때 (1) 인간을 동물과 비교하거나 (2) 인간을 인간 그 자체로서 연구하거나 (3) 인간과 신과의 관계를 통해서 인간을 연구할 수 있다(진교훈 등, 1991: 34쪽 참조). 이 연구에서는 (2)의 입장을 중심으로 인간관을 논의하고자 한다.

인간을 인간 그 자체로서 연구할 때도 여러 가지 연구가 가능하다. 사회적 동물로서의 인간이 인간다운 삶을 유지하기 위해서는 앎이 필요하고 앎이 전제되어야 삶의 질이 향상된다. 앎과 삶의 관계 속에서 앎의 문제를 다루는 철학의 분야가 인식론(지식론)이다. 인식론을 탐구하는 철학자들은 “실재론자와 관념론자”의 두 종류로 분류할 수 있다. 실재론자들은 앎이 근본적으로 인간 밖에 외재적(外在的)인 것으로 존재한다고 믿기 때문에 노력을 통해 인간이 밖에 외재적으로 존재하는 것(법칙)을 알게 되는 것이 앎이라고 주장한다. 반면에 관념론자들은 앎이 인간 속에 내생적(內生的; 안에 있거나 안에서 만들어지는 것)이기 때문에 인간이 법칙을 생각해 내어 알게 되는 것이 앎이라고 한다. 실재론자의 실재론(realism)과 관념론자의 관념론(idealism)을 인식의 문제로 해석한다면 실재론은 인식론 중 경험론(empiricism)과 연결되고, 관념론은 인식론 중 합리론(rationalism)과 연결된다. 경험론에서는 외재하는 것을 인간이 받아들이는 것이 인식의 주기능이라 주장하고, 합리론에서는 인간의 이성·오성·지성의 사고작용이 인식의 주기능이라고 주장한다(노명완, 2011: 5~8쪽을 참조하여 정리함).

1.2. 심리학에서의 인간관

심리학은 인간의 마음을 다루는 학문이다. 인간의 마음은 곧 정신의 문제와 직결되며 그것은 또한 인식의 문제와도 맞닿아 있다. 철학에서 경험론은 심리학의 행동주의와 관련되고 인식론은 인지주의와 관련된다. 심리학에서는 전통적으로 B=f(O,E)라는 대전제를 견지하고 있다. 여기서 ‘B’는 행동(Behavior)를 뜻하는 말이지만, 이를 더 넓게 철학의 인식론이나 인지심리학의 인지작용으로 볼 수도 있다. 그리고 ‘O’는 유기체(Organism)인 인간을 의미하는데, 더 실제적으로는 인간이 갖고 있는 스키마(schema)라 불리는 배경지식 그리고 이 스키마를 활용하는 이해, 분석, 추리 등의 사고 작용으로 볼 수 있다. 그리고 ‘E’는 환경(Environment) 즉 자극, 대상, 문제, 자료 등을 의미한다. 위의 공식에서 ‘O’는 인식론의 입장을, 그리고 ‘E’는 경험론의 입장을 소박하게 보인 것이라 말할 수 있다. 그래서 인간의 행동이나 학습 행위를 나타내는 ‘B’를 ‘O’(인간, 학습자, 학생)와 ‘E’(환경, 교사의 설명, 교재 등)의 조화로운 교차적 통합으로 보는 심리학의 설명은 철학으로 보면 경험과 합리의 절충적 지점에 있다고 볼 수도 있다(노명완, 2011: 6~8쪽을 참조하여 정리함).

심리학에서 행동주의는 인간을 수동적인 존재로 파악한다. 자극에 대한 반응의 결과로 인간의 행동을 설명하려고 하는 행동주의는 인간의 머릿속에서 이뤄지는 능동적 정신 활동에 대해서는 소홀히 했다. 대신 정신 활동을 위한 투입과 산출의 문제에 초점을 두고 인간의 행동을 과학적으로 연구했다. 이러한 관점에서 연구를 하다 보니 인간을 보는 관점 또한 이에 맞춰 보려고 노력하는 것은 지극히 당연한 행위라고 이해된다. 그래서 행동주의에서는 인간을 수동적인 존재로 파악했다. 왜냐하면 자극과 그에 따른 결과로서의 반응에만 초점을 맞추었을 뿐 다양한 반응이 나오는 결과를 일으키게 하는 정신 활동의 원천이 과연 무엇인지에 대해서는 거의 관심을 기울이지 않았기 때문이다. 이러한 행동주의의 인간관은 교육으로 연결되어 "반복의 법칙, 연습의 법칙, 분할의 법칙"과 같은 반복과 심화를 연습을 통해 강조하는 형태로 나아갔고, 이러한 인식의 연장선에서 인간을 이해했기 때문에 인간을 수동적인 존재로 이해하는 것은 자연스러웠다. 행동주의 심리학에서는 인간을 다른 동물과 같은 존재로 보고 있기 때문에 인간 연구 학문인 심리학에서 쥐나 비둘기를 대상으로 학습을 연구할 수밖에 없었으며, 이의 연장선에서 인간의 고등 사고는 기본 사고의 조합으로 설명하려는 시도를 했다.

행동주의에 뒤를 이어 1960년대 이후에 나타난 인지심리학은 행동주의 심리학과는 다른 인간관을 표방했다. 인지주의 심리학에서는 "투입–과정–산출"의 연속선을 고려할 때 "과정"의 문제에 초점을 두고 인간의 마음을 연구했다. 동일하게 투입했음에도 불구하고 다른 결과가 나오는 것은 결과를 도출하는 과정에서 능동적인 정신 활동을 했고, 이러한 정신 활동이 바로 인간의 능동적 모습을 구현하는 것으로 인식했다. 그래서 인지주의 심리학에서는 인간을 능동적인 존재로 파악한다. 능동적인 역할을 하는 것이 가능하게 하는 가장 중요한 원동력은 바로 인간이 문명사회에서 살아가면서 지식을 획득하고 적응해가기 위한 원천으로서의 배경지식이다. 배경지식을 활용하여 새로운 문제에도 당황하지 않고 기존에 해결한 경험이 있는 문제처럼 능숙하게 처리하는 인간의 정신 활동과 그 작용을 보면 인간은 결코 수동적 존재가 아니라 매우 능동적인 존재라는 것을 알 수 있다.

철학에서의 경험론과 합리론, 그리고 심리학에서의 행동주의와 인지주의는 교육에 대하여 판이한 제안을 한다. 경험론과 행동주의는 인간을 수동적 존재로 보기 때문에 인간 행동(예 학습행위)을 유발시키기 위한 방법으로 자극('S')을 조건화하거나(이 방법이 바로 소련의 파브로프가 보여준 고전적 조건화이다.) 또는 반응('R')을 조건화하는(이 방법이 스키너가 보여준 조작적 조건화이다.) 교육을 제안한다. 즉 교사의 역할을 강조하는 것이다. 반면에 인지주의는 학습자의 역할을 강조한다(노명완, 2011: 7쪽 참조).

여기서 한 가지 주의할 점이 있다. 그것은 인간을 보는 관점이 판이하다고 하여 교육의 문제도 그렇게 인식할 필요는 없다는 유연한 사고를 갖는 것이 중요하다는 점을 인식하는 일이다. 우리가 잘 아는 것처럼 교육은 매우 복잡한 문제이고, 교육의 문제를 해결하는 데 하나의 정답만 있는 것이 아니기 때문이다. 또한 교육과 인간에 대해 어떤 관점을 가지고 그 현상의 본질을 이해하는 문제와 그것이 교육의 현장에서 활용되는 문제는 다른 층위의 문제이기 때문이다. 말하자면 이론적으로 설명하는 것과 그것이 교육의 실제 상황 속에서 활용되는 측면은 늘 동일하지 않다는 점이다. 교육의 문제는 복잡하기 때문에 교육이나 인간을 보는 관점의 정립이 중요하다고 할지라도 더 중요한 것은 그것이 교육의 장면에서 활용될 때는 행동주의에 입각한 인간관과 교육관도 필요하고, 인지주의에 입각한 교육관과 인간관도 필요하다는 점을 인식하는 일이다. 이론적으로 현상을 이해할 때는 분석적 접근이 필요하지만 그것을 교육의 상황 속에서 활용할 때는 통합적으로 접근해야 문제를 해결하기가 용이한 측면이 교육의 문제에 매우 많이 깔려 있기 때문이다.

최근 경주에서 진도 5.8의 지진이 발생했다. 지진이 발생했을 때의 대처 요령은 "엎드려→(책상 등의 밑으로)들어가→(책상 다리 등을)붙잡아"와 같은 단순한 훈련을 하는 것이었다. 응급 상황일수록 사람들은 상황을 종합하여 처리하기보다는 먼저 행동을 하고, 이어서 적절히 대처했는지에 대해 생각하는 것이 일반적인 대응 방식이다. 이런 점에서 보면 행동주의적 접근 방식으로서의 지속적인 훈련은 매우 중요하면서도 효과적인 교육 활동의 하나라고 할 수 있다. 이렇게 행동주의 원리에 입각한 훈련의 효과가 있음에도 불구하고 사람들은 귀찮아서 훈련을 소홀히 한다. 그 대신에 인지적인 능력을 훨씬 중시한다. 그렇지만 교육 활동은 인지적인 측면만을 강조해서도 안 되며, 행동적인 측면 또한 소홀히 되어서는 안 된다. 매우 단순한 것 같지만 단순한 것이 체득되어 인지적 처리 부담이 최소화될 때 효과는 최대로 발휘되기 때문에 인지주의적인 접근 방식과 행동주의적 접근 방식 둘 다 중요한 측면이 있음을 간과해서는 안 된다.

2 교육에 대한 이해

2.1. 교(敎)와 교수(敎授)를 강조하는 교육관

교육(敎育)은 교(敎)와 육(育)의 합자이다. "교(敎)"에는 "매로 다스린다."는 의미가 있다. 매로 다스린다는 것은 인간을 능동적인 존재로 보기보다는 수동적인 존재로 보는 인간관을 반영하는 행동적 표현이다(노명완, 2004: 25 참조). 그런데 행동주의 심리학에서 추구하는 교육관도 동일한 맥락에서 해석할 수 있다. 행동주의 심리학에서는 교육의 법칙이나 기법으로 "연습, 반복, 분산, 부분, 강화, 전이, 일반화, 기억화의 법칙" 등을 강조하는데(김진우, 1990: 114~162쪽 참조), 이러한 법칙 혹은 기법은 인간을 능동적으로 보기보다는 수동적으로 보는 인간관이기 때문이다. 예를 들어, 연습이나 반복의 법칙, 혹은 강화의 법칙은 받아들인 상태를 전제로 하여 숙달시키는 의미가 강하지, 새로운 것의 존재를 전제하지는 않는다. 그래서 행동주의 심리학에 기반을 둔 이러한 교육관에 반기를 들고 인지심리학적 교육관이 등장할 수밖에 없는 태생적 한계를 행동주의 심리학은 스스로 내포하고 있었다. "교"와 "교수"를 강조하는 교육관은 자연스럽게 가르치는 사람이 중심이 되어 수업을 진행하고 학습자는 수동적인 존재가 되어 지식의 생산 과정을 경험하기보다는 교사가 경험한 지식을 단지 수동적으로 받아들여 체화하는 형태로 나아갈 수밖에 없었다. 전통적으로 우리의 교실에서 이뤄지는 수업의 경우도 학생이 중심이 되기보다는 교사가 중심이 되어 수업을 진행하면 학생들은 수업에 참여할 기회가 적어지고 동기가 약화되어 자동적으로 수업에 몰입을 할 수 없게 된다. 이러한 상황은 역설적으로 능동적 지적 활동을 강조하는 토론이 수업에 도입될 수밖에 없는 교육적 환경을 배태하고 있었다.

2.2. 육(育)과 학습(學習)을 강조하는 교육관

교육은 지식이나 교양 등을 지니게 하거나 개인의 능력을 신장시키기 위해 가르치거나 지도하는 일이다. 가르친다는 의미는 일단 모르는 것을 전제로 하는 의미이고, 지도한다는 의미는 어느 정도는 알고 있는 것을 전제로 하는 의미이다. "육(育)"은 "아이를 낳아 기른다."는 의미이다. 부연하면 "학생이 갖고 있는 것을 살려 길러낸다."는 의미를 가지고 있다(노명완, 2004: 25쪽 참조). 여기서 길러낼 수 있는 바탕이 바로 "배경지식"이다. 배경지식이 있어서 처음 접하는 상황에서도 인간은 부딪힌 문제를 해결해나갈 수 있기 때문에 스스로 사고할 수 있는 기회가 많아지고, 이렇게 많아진 기회는 스스로 사고할 줄 아는 고등 수준의 지적 존재가 될 수 있게 만들었다. 이러한 육과 학습을 강조하는 교육은 행동주의 심리학과는 다른 접근 방식과 태도를 필요로 한다. 인지주의 심리학의 교육관은 "머리를 많이 쓰는 교육이 그렇지 않은 교육보다 낫다는 것, 학생들은 누구나 일정한 지력을 타고나기 때문에 그것을 활용하고 키워나갈 때 가장 큰 보람과 행복을 느낀다는 것, 인간의 지력은 일정한 법칙과 규칙에 따라 움직이며 그것으로써 얻어지는 지식도 계층적인 조직을 가지고 있다는 것, 그리고 인간의 언어도 이와 같은 지력의 힘으로 습득되며 일단 기본적인 습득이 끝난 다음부터는 지력과 언어는 서로 불가분적인 관계에 놓이게 된다는 것" 등을 강조하고 있다(김진우, 1990: 269쪽 참조).

논어 "학이(學而)"편의 "學而時習之 不亦說乎"에서 학(學)과 습(習)에 대한 설명(동양고전연구회 편(개정판), 2008: 12~13)에 의하면 "학"을 "깨달아 아는 것과 본받아 아는 것"의 두 가지 의미로 설명하고 있다. 깨달아 알든 본받아 알든 "학(學)"은 일단 "새로운 것을 아는 것(즉 배우는 것)"을 의미한다. 이 때 아는 과정에서 행위의 주체가 능동적인 역할을 한다("깨달아 아는 것"에서 이러한 의미를 유추할 수 있다). "습(習)"은 "이미 안 것을 반복하여 잊어버리지 않도록 익히는 것"을 의미한다. "습(習)"은 "우(羽)+백(白)"의 합자이다. 우는 서로 겹쳐진 날개짓의 형상이고, 백은 '왈(曰)'의 변형으로 '말하다'의 뜻이다. "입으로 소리를 되풀이 하여, 익혀 배우다, 익숙해지다"의 뜻이다(민중서림 편집국, 국어대사전, 2011: 1806쪽 참조).

학과 습을 하나의 의미(학습)로 생각하는 경우가 있을 수 있고, 두 개의 의미로 생각할 수도 있다. 여기서는 일단 두 개의 의미로 이해하고 논의한다. 배우는 것과 익히는 것, 둘 다가 중요한 역할을 한다. "우리 아이는 배우는 재주가 있다."고 말하는 경우와 "우리 아이는 무엇을 배우면 꾸준히 익힌다."고 말하는 경우가 있을 수 있다. 전자는 "학"에 중점을 둔 말이고, 후자는 "습"에 중점을 둔 말이다. 학과 습에서 과연 어디에 중점을 두고 교육을 바라봐야 하는가? 흔히 "일만 시간의 법칙"이라는 말을 사용한다. 자기 분야에서 최소한 1만 시간의 노력을 기울이면 누구나 성공할 수 있다는 의미이다. 1만 시간은 하루 3시간씩 하루도 빼놓지 않고 시간을 할애할 경우 대략 10년에 해당되는 기간이다. 그런데 이 10년의 시간이라는 것을 물리적 시간보다는 어떤 일에 몰두하는 상징적인 시간으로 보는 것이 교육에서 더 의미 있는 것으로 생각된다. 이런 맥락에서 보자면 재능의 발휘는 배우는 재주보다는 익히는 노력의 산물인 경우가 대부분이다. 따라서 교사는 교수보다는 학습을 강조하고 배우는 재주보다 익히는 노력이 중요하다는 관점을 지향하는 것이 '좀더' 바람직하다고 할 수 있다.

3 학습자에 대한 이해

학습자를 보는 관점의 차이에 따라서 교수·학습의 양상은 달라진다. 블룸(1976)의 논의를 정리한 김순택(1980: 19～22쪽)에 의하면 학습자를 보는 관점으로 "능력관, 속도관, 조건관"이 있다.

첫째, 능력관이다. 능력관은 "잘 하는 학습자"와 "잘 못하는 학습자"로 구분하여 생각하는 관점이다. 학습을 잘하고 잘 못하는 것은 타고난 지능, 적성 등에 의해 공부를 잘할 수 있는 학습자와 잘 못하는 학습자로 나뉘진다고 생각한다. 이러한 관점에서 보면 교사의 역할보다는 학습자의 선천적인 능력을 중시하고, 학제나 선발제도, 평가나 교육과정은 능력의 차등 의식에 바탕을 두고 이뤄진다.

둘째, 속도관이다. 속도관은 "빨리 학습하는 자"와 "느리게 학습하는 자"로 구분하여 생각하는 관점이다. 학습자는 학습의 속도에서 차이가 있을 뿐이기 때문에 느린 학습자에게 충분한 시간과 조력을 제공하면 비록 시간은 걸리더라도 빠른 학습자처럼 어렵고 복잡한 과제를 해결할 수 있을 뿐만 아니라 이를 바탕으로 새로운 문제를 해결할 수 있게 된다는 것이다. 이런 관점에 근거하여 국내에서는 완전학습 관련 연구와 문제집이 한 때 크게 유행한 적이 있었다.

셋째, 조건관이다. 조건관은 "좋은 학습조건만 제공하면 대부분의 학습자는 학습능력, 학습속도, 지속적인 학습을 위한 동기 측면에서 대단히 유사한 수준에 이른다."는 관점이다. 어떤 조건을 학습자에게 제공하느냐에 따라서 학습의 결과가 달라진다는 이 관점은 최근에 선호되고 있는 관점이다.

위에서 언급된 학습관은 “능력관 → 속도관 → 조건관”처럼 진화했고, 이러한 진화의 과정 속에서 우리는 교육을 받아왔다. 변화의 과정이 이렇다고 하더라도 이들 관점들은 서로 상당부분 중첩되어 있다. 학습자 개개인은 인간의 굴레를 벗어날 수 없고, 인간은 어떤 관점에서 보느냐에 따라 전혀 다른 양상으로 교육을 전개할 수 있기 때문에 특정한 관점만으로 교육 현상을 볼 수는 없다. 따라서 교사는 이들 관점에 대한 종합적 이해를 해야 함과 동시에 이들 관점을 한 가지에만 의존해서 학생들을 인식해서는 안 된다. 개별 학습자들은 모두 능력관의 관점과 속도관의 관점 그리고 조건관의 관점 혹은 이들 세 관점 모두를 통합하여 바라보는 안목을 갖는 것이 더 중요한 일이라고 할 수 있다.

이들 관점을 앞의 인간관과 교육관 등과 함께 비교하고, 필요하다고 생각되는 요인들을 새롭게 넣어 정리하면 다음과 같다.

심리학	인간관	교육관	학습자관	교수법	독서법	글쓰기	화법	철학
행동주의 심리학	수동적	넣어 주는 것	능력관	강의법	상향식	결과 중심	전달	경험론 (실재론)
인지주의 심리학	능동적	꺼내 주는 것	속도관, 조건관	탐구법	하향식	과정 중심	토의 (토론)	합리론 (관념론)

CHAPTER 27

자아의 지각과 조하리의 창

CHAPTER

27 자아의 지각과 조하리의 창

이 장에서는 학습자 스스로 자기의 현재 상태를 점검하고 성찰하는 기반을 조성하기 위한 기반을 삼기 위한 하나의 방법으로 조하리의 창을 학습한다.

1 자아의 지각

사람이 자신을 안다는 것은 쉬운 일이 아니다. 자신을 알면 실수를 줄일 수 있고, 따라서 타인을 배려하는 마음이 더 많이 생기고 결국은 원활한 대인관계를 형성해서 사회의 발전을 견인할 수 있다.

사람들은 실제적 자아, 이상적 자아, 대중적 자아를 가지고 있다. 실제적 자아는 흥미나 감정, 생각과 욕구 등에 대해 가장 솔직한 실재의 자신에 대한 생각이다. 이상적 자아는 되고 싶고, 되어야만 한다고 생각하는 자신이다. 이것은 다른 사람이 당신의 모습이라고 보아주도록 결정한 자신이다. 대중적 자아는 다른 사람이 알고 있는 당신이다. 이것은 다른 사람에게 보이도록 결정된 모습이다.

자아를 지각한다는 것은 이처럼 실제적 자아, 이상적 자아, 대중적 자아를 알고 있다는 의미이다. 자아의 지각을 통해서 현재 자기가 어떤 상태에 있는지를 진단할 수 있고, 이러한 진단을 통해 앞으로의 관계를 개선하는 지표로 활용할 수 있다(이찬규, 2003: 40쪽 참조).

2 조하리의 창

자신을 바라보는 또 다른 방법은 조하리의 창(Johari window)으로 알려진 하나의 모형을 통해서이다. 이것은 당신이 진정으로 누구인가를 드러내서 당신이 하고자 하는 바가 무엇인지를 당신에게 확인시켜주고 다른 사람에게도 당신을 드러나게 해준다. 조하리의 창은 자신의 내부에 대한 인식으로부터 당신이 자신을 어떻게 생각하는지, 그리고 당신의 자아관에 대한 문화적 토대는 무엇인지를 이해하도록 돕는다(이찬규, 2003: 43쪽 참조). 조하리의 창을 도식화하면 다음과 같다.

	나는 알고 있음	나는 모르고 있음
남은 알고 있음	열린 영역	눈먼 영역
남도 모르고 있음	숨겨진 영역	미지의 영역

위의 그림에서 보면 네 영역으로 자신을 바라보는 관점이 구분되어 있다. 남도 알고 자신도 알고 있는 사실이 있을 경우 이것을 열린 영역(open area)이라고 한다. 남은 알고 있지만 자기 자신은 모르고 있는 영역이 있을 수 있다. 장님의 경우에 남은 자기를 잘 들여다보고 있지만 정작 자기 자신은 남을 볼 수 없는 경우이다. 이것을 눈먼 영역(blind area)이라고 한다. 나는 알고 있지만 남은 모르고 있는 영역이 있을 수 있는데 이를 숨겨진 영역(hidden area)이라고 한다. 남도 모르고 자기 자신도 모르는 영역이 있을 수 있는데 이를 미지의 영역(unknown area)이라고 한다. 대인 관계의 측면에서 보면 남과 내가 공유하는 영역이 넓을수록 관계가 원활하다고 할 수 있다. 그래서 열린 영역이 많을수록 바람직하다고 판단한다. 하지만 다음에서 알 수 있듯이 반드시 모든 경우에 열린 영역이 많아야 한다는 것은 아니다. 영역에 따라서는 업무의 특성상 열린 영역이 적은 것이 긍정적인 수도 있다는 점에 유의할 필요가 있다. 그렇지만 전반적으로 보면 남의 지적에 대해 수용적 피드백을 많이 하면 할수록, 그리고 자기 노출을 많이 하면 할수록 서로가 공유하는 공간으로서의 열린 영역이 많으면 인간관계가 좋아질 가능성은 그만큼 늘어난다고 할 수 있다.

3 조하리의 창 활용

위에서 조하리의 창에 대해 살펴보았다. 다음에서 자기 스스로의 드러냄 정도를 확인해보자.

활동 27-1 자신의 현재 상태 점검하기

이 활동의 목적은 자아의 드러냄 정도를 스스로 측정하여 열린 영역의 확대를 통해 좀 더 많이 소통하는 인간관계를 함양하기 위함이다.

① 다음 체크리스트를 활용하여 조하리의 창을 도표화하는 것에 이용해보자. 그러면 자기의 현재의 모습을 확인할 수 있다. 단계1과 2에 점수를 부요한다. 이때 부여하는 점수는 1은 기꺼이 드러낼 수 없거나 전혀 드러내고 싶지 않은 것을 표시하고, 6은 모든 것 또는 모든 것을 자진하여 드러낼 수 있음을 의미한다. 그 사이에 정도의 차이가 있을 수 있기 때문에 2,3,4,5를 사용하면 된다.

② 점수를 표시했으면 점수를 합한다. 그리고 다음 그림에 나와 있는 점수를 선택한 다음 가로와 세로로 서로의 점수를 연결한다. 그러면 네 부분의 틀이 만들어진다. 네 부분의 틀 중에서 위쪽과 왼쪽을 동시에 점유하고 있는 사각형의 크기에 의해 자기의 현재의 모습을 확인할 수 있다.

단계1. 나 자신을 기꺼이 드러낼 수 있는 정도

나의 ____________ 1. 목표
____________ 2. 강점
____________ 3. 약점
____________ 4. 긍정적인 느낌
____________ 5. 부정적인 느낌
____________ 6. 가치
____________ 7. 생각
____________ 8. 신념
____________ 9. 두려움과 불확신
____________ 10. 실수
____________ 합계

단계2. 내가 나에 대한 피드백 기꺼이 받을 수 있는 정도

나의 ____________ 1. 목표
____________ 2. 강점
____________ 3. 약점
____________ 4. 긍정적인 느낌
____________ 5. 부정적인 느낌
____________ 6. 가치
____________ 7. 생각
____________ 8. 신념
____________ 9. 두려움과 불확신
____________ 10. 실수
____________ 합계

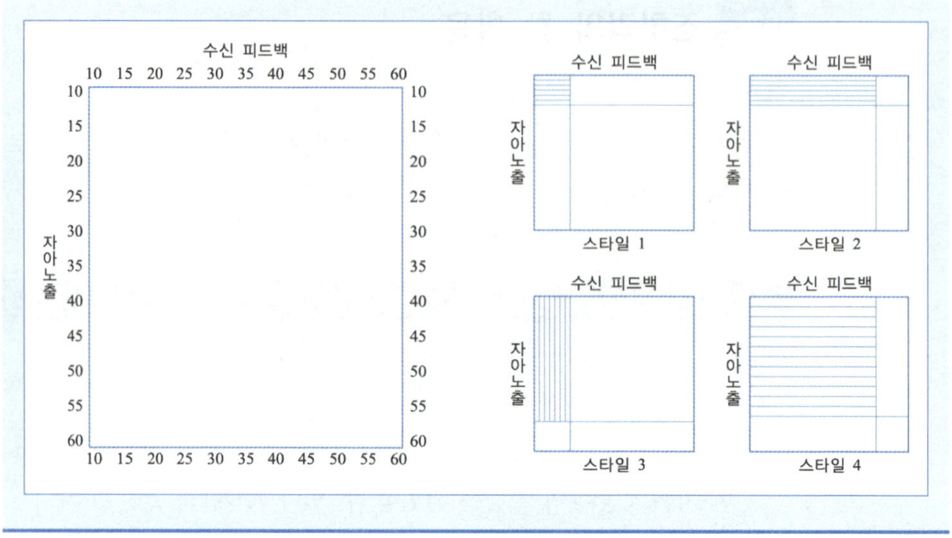

위의 그림에서 오른쪽에 있는 것은 각자의 점수를 서로 연결한 다음 새로 생긴 사각형을 유형화한 것이다.

스타일 1의 사람들은 노출이나 피드백을 주는 것에 거의 시간을 소비하지 않는다. 그들은 이야기를 듣는 편이고 수줍거나 조용한 사람들로 인식되기 쉽다. 또한 이들은 일반적으로 내성적인 사람들로 인식된다.

스타일 2의 사람들은 듣는데 많은 시간을 소비하고 개인적인 정보를 주는 데에는 많은 시간을 쓰지 않는다. 이러한 사람들과 함께 있고 난 후 그들은 당신에 대하여 많은 것을 알고 있는 듯하나 당신은 그들에 대하여 많은 것을 알지 못한다. 이것 역시 내성적인 스타일이다.

스타일 3의 사람들은 피드백을 많이 주지만 자신을 많이 드러내지는 않는 사람들이다. 그들은 종종 말을 잘하는 사람들로 인식되기는 하지만 이야기를 잘 들어주는 사람으로 인식되지는 않는다. 당신은 그들에 대하여 많은 것을 아는 듯하지만 그들은 당신에 대하여 잘 알지 못한다.

스타일 4의 사람들은 정보를 주고받기를 좋아하는 사람들이다. 그들의 것을 다른 사람들과 나누기를 좋아하는 사람들과 개방적인 사람들은 보통 열린 영역은 크고, 숨겨진 영역, 눈먼 영역. 미지의 영역은 작게 나타난다. 열린 영역이 넓은 사람들은 외향적, 사교적인 사람들로 인식된다.

네 형태가 거의 비슷한 크기라면 두드러진 자기노출/수신 피드백 스타일을 가지고 있지 않다. 이러한 평가를 통해서 당신은 자신에 대한 이해와 이것이 어떻게 당신의 내부적 의사소통에 영향을 미치는가에 대한 이해를 얻을 수 있다. 뿐만 아니라 당신의 자기 노출과 다른 사람들의 노출을 받아들이는 자발성 혹은 비자발성을 기초로 하여 어떻게 다른 사람들이 당신을 인식하는가를 이해할 수 있다.

CHAPTER 28

갈등 극복하기

CHAPTER

28 갈등 극복하기

1 갈등의 개념

갈등(葛藤)은 칡과 등나무가 서로 얽히는 것과 같이, 개인이나 집단 사이에 목표나 이해관계가 달라 서로 적대시하거나 불화를 일으키는 상태이다(국립국어연구원, 표준 국어대사전, 114쪽에서 인용). 우리는 일반적으로 "갈등"하면 "싸움, 충돌, 분쟁, 대결"과 같은 단어를 떠올린다. 우리가 겪는 갈등은 일반적으로 하고 있는 일을 잘 못하게 하거나, 정상적인 관계의 유지를 방해하거나, 하는 활동을 위축하게 만들거나, 육체적·정신적 고통을 유발하게 만들거나 사람들을 좌절시킨다.

그런데 남과 어울려 사는 인간사회에서 갈등이 없을 수는 없다. 이렇게 보면 우리는 늘 갈등을 태생적으로 가지고 사회생활을 하기 때문에 갈등은 삶의 일부분이라고 할 수 있다. 남과 더불어 살아가는 상황 속에서 늘 갈등이 존재할 수밖에 없다고 한다면 이러한 갈등을 현명하게 극복하는 것이 좀 더 성숙된 사회의 모습이 아닐 수 없다. 갈등을 잘 잘 대처할 수만 있다면 갈등은 사람 사이의 관계의 변화를 촉진할 수 있고, 사람들을 모아서 삶의 지혜를 공유할 수도 있으며, 개인적인 성장을 촉진할 수도 있고, 대인 관계를 맺고 생활을 하고자 할 때 통찰을 얻을 수도 있다.

갈등(conflict)은 "당신과 상호의존적인 관계에 있는 다른 사람이 당신의 관심사, 필요성, 바람, 또는 욕구를 만족하지 못하고 있다거나, 아마도 만족하지 못할 것 같다는 것을 당신이 감지하는 어떤 상황을 의미한다."(Breco, Roy, M. 등, 2013: 181쪽에서 재인용). 우리는 갈등의 원천이 되는 것을 돈과 같은 제한된 자원 혹은 우리와 다른 사람들 간의 개인차 등으로 감지할 수 있다. 우리와 경쟁하는 상대가 우리의 목표나 가치, 해결 방법이나 과정에 대해 충돌하고 있다는 것을 감지할 수 있는 상황이라면 우리는 이것을 갈등 상황이라고 할 수 있다. 갈등이 우리 삶의 일부라고 한다면 자연스럽게 갈등 상황이 존재하는 것도 우리 삶의 일부가 아닐 수 없다.

갈등의 원인은 매우 다양할 수 있다. 서로가 추구하는 목표가 달라서 갈등을 할 수도 있고, 각자가 하고자 하는 일을 집중하지 못할 상황이 전개되었을 때 갈등을 느낄 수도 있고, 상대와 다른 의사결정을 했을 때 갈등이 일어날 수도 있고, 적절하지 않은 행동을 했을 때 갈등이 일어날 수도 있다.

2 갈등의 수준

갈등에도 수준이 있다. 이러한 수준을 분석하여 봄으로써 갈등을 해결할 수 있는 단서를 찾을 수 있다. 갈등의 수준을 정리하면 다음과 같다(Breco, Roy, M. 등, 2013: 184~185쪽 참조).

수준1은 "무갈등(no conflict)"의 단계이다. 이 단계에서는 목표에 대해 개인이나 집단이 차이가 없다. 그렇기 때문에 갈등이 존재하지 않는다.

수준2는 "잠재적 갈등(latent conflict)"의 단계이다. 이 단계에서 어떤 사람은 갈등을 느끼지만, 어떤 사람은 갈등을 느끼지 못한다.

수준3은 "해결해야 할 문제(problems to solve)"의 단계이다. 이 단계에서 사람들은 문제에 대해 집중을 하고, 문제가 있다는 사실에 당당하게 대처한다. 하지만 사람들에 대해 개인적으로 공격을 하지는 않는다.

수준4는 "논쟁(dispute)"의 단계이다. 이 단계에서는 해결해야 할 문제가 등장하는데, 이 문제에는 욕구에 집중된 갈등이 수반된다. 개인들은 쟁점에 대해 싸운다. 하지만 개인적인 공격은 갈등을 파괴적인 방향으로 전환하게 한다.

수준5는 "도움(help)"의 단계이다. 사람들이 논쟁을 하는데 논쟁을 해결할 수 없을 때 도움을 구한다. 친구들, 정신건강분야의 전문가, 조정자, 중재자, 판결자 등이 도움을 줄 수 있다. 제3자가 도움을 줄 경우에 중립적이어야 한다. 도움은 직접적일 수도 있고 간접적인 수도 있다. 만일 법적으로 필수불가결하지 않다면 제3자는 갈등을 해결하려고 하기보다는 절차를 충실하게 진행시켜야 한다. 강제적으로 개인들이 해결책을 제시받는다면 거의 항상 이들은 분노한다.

수준6은 "싸움 또는 탈출(fight or flight)"의 단계이다. 만약 도움이 실패로 끝나거나 또는 서로가 너무 화가 나서 서로 도움을 청하지 못할 경우가 생길 수 있다. 이럴 경우에 사람들은 서로를 이기기 위해 움직이거나(선전 포고 등), 서로를 패배시키려고 노력하거나 서로를 파괴하기 위해 애쓰거나 상황을 회피하는 것과 같이 행동을 한다. 육체적 또는 언어적 공격, 파괴, 또는 심지어 살인 등이 일어날 수 있는데 이 단계가 싸움의 단계이다. 또한 이 단계에서 이혼을 하거나 직업을 그만두는 것과 같은 행동이 선택될 수 있다. 이 단계는 탈출의 단계이다.

수준7은 "처치 곤란(intractability)"의 단계이다. 사람들이 싸움이나 탈출의 수준에 오랫동안 머물러 있을 때 갈등을 유지하는 것은 그것을 해결하는 것보다 더 중요하다. 사람들이 서로를 파괴하거나 싸움을 계속할 의지를 잃을 때까지 갈등을 계속될 수 있다.

3 갈등이 있을 때 개인적인 분노(화)의 역할

갈등이 일어났을 때 개인들은 각자가 "내가 갈등이 있다"는 것을 다양하게 드러낸다. 이 중의 하나가 분노라고 할 수 있다. "'그가 나를 화나게 만들었다'거나 '내가 너무 화가 나서 날 조절할 수가 없었다.'"라고 말하는 것이 분노를 드러내는 표현 방식의 하나이다. 그런데 이러한 분노는 사람이면 누구나 가질 수 있는 자연스런 감정이다. 문제는 이러한 분노를 어떻게 다스리느냐가 더 중요하다. 분노는 부정적인 역할도 하지만 긍정적인 역할을 하기도 한다. 분노를 잘 다스리기만 하면 능동적인 삶의 원동력으로 삼을 수 있음은 갈등이 삶의 한 부분이어서 이것을 잘 다스리는 것과 동일하다고 할 수 있다.

분노는 다양하게 표출된다. 긍정적으로 표출되기도 하지만 부정적으로 표출되기도 한다. 분노의 표출 양상을 긍정적인 것과 부정적인 것으로 나눠 제시하면 다음과 같다(Roy, M. Breko 등, 2013: 186쪽 참조)

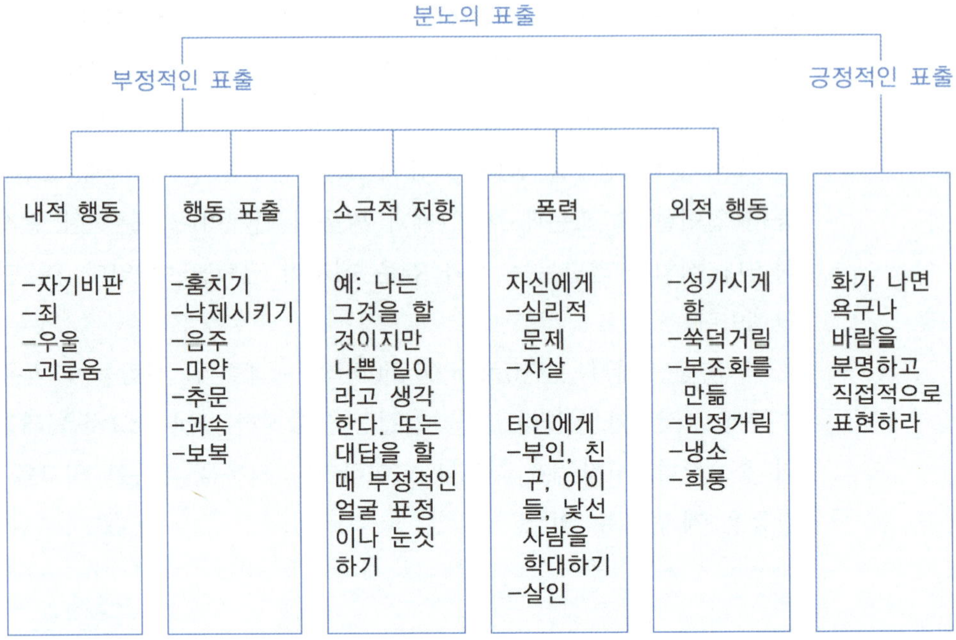

위의 표에서 볼 수 있는 것처럼 분노는 긍정적인 것과 부정적인 것으로 살필 수 있다. 내적인 행동과 외적인 행동, 소극적 저항과 폭력, 행동 표출 등과 같은 부정적인 측면의 분노 표출을 다스릴 수 있는 능력을 기르는 것이 중요한 과제가 된다.

분노는 분노하게 되면 바로 폭발할 가능성이 있기 때문에 분노를 즉각적으로 표출해서는 안 된다. 분노는 갈등을 심화시키는 역할을 할 수 있기 때문이다. 이런 경우에는 즉각적인 반응을 보이기보다는 참는 훈련을 하는 것이 매우 중요하다. 분노를 하고 있을 때 어떤 결정을 하게 되면 합리적으로 결정을 하지 못하게 하는 역할을 한다. 따라서 분노가 일어날 경우에 중요한 결정을 할 상황이 발생하면 중요한 결정을 하지 않는 것이 현명한 선택이다. 분노는 능동적으로 활용하면 도전적인 역량을 발휘할 수 있게 해주기 때문에 분노 에너지를 건설적으로 사용할 필요가 있다. 또한 분노는 사람을 망가뜨리는 역할을 할 수 있기 때문에 할 수만 있으면 용서하는 것도 하나의 방법이다.

위에서 언급한 것처럼 분노는 잘 활용하면 인간을 능동적이고 적극적인 사람으로 만들어 주기 때문에 분노가 가지고 있는 이러한 기능을 이해하고 활용할 필요가 있다. 그런데 여기서 한 가지 주의할 일이 있다. 그것은 갈등 상황에서 다른 사람의 분노를 대할 때(다룰 때) "상대가 당신을 차버리도록 내버려 두어서는 안 된다는 점을 기억하는 것"이다. 차버리도록 내버려둘 때 상대는 이것에 대해 당연한 것으로 생각하고 다음에도 그러한 행동을 할 가능성이 높기 때문이다. 따라서 분노를 표출할 적절한 전략을 구사할 수 있는 능력을 갖추는 일이 중요하다. 다음에 분노와 관련하여 몇 가지 사항을 추가하여 논의함으로써 인성 교육에도 도움을 줄 수 있는 방법을 탐색하기로 한다.

첫째, 분노의 개념에 대한 이해이다. 분노는 사전적 의미로 "분하여 몹시 성을 냄"과 같은 뜻을 가지고 있다. 이 글에서는 "화"와 같은 말로 사용하기로 한다. 화 자체는 인간이면 누구나 느끼는 자연스런 감정이다. 화가 나는 것은 "화" 자체가 인간이 가진 자연스런 감정이므로 정상적인 표출 행위이다. 인간은 본능적으로 방어기제를 가지고 있다. 이러한 방어기제는 "두렵거나 불쾌한 정황에 맞닥뜨렸을 때 스스로를 방어하기 위해 자동적으로 하는 적응행위"인데, 화도 하나의 방어기제의 역할을 한다.

인간은 나약한 존재이기 때문에 좌절이나 두려움 같은 감정을 감당하기 어렵다. 그래서 본능적으로 "화"라는 방어기제를 작동시키며, 화를 내는 것 자체가 자신이 받은 상처를 줄이고 자존감을 보호하는 수단이 될 수 있다. 그런데 적절한 수준의 화는 우리의 자아를 보호하는 감정이기 때문에 조심스럽게 잘 다루기만 하면 목표를 달성하게 하는 동기부여가 되어 삶의 원동력으로 작용하기도 한다. 따라서 화를 조절하는 능동적인 삶을 산다면 지금보다 더 몸과 마음이 건강해질 것이고, 요즘의 화두인 좋은(실천적인) 인성도 길러질 수 있다. 화를 다스리는 것 자체가 인성에서 강조하고 있는 요소 중의 하나인 자기 절제의 측면이 강하며, 이러한 자기 절제는 상대에 대한 배려의 차원으로까지 나아갈 수 있기 때문이다.

둘째, 분노를 대하는 요령이다. 인간인 이상 화가 나는 것은 극히 정상적이고 본능적이다. 그런데 화를 내는 것은 본능보다는 이성적 노력에 의해 극복할 수 있기 때문에 화를 내는 것과 화가 나는 것을 구분하여 이해할 필요가 있다. 이렇게 "화가 나는 것"에 비해 "화를 내는 것"은 내 말과 행동을 통해 감정을 분출하는 것이므로 나의 의지로 조절이 가능하다. 개인들의 노력에 의해 극복이 가능한 분노(화)는 조절하지 못하면 욕이나 폭력 등으로 표출하기 때문에 사회생활에 문제가 생길 수 있다.

사람들이 화가 날 때는 본인 스스로가 강해야 한다는 생각 때문에 공격적인 말과 행동(공격성)을 순간적으로 드러낼 수 있다. 이러한 공격성을 발휘할 때 상대가 나를 우습게보지 않고 두려워할 것으로 판단하기 때문에 자기 방어 수단 차원에서 공격성을 드러 내기도 하지만 자기를 과시하기 위해서 공격성을 드러 내기도 한다. 그런데 이러한 믿음과 공격성은 강함보다는 약함을 의미하는 경우가 많다. 욕설을 퍼붓거나 폭력을 휘두르는 사람은 "나는 지금 이성을 잃었고, 이렇게 소리 지르고 공격적으로 행동하는 것 말고는 어떻게 이 상황에 대처해야 하는지 모르겠어"라고 말하는 것과 같다고 할 수 있다. 심리학자 레스 카커 박사는 분노라는 감정은 "나를 존중해달라는 호소"'라고 말하고 있다. "나도 중요한 사람이라는 것을 알아줘, 나를 막 대하지 말아줘"와 같은 울분의 호소와 같다고 말하고 있다.

셋째, 화날 때 감정을 조절하는 능력을 갖추는 일이 중요하다. 화가 날 때 감정을 조절하는 능력을 흔히 억압 능력이라고 한다. 화가 나는 원인은 마음속에 내재하고 있는 억압 능력의 차이 때문인데, 이러한 억압 능력은 브레이크와 같다. 브레이크가 파열되면 사고가 나듯이, 억압능력이 떨어지면 폭력으로 표출되어 사고를 일으킨다.

억압 능력은 내부 억압과 외부 억압으로 나눌 수 있다. 내부 억압은 교육을 받아 마음속에 형성된 억압 기제이다. "화가 난다고 다른 사람을 때리는 건 옳지 않아"와 같은 마음속 생각이 화를 참게 한다. 내부 억압의 결과이다. 반면에 외부 억압은 화를 참지 못했을 때 생기게 될 결과에 대해서 느끼는 두려움으로 화를 참는 것을 말한다. '지금 화를 내버리면 교수에게 찍혀서 학점을 잘 받지 못 할거야', '화가 난다고 주먹다짐을 하면 폭행죄로 경찰서에 갈 수 있어'같은 부정적 결과를 피하기 위해 외부 억압이 작동한 것이 이 경우에 해당된다. 분노를 폭발하는 이유는 다양하지만 일반적으로 접할 수 있는 것으로서 "무시를 당했다거나 자포자기가 되었거나 무력감에 빠져 있을 경우"가 대부분이고, 이러한 것들은 사전에 교육을 통해서 극복할 수 있다.

넷째, 홧김에 하는 행동을 줄이는 방법을 이해하고 활용할 필요가 있다. 홧김에 행동을 해 놓고 몇 초만 지나도 후회하는 경우가 비일비재하다. 홧김에 하는 행동을 줄이려는 여러 방법이 있는데, 몇 가지만 소개하고자 한다. 이를 실생활에 활용함으로써 인간관계를 원활하게 할 수 있고, 배려하는 마음을 길러줄 수 있다. 이것을 화가 나기 전과 화가 나는 중, 그리고 화가 난 후로 나눠 정리해보면 다음과 같다.

① **화가 나기 전의 활동이다.**

첫째, 명상을 통해 평소에 자기 스스로를 다스릴 수 있는 능력을 갖풀 필요가 있다. 둘째, 내부 억압 능력을 기르는 것도 도움이 된다. '화가 난다고 폭력을 쓰는 것은 마치 갓난아이가 울며 투정 부리는 것과 다를 게 없다'는 생각을 마음속에 내재화하는 것이 필요할 때도 있다. 셋째, 분노조절 프로그램에 참여한다. 국내에 다양한 분노조절 프로그램이 있다. 이 프로그램에 참여함으로써 프로그램의 내용을 바탕으로 스스로 분노를 조절할 수 있는 능력을 기를 수 있다. 자신의 상황을 알면 모르는 경우와 비교할 때 화를 조절하는 능력이 높아질 수 있기 때문이다. 넷째, 상황별 감정조절법을 익힌다. '참아라'만 계속해서는 효과가 없다. 상황을 주고 그 상황 속에서 감정을 어떻게 조절할 것인지를 익힐 필요가 있다. 다섯째, 역할극을 활용하여 분노를 조절하는 능력을 키운다. 역할극은 상대방의 입장에서 생각해보도록 하는 데 중요한 역할을 한다. 나의 입장에서 뿐만 아니라 상대방의 입장에서 생각해봄으로써 상대를 이해하게 되고, 그 과정 속에서 화를 누그러뜨리기도 하기 때문이다. 여섯째, 좋은 의미를 부여하는 시를 활용할 수 있다(이것은 화가 난 후에 반성의 차원에서도 할 수 있음은 물론이다). 시는 감정을 압축해서 표현해 놓은 표현 방식의 하나이고, 주관적인 정서를 중요하게 생각한다. 그런데 비록 주관적인 정서를 강조한다고 하더라도, 여러 사람들이 느끼고 공감할 수 있는 부분 또한 존재하기 때문에 이런 부분들을 공유함으로써 자기 스스로를 관찰하고, 통찰하고, 성찰하는 계기로 삼을 수 있다. 다음에 이렇게 활동을 할 수 있는 하나의 시(키플링의 시인데, 제목은 '만약에'이다)를 하나의 예로 제시한다.

활동 28-1 화가 나기 전 화 조절 훈련

이 활동의 목적은 갈등 상황에서 화가 나기 전에 각자의 화를 조절하는 다양한 방법 중에서 시 낭송하기 활동을 통해 화를 조절하는 능력을 함양하기 위함이다.

만약에
만약 모두가 이성을 잃고 그대를 탓할지라도
그대가 이성을 잃지 않는다면
만약 모두가 그대를 의심할지라도 자신을 믿고
그들의 의심조차 포용할 수 있다면
만약 기다리되 기다림에 지치지 않고
속더라도 속이지 않고
미움 받되 미워하게 되지 않으며
그런데도 젠 체 않고 현명한 체도 않는다면

만약 꿈꾸되 꿈에 매몰되지 않고
생각하되 생각만이 목적이 아니며
승리와 패배를 맞이하되
그 두 협잡꾼을 동등하게 대하며
그대가 말한 진실이 우매한 자들을 속이도록
악당들에 의해 왜곡됨을 보아도 참을 수 있다면
그대 생명을 바친 것이 산산조각 남을 볼지라도
허리 숙에 낡아 버린 연장으로 재건할 수 있다면

만약 그대가 획득한 모든 것을
단 한 번의 내기에 걸어볼 수 있다면
그것을 날리고도 일언반구 불평 없이
처음에서 다시 출발할 수 있다면
멀리 지나가버린 그대의 차례를 위해서라도
그대의 심장과 신경과 근육을 부추기고
남을 거라곤 '버텨!'라고 하는 의지밖에 없을지라도
만약 그대가 꿋꿋하게 지탱할 수 있다면
만약 대중들과 어울리되 미덕을 잃지 않고
열왕들과 동렬에 서되 수수함을 잃지 않는다면
원수거나 친구거나 모두 그대를 해치지 못하며
모두가 그대를 믿되 누구도 지나치지 않는다면

만약 용서할 수 없는 일분일지라도
육십초 동안의 뜀박질로 채울 수 있다면
이 세상은 그대의 것이며 그 속의 모든 것도 그대의 것이요
그리고 무엇보다 그대는 진정한 남자가 되리라
("키플링의 시 만약에"로 인터넷에서 검색)

1. 위에서 제시한 시 '만약에'는 하나의 예시이다. 성서에 나와 있는 의미 있는 글귀라든가 기타 본인이 의미 있다고 생각하는 시를 선택하고 그것을 암송하거나 낭송하는 활동을 통해 화를 조절할 수 있는 연습과 훈련을 해보자.

일곱째, "화나면 화내라"로 말해서는 안 된다. 이 경우에 아이에게 감정을 절제하는 훈련을 가르치는 것이 더 중요하다. 여덟째, 안 되면 안 된다고 가르쳐야 한다. 안 되는 것도 된다고 할 경우 이 아이는 스스로의 욕구를 조절할 수 있는 능력이 줄어들게 되어 결국은 화를 내는 것에 익숙해진다.

② 화가 나는 중의 활동이다.

첫째, 심호흡하기이다. 욱할 때 급하게 상승하는 분노 호르몬은 15초쯤에 정점을 찍고 조금씩 분해되기 시작해 15분이 지나면 거의 사라진다는 연구 결과가 나와 있다. 이것은 이미 일상적 경험을 통해서도 확인할 수 있다. 순간을 잘 참으면 상황을 반전시킬 수 있고, 좀 비굴한 것 같아도 이 순간을 잘 모면하면 화를 다스릴 수 있게 된다. 스톱을 외치면서 빨간 신호등을 떠올려본다. 둘째, 자신만의 독특한 구호를 외치는 것도 좋고 머릿속으로만 외치지 말고 입 밖으로 소리 내어 크게 외치는 것이 더 효과적일 수 있다. 이 때 자신이 정한 특정한 몸동작을 병행하면 더 효과적이다. 예를 들어 치킨을 좋아할 경우 "치킨, 치킨, 치킨"과 같은 구호를 외치는 것도 한 방법이 될 수 있다. 셋째, 분노를 최대한 줄인 후에는 주변 사물이나 사람들의 옷차림 등을 천천히 바라본다. 화에 집중하려는 나의 마음을 최대한 방해하기 위해서이다. 그리고 분노가 나에게 하길 원하는 것(소리 지르기, 인상 쓰기, 막말하기, 욕하기, 물건 던지기)보다는 분노와 전혀 무관한 행동을 하는 것이 중요하다(숨을 들이마시기, 숫자세기, 자리 피하기, 구호를 외치며 달리기, 드라이브하기 등). 넷째, 자신이 통제할 수 없는 것은 빨리 잊어버린다. 예를

들어 비행기가 결항될 수 있다. 결항 때문에 화가 나서 결항 문제를 따져봐야 소용없다. 과거보다 앞으로 어떻게 할지가 더 중요하기 때문이다. 다섯째, 사소한 것에 목숨 걸지 말아야 한다. 새치기나 끼어들기가 해결이 안 됐다고 해서 내 삶이 크게 바뀌지 않는다. 그래서 사소한 것은 빨리 잊어버리는 것이 중요하다. 여섯째, 상대방을 무시하는 감정을 싣지 않는다. 나쁜 감정에 대한 기억은 평생 간다. 그렇기 때문에 구체적이고 객관적인 내용으로 왜 화났는지를 표현하는 것이 중요하다. 일곱째, 부정적인 말로 억압하지 않아야 한다. 다음은 부정적인 말로 억압한 결과 발생한 폭력의 사례들이다. 순간적으로 말을 잘 못하여 살인과 폭행으로까지 나아간 사례를 보면 "욱"하게 하는 말을 해서는 안 된다는 사실을 명심해야 한다. "① ×새끼 그런 것(위층에서 소리 나는 것) 가지고 양해를 못하고 말이야(2013년 2월, 층간 소음 문제로 다투다 살인을 저지른 사건), ② "취직도 못하고 방구석에만 있는 쓰레기 같은 놈"(2013년 2월, 무시한다는 이유로 아들이 아버지를 폭행한 사건), ③ "밥을 왜 그렇게 쩝쩝대며 먹느냐? 더럽다"(2013년 2월, 꾸짖는다는 이유로 아들이 어머니를 살해한 사건), ④ "너 같은 애 필요 없으니 나가라"(2010년 7월, 꾸중하는 아버지를 아들이 선풍기를 던져 살해한 사건)"을 보면 부정적인 말을 하지 않는 것이 얼마나 중요한 것인지를 알 수 있다.

③ 화가 난 후의 활동이다.

첫째, 화가 가슴에 쌓이기 전에 푸는 것이 중요하다. 분노는 쌓일수록 증폭해 언젠가는 폭발할 가능성이 있기 때문이다. 둘째, 함께 발견하고 변하는 방향으로 가려고 노력한다. 나만 불평불만 늘어놔 봐야 세상은 크게 변하지 않는다. 서로 노력해야 한다. 서로 노력해야 세상이 변한다는 생각을 갖는 것이 중요하다.

다섯째, 분노 폭발을 일으킬 단서로 보이는 징후들에 대한 이해가 필요하다. 사람들은 누구나 다 화가 날 수 있다. 화가 날 경우에 화가 나고 있다는 단서를 찾아서 활용하면 화를 다스릴 수 있다. 다음과 같은 것이 그 징후들이다.

① 분노할 때 신체의 변화가 보인다. 예를 들어 "심장 박동이 증가한다거나 가슴이 답답해 진다거나 얼굴이 달아오르는 것" 등이 그것이다. ② 화가 날 때 행동의 변화가 보인다. "주먹을 꽉 쥐거나, 문을 꽝 닫거나, 씩씩거리며 왔다 갔다 하는 것" 등이 그것이다. ③ 분노를 유발하는 정서가 변화된다. "버림받은 느낌, 멸시·무시당한 느낌, 죄책감" 등을 들 수 있다. ④ 분노로 인한 사고 변화다. "남의 의견을 비난

으로 해석, 공격·복수에 대한 상상 생김" 등이 그 예이다. ⑤ 분노로 인한 신체적 변화다. "난폭운전, 비비탄 발사, 끼어들기에 대한 과민 반응" 등이 그 예이다.

여섯째, 분노 조절 장애 진단을 해볼 필요가 있다. 다음과 같은 것은 매우 간단한 진단 활동이다. 상황이 무엇이냐에 따라서 달라질 수 있겠지만 참고로 활용할 수는 있을 것이다. 그리고 이러한 체크리스트를 활용하면 분노 조절 장애 상태를 확인하고 사전에 사고를 예방할 수 있다.

활동 28-2 분노 조절 장애 점검표

이 활동의 목적은 혹시 있을지 모르는 자신의 분노 조절 장애를 파악해보는 활동을 통해서 분노를 조절하는 능력을 함양하기 위함이다.

내가 혹시 분노조절 장애일까?

	전혀 아니다	조금 그렇다	상당히 그렇다	매우 그렇다
① 나는 격분하고 있다	1	2	3	4
② 나는 짜증을 느끼고 있다				
③ 나는 분노하고 있다				
④ 나는 누군가에게 소리를 지르고 싶다				
⑤ 나는 물건을 부수고 싶다				
⑥ 나는 미칠 듯이 화가 나 있다				
⑦ 나는 책상을 주먹으로 내리치고 싶다				
⑧ 나는 누군가를 때려주고 싶다				
⑨ 나는 속이 부글부글 끓고 있다				
⑩ 나는 욕을 퍼붓고 싶다				

※ 10문항 점수 총합이 21점 이상이면 분노 조절을 위한 상담·조건이 필요한 상태

4 갈등에 대처하기 위한 개인적 접근

사람들이 갈등을 다루는 방식은 각각 다르다. 어떤 사람들은 절제하기도 하고, 어떤 사람들은 공격적으로 반응하기도 하며, 어떤 사람들은 타협을 하기도

한다. 사람들이 갈등 상황에서 반응하는 방식을 선행 연구에서는 다음과 같이 제시하고 있다(Roy, M. Berko 등, 2013: 192쪽에서 인용).

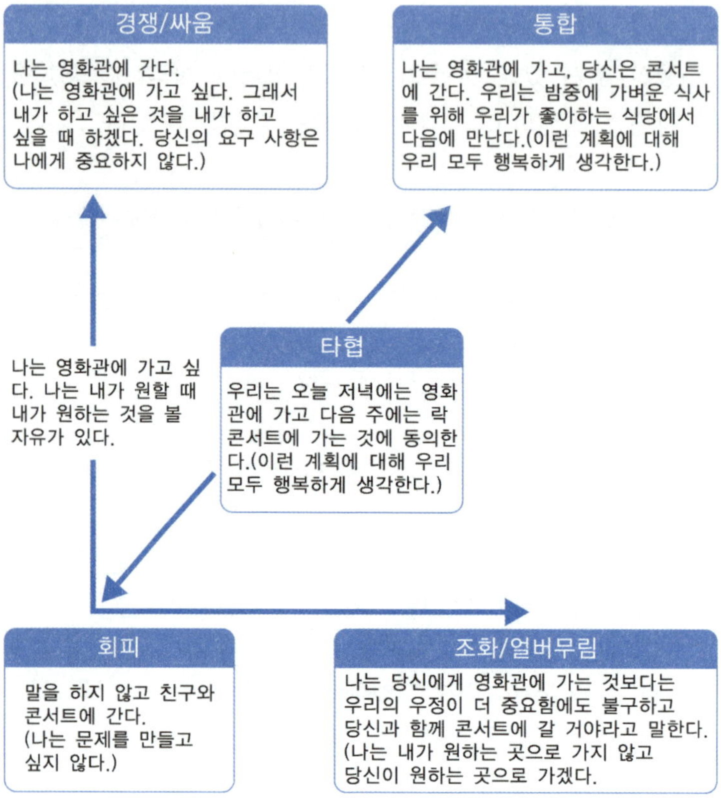

첫째, 회피이다. 회피는 갈등에 직면하기보다는 갈등을 모면함으로써 갈등에 맞서는 선택을 하기도 한다. 회피는 아예 문제를 만들려고 하지 않기 때문에 당사자가 많이 참아낸다. 갈등의 상황이 심각하지 않거나 오래가지 않다고 판단될 때는 회피의 방법이 나쁜 것은 아니다. 그러나 갈등이 지속되고 상황이 심각하다면 갈등 상황을 극복해야만 하기 때문에 회피가 바람직한 것만도 아니다. 회피 유형에 속하는 사람들은 자긍심을 갖기가 쉽지 않으며, 늘 좋은 말을 하려고 하고, 언쟁을 하지 않으려 한다. 이런 유형들은 기분 나쁜 일에는 신경을 쓰지 않은 가정에서 자랐거나 언어적, 신체적으로 학대를 받고 자랐을 가능성이 높다. 회피는 갈등으로부터 숨어버리는 행위이다.

둘째, 조화/얼버무림이다. 조화는 자신보다는 다른 사람의 의견을 먼저 생각한다. 다른 사람들에게 잘 대함으로써 칭송을 받으며 자존심을 크게 내세우지 않는 경향을 보이기 때문에 자신의 욕구를 충족시키는 데에는 매우 소홀히 한다. 자신의 욕구보다는 다른 사람의 욕구를 먼저 생각하고 받아들이기 때문에 자신의 정체성에 대해 의심을 받는다. 비록 자신의 방식이 좋다고 하더라도 다른 사람이 주장하는 방식을 수용하고 싶어 하기 때문에 다른 사람에게 좋은 인상을 주기는 하지만 자신이 중심이 되어 삶의 문제를 해결하고 개척해 나가는 정신과 노력이 부족하다. 얼버무림은 모든 것이 좋다는 이미지를 남기게 된다. 얼버무림으로써 원하는 것을 얻기도 하지만 이러한 경우는 극소수에 불과하다. 해결해야 할 문제의 중요성에 비추어 볼 때, 얼버무림으로써 해결하는 것이 더 좋은 방법이라고 한다면 이렇게 하는 것이 좋지만 대부분의 경우 문제를 해결하지 못한다는 점에서 이것은 문제가 된다. "좋은 게 좋은 것이다."는 생각이 기본적으로 전제되어 있으며, 다른 사람에게 호의적이고 인기가 있는 것이 자신의 욕구를 충족시키는 것보다 더 중요하다고 생각한다.

셋째, 타협이다. 타협은 상대방과 자신 모두의 욕구를 충족시키고자 하는 의도에서 비롯된다. 타협을 하면 나의 욕구도 조금 양보하고, 상대의 욕구도 조금 양보하여 해결을 본다는 의식이 지배적이기 때문에 결과적으로 어느 누구의 욕구도 완벽히 달성할 수 없다. 그래서 타협이 계속될 경우 욕구의 충족이 어려워질 가능성 또한 존재할 수밖에 없다. 그렇지만 이런 타협이 사회생활을 하는 과정에서 상당히 필요한 이유는 각자가 모두 자기 욕구만 충족시키고 살 수는 없기 때문에 공익을 위해 가능하면 개인의 욕구를 희생하면서 공통으로 이익이 되는 부분에서 의견 접근을 이뤄서 함께 공동체를 유지하고 발전시켜나가야 한다.

타협과 관련하여 협상을 언급하고자 한다. 타협이 최소한의 기본적인 욕구를 충족한 상태에서 이뤄진 것이라면 협상은 기본적인 욕구가 충족이 될 수도 있지만 되지 않을 수도 있고, 또한 협상의 가장 바람직한 모습은 협상을 통해 서로의 파이(추구하고자 하는 바)를 키워나가는 것이라고 할 때 타협이 최소한의 욕구를 충족시키는 데 초점이 있다면 협상은 최대한의 파이를 키우는 데 초점이 있다는 점에서 다르다고 할 수 있다.

넷째, 경쟁이다. 경쟁도 협동을 위한 경쟁이라면 크게 나쁘지 않다. 하지만 경쟁은 갑과 을의 관계가 있을 때, 갑의 입장에서 을이 종속되도록 하는 관계를 형성한다. 때로는 강력한 힘이 작용하여 을에 영향을 미칠 수 있지만 결코 바람직한 양상은 아니다. 경쟁을 통해 한 쪽이 다른 쪽을 이기면 상대는 당연히 지기 때문에 이 과정에서 상대는 상실감을 느낄 수도 있고, 때에 따라서는 심한 적개심도 느낄 수 있다. 이기는 것은 긍정적인 측면이 있지만 정당하게 이겼을 때 의미가 있는 것이지 부당한 방법으로 이기는 것은 바람직하지 않다. 장기적으로 보면 이겼다고 하더라도 실패한 경우가 있을 수 있기 때문이다.

다섯째, 통합이다. 통합을 하려면 다른 사람들의 욕구는 물론 자신의 욕구도 고려의 대상이 되어야 한다. 부분적인 만족을 추구하는 타협과 달리 통합에서는 좀 더 전체적인 만족을 추구하기 때문에 시간과 노력이 많이 요구된다.

의사소통에 대해 지나치게 염려를 하거나, 경쟁적이거나 회피나 조화를 선호하는 사람들은 통합에 이르기가 쉽지 않다. 회피나 조화를 강조하는 사람들은 욕구를 충족시키지 못한다는 점에서 "자기 주장이 약한" 행동을 하는 사람들이고, 경쟁적인 사람들은 상대적으로 "자기 주장이 강한" 행동을 하는 사람들이다. 타협은 그것이 어느 쪽에 비중이 더 있느냐에 따라 자기 주장이 약한 행동에 속할 수도 있고, 자기 주장이 강한 행동에 속할 수도 있다.

다음은 갈등이 있을 때 각자가 어떻게 갈등에 대처할 수 있을 것인가에 대한 안목을 넓히기 위해 활용할 수 있는 "갈등 양상 파악 점검표"이다. 설문을 활용하면 본인이 처한 갈등의 양상을 어느 정도 이해할 수 있을 것이다(Berko, Roy, M. 등, 2013: 190~191쪽에서 인용함).

활동 28-3 갈등 대응 양상 파악 점검표

이 활동의 목적은 개인이 경험한 일반적인(혹은 특정한) 상황에서 인식하는 갈등의 양상을 확인해보고, 갈등 조정 능력을 스스로 함양시키기 위한 방법을 배우기 위함이다.

■ 갈등 설문지

① 우리들 각자에게는 갈등에 대처하는 일반적인 패턴이 있다. 갈등에 대처하는 방법을 배우기 위해서, 어떻게 당신이 각각의 상황에 반응하는지를 T(true) 또는 F(false)로 나타낸다. 비록 선택에 동의하지 않을지라도, T나 F 중에서 반드시 하나는 선택해야 한다. 빨리 읽고, 빨리 반응한다.

② 안내 사항: 다음 진술 중에서 어떤 것이 각각의 상황에서 당신이 어떻게 반응하는지를 가장 잘 나타내고 있는가에 대해 T나 F로 해당 부분에 표시한다. 비록 선택에 동의하지 않을지라도, 둘 중의 하나를 반드시 선택해야 한다. 첫 느낌(instinct)이 가장 좋은 반응이 될 수 있다.

점검 항목	점수				
	1	2	3	4	5
1. 의견, 필요, 또는 욕구의 차이가 있을 때, 나는 옳고 그(그녀)가 틀리다고 주장하는 사람을 납득시키려고 노력하기보다는 오히려 차이를 탐색하는(조사하는) 편이 낫다고 생각한다.	F				T
2. 의견, 필요, 또는 욕구의 차이가 있을 때, 누군가를 내 관점에 동조하도록 하기 위해서 다른 관점에 대해 단순하게 동의하기보다는 솔직히 동의하지 않고 차라리 차이를 탐색하는(조사하는) 편이 더 낫다고 생각한다.				F	T
3. 불쾌한 과제를 수행하도록 요구받았을 때, 나는 논의 없이 명령을 따르기보다는 오히려 무기한으로 그 과제를 연기하는 편이 낫다고 생각한다.		F	T		
4. 의견, 필요, 또는 욕구의 차이가 있을 때, 나는 대화에서 움츠려들기보다는 오히려 다른 사람을 이기려고 노력하는 편이 낫다고 생각한다.	T		F		
5. 때때로 쟁점이 있는 주제에 대한 논평을 회피하기 위해서 토론 없이 뭔가를 함께 해 내는 것처럼 보이고 그리고 동의해버리는 것이 더 쉽다고 생각한다.		T	F		
6. 의견이 일치하지 않을 때, 자기가 100% 옳다고 생각하는 사람을 납득시키려고 노력하기보다는 50%는 틀릴 수도 있다는 것을 인정하는 편이 오히려 낫다고 생각한다.	F		T		
7. 의견, 필요, 또는 욕구의 차이가 있을 때, 다른 사람의 생각이나 의견을 변화시키기 위해 노력하기보다는 오히려 포기해버리는 편이 낫다고 생각한다.	F		T		
8. 관점에 대한 잠재적 불일치가 있을 때, 다른 관점을 탐색하기보다는 잠재적 불일치가 있음을 인정하는 것이 더 낫다고 생각한다.			T		F
9. 의견이 일치하지 않을 때, 나는 전적으로 포기해버리기보다는 오히려 그 사람과 만나서 타협하는 편이 더 낫다고 생각한다.		F		T	
10. 때때로 내가 옳다고 주장하는 사람을 납득시키기 위해서 노력하기보다는 토론 없이 동의하는 것이 더 쉽다고 생각한다.	F	T			
11. 의견의 불일치가 있을 때, 아무 말도 하지 않고 대화에서 위축되기보다는 내가 50% 정도는 틀렸다고 인정하는 편이 오히려 더 낫다고 생각한다.			F	T	
12. 하고 싶지 않은 과제를 하도록 요구받을 때, 다른 누군가가 그 과제를 하도록 하기보다는 오히려 전적으로 연기하도록 하는 것이 더 낫다고 생각한다.	F		T		
13. 의견이 일치하지 않을 때, 차이를 인정하기보다는 다른 사람을 내 생각에 동조하도록 노력하는 것이 오히려 더 낫다고 생각한다.	T			F	
14. 의견, 필요, 욕구의 차이가 있을 때, 대화나 갈등으로부터 움츠려들기보다는 차이를 탐색하고, 서로 간에 만족할 만한 해결책이 되도록 하는 것이 오히려 더 낫다고 생각한다.	F		T		
15. 하고 싶지 않은 과제를 수행하도록 요구받을 때, 내 느낌을 토론하고(표출하고) 양쪽 모두가 동의할 수 있는 해결책을 찾기 위해 노력하는 것이 오히려 더 낫다고 생각한다.			T		F
16. 의견, 필요, 또는 욕구의 차이가 있을 때, 차이를 탐색하기보다는 내가 옳다고 주장하는 사람들을 납득시키기 위해 노력하는 것이 더 낫다고 생각한다.	T				F

문항					
17. 의견의 불일치가 있을 때, 차이를 탐색하기보다는 나도 절반 정도는 틀렸다는 것을 인정하는 편이 더 낫다고 생각한다.				T	F
18. 때때로 일치에 도달하기 위해서 내가 믿고 있는 것의 절반을 포기하는 것보다는 토론 없이 바로 동의하는 것이 더 쉽다고 생각한다.		T		F	
19. 의견, 필요, 또는 욕구의 차이가 있을 때, 토론 없이 양보하기보다는 차이를 탐색하는 편이 더 낫다고 생각한다.		F			T
20. 의견, 필요, 또는 욕구의 차이가 있을 때, 관점에 대해서 토론하지 않고 내 관점을 희생시키기보다는 토론을 이기기 위해 노력하는 편이 더 낫다고 생각한다.	T	F			
21. 의견의 불일치가 있을 때, 다른 사람으로 하여금 자신의 생각을 추가하지 않고 해결책을 찾도록 하기보다는 모두를 만족시키는 해결책을 찾기 위해 노력하는 편이 더 낫다고 생각한다.		F			T
22. 의견의 불일치가 있을 때, 전적으로 양보하기보다는 다른 사람을 이기기 위해 노력하는 편이 더 낫다고 생각한다.	T	F			
23. 하고 싶지 않은 과제를 수행하도록 요구받을 때, 서로 간에 만족할 만한 해결책을 찾기보다는 바로 절반만이라도 과제를 해결하기 위해 노력하는 것에 동의하는 편이 오히려 더 낫다고 생각한다.				T	F

점수 계산법

1. 5개 중에서 원으로 표시된 항목의 수를 계산하라. 다음 박스에 칼럼 별로 전체 원의 개수를 기록하라. 각 개수에 10을 곱한다.

	1	2	3	4	5
× 10 =					

2. 다음 그래프 위에 점수를 기입하시오. 다섯 전략의 각각을 위해 점수에 인접하게 ×를 배치한다. 한 칼럼에서 다음 칼럼까지 ×를 연결하는 직선을 그린다. 이것은 당신에게 갈등 관리 전략 패턴을 알려줄 것이다.

	1	2	3	4	5
	경쟁/공격	조화/얼버무림	회피	타협	통합
120					
110					
100					
90					
80					
70					

60					
50					
40					
30					
20					
10					
0					

위의 그래프에서 각자의 패턴을 살펴본다. 점수가 높을수록 갈등에 대응하는 양상에 좀 더 가까이 있음을 알 수 있다.

1. 이러한 갈등 대응 양상을 바탕으로 학생들의 문제해결(혹은 인성 교육) 능력을 향상시킬 수 있는 방법을 토론해보자.

5 갈등을 해결하기 위한 의사소통적 접근

갈등을 해결하기 위한 의사소통적 접근은 자기 주장적 의사소통(assertive communication), 협상(negotiation), 조정(arbitration), 소송(litigation), 중재(mediation) 등의 방법 등이 있는데, 여기서는 자기 주장적 의사소통과 협상에 대해서만 다루기로 한다(이하의 논의는, Berko, Roy, M. 등, 2013: 194~202쪽을 참조함).

먼저 자기 주장적 의사소통에 대해 언급한다. 자기 주장적 의사소통은 생각보다는 행동을 우선시한다. "왜 말하지 않았을까?"라고 생각하기보다는 말하기 이전에 적절한 시간을 모색하고 말로 옮긴다. 자기 주장적 행동은 다른 사람을 이용하는 것이 아니라 자신의 생각을 행동으로 옮기는 것이다. 이러한 자기 주장적 행동에는 "자기 주장이 약한(nonassertive) 행동과, 자기주장이 있는(assertive) 행동과 공격적인(aggressive) 행동"이 있다. 이들 행동들을 비교하면 다음과 같다.

활동 28-4 자기 주장적 행동 유형

이 활동의 목적은 자신의 행동 유형 파악을 통해 갈등을 조정하는 능력을 함양하기 위함이다.

	자기주장이 약한	자기주장이 있는	자기주장이 강한(공격적인)
행동의 특징	욕구, 생각, 느낌을 표현하지 않거나 자신을 경시하는 방식으로 이들을 표현한다. 의도: 남의 마음에 들도록 하기 위함.	욕구, 생각, 감정을 직접적이고 절절한 방법으로 표현한다. 의도: 의사소통하기	다른 사람을 희생물 삼아 욕구, 생각, 감정을 표현한다. 의도: 지배하거나 멸시하기 위해
당신이 이런 식으로 행동했을 때 당신이 느끼는 감정	염려: 자신에게 실망한다. 종종 뒤늦게 후회하고 분개함.	확신: 그 당시와 후에 당신 자신에게 긍정적임.	독선: 우월감을 갖지만 때때로 후에 창피를 당함.
당신이 이런 식으로 행동했을 때 다른 사람이 스스로 느끼는 감정	죄책감을 느끼거나 우월해짐.	존경 받고 가치 있다고 느껴짐.	수치스럽고 상처받음.
당신이 이런 식으로 행동했을 때 다른 사람이 당신에 대해 느끼는 감정	짜증, 동정심, 혐오	일반적으로 존경함	분노, 복수심
결과	당신이 원하는 것을 얻지 못하고 분노만 쌓임	종종 원하는 것을 얻음	다른 사람의 희생 하에 종종 당신이 원하는 것을 얻음
최종 결말	불쾌한 상황, 갈등, 그리고 대결을 피함	느낌이 좋고, 다른 사람에게 존경받고, 자기 확신을 얻고 다른 사람과 관계가 좋음	분노를 표출하고 우월감을 느낌.

1. 위의 표에서 자기의 행동 특징을 파악하고 그것을 교육적으로 잘 활용하는 방법을 탐색해보자.
2. 갈등해결 대화는 비폭력 대화와 같다. 비폭력 대화의 단계는 '관찰(observation), 느낌(feeling), 욕구(desire), 부탁(request)'이다. 학원 가기 싫어하는 딸에게 엄마가 "하나 더 해."와 같이 말하는 예시를 활용하여 비폭력 대화의 단계를 설명해보시오.

위의 행동들을 보면 자기가 어떠한 위치에 있고, 어떻게 해야 할 것인지를 결정할 수 있는 계기를 마련할 수 있다. 자기주장을 할 경우에 우리는 다음과 같은 원칙을 생각해볼 수 있다.

첫째, 사람들은 독심술가가 아니기 때문에 원하는 것이 있으면 말을 해야 한다는 점을 유의해야 한다. 둘째, 습관이 하는 행위를 정당화하지는 않는다는 점을 기억할 필요가 있다. 늘 그렇게 되어 왔다고 해서 앞으로도 그렇게 되어야 한다는 원칙은 없다는 점을 인식해야 한다. 셋째, 당신은 다른 사람을 행복하게 할 수 없다는 점에 유의한다. 행복은 행위자가 스스로 행복하다고 느낄 때 행복한 것이지, 다른 사람이 느끼게 해주는 것은 아니라는 것을 기억해야 한다. 넷째, 부모나 배우자, 친구 등이 당신의 행동을 불허할 수 있다. 그런데 이런 행동(불허)에 대해서 당신 자체와는 별로 상관이 없다는 점도 기억할 필요가 있다. 다섯째, 행동으로 옮기는 것을 주저할 경우가 있고, 이런 경우에 늘 스스로에게 물어서 합리적인 행동이 될 수 있도록 하는 것이 중요하다. 여섯째, 희생양이 되지 않도록 늘 주의를 해야 한다. 성희롱의 희생자일 경우라고 가정한다면 성희롱을 가한 사람이 죄의식을 느끼지 않을 수도 있다. 따라서 희생자는 스스로가 삶의 주체임을 거부해서는 안 되고 늘 긍정적인 마음 상태를 유지할 필요가 있다. 일곱째, 뭔가에 대해 걱정만 해서는 안 된다. 중요한 것은 걱정이 있을 경우에 그것을 해결하기 위해 행동을 해야 한다는 점을 유의할 필요가 있다. 여덟째, 당신 자신이 최선을 다할 수 있는 자세를 갖는 것이 중요하다. 다른 사람이 당신이 최선을 다하는 것을 싫어할 수 있다. 하지만 그것은 그 사람의 문제이지 당신 자신의 문제는 아니다. 따라서 당신은 무엇인가를 할 경우에 최선을 다해야 한다.

다음으로 협상에 대해 간략하게 언급하기로 한다. 협상은 최소한 두 사람 또는 집단이 상호 문제를 해결하기 위한 동의에 도달하기 위해 교섭(거래)을 하는 행위이다. 이것은 자신의 욕구를 만족시키기 위한 행위인 주장과는 다르다. 협상을 할 때는 양쪽 모두가 무엇을 원하고 있는지, 그리로 왜 원하는지를 아는 것이 중요하다. 협상이 결렬될 경우에 소송이나 조정으로 나아간다.

참고문헌

2장

Jaffe, Clella(2007), **Public speaking: Concepts and Skills for a Diverse Sociery(5판)**, Thompson.

Savignon, Sandra J.(1983), **Communicative Competence: Theory and Classroom Practice**, Addison-Wesley Publishing Company.

3장

김진우(1990), 『언어교육과 심리학』, 중앙대학교출판부.

김진우(1994), 『언어와 의사소통-수사학과 화용론의 만남-』, 한신문화사.

Berko, Roy M/Wolvin, Andrew D./Wolvin Darlyn R./Aitken Joan E.(2013), **COMMUNICATING-A Social, Career and Cultural Focus(12판)**, PEARSON.

4장

노명완 등(1991), 『언어와 교육』, 한국방송통신대학.

노명완 등(1994), 『국어과교육론』, 갑을출판사.

박원우(2003), "논술, 세상에서 가장 쓸모 있는 공부", 『글쓰기의 쾌락』, 신동아 창간 72주년 기념 특별부록.

장현갑 외 역(핸리 그라이트만 지음)(1999), 『심리학』, 시그마프레스.

5장

김기호 등 공역(2000), 『음성과학』(조음 음향 청각음성학), 한국문화사.

노명완 등(1991), 『언어와 교육』, 한국방송통신대학.

이관규 등 옮김(2006), 『국어수업을 위한 언어 탐구와 인식』, 박이정.

Machado, Jeanne M.(2003), Early Childhood Experiences in Language Arts(7판), Thomson.

6장

김윤환, 기억 제작팀(2011), 『KBS사이언스 대기획 인간탐구 기억』, KBS미디어.

문희경 옮김(대니얼 T. 윌링햄 지음)(2009). 『왜 학생들은 학교를 좋아하지 않을까?』, 부키.

이경옥 옮김(수잔 A. 암브로서 등 지음)(2012), 『학습은 어떻게 이루어지나』, 시그마프레스.

진성록 옮김(더글라스 무크 지음)(2007), 『당신의 고정관념을 깨뜨릴 심리실험 45가지』, 부글북스.

전정재(2001), 『독서의 이해』, 한국방송출판.

7장

이경옥 옮김(수잔 A. 암브로서 등 지음)(2012), 『학습은 어떻게 이루어지나』, 시그마프레스.

Osborn, Michael/Osborn, Suzanne(2006), Public Speaking(7판), Houghton Mifflin, Company.

Verderber, Rudolph F. & Verderber, Kathleen S.(2006), The Challenge of Effective Speaking, Thompson.

8장

김영채 역(엠 닐 브라운/스튜어트 엠 킬리 지음)(2000), 『바른 질문하기: 비판적 사고의 가이드』, 중앙적성출판사.

노혜숙 옮김(도로시 리즈 지음)(2000), 『질문의 7가지 힘』, 더난출판.

이규원 역(가리야 다케히코 지음)(1997), 『잠자리 눈으로 생각하기 글쓰기 말하기』, 중앙일보사.

Jensen, Rita A. & Kiley, Therese J.(2000), 『Teaching, Leading, and Learning』 －Becoming Caring Professionals－, Houghton Mifflin Company.

9장

허선익 옮김(미카엘 로스트 지음)(2104), 듣기교육과 현장조사연구, 글로벌콘텐츠.

Berko, Roy M/Wolvin, Andrew D./Wolvin Darlyn R./Aitken Joan E.(2013), **COMMUNICATING－A Social, Career and Cultural Focus(12판)**, Pearson.

Devito, Joseph A.(2006), The Essential Elements of Public Speaking(2판), Pearson.

Engleberg, Isa N./Wynn, Dianna R.(2000), working in groups(2판), Houghton Mifflin.

Jaffe, Clella(2007), **Public speaking: Concepts and Skills for a Diverse Sociery(5**

판), Thompson.
Lundsteen, Sara W.(1979), Listrning, its impact at all levels on reading and other language arts.
Morreale, Sherwyn P./Bovee, Courtland L.(1998), Excellence in Public Speaking, Harcoert Brace College Publishers.
Morreale, S., Spitzberg. B. H. & Barge, K.(2001), Human communication: Motivation, knowledge, and skills. Belmont, CA: Wadsworth.
Osborn, Michael/Osborn, Suzanne(2000), Public Speaking(5판), Houghton Mifflin, Company.
Osborn, Michael/Osborn, Suzanne(2006), Public Speaking(7판), Houghton Mifflin, Company.

10장

노명완 등(1991), 『언어와 교육』, 한국방송통신대학.
노명완 등(1994), 『국어과교육론』, 갑을출판사.
이홍우 번역·주석(2015), 『죤 두이 민주주의와 교육(개정 증보판)』, 교육과학사.
천경록 등(2013), 『국어과교육론』, 교육과학사.

11장

김진우(1994), 『언어와 의사소통－수사학과 화용론의 만남－』, 한신문화사.
노명완 등(1991), 『언어와 교육』, 한국방송통신대학.
이승복·한기선 옮김(Paul Whitney 지음)(1999), 『언어심리학』, 시그마프레스.
이신동 등 공역(1999), 『교수－학습의 이해－인지심리학적 접근－』, 상조사.
정길정·연준흠 옮김(Murray Singer 지음)(1994), 언어심리학－문장과 담화처리 과정 이해－, 한국문화사.
조명한 등(2003), 『언어심리학』, 학지사.
최영환(2003), 『국어교육학의 지향』, 삼지원.
Glover, John A./Ronning Royce R./Bruning Roger H.(1990), Cognitive Psychology for Teachers, Macmillan Publishing Company.
Hampson, Peter J & Morris Peter E.(1996), Understanding Cognition, Blackwell.

12장

Osborn, Michael/Osborn, Suzanne(2006), Public Speaking(7판), Houghton Mifflin Company.

Verderber, Rudolph F. & Verderber, Kathleen S.(2006), The Challenge of Effective Speaking, Thompson.

13장

박이문(1995), 『문학과 철학』, – 삶의 텍스트, 민음사.

이종삼 옮김(로제 샤르티에, 굴리엘모 카발로 엮음)(2006), 『읽는다는 것의 역사』, 한국출판마케팅연구소.

이진원 옮김(2004), 『바바라 민토 논리의 기술』, 더난출판.

이진원 옮김(2005), 『민토 피라미드로 배우는 논리적 글쓰기』, 더난출판.

진영일(1996), 『독해하면 정답이 손들고 나온다』, 키출판사.

Osborn, Michael/Osborn, Suzanne(2006), Public Speaking(7판), Houghton Mifflin, Company.

Verderber, Rudolph F. & Verderber, Kathleen S.(2006), The Challenge of Effective Speaking, Thompson.

14장

Osborn, Michael/Osborn, Suzanne(2006), Public Speaking(7판), Houghton Mifflin Company.

Quattrini, Joseph A.(1996), Speaking by Doing(7th Edition), National Textbook Company.

Verderber, Rudolph F. & Verderber, Kathleen S.(2006), The Challenge of Effective Speaking, Thompson.

15장

김재봉(2003), 『초등 말하기.듣기 교육론』, 교육과학사.

Quattrini Joseph A. (1996), Speaking by Doing(7th Edition), National Textbook Company.

16장

김재봉(2019), 『언어심리기반의 말하기와 글쓰기』, 형설출판사.

Quattrini, Joseph A.(1996), Speaking by Doing(7th Edition), National Textbook Company.

17장

Quattrini, Joseph A.(1996), Speaking by Doing(7th Edition), National Textbook Company.

Osborn, Michael/Osborn, Suzanne(2006), Public Speaking(7판), Houghton Mifflin, Company.

Verderber, Rudolph F. & Verderber, Kathleen S.(2006), The Challenge of Effective Speaking, Thompson.

18장

유종호 옮김(이솝 원작)(2003), 『이솝우화집』(세계문학전집 74), 민음사.

이상길 옮김(레오 리오니 원작)(1989), 『귀여운 들쥐 프레데릭』(위대한 탄생, 세계걸작그림 시리즈 29), 보림.

Quattrini, Joseph A.(1996), Speaking by Doing(7th Edition), National Textbook Company.

19장

Quattrini, Joseph A.(1996), Speaking by Doing(7th Edition), National Textbook Company.

20장

Quattrini, Joseph A.(1996), Speaking by Doing(7th Edition), National Textbook Company.

21장

Quattrini, Joseph A.(1996), Speaking by Doing(7th Edition), National Textbook Company.

22장

이대규(1994), 수사학－독서와 작문의 이론－, 한글과컴퓨터.

이어령(2002), "돌담의 의미", 『흙 속에 저 바람 속에』, 문학사상사.

Clella, Jaffe.(2007), Public speaking: Concepts and Skills for a Diverse Sociery(5판), Thompson.

Osborn, Michael/Osborn, Suzanne(2006), Public Speaking(7판), Houghton Mifflin,

Company.
Quattrini, Joseph A.(1996), Speaking by Doing(7th Edition), National Textbook Company.
Verderber, Rudolph F. & Verderber, Kathleen S.(2006), The Challenge of Effective Speaking, Thompson.

23장

황미숙 옮김(고구레 다이치 지음)(2017), 『횡설수설하지 않고 정확하게 설명하는 법』, 갈매나무.
Quattrini, Joseph A. (1996), Speaking by Doing(7th Edition), National Textbook Company.

24장

김명철 옮김(마이클 샌델 지음)(2021), 『정의란 무엇인가』, 와이즈베리.
강태완 등(2001), 『토론의 방법』, 커뮤니케이션북스.
강치원(2007), “강치원의 토론 이야기”, 『대한민국 논쟁과 대안』(중앙일보 편집국 지음), 중앙북스.
강치원(2013), 『토론의 힘』, 느낌이 있는 책.
김경원 옮김(하타케야마 소 지음)(2019), 『대논쟁! 철학배틀』, 다산초당.
김병원(2000), 『생각의 충돌』, 자유지성사.
김주환(2007), 『교실 토론의 방법』, 나라말.
민병곤 등 옮김(2014), 『수업의 완성 교실 토론』, 사회평론.
이현우 옮김(로버트 치알디니 지음)(2002), 『설득의 심리학』, 21세기북스.
전남대학교 교육발전연구원 옮김(S.D. 블룩필드, S. 프레스킬 지음, 2008), 『토론－수업을 위한 도구와 기법』, 도서출판 학이당.
전은주 등 옮김(리처드 E. 에드워즈)(2019), 『토론, 어떻게 하는가』, 서회평론 아카데미.
정선숙 옮김(모테기 히데아키 지음)(2005), 논리력 토레이닝, 철학과현실사.
중앙일보 편집국 지음(2006), 대한민국 논쟁과 대안, 중앙북스.
차배근(1990), 설득커뮤니케이션이론, 서울대학교출판부.
케빈 리(2012), 『디베이트(심화편)』, 한겨레에듀
Freeley, Austin J. & Steinberg David L.(2000), Argument and Debate(10판), Wsdsworth.
Osborn, Michael/Osborn, Suzanne(2006), Public Speaking(7판), Houghton Mifflin, Company.

Quattrini, Joseph A.(1996), Speaking by Doing(7th Edition), National Textbook Company.
Toulmin Stephen(2003), The Use of Argument(Updated Edition), CAMBRIDGE.
Wood, Nancy V.(2001), Perspectives on Argument(3판), Prentice Hall.

25장

Quattrini, Joseph A. (1996),Speaking by Doing(7th Edition), National Textbook Company.

26장

김순택(1980), 『목표별수업』(신교육학강좌 3), 교육과학사.
김진우(1990), 『언어교육과 심리학』, 중앙대학교 출판부.
노명완(2004), "국어교육과 사고력", 『한국초등국어교육』(제24집), 한국초등국어교육학회.
노명완(2011), "교과서의 개념과 국어 교과서의 변천", 인하대학교 강의자료집.
동양고전연구회(2008), 『논어(개정판)』, 지식산업사.
진교훈 등(1991), 『고등학교 철학』, 교학사.

27장

이찬규 옮김(2003), 『언어 커뮤니케이션』(베르코 등 지음), 한국문화사.
Berko, Roy M/Wolvin, Andrew D./Wolvin Darlyn R./Aitken Joan E.(2013), **COMMUNICATING－A Social, Career and Cultural Focus(12판)**, Pearson.

28장

Berko, Roy M/Wolvin, Andrew D./Wolvin Darlyn R./Aitken Joan E.(2013), **COMMUNICATING－A Social, Career and Cultural Focus(12판)**, Pearson.

찾아보기 Index

ㄱ

ㄴ

ㅂ

ㅅ

ㅇ

ㅈ

ㅊ

ㅌ

ㅍ

ㅎ

부록 '잘 말하기 이론과 활동'을 위한 워크북

이 워크북은 '잘 말하기 이론과 활동'을 효율적으로 활용하기 위한 것이다. 화법 교육에서 초등 예비교사는 물론 교사들이 갖춰야 할 능력은 매우 다양하다. 필자의 오랜 교직 경험(초등학교 교사, 대학 교수)과 관련 분야의 연구에 의하면 교수자 스스로 대상과 상황과 목적에 맞게 표현할 수 있는 능력을 갖추어야 할 뿐만 아니라 표현 활동에 대해 이론으로 알고 그것을 분석할 수 있는 능력을 필요로 한다. 특히 학생들을 잘 가르치기 위해서는 표현과 이해 활동에서 무엇이 문제인지를 분석할 수 있어야만 다른 상황이 주어지더라도 흔들림이 없이 가르칠 수 있다. 이런 점을 고려하여 강의와는 별도로 학습할 수 있도록 다소 이론을 많이 소개했다. "가장 좋은 이론만큼 실제적인 것이 없다."는 명제를 필자는 확신하고 있기 때문이다. 결론적으로 이 워크북은 교수자 스스로 표현행위와 이해행위에 대해 이론적으로 잘 알고 실제로 활용할 수 있는 능력을 기르기 위한 것이다. 이러한 목적을 달성하기 위해 이하에서는 이 워크북을 효율적으로 활용하기 위한 몇 가지 지침을 안내한다. 이러한 지침을 잘 활용하면 많은 내용을 효율적으로 활용할 수 있는 기반을 다질 수 있을 것이기 때문이다. 지침으로 다룰 내용은 크게 "강의와 상관없이 개별적으로 학습할 내용(및 활동)과 강의와 관련하여 학습할 내용(및 활동)"이다. 그리고 강의와 관련된 내용(및 활동)은 "강좌 안내, 표현의 과정과 기능 및 전략, 정서표현의 말하기(듣기), 정보전달의 말하기(듣기), 설득하는 말하기(듣기)"로 구분하여 기술한다.

I 강의와 상관없이 개별적으로 학습할 내용(및 활동)

'잘 말하기 이론과 활동'을 위해서는 다음과 같은 활동을 할 필요가 있다. 이러한 학습 활동은 강의와 상관없이 이뤄질 수 있다. 하지만 언어 활용의 과정에서 매우 중요하게 이해해야 할 내용이기 때문에 비록 시간 관계상 강의는 하지 않지만(취사선택하여 강의를 할 수도 있다.) 기말 고사의 시험 범위에 포함하여 학습하게 한다. 그것은 언어 이해의 과정(교재 10장)과 언어 표현의 과정(교재 11장)이다. 가르치는 일에 종사하지 않는 사람이라면 굳이 언어 이해의 과정과 표현의 과정을 심도 있게 이해할 필요가 없다. 언어를 잘 사용하기만 하면 되기 때문이다. 하지만 가르치는 사람은 언어를 표현하고 이해하는 과정에 대해 이론적으로 알고 활용할 수 있어야 그것을 바탕으로 학생들을 관찰·분석하여 잘 지도할 수 있기 때문이다.

언어 이해의 과정에서는 언어를 분석한 것의 의의, 이론과 모형의 의의, 표상의 개념과 의사소통적 의의, 언어 과정과 사고 과정, 그리고 언어 이해를 설명하는 중요한 모형으로서의 '상향식 모형과 하향식 모형, 상호작용 모형, 그리고 교섭 모형'에 대해 이론적으로 알고 활용하는 힘을 기르는 것은 매우 중요하다고 할 수 있다. 더 나아가 언어 표현의 과정을 이해하는 것 또한 중요하다. 여기서는 '연속적 모형과 평행적 상호작용 모형, 인지적 과정 모형'을 예로 들어 설명했다. 그런데 특히 '인지적 과정 모형'에 대한 이해가 중요하다. 언어 표현 과정에 대한 다양한 모형이 있지만 이들 모형들은 인지적 과정에 대한 비판과 보완을 중심으로 하여 이뤄져왔고, 현재도 이것이 부분적으로 변형되어 논의되고 있기 때문이다. 그리고 글쓰기의 과정에 대한 이해도 필요하지만 말하기의 특성을 반영한 말하기의 과정에 대한 이해는 상대적으로 관심이 적어 말하기 과정에 대한 심도 있는 이해가 필요하다. 이들 과정에 대한 이해를 기반으로 이들의 특성을 비교하여 향후의 말하기와 글쓰기의 지도를 위한 기반 자료로 활용할 수 있다. 그리고 말하기와 글쓰기의 개인차에 대한 이해와 함께 말하기와 글쓰기에 영향을 미치는 요인에 대한 이해도 필요하다. 이 부분에서는 이상에서 언급한 내용들에 대한 이해를 개별 학습활동의 목표로 삼는다.

Ⅱ 강의와 관련하여 학습할 내용(및 활동)

삶의 과정에서 각 개인은 '말을 잘하는 것'도 중요하지만 특히 공적인 말하기의 경우 '잘 말하는 것'이 더 중요하다. '말을 잘하는 것'은 유창함을 전제로 하지만 비록 유창함이 미흡할지라도 상황과 대상과 목적에 맞게 생각을 표현하는 것을 이 책에서는 '잘 말하기'로 정의한다. 다시 말하면 '말을 잘한다는 것(말 잘하기)'은 유창하게 하는 것을 함의하지만 '잘 말한다는 것(잘 말하기)'은 유창하게 말하는 것을 넘어서서 대상과 상황과 목적에 맞게 말하는 것을 의미한다.

이 워크북은 초등 예비교사들이 교양 필수로 수강하는 '교사 화법'의 강좌를 효율적으로 운영하기 위한 것이다. 필자는 장르중심의 말하기(글쓰기)를 선호하지 않는다. 말하거나 글을 쓰는 목적과 대상 및 상황에 따라 인간의 사고 활동은 유연성을 발휘하여 문제를 해결해나가기 때문이다. 그럼에도 불구하고 다음과 같이 장르를 중심으로 하여 강의를 진행하는 것은 현재의 국어과 교육과정 성취기준과는 별도로 이들을 교육 현장에서 구현하는 방식이 장르가 중심이 되어 주로 운용된다는 현실적인 상황을 고려하지 않을 수가 없기 때문이다. 그래서 이 워크북에서는 정서표현의 말하기(듣기), 정보전달의 말하기(듣기), 그리고 설득하는 말하기(듣기)의 순서로 워크북을 활용하는 방안을 안내(물론 이들 순서를 바꿔서 활용할 수 있음은 물론이다.)한다. 그리고 가능한 한 긴 글을 읽을 기회를 제공하는 것 또한 하나의 목표로 설정하고 강의를 진행하고자 한다. 요즘 학생들의 독서 경향을 보면 긴 글보다는 짧은 글이나 영상을 매우 선호한다. 그럼에도 불구하고 읽기 활동의 불편해함을 감수하고서라도 긴 글을 읽게 만들어 좀 더 깊고 넓게 생각하는 계기를 마련하고자 하는 의도를 반영하여 긴 글 읽기를 강조했다.

1. 강좌 안내

강의 계획서를 중심으로 이 강좌에서 다룰 전반적인 내용을 소개한다.

① 개별적으로 시청하면 유익할 영화(관련된 영상)를 예시로 소개한다(물론 이것도 각각의 해당 강좌에서 소개할 수 있다). 다양한 장르의 영화가 존재하지만 초등 예비교사들의 경우 임용 고사 때 영어로 수업 실연을 하기 때문

에 그와 관련된 활동을 하는 것이 좀 더 효율적일 수 있다. 그래서 장르의 특성을 반영하는 미국 드라마(일명 미드)를 한 가지씩만 소개한다(관련된 내용은 다음 3~5장에서 언급된다).

② 이 강좌에서 주로 활용할 교수법인 "문제 중심의 학습(일명 PBL)"을 소개한다. 우리가 잘 아는 것처럼 문제 중심의 학습은 "(1) 문제 제시, (2) 문제 확인(생각, 사실, 학습과제, 실천계획), (3) 문제해결을 위한 자료수집, (4) 문제 재확인 및 해결방안 도출, (5) 문제해결방안 발표, (6) 학습결과 정리 및 평가"와 같은 절차로 진행된다(물론 상황에 따라서 이러한 절차는 일부가 생략될 수도 있고, 다른 내용을 넣어서 운영할 수도 있다). 문제 제시가 매우 중요한데, 이 책에서는 실제로 복합적인 상황을 반영하는 문제 제시가 아니라 2015(2022) 개정 국어과 교육과정의 성취 기준 중에서 교사화법 관련 내용을 제시하는 것을 기본으로 한다(강좌를 운영하는 사람에 따라서 좀 더 복잡한 문제를 제시해서 학습자들의 사고 활동을 장양할 수 있다).

③ 팀(조) 구성과 활용도 중요하다. 왜냐하면 대부분의 활동이 팀(조)을 중심으로 이뤄지기 때문이다. 끝으로 평가에 대한 안내이다. 실제로 실기 평가가 중심이 되고, 기말에 이뤄지는 지필 평가는 배점이 크지 않다(대략 10~20점 정도를 부여한다. 기말 고사 대신에 성찰 일지(혹은 보고서)를 작성하게 하여 기말 평가를 대체할 수도 있다). 운영 과정에서 중요한 것 중의 하나가 팀(조)별 활동인데, 팀을 어떻게 구성하고 활용할 것인가를 학생들과 협의하여 결정한다. 장르에 따른 각각의 과정(정저표현, 정보전달, 설득)이 끝나면 팀을 새롭게 구성할 수도 있다.

④ 동료 평가이다. 동료 평가를 하는 다양한 방식이 있다. 동료 평가를 하는 목적은 팀 활동을 하는 과정에서 무임승차를 예방하면서도 팀을 위해 최선을 다하는 모습을 동료들이 확인할 수 있는 중요한 수단이 되기 때문이다. 동료 평가는 평가자가 10점을 평균으로 하여 최고 11점에서 최저 9점을 부여하여 평균을 10점에 맞춰 평가한다. 이때 평가자는 당연히 자기 평가는 하지 않는다. 동료 평가를 위한 평가지를 제공해서 강의가 끝날 즈음에 평가를 실시한다(동료 평가를 하지 않고 다른 활동을 대체하여 평가할 수도 있다.).

2. 표현의 과정과 기능 및 전략

1) 표현의 과정

사람들은 일반적으로 사적 차원에서 생각을 즉흥적으로 표현하기도 하지만 공적 차원에서는 충분히 준비하고 심사숙고한 다음에 생각을 표현한다. 특히 공적 표현의 경우 그것이 미치는 영향력이 크기 때문에 더욱 신중하게 생각하고 정제된 표현을 하지 않으면 안 된다. 말을 잘하는 것도 중요하지만 잘 말하는 것이 중요한 이유도 바로 여기에 있다.

사람들은 생각을 표현할 때 여러 과정을 거친다. 말로 표현할 때와 글로 표현할 때 공통적인 표현 과정을 거치기도 하지만 변별되는 지점 또한 존재한다(교재 11장의 인지적 과정 모형(글쓰기)과 말하기의 과정을 참조할 수 있다.). 표현 과정에 대한 이해가 중요한 것은 예비교사들은 장차 학생들을 가르칠 입장에 있기 때문에 전략적으로 가르치기 위해서는 표현 과정을 분석하는 능력을 가지고 있어야 한다. 표현 과정을 분석하는 능력이 있을 때 문제점 파악을 중심으로 그것을 개선하기 위한 전략적인 지도가 가능하기 때문이다.

일반적으로 생각의 표현은 "청중을 고려하며 말할 내용을 생성하고, 생성한 내용을 표현에 적합하게 조직하고, 연습을 한 다음에 실제로 청중들에게 표현하기"와 같은 과정을 거친다. 이러한 표현 과정을 개략적으로 설명하면 이렇지만 각 과정마다 관여하는 매우 많은 변인들이 존재하기 때문에 "상황과 대상과 목적"에 맞게 표현을 하기 위해서는 많은 연습과 실제 표현 활동이 실현될 때 표현 능력은 향상된다.

최근 인공지능의 하나인 챗지피티를 활용하는 것도 하나의 방안이 될 수 있다. 챗 지피티를 활용할 때 먼저 챗지피티에게 물어볼 것이 아니라 내용을 생성하는 단계를 먼저 거친 다음에 각자가 생성한 아이디어의 미비점을 보완하는 차원에서 활용하는 것이 중요하다고 생각한다. 그 이유는 챗지피티를 활용할 경우 가장 중요한 것이 비판적으로 사고하는 능력을 기르는 것이기 때문이다(혹은 학습자 스스로 공적인 말하기를 위한 완성된 원고를 만든 다음에 내용을 보완하기 위해서 맨 마지막에 챗지피티를 활용할 수도 있다).

2) 기능(skills) 및 전략(strategies)

넓게 보면 말하기나 글쓰기는 하나의 기능인데, 이들 기능들을 세분화하면 하위 기능이 된다. 요약하기나 추론하기는 이들 기능들의 하위 기능의 하나이다. 기능이 자동화될수록 기능 부담량이 감소되어 사람들은 큰 부담 없이 생각을 이해하고 표현할 수 있다(영어 회화하는 것을 보면 쉽게 이해할 수 있다.).

기능과 함께 널리 쓰이는 용어로 전략이 있다. 그런데 기능과 전략은 구분된다. 사람들은 기능을 거의 매번 동일한 방식으로 수행한다. 예를 들어, 하나의 단어를 보자마자 즉시 인식한다거나 글을 읽을 때 왼쪽에서 오른쪽으로 읽는 것, 자음과 모음을 아는 것은 하나의 기능이다. 반면에 전략은 의미를 구성할 때 직면하는 문제를 해결하는 계획(plans)이다. 다르게 표현하면 요약하기나 예측하기와 같은 기능을 수행하는 구체적인 절차(procedures) 혹은 방식(ways)이다. 그런데 기능과 전략을 활용할 때 한 가지 주의할 점은 기능과 달리 전략은 자동화될 수 없다는 것이다. "요약하기"를 가르친다고 생각해보자. 가르치는 대상이 초등학생, 중고등학생, 대학생이 있다고 할 때 "요약하기"라는 기능은 동일할지라도 이들의 특성을 고려한다면 요약하기를 가르치는 전략은 결코 자동화될 수 없다. 전략적으로 가르친다는 것은 효율성을 담보한 것으로써 "요약하기"와 같은 특정한 기능을 잘 발휘할 수 있도록 상황과 대상에 적절하게 계획하여 목적을 달성하게 해 주는 방식을 모색하는 것이라고 할 수 있다(Language Arts, Dorothy S.Strickland · Lee Galda · Bernice E. Cullinan, 27쪽 참조).

3. 정서표현의 말하기(글쓰기)

1) 동기 유발 자료

정서표현의 말하기(듣기) 능력을 향상시키기 위한 동기유발 자료로 미드(미국 드라마) 'Good Witch'를 활용하는 것도 하나의 방안이다(매우 다양한 동기유발 자료를 활용하는 것도 교수자가 할 일의 하나이다). 이 드라마는 '일화(一話)'가 끝날 때마다 등장인물 중의 누군가가 매우 정제된 표현으로 교훈적인 내용을 전달하면서 끝맺는다(예: Chance is the part of the life.). 뿐만 아니라 매우 정제된 표현으로 인간들이 가지고 있는 보편적인 정서는 물론 특수한 상황에

처했을 때의 구체적인 정서까지도 잘 표현하고 있다. 그리고 이 미국 드라마는 영어를 공부하는 학습자들이 강력하게 추천하는 드라마 중의 하나이다. 이 드라마를 사전에 안내하여 넷플릭스에서 시간을 갖고 보게 하는 것이 효과적이다. 그리고 시간을 확보하여 미드의 특징적인 부분을 표현해보게 하는 활동을 하는 것도 효과적인 표현 교육의 측면에서는 바람직한 활동의 하나가 될 수 있다.

2) 팀(조)별 학습 내용 선정과 검토 및 발표(2~3주)

① 2022 개정 국어과 교육과정 성취기준 학습하기(장의 앞에 제시된 것은 2015임)
② 다음 내용을 2~3주에 걸쳐 학습함(※ 지정된 장 전체를 학습하는 것이 아니라 그 장에서 중요하다고 판단한 내용을 발표할 수 있다. 이러한 활동은 조별 활동을 통해 결정하고, 효율적인 논의를 위해 담당 교수와 협의하여 결정하기를 권장한다. 정보전달의 말하기와 설득하는 말하기도 동일한 방식으로 활용한다).

- 구두 연출(교재 19장) : 학생 발표(혹은 교수 강의)
- 이야기하기(교재 20장) : 학생 발표(혹은 교수 강의)
- 음성과 그 힘(교재 15장) : 학생 발표(혹은 교수 강의)
- 신체언어 사용하기(교재 16장) : 학생 발표(혹은 교수 강의)
- 시청각 자료 사용하기(교재 17장) : 학생 발표(혹은 교수 강의)
- 예행연습과 점검하기(교재 18장) : 학생 발표(혹은 교수 강의)

위의 내용에 대해 학생들이 팀을 중심으로 발표한다. 2주에 걸쳐 이뤄지는 발표 내용은 학생들이 교재를 참고하여 토론을 통해 정한다. 발표 내용이 정해지면 1시간 두 팀 발표를 원칙으로 하여 안배를 한다. 한 팀은 대략적으로 15분 발표를 한다. 발표할 때는 팀원 중 혼자서 15분을 다 할 수도 있고, 팀원들이 나눠서 할 수도 있다. 팀원의 발표가 끝나면 다른 팀원들이 발표 내용에 대해 질문하고 발표자가 응답하는 질의응답 시간을 5분 진행한다. 그리고 5분은 발표 내용에 대해 교수가 논평을 한다. 이렇게 진행하면 1주에 4팀이 발표를 할 수 있다. 예를 들어 '구두 연출, 이야기하기, 신체언어 사용하기'를 2주에 발표와 질의응답을 한다면, 3주에는 '음성과 그 힘, 시청각 자료 사용하기, 예행연습과 점검하기'를 동일한 방식으로 진행한다. 이때 주의할 점은 2주째의 학생 발표 시에 첫 주의 강의안내 때에 강조한 내용(4주에 팀별 평가가 이뤄진다는 것)을 반드시 언급한다. 학생들은 경청하기를 소홀히 하는 경향이 있기 때문에 듣기를 강조하면서도 구체적으로 어떻게 평가할 것인가에 대해 문서의 형태로 반드시 반복하여 안내할 필요가 있다.

그리고 4주에는 정서표현의 말하기와 듣기에 대해 이론적으로 학습한 내용을 실제로 활용해는 정서표현의 말하기 평가를 팀별로 한다. 강의 계획서에 안내된 대로 평가 기준을 스스로 만들어 보게 한 다음, 15~11점을 부여해서 평가를 하도록 한다. 평가 기준은 대략적으로 5가지로 한정하는 것이 바람직하다. 평가 기준이 너무 많으면 집중하기 어렵고, 너무 적으면 동화 구연(혹은 시 낭송)의 효과를 살리지 못할 가능성이 높아지기 때문이다. 평가 기준을 설정할 때는 동화 구연의 특성을 잘 반영하는 것이 중요하다. 동화 구연은 시각적인 정보처리보다는 청각적인 정보처리를 강조하는 표현활동이기 때문에 지나치게 시각자료를 동원하는 것은 바람직하지 않다. 마치 음악을 들으면서 율동을 동시에 보여주어서 흥미를 자극시키기도 하지만 동화 구연의 본질은 들려오는 소리를 청각을 중심으로 하여 듣고 처리하는 활동에 초점을 맞추는 것이기 때문이다. 동화 구연의 평가 기준을 청각적 측면을 중심으로 하며 만드는 것이 중요하다. 이때 활용할 수 있는 것으로 '명확하게 발음하는가. 인물의 특성을 잘 살려서 구연하는가. 실감나게 표현하는가. 청각적으로 처리할 수 있는 빠르기로 들려주는가. 의미 단위로 끊되 높낮이를 고려하여 들려주는가.' 등을 평가의 기준으로 활용할 수 있다.

동화 구연을 들려주는 과정에서 유의할 점은 지나치게 구연을 실감나게 하기 위해 '소품'을 많이 준비하는 것은 바람직하지 않다는 것이다. 소품을 준비하는 데에 너무 많은 시간을 들이는 것은 현실성이 떨어지기 때문이다. 소품을 만드는 데 시간을 들이기보다는 차라리 소품을 만드는 시간에 연습을 더 하는 것이 동화 구연을 의미 있게 하기 위해서는 더 바람직한 행위이기 때문이다.

3) 학습 내용 팀(조)별 발표 및 평가(4주, 1차 팀별 평가: 팀별 평가 결과 제출)

① 동화 "귀여운 들쥐 프레데릭"(레오 리오니 글·그림, 이상길 옮김)을 조별로 구연함(발표함)

② 평가 방법을 구체화하여 조별로 평가하기: 발표한 조 이외의 조가 각자 개별적인 평가를 한다(평가 기준 제시, 조별로 평가 기준은 다를 수도 있지만 진행의 효율성을 위해, 그리고 평가의 일관성을 위해 동일하게 하는 것이 효과적이다.). 교수도 동일한 평가 기준으로 평가에 참여한다.

4) 교수 피드백

팀별 발표를 하는 동안 교수도 같이 평가에 참여하면서 발표 내용을 면밀히 관찰하면서 발표의 내용에 대해 문제점과 개선점을 논평한다. 이 과정에서 학생들의 소감을 들어보는 것 또한 중요하게 고려해야 할 점이다. 왜냐하면 학생들의 소감 발표를 통해서 장점과 단점, 그리고 개선할 사항을 점검해서 이후의 교수학습을 위한 기반으로 삼을 수 있기 때문이다.

4. 정보전달의 말하기

1) 동기 유발 자료

정보표현의 말하기(듣기) 능력을 향상시키기 위한 동기유발 자료로 '에이댁섬에 묻힌 해적의 황금'을 활용할 수 있다. 이 영화는 기존 지식을 바탕으로 하여 황금을 찾기 위해 각 분야의 전문가들이 모여 문제를 탐구하며 해결해가는 과정을 잘 보여주고 있다. 지식이란 무엇이고 그것을 어떻게 활용하는 것이 문제해결에 이르는 것인지를 잘 보여주고 있다. 이것을 정보전달의 말하기와 관련하여 살펴보는 이유는 정보를 어떻게 생성하며 활용하는 것이 21세기 인공지능(챗지피티) 시대에 인공지능과 더불어 살아가는 지혜를 보여주기 때문이다. 학습 방법으로 보자면 "탐구학습 방법"을 보여주는 전형적인 미드라고 할 수 있다. 이것도 사전에 안내하여 미리 시청하게 한 다음 실제로 강의 때에 그 내용의 일부를 활용하는 것도 효과적이다.

2) 팀(조)별 학습 내용 선정과 검토 및 발표(5~8주)

① 2015(2022) 개정 국어과 교육과정 성취기준 학습하기

② 다음 내용을 5~8주에 걸쳐 학습함

- 정보의 정의와 탐색(교재 21장) : 교수 강의
- 정보전달의 말하기(교재 22장) : 교수 강의
- 설명하는 말하기(교재 23장) : 교수 강의
- 화제와 초점 찾기(교재 12장) : 교수 강의
- 말하기의 형식과 조직(14장) : 교수 강의
- 질문하기(교재 8장) : 교수 강의
- 의사소통(능력)의 개념과 구성 요소(교재 2장) : 학생 발표
- 의사소통 모형과 원리(교재 3장) : 학생 발표

위의 내용을 중심으로 3주(5~7)주는 교수가 집중적으로 강의하여 정보전달의 말하기 관련 이론을 탐색하여 학습자들로 하여금 관련 내용을 심도 있게 이해하게 한다. 비교적 어려운 내용을 중심으로 하여 강의하고 8주에는 좀 더 쉬운 내용이기 때문에 학생들이 자율 학습을 하여 발표하게 한다.

첫째, 5주에는 교재 21장과 22장 정보전달의 말하기에 중점을 둔다. 정보전달 말하기의 중요성과 특징, 정보를 전달하는 방법, 정보전달 말하기의 설계를 다루되, 특히 설계의 경우는 14장의 3.2에 있는 본론 조직하기와 비교하면서 다룬다. 그리고 이러한 활동의 궁극적인 지향점은 3.4에 있는 '개요 완성하기'이므로 이들을 관련지어 강의한다. 특히 정보를 전달하는 기본적인 방법(기술, 정의, 설명 등)을 알고 활용하는 힘을 기르도록 한다. 그리고 효율적인 발표를 위한 지침과 정보전달의 말을 들을 때 유의할 점을 학생들이 이해하고 활용할 수 있게 한다. 이 과정에서 정보를 전달할 때는 '언어와 비언어(그림, 사진, 통계자료 등등) 및 영상을 병용하여 정보를 전달하는 것이 효율적임을 강조하고, 학생들이 조별로 발표할 때는 이러한 방법을 잘 반영하여 시간에 맞게 발표하는 준비와 연습 그리고 발표를 할 수 있도록 안내를 한다.

둘째, 6주에는 설명하는 말하기를 중점적으로 강의한다. 횡설수설하지 않고 정확하게 설명하는 말하기가 왜 중요한지, 설명하는 말하기를 할 때 고려할 사항은 무엇인지를 학습자들에게 이해시킨다. 그리고 이 강의에서는 특히 횡설수설하지 않고 정확하게 설명하는 방법을 단계별로 훈련시킨다. 이러한 말하기는 논리적인 말하기의 일부로 볼 수도 있다. 가장 간단하게는 '결론(conclusion), 이유(reason), 예시(example)'을 관련지어 말하는 훈련을 한다. 그리고 이것에

이어서 'A(assertion), R(reasion), E(example or evicence), A(assertion: 다시 한 번 강조)'를 연습한다. 그리고 'T(theme), N(number), P(point), R(reasion), E(example)P(point)'를 연습한다. 이렇게 연습한 것을 9주의 발표에 활용하게 한다.

말하기 방법을 적용한 적절한 예시를 알려주고 그것을 기반으로 하여 조별로 연습하게 한 다음 학생들에게 발표를 하게 만든다. 이러한 발표를 통해 학생들이 무엇을 중요한 발표의 화제로 삼고 있는지도 자연스럽게 알 수 있는 계기를 마련할 수 있다. 이와 함께 12장의 3.3 항의 화제 발견하기 중 '관심 도표'를 활용하여 화제를 찾는 방법을 학습시키는 것도 바람직하다. 이러한 관심 도표는 나의 관심사와 청중의 관심사를 결합하여 하나의 새로운 화제를 만들어보는 활동이다. 이렇게 함으로써 가능하면 모두의 관심사를 반영하는 공적인 말하기를 할 수 있는 바탕을 마련할 수 있다. 또한 6주에서 화제와 초점 찾기 활동(교재 12장)을 통해 주제파악 능력을 향상시켜 준다. 글을 읽거나 말을 들으면서 주제를 파악하는 능력은 대단히 중요한 능력이기 때문이다.

셋째, 7주에는 말하기 조직하기를 본격적으로 다룬다. 14장이 중심이 되는데, 이 장에서 최종적인 지향점은 '말하기를 위한 개요 완성하기'이다. 완성된 개요를 잘 활용하기 위해서 공적인 말하기의 형식(즉석 말하기, 준비된 말하기, 원고 기반의 말하기, 암기 말하기)의 형식을 이해시킨다. 이것을 바탕으로 좋은 형식의 원리(간결성, 균형성, 순서성의 원리)와 요점 배열의 원리(유사성, 근접성, 종결성의 원리)를 학습한다. 이어서 말하기의 조직을 이해하게 한다. '서론 조직하기, 본론 조직하기, 결론 조직하기'를 어떻게 하는지를 개요 완성하기와 관련지어 이해시킨다. 14장의 말하기 조직과 병행하여 강의한다. 물론 이러한 말하기 조직은 기본적으로 5주 강의에서 살핀 정보전달의 말하기의 설계와 밀접한 관련이 있기 때문에 같이 언급하면서 가르치는 것이 효과적이다.

또한 7주에 집중적으로 강의할 내용은 '질문하기(교재 8장)'이다. 질문하는 능력은 교수학습의 과정에서 교사나 학생들이 필수적으로 갖춰야 할 중요한 능력의 하나이기 때문에 집중하여 강의할 필요가 있다. 글 속에 답이 있는 질문과 독자의 머릿속에 답이 있는 질문을 예를 들어 학습시킨다. 그런 다음 인과형 질문과 실태 파악형 질문을 병행하여 구체적인 질문을 할 수 있는 능력을 기르기 위한 하향식 질문하기를 강의하고 실습을 한다. 하향식 질문하기와 함께 상향식 질문하기도 병행하여 강의한다. 작은 개념을 바탕으로 하여 귀납적인 방식으로 큰 개념(상위 개념)을 만들어 내고, 만들어낸 상위 개념을 결합하여 질문을 만들어 보는 활동을 집중적으로 한다. 이러한 질문 만들어보기 활동은 글속에 답이 있는 질문과 순전히 독자의 머릿속에 있는 내용을 결합하여 만들어 내는 질문이 무엇인지를 확인시켜주는 중요한 활동이 될 수 있다(8장의 활동 8-3을 중심으로 보았을 때 이질성과 배제를 중심으로 결합하여 상위 질문을 만들면 '왜 집단속에서의 이질성은 배제 받는가?)'와 같다. '이질성과 배제'를 적절히 결합하여 '이질성을 집단에서 배제하는 기준은 무엇인가?'와 같은 새로운 질문을 만들어 봄으로써 사고하는 능력을 확대하고 심화시킬 수 있다.

넷째, 8주는 학생들의 발표로 진행한다. 의사소통의 개념과 구성 요소, 그리고 의사소통이 이뤄지는 과정을 학습한다. 그리고 의사소통 모형인 '선형 모형, 상호작용 모형, 확대된 상호작용 모형, 교섭 모형'은 무엇이고, 이들 모형을 비교하면서 장점과 단점이 무엇인지를 학습한다. 그리고 의사소통의 원리와 언어 사용의 원칙을 학습한다. 원리와 사용을 학습하면서 실제 자기가 경험한 것과 관련지어 발표하게 함으로써 의사소통의 과정을 이해하고, 왜 과정을 이해하는 것이 교육적으로 의의가 있는지를 성찰하는 계기로 삼는다.

3) 학습 내용 팀(조)별 발표 및 평가(9주-2차 조별 평가: 조별 평가 결과 제출)

① 다음 주제 중 하나를 선택하여 조별로 발표하고 평가하기
- 비행기는 어떻게 날까?
- 대륙 이동의 원인은 무엇인가?
- 한글 자모로 만들 수 있는 글자는 몇 가지나 될까?
- 물은 어떻게 기체와 고체로 변할까?

② 평가 방법을 구체화하여 조별로 평가하기: 발표한 조 이외의 조가 평가한다(평가 기준 제시, 조별로 평가 기준은 다를 수도 있지만 가능한 한 동일하게 활용한다. 필요에 따라 평가 기준을 다르게 할지라도 평가에 따른 배점은 동일하다).

③ 정보전달의 말하기의 경우 다음과 같은 평가 기준을 활용하여 평가할 수 있다(하나의 예시임. 평가자는 교재 161쪽을 참조하여 평가의 세부 항목에 다

른 가중치를 부여하여 평가할 수 있다.

〈정보전달 말하기의 팀별 평가를 위한 안내〉

1. 각 팀(조)은 팀당 15분을 기준으로 하여 발표를 한다. 발표자는 지금까지 발표를 하지 않는 사람을 우선하여 각 팀에서 결정한다. 발표를 한 사람이 할 수도 있고, 두 명 이상이 할 수도 있다. 모든 학생들은 한 번은 의무적으로 발표를 해야 한다(여기서의 발표란 2~3주의 발표, 8주의 발표, 13주의 발표를 의미한다).
2. 강의계획서에 안내되어 있는 발표 주제 4가지 중에서 하나를 선택하여 발표한다.
3. 발표를 하기 위한 개요 완성하기를 팀별로 1부 작성하여 교수에게 발표 전날까지 메일로 제출한다. 개요 완성하기 예시는 교재 269~270쪽을 참조하여 제시된 형식에 맞춰 완성하여 제출한다. 제시된 것처럼 요점은 네 가지로 제안한다. 요점의 밑에 하위 요점을 밝히고, 하위 요점의 밑에 하위 하위 요점을 기술할 필요가 있다면 교재에 있는 것처럼 '하위 하위 요점'처럼 진술한다.

 3.1 개요 완성하기에서는 다음과 같은 사항을 고려한다. 서론과 결론을 제외한 각각의 요점 4가지를 기술하되 각 요점은 간결성, 균형성(동등한 강조: 교재 276), 순서성(혹시 내용에 있다면)의 원리를 충족해야 한다.

 3.2 개요 완성하기의 서론에는 반드시 '정의(분류적 정의, 혹은 조작적 정의)'가 제시되어야 한다. 그리고 그것을 반영하여 기술, 비교와 대조 등을 활용하여 나머지 부분을 기술한다.

 3.3 본론의 각각의 요점은 스피치의 설계(교재 374~379 참조)를 참조하여 어떤 설계를 했는지 개요 완성하기에 밝혀야 한다(예를 들면, 공간적 설계, 범주적 설계 등). 물론 이러한 설계는 초점 별로 다를 수 있다. 따라서 각각의 요점을 기술할 때 활용한 스피치 설계 방식을 완성된 개요의 맨 뒤에 밝혀야 한다.

4. 발표를 할 때 'TNPREP'의 법칙을 잘 활용해야 한다.
5. 발표를 할 때 활용할 그림이나 사진(영상 사용은 하지 않는다)은 반드시 4장으로 해야 한다. 더 많이 사용하면 제한된 시간 내에 발표할 상황을 고려할 때 혼란을 일으킬 수 있기 때문이다. 그리고 요점 별로 하나의 사진이나 그림만을 제한적으로 제공하는 연습을 하기 위함이다.
6. 평가의 기준은 다음과 같다.

 6.1 조직(8점)

 ① 개요 완성하기를 앞의 3에서 안내된 내용을 잘 반영하고 있는가?(서론과 결론을 제외한 요점 4가지를 제시하고 있는가?)(2점)

 ② 스피치 설계를 각각의 요점 별로 잘 반영하고 있는가?(2점)

 ③ 정의를 정확하게 하고 있는가?(3점)

 ④ 사진이나 그림은 4장을 제시하고 있는가?(1점)

6.2 내용(2점)

① 정확성, 유용성, 새로움을 반영하고 있는가?(이 발표의 경우 이미 발표 주제가 정해져 있기 때문에 정확성을 중심으로 평가한다)

6.3 표현(10점)(교재 160쪽 참조)

① 횡설수설하지 않고 정확하게 표현(설명: TNPREP)하는가(언어)?(6점)

② 강약과 리듬을 살려서 표현하는가(반언어)?(2점)

③ 얼굴 표정과 시선처리는 적절한가(비언어)?(2점)

4) 교수 피드백

정보전달을 하는 방법은 다양하다. 언어와 반언어(준언어) 그리고 비언어를 정보전달의 상황과 목적과 대상에 따라 비중을 고려하여 병행하는 것의 중요성을 강조한다. 정보를 전달할 때는 먼저 청중을 분석하고, 그것을 바탕으로 정보의 '정확성, 유용성, 새로움'을 정보전달의 중요한 기준으로 삼아서 정보전달을 위해 주어진 시간에 맞춰, 그리고 청중을 바라보면서 정보를 전달하되 원고를 읽는 것을 지양한다.

팀별 발표가 끝나면 교수가 발표 내용에 대해서 피드백을 하고, 학생들이 발표를 준비하고 연습하고 실제로 발표하기 과정을 통해서 느낀 점을 발표하게 한다. 또한 이러한 발표와 병행하여 할 수 있는 또 하나의 방법은 성찰일지의 작성도 해보는 것이다. 성찰일지는 '무엇을 배웠는가? 어떻게 배웠는가? 그리고 배운 것을 어떻게 활용할 것인가?'를 중심으로 A4용지 한 장 분량으로 작성하여 제출하게 한다. 그것을 교수는 검토하고 이후의 강의 개선 자료로 활용할 수 있는 계기를 마련할 수 있다. 뿐만 아니라 그것을 개별 평가 자료로 활용할 수도 있다.

5. 설득하는 말하기

1) 동기 유발 자료

설득하는 말하기(듣기) 능력을 향상시키기 위한 동기유발 자료로 '링컨 차를 타는 변호사'를 활용할 수 있다. 이 영화는 사건 의뢰를 받은 변호사가 무죄를 입증하는 데 어떻게 근거 자료를 활용하여 재판관들을 설득하는지를 잘 보여주고 있다. 설득을 할 때 가장 중요한 근거 자료 중의 하나는 논리와 객관적인 자료이다. 이들 자료의 활용 양상을 참조하면 설득하는 말하기(토론)를 어떻게 하는지를 알 수 있다.

2) 팀(조)별 학습 내용 선정과 검토 및 발표(10~13주)

① 2015(2022) 개정 국어과 교육과정 성취기준 학습하기

② 다음 내용을 10~13주에 걸쳐 학습함

- 학습자에 대한 이해(교재 26장) : 교수 강의
- 자아의 지각과 조하리의 창(교재 27장) : 교수 강의
- 갈등 극복하기(교재 28장) : 교수 강의
- 앎과 언어(교재 4장) : 학생 발표(혹은 교수 강의)
- 언어와 사고 그리고 교육(교재 5장) : 학생 발표(혹은 교수 강의)
- 사고의 형성 과정과 배경 지식의 필요성(교재 6장) : 학생 발표(혹은 교수 강의)
- 말하기 불안(교재 7장) : 교수 강의
- 듣기에 대한 이해(교재 9장) : 교수 강의
- 말(글)의 구조화와 전개 방식(교재 13장) : 교수 강의
- 문제해결의 말하기(교재 25장) : 학생 발표(혹은 교수 강의)
- 설득하는 말하기(교재 45장) : 교수 강의

이 부분에서의 강좌운영의 목표는 설득하는 말하기에 대한 이론을 탐색하고, 탐색한 결과를 기반으로 하여 그것을 스스로 활용할 수 있고, 더 나아가 학생들을 지도하는 능력을 기르는 것이다. 이를 위해 다음과 같이 교재를 활용하면 효과적이다.

첫째, 10주에는 예비교사를 주된 대상으로 하여 이뤄지는 교사화법 강의는 학습자를 어떻게 이해하는가가 매우 중요한 것의 하나이기 때문에 학습자에 대한 이해를 강의한다(교재 26장). 그리고 학습자들이 인간관계를 어떻게 인식하고 있는지에 대한 이해를 통해 바람직한 인간관계를 어떻게 형성할 것인지에 대한 이해를 조하리의 창을 활용하여 심화시킨다(교재 27장). 그리고 인간관계에

서 필연적으로 등장할 수밖에 없는 갈등 문제를 어떻게 이해하고 갈등을 극복할 것인가에 대한 이해와 극복 방안의 학습을 통해 장차 이것을 학교 현장에 효율적으로 적용할 수 있는 방안을 탐색하는 활동을 한다(교재 28장). 갈등을 극복할 수 있는 다양한 방법이 교재에 소개되어 있다. 이들 방법을 활용하여 '화가 나기 전–중–후'에 어떻게 할 것인지를 훈련하면 갈등을 좀 더 쉽게 극복할 수 있는 능력을 갖출 수 있다. 이런 방법 외에 여기서는 다음과 같은 비폭력 대화법을 활용할 수 있다.

미국의 심리학자 마샬 로젠버그가 창시한 비폭력 대화법이란 '나와 상대의 마음 속 깊은 곳에 자리 잡고 있는 느낌과 욕구를 파악해 갈등을 건설적으로 해결하는 대화법'이다. 나의 입장과 타인의 입장을 동시에 고려하는 이러한 대화법은 '관찰–느낌–욕구–요구'와 같은 과정을 경험하게 함으로써 갈등을 해결하고자 한다. 나의 입장에서 상대가 무엇을 말하고 있는지를 선입관을 갖지 않고 관찰하는 것이 중요하다. 관찰의 과정을 통해서 상대의 입장을 이해하고 수용한다. 관찰의 과정이 끝나면 관찰한 바를 나의 입장에서 느끼고 있는 것이 무엇인지를 살펴보는 단계(예를 들어, 화가 난다. 불안하다 등)가 느낌의 단계이다. 느낌의 단계가 끝나면 자기가 원하는 바를 파악하는 단계를 경험할 수 있는데 이 단계가 욕구의 단계이다. 욕구의 단계에서 욕구를 정리한다. 끝으로 부탁의 단계를 거친다. 부탁은 상대에게 강압적인 방법이 아니라 정중한 말투로 자신의 느낌과 욕구를 전달한다.

그리고 10주의 강의 말미에 14주에 있을 가치논제나 정책논제를 중심으로 하여 토론을 진행해야 하기 때문에 미리 토론을 위한 준비를 해야 한다는 점을 언급한다. 그래서 가치논제나 정책논제를 설정하고 그것을 진행하는 구체적인 방법을 안내한다(교재 24장의 8.2 참조). 그렇게 해야 3~4주의 여유를 갖고 토론을 준비할 수 있다. 이 과정에서 교수는 매주 수업이 끝날 때마다 토론의 준비 상황을 점검하는 것이 중요하다.

둘째, 11~12주에는 토론 관련 내용을 강의하여 14주에 있을 토론을 위한 이론적 준비를 하게 한다. 토론을 위해 필요한 논증적 설득(미토스, 에토로, 파토스, 로고스)의 요소를 13장의 말(글)의 전개 방식과 함께 살피면서 동시에 설득하는 말하기의 본질을 알게 한다. 툴민의 논증 모형에 대한 이해와 활용을 강의한다. 그것이 끝나면 토론의 논제, 토론 준비, 토론의 중요성 이해하기를 기반으로 하여 본격적으로 '토론 진행하기'를 이해시킨다. 다양한 방법이 있지만 시간의 제약으로 인해 가치토론의 하나인 링컨-더글라스 토론이나 정책토론의 하나인 반대신문식 토론 중에서 하나를 선택하여 토론을 하게 한다(이들 토론 방법 외에도 다양한 토론 방법이 있기 때문에 이런 방법에 대한 이해는 과제로 처리할 수 있다). 이와 함께 말하기 불안(교재 7장)과 듣기에 대한 이해(교재 9장)를 통해 구어의 특성을 강의하면서 토론에서 가장 중요하게 여기는 '경청의 원리'가 얼마나 중요한지를 관련지어 이해하고 활용할 수 있는 능력을 길러준다.

셋째, 13주에는 학생들의 발표가 중심이 되어 활동이 이뤄지게 한다. 앎과 언어(교재 4장), 언어와 사고 그리고 교육(교재 5장), 사고 형성 과정과 배경 지식의 필요성(교재 6장), 그리고 문제해결의 말하기(교재 25장)를 발표하게 한다. 15분의 발표가 끝나면 5분 동안 발표자와 학생들의 질의응답, 그리고 5분 동안은 교수의 논평을 하고 한 팀(조)의 발표를 마무리한다. 그리고 다른 팀(조)가 이어서 25분 동안 정해진 주제로 발표를 하고 동일한 방식으로 진행을 한다.

3) 학습 내용 팀(조)별 발표 및 평가(14주-3차 조별 평가: 조별 평가 결과 제출)

① 조별로 토론의 논제를 정하여 토론하고 평가하기(이때는 2조로 구성하여 진행)
  - 논제는 가치 논제나 정책논제 중 하나를 선택하여 토론함

② 평가 방법을 구체화하여 조별로 평가하기: 발표한 조 이외의 조가 평가한다(평가 기준 제시, 조별로 평가 기준은 다를 수 있다. 하지만 평가에 따른 배점은 동일하다).

토론을 팀별로 평가할 때는 먼저 평가 기준을 정하는 것이 중요하다. 토론의 평가 기준에 대해 '입론-교차조사-반박'의 순서로 토론이 진행된다는 점에 착안하여 각각의 항목에 해당하는 하위 평가 기준을 3가지 만들고, 그것에 대해 '3, 2, 1'과 같은 점수를 부여한다. 이것을 합산하여 평가를 할 수 있다. 입론의 경우 '핵심 가치와 핵심 가치를 뒷받침하는 적절한 근거를 잘 제시하고 있는가?'가 중요한 기준이 되어야 하며 정책 토론의 경우 '필수 쟁점'이 중요한 기준이 되어야 한다. '교차조사'의 경우 '상대 입론자의 주장이나 근거의 허점을 잘 파

악하고 있는가? 주도권을 발휘하여 자기에게 유리하게 교차조사를 하고 있는가? 주어진 자료와 근거의 타당성을 잘 지적하여 이후의 반론의 근거로 활용할 준비가 되어 있는가?'와 같은 내용으로 평가 기준을 만들 수 있다. 반론의 경우 '교차조사에 파악한 상대의 허점을 자기의 주간을 강화하는 데 잘 활용하고 있는가? 상대의 허점을 잘 파악하고 자기의 주장을 설득력있게 제시하고 있는가?'와 같은 기준을 설정하여 활용할 수 있다.

또한 가치논제를 중심으로 토론할 때는 가치 구조(가치 구조는 핵심 가지와 핵심 가치를 뒷받침해주는 근거로 이뤄진다)를 중심으로 하여 평가할 수 있다. 이때에는 '핵심 가치를 잘 드러내고 있는가? 핵심 가치를 뒷받침해주는 적절한 근거를 잘 들었는가? 이러한 핵심 가치와 핵심 가치를 뒷받침해주는 근거를 논리적으로 말하기 있는가?'와 같은 기준을 들어서 평가를 할 수 있다. 정책 논제의 경우는 필수 쟁점을 중심으로 하여 평가할 수 있다. 필수 쟁점은 정책 논제에서 찬반이 대립하는 지점에서 반드시 다뤄야 할 내용으로 '문제의 중대성(심각성), 내재성(내인성), 정책의 실행 가능성, 문제해결력, 장점'이 된다. 이것을 중심으로 하여 찬반이 논쟁형 토론을 하는 경우에 반대 측은 현재의 정책이 유지되기를 바라며, 찬성 측은 현재 정책의 변화를 주장하면서 토론을 한다. 찬성 측은 입증의 책임을 지게 되며 반대 측은 반증의 부담을 안고 토론을 한다. 전통적인 반대신문식 토론의 경우 찬성 측은 필수 쟁점 모두를 이겨야 승리를 하게 되어 있다. 이렇게 되어 있는 이유는 정책의 변화에 그만큼 신중을 기해야 한다는 의도의 반영으로 해석할 수 있다. 그렇지만 정책 토론 모두에 대해 이렇게 평가하는 것도 고려해볼 필요가 있다. 이를테면 정책 토론의 경우도 '목표 달성형'의 경우 목표의 중요성과 그 목표를 달성하기 위한 기준 및 개혁안의 내용을 중심으로 하여 평가를 한다. '비교 우위형'의 경우 문제의 심각성은 두 팀 모두 인정하기 때문에 두 팀 중에서 어느 쪽이 더 많은 장점이 있는지를 비교하고 장점이 많은 쪽을 승리 팀으로 결정한다. '문제해결형'의 경우 기본 쟁점의 비교를 통해 판정을 한다. 이때 반드시 필수 쟁점 다섯 가지를 모두 평가해야 하는 것은 아니라는 점을 이해할 필요가 있다. '문제의 중대성(심각성), 실행 가능성, 장점'과 같이 평가 기준을 탄력적으로 활용할 수도 있다.

또한 가치 논제와 정책 논제를 구분하지 않고 언어 기능을 중심으로 하여 평가할 수도 있다. 이 경우에 내용도 고려하지만 표현 과정에서 '표현의 명료성,

논리성, 응집성, 자료의 객관성, 상대반을 배려하는 태도'를 고려하여 평가하는 것이 그것이다.

4) 교수 피드백

설득하는 말하기 부분의 팀별(조별) 평가가 끝나면 이 과정에서 이뤄진 발표와 토론의 내용을 중심으로 교수가 핵심적인 내용을 정리하여 주면서 이후의 토론 활동을 원활하게 할 수 있는 기반을 마련해준다.

5) 기말 고사

15주에 이뤄지는 기말 고사는 언어 이해의 과정(교재 10장)과 언어 표현의 과정(교재 11장)을 중심으로 하여 지필 평가를 실시한다. 두 장을 중심으로 하되 2~13주의 강의 중에 교수가 강조한 내용을 한 두 문제 추가하여 평가한다. 기말 고사는 20(혹은 10)점을 만점으로 한다. 강의 계획서는 10점을 만점으로 할 수 있는데, 이것은 팀별(조별) 활동을 하는 과정에서 학생 개개인의 활동 내용이 명확하지 않은 점이 있을 뿐만 아니라 동점자가 많이 나올 수 있기 때문에 상대평가의 비율을 고려하여야 하는 현재의 학점부여 제도를 고려하지 않을 수 없는 점을 반영한 결과이다. 또한 20점을 만점으로 하되 획득한 점수를 2로 나눠 처리하면 10점을 만점으로 하는 것과 동일한 효과를 얻을 수 있다.

잘 말하기 이론과 활동

초　판 1쇄 발행 / 2021년 12월 21일
개정판 1쇄 발행 / 2024년　3월 15일

저자　김재봉
발행처　형설출판사
경기도 파주시 회동길 37-23 · 전화 (031) 955-2361～4 · 팩시밀리 (031) 955-2341
발행인　장진혁
등록　라-제9호 · 1962년 5월 1일
홈페이지　http://www.hyungseul.co.kr
e-mail　hs@hyungseul.co.kr

정가 39,000원

ISBN 978-89-472-8670-1 93700

잘 말하기 이론과 활동

memo

memo